全国双拥工作年鉴

QUANGUO SHUANGYONG GONGZUO NIANJIAN

2004

全国双拥工作领导小组办公室编

福建省双拥工作领导小组办公室赞助印刷

中国社会出版社

福建省领导慰问海军某舰艇。

福建省召开科技拥军科技助民工作经验交流会。

福州市开展图书进军营活动。

★福建省

福建省委领导陪同全国双拥办领导参观厦门市科技双拥图片展。

厦门市采取多种途径引导部队随军家属就业，图为在部队营区内专门开设的“军嫂”就业招聘会场面。

泉州市领导带领市直有关部门负责同志到部队召开科技拥军现场办公会。

漳州市领导走访慰问驻漳部队。

莆田市领导慰问海军某舰全体官兵。

★福建省

龙岩市领导率有关部门深入基层慰问军烈属。

驻福清部队领导在市委副书记蔡萍萍的陪同下走访参观共建单位福耀集团。

福建省“爱国拥军模范”龚秀训向驻军部队即将退伍的老兵赠送行旅邮袋。

晋江市依托市博士后工作站及市人才交流中心培训基地，为驻地部队军官举办网络技术培训班。

晋江市女企业家拥军联谊会开展“亲情拥军”活动及“拥军书库”捐赠仪式。

东山县领导与部队现场合署办公，解决国防建设项目征地问题。

东山县召开双拥领导小组扩大会议，总结部署年度双拥工作。

天津市召开区县双拥工作考核评议会。

吉林省召开纪念“八一”建军节暨双拥工作座谈会。

黑龙江省召开双拥理论研讨暨工作推进会议。

双拥工作会议

上海市拥军优属拥政爱民工作领导小组召开第十次全体(扩大)会议。

浙江省召开全省拥军优属拥政爱民工作会议。

广西壮族自治区召开双拥工作领导小组军地联谊会。

海南省召开拥军优属拥政爱民工作会议。

南京市交通局长途客运公司召开纪念军民共建二十周年暨研讨会。

新疆维吾尔自治区召开双拥工作会议。

双拥工作会议

★宣传教育

为贯彻落实《中共中央关于进一步加强和改进未成年人思想道德建设》，武警天津总队充分发挥校外辅导员的作用，积极协助驻地学校开展谈心交流活动。

航天英雄杨利伟同呼和浩特市部分院校的青年们进行座谈交流。

广西武警友谊关边防检查站向外国客人提供热情周到的服务。

武警四川省森林总队官兵在驻地林区宣传森林防火灭火知识。

武警云南森林总队官兵开展野生动物保护宣传活动。

驻新疆武警水电二总队积极与驻地学校开展共建活动。

宣传教育

上海市
心、上海市
人疗休养
批 1720 名
对象代表

贵州省领导慰问重点优抚对象。

贵州省六盘水市召开城外埠驻军部队随军家属座谈会。

落实优抚安置政策

福

广西军区帮助大石山区的村民喝上了干净的自来水。

驻广西贵港市塔山英雄部队开展为希望小学捐书、捐款活动。

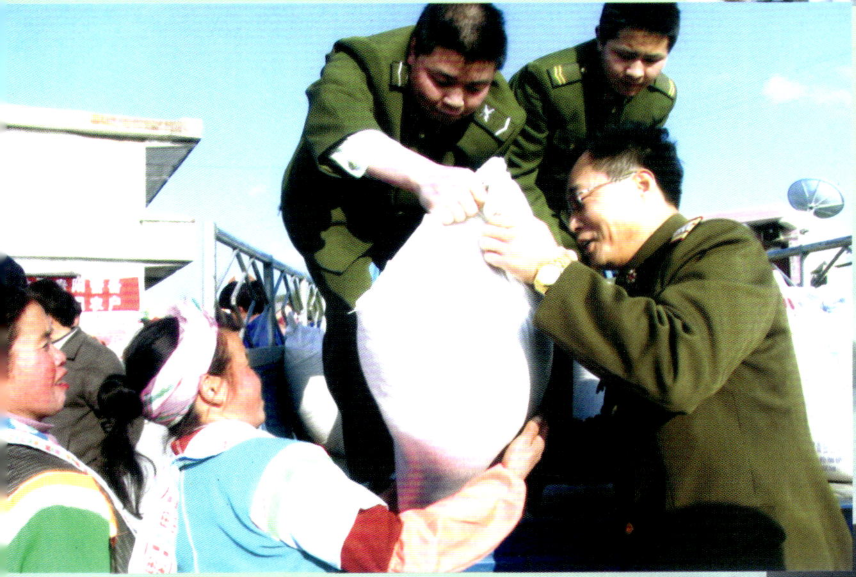

驻贵阳部队为灾区群众送粮油。

扶贫济困 捐资助学

贵阳警备区组织官兵为贫困地区献爱心。

公益活动

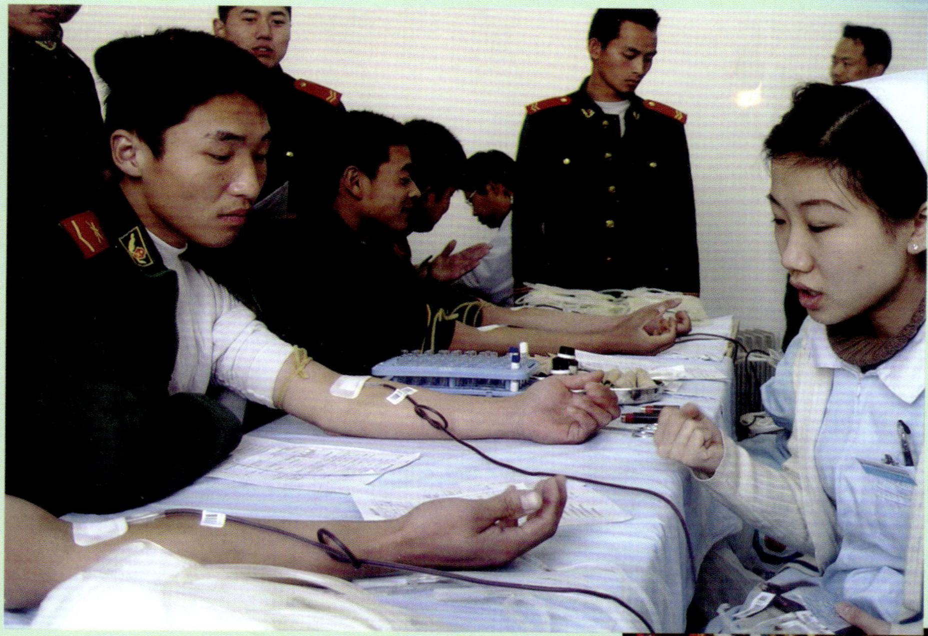

武警天津总队即将退伍老兵主动参加义务献血活动。

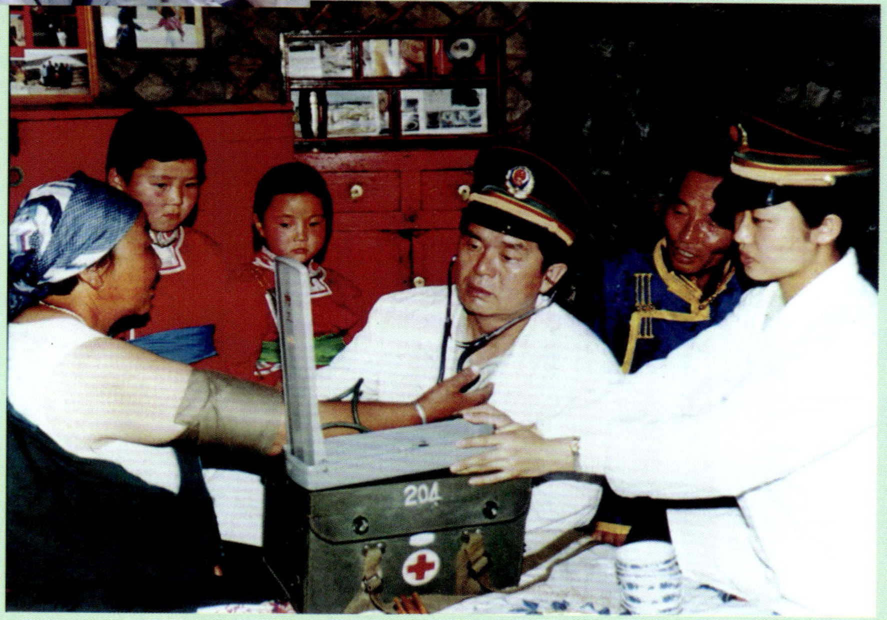

武警内蒙古总队医务工作人员深入牧区群众家中巡诊治病，积极开展为驻地群众送温暖活动。

内蒙古军区驻呼和浩特市部队官兵参加绿化大青山义务劳动。

公益活动

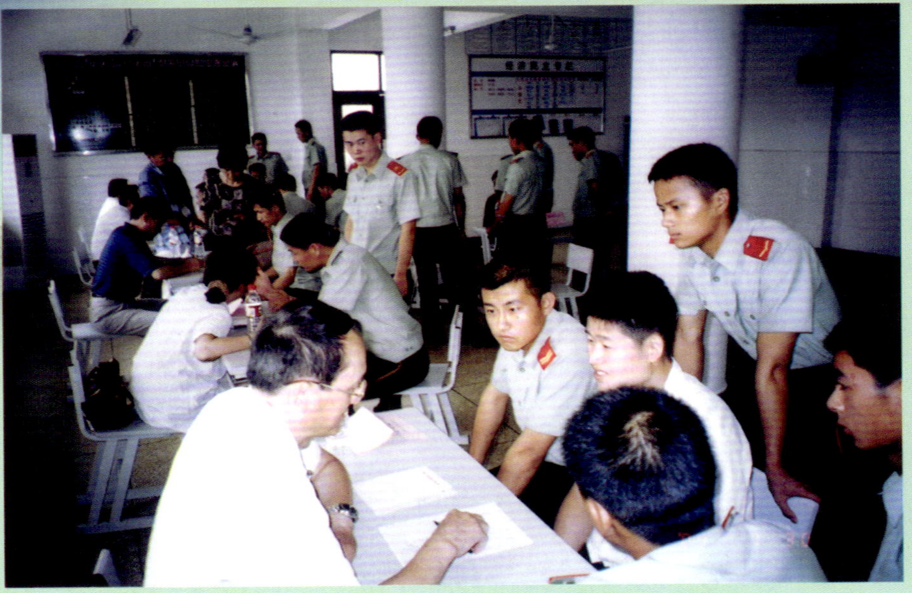

上海欧美同学会医疗卫生分会举办第三届百名留学归国医学专家大型义诊活动，为驻沪三军、武警部队官兵以及优抚对象提供免费咨询、讲座和诊疗等多种医疗服务。

驻桂部队开展“送医送药送健康进社区”活动。

武警四川省森林总队卧龙中队官兵为卧龙中华大熊猫园转移大熊猫。

武警贵州省总队医院组织医护人员深入贫困、边远山区，为当地群众送医送药，宣传计生知识，为村民检查身体。

武警云南省总队医院、保山医院和各支队卫生队，发挥自身优势，深入贫困乡村，为人民群众义诊、咨询。

武警水电三总队新疆吉林台一级水电站项目部卫生队为驻地尼勒克县少数民族群众义诊。

公益活动

急难险重任务

武警天津总队官兵奋战在旧城河改造工地。

武警天津总队出动200兵力开赴津南区禽流感疫区。

武警黄金二总队七支队发挥装备、技术优势，积极参加山东省烟台市立交桥工程施工。

云南省某部官兵奋勇参加抢险救灾。

武警四川省森林总队成都大队官兵在成都市新都区龙桥镇毗河抗洪救灾。

由武警水电部队承建的新疆沙漠渠道工程全面完工。

军民鱼水情

全国妇联慰问团到空军试验训练基地进行慰问座谈。

北京市军民迎新春双拥文艺晚会。

河北省慰问团到北京军区某训练场慰问驻训部队官兵。

内蒙古自治区呼和浩特市党政领导和人民群众欢迎经过的演习部队。

吉林省领导慰问驻吉边防武警官兵。

黑龙江省领导走访慰问驻军部队。

军民鱼水情

★ 军民鱼水情

民营企业家向上海市拥军优属基金会捐款。

江苏省苏州市委、市政府组织慰问团慰问海训部队官兵。

江苏省张家港市领导走访慰问驻军部队。

湖南省株洲市委、市政府举行“给驻株部队战士每人每天送一盒牛奶”启动仪式。

贵州省遵义市拥军慰问团慰问海军某舰。

“全国拥军优属模范”黄桂娥为入伍的新战士送上亲自缝制的“拥军鞋垫”。

军民鱼水情

★军民鱼水情

贵州省领导慰问省军区官兵。

西藏某地欢送退伍老兵。

新疆维吾尔自治区领导慰问武警新疆总队。

武警天津总队二支队七中队官兵与天津市红光中学藏族班800多名学生积极开展共建活动。

山西省开展“双服务”(为全面建设小康社会服务、为军队现代化建设服务)活动。

湖南省怀化市武警支队与怀化市电业局干部职工举行升旗仪式。

贵州省安顺市西秀区召开争创双拥模范城动员大会暨群众巡游活动。

内蒙古包头市书画界知名人士深入边关哨所为战士题字作画。

黑龙江省佳木斯市交通局慰问驻地部队。

江苏省海门市图书馆为拥军流动图书馆送书和光盘。

贵州省六盘水市组织科技拥军，送图书到军营。

科技文化拥军

北京市举行双拥工作暨首都军(警)民共建表彰大会。

吉林省召开第五次双拥模范城(县)命名表彰大会。

黑龙江省党政军领导接见全国双拥模范代表并座谈。

广西柳州铁路局和军代处联合召开“双拥号”列车命名大会。

被评为“全国双拥模范县”的广西靖西县举行隆重的迎匾仪式。

贵州省双拥工作领导小组领导在贵阳机场喜迎全国双拥模范城(县)代表。

命名表彰

编委会名单

编　辑　说　明

一、本年鉴是全国双拥工作第四部年鉴，起讫时间为 2004 年 1 月至 2004 年 12 月。

二、本年鉴分领导讲话、全国双拥工作领导小组文件、政策法规选编、理论研究和调研报告、重要会议、工作概述、组织机构、命名表彰决定、大事记九个部分。主要记载一年来全国双拥工作的重要实践、主要成果和基本经验。

三、本年鉴收录文稿力求做到权威性、实用性相统一。基础材料由全国及各省区市双拥工作领导小组办公室提供，部分文稿由年鉴编辑人员整理编写。

四、为便于各地开展工作和相互交流，本年鉴收录了部分内部资料，请妥善保管。

五、本年鉴在编辑过程中得到军地各级双拥组织的大力支持和帮助，谨表示诚挚的谢意。

六、由于编辑工作量大，编者水平有限等原因，错讹和纰漏之处在所难免，恳请广大读者批评指正。

《全国双拥工作年鉴》编辑部

二〇〇五年十二月

目　录

领导讲话

全国双拥工作领导小组文件

政策法规选编

理论研究和调研报告

重要会议

工作概述

组织机构

命名表彰决定

大事记

领 导 讲 话

温家宝同志在全国拥军优属拥政爱民工作会议上的讲话

（2004年1月9日）

同志们：

今天，全国双拥工作领导小组、民政部、解放军总政治部隆重召开拥军优属拥政爱民工作会议，总结经验，表彰先进，共商新世纪新阶段加强军政军民团结大计。这是双拥工作的一次历史性盛会。我代表党中央、国务院、中央军委，向会议的召开和被命名表彰的全国双拥模范城（县）、双拥模范单位和个人，表示热烈的祝贺！向为保卫祖国、建设祖国作出突出贡献的人民解放军和武警部队全体官兵，以及烈军属、革命伤残军人、转业复员退伍军人、军队离退休干部，表示亲切的慰问！向热情关心支持国防和军队建设的各级党委政府和广大人民群众，表示衷心的感谢！

拥军优属、拥政爱民，是中国共产党领导下我国亿万军民的伟大创造，是我党我军我国人民的优良传统和特有的政治优势。1943年在延安兴起的双拥运动，已经走过了60年的光辉历程。我们党的三代领导核心都始终高度重视双拥工作。毛泽东同志提出了“兵民是胜利之本”的精辟论断，亲自倡导和推动了双拥运动。邓小平同志强调军民一致的原则不能变，亲自倡导了军民共建社会主义精神文明和创建双拥模范城（县）活动。江泽民同志要求要像爱护眼睛一样爱护军政军民团结。60多年来，双拥工作不断发展，军政军民团结更加巩固。“军队和老百姓，咱们是一家人”，我们党、我们的军队唱着这首歌从农村走向城市，从根据地走向全中国，赢得了国家独立和民族解放，取得了社会主义建设的伟大胜利。

改革开放以来特别是党的十三届四中全会以来，我国军民继承发扬光荣传统，围绕党和国家的中心任务，创造性地开展双拥工作，取得了新的历史性成就。以爱国主义为核心的国防教育深入人心，军民共建活动和创建双拥模范城（县）活动蓬勃开展，与社会主义市场经济相适应的双拥政策法规不断完善，军地在政治、经济、军事、文化等领域的相互支持协作更加有力，军爱民、民拥军的鱼水情谊不断得到巩固和发展。双拥工作所形成的坚强的军政军民团结，对于国家改革发展稳定和军队现代化建设都发挥了重要作用。在关系国家主权、安全和统一的重大事件面前，在抗御严重自然灾害的紧急关键时刻，我国亿万军民同心同德，团结奋斗，经受住了一次又一次严峻考验，夺取了一个又一个伟大胜利。特别是在1998年抗洪抢险和去年抗击非典斗争中，广大军民密切配合，奋勇拼搏，共同创造了人类历史上征服自然灾害和战胜重大疫病的奇迹。

我党我军我国发展的历史充分证明：无论是战争年代还是和平建设时期，双拥工作都是一项带有全局性、战略性的工作，是我们战胜困难、夺取胜利的重要法宝。双拥工作的核心是加强和巩固军政军民团结。团结出凝聚力，团结出战斗力，团结出生产力！军民同心，其力断金！在党的领导下，把军政军民团结的伟大作用充分发挥出来，把广大军民同心同德干事业的积极性充分调动起来，就没有克服不了的困难，就没有战胜不了的敌人，我们的事业就会无往而不胜。

进入新世纪新阶段，我们将全面建设惠及十几亿人口的小康社会，完善社会主义市场经济体制，现代化建设面临更加光荣而艰巨的任务。我们必须树立“两个意识”：一个是机遇意识，一个是忧患意识。本世纪头二十年，对我国来说是一个必须紧紧抓住并且可以大有作为的重要战略机遇期。国际形势对我国总体有利，我们有可能争取一个较长时期的和平建设环境。世界科技革命日新月异，经济全球化深入发展，国际产业转移和结构调整加快进行，为我们发展社会生产力提供了有利时机。国内具备快速发展的条件。我国初步建立起社会主义市场经济体制，形成了比较雄厚的物质技术基础。国内市场潜力巨大，发展空间广阔。我们要紧紧抓住这个难得的机遇，加快发展自己。同时，我们也要清醒地看到面临的严峻挑战。国际形势仍处在深刻复杂的变化之中，天下并不太平。局部动荡和地区冲突时有发生，恐怖主义、霸权主义、国际犯罪活动对人类的和平与发展构成严重威胁。以综合国力为标志的国际竞争日趋激烈，世界经济发展还存在许多不确定因素。我国改革发展进入关键时期，面临不少突出的矛盾和问题。我们必须居安思危，增强紧迫感，不能有丝毫懈怠。

面对新形势新任务，要战胜前进道路上的种种困难和风险，完成祖国统一大业，实现中华民族的伟大复兴，比以往任何时候都更加需要全党全军全国人民紧密团结，比以往任何时候都更加需要亿万军民齐心协力不懈奋斗。我们一定要站在国家长治久安、民族兴旺发达的高度，充分认识加强军政军民团结的重大政治意义，切实把双拥工作作为一项事关全局的战略任务，重视双拥、支持双拥、推动双拥！

当前和今后一个时期，双拥工作要坚持以邓小平理论和“三个代表”重要思想为指导，紧紧围绕全面建设小康社会的目标，适应改革开放的新形势，继往开来，改革创新，努力开创双拥工作的新局面，以坚强的军政军民团结，为推动经济社会发展、加强军队现代化建设和维护社会稳定提供强大动力。

第一，要以“三个代表”重要思想统领双拥工作，始终坚持双拥工作的正确方向。双拥工作作为我们党的一项重要事业，是在党的思想理论指引下创立和形成的，也是在党的思想理论指引下发展和进步的。“三个代表”重要思想已经成为把广大军民凝聚起来、团结起来的光辉旗帜和共同思想基础。在新世纪新阶段，要牢固确立“三个代表”重要思想在双拥工作中的指导地位。按照“三个代表”重要思想的要求，理清思路，明确方向，丰富内容，把促进社会生产力发展和部队战斗力提高，加强军地思想道德和文化建设，维护广大军民的根本利益，作为双拥工作的根本出发点。要发挥军地双方优势，广泛开展军地共同学习和实践“三个代表”重要思想活动，用“三个代表”重要思想凝聚军心民心，在推进中国特色社会主义事业中形成军民团结的伟大力量。

第二，紧紧围绕发展这个党执政兴国的第一要务开展双拥工作，增强我国的经济实力、国防实力和民族凝聚力。发展是解决中国所有问题的根本出路。坚持围绕发展抓双拥、抓好双拥促发展，要作为双拥工作牢牢把握的基本原则。人民解放军是保卫祖国的钢铁长城，也是社会主义现代化建设的重要力量。要坚定不移地贯彻服从国家建设大局的方针，积极支援经济建设特别是重点工程建设，协助搞好扶贫开发，奋勇参加抢险救灾，主动承担和完成各种急难险重任务，以实际行动为国兴利、为民造福。军队和国防建设关系国家安危和社会主义现代化的成败，是全党和全国各族人民的共同事业。各级党委、政府要牢固树立国防建设与经济建设协调发展的思想，把关心支持国防和军队建设作为义不容辞的政治责任。适应中国特色军事变革的要求，积极配合部队搞好体制编制调整改革，广泛开展科技拥军、教育拥军、智力拥军，推进实施军队人才战略工程。大力支持部队完成训练演习、战备执勤、科研试验和国防工程建设等任务，实现国防和军队现代化的跨越式发展。军政军民团结历来是保持和促进社会稳定的重要因素。要把维护稳定、促进发展作为双拥工作的重要任务，教育广大军民倍加顾全大局、倍加珍视团结、倍加维护稳定。组织开展军民共建社会主义精神文明活动，做好民族团结进步工作，加强军警民联防联治，努力创造安全稳定的社会环境。

第三，立足于实现、维护和发展好广大军民的根本利益开展双拥工作，进一步密切军政军民的血肉联系。双拥工作作为党的群众路线的重要体现，从本质上讲是为广大军民服务的。把双拥工作深深植根于军民之中，全心全意为广大军民谋利益，才能更好地践行立党为公、执政为民的本质要求，才能充分调动广大军民参与双拥工作的积极性和主动性。要把实现好、维护好、发展好广大军民根本利益的要求，落实到制定和实施双拥政策法规中去，落实到双拥工作的方方面面。要认真解决广大军民普遍关心的热点难点问题，切实做好转业退伍军人安置、随军家属就业、军人子女入学入托、重点优抚对象生活保障等工作，做好帮助农村军属贫困户增收致富、减轻负担和关心生活困难的复转军人的工作，做好严守群众纪律、维护群众利益工作。双拥工作要从实际出发，充分考虑广大军民的愿望和要求，贴近群众，服务群众，成为广大军民喜闻乐见和踊跃参加的生动实践。

第四，要以与时俱进的精神开展双拥工作，推动双拥工作不断发展创新。双拥工作要永葆生机与活力，必须适应新形势，发扬老传统，开创新局面。要不断探索在社会主义市场经济条件下开展双拥工作的形式和内容，形成经济建设与国防建设相互促进、协调发展的新机制。认真研究解决双拥工作遇到的新情况、新问题，探索进一步加强军政军民团结的新思路、新办法。要把政府行为与社会行为结合起来，使双拥工作制度化、法制化、经常化、社会化。加强政策法规建设，形成协调处理军民关系问题的有效机制。积极开展行业拥军、社区拥军，引导新型经济组织和新的社会阶层拥军，拓宽双拥工作的领域和范围，不断扩大双拥的群众基础。

爱国主义是一个民族的精神支柱。国防意识是爱国主义的重要内容，是民族精神的重要体现。要广泛开展以爱国主义为核心、以拥军优属、拥政爱民光荣传统为重要内容的国防教育，不断增强广大军民的国防观念和双拥意识。广大人民群众要牢固树立“没有一个人民的军队，便没有人民的一切”的思想，把支持国防和军队建设作为每一个公民义不容辞的责任；全军官兵要牢固树立“军队打胜仗，人民是靠山”的思想，充分认识人民军队源于人民、服务人民的本质。全国上下每一个爱国公民、每一个部队指战员，都要把为双拥工作尽一份责任、出一份力量，作为自己的无上光荣。

我们今天表彰了一批全国双拥模范城（县）、双拥模范单位和个人，他们在双拥工作中作出了突出贡献，我们应该向他们学习。开展创建双拥模范城（县）和军民共建活动，是改革开放新时期双拥工作的一个创举，是加强军政军民团结的重要途径。深入开展这项活动，重在实效，贵在经常，关键在基层。要把拥军优属、拥政爱民的光荣传统发扬光大，变成广大军民的自觉行动。

各级党委、政府和部队领导机关，要切实加强领导，把双拥工作纳入经济社会发展和部队建设的总体规划，摆上重要议事日程。要充分发挥各级双拥工作领导小组和有关部门的职能作用，形成齐抓共管的整体合力。要认真总结推广先进经验，切实加强对基层双拥工作的指导，不断提高双拥工作水平。

双拥工作意义重大，任务光荣。让我们在以胡锦涛同志为总书记的党中央领导下，高举邓小平理论和“三个代表”重要思想伟大旗帜，认真落实党的十六大和十六届三中全会精神，巩固和发展军政军民同呼吸、共命运、心连心的大好局面，谱写新时代军爱民、民拥军、军民团结一家亲的壮丽篇章，为推进中国特色社会主义伟大事业作出新的贡献！

回良玉同志在全国拥军优属拥政爱民工作会议上的报告

（2004年1月9日）

同志们：

全国拥军优属拥政爱民工作会议，是经党中央、国务院、中央军委批准召开的。会议的主要任务是，以邓小平理论和“三个代表”重要思想为指导，认真贯彻党的十六大精神，总结交流新形势下双拥工作经验，研究部署当前和今后一个时期双拥工作任务，命名表彰双拥模范城（县）、双拥模范单位和个人。开好这次会议，对于推动双拥工作发展创新，巩固和加强军政军民团结，动员广大军民为实现全面建设小康社会的宏伟目标而奋斗，具有重大而深远的意义。

现在，我代表全国双拥工作领导小组作拥军优属、拥政爱民工作报告。

一、十二年双拥工作的回顾

1991 年全国拥军优属拥政爱民工作会议以来的十二年，是双拥工作伴随改革开放和社会主义现代化进程，在科学理论指引下实现历史进步、发挥重要作用的时期，也是双拥工作不断取得新认识、创造新经验的时期。

拥军优属、拥政爱民，是我党我军我国人民的优良传统和特有的政治优势，是党的三代领导核心的一贯思想。毛泽东同志依据马克思主义基本原理，创立了人民军队建设的思想和人民战争理论，提出了军民一致的根本原则，作出了“兵民是胜利之本”的精辟论断，为双拥工作的形成和发展奠定了理论基础。邓小平同志在开创中国特色社会主义的伟大事业中，明确提出军民一致的原则不能变，要根据新的情况，从各方面搞好军民关系，并亲自倡导了军民共建社会主义精神文明和创建双拥模范城（县）活动，使双拥工作从内容到形式都有了新的发展。在深化改革、扩大开放，发展社会主义市场经济的新形势下，江泽民同志继承和发展了毛泽东、邓小平军政军民团结的思想，作了一系列重要论述。他明确指出，一定要站在国家长治久安、民族兴旺发达的高度，把加强军政军民团结作为重大的政治原则紧紧抓住不放；像爱护眼睛一样爱护军政军民团结，巩固和发展同呼吸、共命运、心连心的新型军政军民关系；坚持国防建设与经济建设统筹兼顾、协调发展的方针，不断增强经济实力、国防实力和民族凝聚力；深入扎实地开展军民共建和创建双拥模范城（县）活动，推动双拥工作持续深入发展。江泽民同志的重要论述，是我们党军政军民团结思想与发展了的双拥实践相结合的产物，是“三个代表”重要思想的重要内容，为新形势下开展双拥工作指明了方向。在军政军民团结思想的指引下，双拥工作与时俱进，不断发展，为推进中国特色社会主义伟大事业发挥了重要作用。十多年来，在东欧剧变、苏联解体，世界社会主义出现严重曲折等深刻影响党和国家前途命运的重大历史关头，在一系列关系我国主权、安全的国际突发事件面前，我国军民与党同心同德，战胜了各种严峻挑战，保证了国家政治稳定和社会主义中国立于不败之地；在加快改革开放，涉及社会利益格局和利益关系调整的深刻变革中，我国军民顾全大局，相互支持，克服了前进道路上遇到的困难和风险，保证了改革建设的顺利进行；在抗御严重自然灾害、防治重大疫情的考验面前，我国军民风雨同舟，患难与共，取得了一个又一个伟大胜利，显示了军政军民团结是不可战胜的强大力量；在应对台海局势变化，反对分裂的斗争中，我国军民紧密配合，协调行动，形成了人民战争的强大威慑力量，有力地维护了祖国统一。去年 10 月我国首次载人航天飞行圆满成功，是军地密切协作、合力攻关取得的又一辉煌成就。

十多年来，各地各部队适应改革开放和发展社会主义市场经济的新形势，认真贯彻党中央、国务院、中央军委的指示精神，紧紧围绕增强军政军民团结，促进国家改革发展稳定和军队建设，做了大量卓有成效的工作。

——广泛开展国防教育和双拥宣传教育，军爱民、民拥军的氛围更加浓厚。各级党委、政府和军队领导机关对国防教育和双拥宣传教育高度重视，国家出台了《国防教育法》，各省、自治区、直辖市颁发了《国防教育条例》，国家和省地县三级成立了国防教育领导小组和办公室，许多大中型企业和高等院校也建立了相应机构。普遍把国防教育和双拥宣传教育纳入国民教育体系和部队教育计划。国防大学连续十多年举办省部级领导干部国防知识培训班，全国有 2500 多所党校及各类学校开设了国防教育课。各地各部队紧密联系国际国内形势的发展变化，有针对性地进行以爱国主义为核心的国防教育和双拥光荣传统教育，引导广大军民把市场与战场、思富与思危、稳定与发展结合起来，强化国防观念和双拥意识。许多地区坚持开展国防教育日、“军营一日”和学生军训等活动，在新闻媒体开辟国防知识专栏专题，在交通要道和繁华市区设置双拥标牌，扩大教育覆盖面，增强影响力。全国每年有3000多万群众受到系统的国防教育，2000多万学生接受军训。通过广泛深入的宣传教育，“无兵不安、无军不稳”、“军队离不开各族人民、各族人民离不开军队”的思想深入人心，爱国拥军、爱民奉献成为良好的社会风尚。

——地方积极配合军事斗争准备，支持国防和军队建设力度不断加大。适应维护国家安全和祖国统一的需要，各级党委、政府把关心国防和军队建设、支持军事斗争准备，作为义不容辞的政治责任，满腔热情地办实事、解难题。各地积极配合和保障部队完成训练演习任务，做好场地征用、海域清理、道路保障、物资供应、损失赔偿等工作，帮助建立训练基地和综合训练场9000余个，解决训练演习中的实际问题10万余个。我军在一些地区举行军事演习，地方党委、政府专门成立拥军支前机构，建立服务组织，派出各类保障人员2000多万人次，供应物资140多万吨，为演习提供了全方位、全过程的服务保障。许多地方积极开展科技拥军、智力拥军活动，建立科技拥军基地9000余个，有上千所大专院校、科研院所与部队签订人才培养、技术服务协议，帮助培养各类人才30多万名。一些地方大力支持重点军事工程和新组建部队建设，做好征地、群众迁移和营房配套等工作。各级政府和有关部门热情支持军队各项改革，在体制编制调整、后勤保障社会化和兵役制度等重大改革中做了大量工作。各地采取积极措施，优先保证部队粮油水电供应，帮助修建营区和家属区近万个，建立副食品基地7500多个、文体活动场所8000余个，为加强部队建设、提高战斗力创造了良好条件。

——军队自觉服从服务于国家建设大局，为社会主义现代化建设作出新贡献。人民解放军和武警部队以国家发展和民族振兴为己任，大力支援地方经济建设。十多年来，先后腾让上百个机场、军港、码头支持开发开放，投入劳动日3亿多个、机械车辆2400多万台次，援建省以上重点工程5000多项。党中央作出西部大开发的战略后，军队专门成立支援西部大开发领导小组，制定援建规划。全军特别是驻西部地区部队，积极投身西部开发建设，在援建兰成渝输油管线、西气东输、西电东送、青藏铁路等基础设施建设的大型项目中，在参加长江黄河上游绿化、京津风沙源治理、环塔克拉玛干沙漠防护林带等生态环境建设中，发挥了突击队和生力军作用。各部队自觉参加扶贫攻坚行动，建立扶贫联系点3万多个，扶持300多万群众走上致富道路。援建希望学校2800多所，资助50多万少年儿童重返校园。100多所军队医院对口支援贫困地区医院，为群众看病治病9000多万人次。军队院校、科研单位和专业技术部队，坚持开展科技助民，帮助地方培训各类技术人员300多万人，转让科技成果5000多项，创造了明显的经济效益。

——大力弘扬社会主义文化，军民共同建设精神文明取得明显成效。各地各部队适应建设中国特色社会主义文化的要求，组织军民共学科学理论，共讲优良传统，共树文明新风，共育“四有”新人，进一步加强了思想、道德、文化等领域的交流与合作。军地双方把学习宣传邓小平理论和“三个代表”重要思想作为共建活动的主题，搞好互帮互学互助，坚定了广大军民建设中国特色社会主义的政治信念。部队派出老红军、老八路、老干部和英模人物讲传统、作报告20万场次，地方帮助部队建立政治思想教育基地，接待参观学习的官兵2500多万人次，弘扬了我党我军的优良传统和改革开放的时代精神。各地各部队认真贯彻《公民道德建设实施纲要》和《军人道德规范》，共同开展道德实践活动，8万个军民共学雷锋小组常年活跃在城乡基层。广泛开展丰富多彩、健康向上的军民联欢联谊活动，连续十二年举办的全国军民迎新春文艺晚会，高扬时代主旋律，成为政治影响广泛、振奋军心民心的艺术精品名牌。围绕创建文明城市、文明村镇、文明行业，军民共建活动不断深入发展，开展多年的军民共建青藏、川藏文明运输线，京九、京广铁路文明站区等，在群众性精神文明创建活动中发挥了示范带头作用。

——军地合力抗御严重灾害，保护国家财产和人民群众生命安全。各地各部队始终把军民团结协作作为抢险救灾的强大力量，普遍建立军地协调机制，完善应急预案，共同做好人员、技术、物资等多方面准备。发生灾情险情，广大军民总是密切配合，协调行动，团结一致地战胜灾害。全军和武警部队视灾情为命令，哪里最危急就出现在哪里，哪里最艰险就战斗在哪里。地方政府和人民群众全力保障部队抢险救灾，部队需要什么就提供什么，哪里有抢险部队哪里就有拥军热潮。十多年来，军民共同参加抗洪、抗震、抗雪、扑火等抢险救灾上千次。特别是在 1998 年长江、嫩江、松花江流域抗洪斗争中，全军和武警部队 30 余万官兵与人民群众并肩作战，夺取了抢堵九江决口、坚守荆江大堤、保卫大庆油田等一系列重大胜利，创造了人类历史上征服自然灾害的奇迹。去年，面对突如其来的非典疫情，在党中央的坚强领导下，全国军民万众一心，众志成城，同疫病灾害展开了顽强抗争。来自全军和武警部队的 1300 多名医护人员，在小汤山医院连续奋战 50 余天，救治非典患者 600 多人，以高治愈率、低死亡率、零感染率的奇迹，谱写了人民军队为人民的光辉篇章。

——加强政策法规建设，促进拥军优属拥政爱民工作落实。针对双拥工作遇到的新情况新问题，军地各级、各部门十分重视加强政策法规建设。国家相继颁发了《兵役法》、《军事设施保护法》、《国防法》等法律，有关部门出台了转业退伍军人安置、随军家属就业、维护军人及其家属合法权益等政策规定；军委、总部制定了规范军队社会交往行为、执行群众纪律等意见；全国 20 多个省（区、市）出台了综合性双拥政策法规，大多数地（市）、县制定了具体办法。各地各部队采取有力措施，认真抓了双拥政策法规的落实。十多年来，各级政府和有关部门积极创造条件，妥善安置军队转业干部 60 余万人、退役士兵 700 多万人、伤残士兵 5 万多人、随军家属 90 多万人，10 多万名军队离退休干部和无军籍职工的政治、生活待遇得到较好落实，军人子女入学入托在许多地方享受到优惠政策。中央和地方各级政府累计投入经费 700 多亿元，各地广泛开展“爱心献功臣行动”，较好解决了在乡老红军、老烈属、伤残军人、老复员军人的生活、住房、医疗困难。全国普遍建立维护军人及其家属合法权益的组织机构，及时妥善解决官兵涉法问题上万起。全军和武警部队模范遵守党的政策和国家法律法令，严格执行军队纪律，树立了遵纪爱民的良好形象。军地双方从维护稳定大局出发，妥善处理历史遗留问题和现实矛盾，军民纠纷明显减少，军政军民团结不断得到巩固和加强。

——深入开展创建双拥模范城（县）等群众性活动，双拥工作整体水平明显提高。十多年前，适应亿万军民思稳定、求团结的强烈愿望，创建双拥模范城（县）活动应运而生。各地各部队普遍把双拥模范城（县）看成是很高的政治荣誉，按照命名标准制定规划，明确目标，完善措施，动员和组织党政军民齐心协力做好创建工作，不断掀起双拥热潮。这项活动开展以来，全国已先后 7 次命名双拥模范城（县），300 多个城（县）获此殊荣，还有 600 多个城（县）被省、自治区、直辖市命名。这些城（县）双拥氛围浓厚，政策法规落实，拥军特事特办成为自觉行动，军政军民关系和谐融洽，创建活动已成为加强军政军民团结，促进军地改革发展的重要载体和有效途径。同时，许多地区和部队还积极开展“双三好”、“科技双拥”、“三个光荣”等群众性活动，探索行业双拥、新经济组织拥军等新路子，推动了双拥工作深入发展。十多年来，全国涌现出一大批双拥先进典型，这次命名表彰的双拥模范城（县）、双拥模范单位和个人，就是其中的突出代表，对弘扬双拥光荣传统将起到引领和激励作用。

十多年来，双拥工作在继承优良传统的基础上不断发展，创造和积累了许多成功经验。主要是：必须坚持以党的科学理论为指导，用共同的政治基础凝聚军心民心，保证双拥工作始终沿着正确方向发展；必须自觉服从大局、服务中心，紧紧围绕国家和军队的改革与发展开展工作，促进经济实力和国防实力同步增强；必须按照立党为公、执政为民的要求，坚持办实事做好事解难事，实现、维护和发展好广大军民的根本利益；必须从政治上看待和处理军政军民关系问题，不断密切军队与人民群众的血肉联系，维护社会政治稳定大局；必须坚持与时俱进，不断拓展新领域、探索新形式、创造新经验，使双拥工作充满旺盛的生机和活力；必须切实把双拥工作作为党的事业和军队建设的重要内容，不断加大组织领导力度，形成军地齐抓共管的整体合力。这些宝贵经验，是党的科学理论指导双拥实践的成果，反映了新形势下双拥工作的特点和规律，必须长期坚持，自觉运用，并不断发展创新。

二、新世纪新阶段双拥工作的主要任务

进入新世纪新阶段，国际国内形势发生了深刻变化。世界多极化和经济全球化的趋势在曲折中发展，霸权主义和强权政治给国际战略格局和我国安全环境带来严重影响。西方敌对势力从未放弃对我实施“西化”、“分化”的政治图谋，民族分裂势力、宗教极端势力和暴力恐怖势力的破坏活动始终没有停止，“法轮功”等邪教组织仍在捣乱破坏，对我国社会政治稳定构成严重威胁。台海局势错综复杂，“台独”分子在分裂祖国的道路上越走越远，维护祖国统一的任务非常艰巨。我们正在进行的全面建设小康社会，是一项前无古人的伟大事业，前进道路上还将遇到种种困难和风险。处在这样一个重要时期，更加需要安全稳定的国际国内环境，需要充分发挥全党全军全国人民的积极性、创造性，需要党政军民齐心协力战胜各种困难。面对变化了的形势和任务，双拥工作必须确定新思路，谋求新发展，在国家和军队改革建设中争取更大的作为。

当前和今后一个时期，双拥工作总的要求是：以邓小平理论和“三个代表”重要思想为指导，全面贯彻十六大精神，认真落实党中央、国务院、中央军委关于加强军政军民团结的指示，紧紧围绕全面建设小康社会，以增强经济实力、国防实力和民族凝聚力为目标，以维护社会稳定、促进经济发展、推进军事斗争准备为重点，完善政策法规体系，解决热点难点问题，创新群众性活动方式，建立协调顺畅的运行机制，与时俱进抓好各项任务落实，巩固和发展军政军民团结，为国家改革发展稳定和军队现代化的跨越式发展提供可靠有力的保障。

（一）组织广大军民共同学习实践“三个代表”重要思想。“三个代表”重要思想，是马克思主义在中国发展的最新成果，是全党全军全国人民为实现新世纪新阶段的宏伟目标而奋斗的科学指南。各地各部队要按照党中央的部署和要求，组织军民学习“三个代表”重要思想，用党的最新理论成果把广大军民武装起来、凝聚起来，为建设中国特色社会主义事业而奋斗。充分发挥军地双方优势，开展军民共同学习实践“三个代表”重要思想活动，把科学理论的学习不断引向深入。坚持用“三个代表”重要思想指导双拥实践，进一步理清思路，明确方向，丰富内容，提高标准，使双拥工作在更高的起点上推进，更好地为国家和军队改革建设服务。深入进行双拥理论研究，总结具有时代特色的经验，力争推出一批有深度、有价值的理论成果，推出一批感染力强、社会影响大，充分反映改革创新实践的双拥宣传作品，指导和推动双拥工作不断发展。

（二）着眼于推进中国特色军事变革做好支持军队建设工作。建立强大的军队和巩固的国防，是维护国家安全统一和全面建设小康社会的重要保障，是全党全军全国人民的共同责任。各级党委、政府要围绕推进中国特色军事变革，更加扎实地做好支持国防和军队建设工作。要深入进行以爱国主义为核心的国防教育和双拥宣传教育，制定规范统一的国防教育纲要，开展形式多样的教育活动，引导广大干部群众牢固树立国家利益至上的观念，增强关心支持军队建设的责任感和自觉性。积极配合部队搞好体制编制调整改革，做好人员安置、单位交接、部队移防和军事设施保护等工作。切实把支持军事斗争准备作为拥军重点，配合部队完成野外驻训、海训和军事演习任务，支援重点军事工程建设，做好人民群众参战支前的各项准备，形成军地协调行动、共谋打赢的局面。研究制定支持军队实施人才战略工程的规划措施，多形式、多渠道帮助培养高素质新型军事人才。继续协助部队搞好基础设施建设，改善营区环境，做好后勤保障社会化工作。按照“平战结合、军民结合”的要求，加强未来战场建设，进行经济建设特别是基础设施建设，充分考虑军事需求，进一步形成经济建设与国防建设相互促进、协调发展的机制。

（三）积极组织部队参加和支持全面建设小康社会的伟大事业。实现全面建设小康社会的宏伟目标，需要党政军民的共同努力。全军和武警部队要按照军委、总部的指示，研究制定参加和支持全面建设小康社会的规划。进一步做好参加和支援西部大开发工作，集中力量援建基础设施建设的重点工程，参加植树种草、防风治沙等生态环境治理。国家和地方有关部门，要把军队援建工作纳入西部大开发总体规划，研究制定有关政策，从资金、项目、技术等方面为部队创造条件。发挥部队人才、技术等优势，积极支持东北等老工业基地的振兴。组织部队开展扶贫帮困，参与“兴边富民”行动，加大教育、科技、文化、卫生等扶贫力度。继续做好抢险救灾工作，研究掌握自然灾害的特点规律，制定应急方案，确保一有灾情，部队能够迅速行动，圆满完成任务。着眼于促进社会主义物质文明、政治文明和精神文明协调发展，扎实开展军民共建活动，大力传播新思想、新道德、新风尚，弘扬和培育民族精神，总结宣扬典型，不断提高军民共建的层次和水平。

（四）围绕保持社会政治稳定加强军地团结协作。完成改革发展的各项任务，必须保持和谐稳定的社会环境。各地各部队要把维护社会政治稳定作为双拥工作的重要任务，教育广大军民充分认清保持社会政治稳定的极端重要性，倍加顾全大局，倍加珍视团结，倍加维护稳定。组织军民积极参加民族团结进步活动，搞好党的民族宗教政策的宣传教育，旗帜鲜明地维护社会稳定、维护民族团结、维护祖国统一。引导转业退伍军人珍惜荣誉，发扬传统，自觉维护稳定大局。加强军警民联防，依法维护社会治安秩序。对一些危害国家安全和社会稳定的突发性事件，部队和地方要密切配合，及时果断处置，千方百计消除不稳定因素。军地双方要从维护稳定大局出发，积极预防和妥善处理军民纠纷。对军地历史遗留问题，要认真梳理，尽快解决，防止久拖不决引发纠纷。

（五）认真抓好拥军优抚安置政策落实。拥军优抚安置工作，涉及部队官兵和优抚对象的切身利益，直接关系军队稳定、国防巩固和社会发展。各级党委、政府必须引起高度重视，切实抓好落实。要坚持计划分配和自主择业相结合，做好军队转业干部安置工作。调整军队离退休干部安置政策，加快接收安置进度，确保政治、生活待遇落实。采取政府安排、扶持就业、经济补助等多种形式，拓宽城镇退役士兵安置渠道。进一步完善政策，及时妥善安置滞留部队的伤病残人员。采取对口安置、双向选择、政策扶持等办法，搞好随军家属就业安置，暂时不能就业的，要酌情给予适当的生活补助。坚持国家保障和社会优待相结合，保证重点优抚对象达到或高于当地人民群众的生活水平。及时妥善处理部队官兵涉法问题，维护军人及其家属合法权益。要针对拥军优抚安置工作遇到的矛盾和问题，加强政策法规建设，抓紧修订《军人抚恤优待条例》、《退役士兵安置条例》，起草《军人权益保障法》等法律草案，力争尽早出台，促进拥军优抚安置工作的落实。

（六）以改革创新精神推进双拥工作深入发展。要发扬与时俱进精神，认真分析新形势下双拥工作出现的新情况新变化，研究加强军政军民团结的新思路、新办法。积极探索新型经济组织和新的社会阶层开展拥军活动的途径和办法，扩大双拥工作的群众基础。组织开展行业拥军、社区拥军，推进双拥工作社会化。不断完善双拥工作运行机制，把政府行为与社会行为、以情双拥与依法双拥、行政调节与市场调节结合起来，保证各项任务落实。进一步完善双拥模范城（县）命名标准，强化激励竞争机制，提高创建活动质量；广泛开展争创双拥模范单位、争当双拥模范个人活动，推动群众性双拥活动深入发展。加强对外交流，研究借鉴一些国家协调军地关系的做法，开阔视野，拓宽双拥工作思路。

三、切实加强双拥工作的组织领导

双拥工作是一项事关全局的战略性任务和社会工程，需要强有力的组织领导作保证。各级党委、政府和军队领导机关，要适应新形势新任务要求，进一步加强组织领导，加大协调力度，形成领导重视、部门参与、军地互动的工作格局，保证双拥工作持续深入发展，保证军政军民团结作用的有效发挥。

（一）切实把双拥工作纳入经济社会发展和部队建设的总体规划。各地各部队要从战略全局出发，高度重视双拥工作，坚持与经济社会发展和部队建设有机结合，统筹规划，同步实施，做到有明确的任务目标，有具体的实施计划，有完善的保障措施。各级党委、政府和军事领导机关要把双拥工作纳入重要议事日程，经常分析形势，研究解决重大问题。党政军主要领导要身体力行，带头参加双拥活动，影响和带动双拥工作的广泛开展。要把双拥工作作为领导干部政绩考核的重要内容，进一步强化抓好双拥工作的责任意识。

（二）充分发挥双拥工作领导小组和双拥办的职能作用。各级双拥工作领导小组是双拥工作的组织领导机构，要以对国家和军队建设高度负责的精神，认真履行组织、协调、指导双拥工作的职能。加强双拥资源的整合，建立领导小组成员单位双拥工作重大事项报告制度、年度工作汇报制度，充分发挥各部门、各单位的职能作用。领导小组成员单位要紧密结合担负的双拥工作任务，制定完善有关政策规定，加强工作督导，保证各项任务在本单位、本部门、本系统的落实。各级双拥办是双拥工作领导小组的办事机构，要切实加强双拥办建设，配齐配强干部，落实办公经费，完善合署办公制度，保证各项工作有序运转。开展创建先进双拥办活动，促进各级双拥办的全面建设。

（三）建立完善军地关系协调机制。双拥工作涉及军地许多方面，必须形成协调顺畅的工作机制。要坚持联席会议、定期走访、信息通报等制度，及时沟通军地联系，协商开展双拥活动，协调解决军民关系问题。加强军地协作，在国防教育、军民共建、抢险救灾、训练演习损失赔偿、保护军事设施、维护军人合法权益、预防和处理军民纠纷等方面，形成军地协调、齐抓共管的合力。军地双拥工作职能部门，要积极为党政军领导当好参谋，与有关部门密切配合，协调一致地开展双拥工作。省军区系统要组织协调好部队同政府、群众之间的联系，搞好驻军拥政爱民活动的协调，在密切军政军民关系中当好桥梁和纽带。

（四）加强对基层双拥工作的指导。基层是双拥工作的基础，要按照“组织健全、政策落实、活动经常、关系融洽”的要求，下大力抓好基层的双拥工作。无论是创建双拥模范城（县），还是开展军民共建活动，都要着眼基层，立足基层，把各项任务在基层落实作为衡量工作、评选先进的基本标准。进一步健全基层群众性双拥组织，完善服务网络，推动双拥工作进工厂、进乡村、进机关、进学校、进社区、进连队。建立领导干部双拥工作联系点制度，帮助基层解决实际问题。坚持典型引路，大力培养和宣扬先进典型，推动双拥工作广泛开展和各项任务落实。

同志们，新世纪新阶段的双拥工作任务光荣而艰巨。让我们紧密团结在以胡锦涛同志为总书记的党中央周围，坚持以邓小平理论和“三个代表”重要思想为指导，全面贯彻十六大精神，与时俱进，开拓进取，励精图治，扎实工作，不断巩固和发展军政军民团结的大好局面，为实现全面建设小康社会的宏伟目标作出新贡献。

刘淇同志在首都军政座谈会上的讲话

（2004年1月17日）

同志们：

在新春佳节即将来临之际，我们在这里欢聚一堂，共叙军政军民情谊，共商首都双拥工作大计。这对于深入学习贯彻“三个代表”重要思想，全面落实党的十六大和十六届三中全会精神，进一步加强军政军民团结，促进首都的改革发展稳定和部队建设具有重要意义。借此机会，我代表北京市委、市人大、市政府、市政协和全市人民，向长期以来关心、支持北京市建设与发展的解放军四总部、驻京部队各大单位、武警部队和民政部的领导表示衷心的感谢！向为首都现代化建设作出重要贡献的驻京解放军、武警部队全体官兵致以崇高的敬意和节日问候！

刚刚过去的2003年，是首都发展进程中很不平凡的一年。在以胡锦涛同志为总书记的党中央正确领导下，在中央各部门、解放军、武警部队及兄弟省市的大力支持下，全市人民万众一心，奋力拼搏，取得了抗击非典斗争的阶段性重大胜利。首都经济社会保持了良好的发展势头，城乡人民生活水平不断提高，奥运会的各项筹办工作进展顺利，精神文明建设、民主法制建设和党的建设进一步加强，军政军民关系更加融洽。首都工作呈现出“心齐气顺、共谋发展”的良好态势。

首都现代化建设的成绩，离不开驻京部队的大力支持，离不开广大官兵的积极参与。在过去的一年里，驻京解放军和武警部队，发扬拥政爱民的光荣传统，视首都为第二故乡，驻首都、爱首都、建首都，为首都的经济发展和社会进步作出了重要贡献。驻京部队积极参加首都环境综合治理和植树绿化劳动。军委郭伯雄、曹刚川副主席亲自率领四总部、驻京部队各大单位80多位将军带头参加植树劳动。驻京部队还积极参加扶贫帮困活动，扶助地方教育事业，勇于承担急难险重任务。特别是在首都地区发生非典疫情后，驻京部队与首都人民风雨同舟，患难与共，积极主动协助北京市做好防治工作，先后支援防护设备、用具1万余套，出动车辆1000多台次抢运防疫物资；在抗击非典的紧要关头，人民解放军、武警部队鼎力支援小汤山医院的建设和医疗救治工作，充分发扬特别能吃苦、特别能战斗、特别能奉献的精神，不辱使命、不负重托，为赢得这场抗击非典斗争的胜利作出了不可磨灭的贡献。这些都充分体现了人民军队拥政爱民的优良传统，在首都人民心中树立了子弟兵文明之师、威武之师的良好形象。

2004年，是全面落实党的十六大和十六届三中全会精神、实现“十五”计划目标的关键一年，也是首都抓住机遇、加快发展，实现“新北京、新奥运”战略构想的重要一年。完成今年的各项任务，离不开驻京部队广大官兵的支持和参与。双拥工作是我们在长期革命和建设中形成的政治优势和优良传统，必须发扬光大。要认真落实全国拥军优属拥政爱民工作会议和党中央、国务院、中央军委关于做好双拥工作的指示精神，充分认识双拥工作在首都建设和军队现代化建设中的重要地位和作用，进一步开创双拥工作新局面。全市各级党委、政府要始终坚持国防建设与经济建设协调发展的方针，抓经济不忘国防，把支持部队建设作为义不容辞的责任，满腔热情地办拥军实事。要继续做好支持驻京部队后勤保障社会化改革工作，大力开展科技、智力和法律拥军活动，发挥首都高等院校和科研单位多，教育资源丰厚的优势，为部队培养更多的高素质新型军事人才和两用人才，为实现科技强军战略，推进中国特色新军事变革作贡献。要认真落实好安置政策，积极接收、妥善安置好军队转业干部、复员退伍军人、部队随军家属和军队离退休干部，以实际行动支持军队体制编制调整改革。要积极做好优抚工作，进一步解决好优抚对象生活、住房、医疗难的问题。要继续深入地开展军民共建社会主义精神文明活动，广泛深入地进行双拥宣传和国防教育，进一步增强全民国防观念和履行国防义务的自觉性。

在新的一年里，我们衷心希望驻京解放军、武警部队一如既往地关心支持、积极参与首都现代化建设，进一步巩固和发展军政军民团结的大好局面，为首都实现“新北京、新奥运”的战略构想作出新的更大贡献。

徐才厚同志在首都军政座谈会上的讲话

（2004年1月17日）

同志们：

今天，首都党政军领导欢聚一堂，共庆新春佳节，共叙鱼水情谊。我代表解放军四总部、驻京部队各大单位和武警部队领导机关，向热情关心、大力支持军队建设的北京市各级党委、政府和广大人民群众表示诚挚的敬意和衷心的感谢，并致以节日的问候！

刚刚过去的2003年，是党和国家发展史上重要而又很不寻常的一年。面对复杂多变的国际形势，面对突如其来的非典疫情，面对频繁发生的自然灾害，全党全军全国各族人民在以胡锦涛同志为总书记的党中央坚强领导下，坚持以邓小平理论和“三个代表”重要思想为指导，认真贯彻党的十六大精神，万众一心，团结奋斗，战胜了重重困难，赢得了改革开放和社会主义现代化建设的新胜利。特别是首都北京，经受住了抗击非典斗争的严峻考验，社会政治稳定，经济快速增长，城乡建设持续发展，人民生活水平不断提高，到处呈现欣欣向荣、蒸蒸日上的喜人景象。

北京市委、市政府在实施“新北京、新奥运”的发展战略中，始终把加强军政军民团结作为一件大事来抓。刘淇书记、王岐山代市长等领导同志，高度重视双拥工作，带头参加重要活动，经常走访慰问部队，亲自协调解决有关问题。各级党委、政府动真情、办实事，投入大量人力、物力和财力，帮助部队解决教育训练、战备执勤和工作生活中遇到的实际困难。各有关部门和单位认真落实拥军优属政策法规，想方设法安置转业干部、退役士兵、随军家属，维护国防利益和军人军属合法权益。许多院校和科研单位，积极帮助部队培养高素质新型军事人才，支持推进中国特色军事变革。驻京部队把首都人民的关心厚爱作为巨大动力，忠实履行全心全意为人民服务的宗旨，大力支持和参加北京市各项建设事业，为首都经济发展和社会进步作出了应有的贡献。

令人难忘的是，在抗击非典斗争中，首都军民患难与共，并肩战斗。从抢救治疗非典患者，开展群防群治，到病毒检测防治的科研攻关，无不凝聚着军政军民团结的伟大力量，在抗击非典的关键时刻，根据江主席和中央军委的命令，全军和武警部队的1300多名医护人员，迅速开赴小汤山医院，与首都广大医护工作者一道，不惧危险、顽强拼搏，全力做好医疗救治工作，谱写了首都军民团结战斗的新篇章。事实再一次说明，只要在党的领导下，军政军民团结一心，就没有克服不了的困难，就没有战胜不了的敌人，我们的事业就无往而不胜。

今年，是落实十六大和十六届三中全会精神，实现“十五”计划的关键一年，也是推进中国特色军事变革和军事斗争准备、实现我军现代化跨越式发展的重要一年。深入做好双拥工作，巩固和发展军政军民团结的大好局面，意义十分重大。党的三代领导核心对双拥工作一贯高度重视，新一届中央领导集体明确强调，要广泛深入地开展双拥共建活动，加强军政军民团结。最近召开的全国拥军优属拥政爱民工作会议，系统总结了新形势下双拥工作经验，对新世纪新阶段双拥工作作出了全面部署，我们要认真学习领会，坚决贯彻落实。

首都北京作为全国的政治、文化中心和国际交流中心，在国家改革、发展、稳定大局中有着特殊重要的地位和作用。驻京部队要深入进行我军性质、宗旨和光荣传统教育，牢固树立首都意识，进一步增强驻首都、爱首都、建首都的使命感和责任感，模范遵守国家的政策法律，遵守北京市的各项法规，为建设民主法制之都、文明有序之都、安全稳定之都贡献力量。围绕“新北京、新奥运”的战略构想和发展目标，积极支援北京市的各项建设，深入开展创建双拥模范城（县）和军民共建活动，虚心学习首都人民的先进思想、优秀品质和改革创新精神，促进首都物质文明、政治文明和精神文明的协调发展，促进部队革命化、现代化、正规化建设。

一年初复始，万象又更新，让我们在以胡锦涛同志为总书记的党中央领导下，高举邓小平理论和“三个代表”重要思想的伟大旗帜，军政军民同呼吸、共命运、心连心，为实现全面建设小康社会的奋斗目标，为推进中国特色军事变革和军事斗争准备，作出新的贡献。

罗平飞同志在首都军政座谈会上的讲话

（2004 年 1 月 17 日）

同志们：

在举国上下兴起认真学习“三个代表”重要思想新高潮，深入贯彻十六大和十六届三中全会精神，喜迎新春佳节到来之际，北京市委、市政府在这里召开首都军政座谈会，同叙鱼水深情，共商双拥大计，这对于进一步巩固和发展首都军政军民团结，维护改革发展稳定的大局，促进军地各项事业的发展，都具有十分重要的意义。借此机会，我代表民政部和全国双拥办，向为保卫首都、建设首都作出巨大贡献的驻京部队全体官兵，向全市烈军属、革命伤残军人、转业复员退伍军人、军队离退休干部，向历来高度重视、全力支持、积极参与双拥工作的首都各级党政军领导以及广大军民，表示崇高的敬意和节日的问候！

刚刚过去的一年，是贯彻落实十六大精神、全面建设小康社会的开局之年。一年来，在以胡锦涛同志为总书记的党中央领导下，我们党胜利召开了具有历史意义的十六届三中全会，作出了《关于完善社会主义市场经济体制若干问题的决定》，进一步描绘了全面、协调、可持续发展中国特色社会主义的宏伟蓝图。我们战胜了突如其来的非典疫情，并继续保持了政治稳定，经济繁荣，民族团结，社会进步，人民安居乐业，综合国力和国际竞争力明显增强。全军部队坚持以江泽民国防和军队建设思想为指导，紧紧围绕“打得赢、不变质”两大历史课题和完成“机械化、信息化建设”双重历史任务，积极推进中国特色军事变革，扎实做好军事斗争准备，不断深化体制编制调整和后勤保障社会化改革，政治、军事、后勤、装备等各方面建设都迈出了新的步伐。特别值得我们引以自豪和荣幸的是，神舟五号载人飞船把我国首位航天员成功送入太空并安全返回，世界为之震惊，神州为之欢呼。首都北京的经济持续快速健康发展，各项改革全面推进，城市面貌日新月异，精神文明建设成效显著。伴随着改革开放和现代化建设步伐前进的双拥工作，在“三个代表”重要思想指引下，坚持围绕中心，服务大局，重在建设，立足基层，与时俱进，开拓创新，也取得了新的成绩。围绕贯彻落实江泽民同志“弘扬双拥工作传统、增强军政军民团结”题词，广泛开展纪念延安双拥运动60周年系列活动和国防、双拥教育；围绕加强国防和军队现代化建设，地方各级党委、政府主动配合部队做好以军事斗争准备为龙头的各项工作；围绕维护优抚安置对象合法权益，不断完善和落实双拥政策措施；围绕服从和服务于国家建设大局，各部队在完成教育训练、战备执勤等任务的同时，积极支持地方经济建设，等等。所有这些，进一步巩固和发展了“同呼吸、共命运、心连心”的新型军政军民关系，提高和扩大了双拥工作的地位和影响，为国家和军队的改革发展创造了良好环境。

首都军民有着拥军优属、拥政爱民的优良传统。一年来，全市军民在市委、市政府的领导下，认真贯彻落实党中央、国务院、中央军委关于做好双拥工作、加强军政军民团结的指示精神，着眼于发展社会生产力、提高部队战斗力和增强民族凝聚力，以评选双拥模范城（县）活动为载体，以“建首善、创一流”为目标，以抓基层为重点，深入扎实地开展双拥活动，取得了新的成绩。各级党委、政府和驻京部队自觉从战略和全局的高度，把双拥工作作为一项重要的政治任务，高度重视，加强领导，认真落实；深入开展以爱国主义为核心的国防和双拥宣传教育，“无兵不安、无军不稳”、“军政一家、军民一家”的思想进一步深入人心、付诸行动；面对突如其来的非典疫情，首都军民万众一心，众志成城，战胜了疫病灾害，续写了“人民军队为人民、人民军队人民爱”的新篇章；配合军队推进中国特色军事变革，做好军事斗争准备，注重发挥首都优势，大力开展科技、智力和法律拥军活动，积极支持驻京部队后勤保障社会化改革，千方百计做好转业复员退伍军人和军队离退休干部安置工作，妥善解决了随军家属及子女就业、入学等实际问题；认真落实优抚政策，不断提高抚恤补助标准，较好地解决了重点优抚对象的“三难”问题；广泛开展创建双拥模范城（县）、双拥工作进社区等群众性活动，促进了双拥工作在基层的进一步落实。驻京各部队自觉强化首都意识、政治意识和责任意识，积极做好拥政爱民工作，在支持首都经济建设、美化绿化环境、抢险救灾、维护社会治安、开展科技助民以及军民共建社会主义精神文明等方面，进一步展示了威武之师、文明之师的良好形象。实践证明，坚强的军政军民团结是保持首都社会政治稳定、推动经济发展、提高部队战斗力的重要保证和强大动力。

2004年，是全面贯彻十六大精神、加快实现小康目标的关键一年。双拥工作的任务很重。我们要坚持以邓小平理论和“三个代表”重要思想为指导，全面贯彻十六大和十六届三中全会精神，按照全国双拥工作会议要求，紧紧围绕全面建设小康社会，以增强经济实力、国防实力和民族凝聚力为目标，以维护改革发展稳定大局、推进军事斗争准备为重点，以完善双拥政策法规体系为手段，以解决热点难点问题为突破口，进一步创新方式、完善机制、抓好落实，不断巩固和发展军政军民团结的大好局面，为国家经济建设、为国防和军队现代化建设提供可靠有力的保障。

北京是我们伟大祖国的首都，是全国政治文化中心，也是对外开放的重要窗口。做好双拥工作，加强军政军民团结，不仅对维护首都政治稳定、经济发展和社会进步有着重要意义，而且对全国也将起到示范、激励和推动作用。全市军民要在市委、市政府和驻京机关的领导下，深入学习实践“三个代表”重要思想，认真贯彻中央关于双拥工作的一系列指示精神，着眼于推进中国特色军事变革，大力支持军队改革发展；着眼于全面建设小康社会的伟大事业，积极支持地方经济建设；着眼于保持社会政治稳定，切实加强军地团结协作；着眼于维护优抚安置对象的合法权益，认真抓好拥军优抚安置政策的贯彻落实，坚持与时俱进，开拓创新，再鼓一把劲，再努一把力，力争把双拥工作推向一个新的高度，以更加优异的成绩向建国五十五周年献礼。

罗平飞同志在全国双拥工作领导小组成员单位联络员会议上的讲话

（2004年6月23日）

同志们：

这次领导小组成员单位联络员会议，是根据全国双拥工作会议精神和全国双拥工作领导小组第十六次全会要求，对成员单位联络员调整后召开的第一次会议。会议的主要任务是传达学习国务院、中央军委［2004］15号文件，总结交流经验，研究如何发挥成员单位的职能作用，推动双拥工作发展创新。开好这次会议，对于我们进一步统一认识，理清思路，形成合力，抓好各项双拥工作任务的落实，具有十分重要的意义。在此，我代表全国双拥办的全体同志，向新担任双拥工作联络员的同志们表示热烈的欢迎！向多年来给予双拥办工作大力支持的各成员单位和各位联络员表示衷心的感谢！

年初召开的全国双拥工作会议，是新时期具有里程碑意义的双拥盛会。会议对当前和今后一个时期双拥工作的指导思想、基本任务、创新发展和组织领导提出了明确要求。如何围绕深入学习贯彻全国双拥工作会议精神，不断提高对新时期双拥工作地位作用的认识，进一步认清双拥工作面临的新形势新任务，更好地发挥成员单位的职能作用，推动各系统、各行业双拥工作的发展创新，是需要我们认真研究的一个重要课题。下面，我就这个问题谈点认识，与大家交流。

一、双拥工作是一项带全局性、战略性的任务，地位作用十分重要

拥军优属、拥政爱民，是我党我军我国人民的优良传统和特有的政治优势，是在长期的革命和建设实践中形成和发展起来的。毛泽东同志于1943年在延安亲自倡导和推动了双拥运动。邓小平同志在继承传统的基础上，倡导了军民共建社会主义精神文明和创建双拥模范城（县）活动。江泽民同志站在国家长治久安和民族兴旺发达的高度，提出了巩固和发展“同呼吸、共命运、心连心”新型军政军民关系的根本目标。胡锦涛同志多次强调要加强军政军民团结，形成国防建设与经济建设相互促进、协调发展的机制。进入改革开放和现代化建设的新时期，党中央、国务院、中央军委先后13次下发文件对加强军政军民团结提出意见和要求，7次批准召开全国双拥工作会议和双拥模范城（县）命名大会，中央政治局常委4次集体接见出席全国双拥模范城（县）命名大会的代表，中央领导同志连续15次集体参加春节军民联欢晚会。党中央、国务院、中央军委和老一辈无产阶级革命家之所以高度重视双拥工作，源于军政军民团结无论在战争年代，还是和平建设时期，始终都是我们战胜困难、夺取胜利的重要法宝，特别在全面推进小康社会建设的新形势下，地位更加重要，作用更为突出。

（一）双拥工作事关国家改革发展稳定的大局。双拥工作的核心是巩固和加强军政军民团结。军政军民团结既是我们党始终立于不败之地的强固根基，也是国家长治久安和中国特色社会主义事业兴旺发达的重要保证。这些年来，每当面临关系国家主权、安全和统一的严峻挑战，每当遇到各种政治风浪的重大考验，每当发生各种突发事件的关键时刻，我们都是依靠坚如磐石的军政军民团结，捍卫了国家和民族的尊严，维护了安全稳定的局面，保证了改革建设的顺利进行。当前，我国正处在社会转型、经济转轨的关键时期，坚持以邓小平理论和“三个代表”重要思想为指导，按照全面、协调、可持续的科学发展观要求，全面建设小康社会，更加需要以坚强的军政军民团结，争取和维护安全稳定的发展环境，动员和组织广大军民积极投身于各项改革和建设之中。

（二）双拥工作事关国防和军队现代化建设进程。建立强大的军队和巩固的国防，是维护祖国统一和全面建设小康社会的重要保证，是全党全军全国各族人民的共同责任。当前，恐怖主义、霸权主义对人类和平与发展构成严重威胁，西方敌对势力对我国实施“西化”、“分化”的图谋一直没有停止，我国与周边一些国家在边境、海域等方面存在不少潜在的矛盾，台海局势动荡不安、变数很大。要维护国家的安全统一，必须建立强大的国防。建立强大的国防，需要做的工作很多，其中，双拥工作做好了，就可以充分利用地方优势支援军队建设，帮助部队办实事、解难题，保证广大官兵集中精力练精兵，一门心思谋打赢；就可以积蓄人民战争的强大威力，把地方的综合实力转化为部队的作战能力，为夺取未来高技术战争的最后胜利提供保证。

（三）双拥工作事关维护广大军民的根本利益。维护好、实现好、发展好广大军民的根本利益，是对双拥工作的本质要求。双拥工作植根于军民之中，服务于军民。无论是做好转业退伍军人安置、随军家属就业、军人子女入学入托、重点优抚对象生活保障等工作，还是组织部队参加国家重点工程建设，开展扶贫帮困，进行抢险救灾和维护社会治安，事事都涉及广大军民的生产生活，件件都关系广大军民的切身利益。只有做到任何时候、任何情况下都坚持以人为本，贴近生活、贴近实际、贴近群众，情为军民所系、困为军民所解、利为军民所谋，双拥工作才有广泛的群众基础，才能保持旺盛的生机和活力。

总之，双拥工作不是一般性的业务工作，而是事关全局的政治任务；不是权宜之计，而是一项长期的战略任务；不是中心影响中心，不是大局牵动大局，必须抓紧抓好、抓出成效。

二、当前双拥工作出现许多新特点新变化，发展创新的任务十分紧迫

随着改革开放的不断深入和社会主义市场经济体制的逐步完善，双拥工作出现了许多新特点、新变化。一是所处环境发生了新的转变。广大军民的市场观念、竞争观念和效益观念明显增强，国防观念和双拥意识相对弱化；军地交往日益广泛、多样，各种利益相互交织，处理军民关系难度增大。二是工作主体出现了新的扩展。社会经济成份、组织形式、就业方式、利益关系和分配方式呈现多元化，新型经济组织和新的社会阶层已成为爱国拥军的重要力量。三是工作领域更加广阔。实施西部大开发、振兴东北等老工业基地、做好军事斗争准备、推进后勤保障社会化等，加大了军地在更大范围、更广领域的支持与合作。四是运行方式有了新的变化。随着社会主义法制的不断健全，双拥工作不仅要依靠感情通融、政府干预、行政调节，而且要把政府行为与社会行为、以情双拥与依法双拥、行政调节与市场调节结合起来。五是政策滞后带来了新的问题。军地在资源、房产、土地等方面的矛盾和纠纷增多，转业退伍军人和随军家属安置难、重点优抚对象医疗难等热点难点问题越来越突出。这些都迫切需要我们以新的理念，新的思维，把握趋势，揭示规律，采取措施，积极应对。

（一）切实依据会议精神理思路。这次全国双拥工作会议提出了许多新思想、新观点、新举措。强调邓小平理论和“三个代表”重要思想是双拥工作的指导思想；为增强经济实力、国防实力和民族凝聚力服务是双拥工作的根本目标；围绕发展抓双拥、抓好双拥促发展是双拥工作必须牢牢把握的基本原则；巩固和加强军政军民团结是双拥工作的核心所在，军民同心，其力断金；实现、维护和发展好广大军民的切身利益是双拥工作的本质要求；维护社会稳定、促进经济发展、推进军事斗争准备是新时期双拥工作的重中之重；重视双拥、支持双拥、推动双拥，完善政策法规体系、创新群众性活动方式、建立和完善运行机制是双拥工作的有效措施，等等。适应新形势下双拥工作的新特点、新变化，关键是要把这些创新思想学习好、理解好、运用好，真正用会议精神统一思想、谋划工作、指导实践。

（二）围绕促进军地改革发展做工作。服务全面建设小康社会，服务中国特色军事变革，服务社会政治稳定，是新时期双拥工作的重要任务。服务全面建设小康社会，就是围绕执政兴国第一要务开展工作，贯彻科学发展观，积极参加和支援西部大开发、东北等老工业基地振兴发展，做好援建重点工程、生态环境治理、抢险救灾等工作，开展军民共建社会主义精神文明活动，促进经济发展和社会进步。服务中国特色军事变革，就是围绕国家安全和发展战略开展工作，把推进军事斗争准备作为双拥重点，广泛开展科技拥军、教育拥军、智力拥军活动，支持做好体制编制调整改革、实施人才战略工程、后勤保障社会化等工作，帮助完成训练演习、战备执勤、科研试验和国防工程建设等各项任务，为军队现代化跨越式发展提供坚强有力的保障。服务社会政治稳定，就是密切关注国际形势的发展变化，关注影响国内社会政治稳定的各种因素，关注军民关系的新情况新问题，认真做好军政军民团结工作，化解各种矛盾和纠纷，搞好军警民联防联治，联手处理各种突发事件，为改革开放和现代化建设创造安全稳定的社会环境。

（三）坚持以与时俱进精神抓落实。双拥工作要永葆生机与活力，关键在坚持与时俱进，用改革的思路研究新情况，用创新的手段解决新问题。在工作指导上，应逐步实现由注重帮助部队解决眼前实际困难向注重支持部队长远建设转变，由注重保障部队生产生活向注重支持部队提高打赢能力转变，由组织传统的拥政爱民活动向集中支援地方开发建设方面转变。在工作主体和对象上，积极适应社会经济成份、组织形式、就业方式的多样化，引导和保护新型经济组织和新的社会阶层爱国拥军热情，开展多种形式的双拥活动，拓宽双拥工作的领域和范围，扩大双拥工作的群众基础。在工作运行机制上，充分发挥领导小组成员单位的作用，加强军地联系协调，建立并坚持联席会议、定期走访、信息通报、报告工作等制度，推动双拥工作制度化、规范化、经常化。

三、成员单位负有职责范围内的组织、协调、指导职能，做好双拥工作的责任十分重大

为适应新形势下双拥工作的需要，1991 年 6 月，经党中央批准，国务院、中央军委决定成立全国拥军优属拥政爱民工作领导小组，吸收军地 20 多个部委为成员单位，统一指导和协调全国的双拥工作。十多年来，领导小组先后在陈俊生、罗干、司马义·艾买提和回良玉同志的领导下，建立完善双拥工作组织体系，协调处理军地关系中的重大问题，制定双拥工作的政策法规，指导各地各部队广泛开展群众性的双拥活动，有力推动了双拥工作的深入发展。各成员单位对双拥工作高度重视，认真履行职能，积极给领导小组当好参谋助手，扎实抓好本系统、本行业的双拥工作，在推进军事斗争准备，支持部队实施人才战略工程，完成体制编制调整改革、后勤保障社会化和援建国家重点工程、抢险救灾等方面，发挥了重要作用，作出了突出贡献。

去年，国务院机构改革和政府换届后，领导小组成员作了较大调整，成员单位由原来的 29 个增加到 36 个。最近，根据全国双拥工作会议精神，领导小组重新颁布了成员单位双拥工作职责，并提出了明确要求。如何适应新的形势，发挥好成员单位的职能作用，把各项要求落到实处，是一个非常现实的问题。从工作指导上看，当前应注意把握好以下几点：

（一）在结合渗透上做文章。双拥工作涉及各部门、各系统，与许多业务工作有着千丝万缕的联系。一方面，业务工作为开展双拥活动提供了广阔的平台，另一方面，做好双拥工作又能促进业务建设，二者相得益彰，互为作用。多年来的实践证明，各部门、各系统能不能很好地履行双拥工作职责，发挥好职能作用，关键要看善不善谋渗透的良策，会不会做结合的工作。在这方面，各成员单位总结了许多行之有效的经验和做法，有的把双拥工作与业务建设同步规划、同步实施、同步推进；有的把双拥工作纳入考核评比的范围，细化内容，量化指标，作为单位或个人政绩的重要方面；有的发挥行业优势开展双拥活动，集中力量办一些深受军民欢迎的实事好事，取得了经济效益和军事效益双丰收，等等。这些经验和做法，反映了各成员单位与时俱进做好工作的创造性和能动性，适应了双拥工作与业务建设相互作用、协调发展的内在要求，体现了双拥工作的科学内涵和时代特征，值得借鉴推广。

（二）在依法双拥上求突破。全国双拥工作会议强调，推动双拥工作发展创新，要坚持以情双拥与依法双拥相结合。以情双拥是做好双拥工作的前提和基础，依法双拥是推动双拥工作深入发展的根本保证。领导小组各成员单位是部门和行业的决策机构，在依法双拥中具有特殊重要的地位和作用。坚持依法双拥，应本着“落实已有的、完善不足的、填补空缺的”原则，逐步建立和完善与市场经济相接轨、与法律规范相协调、与行政行为相一致、与优良传统相承接的双拥政策法规体系。当前，要抓紧完善转业退伍军人安置、随军家属就业和军人子女入学入托、军人及其家属合法权益保护等方面的政策措施，制定出台重点优抚对象医疗、抢险救灾以及新型经济组织和新的社会阶层拥军等方面的政策法规，进一步推动依法双拥的贯彻落实。

（三）在形成合力上下功夫。双拥工作是一项社会性很强的系统工程，涵盖政治、经济、军事、科技、文化等各个领域，只有把各系统、各行业的力量凝聚起来，把领导和群众的积极性调动起来，才能形成部门各司其职、行业共同参与、军地齐抓共管的整体合力。要做到这一点，需要正确处理好局部利益与整体利益的关系，进一步强化双拥“一盘棋”的思想，谋划业务建设、制定工作规划、研究重大问题，充分考虑军地改革建设的实际需要，兼顾经济效益、军事效益、社会效益，努力使双拥工作与业务建设同频共振，取得最佳的综合效益。需要充分发挥部门和行业优势，实现资源共享、优势互补，以各系统、各行业双拥工作的发展推动全国双拥工作整体水平的提高。需要建立完善协调顺畅的工作机制，加强军地之间、部门之间、行业之间的沟通和联系，相互支持，密切协作，促进双拥工作在更大领域开展、在各个方面落实。

同志们，成员单位双拥工作联络员是沟通领导小组与成员单位联系的桥梁纽带，负责了解掌握领导小组的指示和要求，向本单位领导搞好汇报，提出工作建议；及时与领导小组办公室沟通情况，交流信息；协调本单位的双拥活动，落实领导交办的有关双拥事宜等，工作重要，责任很大。我们真诚地欢迎大家与双拥办多沟通、多联系，对双拥办的工作多支持、多帮助、多提宝贵意见，共同完成好领导小组赋予的工作任务。

常生荣同志在全国双拥工作领导小组成员单位联络员会议上的讲话

（2004 年 6 月 24 日）

同志们：

这次联络员会议，是根据全国双拥工作会议精神和领导小组第十六次全会要求召开的，也是贯彻落实双拥工作会议精神的一个实际举措。首先，我代表总政领导和机关，代表罗主任和全国双拥办，向出席会议的各位联络员，向多年来关心支持军队建设和双拥工作的中央、国家机关各部委表示衷心的感谢！

在国务院、中央军委批转全国双拥工作会议纪要，领导小组颁发新的成员单位双拥工作职责，各成员单位调整联络员之后，召开这次会议，时机恰到好处；会议围绕贯彻全国双拥工作会议精神和领导小组第十六次全会要求，集中研究成员单位如何结合业务做好双拥工作、充分发挥职能作用问题，主题鲜明；会上传达了双拥工作会议纪要，学习了双拥工作职责，进行了情况介绍和经验交流，梳理了新形势下双拥工作面临的新情况新问题，研究了解决的办法和措施，内容比较丰富。特别是情况介绍和经验交流，很简要，很实在，可以看出中央和国家机关各部委对双拥工作非常关心，从国家长治久安的高度重视军政军民团结问题；认识很高，看作是事关全局的战略问题，看作是全国各行业、各战线的共同责任，做了大量实实在在的工作。听了介绍，看了材料，感到很受教育和鼓舞。大家提的一些建议很有见地，我们将认真研究，并体现在今后的工作之中。双拥工作很重要的内容是支持国防和军队建设，增进军政军民之间的密切关系。我们对中央和国家机关，为支持部队建设所做的工作表示敬意！这次会后，双拥办将认真综合整理一个材料，报送领导小组和各成员单位，并下发各省区市和军队各大单位，以供借鉴。我们也将把各单位的材料，陆续在《全国双拥工作简报》上反映。昨天，罗主任已经作了重要讲话，希望大家认真贯彻。下面，我扼要地介绍一下大家想知道的有关情况，以便开展工作。

双拥工作有很久的历史渊源。早在红军初创时期，我们党和毛泽东同志就提出了工农红军离不开工农群众的思想，要求军队爱护人民群众，苏区政府和人民支援红军、优待军属。抗日战争时期，为了巩固和发展抗日根据地，扩大抗日民族统一战线，陕甘宁边区政府组织开展了“拥护军队、优待抗日军人家属”活动，八路军留守兵团开展了“拥护政府、爱护人民”活动，改善和密切了边区的军政军民关系，形成了军民团结、共御外侮的生动局面。1943年1月，毛泽东同志充分肯定了陕甘宁边区的做法，号召各根据地军民普遍开展这一活动，从而使双拥运动从延安迅速发展到各个抗日根据地，掀起了前所未有的双拥热潮。这就是我们所常说的双拥运动多少周年的由来，到今年是61周年。解放战争时期，广大军民携手并肩，浴血奋战，以排山倒海之势、雷霆万钧之力，迅速摧毁了国民党反动统治，双拥工作所形成的坚强的军政军民团结，在夺取新民主主义革命胜利中发挥了重要作用。新中国成立后，特别是改革开放以来，双拥工作理论不断完善，内容不断拓展，形式不断创新，以军民共建社会主义精神文明为载体，广大军民参与双拥工作的热情空前高涨；以创建双拥模范城（县）为龙头，群众性双拥活动蓬勃兴起、持久不衰，广大军民在经济建设的主战场上通力合作，在三个文明建设中相互促进，在维护国家安全、统一和稳定中密切配合，在抗御严重自然灾害和重大疫病中并肩战斗，军政军民团结显示了强大力量。

为了推进双拥工作的发展，党和国家根据各个历史时期的形势和任务，先后召开过多次全国性的双拥会议。主要的有：1980年徐州全国双拥工作会议，1984年北京全国双拥工作会议，1987年佳木斯全国双拥工作会议，1991年福州全国双拥工作会议，1993年延安全国双拥工作会议和今年的全国双拥工作会议。这些会议都是根据党和国家、军队当时的主要任务召开的，并适应形势提出了双拥工作的任务，使双拥服务于党和国家、军队的中心工作。双拥模范城（县）是从1991年福州双拥会议开始的，之后又开过6次大的表彰会。这些重要会议，都有党和国家领导人参加和接见。会议研究的一些重大问题和政策，对推动双拥工作发展创新产生了重要作用。为了使大家更好地了解双拥工作的历史，熟悉有关政策规定和相关理论，我们正在编写双拥工作简史，主要是提供历史资料，供大家参阅。

回顾七十多年的历程，我们可以清楚地看到，双拥工作产生于土地革命战争时期，成熟于抗日战争时期，在社会主义建设特别是改革开放和发展社会主义市场经济的新时期，有了很大的创新发展。党中央、国务院、中央军委对双拥工作历来高度重视。毛泽东同志依据马克思主义基本原理，创立了人民军队建设的思想和人民战争理论，提出了军民一致的根本原则，作出了“兵民是胜利之本”的精辟论断，为双拥工作的形成和发展奠定了理论基础。邓小平同志在开创中国特色社会主义的伟大事业中，明确指出军民一致的原则不能变，要根据新的情况，从各个方面搞好军民关系，加强军政军民团结，并倡导开展了军民共建和创建双拥模范城（县）活动，使双拥工作从内容到形式都有了新的发展。党的十三届四中全会以来，江泽民同志对军政军民团结作了一系列重要论述，明确要求一定要站在国家长治久安、民族兴旺发达的高度，把加强军政军民团结作为重大的政治原则紧紧抓住不放，像爱护眼睛一样爱护军政军民团结，巩固和发展“同呼吸、共命运、心连心”的新型军政军民关系。以胡锦涛同志为总书记的新的中央领导集体对双拥工作高度重视，在中央政治局第五次集体学习和党的十六届三中全会上，胡锦涛同志强调，要广泛深入地开展双拥共建活动，加强军政军民团结，形成国防建设与经济建设相互促进、协调发展的机制。在国家经济发展、科技进步的基础上，实现国防和军队现代化的跨越式发展。这些论述是双拥工作的理论基础，也是双拥工作的长远指导思想。

在党和国家的关心重视和正确领导下，双拥工作在继承中发展，在改革中前进，取得了新的成绩和进步，有力地促进了国家的改革发展稳定和军队建设。同时，也创造和积累了许多反映中国革命和建设规律，具有时代特点和创新特色的成功经验。主要是：坚持以马列主义、毛泽东思想、邓小平理论和“三个代表”重要思想为指导，用建设中国特色社会主义的共同政治基础凝聚军心民心，保证双拥工作始终沿着正确方向发展；坚持围绕中心，服务大局，始终把党在各个时期、各个阶段的历史使命作为最高目标，促进经济实力、国防实力和民族凝聚力同步增强；坚持从政治上看待和处理军政军民关系问题，不断密切军队与人民群众的血肉联系，维护社会政治稳定大局；坚持深入持久地开展国防教育，增强全民国防观念，形成人人关心国家安全、勇于献身国防事业的社会风尚；坚持主题鲜明、富有时代特色的双拥形式，深入持久地开展军民共建和创建双拥模范城（县）活动，不断提高双拥工作的整体水平；坚持在地方党委、政府的统一领导下，发挥各级双拥领导机构和军地职能部门的作用，形成齐抓共管、各司其职的双拥工作运行机制。这些经验是在双拥实践中总结出来的，又指导双拥实践不断发展。

为了适应新形势新任务的要求，加强对双拥工作的指导，1991年6月，经党中央批准，国务院、中央军委成立了“全国拥军优属拥政爱民工作领导小组”，当时由国务委员陈俊生同志担任领导小组组长，中办、国办、民政部、总政治部领导担任副组长，中央党政军24个部门领导为成员，下设办公室，由民政部、总政治部抽组人员合署办公，负责领导小组的日常工作。形成这种机制，主要是考虑双拥工作不是哪一两个部门的事，需要各部门共同做，需要社会各个方面通力合作。实践证明，这种机制产生了重要作用。到目前为止，领导小组作了3次大的调整，罗干、司马义·艾买提和回良玉同志先后继任组长。领导小组现有1名组长，7名副组长，36个成员单位。各成员单位通过联络员与领导小组办公室沟通联系。这些年，各位联络员认真履行职责，积极发挥桥梁和纽带作用，为推动各项任务落实作出了贡献。2002年，我们在广州召开全国双拥办主任会议，第一次吸收联络员参加，与大家建立了联系，共同研究了双拥工作如何贯彻和落实“三个代表”重要思想的问题。这次是第二次，大家在一起互通情况，加深了解，增进友情，为我们更好地沟通联系、开展工作提供了平台，也为我们做好工作提供了许多有益的借鉴。有了这样的机制，就要真正发挥作用，把工作做实，把机制用活。像这样的联络活动，利于工作，利于军政军民团结，利于相互学习促进，我们力争每年都要组织一两次，一方面联络感情，一方面交流工作经验，另一方面向大家学习，把大家的好思想、好经验、好主意集中起来，促进双拥工作的发展。以后我们不仅要加强联系，互相介绍工作，还要同大家一起，研究一些实质性问题，不断提高工作的质量和水平。比如，双拥办的工作程序、职责等，应当怎样运作更为有效；比如，成员单位和联络员如何发挥作用，特别是大家多进行一些研讨，理性地思考一些问题；比如，双拥工作如何由行政型逐步转向法制型、机制型，都要通过研讨拿出对策。这些我们要不断去做，力争把工作做深、做实。

新世纪新阶段双拥工作任重而道远，更需要成员单位一如既往地给予关心和支持。各单位都是中央国家机关的重要职能部门，是出政策、管政策的。过去双拥工作的许多政策，是由中央和国家机关共同研究制定的，一些政策的落实，仍需要各部门共同去做。目前双拥工作遇到的一些矛盾和问题，都要靠成员单位共同研究制定相关政策，力求从制度上解决一些深层次问题。比如，为推动国防教育深入普及，我们正组织起草《全民国防教育大纲》，需要中宣部、民政部、教育部、团中央、全国总工会、全国妇联等部门大力协助。军队参加和支援西部大开发，在如何处理有偿支援与无偿支援的关系、享受地方开发建设的优惠待遇、帮助地方提供人才和技术支持、各项建设保障军事需求等方面，需要国家发改委、建设部、科技部、人事部、劳动和社会保障部、铁道部、交通部、信息产业部、农业部、卫生部等部门全力支持，研究制定有关政策，进行明确和规范。新形势下军民共建的对象、内容和组织方式都发生了很大变化，需要与中宣部、全国工商联、商务部、文化部等部门共同商定，对已有的政策办法进行修改完善，形成新的政策规定。训练演习损失赔偿问题，随着军事斗争准备的推进，矛盾越来越多，需要财政部、民政部、总参谋部、总后勤部等部门，共同研究法规性的赔偿办法，形成依法赔偿的机制。落实党管武装这个民兵建设的根本制度，需要中组部、国资委等部门支持，研究制定党管武装工作述职实施办法，规范述职的内容、形式、程序和方法。军人及其家属合法权益的维护，在市场经济条件下要靠法律法规保障，需要公安部、司法部、民政部等部门支持，研究起草军人权益保障法，依法维护军人及其家属的合法权益。预防和处理军民纠纷，需要同公安部等部门商量，在呈报、处理、协作等方面形成一致意见，制定有关的办法。军人子女特别是边远艰苦地区的军人子女教育，需要教育部多给予关注，出台优惠政策，在转学、升学、择校、收费等方面予以照顾。特别是适应军事斗争准备的发展，将来动员广大人民群众参战支前，已经提到了我们的工作日程，这历来也是军队群工部门的职责。随着市场经济的建立和发展，支前工作遇到许多新的情况，已不完全同于以往，我们将根据新的形势和变化，研究论证、起草制定符合市场经济规律的战时参战支前条例。这些都需要与中央和国家机关各部门共同商量，统一思想，形成共识，拿出实在管用的对策。我们群工办是军队同政府和人民群众联系的部门，需要掌握各部门、各行业的发展情况，以便更好地熟悉地方，了解社会，希望大家多给我们帮助，提供有关情况。以上所说的政策性问题，国务院、中央军委 15 号文件和回良玉副总理都作了强调。我们双拥办要按照 15 号文件和回副总理的要求，加强与各成员单位的沟通联系，主动做好工作。同时，也请大家与我们多联系，给我们多支持，共同完成好领导小组赋予的各项任务，为开创军政军民团结的新局面，为国家改革发展稳定和军队现代化建设作出更大的贡献。

罗平飞同志在全国省区市双拥办主任会议上的讲话

（2004 年 10 月 20 日）

同志们：

这次全国省区市双拥办主任会议，是经全国双拥工作领导小组批准召开的。主要任务是以邓小平理论和“三个代表”重要思想为指导，围绕深入贯彻落实党的十六届四中全会和全国双拥工作会议精神，交流情况，总结经验，研究对策，推动双拥工作深入发展。这次会议在上海市召开，市委、市政府非常重视，市民政局、市双拥办做了大量工作。在此，我代表全国双拥办和与会同志，表示衷心的感谢！

进入新世纪以来，我们党深刻总结了领导社会主义建设的丰富经验，先后提出了“三个代表”、依法行政、科学发展观、加强党的执政能力建设等一系列新思想、新举措、新要求。这既是新世纪我们党执政兴国的科学指南，也是新时期做好双拥工作的基本遵循。当前，如何坚持新理念、实践新要求，不断推动双拥工作深入发展，是需要我们认真研究的一个重要课题。会前，我认真翻阅了各地的汇报和交流材料，感到很受启发。下面，我就围绕这个问题谈几点意见，与大家一起交流。

一、进一步用全国双拥工作会议精神统一思想

年初召开的全国双拥工作会议，是新时期具有里程碑意义的双拥盛会。全面贯彻落实会议精神，是当前和今后一个时期的主要任务，准确把握会议精神、切实统一思想认识又是首要工作。我之所以在时隔9个月之后再次提出这个问题，主要基于以下三方面考虑：

（一）推动双拥工作深入发展，需要对会议精神进行再学习、再落实。全国双拥工作会议结束后，各地各部队坚持从践行“三个代表”重要思想、服务于全面建设小康社会、推进中国特色军事变革的战略高度，把贯彻会议精神、做好双拥工作作为大事来抓，党政军领导高度重视，业务部门认真组织，广大军民积极参与，迅速掀起了拥军优属、拥政爱民新高潮。但是，从我们调研和各地汇报情况看，无论是传达学习的进度、广度，还是贯彻落实的力度、深度，都还是初步的。有的对会议精神传达学习抓得不够深入，抓各级党政军领导和有关业务部门多一些，对基层军民的宣传教育不够；对会议盛况介绍多一些，深入宣传贯彻会议提出的新思想、新思路、新举措不够。有的依据会议精神建立健全双拥法规政策不够有力，特别是对民营企业拥军支出免税、部队与“两新组织”共建、重点优抚对象医疗保障、税费改革后农村义务兵家属优待金统筹等一些急需政策规范的方面，探索研究不够及时深入。有的在贯彻会议精神、加强双拥组织体系建设、充实工作力量、改善工作环境上效果不够明显等等。这些问题，影响了会议精神的贯彻落实和双拥工作的深入发展。

（二）全国双拥工作会议提出了许多新思想、新要求，需要深刻领会、创造性贯彻。会议强调，邓小平理论和“三个代表”重要思想是双拥工作的指导思想；为增强经济实力、国防实力和民族凝聚力服务是双拥工作的根本目标；围绕发展抓双拥、抓好双拥促发展是双拥工作必须牢牢把握的基本原则；巩固和加强军政军民团结是双拥工作的核心所在，军民同心，其力断金；实现、维护和发展好广大军民的根本利益是双拥工作的本质要求；促进经济发展、推进军事斗争准备、维护社会稳定是新时期双拥工作的重中之重；重视双拥、支持双拥、推动双拥，完善政策法规体系、创新活动方式、建立和完善运行机制是双拥工作的有效措施，等等。创新的思想需要创新的精神去落实。因此，仅靠一两次学习、一般性理解、浅层次贯彻不行，必须深入学习、深刻领会、创造性地落实。

（三）新形势下双拥工作出现了许多新特点、新变化，需要运用会议确定的指导原则谋对策、找办法。随着改革开放的深入和社会主义市场经济的发展，双拥工作所处的环境、面临的任务、遇到的问题以及工作领域、工作主体、管理体制、运行机制等，都发生了很大变化。这在为双拥工作深入发展提供有利因素的同时，也带来了新的矛盾和问题。全国双拥工作会议特别是国务院、中央军委批转的《会议纪要》，对新时期双拥工作的指导思想、主要任务、创新发展和组织领导作了进一步明确，为研究新情况、解决新问题、适应新变化指明了方向。我们只有深刻领会会议确定的基本原则、基本精神，切实把各种情况分析准，把创新措施推到位，把难点问题解决实，双拥工作才能有一个新的突破、上一个新的台阶。

总之，进一步学习领会会议精神、切实做好统一思想工作仍是当前和今后一个时期的重要任务。我们一定要克服浅尝辄止的倾向，树立常学不懈的观念；要向基层军民拓展，系统学习、全面领会；要紧密结合实际，采取多种形式，突出重点，抓住要害，融会贯通，创造性地贯彻落实。

二、自觉用科学发展观指导实践

全面树立和落实以人为本，全面、协调、可持续的发展观，是我们党以邓小平理论和“三个代表”重要思想为指导，从新世纪新阶段党和国家事业发展全局上提出的重大战略思想，它揭示了经济社会发展的客观规律，反映了我们党对发展问题的新认识。双拥工作贯彻科学发展观，必须坚持以人为本，实现好、维护好、发展好广大军民的根本利益；必须坚持全面协调，更好地服务于经济社会进步、服务于国防和军队现代化建设、服务于军政军民团结大局；必须坚持依法双拥，促进工作规范化、制度化、经常化。

（一）坚持以人为本。双拥工作植根于军民，服务于军民，做好这一工作最能体现以人为本思想。在实际工作中，要坚持“三个始终”：一是始终把维护广大军民的根本利益放在首要位置。做到考虑问题、谋划工作、形成决策，都要从维护广大军民的根本利益着想，从广大军民的实际需要出发，从广大军民最需要帮助的方面入手，真正摆上位置，放到首位，重点考虑，重点解决。二是始终把工作精力倾注于为广大军民排忧解难上。要深怀关爱军民之心，恪守为军民解愁之责，注意掌握广大军民特别是困难军民的疾苦，做到越是困难的地方，越是矛盾集中的地方，越要经常到那里去，了解他们的心声。要想方设法帮助他们解决实际困难，特别是对转业退伍军人安置、随军家属就业、重点优抚对象生活医疗住房保障、贫困地区群众生产生活等困难，要在政策允许的范围内，最大限度地帮助协调解决。三是始终把广大军民合法权益的保障程度、正当要求的满足程度作为检验双拥工作成效的重要尺度。坚持权为军民所用、情为军民所系、利为军民所谋，研究决策、制定规划、分析形势，都要围绕实现好、维护好、发展好军民根本利益去谋划、去思考、去对照，切实把代表广大军民根本利益体现在为他们谋长远、办实事、解难题上。

（二）坚持全面协调。双拥工作涉及各个领域、遍布各个阶层、惠及各个群体，只有始终保持全面发展、协调推进，才能不辱使命、不负重托，更好地履行职能。当前尤其要做到“三个统一”：一是政府行为与社会行为的统一。既要坚持无论社会主义市场经济如何发展，党和政府对双拥工作的领导地位不能动摇，确保双拥工作的正确方向，又要动员和组织全体社会成员，积极投身双拥实践，推动双拥工作进企业、进乡村、进机关、进学校、进社区、进连队。二是行政手段与市场调节的统一。从总体上讲，双拥工作属于政治任务范畴，具有显著的政治性特征。社会主义市场经济则强调市场配置资源。这就要求我们在工作中既要继续采用行政手段，又要注重发挥市场功能，切实把两者有机地结合起来。三是实现阶段性目标与做好经常性工作的统一。双拥工作不是权宜之计，而是一项战略任务，不能只限于节日期间的热热闹闹，不能满足于评比年月的轰轰烈烈，需要在兼顾社会效益、经济效益、国防效益的基础上，把实现阶段性目标寓于做好经常性工作之中，坚持脚踏实地、真抓实干，防止时冷时热、时紧时松，努力获得最大的综合效益。

（三）坚持依法双拥。依法治国是我国的基本方略，依法行政是建设现代法治政府的基本要求。要保持双拥工作持续发展，需要健全完善的政策法规作保障。近年来，双拥工作在法制化方面取得了显著成绩，党中央、国务院、中央军委先后批转、公布、印发了全国双拥工作会议纪要、军人抚恤优待条例、做好军休干部安置管理工作意见和扶持城镇退役士兵自谋职业优惠办法等一系列政策法规和重要文件，对于推动依法双拥发挥了重要作用。但就总体而言，双拥政策法规滞后于国家各项改革进程，健全完善的任务仍然十分繁重。当前，要本着“落实已有的、完善不足的、填补空白的”原则，抓紧研究军人权益保障、参战支前、退役士兵安置、训练演习损失赔偿、“两新组织”拥军、预防和处理军民纠纷、军人子女教育优惠等政策法规，逐步形成与市场经济相衔接、与国防建设相适应、与法律规范相协调、与优良传统相承接的双拥政策法规体系。希望各地各部队下工夫做好总结经验工作，及时把那些在实践中形成的好经验、好做法，升华为理性认识，通过法定程序变为政策法规；形成全局性法规有困难的，可结合本地实际，制定出台区域性双拥政策法规，以推进依法双拥的进程。

三、注重用与时俱进精神推动工作

与时俱进，是我们党的理论品质，也是推动工作创新发展的重要保证。双拥工作要永葆生机和活力，关键在坚持与时俱进，用改革的思维研究新情况，用创新的手段解决新问题。

（一）要坚持思想观念的与时俱进。思想是行为的先导。要实现双拥工作的创新，必须首先确立与时代发展要求相适应的新理念。当前，要牢固树立国防建设与经济建设协调发展的观念，以情双拥与依法双拥相结合的观念，政府主导、部门协作、社会参与的观念，讲求质量、注重效益的观念，逐步实现双拥工作由一般形式向多层次、多渠道、多领域方面转变；由职能部门单一做向党政军各个部门、各个行业、各个阶层共同做转变；由帮助部队解决眼前实际困难、生产生活问题向支持部队长远建设、提高打赢能力转变；由组织传统的拥政爱民活动向集中援建重大项目方面转变；由注重物质支援向物质支援与精神互助并重，着力提高军民政治觉悟、道德观念和综合素质的转变。

（二）要坚持工作内容的与时俱进。总的原则是围绕中心，服务大局，抓住根本的，继承传统的，融入时代的。抓住根本的，就是以邓小平理论和“三个代表”重要思想为指导，以增强经济实力、国防实力和民族凝聚力为目标，以完善政策法规体系为重点，以创新群众性活动方式和建立顺畅运行机制为手段，加强军政军民团结，为维护改革发展稳定大局和军队现代化建设跨越式发展提供可靠有力的保障。继承传统的，就是要本着“吸收精华、剔除糟粕”的原则，在及时摈弃那些过时的观念、制度、做法的基础上，对一些符合时代发展要求的观念、制度、经验，创造性地继承，开拓性地发扬。融入时代的，就是要在保持双拥工作正确方向的前提下，充分运用智能化手段，增加科技含量，始终使双拥工作紧跟时代要求、紧贴时代脉搏。具体地讲，就是要坚持服务全面建设小康社会，积极支援西部大开发、东北等老工业基地振兴、“三农”建设等战略工程，参加“兴边富民”行动和植树种草、防风治沙等生态治理，做好抢险救灾工作，深入开展军民共建活动，弘扬和培育民族精神，促进经济、社会全面进步；要坚持服务中国特色军事变革，把推进军事斗争准备作为双拥重点，深化国防教育和双拥宣传，支持部队训练演习、战备执勤、科研试验和国防工程建设，配合做好体制编制调整改革、人才战略工程实施、后勤保障社会化和改善基础设施建设等工作，为军队“打得赢、不变质”提供坚强有力的保障；要坚持服务社会政治稳定，密切关注国际国内形势的总体走向，密切关注影响安全稳定的各种动向，密切关注军政军民关系的发展方向，倍加顾全大局，倍加珍惜团结，倍加维护稳定，认真做好军政团结、军民团结和民族团结工作，化解各种矛盾和纠纷，搞好军警民联防联治，联手处理各种突发事件，创造安全稳定的社会环境。

（三）要坚持方式方法的与时俱进。坚持正确的方向是双拥工作持续、健康发展的保证，工作方式的不断创新则有助于双拥工作的快速推进。要继续以创建“双拥模范城（县）”、“争创双拥模范单位”、“争当双拥模范个人”活动为载体，巩固发展军民共建活动和“爱心献功臣活动”成果，推广华北地区开展的“双三好”、北京市创建军营社区、河南省在军属中开展的“三光荣”、铁道部开展的军民共建京九、京广、南疆铁路文明站区等活动，推动双拥工作全面落实；要从社会经济成份、组织形式、就业方式、利益关系和分配方式的多元化的实际出发，广泛开展行业拥军、社区拥军、科技拥军、智力拥军，充分调动“两新组织”拥军积极性，不断拓宽双拥领域范围、扩大双拥群众基础；要适应健全社会主义法制和实施依法行政要求，努力把政府行为与社会行为、以情双拥与依法双拥、行政调节与市场调节结合起来，进一步创新完善双拥工作运行机制；要针对新时期双拥工作的新特点、新变化，紧密结合各地各部队的实际，积极探索新的活动方式和有效载体，进一步增强双拥工作的吸引力、感召力和生命力。

四、坚持用求真务实作风抓好落实

正确的认识、好的思路和决策固然重要，而最关键的问题在于落实。现在，双拥工作的思路已经清晰，任务已经明确，关键是抓落实。要抓好落实，就必须树立和坚持求真务实的作风。

（一）工作指导要务实。坚持把加强和巩固军政军民团结作为双拥工作的核心内容，把围绕发展抓双拥、抓好双拥促发展作为基本原则；坚持贴近生活、贴近实际、贴近群众，自觉践行立党为公、执政为民的本质要求；坚持吃透上面的、掌握下面的、形成自己的，实现上级精神与下级实际、理论研究与实践探索的最佳结合；坚持以效益为依据作出决策，以效益为尺度检验工作，既看过程更看实效，既看投入更看产出；坚持长远发展与眼前建设、形式与内容、数量与质量的统一，真正把功夫下在诸如建立双拥运行机制、完善双拥政策法规体系、解决双拥热点难点问题等管长远、打基础、解难题的工作上。

（二）具体工作要扎实。无论是安排工作任务，还是组织大项活动，都要站在党、国家、军队的全局和改革发展稳定大局的高度去思考和谋划，坚持调研在前，反复论证，集思广益，努力使主观愿望符合客观实际，避免谋事决策失误。具体工作中，要始终瞄着高标准抓建设，盯着存在问题做工作，在克服薄弱环节中求发展。当前，随着改革开放的不断深入和社会主义市场经济的不断完善，双拥工作遇到了许多新的情况，出现了一些热点、难点问题。如广大军民的市场观念、竞争观念和效益观念明显增强，国防观念和双拥意识相对弱化；军地交往日益广泛、多样，各种利益相互交织，处理军民关系难度增大；转业退伍军人安置难、随军家属就业难、军人合法权益保障难、义务兵家属优待难、重点优抚对象生活住房医疗难、军事设施保护难、处理军地房地产遗留问题难等问题越来越突出。这些问题涉及军地双方，关系军民利益，如果不认真研究解决，将会影响军政军民团结的健康发展。对此，各级都要高度重视，逐个问题检查，切实找准症结，拿出管用的对策。特别是对一些事关困难群众、优抚安置对象切身利益的热点难点问题，更要集中人力物力财力，严格落实责任制，确保好事办实、实事做好。

（三）工作方法要求实。双拥工作具有横向到边、纵深到底，工作千头万绪、情况千差万别的特点。这就决定了工作中更要讲究科学的态度、采取求实的方法。我们要学会“弹钢琴”的方法，善于抓重点、抓中心、抓关键，不能一线平推；学会走“群众路线”的方法，善于从群众中来到群众中去，尊重群众的首创精神，最大限度地调动群众参与双拥的积极性；学会“能级管理”的方法，善于按级负责、各司其职、各尽所能，不能越俎代庖、大包大揽；学会“分类指导”的方法，善于具体问题具体分析，区别情况，分类指导，不搞“一刀切”、“一锅煮”；学会“跟踪问效”的方法，做到每项任务、每项活动有部署、有要求、有检查、有总结，不虎头蛇尾，更不有头无尾。一句话，要通过掌握科学的方法，保证各项工作落到实处。

（四）各项政策要落实。凡是政策已经明确的，不论有无困难，困难大小，都要坚持依法行政，按政策办事，认真落实，不讲价钱；凡是政策规定参照执行的，要严格参照执行，不降低标准；凡是政策明确分工的，有关部门应认真履行职责，热情服务，负责到底，不能只挂帅不出征。在落实过程中，要坚持从实际出发，区分轻重缓急，实现重点突破与整体推进的统一；要靠前指挥，跟进指导，及时研究解决贯彻落实中遇到的难点问题；要加强检查监督，发现问题及时纠正，确保政策法规落到实处，确保广大军民的合法权益得到维护。

总之，只要我们真抓实干，不断改进工作方

法，全面落实政策法规，就一定能够推动各项双拥工作的进一步落实。

五、切实按照提高党的执政能力要求加强双拥办自身建设

十六届四中全会确定的加强党的执政能力建设是一个整体工程，各有关方面依法行使国家权力的能力是组成这个整体的局部。整体能力是局部能力的有机整合和集中体现；局部能力建设则是整体能力建设的基础和前提。党的执政能力的加强，有赖于各有关方面依法行政水平的提高。在贯彻落实十六届四中全会精神过程中，需要我们从自身所处的历史方位、现实要求和环境变化出发，找准位置，找对路子，结合自身特点，确定在加强党的执政能力建设中的着力点和切入点。双拥工作是构建和谐社会中不可或缺的工作。各级双拥办是双拥工作的具体工作部门，其能力如何直接影响着双拥工作的质量和水平。这种能力包括把握规律的能力、依法行政的能力、开拓创新的能力、协调配合的能力、做群众工作的能力等等。就工作层面而言，当前要着力抓好四种能力建设。

（一）驾驭全局能力。双拥工作的重大决策、重要事项，很大程度上是通过双拥办来实施的。双拥办有没有驾驭本地区双拥工作全局的能力，直接关系到双拥工作水平的提高。总的看，各级双拥办有一支政治素质好、业务工作精、协调能力强、办事效率高的好队伍。但是，我们还必须清醒地看到，双拥办直接从事双拥工作，并不等于驾驭双拥工作的能力就会自然而然提高；绝大多数同志对双拥工作比较熟悉，并不等于每名同志方方面面都熟悉；目前能够胜任本职工作，并不等于将来也能够履行好职责。因此，双拥办的同志必须在摸清双拥现状、把握双拥规律、探索双拥理论、研究双拥政策等方面，始终比别人下更多的功夫、用更大的力气、有更高的见解。只有这样，才能做到观察问题有依据、分析形势有武器、指导实践有原则、做好工作有动力。

（二）参谋决策能力。双拥办担负着为党委、政府和驻军做好双拥工作当参谋、出主意的重要职能。党委、政府和驻军对双拥工作的每一项决策，都需要双拥办事前掌握情况，提供依据，拿出方案；决策一旦形成，又需要双拥办具体组织实施，检查指导，反馈信息。这就要求我们要事事想在前、谋在先，勤调查、善思考，集众思、采众长，能够从社会上的各种思潮中预见带倾向性的问题，从纷繁复杂的表面现象中看到事物的本质，始终做到具有预见性、善把规律性、富于创造性。对上级的指示，要先学一步、学深一层，善于结合工作实际，创造性地提出贯彻落实意见；对下级反映的问题，要亲知、真知、深知，能够依据上级精神，有情况、有分析地拿出解决办法。这是当好参谋助手的基本要求。

（三）组织协调能力。胡锦涛同志指出，提高做群众工作的能力和水平，是加强党的执政能力建设的重要内容。双拥工作涵盖政治、经济、军事、科技、文化等各个领域，涉及党委、政府、军队及有关部门，是典型的群众工作。双拥办负责承办大量的日常工作，组织好各项事务，协调好各种关系，是每名同志必备的基本功。实践一再证明，组织协调出效率、出效益、出生产力。从协调与党委、政府和驻军的关系看，要积极争取他们的高度重视，把双拥工作纳入经济社会发展和部队建设总体规划，摆上重要议事日程，做到同步规划，同步推进。从协调部门之间的关系看，要争取各部门密切配合，步调一致，使各部门谋划业务、制定工作规划、研究重大问题，都能充分体现双拥工作的要求。从协调军地之间的关系看，要通过建立联席会议、定期走访、信息通报、报告工作等制度，确保双拥工作统一部署、统一安排、统一行动。

（四）指导工作能力。指导工作的方法很多，包括文件指导、会议指导、政策指导、培训指导等等，这些都需要认真抓紧抓好。在这里，我想着重强调一下运用典型指导工作问题。这些年，全国涌现出了许多过得硬、叫得响、具有时代特色的双拥典型，这是推动双拥工作深入发展的一大优势。我们要变优势为胜势，坚持以点带面，总结好典型，推广好经验，做到面上抓问题，点上去解决，点上出成果，面上来推广。要充分发挥典型的示范、激励、表率作用，运用典型去鼓舞士气、推动工作，做到老典型不丢，有新的发展，新典型不断，有时代特色，努力推动双拥工作上层次、上质量。

同志们，新时期的双拥工作任重而道远，各级双拥领导小组、成员单位、双拥办肩负着重要使命。让我们更加紧密地团结在以胡锦涛同志为总书记的党中央周围，继续高举邓小平理论伟大旗帜，自觉实践“三个代表”重要思想，认真落实党的十六大和十六届四中全会精神，解放思想，实事求是，与时俱进，扎实工作，不断巩固和发展军政军民团结的大好局面，为促进国家改革发展稳定大局、推动国防和军队现代化建设、实现全面建设小康社会目标作出新的更大的贡献。

常生荣同志在全国省区市双拥办主任会议上的总结讲话

（2004 年 10 月 22 日）

同志们：

全国双拥办主任会议开了三天，完成了预定的议程，今天就要结束了。这次会议围绕贯彻十六届四中全会和全国双拥工作会议精神，进一步统一了适应新形势做好双拥工作的思想。会上罗主任作了重要讲话，以邓小平理论和“三个代表”重要思想为指导，分析了贯彻全国双拥工作会议精神的形势，提出了双拥工作创新发展的新思想、新思路，指导性和针对性都很强，是当前和今后一个时期双拥工作的重要依据。我们要认真学习领会，结合各地实际贯彻落实。上海市等 13 个军地单位，从不同侧面介绍了经验。参观了上海市的改革开放成果、民兵导弹训练基地和国防园。会议在上海召开，大家目睹上海经济社会的飞速发展，感受上海双拥创造性经验和军民鱼水情谊，一致认为大开眼界，备受鼓舞，是对双拥工作思想认识的一次深化，也是对本地区本单位双拥工作的一次深刻反思。正如与会同志所说的，这次会议在上海召开，实际上是双拥工作现场会，也是双拥工作的创新会，还是军地共谋打赢的交流会。

会议主题鲜明，内容丰富，收获是多方面的。一是深化了对全国双拥工作会议精神的认识。今年召开的全国双拥工作会议，是带有里程碑意义的会议。经过深入学习和实践，大家认为全国双拥工作会议解决的都是带全局性、根本性的问题。在指导思想上，坚持以党的创新理论为指导，认真实践邓小平理论和“三个代表”重要思想，使双拥工作既继承传统，又跟上时代的步伐。在根本目标上，紧紧围绕全面建设小康社会和推进中国特色军事变革，使双拥工作为国家和军队的中心任务服务。在工作任务上，把支持军事斗争准备作为重点，使双拥同维护国家统一紧密联系起来。在运行机制上，行政的、政策的、法律的等手段综合运用，建立相关法律法规，从长效机制上确保工作健康发展。在组织领导上，充分发挥各级双拥工作领导小组的作用，发挥各成员单位的作用，整合双拥资源，把加强领导的要求变成力量聚合的动作。归根到底，改革创新是全国双拥工作会议的核心思想。罗主任根据会议精神，对双拥工作的创新作了系统阐述，我们要按照罗主任的要求，深入学习、贯彻会议精神，推动双拥工作的发展。二是总结交流了新经验。在实践中，各地各部队总结了许多实在管用的经验。会议参观的项目，交流的经验，和以往鲜明的不同点在于：现场感受了上海经济建设与国防建设同步发展的大好局面，感受到了双拥工作创新发展的理论意义和实践成果；总结了中央和国家机关成员单位开展双拥的做法，展现了行业、系统做好双拥工作的威力和作用；探索了以浙江省等地为示范、支持部队各项建设的路子，使围绕军事斗争准备做好双拥工作的思路更加清晰；介绍了以沈阳军区和东北三省为主的加强协调，集聚力量，共同立法的经验，领悟了从机制上推动双拥的思想内涵和工作方式；介绍了重庆、湖北等地运用议军会等形式解决双拥工作的重大问题，增强了创新双拥领导机制的紧迫感。交流了山东等省加强双拥办建设的经验，使我们比以往任何时候都感到责任重大、任务光荣，必须更加重视双拥办的建设，以很强的政治责任感做好工作。这样的交流和思考，本身就是一种创新，给大家的启发是多方面的。三是明确了今明两年的主要任务。全国双拥工作会议提出的任务很多，今明两年要做什么，根据罗主任的讲话和大家讨论的意见，主要是要在几个方面多下工夫：在双拥政策法规建设上有所突破，力争各级都能出台一些操作性强的法律法规和政策性文件；在服务军事斗争准备上要有所作为，下工夫解决支持军事斗争准备中的各种问题，力争有明显成效；在支持“三个文明”建设上有所发展，服从国家大局，服务小康社会建设，积极支援国家经济建设，树立人民军队的良好形象；在双拥的领导机制上有所拓展，真正形成合力，齐抓共管，重视双拥，支持双拥，推动双拥；在双拥理论研究上逐步深化，从理论和实践的结合上回答双拥工作遇到的各种问题，以理论的深化推动实践的发展；在双拥办建设、工作机制等方面有所创新，使双拥办的工作和建设跟上形势发展，完成好历史使命赋予我们的艰巨任务。大家的这些认识，反映了双拥工作的必然趋势，反映了双拥工作的发展规律，既是这次会议的重要收获，又是今后努力的方向。四是增进了感情，密切了团结。参加会议的单位较多，范围广、代表性强，可以说在军政军民团结上起到了很好的示范作用。通过这次会议，增进了东部沿海地区和西部地区的交流，互相借鉴，学习经验、找准差距，促进地区的协调发展。加强了中央国家机关和省市区之间的联系，上下协调，条块结合，发挥双拥工作整体优势。增进了军队与政府、军队与人民的联系，巩固了军地团结的感情基础和做好双拥工作的思想基础。大家认为，双拥工作就要经常有活动牵引，靠活动促工作。一致表示，回去以后，要采取切实措施，把会议精神汇报好、贯彻好、落实好。

罗主任对贯彻全国双拥工作会议精神，进一步做好双拥工作提出了很深刻的思想和很高的要求。我就落实罗主任的讲话精神，做好今明两年的工作补充几点具体意见。

一、加强国防教育和双拥理论研究

通过国防教育促进双拥工作的深化。全国双拥工作会议纪要的一个重要内容是加强国防和双拥教育。国防观念和双拥意识，是建设和巩固国防、增进军政军民团结的思想基础。从各地的经验看，开展国防教育，最根本的是要坚持以爱国主义为核心，围绕时代的主题，进行马克思列宁主义的国家观、国防观教育，进行台海形势教育。在教育的对象上，要以各级领导干部、大中小学生和民兵预备役人员为重点；在教育的方式上，要以群众喜闻乐见的活动为载体，普及全民国防教育；在基本建设上，要加强国防教育基本理论研究，抓好基本教材的编写，从本质上、规律上把握国防教育；加强国防教育和双拥的宣传，充分发挥广播、影视、报刊、网络等大众媒体的作用，形成浓厚的舆论氛围。大家都感到，国防和双拥教育的深化，是双拥工作实践深化的前提。国防观念和双拥意识的强化，必然潜移默化地形成人们的实际行动，真正把“爱国防、奔小康、强国防”的思想深入人心，变成广大人民群众的自觉行动，进而推动军政军民的团结。我们参观上海的东方绿洲，就充分说明了这一点。

通过理论研究推动工作的创新发展。这次会上，大家形成了比较统一的认识，就是要深化双拥理论研究，这可以说是个症结性问题。回顾历史可以看到，20 世纪 90 年代初双拥工作迅速发展，产生了很多典型和形式，根本原因是适应改革开放的形势，深入研究双拥理论问题，回答了军政军民团结的一系列重大问题，形成了许多有效的机制。现在，国家的改革发展进入了新的时期，军政军民团结面临许多新的问题，如果不从理论上深入分析研究，总结出带规律性的经验，各项工作必然起色不大，甚至在原有的基础上徘徊。加强双拥理论研究的课题很多，我们要认真梳理。在双拥工作的总体上：如何用贯彻党的创新理论指导双拥工作的创新，使双拥始终保持旺盛的活力；如何围绕中心开展工作，促进国家改革发展和中国特色军事变革；如何发挥“两新组织”的作用，拓展军民团结的领域，等等，都是需要认真研究和回答的问题。在拥军优属上：怎样适应新军事变革和部队建设跨越式发展，从智力上、科技上支持部队建设；怎样适应信息化战争，运用、发挥好地方的信息资源优势支持军事斗争准备；怎样准确认识部队成员变化快、家属随军难、子女入学难等问题，真正做好各项保障工作等，都是必须深入研究和思考的问题。在拥政爱民上：如何适应机构改革和政府职能转变，更好地了解政府、支持政府、体谅政府；如何适应社会阶层和人员结构的变化，把为人民服务的宗旨延伸到最广大人民群众中去，学人民、爱人民、为人民；如何适应市场、法制、信息、学习型社会的发展，准确认识社会、了解社会，做好军队的群众工作；如何适应经济社会发展的五个统筹，做好支援国家经济建设工作等，更好地造福于民族和人民，都必须以新的视角去思考。明年适当时候，我们将召开双拥理论研讨会，请各单位认真准备，积极探索带规律性的经验，力争从理论上有所突破。

二、以很强的政治责任感支持军事斗争准备

解决台湾问题，实现祖国完全统一，是党在新世纪的三大历史任务之一，是党中央、中央军委始终高度关注的重大战略问题。当前台独势力日益猖獗，陈水扁当局一面加紧扩充军备，从美国大量购进武器装备，一面又放出和谈的烟幕，欺骗国际舆论，本质上仍然“以武拒统”，“以独拒统”。我们要坚决贯彻党和国家对台工作的一系列方针政策，坚决维护祖国统一，坚决粉碎台独的图谋。双拥工作历来是与维护国家安全稳定融为一体的，做好军事斗争准备，完成祖国统一大业，是军队的职责，也是全国人民共同的使命；是双拥工作的历史性任务，也给双拥工作提出了严峻挑战。能不能在台海局势日益严峻的形势下，按照党和国家的要求，从中华民族根本利益出发，抓紧做好支持军事斗争准备工作，是摆在我们面前最现实、最紧迫的任务。浙江省各级党委和政府以很强的忧患意识，以高度的政治责任感，把拥军支前摆上位置，在决策中认真谋划，在行动中自觉体现。我们就是要以这样的认识和行动，推动双拥为军事斗争准备服务，必然会形成强大的人民战争威力，必然会战胜任何困难，维护国家领土完整。

支持部队做好军事斗争准备，需要做的工作很多，当前，最主要的是要抓好以下工作。一是积极支持部队训练和演习。部队的训练演习任务很重，各项军事行动逐步增多，需要地方帮助解决的问题也越来越多。各地要为部队的训练演习排忧解难，积极提供道路交通、演习场地、水电食品等各种保障，尽力帮助解决各种问题。在部队重大训练演习时，及时召开协调会，启动支前预案，完善支前措施，保证各项工作落实到位。特别是东南沿海地区，这方面的任务更重，更要紧紧围绕部队的训练演习研究工作、推动落实。二是要发挥地方优势开展科技拥军，支持部队信息化建设。实现科技强军战略很重要的方面，是充分运用地方科技资源优势。在双拥工作中，要紧贴实际，既要注重人力物力支援，更要注重科技智力支持，为部队的科技强军增劲助力。科技、教育部门要主动与部队协调，传递有关信息，举办科技讲座，对口支援部队技术分队，帮助搞好技术革新和攻关，做到科技成果共享、科技资源共用。三是要抓紧加强战场建设。战场建设是军地共同的责任，地方在基础设施建设中，既要注重经济效益，更要兼顾军事效益。在各项建设中，充分考虑战场建设的因素，坚持平战结合、军民兼容。东南沿海地区要从军事斗争准备前进基地、保障基地和战役机动通道的重要位置来思考问题，加大战场建设的力度。对军事斗争准备急需的公路、码头、桥梁、隧道等重点建设项目，要优先建设。凡是战场建设涉及的地区，都要从讲政治、讲大局的高度，积极给予支持。

支持军事斗争准备还有两项工作必须提到议事日程。一是加紧做好参战支前的各项准备。双拥工作的重要任务，是平时密切军政军民关系，战时搞好拥军支前。要抓紧搞好支前潜力调查，重点摸清科技、信息、交通运输、军地通用装备设施、技术兵员储备等底数，切实把部队作战急需的地方支前潜力摸准、查实，建立相关数据统计系统，做到预有准备，心中有数。二是研究参战支前体制问题。从现在起就要思考和谋划平战衔接、军地共谋打赢的机制，做好各项准备工作。抓紧制定完善战时支前工作预案，建立依靠地方政府主导、依托社会力量支撑、依据法律法规监管的军地“一体化”参战支前协调机制。力争经过努力，建立起军地联合、协调顺畅、权威高效的参战支前指挥机构。深入研究建立各级政治动员机制问题，认真做好政治动员准备，确保一旦有事，能形成全民动员、全民参战的局面。特别是东南沿海和西北、西南有关省区，更要关注这方面的工作，以高度的使命意识，推动军事斗争准备工作有实质性进展。

三、与时俱进地开展军民共建活动

军民共建活动是我国军民开展双拥的一个重要形式，二十多年来在推进军地思想道德和文化建设、密切军政军民关系中发挥了重要作用。随着社会主义市场经济的发展，军民共建活动遇到了许多新的情况和问题。我们要适应形势发展的要求，按照党中央的有关精神，进一步丰富内容、拓宽领域、改进方式，把军民共建活动搞得更有成效。

深入研究军民共建遇到的新问题。在共建内容上，着眼于人的全面发展，以党的创新理论为指导，贯彻落实科学发展观，突出思想道德建设和科学文化建设，突出军民之间的科技文化交流，体现共建的时代特征，增强共建的实效性。根据形势任务的变化和广大军民的思想实际，有针对性地确定共建内容，增强共建活动的实效性。在共建形式上，把参加文明城市、文明行业、文明村镇、文明社区创建活动作为重要载体，增强活动的吸引力和感召力。铁道部与武警部队开展的警民共建文明站区，北京军区部队在华北五省（区、市）开展的“双三好”等活动，都是群众在实践中创造出的有效形式，值得借鉴。在共建对象上，把新型经济组织和新的社会阶层纳入共建范围，扩大共建的领域。广东省“两新组织”开展共建的经验，在这个问题上作了大胆有益的探索，实践证明是可行的。在共建的组织领导上，要健全组织机构，加强分类指导，特别是引导“两新组织”搞共建，要掌握政策界限，规范活动方式，确保共建活动的正确方向。

军民共建还有一些问题应引起我们的深入思考。一是处理好共建点上的工作和做好面上工作的关系。全国共建点只有2万多个，涉及军地4万多个单位，从全局来看，仍然是少数。既要把点上的工作做好，又要推动面上的工作，真正使双拥共建社会化。二是处理好精神文明建设与物质文明和政治文明建设的关系。军地在物质文明建设和精神文明建设方面的合作有许多成功的经验，在政治领域如何共同进步，是一个新的重要课题，要进行认真的研究和探讨。三是处理好思想道德建设和科技文化建设的关系。在信息化社会日益发展，军队信息化建设步伐加快的形势下，加强军地在科技文化领域的交流，越来越紧迫和重要。要借鉴各地开展智力拥军的做法，推动共建活动在科技文化领域的交流，促进部队建设跨越式发展。四是处理好做好军民共建点的工作与做好驻地周围群众工作的关系。部队驻地的社会各个单位、各种群体数量很多，既要做好军民共建点上的工作，又要密切与驻地的关系。拟在对军民共建进行深入调查研究的基础上，会同有关部门提出指导性意见，推动这项活动持续健康发展。将在适当时候，会同有关部门联合表彰军民共建先进单位和个人。

四、按照科学发展观要求积极支援国家经济建设

支援国家经济建设，是军队参加小康社会建设的重要形式，是拥政爱民的重要内容。近几年来，全军和武警部队在这方面做了很多工作，作出了积极的贡献。会上介绍的陕西省军区参加106条小流域治理，云南省军区建设“千里文明边防线”，就是这方面的典型事例。各部队要按照全面建设小康社会的部署，贯彻科学发展观，一如既往的支持国家经济建设。当前有几项工作要抓好。

（一）按照区域协调发展要求支援西部大开发。各部队积极响应党中央号召，在参加和支援西部大开发上作出了重要贡献。在前几年工作的基础上，要认真总结经验，研究解决有关政策性问题，力争把这项工作做得更好。坚持用党中央、中央军委的决策统一思想，增强做好援建工作的光荣感和使命感。适应西部开发建设和振兴东北老工业基地的需要做好援建工作，集中力量援建关系国计民生、具有重大国防效益的基础设施和生态环境建设项目。要帮助贫困地区发展科技、教育、文化、卫生事业，积极转让科技成果，为地方培养人才。在确保国防战备需要和军事安全的前提下，对一些军事设施实行军民两用。要把支援西部大开发与提高部队战斗力结合起来，注重在援建中摔打部队。注意学习人民群众的好思想、好品德和地方的先进管理经验，促进部队的各项改革和建设。军队参加和支援西部大开发领导小组拟于 11 月召开会议，对这项工作进行总结和部署。

（二）按照城乡统筹发展要求做好以支援“三农”为重点的扶贫帮困工作。这些年军队在扶贫帮困方面做了大量工作，部队采取常年帮扶、重点扶贫、支援希望工程等形式，效果都很好，要一如既往地抓好扶贫工作，践行“三个代表”重要思想，以实际行动为人民造福。农业、农村和农民问题，是影响我国经济发展的一个重要问题，做好以支援“三农”为重点的扶贫帮困工作，是我军的宗旨所系、职责所在。驻贫困地区的部队要与当地建立稳定的帮扶关系，通过宣传党的富民政策、提供开发项目和科技信息、发展多种经济等形式，推动农村粮食增产和农民增收。省军区系统要充分发挥桥梁纽带作用，协调解决驻区部队支援“三农”中遇到的各种问题。各部队要积极支援地方公益事业建设，尽可能每年集中力量，为驻地群众办几件有影响的实事。驻京和驻青岛部队，要充分利用奥运会召开的有利时机，主动与有关部门协商，参加奥运场馆建设和绿化美化等工作，扩大我军的政治影响。

（三）要奋勇参加抢险救灾保卫国家财产和人民群众生命安全。平时要掌握信息，有针对性地制定完善抢险救灾预案，做好组织、物资、器材等方面的准备。特别要注意总结做好抢险救灾政治工作的经验，加强对军地协调、宣传鼓动等问题的研究，摸索规律性的做法，进一步增强工作的主动性。

五、着眼制度化，抓好双拥政策法规建设

这些年来，各地在加强双拥政策法规建设中取得了重要进展。国家相继制定颁发了《国防法》、《军事设施保护法》等法律法规，使双拥工作逐步走上规范化、制度化。但要看到这项工作任重道远，还有很多工作需要去做。从大家讨论的情况看，当前主要抓好以下几项工作。一是按照新颁布的《军人抚恤优待条例》，抓紧制定相应的配套办法。比如，对现役军人、残疾军人参观游览公园、博物馆、名胜古迹的具体优待办法，所在地县级以上政府要尽快制定。对义务兵和初级士官退出现役报考公务员、高等学校和中等职业学校的具体优待办法，军人子女入学、入托具体优待办法，有关部门要按照分工出台相关规定。关于定期抚恤金的标准及其调整办法和对残疾军人享受抚恤金的具体办法，也要进行认真研究。二是认真研究战时支前的法律法规。适应军事斗争准备需要，按照战时需要和国防动员体制，制定有关战时支前保障民用设施征用、维护国防利益等方面的法律法规，从法律上保障支前工作的落实。三是制定完善随军家属安置的有关办法。这些年各地都出台了解决随军家属就业的政策规定，在解除官兵后顾之忧方面做了很多工作，受到了广大官兵的高度赞誉和热烈拥护。要适应新的形势，把这些好的经验上升为政策，把成熟的政策上升为法规。四是抓紧细化国防教育的有关法规。制定《全民国防教育大纲》、战时支前办法、军队支援西部开发的政策规定、训练演习损失赔偿办法、预防和处理军民纠纷规定等。军地有关部门要密切配合，逐步建立与市场经济体制接轨、与双拥工作形势适应的政策法规体系。

军民关系从根本上说是一种社会关系，它包含政治、经济、法律、道德等多种关系，要用相应的规范处理军民关系中的各种问题。有政策的要按政策处理，有法规的要按法规处理，有的则要通过行政手段、感情、协调等来解决。无论法律法规如何健全和发展，军民关系首要的是按照党中央的要求，从政治上、大局上着眼，在共同的政治基础上处理军民之间的相关问题。军民团结是一项政治性很强的工作，处理军民关系，要从政治的高度看待问题，从感情的角度解决问题，任何时候都要讲政治、讲大局、讲感情、讲协调，任何时候都要珍惜军民的鱼水情谊。在这个基础上，辅之以行政的、政策的、法律的多种手段、多种机制。

六、完善和创新双拥工作运行机制

保证双拥工作的深入发展，必须在双拥的协调机制上研究新情况，创造新办法。根据罗主任的讲话和大家的共同认识，要从以下几个方面创新机制。一是建立完善军地协调机制。双拥工作涉及军地许多方面，需要形成协调顺畅的工作机制。要坚持党委议军会制度、定期走访、信息通报等制度，及时沟通军地关系，通过各种机制，解决军地之间的各种问题，真正在国防教育、军民共建、抢险救灾、训练演习损失赔偿、解决军民纠纷等方面形成齐抓共管的合力。省军区系统要发挥好桥梁纽带作用，协调部队同政府和群众之间的联系，帮助解决军民关系中的各种问题。二是发挥成员单位的作用。有关部门作为双拥工作领导小组的成员单位，并发挥其职能作用，是新形势下双拥工作发展的一个重要特色。各个成员单位既是各项双拥任务的落实者，又是相关双拥政策的制定者；既担负着本部门的双拥工作任务，又对本系统本部门的双拥工作有检查监督的责任；既可以从条条的角度促进双拥工作的落实，又可以对块块的双拥工作产生辐射作用。铁道部、司法部和河南省介绍的经验，就可以得出以上的结论。双拥成员单位要认真履行职责，把本部门本系统的拥军优抚工作做好，把相关的法规制定好。要发挥联络员的作用，经常联系，赋予任务，定期交流，及时研究解决有关政策性问题。根据全国双拥工作会议纪要和领导小组成员单位职责的要求，各成员单位和各省（区、市）双拥工作领导小组，都要对今年的工作进行认真总结，搞好明年工作的筹划，并于12月底前向全国双拥工作领导小组写出报告。三是加强双拥办自身建设。近年来，各级双拥办在人员少、任务重的情况下，克服困难，能动地开展工作，为加强军政军民团结作出了重要贡献，涌现出一批自身建设过硬、工作成绩突出的先进典型。山东省双拥办自身建设抓得紧，创新意识非常强，工作效率非常高，被省委、省政府荣记集体一等功，就是一个突出的代表。双拥办肩负着重要责任，我们的认识水平、工作作风、协调能力，直接影响着双拥工作的发展。我们要适应形势的发展，研究制定军地合署办文办事的程序规定，健全双拥办的会议、工作等制度，完善议事规则，使双拥办的各项工作规范有序。做好双拥办的工作有几条需要引起关注：把问题搞准。贯彻在揭露矛盾中求发展的指导思想，始终盯着问题做工作，把双拥工作存在的问题真正搞清楚，针对问题提出办法和措施。有些问题应引起我们的重视，如双拥模范城（县）的创建，如何保持质量值得研究。作为双拥工作的组织指导者，不能光看积极的一面，更要看到问题的一面，要冷静地观察和研究问题。把机制用充分。双拥工作的机制很多，要发挥方方面面的作用，吸收各领域的好做法，特别要善于运用各种协调机制解决问题，善于用典型推动工作。把工作做实。办实事，解难题，把功夫下在抓落实上，扎扎实实抓工作，实实在在解难题，力求办一件成一件。做团结的模范。军地同志在一起共事，既是工作关系，又是同志关系、朋友关系，一定要像珍惜眼睛一样珍惜团结。遇事相互商量、相互理解、相互学习，一切以利于工作、利于军民团结为准则。全国双拥办正在起草《全国双拥工作领导小组工作规则》和《全国双拥办工作规则》，报领导小组批准后将下发各地。希望大家参照这两个文件，对领导小组及办公室的工作予以规范，进一步加强自身建设，提高组织指导双拥工作的能力和水平。

同志们，我们的国防是全民的国防，我们的军队是人民的军队。长期以来，地方各级党委、政府和人民群众对军队建设给予了无私的支持，各级双拥工作领导小组和成员单位为做好双拥工作、加强军政军民团结作出了重要贡献，各级民政部门的领导和同志们，为做好拥军优属工作不辞辛劳，付出了大量心血和汗水。在此，我代表部队的同志，向大家表示诚挚的敬意和衷心的感谢！

全国双拥工作领导小组文件

全国拥军优属拥政爱民工作会议纪要

国拥［2004］1号

经国务院、中央军委批准，全国拥军优属拥政爱民工作领导小组（以下简称全国双拥工作领导小组）、民政部、总政治部于2004年1月，在北京召开了全国拥军优属拥政爱民工作会议。会议以邓小平理论和“三个代表”重要思想为指导，认真贯彻党的十六大精神，总结交流了1991年全国双拥工作会议以来的经验，研究部署了当前和今后一个时期的双拥工作任务，命名表彰了双拥模范城（县）、双拥模范单位和个人。中共中央政治局常委、国务院总理温家宝代表党中央、国务院、中央军委作了重要讲话。中共中央政治局委员、国务院副总理、全国双拥工作领导小组组长回良玉作了拥军优属拥政爱民工作报告。北京市人民政府、山东省人民政府、南京军区、空军等军地单位在会上介绍了做好新形势下双拥工作的经验。全国双拥工作领导小组全体成员，各省、自治区、直辖市双拥工作领导小组负责同志，解放军四总部和各大单位、武警部队领导，双拥模范城（县）、双拥模范单位和个人代表等600余人出席了会议。

会议指出，拥军优属、拥政爱民，是在中国共产党领导下我国亿万军民的伟大创造，是我党我军我国人民的优良传统和特有的政治优势。党的三代领导核心始终高度重视双拥工作。毛泽东同志作出了“兵民是胜利之本”的精辟论断，亲自倡导和推动了双拥运动。邓小平同志提出军民一致的原则不能变，亲自倡导了军民共建社会主义精神文明和创建双拥模范城（县）活动。江泽民同志强调，要像爱护眼睛一样爱护军政军民团结，巩固和发展同呼吸、共命运、心连心的新型军政军民关系。党的十六大以来，以胡锦涛同志为总书记的党中央明确提出，要加强国防教育，增强全民国防观念，广泛深入开展双拥共建活动，加强军政军民团结，形成国防建设和经济建设相互促进、协调发展的机制。十多年来，在党的军政军民团结思想理论指引下，双拥工作在继承优良传统的基础上创新发展，取得了历史性成就。以爱国主义为核心的国防教育深入人心，军民共建和创建双拥模范城（县）活动蓬勃开展，双拥政策法规制度不断完善，军地相互支持与协作更加有力。双拥工作所形成的坚强的军政军民团结，在关系国家主权、安全和统一的重大事件面前，在抗御洪水、地震、森林大火等严重自然灾害的紧急关键时刻，在推进改革开放和现代化建设的伟大事业中，发挥了极其重要的作用。特别是在1998年抗洪抢险、2003年抗击非典和淮河特大洪水的斗争中，广大军民密切配合，顽强拼搏，共同创造了人类历史上战胜自然灾害和重大疫病的奇迹。

会议强调，进入新世纪新阶段，我们正在全面建设小康社会，完善社会主义市场经济体制，推进中国特色军事变革，现代化建设的任务更加光荣而艰巨。这既为双拥工作提供了新的发展机遇，也对双拥工作提出了更高的标准和要求。双拥工作要坚持以邓小平理论和“三个代表”重要思想为指导，全面贯彻十六大精神，紧紧围绕全面建设小康社会，以增强经济实力、国防实力和民族凝聚力为目标，以维护社会稳定、促进经济发展、推进军队现代化建设为重点，完善政策法规体系，创新群众性活动方式，建立协调顺畅的运行机制，与时俱进抓好各项任务的落实，巩固和发展军政军民团结，为国家改革发展稳定和军队现代化建设提供可靠有力的保障。

一、充分认识新形势下加强军政军民团结的极端重要性

我党我军我国发展的历史充分证明，无论是战

争年代还是和平建设时期，双拥工作都是一项带有全局性、战略性的工作，军政军民团结始终是我们战胜困难、夺取胜利的重要法宝。当前，国际局势仍处在深刻复杂的变化之中，局部动荡和地区冲突时有发生，恐怖主义、霸权主义、国际犯罪活动对人类和平与发展构成严重威胁，以综合国力为标志的国际竞争日趋激烈。国内改革发展进入关键时期，面临不少突出的矛盾和问题。我们要战胜前进道路上的种种困难和风险，完成祖国统一大业，实现全面建设小康社会的宏伟目标，更加需要全党全军全国人民紧密团结，更加需要亿万军民齐心协力不懈奋斗。在党的领导下，把军政军民团结的伟大作用充分发挥出来，把广大军民同心同德干事业的积极性充分调动起来，就没有克服不了的困难，我们的事业就会无往而不胜。地方各级人民政府和部队领导机关一定要站在国家长治久安和民族兴旺发达的高度，把双拥工作作为一项事关全局的战略任务，一如既往地重视双拥、支持双拥、推动双拥。

二、深入进行以爱国主义为核心的国防教育和双拥宣传教育

国防观念和双拥意识，是建设和巩固国防、增强军政军民团结的思想基础。要认真贯彻《国防教育法》，广泛开展以爱国主义为核心，以拥军优属、拥政爱民光荣传统为重要内容的宣传教育，引导广大人民群众牢固树立“没有一个人民的军队，便没有人民的一切”的思想，把支持国防和军队建设作为义不容辞的责任；引导部队官兵牢固树立“军队打胜仗，人民是靠山”的思想，充分认识人民军队源于人民、服务人民的本质，不断强化广大军民的国防观念和双拥意识，自觉为双拥工作尽一份责任、出一份力量。要把国防教育和双拥宣传教育纳入国民教育体系和部队教育计划，完善组织机构，制定规范统一的教育纲要。以领导干部和大中小学生为重点，抓好不同层次人员的教育。积极开展全民国防教育日、军营一日等活动，充分发挥新闻媒体和国防教育基地功能，增强教育的影响力和实效性。

三、围绕实现全面建设小康社会目标，加强军地协作

实现全面建设小康社会的宏伟目标，需要党政军民的共同努力。全军和武警部队要按照中央军委的部署要求，围绕实现国家全面、协调和可持续发展，研究制定参加和支持全面建设小康社会的规划。集中力量援建国家重点工程，主动承担急难险重任务。积极参加西部大开发，支援基础设施建设，参与生态环境治理。发挥人才、技术等优势，支持东北地区等老工业基地的振兴发展。继续开展扶贫帮困，支持“兴边富民”行动。切实做好抢险救灾工作，保护改革开放成果和人民群众生命财产安全。各地区、各有关部门要为部队支援地方经济建设创造必要条件。

要着眼于促进社会主义物质文明、政治文明和精神文明协调发展，扎实开展军民共建社会主义精神文明活动。组织军民共同学习实践“三个代表”重要思想，大力传播社会主义新思想、新道德、新风尚，弘扬和培育民族精神，积极参加创建文明城市、文明村镇、文明行业、文明社区等活动，认真总结经验，宣传典型，不断提高军民共建社会主义精神文明活动的水平。

四、适应中国特色军事变革，做好支持军队建设工作

建立强大的军队和巩固的国防，是全党全军全国人民的共同责任。各地区、各有关部门要围绕推进中国特色军事变革，积极配合部队搞好体制编制调整改革，协助做好军事设施保护和人员安置等工作。切实把支持军队现代化建设作为拥军重点，配合部队完成训练演习任务，支持重点军事工程建设，形成军地协调行动、共谋打赢的局面。研究制订支持军队实施人才战略工程措施，多形式、多渠道帮助培养高素质新型军事人才。继续协助部队做好后勤保障社会化工作，搞好基础设施建设，改善战备、训练和生活条件。进行经济建设特别是基础设施建设，要按照“平战结合、军民结合”的要求，充分考虑军事需求，形成国防建设与经济建设相互促进、协调发展的机制。

五、切实把维护社会稳定作为双拥工作重要任务

完成改革发展的各项任务，必须保持社会稳定。要教育广大军民充分认清保持社会稳定的极端重要性，倍加顾全大局，倍加珍视团结，倍加维护稳定。组织军民积极参加民族团结进步活动，搞好党的民族宗教政策的宣传教育，旗帜鲜明地维护社会稳定、维护民族团结、维护祖国统一。引导转业退伍军人珍惜荣誉，发扬传统，自觉维护稳定大局。加强军警民联防，依法维护社会治安秩序。对危害国家安全和社会稳定的突发性事件，部队和地方要密切配合，果断处置，及时消除不稳定因素。军地双方要从维护稳定大局出发，积极预防和妥善处理军民纠纷。对军地历史遗留问题，要认真梳理，尽快解决，防止久拖不决引发纠纷。

六、认真抓好拥军优抚安置政策的落实

拥军优抚安置工作，涉及部队官兵和优抚对象的切身利益，直接关系到军队稳定、国防巩固和社会发展。各地区、各有关部门要采取有力措施，切实抓好落实。坚持计划分配和自主择业相结合，做好军队转业干部安置工作。完善军队离退休干部安置政策，确保政治、生活待遇落实。采取政府安排、自谋职业等多种形式，拓宽城镇退役士兵安置渠道。进一步完善政策，及时妥善安置滞留部队的伤病残人员。坚持行政调配和市场调节相结合，做好随军家属劳动就业工作。坚持国家保障和社会优待相结合，保证老红军、烈属、伤残军人、老复员军人等重点优抚对象的生活水平达到或高于当地群众的平均生活水平，切实做好军人子女入学入托等工作。及时妥善处理部队官兵涉法问题，维护军人及其家属合法权益。

要针对拥军优抚安置工作遇到的矛盾和问题，加强政策法规建设，抓紧修订《军人抚恤优待条例》，起草军人权益保障法等法律草案，力争尽早出台。各地要结合实际，制定地方性法规和有关政策，并加强检查监督，促进拥军优抚安置工作落实。

七、以改革创新的精神推进双拥工作深入发展

双拥工作要永葆生机与活力，必须适应新形势，发扬老传统，开创新局面。要认真分析新形势下双拥工作出现的新情况、新问题，研究加强军政军民团结的新思路、新办法。积极探索新型经济组织和新的社会阶层开展拥军活动的途径和办法，扩大双拥工作的群众基础。组织开展行业拥军、社区拥军，推进双拥工作社会化。把政府行为与社会行为、以情双拥与依法双拥、行政调节与市场调节结合起来，不断完善双拥工作运行机制。进一步完善双拥模范城（县）命名标准，强化激励竞争机制，提高创建活动质量。广泛开展争创双拥模范单位、争当双拥模范个人活动，把拥军优属、拥政爱民的光荣传统发扬光大，变成广大军民的自觉行动。要加强双拥工作的理论研究和舆论引导，力争推出一批有深度、有价值的理论成果，推出一批事迹过硬、时代感强、社会影响大的先进典型，推出一批充分反映双拥实践的文学艺术力作，指导和推动双拥工作不断发展。

八、进一步加强双拥工作的组织领导

双拥工作是一项社会工程，各地区、各有关部门和部队领导机关要高度重视，把双拥工作纳入经济社会发展和部队建设总体规划，摆上重要议事日程，经常分析形势，研究解决重大问题；主要领导对双拥工作要常议常抓，并带头参加双拥活动。各级双拥工作领导小组要认真履行组织、协调、指导双拥工作的职责，领导小组成员单位要结合担负的双拥任务，完善政策规定，抓好工作落实。建立领导小组成员单位报告工作制度，增强履行双拥工作职责的意识。关心、重视和支持各级双拥办建设，配齐配强干部，落实办公经费，完善军地合署办公制度。军地双拥工作职能部门要积极为党政军领导当好参谋，积极主动做好双拥工作。省军区系统要组织协调当地驻军同政府、人民群众之间的联系，做好驻军拥政爱民活动的协调工作。要发扬求真务实的精神，加强对基层双拥工作的指导，建立领导干部双拥联系点制度，推动双拥工作广泛开展和各项任务的落实。

关于调整全国双拥工作领导小组副组长和成员的通知

国拥〔2004〕2 号

由于人事变动和双拥工作需要，全国双拥工作领导小组决定：

一、国务院副秘书长张勇同志任全国双拥工作领导小组副组长，汪洋同志不再担任副组长。

二、总装备部政治部主任殷方龙同志任全国双拥工作领导小组成员，董万才同志不再任成员。

全国双拥工作领导小组成员单位双拥工作职责

国拥〔2004〕3 号

中央组织部：积极支持部队、预备役部队的改革和建设；参与研究制定军队转业干部和离退休干部移交政府安置政策；协调军队师职转业干部安置工作；指导各级组织部门做好军队师、团职转业干部安置工作；做好本系统的拥军优抚安置工作。

中央宣传部：把全民国防教育和双拥宣传教育作为宣传教育的重要内容，列入宣传工作计划。协调和督促宣传、文化、新闻、出版、广播影视部门开展国防教育和双拥宣传教育；有计划地宣传双拥典型和先进经验；紧密结合创建文明城市、文明村镇、文明行业深入开展军民共建活动，大力弘扬和培养以爱国主义为核心的民族精神；加强对爱国主义教育示范基地、国防教育基地工作的指导和管理；倡导爱国拥军的奉献精神，在全社会形成关心、支持、爱护人民军队，优待、照顾优抚对象的良好社会风尚；做好本系统的拥军优抚安置工作。

国家发展和改革委员会：将国防、军队建设纳入国民经济和社会发展规划；协调军队建设需要国家发展和改革委员会解决的重大问题；积极支持军队参加和支援西部大开发以及国家重点工程建设；协调有关部门优先保障部队战备、训练中重要物资和商品的供应；做好本系统的拥军优抚安置工作。

教育部：将国防教育纳入各类学校的教学计划，对教职员工和学生进行拥军优属、拥政爱民宣传教育；开展教育拥军活动，积极支持军队实施人才战略工程，帮助解决人才建设方面遇到的矛盾和问题；开展军民共建文明学校活动；帮助部队培养军地两用人才；指导学生军训和少年军校活动；指导各级教育部门制定和落实现役军人子女及烈士、残疾军人子女和退役军人在择校入读等方面的优惠政策；指导各大专院校做好以助学方式安置退役士兵等工作；做好本系统的拥军优抚安置工作。

科技部：把科技强军战略纳入科技发展总体规划，大力支持军队的科技研发工作；开展科技拥军活动，从技术、人力等方面协助部队科技攻关；积极为部队、优抚对象提供科技咨询和服务；帮助部队普及科学知识，提高官兵科技文化素质；做好本系统的拥军优抚安置工作。

国防科学技术工业委员会：做好国防科技工业和军转民工业发展的规划与管理；根据军队的武器装备发展规划，搞好国防科研、生产、建设的统筹和衔接；指导军工电子的行业管理；配合总装备部做好军品科研计划的制定与组织实施，严把军品生产的质量关，确保军事装备的生产供应；做好本系统的拥军优抚安置工作。

国家民族事务委员会：发动各族人民深入持久

地开展爱国拥军活动；指导少数民族地区与驻军开展军民共建社会主义精神文明活动；配合有关部门做好民族地区的双拥工作，维护民族团结，维护军政军民团结，维护民族地区的社会稳定；表彰军民团结、民族团结的先进典型；做好本系统的拥军优抚安置工作。

公安部：依法维护军事设施安全；依法查处和惩治侵害军人及其家属合法权益的违法行为；按照国家有关政策规定，指导地方公安机关做好军队离退休干部、转业、复员、退伍军人及随军、随迁家属落户工作；指导征集新兵的政治审查工作；指导各级公安机关积极、稳妥处理军地之间的矛盾和纠纷，做好部队重要军事行动和重大活动的安全保卫工作，协助部队做好营区及生活区域的社会治安工作；组织战时和部队重要军事行动、重大活动的交通管制；组织查处妨碍和破坏国防动员工作的违法犯罪案件；开展军警民共建社会主义精神文明活动；做好本系统的拥军优抚安置工作。

司法部：协助军队开展法制宣传教育和普及法律常识；开展法律拥军活动，指导县级以上司法行政机关建立维护军人及其家属合法权益的法律机构，为官兵提供法律服务；协调、督促有关部门依法优先处理部队及官兵的涉法问题，维护国防利益和军人及其家属的合法权益；指导和支持军队司法行政工作；做好本系统的拥军优抚安置工作。

民政部：会同有关部门制定拥军优属和优抚安置工作的政策法规；加强拥军优属工作的宣传，督促拥军优属各项政策、措施的落实；做好优抚对象的思想教育工作和烈士褒扬工作；指导各级民政部门制定和落实扶持优抚对象生产、生活的政策措施，将重点优抚对象优先纳入社会救助范围；指导各级民政部门做好退役士兵、转业士官、复员干部、军队离退休干部和无军籍退休退职职工的接收安置等工作；指导各级民政部门做好符合条件的随军家属的最低生活保障工作；指导优抚安置事业单位、烈士纪念建筑物管理保护单位和军供保障单位的管理工作；会同军地有关部门指导争创双拥模范城（县）、双拥模范单位和个人活动；做好本系统的拥军优抚安置工作。

财政部：参与研究制定有关国防、军队建设和优抚安置工作的政策、法规；根据国防建设的需要和国家财力可能，为国防和军队建设及优抚安置工作提供必要的财力保障；加强对优抚安置各项经费使用的管理和监督；为开展拥军优属、拥政爱民活动提供必要的经费保障；做好本系统的拥军优抚安置工作。

人事部：会同军地有关部门研究制定军队转业干部、随军家属的安置和就业政策，做好军队转业干部安置和培训工作；指导各地做好随军家属和转业干部随调家属安置工作；指导各级政府部门所属人才服务机构为自主择业的军队转业干部、自谋职业的退役士兵和未就业的随军家属提供求职优先服务；协助做好拥军优属、拥政爱民先进个人的表彰；做好本系统的拥军优抚安置工作。

劳动和社会保障部：配合有关部门做好退役士兵、转业士官、随军家属的安置和军地两用人才培训及开发使用工作；支持军队后勤保障社会化，做好退役军人社会保险的接续和管理工作；指导各级劳动和社会保障部门为优抚对象提供求职登记、职业介绍、就业指导等服务；做好优抚对象的社会保险工作；做好本系统的拥军优抚安置工作。

国土资源部：做好军事设施、部队营区建设用地和土地登记发证过程中的有关工作；指导和帮助部队搞好军用土地的利用管理，保证军事活动需要；协调处理军地之间的土地纠纷；做好本系统的拥军优抚安置工作。

建设部：协助部队依法搞好军事设施建设；支持军队后勤保障社会化，协调指导各地免征配套改造项目城市基础设施配套费；协调指导各地将军人和军队职工经济适用住房建设纳入当地计划；指导地方解决优抚对象和城镇未随军家属的住房困难；协调处理军地之间的房产矛盾和纠纷；在城乡规划中充分考虑国防利益和军事需求；做好本系统的拥军优抚安置工作。

铁道部：做好军运工作，保障军事运输；开展军民共建文明车站和文明列车活动；指导和督促省会（副省级）城市及有条件的火车站开设军人候车室和军人售票窗口；指导各地铁路部门对执行紧急任务的部队和军人，凭部队团以上单位介绍信优先售票或提供交通便利；对革命伤残军人乘车给予优待；做好本系统的拥军优抚安置工作。

交通部：在公路规划和建设中充分考虑军事需求；做好军运工作，保障军事运输；做好国防、边防公路的修建工作，同时对交通部门管养的路段，要做好养护工作，保障军事运输畅通；支持军队后勤保障社会化，指导地方交通部门为驻军比较集中的地区开设公交专线；开展军民共建文明车站、文明港口、文明运输线活动；有条件的车站、港口客运站开设军人售票窗口；对执行紧急任务的部队和军人，凭部队团以上单位介绍信，提供交通便利；对现役士兵、革命伤残军人乘坐车、船给予优待；做好本系统的拥军优抚安置工作。

信息产业部：支持军队信息化建设，优先满足部队信息化建设的需要，保障部队利用公用通信系统通信的安全畅通；对现役士兵从部队发出的平常信函实行免费；加快军工电子行业的发展，为军队现代化提供电子装备和服务；做好本系统的拥军优抚安置工作。

水利部：制定优先保障部队战备、训练和生活用水的政策规定；帮助驻边防、海岛部队解决吃水困难；支持部队做好抗洪抢险工作；为部队援建国家和地方水利工程提供政策、经费支持；做好本系统的拥军优抚安置工作。

农业部：协助部队发展农副业生产和“菜篮子”工程建设，搞好技术指导、人员培训和新产品供应等工作；支持部队开展“绿色证书”培训；采取多种形式扶持农村优抚对象发展生产，优先帮助优抚对象脱贫致富；做好本系统的拥军优抚安置工作。

商务部：做好军队重要物资的供应工作，保障国防重点工程、重要装备建设等物资供应；指导商业系统开展拥军优属活动；指导口岸系统与驻军部队开展军民共建社会主义精神文明活动；帮助口岸部队排忧解难；做好本系统的拥军优抚安置工作。

文化部：将军队文化建设纳入文化事业发展战略和发展规划，支持部队活跃军营文化；指导和扶持军队艺术创作与生产；帮助部队培养文艺骨干，搞好文化基本设施建设；组织文艺团体到基层部队进行慰问演出；组织开展军民共建社会主义精神文明活动；协调有关部门搞好营区周边的文化环境治理和建设；做好本系统的拥军优抚安置工作。

卫生部：支持军队发展医疗卫生事业，改进医疗卫生服务；指导部队搞好公共卫生体系建设，帮助官兵提高应对重大传染病等突发公共卫生事件的能力；关心优抚医院建设和发展，注重从医疗设备、技术等方面予以支持；研究制定和指导落实重点优抚对象医疗优惠政策，组织卫生行政部门和医疗卫生机构做好优抚对象的医疗服务工作；做好本系统的拥军优抚安置工作。

国有资产监督管理委员会：把国防教育纳入中央企业教育计划，对企业员工进行拥军优属宣传教育；开展企业拥军活动，组织、指导中央企业与部队进行双拥共建；协调国有企业做好优抚安置工作，确保优抚对象的优待政策、规定落到实处；做好本系统的拥军优抚安置工作。

税务总局：研究制定军队转业干部自主择业、退役士兵自谋职业和随军家属从事个体经营的税收优惠政策；指导各级税务部门做好拥军优属工作；进一步贯彻落实军队转业干部自主择业、退役士兵自谋职业和随军家属就业的税收优惠政策；做好本系统的拥军优抚安置工作。

工商行政管理总局：制定支持部队建设的优惠政策，做好拥军优属工作；扶持军供保障、优抚安置事业单位及优抚对象的生产经营和民兵以劳养武企业；支持企业安置退役士兵和随军家属，为退役士兵和随军家属自谋职业提供优先优惠服务；引导私营企业开展拥军优属活动；做好本系统的拥军优抚安置工作。

广播电影电视总局：将国防教育和双拥宣传教育列入广播影视部门的工作计划；运用广播、电影、电视系统进行爱国主义教育、国防教育和双拥宣传教育，广泛宣传党中央、国务院、中央军委关于双拥工作的指示精神，宣传全国双拥工作领导小组的决议、指示、工作部署和重大活动，宣传各地双拥工作的典型经验和先进事迹；开展拥军优属活动；做好本系统的拥军优抚安置工作。

总参谋部：会同有关总部组织和指导部队、民兵、预备役部队参加抢险救灾、支援国家经济建设、社会公益事业；组织和指导部队、民兵、预备役部队参加和支援西部大开发；指导部队、民兵和预备役部队参加军民联防，维护社会稳定；参与处理军地之间的重大矛盾和纠纷；协调军地主管部门做好军事设施保护工作；配合地方有关部门做好退役士兵的安置工作；会同国家、军队有关部门搞好学生军训和少年军校活动；严格部队管理，模范遵守群众纪律，树立人民军队威武之师、文明之师的良好形象。

总政治部：会同国家有关部门制定拥军优属、拥政爱民的政策法规；组织和指导全军进行人民军队性质、宗旨教育及拥政爱民教育，开展拥政爱民和军民共建社会主义精神文明活动；检查军队执行国家法律、法规、民族政策、宗教政策和遵守群众纪律情况；会同有关总部组织和指导部队参加国家经济建设，进行抢险救灾，支援社会公益事业；组织和指导部队、民兵、预备役部队参加和支援西部大开发；指导省军区系统协调驻军的拥政爱民工作；会同国家有关部门做好军队离退休干部移交地方安置工作；会同国家和地方有关部门进行全民国防教育；会同国家有关部门指导争创双拥模范城（县）、双拥模范单位和个人活动；协调处理军民之间的重大矛盾和纠纷；会同国家、军队有关部门搞好学生军训和少年军校活动。

总后勤部：会同军地有关部门研究制定后勤保障社会化、军事运输、军人保险、军队房产土地等方面的政策规定；会同军地有关部门做好军队离退休干部移交地方政府安置中的有关工作；会同有关总部指导部队搞好科技开发、科研成果转让，支援地方经济建设；协调处理军地之间在房地产、交通事故等方面的矛盾和纠纷；支援地方扶贫工程、绿化工程和医疗卫生等公益事业建设；加强对战时和平时部队承担危急险重任务中军民兼容大后勤保障体系的研究。

总装备部：指导部队做好武器装备建设和国防科研试验任务中的群众工作，搞好军地协调配合，保证武器装备建设和大型科研试验任务的顺利进行，做好群众损失的善后工作；发挥人才、技术优势，开展科技助民活动，促进军地科技交流与合作；组织所属部队参加地方经济建设，进行抢险救灾，支援社会公益事业。

武警部队：开展拥政爱民和军民共建社会主义精神文明活动；检查武警部队执行国家法律、法规，遵守民族政策、宗教政策和群众纪律情况；组织和指导武警部队参加国家经济建设，援建重点工程，进行抢险救灾，支持社会公益事业建设；组织武警部队参加军警民联防，处置突发事件，维护社会稳定；教育武警部队加强行政管理，严格警容风纪，树立良好形象。

全国总工会：将拥军优属工作列入工作计划；采取多种形式对职工进行国防教育和双拥宣传教育；发动和组织职工开展拥军优属和军民共建社会主义精神文明活动；宣扬拥军优属先进单位和个人；积极协调有关部门为企业军转干部、退役士兵、军人家属和优抚对象排忧解难，维护他们的合法权益。

共青团中央：将拥军优属工作列入工作计划；采取多种形式对广大青少年进行国防教育和双拥宣传教育；宣扬军地团员、青年爱民拥军的先进典型和事迹；指导少年军校建设，表彰先进单位；组织广大青少年开展拥军优属和军民共建社会主义精神文明活动。

全国妇联：将拥军优属工作列入工作计划；采取多种形式对广大妇女进行国防教育和双拥宣传教育；发动妇女广泛开展群众性的拥军优属活动，宣传和表彰妇女拥军的先进典型和本系统拥军的先进单位；会同军队有关部门表彰作出突出成绩的女军人和军人家属，宣传女军人和军人家属自强不息、艰苦奋斗、开拓创新的事迹；协同有关部门维护军人在婚姻家庭等方面的合法权益；指导各级妇联与驻军开展军民共建社会主义精神文明活动。

全国工商联：指导非公有制经济组织进行国防教育和双拥宣传教育，开展拥军优属活动；指导地方工商联和民间商会做好拥军优属工作；鼓励和倡导非公有制经济组织接受安置退役士兵、随军家属；组织和指导工商联会员与部队开展军民共建社会主义精神文明活动。

关于调整全国双拥工作领导小组成员的通知

国拥［2004］4号

由于人事变动和工作需要，全国双拥工作领导小组决定，国家税务总局党组副书记、副局长（正部长级）钱冠林同志担任全国双拥工作领导小组成员，贺邦靖同志不再担任成员。

关于调整全国双拥工作领导小组成员单位联络员组成人员的通知

国拥办［2004］2号

为了更好地贯彻全国拥军优属拥政爱民工作会议精神，进一步发挥领导小组成员单位的职能作用，形成齐抓共管双拥工作的整体合力，促进双拥工作在各行业、各部门的落实，全国双拥工作领导小组部分成员单位对联络员进行了相应调整。现将调整后的人员通知如下：

吴云华　中组部干部一局副局长
刘晓航　中宣部宣传教育局副局长
李守信　发展和改革委员会社会发展司司长
廖文科　教育部体育卫生艺术教育司副司长
吴远彬　科技部发展计划司副司长
屠森林　国防科工委人事教育司司长
刘万庆　国家民委政法司副司长
王英斌　公安部政治部宣传局助理巡视员
孙剑英　司法部办公厅副主任
孙志筠　财政部社会保障司副司长
赵勤华　人事部军队转业干部安置司副司长
邱小平　劳动保障部劳动工资司司长
强旭东　国土资源部机关党委副书记兼纪委书记
张其光　建设部人事教育司副司长
赵庆国　铁道部政治部宣传部助理巡视员
高　波　交通部档案馆馆长
范平平　信息产业部机关第一服务局副局长
浦晓津　水利部机关党委助理巡视员
何子阳　农业部办公厅助理巡视员、部长办公室主任
房爱卿　商务部市场运行调节司司长
吴国祥　文化部机关服务局副局长
耿　煜　卫生部机关服务中心助理巡视员
马国安　国资委办公厅主任
李尚斋　税务总局机关党委副书记
马忠贤　工商总局办公厅助理巡视员
王丹彦　广电总局总编室副主任
黄　柯　总参谋部政治部群众工作办公室主任
戴新桥　总后勤部政治部群众工作办公室主任

陈海波　总装备部政治部群众联络工作办公室主任
刘利民　武警部队政治部群众工作部部长
刘海华　全国总工会保障工作部副部长
操学成　共青团中央宣传部副部长
张　民　全国妇联办公厅副主任
刘红路　全国工商联会员部部长

双拥工作领导小组成员单位的联络员，要认真履行职责，积极为本单位领导提建议、当参谋，协助领导指导本单位开展双拥工作，同时加强与全国双拥办的联系，及时反映本单位开展双拥工作的情况和经验。

今后各成员单位调整联络员，请及时函报全国双拥工作领导小组办公室，以便及时沟通情况，开展工作。

学习贯彻全国双拥工作会议精神的情况通报

国拥办［2004］3号

全国拥军优属拥政爱民工作会议结束后，各省、自治区、直辖市和军队各大单位坚持从践行“三个代表”重要思想、全面建设小康社会、推进中国特色军事变革的战略高度，把学习贯彻会议精神、进一步做好双拥工作作为一件大事来抓，党政军领导高度重视，业务部门认真组织，广大军民积极参与，在全国形成“学习宣传会议精神、贯彻落实会议精神”的浓厚氛围，促进了双拥工作的蓬勃发展，掀起了拥军优属、拥政爱民新高潮。

一、学习贯彻会议精神取得初步成效

（一）认真组织传达学习，及时把广大军民思想统一到会议精神上来。各省区市相继组织召开双拥工作领导小组全会、军政座谈会、双拥办主任会和双拥工作会议，认真传达学习温家宝总理的重要讲话、回良玉副总理的工作报告，并对学习贯彻作出部署。许多党政一把手亲自主持召开会议，带头参加学习讨论；不少地区组织地（市）、县主要领导集中传达学习；新疆等一些边疆民族地区，还把会议文件译成民族语言，印发少数民族群众。各地（市）、县也普遍采取转发会议文件、编写传达提纲、组织领导宣讲、召开工作会议等多种形式，深入学习会议精神。特别是被命名的309个全国双拥模范城（县），都举行揭牌仪式，召开庆功表彰或誓师动员大会，传达会议精神，分析双拥形势，明确努力方向。军队各大单位专门下发通知，对传达学习作出部署。许多基层部队集中时间学习会议文件，联系部队实际开展拥政爱民教育。各地各部队还利用广播、电视、报刊、网络、板报、宣传栏等大众传媒，广泛宣传会议盛况、领导讲话和双拥典型事迹，扩大传达学习的覆盖面和影响力。全国双拥办专门派出工作组，赴9个省市区20多个市县，调查了解会议精神传达学习情况。通过军地有组织、有计划、有步骤地传达学习，使广大军民进一步认清了做好新形势下双拥工作、巩固和发展军政军民团结的重大政治意义，明确了当前和今后一个时期双拥工作的指导思想、基本任务和创新发展要求，增强了重视双拥、支持双拥、推动双拥的责任感和光荣感。

（二）依据会议精神搞好筹划，进一步理清了做好新形势下双拥工作的思路。传达学习中，各省区市和军队大单位坚持以“三个代表”重要思想为指导，紧紧围绕会议提出的任务要求，紧密结合自身实际，认真筹划双拥工作，提出许多反映时代要求、体现双拥规律、具有地域特色的思路办法。北京、吉林等科技实力较强的省市，把开展科技拥军、文化拥军、智力拥军作为提高双拥工作质量和层次的重要途径，对经费投入、政策规范、硬件建设等，作了周密的顶层设计。福建、浙江等东南沿海地区，把支持部队做好军事斗争准备作为拥军重点，计划从人才、物力、财力上全力支持军事训练演习、重点军事工程和未来战场建设。新疆等边疆民族地区研究确定，紧紧围绕民族团结进步开展双拥工作，组织军民积极参加“兴边富民”行动，广泛宣传民族宗教政策，全力维护社会稳定、民族团结和祖国统一。山东、河南、江西等优抚安置大省，坚持以人为本，把实现、维护和发展好广大军民根本利益作为双拥工作的出发点和落实点，拟在解决复转军人安置、随军家属就业、重点优抚对象生活保障等事关军民切身利益上，大力度改革，多投入保障，全方位落实。军队各大单位也依据会议精神，着眼全面建设小康社会，对拥政爱民工作作出新的规划。成都、兰州、沈阳军区提出，在参加和支援国家经济建设上，贯彻全面、协调、可持续的科学发展观，加大支持西部大开发和振兴东北等老工业基地力度。海军、空军、二炮确定，发挥知识密集、科技密集、人才密集优势，广泛开展科技助民活动，支援“三农”工作。北京、济南、南京、广州军区强调，发挥部队政治工作优势，广泛开展军民共建社会主义精神文明活动，积极参与文明城市、文明行业、文明村镇的创建，为弘扬社会主义文明新风作贡献。

（三）把办实事解难题作为贯彻会议精神的实际行动，进一步密切了军政军民关系。各地各部队以学习贯彻会议精神为契机，积极主动为对方办实事、做好事、解难事。广东省要求各级牢固树立为部队做再多的事也不为过、做再小的事也不要烦、做再难的事也不能推的观念，动员和组织社会各阶层为部队建设出力，为军人军属分忧。今年以来，已帮助解决重点军事工程建设、战备训练保障、转业退伍军人安置等方面难题上百个。安徽、云南、甘肃、陕西等省，变优抚对象上访为业务部门下访，组织人员深入市县，检查优抚安置政策落实情况，上门为重点优抚对象服务。上海、江苏、辽宁、山西等省市，财政拨款上千万元，支持部队信息化建设、民兵训练基地改建和高素质新型军事人才培养。珠海、东莞等非公有制经济发达地区，积极引导新型经济组织发挥资源、技术优势，支持部队建设，接收退役士兵、安置随军家属。各部队也以贯彻会议精神为动力，认真做好拥政爱民工作。沈阳、北京、济南、南京军区把支持“三农”作为拥政爱民重点，组织部队帮助驻地兴修农田水利、购买科技书籍、培训技术骨干、发展种植养殖。兰州、成都军区和空军、武警部队，加大支援西部大开发力度，出动兵力20多万人次，参与重点工程上百项，植树种草10多万亩。广州军区、海军、二炮和四总部募集上千万元资金和部分衣被、食品，帮扶贫困群众，支持驻地发展教育事业。特别是在新疆八一水库决堤、重庆氯气泄露、江西庐山森林失火、川藏线雪崩等重大灾情险情面前，灾区各部队迅速出动，奋勇抢险，以舍生忘死的实际行动，保护人民群众生命财产安全，受到地方党委、政府和人民群众的高度赞扬。

（四）注重研究新情况新问题，推动了双拥工作的创新发展。依据会议精神，研究解决改革开放和发展社会主义市场经济条件下双拥工作遇到的新情况新问题，是各地各部队学习贯彻会议精神的一个普遍做法和突出特点。安徽、四川、重庆等地组织业务部门，对如何在农村税费改革中落实义务兵家属优待金制度，如何把重点优抚对象纳入社会保障体系促进“三难”问题解决，如何加大扶持就业力度减轻计划安置压力等，列出研究计划和方案，并展开初步调研。为激发新型经济组织和新的社会阶层爱国拥军热情，上海、广东、浙江等地，对“两新组织”参与双拥的发展现状、制约因素、政策规范、途径办法等进行深入研究，初步形成了以教育引导、靠政策保障、用典型激励的工作思路。山东、河南、广东等地对加强新形势下双拥组织体系建设进行积极探索，通过明确双拥工作领导小组成员单位职责、表彰行业拥军先进典型、增加双拥办编制、制定加强双拥办建设措施，进一步发挥双拥组织机构的职能作用。军队各大单位也结合形势任务，对新阶段拥政爱民工作内容、任务、方法、途径等提出新的意见。驻东南沿海地区部队把与“两新组织”开展共建作为一个全新课题，组织试点，展开研讨，摸索路子。驻东北地区部队适应国家整体发展的需要，借鉴支援西部大开发经验，对参与振兴老工业基地展开了探索研究。驻西部地区部队着眼支援西部大开发的新实践，摸索出“按市场规律进入市场，用我军宗旨规范行为”的援建重点工程思路和成建制组织民兵以法人资格参加生态环境建设的办法，收到较好效果。

二、学习贯彻会议精神存在一些值得重视和改进的问题

从各地上报材料和检查了解的情况看，一是传达学习不够深透。一些单位对传达学习抓得不紧，学得不深。有的只注重各级党政军领导和有关业务部门，没有很好地组织基层广大军民传达学习；有的只对会议盛况作了简要介绍，而没有深入宣传会议提出的新思想、新思路、新举措；有的安排工作体现会议精神不充分，仍然是老套路。二是依据会议精神建立健全双拥法规政策不够有力。部分地区立足当前，着眼长远，积极主动地研究建立与改革开放和社会主义市场经济相适应的政策法规不够。有的对民营企业拥军钱物免税、部队与“两新组织”共建、税费改革后农村义务兵家属优待金统筹等一些急需政策规范的，尚未展开探索研究，甚至连这方面的计划安排都没有；有的在深化、细化上下功夫不多，出台政策规定针对性、操作性不强；有的依赖性强，等着上面指方向、给政策、定措施。三是利用学习贯彻会议精神有利时机加强双拥组织体系建设不够主动。这次双拥工作会议着眼新形势，在赋予双拥工作许多新的职能任务的同时，对双拥组织体系建设提出明确要求，为夯实双拥工作组织基础提供了难得机遇。但不少地区这种机遇意识不强，对双拥组织体系建设没有引起足够的重视，没有给予足够的关心和支持。特别是在解决双拥办编制、人员、经费等问题上，重视不够，力度不大，以致目前一些省级双拥办仍然是无专职人员、无单独办公地点、无军地合署办公；一些地（市）、县级双拥办仍旧是组织不落实、人员不固定、经费没保障。

三、深入贯彻会议精神，进一步开创双拥工作新局面还需要做大量工作

（一）要在深入学习会议文件，切实用会议精神统一思想、指导实践、推动工作上下工夫。这次全国双拥工作会议，对新世纪新阶段双拥工作的指导思想、主要任务、创新发展和组织领导作了进一步明确，提出了许多新思想、新观念、新举措。当前和今后一个时期，各地各部队要把学习会议精神作为双拥工作的一项重要内容常抓不懈。在思想上克服“学过了”、“了解了”等浅尝辄止倾向，树立反复学、经常学、深入学的观念；在范围上要向基层延伸，向广大军民拓展，引导基层军民系统学习，全面领会，自觉运用；在方式上要采取逐级传达、媒体宣传、军地交流等形式，原原本本学文件，切实把会议提出的新思想、新观念、新举措理解好、掌握好、落实好。通过深入传达学习，使广大军民真正做到用会议精神统一思想，指导实践，推动工作。

（二）要在围绕发展抓双拥，抓好双拥促发展上下功夫。要牢牢把握围绕发展抓双拥、抓好双拥促发展的根本原则，把发展社会生产力、提高部队战斗力、增强民族凝聚力作为根本任务和目标。各部队要认真履行保卫国家安全、保卫人民和平劳动的神圣职能，为全面建设小康社会创造安全稳定的环境；坚定不移地贯彻服从国家建设大局的方针，积极参加和支援西部大开发、东北等老工业基地振兴发展，做好援建重点工程、扶贫帮困、生态环境治理、抢险救灾等工作，促进经济建设；着眼社会主义物质文明、政治文明、精神文明协调发展，广泛开展军民共建活动，积极参与文明城市、文明行业、文明村镇创建工作，大力弘扬新思想、新道德、新风尚。地方各级党委、政府和人民群众，要牢固树立国防建设与经济建设协调发展的思想，把关心、支持军队建设作为义不容辞的责任，协助做好军事斗争准备、体制编制调整、后勤保障社会化改革和人才战略工程实施等工作，帮助完成训练演习、战备执勤、科研试验和国防工程建设等各项任务，为军队现代化跨越式发展提供坚强有力保障。

（三）要在落实优抚安置政策，解决热点难点问题上下工夫。当前，转业退伍军人安置难、随军家属就业难、重点优抚对象医疗难等，已成为广大军民普遍关心的热点问题，制约双拥发展的难点问题。各地各部队要从践行“三个代表”重要思想、贯彻“立党为公、执政为民”本质要求的高度，坚持以人为本，把落实优抚安置政策，解决热点难点问题作为双拥工作的重要内容，作为命名表彰先进的重要依据，高度重视，认真对待，倾力而为。要依据党中央、国务院、中央军委的指示要求和这次会议精神，进一步调整完善拥军优抚安置政策规定，为解决热点难点问题提供措施和办法。要增加投入，及时落实自主择业、自谋职业复转军人和随军家属经费补助，加大学历教育和技能培训力度，走开自主择业、自谋职业的路子，减轻计划安置的压力；建立待安置随军家属和重点优抚对象生活补助标准自然增长机制，改善其生活条件。

（四）要在建立健全双拥运行机制，保证双拥工作持续深入健康发展上下功夫。协调顺畅的运行机制，是双拥工作有序开展和高效落实的重要保证。当前，要按照会议要求，建立健全双拥工作组织领导机制，把双拥工作纳入经济社会发展和部队建设总体规划，摆上重要议事日程，做到同步规划，同步推进。扩大双拥工作领导小组成员单位，明确职责，落实年度工作报告和联络员制度，进一步发挥其职能作用；加强各级双拥办建设，配齐配强干部，落实办公经费，完善合署办公制度，搞好人员培训、业务交流，提高人员素质和工作质量。建立健全军地协调机制，坚持联席会议、定期走访、信息通报等制度，及时沟通军地关系，协商开展双拥活动，形成齐抓共管的合力。省军区系统要组织协调好部队同政府和群众的联系，搞好驻军拥政爱民活动，在密切军政军民关系中更好地发挥桥梁和纽带作用。建立健全抓基层双拥工作落实机制，完善基层服务网络，建立领导干部双拥工作联系点制度，培养宣扬双拥先进典型，开展群众性双拥活动，推动双拥工作在基层落实。

（五）要在发扬与时俱进精神，推动双拥工作创新发展上下功夫。随着改革开放的深入和社会主义市场经济的发展，双拥工作出现许多新变化。如，双拥环境由计划经济体制向社会主义市场经济体制过渡，双拥主体和对象扩大到新型经济组织和新的社会阶层，双拥内容拓展到经济发展、社会稳定、军事斗争准备等多个领域。贯彻落实会议精神，推动双拥工作创新发展，就要根据变化了的实际，用新的视角观察事物，用新的观念研究问题，用新的办法解决矛盾。在工作指导上，要认真贯彻“三个代表”重要思想，树立科学发展观，把促进社会生产力发展和部队战斗力提高，加强军地思想道德和文化建设，维护广大军民根本利益作为出发点和落脚点；在工作内容上，要着眼全面建设小康社会和推进中国特色军事变革，把支持军事斗争准备、维护社会政治稳定、促进经济发展突出出来；在工作主体上，要积极引导和保护新型经济组织和新的社会阶层爱国拥军热情，开展多种形式的双拥活动，进一步扩大双拥工作群众基础；在制度建设上，要立足当前，着眼长远，实事求是地制定完善与社会主义市场经济体制相适应的政策法规，推进双拥工作社会化、制度化、经常化。

关于印发罗平飞、常生荣同志在全国省区市双拥办主任会议上的讲话的通知

国拥办［2004］8号

经全国双拥工作领导小组批准，全国省区市双拥办主任会议于10月20日至22日在上海市召开。会议以邓小平理论和“三个代表”重要思想为指导，围绕深入贯彻党的十六届四中全会和全国双拥工作会议精神，交流情况，推广经验，统一认识，研究对策，明确了当前的工作重点和要求，对推动双拥工作各项任务落实具有重要的指导作用。

现将全国双拥工作领导小组副组长兼办公室主任罗平飞同志在会上作的《坚持新理念、实践新要求，不断推动双拥工作深入发展》的讲话和全国双拥工作领导小组成员兼办公室副主任常生荣同志的会议总结讲话印发给你们。请结合实际，认真抓好会议精神的贯彻和落实。

全国双拥工作领导小组成员单位联络员会议情况

（2004年7月7日）

根据领导小组第十六次全会要求，全国双拥办于6月23日至24日在京召开了36个成员单位联络员会议。会议以“三个代表”重要思想为指导，认真贯彻全国双拥工作会议精神和国务院、中央军委批转的会议纪要，集中研究成员单位结合业务做好双拥工作、发挥职能作用问题。全国双拥工作领导小组副组长、双拥办主任罗平飞同志，全国双拥工作领导小组成员、双拥办副主任常生荣同志分别在会上讲了话。会议通过学习文件、交流工作、研究对策，使大家进一步统一了思想、明确了责任、理清了思路。一致反映，这次会议时机恰当，主题鲜明，内容丰富，对促进双拥工作在各部门、各行业、各系统的落实有着重要作用。

一、对双拥工作的一些重要问题统一了认识

会议紧密联系成员单位职能，认真学习党的军政军民团结思想，学习全国双拥工作会议纪要、温家宝总理讲话和回良玉副总理工作报告，学习新修订的成员单位双拥职责，在事关双拥工作创新发展的一些重要问题上形成了共识。一是必须坚持以“三个代表”重要思想为指导。“三个代表”重要思想是我们各项工作的根本指针，双拥工作作为党和国家的一项重要工作，也必须坚持以“三个代表”重要思想来统领，紧贴发展第一要务，坚持以人为本思想，落实执政为民要求，在促进社会生产力发展和部队战斗力提高，加强军地思想道德和文化建设，实现、维护和发展好广大军民的切身利益上有所作为，有所建树。二是必须围绕军地改革建设开展工作。围绕中心，服务大局，是双拥工作始终遵循的基本原则。新世纪新阶段的双拥工作，要坚持服务全面建设小康社会，贯彻科学发展观，积极参加和支援西部大开发、东北等老工业基地振兴等事关经济发展的战略工程，深入开展军民共建社会主义精神文明活动，促进经济、社会全面进步；坚持服务中国特色军事变革，把推进军事斗争准备作为

双拥重点，支持部队训练演习、战备执勤、科研试验和国防工程建设，配合做好体制编制调整改革、人才战略工程实施、后勤保障社会化等工作，为军队现代化跨越式发展提供坚强有力的保障；坚持服务社会政治稳定，密切关注国际形势发展变化，关注影响国内社会政治稳定的各种因素，认真做好军政团结、军民团结和民族团结工作，创造安全稳定的社会环境。三是必须弘扬与时俱进精神。针对双拥工作出现的新变化，坚持用改革的思路研究新情况，用创新的手段解决新问题。在工作指导上，向支持军地长远建设，增强经济实力、国防实力和民族凝聚力转变；在工作主体和对象上，积极引导和保护新型经济组织和新的社会阶层爱国拥军热情，进一步扩大双拥工作的群众基础；在运行机制上，把政府行为与社会行为、以情双拥与依法双拥、行政调节与市场调节结合起来，推动双拥工作制度化、规范化、经常化。四是必须发挥各成员单位职能作用。双拥工作是一项系统工程，不是哪一个部门的事，需要各部门共同做，需要社会各个方面通力合作。各成员单位负有职责范围内的组织、指导、协调双拥工作的重要职能，对双拥重要决策的形成、重大活动的开展和大项工作的落实具有举足轻重作用，都要把双拥工作作为份内的任务、共同的责任，始终做到有明确的工作目标，有具体的实施计划，有完善的保障措施。

二、交流了学习贯彻双拥工作会议精神情况

会议围绕贯彻落实全国双拥工作会议精神，集中一天半时间，组织 30 个成员单位进行交流。从大家发言情况看，一是对传达学习比较重视。各成员单位普遍把大会盛况和主要精神，及时向党委（组）作了汇报；主要领导都对学习贯彻作出批示，提出要求；领导小组成员亲自组织，亲自宣讲。许多单位还利用部党组会、中心组学习、机关干部会或直属单位负责人会等形式，扩大传达学习覆盖面。教育部结合业务会议，把双拥工作会议精神传达到省级教育行政部门的分管领导。共青团中央和全国妇联专门召开双拥会议，组织有关业务部门同志原原本本学习文件。总参谋部、总后勤部、总装备部和武警总部在抓好本级传达学习的基础上，及时下发通知进行部署。二是结合业务做了大量工作。许多单位坚持把会议精神融入工作实践，在抓好业务建设同时，兼顾双拥工作落实。科技部把国防科技作为专题纳入国家中长期科学和技术发展规划，组织军地 200 多名专家进行研究。财政部在连续 6 年提高抚恤补助标准的基础上，今年又较大幅度增加了优抚事业经费。人事部针对今年转业干部安置任务重的实际，先后召开人事部门协调会、用人单位招聘会、待安待分人员推荐会，为转业干部安置就业搭建平台、创造条件。劳动和社会保障部在安置军队后勤保障社会化改革中的分流职工、解决企业军转人员生活困难等方面，研究制定了具体办法。国资委通过下发文件、筹资支援、派人督察等方式，认真做好中央企业军转干部工作。国家广电总局组织中央电视台、中央人民广播电台播放双拥消息、专题等 160 多次。全国总工会每 10 天在《工人日报》推出一期国防专版，对职工群众进行国防教育。总装备部坚持以经济建设大局为重，深入开展科技助民活动，并按程序有计划地向地方开放了部分试验场区。国家发改委、信息产业部、商务部、卫生部都认真抓了本系统双拥工作的落实。三是探索了一些具有行业特色的做法。不少部门积极适应形势变化，因地制宜，与时俱进开展双拥工作。国家民委着眼社会稳定大局，广泛开展争创民族团结进步模范活动和兴边富民行动。司法部以举办法制讲座、开展法律咨询、赠送法律书籍、实施法律援助为基本形式，推进法律拥军经常化。建设部建立“城市规划部际联席会议”制度，及时协调解决城乡规划中涉军重大问题。铁道部通过开展军民共建京九、京广、南疆铁路文明站区活动，形成以点带线、以线带面、整体推进的行业共建格局。文化部坚持定期为部队赠送文化器材、培养文艺骨干、开放文化场馆、慰问演出，掀起文化拥军热潮。总后勤部组织 100 所军队医院对口支援西部贫困地区 100 所县级医院，促进西部地区医疗卫生事业发展。四是对深入贯彻会议精神作了筹划和安排。各成员单位依据国发［2004］15 号文件，按照职责，结合实际，对当前和今后一个时期本系统的双拥工作进行研究和部署。中组部计划在指导部队党建、搞好组织系统负责的转业干部安置等方面，进一步加大力度，做好工作。中宣部拟在开展全民国防教育和双拥宣传、指导军民共建社会主义精神文明等领域，研究制定一些新的办法。国防科学技术委员会表示，要按照双拥工作职责，加强国防科研、生产、建设的统筹和衔接，保证军事装备生产供应。公安部打算加大查处破坏国防军事设施、侵害军人及其家属合法权益案件的力度，配合部队做好重大军事行动和活动的安全保卫、交通管制等工作，坚决维护军事安全和官兵利益。国土资源部提出要在保障军事用地、预防军地土地纠纷等方面，出台新的措施。交通部着眼军事斗争准备需要，准备在编制“十一五”交通建设规划中，突出国防交通建设规划，以东南沿海、藏疆方向、中朝中缅地区为重点，打通断头路、卡脖子路，加速边防路、机动路建设，规范水路军事运输，确保军事交通运输需求。国家税务总局、国家工商行政管理总局和全国工商联，都把贯彻《关于扶持城镇退役士兵自谋职业优惠政策意见》作为下一步双拥工作的重点，在税收减免、单位注册登记、营业执照办理、非公有制企业接收安置等方面搞好服务。农业部在支持部队“菜篮子”工程建设、水利部在保障部队特别是边海防部队用水、总参谋部及武警部队在组织部队支援西部大开发、参加抢险救灾、维护社会稳定等方面，作了具体规划，拟定了措施和办法。

三、进一步理清了按照职责做好双拥工作的思路

会议围绕新世纪新阶段双拥工作面临的新形势新任务，发挥成员单位职能作用，进行了认真讨论和深入研究。概括起来：一是要研究制定双拥政策法规。适应市场经济发展要求，本着“落实已有的，完善不足的，填补空白的”原则，抓紧研究军人权益保障法、参战支前条例、退伍士兵安置条例、训练演习损失法规性赔偿办法、新型经济组织和新的社会阶层拥军意见、预防和处理军民纠纷规定、国防教育大纲、《军人抚恤优待条例》的配套政策、军人子女教育优惠措施等，逐步建立和完善与市场经济相接轨、与法律规范相协调、与国家行为相一致、与优良传统相承接的双拥政策法规体系。二是要认真做好结合渗透工作。把双拥工作纳入部（委、局）党组（委）议事日程，定期分析形势，研究解决重大问题，形成重视双拥、支持双拥、推动双拥的领导机制；把双拥工作纳入业务建设总体规划，在职能分工上赋予与双拥工作密切关联的业务部门明确任务，在工作落实上与业务建设同步安排、同步检查、同步总结，在目标取向上兼顾经济效益、军事效益和社会效益，实现双拥工作与业务工作相互促进、协调发展；把双拥工作纳入单位和个人考核评比范围，细化内容，量化指标，明确比例，进一步激发各级各类人员做好双拥工作的政治热情，自觉为双拥工作尽一份责任，出一份力量。三是要切实形成齐抓共管的合力。树立双拥“一盘棋”的思想，考虑问题、谋划工作、形成决策，多看军政军民团结的政治影响，多顾国家改革发展稳定大局，多想军地长远建设大事，在推动双拥工作创新发展上一条心、一股劲。建立会议协商、信息通报、报告工作等行之有效的制度，加强军地之间、部门之间、行业之间的沟通与联系，形成军地互动、部门合作、行业参与的工作机制。成立部门双拥机构，固定司（局）联络员，整合双拥资源，广泛开展行业双拥、政策双拥、智力双拥等活动，把系统优势转化为双拥强势，努力实现双拥工作水平整体提升。

政策法规选编

国务院办公厅转发民政部等部门关于扶持城镇退役士兵自谋职业优惠政策意见的通知

国办发［2004］10号

各省、自治区、直辖市人民政府，国务院各部委、各直属机构：

民政部、教育部、公安部、财政部、人事部、劳动保障部、人民银行、税务总局、工商总局《关于扶持城镇退役士兵自谋职业优惠政策的意见》已经国务院同意，现转发给你们，请认真贯彻执行。

城镇退役士兵自谋职业是社会主义市场经济条件下安置城镇退役士兵的有效途径，对维护退役士兵的合法权益，促进国防和军队建设，保持经济发展和社会稳定具有重要意义。制定城镇退役士兵自谋职业优惠政策，对促进安置工作尽快适应社会主义市场经济发展要求，确保自谋职业工作的顺利开展是十分必要的。地方各级人民政府要以“三个代表”重要思想和党的十六大精神为指导，着眼于国防和军队建设大局，从党和国家的根本利益出发，加强领导，精心组织，周密安排。各有关部门要各司其职，相互支持，密切配合，及时督促检查，认真研究解决工作中遇到的矛盾和问题，落实好扶持城镇退役士兵自谋职业的各项优惠政策。

各省、自治区、直辖市人民政府可根据本通知规定制定具体实施意见。

二〇〇四年一月二十日

关于扶持城镇退役士兵自谋职业优惠政策的意见

民政部　教育部　公安部　财政部　人事部
劳动保障部　人民银行　税务总局　工商总局

为适应社会主义市场经济发展的要求，促进国防和军队建设，维护退役士兵的合法权益，根据《中华人民共和国兵役法》和国务院、中央军委的有关政策规定，现就扶持城镇退役士兵自谋职业的有关优惠政策提出如下意见：

一、享受优惠政策的资格

（一）符合城镇安置条件，并与安置地民政部门签订《退役士兵自谋职业协议书》，领取《城镇退役士兵自谋职业证》的士官和义务兵，可以享受自谋职业优惠政策。

自谋职业的城镇退役士兵，凭《城镇退役士兵自谋职业证》在户口所在地享受自谋职业优惠政策。

《城镇退役士兵自谋职业证》式样由民政部统一制定，各省、自治区、直辖市负责印制，安置地民政部门负责核发。

二、就业服务和社会保障

（二）各类就业培训和职业教育等机构，要根据劳动力市场变化和产业结构调整需要，为自谋职业的城镇退役士兵提供就业培训。对经过培训取得国家承认的职业资格证书的城镇退役士兵，安置地民政部门要对个人所付培训费给予一定的补助，所需经费由地方财政列入预算，中央财政对安置任务重和经济欠发达地区给予适当补助。

（三）各类人才交流服务机构和公共职业介绍机构，要积极为自谋职业的城镇退役士兵提供职业介绍和指导服务。公共职业介绍机构要为自谋职业的城镇退役士兵提供档案管理及劳动保障事务代理服务，并在一定期限内减免有关服务费用。

（四）用人单位在面向社会招聘员工时，同等条件下要优先录用自谋职业的城镇退役士兵。

各级行政机关在考录公务员时，应允许符合报考条件的自谋职业的城镇退役士兵参加考试，服役期视为具有社会实践的年限，在同等条件下优先录用。

自谋职业的城镇退役士兵，在两年内被行政机关或财政补助的事业单位录用的，要将《城镇退役士兵自谋职业证》交回民政部门，并退回发给的一次性经济补助金，不再享受自谋职业优惠政策。

（五）自谋职业的城镇退役士兵就业后，要按照国家和当地政府有关规定，参加基本养老、基本医疗、失业等社会保险，军龄视同社会保险缴费年限，并和实际缴费年限合并计算，享受相应社会保险待遇。

安置地社会保险经办机构凭县级以上民政部门核发的《城镇退役士兵自谋职业证》，为自谋职业的城镇退役士兵办理社会保险登记接续手续，及时建立基本养老、基本医疗等社会保险个人账户。在服役期间参加基本养老、基本医疗保险的个人账户储存额，并入新建立的基本养老、基本医疗保险个人账户。

三、成人教育和普通高等教育

（六）自谋职业的城镇退役士兵报考成人高等学校的，投档总分可增加10分，其中服役期间荣立三等功以上的，投档总分可增加20分。

自谋职业的城镇退役士兵报考普通高等学校的，投档总分可增加10分，其中服役期间荣立二等功以上或被大军区以上单位授予荣誉称号的，投档总分可增加20分。

自谋职业的城镇退役士兵具有本科学历报考研究生的，在同等条件下，可优先予以复试或录取。

四、个体经营

（七）自谋职业的城镇退役士兵从事个体经营的，除国家限制的行业（包括建筑业、娱乐业以及广告业、桑拿、按摩、网吧、氧吧等）外，自工商部门批准其经营之日起，凭《城镇退役士兵自谋职业证》，3年内免交下列费用：

1. 工商部门收取的个体工商户注册登记费（包括开业登记、变更登记）、个体工商户管理费、集贸市场管理费、经济合同示范文本工本费。

2. 卫生部门收取的民办医疗机构管理费。

3. 劳动保障部门收取的劳动合同鉴证费。

4. 各省、自治区、直辖市人民政府及其财政、价格主管部门批准设立的涉及个体经营的登记类和管理类收费项目。

5. 其他有关登记类、管理类的收费项目。

五、税收

（八）为安置自谋职业的城镇退役士兵就业而新办的服务型企业（除广告业、桑拿、按摩、网吧、氧吧外）当年新安置自谋职业的城镇退役士兵达到职工总数30%以上，并与其签订1年以上期限劳动合同的，经县级以上民政部门认定，税务机关审核，3年内免征营业税及其附征的城市维护建设税、教育费附加和企业所得税。

上述企业当年新安置自谋职业的城镇退役士兵不足职工总数30%，但与其签订1年以上期限劳动合同的，经县级以上民政部门认定，税务机关审核，3年内可按计算的减征比例减征企业所得税。减征比例＝（企业当年新招用自谋职业的城镇退役士兵÷企业职工总数×100%）×2。

（九）为安置自谋职业的城镇退役士兵就业而新办的商贸企业（从事批发、批零兼营以及其他非零售业务的商贸企业除外），当年新安置自谋职业的城镇退役士兵达到职工总数30%以上，并与其签订1年以上期限劳动合同的，经县级以上民政部门认定，税务机关审核，3年内免征城市维护建设税、教育费附加和企业所得税。

上述企业当年新安置自谋职业的城镇退役士兵不足职工总数30%，但与其签订1年以上期限劳动合同的，经县级以上民政部门认定，税务机关审核，3年内可按计算的减征比例减征企业所得税。

减征比例=（企业当年新招用的自谋职业的城镇退役士兵÷企业职工总数×100%）×2。

（十）对自谋职业的城镇退役士兵从事个体经营（除建筑业、娱乐业以及广告业、桑拿、按摩、网吧、氧吧外）的，自领取税务登记证之日起，3年内免征营业税、城市维护建设税、教育费附加和个人所得税。

（十一）本意见所称新办企业是指本意见印发后新组建的企业。原有的企业合并、分立、改制、改组、扩建、搬迁、转产以及吸收新成员、改变领导或隶属关系、改变企业名称的，不能视为新办企业。

本意见所称服务型企业是指从事现行营业税“服务业”税目规定的经营活动的企业。

（十二）对自谋职业的城镇退役士兵，从事开发荒山、荒地、荒滩、荒水的，从有收入年度开始，3年内免征农业税。对从事种植、养殖业的，其应缴纳的个人所得税按照国家有关种植、养殖业个人所得税的规定执行。对从事农业机耕、排灌、病虫害防治、植保、农牧保险和相关技术培训业务以及家禽、牲畜、水生动物的繁殖和疾病防治业务的，按现行营业税规定免征营业税。

六、贷款

（十三）自谋职业的城镇退役士兵从事个体经营或创办经济实体，经营资金不足时，可持《城镇退役士兵自谋职业证》向商业银行申请贷款。符合贷款条件的，商业银行应优先予以信贷支持。

七、户籍

（十四）自谋职业的城镇退役士兵在县级以下城镇具有合法固定住所、稳定职业或生活来源的，应准予其凭《城镇退役士兵自谋职业证》和相应证明办理落户，其家属和子女是农业户口的，允许办理“农转非”手续并随其落户。自谋职业的城镇退役士兵在地级以上城市落户的，按照当地的有关规定办理。

各地在办理自谋职业城镇退役士兵及其随调（迁）配偶、子女落户时，不得收取国家政策规定以外的费用。

财政部　国家税务总局
关于暂免征收军队空余房产租赁收入营业税房产税的通知

财税［2004］123号

经国务院批准，现将军队空余房产租赁收入有关营业税、房产税政策通知如下：

一、自2004年8月1日起，对军队空余房产租赁收入暂免征收营业税、房产税；此前已征税款不予退还，未征税款不再补征。

二、暂免征收营业税、房产税的军队空余房产，在出租时必须悬挂《军队房地产租赁许可证》，以备查验。

全国妇联关于配合做好军队干部家属就业和再就业工作的通知

妇厅字［2004］6 号

军队干部家属多为女性，她们是一个特殊的女性群体。她们以崇高的精神境界，视国家和军队的利益高于一切，用实际行动支持丈夫献身军队和国防事业，为我国军队和国防建设作出了积极贡献。

长期以来，各级妇联组织积极支持军队和国防建设，尤其是关心军队干部家属的工作和生活，在鼓励军队干部家属支持国防事业、团结军队干部家属投身社会主义现代化建设、维护军队干部家属合法权益、为军队干部家属排忧解难等方面做了大量卓有成效的工作，有力地促进了军队建设。根据新形势的发展要求，为进一步配合军队做好干部家属工作，特别是帮助解决军队干部家属就业难的实际问题，现就配合做好军队干部家属就业和再就业工作通知如下：

一、充分认识帮助军队干部家属实现就业和再就业工作的重要性

就业是民生之本。党和国家历来重视就业问题，制定了一系列促进就业和再就业的政策措施，取得了显著成效。但目前就业的结构性矛盾仍然突出，妇女就业与再就业的压力较大，存在一定的困难和问题。由于军人职业的特殊性，军队干部家属就业也面临新情况、新问题。目前，全军已婚现役干部家属中，城镇户口无工作的 14.1 万人（包括 6.5 万下岗人员），农村户口的 2.2 万人，军队干部家属就业和再就业工作任务十分繁重。

解决军队干部家属就业和再就业问题，不仅关系到军队干部家属自身的利益和就业权益，而且关系到军心的稳定，更关系到国防和军队建设的伟大事业。因此，发挥妇联组织优势，采取有力措施，帮助军队干部家属实现就业和再就业，是妇联组织义不容辞的责任，是支持国防、热爱军队的具体体现。各级妇联组织要增强支持国防和军队建设的责任感和使命感，从稳定军队干部思想、增强军队凝聚力、促进军队现代化建设的高度出发，配合军队认真做好军队干部家属就业和再就业工作，切实关心军队干部家属，尽力为她们排忧解难，帮助军队干部解除后顾之忧。

二、采取有效措施帮助军队干部家属实现就业和再就业

为贯彻落实中央再就业工作会议精神，做好下岗失业妇女再就业工作，全国妇联专门召开了妇女创业和再就业工作会议，明确提出“十五”期间力争实现三个 200 万的奋斗目标。各级妇联组织要把军队干部家属纳入到再就业工作规划之中，明确目标，建立机制，强化措施，加大对军队干部家属的职业教育和就业培训力度，帮助她们提高职业技能和就业能力，掌握创业方法，为她们实现自主创业和自主就业创造条件；要引导军队干部家属改变择业观念，帮助她们争取有关优惠政策，鼓励她们走兴办社区服务实体等多种形式的就业之路，解决她们在就业中面临的实际困难和问题。

三、积极营造关心爱护军队干部家属的良好氛围

各级妇联组织要加大对优秀军嫂的宣传力度，大力宣传军队干部家属视国家利益、人民利益、军队利益高于一切的爱国主义精神；宣传她们关心军人、理解军人，支持人民军队建设，为国防现代化、正规化建设积极贡献力量的感人事迹；宣传她们勇挑重担、吃苦耐劳、尊老爱幼、勤俭持家的美好品德；宣传她们自强不息、艰苦奋斗、开拓创新的拼搏精神。要通过举办征文、演讲、表彰等活动，让社会了解、关爱军队干部家属这一特殊群体，为她们的健康成长营造良好的社会环境。要教育引导军队干部家属以昂扬向上的精神面貌对待工作和生活，坚定战胜困难、勇往直前的信心，争做生活的强者。要帮助她们勇敢面对改革过程中的机遇与挑战，顺应时代发展的要求，努力学习，更新观念，提高素质，敢于竞争，在全面建设小康社会的伟大实践中不断创造新岗位、创造新业绩、创造新生活。

各省、自治区、直辖市妇联要认真贯彻落实通知精神，从当地实际出发，制定具体的工作措施，切实配合做好军队干部家属就业和再就业工作，并将贯彻落实情况及时上报全国妇联。

全国妇联关于加强国防教育的通知

妇厅字［2004］14号

为贯彻党中央、国务院、中央军委关于加强国防教育和双拥工作的重要指示精神，进一步增强广大妇女的国防观念，引导和激励妇女群众为推进新时期的国防建设作贡献，全国妇联决定，在妇联系统和广大妇女群众中进一步加强国防教育工作。特作通知如下：

一、充分认识国防教育的重大意义

各级妇联组织要认真学习党中央、国务院、中央军委关于加强国防教育的指示精神和全国双拥工作会议精神，从全局的战略高度充分认识国防教育的重大意义。必须清醒地认识到，国防是国家生存和发展的重要保证，是维护国家安全的基石。为了维护国家安全，保障全面建设小康社会、加快推进社会主义现代化的顺利进行，保障亿万人民群众的幸福生活，我们必须建设一个强大的国防。国防教育是建设和巩固国防的基础，是培养公民国防意识、增加国防综合实力的重要途径。加强国防教育，有利于引导广大群众正确认识我国安全环境面临的形势与严峻挑战，自觉强化国防观念；有利于凝聚全民族的意志和力量，为维护国家安全、加强国防建设提供有力保障；有利于更好地动员组织群众，打牢人民战争的基础，提高我国高技术条件下的威慑力和实战能力，确保有效捍卫国家主权和领土完整，维护祖国的安全与统一。广大人民群众是开展国防教育的主要群体，占人口半数的妇女是其中一支不可忽视的重要力量，妇女在社会、家庭以及子女教育中具有不可替代的地位和作用，在广大妇女群众中深入开展中国特色的国防教育工作，具有十分重要的意义。妇联组织作为党联系妇女群众的桥梁和纽带，作为国家政权的重要社会支柱，配合党和政府做好国防教育工作责无旁贷。各级妇联组织要切实增强责任感和使命感，充分发挥组织优势，把国防教育作为一项长期任务，抓紧抓好，抓出成效。

二、加强国防教育的组织领导

抓好国防教育，领导是关键，组织是保障。全国妇联已经成立了国防教育领导小组，各级妇联组织也要积极行动，形成上下呼应的组织网络，切实履行规划、组织、指导和协调的职责，把国防教育工作纳入职责范围，摆上重要位置，采取有效措施，确保国防教育工作落到基层、落到实处。同时，各级妇联领导干部要率先学习国防知识，带头参加国防教育的宣传实践活动，身体力行，推动国防教育工作深入开展。

三、增强国防教育的针对性和实效性

国防教育工作必须与时俱进，紧跟形势的发展变化，认真研究新情况、解决新问题，不断开拓创新。各级妇联组织要在继承以往支持国防建设、开展国防教育的好传统、好做法的基础上，结合形势需求和本地实际，创造性地在广大妇女中深入开展国防教育工作，努力增强国防教育的时代感、针对性和实效性。

要突出国防教育的重点内容。在国防教育工作中，各级妇联组织要重点抓好维护国家安全、国家利益等方面的教育，广泛宣传《国防教育法》，宣传拥军优属拥政爱民光荣传统，引导广大妇女树立维护国家统一观念，强化反侵略、反分裂意识；树立国家利益至上观念，强化爱国主义、集体主义、革命英雄主义精神，自觉地履行国防义务；树立综合安全观念，增强维护国家政治、经济、科技、信息安全的警惕性，以实际行动为国家改革、发展与稳定作贡献。

要丰富国防教育的活动形式和教育手段。各级妇联组织要将开展国防教育与各地的精神文明建设活动有机结合起来，在开展五好文明家庭创建、学习型家庭创建、拥军优属活动、公民道德建设以及先进妇女、先进集体的评选表彰等活动中融入国防教育内容。要根据妇女特点，采取举办征文、演讲，慰问部队女兵，开展优秀女军人、好军嫂评选表彰等活动形式，使教育活动生动活泼，深入人心，取得实效。要把宣传教育活动与办实事、求实效结合起来，满腔热情地关心军人家属，把农村女军属、下岗女工中的军嫂和军属作为重点帮扶对象，帮助她们解决生产、工作、生活中的实际困难，鼓励她们积极开拓进取，建功立业。

要在妇联干部培训中增设国防教育课程。全国妇联在干部培训中，将增设国防教育课程，聘请专家学者讲授国防知识，编写国防教育提纲，进一步提高本系统干部职工的国防观念和双拥意识。各级妇联组织也要在干部培训中强化国防教育内容，使国防教育成为妇联干部的必修课程。

要充分发挥妇女院校和儿童活动阵地作用。中华女子学院要结合学校思想政治工作积极开展国防教育，组织国防教育讲座，举办国防知识竞赛等活动。各地妇女干部院校也要结合实际，运用各种教育方式，丰富教育内容，保证对学生的国防教育落到实处。各地儿童活动中心可根据实际情况，开展多种形式的国防教育活动，如组织国防教育夏令营、开展“国防教育一日”主题活动等，从小培养孩子们的国防意识。

要加大对国防教育的宣传力度。各级妇联组织及其所属妇女报刊，要大力宣传献身国防事业的军人及军队干部家属视国家利益、人民利益、军队利益高于一切的爱国主义精神，尤其要大力宣传那些关心军人、理解军人，支持人民军队建设，为国防现代化、正规化建设积极贡献力量的优秀军队干部家属和拥军先进人物、先进集体的事迹。全国妇联决定把2004年8月作为“全国妇女国防教育宣传月”。今年“八一”建军节，拟由全国妇联主要领导带队，走访慰问部队女兵。同时，全国妇联宣传部、中国妇女报社与解放军总政治部宣传部将联合举办第二届全国“军旗·军嫂”征文暨摄影作品评选活动。各级妇联组织要充分利用“八一”建军节暨“全国妇女国防教育宣传月”，形成国防教育的宣传热潮，包括走访慰问女军人、军人家属；表彰女军人集体、优秀女军人、优秀女军烈属；开展面向全体干部职工的关于国防知识、国防形势及《国防教育法》的教育讲座；深入社区，开展社区国防教育宣传日活动，并树立典型社区向全国推广。

北京市双拥工作领导小组关于深入贯彻全国双拥工作会议精神与时俱进做好新形势下双拥工作的意见

京拥［2004］2号

2004年1月，全国双拥工作领导小组、民政部、总政治部在北京召开了全国拥军优属拥政爱民工作会议。为深入贯彻全国双拥工作会议精神，与时俱进地做好新形势下双拥工作，进一步巩固和发展军政军民团结的大好局面，为实现“新北京、新奥运”的战略构想，为首都率先基本实现现代化和军队现代化的跨越式发展提供可靠有力的保障，现提出如下意见：

一、充分认清新世纪新阶段加强双拥工作的重要性

（一）做好双拥工作，加强军政军民团结，历来是维护国家安全稳定的重要因素，是推进经济社会发展的强大力量。各级党委、政府和驻京部队，要充分认清加强双拥工作的重大政治意义，切实把双拥工作作为一项事关全局的战略任务，纳入重要议事日程，坚持常委议军会、军政座谈会、军地联席会、合署办公、双向联系、信息通报制度，以制度化促进经常化、规范化。主要领导要身体力行，带头参加双拥重大活动，亲自协调解决军地关注的重点难点问题。

（二）各级双拥工作领导小组要认真履行组织、协调、指导双拥工作的职能，加强双拥资源的整合，建立双拥工作领导小组成员单位报告工作制度，推动双拥工作在各单位、各部门、各系统的落实；要结合党委、政府的中心工作制定双拥工作三年规划，采取有力措施抓好落实。

（三）各级双拥办要加强自身建设，配齐配强干部，落实办公经费，完善军地合署办公制度，积极为党政军领导当好参谋和助手。

二、深入进行以爱国主义为核心的国防教育和双拥宣传教育

（四）认真贯彻《国防教育法》，把国防教育和双拥宣传教育纳入国民教育体系和部队政治教育计划，制定规范统一的教育纲要，有组织、有领导地抓好落实。

（五）坚持按照《全民国防教育大纲》的规定要求，以教育为主导，以爱国主义为核心，以“爱中华、奔小康、强国防”为主题，紧跟时代发展，广泛深入抓好各项教育的落实，引导广大军民认清，没有强大的军队就没有国家的安康，没有人民的支持就没有巩固的国防，进一步激发爱国拥军、爱民奉献的政治热情。

（六）积极探索新形势下开展国防教育和双拥传统教育的方法途径。在继续开展国防教育“八个一”活动的基础上，以房山区韩村河为示范点，抓好“国防教育进乡村”活动，把国防教育向农村延伸；广泛开展“国防教育神州行”公益广告宣传活动，构建城市国防教育宣传文化景观；编写《首都市民国防教育读本》，为更加深入广泛开展国防教育创造条件。

三、适应中国特色军事变革需要大力支持部队现代化建设

（七）认真贯彻《中共北京市委、北京市人民政府、北京卫戍区关于加强和改进首都城市民兵工作的意见》（京发［2003］11号），以实际行动支持城市民兵工作改革，促进民兵整组、教育、训练落实，提高我市国防后备力量建设水平。加大党管武装工作力度，进一步完善党管武装的各项规定，把区（县）党委书记党管武装工作述职做法向基层街道（乡镇）延伸，向事业单位拓展，提高党管武装工作质量。

（八）深入开展科技拥军活动，紧紧围绕“打得赢”这一课题，发挥首都高等院校和科研单位多的优势，支持部队实施人才战略工程。协助有关高等院校做好国防生的招生培养工作，依托全市 140 多个军地两用人才培训基地，为部队培养军地两用人才，建设学习型军营，使更多的战士做到“入伍即入学，退伍即成才”。

（九）积极配合部队搞好体制编制调整改革，协助做好单位交接、人员安置、部队移防和军事设施保护工作，妥善解决房产、土地、债务等问题。切实把支持军事斗争准备作为拥军重点，配合部队完成各种训练演习任务，搞好场地、交通、通信、物资等保障。

（十）认真贯彻落实《北京市人民政府、总后勤部关于进一步支持驻京部队推进后勤保障社会化的意见》（京政发［2003］20 号），按照“政府部门主导、军队组织实施、社会力量参与、市场机制运作”的原则，支持驻京部队全面推进营房、交通、医疗等后勤保障社会化改革。

（十一）努力做好行业拥军工作，积极为部队办实事、解难题。

司法行政机关要指导法律援助机构和法律服务机构为军人、军属提供法律服务。各级法律援助机构要加强同驻军单位法律顾问处、咨询站的合作，及时为符合法律援助的军人、军属提供优质高效的法律援助。

市、区（县）园林局所属公园对现役军人、革命伤残军人免费开放；市文化、文物部门要制定现役军人、革命伤残军人参观博物馆、纪念馆、美术馆的优惠办法；市交通部门要制定现役军人、革命伤残军人乘坐市内公共交通工具的优惠办法。

（十二）进一步落实优抚安置政策。完善优抚对象定期抚恤补助金标准自然增长机制，确保广大优抚对象与全市人民群众的生活水平同步提高；继续做好每年 300 户农村优抚对象危旧房翻建工作；按照有关廉租房政策，多渠道解决城区优抚对象住房困难；及时解决优抚对象医疗减免政策执行中出现的新问题，把优抚对象生活、住房、医疗困难解决好。

认真做好军队转业干部安置工作。要贯彻落实中央有关政策规定，把军转干部安置作为各区（县）和市属单位必须完成的政治任务。进一步落实自主择业的各项政策措施，完善管理服务体系，采取多种方式引导符合条件的军队转业干部选择自主择业，推进军转安置制度的改革发展。

认真做好复员退伍军人安置工作。在拓宽渠道、多种途径妥善安置城镇退役士兵基础上，鼓励自谋职业，按照《国务院关于扶持城镇退役士兵自谋职业优惠政策的意见》（国办发［2004］10 号），制定北京市扶持城镇退役士兵自谋职业各项优惠办法。自谋职业的城镇退役士兵，报考国家公务员时，在同等条件下优先录用；报考成人高等学校、普通高等学校的，总分增加 10 分向招生学校投放档案；从事个体经营的，除国家限制的行业外，3 年内免交有关登记类和管理类收费。

认真做好随军家属接收安置工作。要按照行政调配和市场调节相结合的原则，采取计划安置与自谋职业相结合的方式进行妥善安置。驻军较多的区县都要成立“军嫂就业服务中心”，负责随军家属接收、培训、就业工作。要认真落实《国务院办公厅、中央军委办公厅关于印发〈中国人民解放军军人配偶随军未就业期间社会保险暂行规定〉的通知》（国办发［2003］102 号），做好随军家属的社会保险工作。

认真做好军队离休退休干部接收安置工作。要认真贯彻《中共中央办公厅、国务院办公厅、中央军委办公厅关于进一步做好军队离休退休干部移交政府安置管理工作的意见》（中办发［2004］2 号），研究制定军队离休退休干部服务管理政策，认真落实军队离退休干部的待遇，使军队离休退休干部老有所养、老有所医、老有所教、老有所学、老有所为、老有所乐。

四、围绕首都率先基本实现现代化目标广泛开展拥政爱民活动

（十三）驻京解放军和武警部队要积极适应首都改革发展需要，广泛开展以“爱首都、迎奥运、作贡献”为主题的拥政爱民系列活动。2008 年前，围绕“新北京、新奥运”战略构想，每年集中使用 20 万个劳动日，支援首都绿化美化建设，承担城市重点工程和奥运场馆周边地区绿化劳动任务；加强营区绿化美化建设，积极配合驻地拆房建绿、拆墙透绿，美化首都环境；加速营区燃煤锅炉改造进程，推广使用清洁能源，控制大气污染，加强营区环境整治，建设碧水蓝天的京城；集中力量参加首都重点工程建设和生态环境治理，努力建设优美亮丽之都，为北京成功举办历史上最出色的一届奥运会作贡献。

（十四）把维护首都社会政治稳定摆在重要位置，加强军警民联防联治，建立健全联防协作机制，依法维护社会治安秩序，对一些危害国家安全和社会稳定的突发性事件，采取坚强有力措施，及时果断处置，千方百计消除不稳定因素。主动承担急难险重任务，进一步做好抢险救灾工作，保护改革开放成果和人民群众生命财产安全。

（十五）广泛开展捐资助学、扶贫帮困活动。以 9 所“八一爱民小学”为重点，帮助驻地中小学校加强硬件设施，改善学习环境，推动首都教育事业发展。做好经常性科技助民和扶贫帮困工作，积极参加地方统一组织的社会捐赠活动，帮助弱势困难群体解决生产、生活困难。

（十六）开展文明礼仪教育活动，引导广大官兵文明礼貌执勤，热情周到服务；加大军人军车检查纠察力度，杜绝军车违章违纪行为，树立文明之师良好形象。

（十七）深入开展军民共建活动。认真贯彻《公民道德建设实施纲要》和《军人道德规范》，加强社会公德、职业道德和家庭美德教育，大力传播新思想、新道德、新风尚，营造浓厚的文明氛围。搞好军地之间的文化交流与协作，发展校园、社区、企业、乡村和军营文化。以军民共建为载体，积极参加创建“文明城市、文明村镇、文明行业、文明社区”活动，把首都精神文明建设提高到一个新水平。

五、以改革创新的精神推进双拥工作深入发展

（十八）发扬与时俱进的精神，适应新形势新任务对双拥工作的要求，拓展新领域，丰富新内容，开辟新途径。完善创建双拥模范城（县）命名标准，强化激励竞争机制，提高双拥模范城（县）的质量和水平；深入进行双拥工作理论研究，推出一批有深度、有价值的双拥理论研究成果；进一步完善双拥工作运行机制，把政府行为与社会行为、以情双拥与依法双拥、行政调节与市场调节结合起来，保证各项双拥工作任务的落实。

（十九）把双拥工作的重点放在基层，扎实做好社区双拥工作。积极创造富有时代特色的群众性双拥共建形式，开展军民共同学习实践“三个代表”重要思想、“爱心献功臣”、科技双拥、“双三好”、“第二故乡妈妈”等活动，扩大双拥工作的群众基础。注重发挥新兴阶层的优势，引导首都非公经济企业积极接收安置随军家属和转业复员退伍军人，不断推进双拥工作社会化。注重总结宣扬具有时代特色的先进典型，推广典型经验，市双拥工作领导小组每三年表彰一批基层爱国拥军、拥政爱民模范单位和个人，营造浓厚的双拥氛围。

北京市义务兵优待金发放管理办法

（2004 年 7 月 5 日）

第一条　为贯彻落实《中华人民共和国兵役法》、《军人抚恤优待条例》、《北京市征兵工作条例》，做好我市义务兵优待工作，制定本办法。

第二条 优待金发放对象为本市入伍的义务兵，以及考入外省市全日制高等院校的北京籍大学生在当地应征入伍的义务兵，发放期限为两年。

第三条 服现役的士官、军队院校学员、部队特招的文艺兵、体育兵、从北京全日制高等院校大学生中征集的非本市户籍入学的义务兵和非本市入伍的义务兵，不享受北京市的优待金。

第四条 义务兵优待金纳入财政预算，由区县财政负担。

第五条 城镇义务兵按照城镇居民年消费性支出标准进行优待。具体标准由市民政局、市财政局另行规定。

第六条 农村义务兵按照不低于全市农村居民年生活消费支出标准进行优待。具体标准由区县自行规定。

第七条 义务兵到西藏等条件艰苦地区服役，适当增加优待金，增加数额由市民政局、市财政局另行规定。具体地区依据《北京市人民政府、北京卫戍区征兵命令》确定。

第八条 义务兵服役期间立功受奖，可增发奖励金。具体发放标准和办法由区县规定。

第九条 在本市入伍但直系亲属不在本市或无直系亲属的义务兵，优待金待其退伍时一次发给本人。

第十条 每年3月30日以前，市人民政府征兵工作办公室应当将上年度各区县征集新兵人数抄送市民政局、市财政局。区县人民政府征兵工作办公室将上年度征集新兵人数抄送同级民政、财政部门，区县财政部门在义务兵家属优待金兑现期应及时核拨优待经费。

第十一条 义务兵优待金采用义务兵优待卡的方式兑现。优待卡由当地政府发给义务兵家属。优待金于当年12月底前划入卡中，到指定银行兑现。

第十二条 适龄公民应征后被退回的，本人及其家属不享受优待金，不予发放优待卡。义务兵在服役期间受到严重警告以上处分的，扣除当年优待金的50％；被除名、劳动教养以及因犯错误提前退役的，当年起停发义务兵优待金。

义务兵因病提前退役，6月底前办理提前退役手续的，发放当年义务兵优待金的50％。

第十三条 本办法由市民政局负责解释。

天津市双拥工作考核办法

（2004年8月30日）

为了做好2004年度双拥工作考核，体现公开、透明的原则，根据区县提出的修改双拥工作考核办法的建议，市双拥办制订2004年双拥工作考核办法。

一、指导思想

以邓小平理论和“三个代表”重要思想为指导，按照《全国双拥模范城（县）命名管理办法》和《天津市创建双拥模范区县单位实施办法》，对区县2004年以来的双拥工作进行考核，进一步激励全市军民做好双拥工作的政治热情，推动和促进全市双拥工作的深入发展，为维护社会稳定、促进经济发展、推进军事斗争准备服务。

二、考核原则

考核工作坚持公开、透明的原则，坚持相互学习、共同进步的原则，坚持注重平时争创、年度考核的原则，通过考核评比，达到促进双拥工作发展的目的。

三、考核的组织与实施

（一）建立双拥工作考核小组

建立有区、县代表参加的双拥工作考核小组，全程参加双拥工作考核。对考核程序、考核成绩统计、考核结果进行监督。

（二）区县自查

各区县依照《天津市双拥工作考核评分细则》（以下简称“细则”）对本区县及基层单位双拥工作进行全面对照检查并提交自查报告。自查报告应按照《细则》内容逐项写出落实情况（后附会议记录、文件等原始材料），不讲空话、套话，按照自查结果自我打分，对没有落实项目进行扣分，同时注明未完成的原因。

（三）市双拥办抽查

考核小组根据掌握的情况和区县自查报告中出现的不准确的情况进行抽查。采用随机检查工作资料、座谈了解、入户访问、调查问卷等形式检查军地基层单位双拥工作情况。检查情况与区县汇报情况有出入的，考核小组根据抽查情况与区县核准后进行扣分。

（四）汇报交流评议

1. 区县互查工作资料

为了便于区县之间的相互了解和学习，使双拥工作考核科学、准确、直观，市双拥办集中安排时间和场地，组织各区县之间进行双拥工作资料互查。各区县将一年来双拥工作情况（包括工作计划、工作记录、活动方案、工作图片资料、区县制定的政策法规、文件、会议记录、领导讲话、批示、简报等）整理成卷，供区县之间互查。各区县安排专人负责管理资料，并解答与会人员提出的问题。

2. 汇报交流

市双拥办集中安排区县进行工作交流汇报。汇报内容为：全年工作概况、双拥工作创新和经验、存在的问题和差距。汇报时间为每个区县 15 分钟。

3. 评议打分

交流汇报结束后，市双拥办通报区县自查和市双拥办抽查扣分情况，由区县和市双拥工作职能部门对区县双拥工作进行评议、打分。

四、计分方法

（一）计分原则

1. 各区县不为自己打分。

2. 各单位打分时应扣除区县自查扣分和考核小组抽查扣分。

（二）计分方法

2004 年考核成绩中区县打分占 40%；职能部门打分占 60%。

10 个职能部门打分为 100 分，按照业务工作分量分别乘以不同系数，优抚工作系数为 0.14；退役士兵安置工作系数为 0.1；军休工作系数为 0.1；随军家属就业安置工作系数为 0.1；军转干部安置工作系数为 0.1；大中小学校双拥工作系数为 0.1；医疗保障工作系数为 0.08；部队拥政爱民工作系数为 0.1；国防教育工作系数为 0.1；征兵工作系数为 0.08。

三年考核累计分中第一年考核占 30%，第二年考核占 30%，第三年考核占 40%。

（三）计分工作

计分工作集中封闭进行，由 6 个区县派出人员参加统计汇总工作的全过程。评分情况按照从高到低顺序排列。

五、考核内容

见考核评分细则。

六、考核总结

（一）由考核工作小组负责撰写考核总结，考核总结和评分顺序经市双拥办集体审议后，报市双拥工作领导小组。

（二）根据考核小组对各区县扣分情况及扣分原因的分析，分别向各区县双拥办通报情况。

天津市双拥工作考核评分细则

区县名称：

考核项目	序号	考核内容	标准得分	考核依据	扣分因素	实际得分
组织领导坚强有力 15分	1	纳入党政军工作总体规划和议事日程；纳入各级领导目标管理责任制；纳入各级干部政绩考核内容；每年常委会议军会议不少于1次；双拥工作领导小组会议不少于2次。	5	查阅有关文件、活动和会议记录	一项不落实扣1分	
	2	双拥工作领导小组建立健全，成员单位职责明确；落实双拥办编制、人员、经费、办公用房、用车及其他办公保障条件。	5	有关文件，现场检查，财务账目	前款一项不落实扣1分，后款一项不落实扣0.5分	
	3	主要领导带头参加双拥活动，亲自处理双拥工作中带有全局性的重大问题。	2	听取汇报，查阅有关记录	一项不落实扣1分	
	4	双拥办及基层双拥组织履行职责认真，开展工作主动，落实上级指示和反映情况及时，工作有部署、有检查、有总结；档案资料管理正规有序齐全。	3	现场检查，有关文件、资料	一款不落实扣1分	
宣传教育氛围浓厚 15分	5	将国防教育和双拥教育纳入地方宣传教育和部队政治教育计划，纳入各级党（团）校、各类学校教育计划，并有适应本地区、本单位实际情况的教育制度、教育设施和教育方法；年初有部署，平时有检查，年终有总结。	3	年度工作要点、有关资料及记录	前一方面不落实扣2分，后一方面不落实扣1分	
	6	向全国和全市各种媒体及时宣传反映本地区、本单位双拥活动的情况、经验和典型；本区县的新闻媒体有双拥工作的专栏和专题节目，双拥简报每年不少于8期；重大节日、重大活动主要城镇、街道、社区及营区有浓厚的双拥宣传氛围，有永久性双拥标志、标语。	3	相关资料 实地考察	一项不落实扣1分	
	7	培养和树立2个以上在本区县、全市乃至全国叫得响、过得硬的双拥先进典型；典型作用好，示范辐射强，影响力发挥明显，得到群众公认。	2	表彰决定 及典型材料	一项不落实扣1分	
	8	区县有国防或双拥教育基地；基地活动开展经常，作用明显。	2	有关记录 实地考察	一项不落实扣1分	
	9	党政领导带头宣传国防和双拥知识，积极参加国防和双拥教育活动；活动内容丰富，形式多样。	5	有关记录、材料	前一项不落实扣3分，后一项不落实扣2分	

续 表

考核项目	序号	考核内容	标准得分	考核依据	扣分因素	实际得分
政策法规得到落实 34分	10	严格按照上级下达的计划接收并妥善安置军队转业干部、退役士兵、军队离退休干部和伤残军人，安置率达100%；随军家属就业、生活保障和子女入学入托得到及时解决。	14	有关登记、统计和会议记录	前款一项不落实扣2分，后款一项不落实扣2分	
	11	各项优抚安置政策落实好，抚恤、定补、优待达到国家和市规定的标准；优抚对象"三难"问题切实得到解决，重点优抚对象的生活水平略高于当地平均生活水平；无政策不落实引起的上访问题。	10	各种登记、统计，座谈了解	前两项不落实各扣4分，出现政策不落实，造成上访问题扣2分	
	12	有拥军优属保障基金，完成市下达的义务兵家属优待金社会统筹收缴指标并及时足额兑现。	5	有关登记、统计及财务账目	前一项不落实扣2分，后一项不落实扣3分	
	13	按计划、按比例，保质保量完成年度征兵任务；本地区、本单位无责任退兵。	5	相关资料	没完成任务扣3分，出现责任退兵问题扣2分	
双拥活动开展经常 16分	14	地方党委政府重视国防后备力量建设，经费足额到位。关注武装部基础设施建设。	4	相关记录及财务账目	应拨款不到位扣2分，基础设施差扣2分	
	15	基层双拥活动经常，主题鲜明突出，形式活泼多样；对重点优抚对象、孤老户和特困户实行承包服务，承包单位和承包人责任明确，服务到位，有实际效果。	4	相关资料和记录	先进单位数没有达到要求扣2分，责任制不落实、活动不经常扣2分	
	16	部队积极参加地方扶贫帮困、支教助残等公益事业，地方积极为部队培养两用人才、支持部队开展"双争"活动；军地双方开展活动要有计划、有针对性、有行动、有实效。	4	活动计划 相关记载	前款一项不落实各扣1分 后款一项不落实各扣0．5分	
	17	部队积极参加地方抢险救灾和重点工程建设，无规定外报酬要求；地方支持和配合部队完成军事训练、战备执勤、教学科研、国防施工、人才培养等各项任务，粮油水电等保障供应，部队反映良好。	4	登记、统计 有关记录	各种保障不到位扣2分，部队反映差扣2分	

续　表

考核项目	序号	考核内容	标准得分	考核依据	扣分因素	实际得分
军民共建成效明显 10分	18	共建活动持之以恒，开展经常；活动有计划、有组织、有实在内容；共建活动效果明显。	3	有关资料、记录	前款不落实扣 2 分，后款不落实扣 1 分	
	19	部队支持和参加地方经济建设有实际举措，认真落实总部规定的义务劳动日时间；军（警）民联防坚持经常，作用明显。	3	具体措施有关记录	前款不落实扣 2 分，后款不落实扣 1 分	
	20	驻军基层单位要与驻地单位结成共建对子；有 70%以上的共建点被区县以上有关部门评为文明先进单位。	4	查共建活动记录、表彰决定	没有共建对象扣 2 分，先进共建点数不达标扣 2 分	
军政军民关系密切 10分	21	军地关系融洽，相互支持，相互帮助，无军民纠纷。	2	座谈了解	出现军民纠纷扣 2 分	
	22	部队官兵利益得到重视和维护，军事设施得到有效保护。	2	座谈了解	一项不落实扣 1 分	
	23	军地之间发生矛盾和纠纷时，军地领导主动出面，及时解决。	2	座谈了解	领导不主动出面扣 1 分，不能妥善解决扣 1 分	
	24	部队官兵严格遵守群众纪律，无侵害群众利益和违纪行为。	2	座谈了解	出现一次违反群众纪律现象扣 1 分	
	25	区县的汽车站、火车站有军人购票专窗及军人候车室；军人免费进入公园、博物馆、纪念馆、革命遗迹遗址和收费厕所，收费停车场对军人停放车辆（含自行车）免费。	2	实地检查	一项不落实扣 1 分	
总计			100			

天津市区县大、中、小学双拥工作考核表

考核项目	序号	考核内容	标准得分	考核依据	扣分因素	实际得分
组织领导36分	1	把双拥工作纳入学校工作总体规划之中，有双拥、国防教育工作的计划、政策及有关规定。每学期研究双拥、国防教育工作不少于2次。	10	有关资料 会议记录	没有纳入总体计划扣5分，不定期研究国防教育扣5分	
	2	学校有分管负责双拥、国防教育工作的校长，责任明确；有国防教育专职兼职教师。	8	有关记录 座谈了解	一项不落实扣4分	
	3	有双拥、国防教育办事机构；有专职或兼职工作人员；有相应的办公地点和办公设施。	9	座谈了解 现场检查	一项不落实扣3分	
	4	有双拥、国防教育工作专项经费，并能落实到位，保证工作开展。	9	财务账目	经费不落实不得分	
工作落实40分	5	学校主要领导每学期听取双拥和国防教育工作汇报不少于2次；分管校长听国防教育课不少于2次。	6	会议记录 教学计划	一项不落实扣3分	
	6	能按课程计划和教学大纲要求认真上好国防教育课；为国防教育课教师订阅国防教育刊物；学生按要求配齐国防教育课本；按时按量组织开展学生军训。	8	教学计划、刊物、课本	一项不落实扣2分	
	7	小学、中学每学年组织2次以上有影响的双拥活动和国防教育。	5	活动计划	不开展活动不得分	
	8	积极与部队协调联系，组织开展军民共建文明学校活动，做到有计划、有组织、有内容。	7	活动计划 座谈了解	没有计划有活动扣4分，不开展活动不得分	
	9	有部队和烈士子女入学加分等优待政策。	7	相关资料	没有政策不得分	
	10	发挥教育资源优势，积极开展科技拥军活动，为部队培养、输送高科技人才，支持部队科技练兵，做到有计划、有措施、有落实。	7	有关资料和记录	没有计划扣4分 没有活动不得分	
效果明显24分	11	辖区内的烈士、部队子女能按优待政策全部入学入托，烈士子女学杂费得到减免。	6	座谈了解	一项不落实扣3分	
	12	在全市国防教育课评比活动中，获得市级三等奖以上优秀课；国防教育论文在市级以上单位发表或获奖。	6	有关证明	一项不落实扣3分	
	13	科技拥军工作富有成效，在全国、全市媒体上有报道有推广。	6	有关资料	没有报道、推广扣3分	
	14	重大节日组织师生到部队和烈军属家中做好事形成制度。	6	资料、记录	活动不经常扣3分 无活动不得分	
总计			100			

天津市区县医疗保障工作考核表

考核项目	序号	考核内容	标准得分	考核依据	扣分因素	实际得分
组织领导20分	1	领导重视，坚持把双拥工作纳入区县卫生工作总体规划之中，有本系统双拥工作的计划、政策及有关规定；每年研究双拥工作不少于2次；本系统重大双拥活动领导亲自参加，重大问题领导亲自出面协调解决，成效明显。	6	有关文件、资料、会议记录	有一项不落实扣2分	
	2	本系统有双拥办事机构，有专职或兼职工作人员，有相应办公地点和办公设施。	6	现场检查	有一项不落实扣2分	
	3	有双拥工作专项经费，并能落实到位，保证工作开展。	4	财务账目	有经费但不专款专用扣2分，经费不落实不得分	
	4	本系统双拥宣传教育抓得好、抓得实，有计划、有活动、有内容、有效果。	4	有关资料，座谈了解	有活动无计划扣2分，无计划无活动不得分	
互办实事40分	5	同部队建立联系制度，搞好军地之间的业务合作与交流，且能保持经常。	10	有关资料和工作记录	有制度但工作交流少扣5分，无制度无活动不得分	
	6	发挥技术优势，在人才培养、技术交流、设备使用等方面为部队提供帮助。	10	工作记录、资料	一项不落实扣3分	
	7	积极开展双拥活动、重大活动，特殊情况下，要进营区为部队官兵进行体检和提供医疗咨询服务。	10	活动计划及工作记录等资料	无计划有活动扣5分 无活动不得分	
	8	医疗保障单位有军人及重点优抚对象服务窗口及措施；积极为军人及重点优抚对象就医提供服务。	10	有关资料、座谈	一项不落实扣5分	
政策落实40分	9	落实医疗保障政策规定，为优抚对象提供优先就医和医疗减免政策，优抚对象“医疗难”问题得到较好解决。	15	有关资料、座谈	落实不完全扣5分，不落实不得分	
	10	社区医疗机构与优抚对象建立联系制度，定期上门服务。	15	有关资料、座谈	无联系制度扣10分	
	11	做好本系统的拥军优抚安置工作，各项政策规定得到落实。	10	有关资料、工作记录	落实不到位扣5分	
总计			100			

天津市区县优抚工作考核表

考核项目	序号	考 核 内 容	标准得分	考核依据	扣分因素	实际得分
基础工作扎实 45分	1	领导重视，完善落实工作制度，对基层单位监督、指导有力；各项抚恤补助资金落实到位，保证优抚对象生活水平略高于当地群众人均生活水平。	10	计划、记录，登记、统计、证件	一项不落实扣5分	
	2	义务兵家属优待金收缴、兑现及时，拥军优属保障金管理规范，专款专用。	5	登记、统计资料	收缴兑现不及时扣3分，不专款专用扣2分	
	3	对辖区优抚对象底数清、情况明，管理有序，无差错；没有因政策不落实造成优抚对象上访现象。	10	登记、统计及相关资料	一项不落实扣5分	
	4	针对优抚工作实际搞好调查研究，及时解决优抚对象特殊困难。	10	相关资料	无调研成果扣5分，解困效果差扣5分	
	5	搞好光荣院、烈士陵园建设，院容院貌好；内部管理规范有序。	10	实地查看	一项不落实扣5分	
政策落实良好 35分	6	抚恤、补助和优待金发放足额、及时、到位，正确无误，符合政策规定；能定期检查政策落实情况，发现问题及时纠正解决；优抚事业费管理严格，支出使用合理。	15	登记、统计及财务账目	一项不落实扣5分	
	7	优抚事业单位的建设与管理工作成绩突出，区县财政对优抚事业单位的资金投入足额、及时；改造项目符合实际，适应需要，资金使用合理正确，符合规定。	10	相关资料、财务账目	一项不落实扣5分	
	8	二等乙级以上革命伤残军人的医疗保障及时到位；各种政策落实，手续简便，报销及时，优抚对象满意。	10	登记、统计，座谈了解	一项不落实扣5分	
优惠政策制定 20分	9	优抚对象在子女升学入托、就业、住房、取暖费减免、宅基地划分等方面得到优先照顾。	10	相关文件、资料，座谈了解	一项不落实扣2分	
	10	对重点优抚对象，有符合本地区、本单位实际，符合上级有关规定的其他优抚政策，且得到贯彻落实。	10	书面文件	没有优惠政策扣5分，有政策没落实不得分	
总计			100			

天津市区县退役士兵安置工作考核表

考核项目	序号	考 核 内 容	标准得分	考核依据	扣分因素	实际得分
转业士官和城镇退役士兵接收安置 70分	1	严格按政策规定接收退役士兵和转业士官，各种手续严格完备，无违反政策现象。	5	登记、统计	手续不齐全扣2分，有违反政策现象不得分	
	2	异地入伍、农转非的退役士兵，申报材料要及时、齐备，无弄虚作假现象发生。	5	相关资料	有关材料报送不及时、不齐备扣2分，有弄虚作假现象不得分	
	3	举办各种培训班、技能班，效果明显。	5	有关记录	有计划、效果差扣2分，无计划无活动扣3分	
	4	下达分配计划后，严格按照市统一部署，动手早，分配进度快，计划下达半个月内完成任务达60%。	10	登记、统计	行动慢扣2分，不能按时完成任务不得分	
	5	改革创新力度大，全面实行有偿转业安置办法，自谋职业、安置就业和扶持就业相结合的安置方针得到落实。	5	相关资料	改革力度不大扣2分，安置政策不落实扣3分	
	6	区县政府重视，安置工作力度大，措施得力，切实把退伍安置当作一项政治任务；严格执行市里的要求，按时完成安置任务，安置率达到100%。	15	登记、统计及记录	安置率达不到要求扣5分	
	7	认真执行国务院关于转业士官实行集中交接的政策，无私自接收现象。	10	登记、统计及记录	不按规定接收扣5分，有私自接收现象扣5分	
	8	严格按规定的条件，认真审查档案，发现问题及时上报，无弄虚作假现象。	10	有关档案材料	一项不落实扣5分	
	9	退役士兵和转业士官安置无遗留等问题。	5	座谈了解信息反馈	出现一个问题扣3分	
军地两用人才 15分	10	两用人才培训机构健全，并发挥作用。	10	相关材料	有机构不开展活动扣3分，没有机构不得分，	
	11	两用人才底数清楚，建立两用人才档案管理制度。	5	相关材料，现场检查	底数不清扣3分，无两用人才档案扣2分	

续 表

考核项目	序号	考 核 内 容	标准得分	考核依据	扣分因素	实际得分
业务建设15分	12	接收数字准确，严格按规定时间接收，总结、上报等各类材料齐备、及时，符合要求。	5	相关资料现场检查	数字不准确扣2分，接收不按时扣1分，材料不齐备扣2分	
	13	认真管理档案，及时转档送档，无丢失、损坏，无积压档案和“死档”现象。	5	现场检查登记、统计	一项不合格扣1分	
	14	认真完成上级交办的各项工作，不推不拖，遇到问题及时请示汇报。	5	现场检查座谈了解	不按时按量完成扣3分	
总计			100			

天津市区县军休工作考核表

考核项目	序号	考核内容	标准得分	考核依据	扣分因素	实际得分
综合管理 30分	1	认真贯彻执行中央2号文件，将军休工作纳入政府工作日程和双拥工作轨道。	5	相关资料，会议记录	前一项不落实扣2分，后一项不落实扣3分	
	2	机构健全，制度完善，做到“三公开”、“四专用”，不侵占休干利益。	5	相关资料	一项不落实扣1分	
	3	把干休所纳入事业单位序列计划，经费有保证，政府财政支持效果明显；坚持财务制度，经费按渠道及时到位。	10	相关资料，财务账目	一项不落实扣5分	
	4	政府支持干休所活动站建设，给予相关的优惠政策及具体帮助。	5	相关资料、记录	无优惠政策扣3分，无具体帮助扣2分	
	5	积极组织军休干部开展“走出庭院，融入社区”活动，将分散居住的军休干部纳入居住地的社区服务范畴，为军休干部提供条件，为军休干部服务有具体措施。	5	相关资料、记录	无活动扣2分，没纳入社区服务范畴扣3分	
接收安置 27分	6	按计划、按文件要求保质保量完成安置任务，为军休干部创造较好的服务条件；维护军休干部的合法权益，达到“三满意”。	15	相关资料，会议记录	没完成任务扣10分，达不到“三满意”扣5分	
	7	军地双方交接无军籍退休职工时符合政策规定；遇到问题及时解决，需要协调的事务及时请示上报。	7	登记、统计，有关记录	前一项不落实扣4分，后一项不落实扣3分	
	8	接收的军休干部、无军籍退休职工，无因工作失误造成上访现象。	5	座谈了解	有上访的扣1分，严重的不得分	
政治待遇 15分	9	活动有场所，学习有材料，传达文件及时，经常组织军休干部活动，享受相应的政治待遇。	5	现场检查，相关资料	一项不落实扣1分	
	10	区委、区民政局党组关心干休所党建工作，军队离退休干部党员组织健全，活动经常；重大节日有组织慰问。	5	相关资料，座谈了解	前一项不落实扣2分，后一项不落实扣3分	
	11	军休工作纳入党政群工作体系，各种活动有军休干部参加，评比、选举有休干名额。	5	相关资料	不参加、无名额各扣2分	
生活待遇 28分	12	政府对军休工作有特殊优惠政策；在军地互办实事中，为军休干部解决实际困难。	5	相关资料、记录	一项不落实扣3分	
	13	军休干部医疗有保障，危重病人抢救及时；住院费用到位；无拖欠医疗费现象。	10	相关资料、记录	一项不落实扣5分	
	14	对1981年前军休干部和无军籍退休职工管理有序，底数清楚，档案齐全，经费到位，各项待遇有保障。	5	相关资料及记录	一项不落实扣1分	
	15	军休干部和无军籍职工，地方性各种补贴和各种待遇得到落实。	8	相关资料、座谈	一项不落实扣4分	
总计			100			

天津市区县随军家属就业安置工作考核表

考核项目	序号	考核内容	标准得分	考核依据	扣分因素	实际得分
组织领导21分	1	区县党委、政府重视，坚持把随军家属就业纳入本区县总体工作规划之中，纳入议事日程；每年召开1至2次专门会议，研究解决随军家属就业和社会保障工作。	10	有关材料、会议记录	没纳入总体规划扣5分，不专题研究扣5分	
	2	组织领导有力，责任分工明确，区县有负责随军家属就业工作的领导和督办部门。当年完成安置随军家属总数的60%。	6	有关记录、座谈	责任不明确，没有分工领导和督办部门扣2分，没完成60%安置任务的扣4分	
	3	制定符合本地区实际的随军家属就业优惠政策措施，并能落实到位。	5	有关政策、文件和工作记录	没有政策措施不得分，有政策没落实扣3分	
就业安置44分	4	区县人事、劳动部门按照职能分工，及时办理干部身份和工人身份随军家属的档案接转和养老保险的接转。	15	有关文件、记录及登记、统计	不按要求及时接转档案和保险关系不得分	
	5	民政部门掌握随军家属的基本情况，及时向区县人民政府提交当年应安置底数。	8	有关文件、记录及座谈了解登记、统计	不了解情况不得分，不及时提交安置底数扣5分	
	6	工商、税务部门能按规定，积极做好为安置随军家属就业新开办企业和从事个体经营者的税收减免工作。	8	有关文件、记录及登记、统计	不落实规定不得分，减免工作不及时扣4分	
	7	用人单位接收随军家属后，双方应签订劳动合同，在合同期内，用人单位不得随意解除劳动合同。	8	查阅合同、座谈了解及登记、统计	不签合同不得分	
	8	积极鼓励、扶持随军家属自谋职业，并在政策、资金、税收等方面给予优惠待遇；自谋职业人员100%得到政策扶持。	5	相关资料、记录	前一项不落实扣2分，后一项不落实扣3分	
社会保障10分	9	不能就业的随军家属，其档案能在当地就业服务机构接收保管，劳动部门按照最低缴费标准，为随军家属办理养老保险。	10	有关记录及座谈了解	不为随军家属办理养老保险扣5分，不接收、保管档案扣5分	

续 表

考核项目	序号	考核内容	标准得分	考核依据	扣分因素	实际得分
岗前培训15分	10	培训机构健全，职能作用发挥明显；根据随军家属的特点，从适应用人单位的需要入手，积极组织就业培训，合格率达到95%以上。	5	相关资料、记录	机构不健全扣2分，不组织相应培训扣3分	
	11	建立随军家属人才信息网，部队能及时将尚未就业的随军家属情况报人事、劳动等部门，将供需双方情况输入电脑，实行本区县联网，方便随军家属求职。	5	登记、统计及座谈了解	部队不报情况扣2分，没有建立信息网扣3分	
	12	区县劳动、人事部门举办的职业介绍服务机构，有专门的随军家属就业服务窗口，积极推荐随军家属就业，并免费提供相应的就业指导、政策咨询服务。	5	相关资料及座谈了解	没有服务窗口扣3分，不提供相应的咨询服务扣2分	
业务建设10分	13	政府各职能部门协调一致，遇事不推诿，工作效率高。经办人员熟悉了解政策，正确运用政策，业务熟练，服务态度好。	3	相关资料、座谈及问卷考试	相互不协调扣1分，政策业务不熟悉、群众反映差扣2分	
	14	对辖区随军家属就业底数清楚，情况明，工作主动性强。	2	问卷调查，座谈了解	底数不清，不掌握情况扣2分	
	15	对随军家属就业工作管理严格，各种资料及随军家属个人档案材料齐全、完备，无遗漏、丢失等现象。	5	现场检查	一项不合格扣1分	
总计			100			

天津市区县军队转业干部安置工作考核表

考核项目	序号	考核内容	标准得分	考核依据	扣分因素	实际得分
组织领导20分	1	党委、政府重视，坚持把军队转业干部安置纳入党委、政府议事日程，每年专题研究军转干部安置工作不少于1次。	10	有关材料，会议记录	没纳入党委、政府议事日程扣5分，没有专题会议记录扣5分	
	2	组织领导有力，责任分工明确，区县有负责军转安置工作的领导。	5	有关记录，座谈了解	责任不明确扣3分，没有明确的分工领导不得分	
	3	组织、人事部门对军转干部安置工作认识水平高，协调能力强，职能作用发挥好。	5	座谈了解	本级领导和军转干部反映差扣3分	
就业安置50分	4	认真执行市委、市政府下达的指令性分配计划，态度积极，无拒绝接收现象。安置率达到100%。	10	有关记录及登记、统计	不按计划要求接收扣5分，有违反政策现象一次扣5分	
	5	妥善安置，尊重军转干部的合理要求，分配去向和岗位安排合理。	5	座谈及登记、统计	专业、岗位不合理扣3分，军转干部不满意扣2分	
	6	对团职军转干部，能够按照有关政策规定，安排相应职务，做到合理使用。	10	座谈了解，登记、统计、相关记录	有条件但没有安排相应职务扣5分	
	7	认真落实团职军转干部的政治、生活待遇，对未安排相应职务的团职军转干部，能落实享受我市处级干部的政治、生活待遇。	10	座谈了解，登记、统计、相关记录	没按规定落实扣5分	
	8	鼓励、扶持军转干部自主择业，并在政策、资金、税收等方面给予优惠待遇。	5	座谈了解及登记、统计	军转干部反映不好扣3分，优惠政策不落实扣2分	
	9	安置转业干部随调家属态度积极，工作分配及时、合理。	5	座谈了解及登记、统计	分配不及时扣3分，安置不合理扣2分	
	10	认真解决随迁子女转学、入学问题，无乱收费现象。	5	座谈了解及登记、统计	转学、入学不落实扣3分，有乱收费现象扣2分	

续　表

考核项目	序号	考　核　内　容	标准得分	考核依据	扣分因素	实际得分
岗前培训10分	11	对军转干部岗前培训重视，培训机构健全，有组织领导，有培训计划。 除对口安置的专业技术干部外，参训率达到100%。	6	相关资料、记录，登记、统计及座谈了解	无培训机构、培训计划不得分，培训率达不到要求扣2分	
	12	人事部门举办的职业介绍服务机构，有专门为自主择业军转干部的服务窗口，积极为他们提供就业及政策咨询等服务。	4	相关资料及座谈了解	没有服务窗口扣1分，不提供相关服务不得分	
业务建设20分	13	政府各职能部门协调一致，遇事不推诿，工作效率高。能按时按量完成军转干部安置任务。	4	相关资料及座谈了解	职能部门不能相互协调扣2分，不能按时按量完成任务扣2分	
	14	经办人员熟悉了解政策，正确运用政策，业务熟练，服务态度好。	4	问卷考试、座谈	考试不及格扣2分，服务质量差，军转干部反映不好扣2分	
	15	对辖区军转干部安置，底数清楚，情况明了，工作主动性强。	4	座谈了解	不掌握情况扣2分	
	16	对军转干部安置工作管理严格，各种资料及军转干部个人档案材料齐全、完备，无遗漏、丢失等现象。	4	现场检查	一项不合格扣1分	
	17	在接收安置、档案材料等方面无弄虚作假现象。	4	有关资料	出现弄虚作假问题不得分	
总计			100			

天津市区县征兵工作考核表

考核项目	序号	考核内容	标准得分	考核依据	扣分因素	实际得分
准备工作充分10分	1	召开各种会议广泛进行征兵工作动员。	3	会议文件，相关资料，座谈了解	动员力度不大扣2分，不开展动员不得分	
	2	组织专人进行调查摸底，掌握底数。	3		不组织调查摸底扣1分，底数不清扣2分	
	3	以区县人民政府的名义，采取广播、电视、书面通告等形式，发布兵役登记通告。	4		不发布通告不得分	
组织领导有力15分	4	纳入区县工作议事日程，主要领导负责征兵工作，每年不少于1次专题研究征兵工作。	5	有关文件、资料、记录及工作计划	不纳入工作议事日程扣2分，无主要领导负责扣3分	
	5	有健全的征兵组织领导机构，分工明确，责任到人。	5		征兵机构不健全扣3分，责任不明确扣2分	
	6	有总体征兵工作的计划安排，有专题会议安排部署征兵工作。	5		没有计划安排扣2分，不专门开会部署征兵工作扣3分	
宣传教育到位15分	7	区县主要领导发表广播或电视讲话，兵役领导小组成员都能走上街头参加征兵宣传活动。	5	有关资料、记录及工作计划，座谈了解，现场检查	不发表讲话扣2分，不参加宣传活动扣3分	
	8	社区、街道及乡村主要公共场所，要有征兵宣传的浓厚氛围。	5		宣传氛围不浓厚扣3分	
	9	区县报纸、电视和广播，要有宣传征兵的版块、时段和内容。	5		媒体无征兵宣传内容扣3分	

续 表

考核项目	序号	考核内容	标准得分	考核依据	扣分因素	实际得分
严格落实规定 50分	10	制定体检计划，明确责任分工，有区县领导或卫生部门领导主抓；严格按规定标准进行封闭式体检；无弄虚作假现象，无身体责任退兵。	10	计划、记录及登记、统计	有一项不落实扣3分	
	11	制定政审计划，明确责任分工，有区县领导或公安部门领导主抓；从严掌握标准，认真落实三级政审和区域联审制度；无弄虚作假现象，无政治责任退兵。	10	计划、记录及登记、统计	有一项不落实扣3分	
	12	严格按征兵工作规定，没有超计划、突破农非比例和非户口所在地征兵等问题发生。	10	相关资料、记录及工作计划	有一项不落实不得分	
	13	认真搞好兵员交接，兵员交接清楚，区县主要领导亲自参加本区县组织的新兵交接、欢送仪式。	10		不组织正规交接扣5分，区县领导不参加扣5分	
	14	武装部门要认真做好入伍新战士的档案管理工作，并及时向地方民政部门移交有关新兵入伍登记资料，配合民政部门做好优抚安置工作。	10		不建立新兵档案扣5分，不及时向民政部门移交新兵档案扣5分	
廉洁自律良好 10分	15	廉洁监督机制健全，有举报电话和举报信箱，有廉洁征兵的具体措施。	5	相关资料、记录，座谈了解	监督机制不健全扣5分	
	16	在整个征兵工作中，无任何不正之风问题发生。	5		出现一起违纪问题扣5分。出现重大违纪问题不得分	
总计			100			

天津市区县拥政爱民工作考核表

考核项目	序号	考核内容	标准得分	考核依据	扣分因素	实际得分
组织领导25分	1	部队党委重视拥政爱民工作，尊重、支持地方党委、政府；坚持把拥政爱民工作纳入部队全面建设，列入工作计划。	5	有关文件、记录、计划及座谈了解	前一项不落实扣3分，后一项不落实扣2分	
	2	团以上单位有领导小组，有分管领导负责，营连有群众工作指导小组，班排及相当单位有工作骨干。	5		一项不落实扣1分	
	3	每年有工作计划，半年有工作小结，年终有工作总结，活动经常，成效明显。	5		一项不落实扣1分	
	4	部队系统发挥组织协调、桥梁纽带和参谋助手作用明显。	5		作用发挥不明显扣3分	
	5	团以上单位宣传教育经常，有计划、有制度、有落实，宣传教育氛围浓厚。每年坚持经常性爱民教育不少于4次，重大节日与驻地举行军民联谊。	5		有计划但不落实扣3分 教育次数和效果达不到要求扣2分	
组极开展活动25分	6	积极开展和参与双拥共建活动，有计划、有组织、有共建对象，有活动内容；便民服务经常，效果明显。	5	有关文件、计划及座谈了解	前一项不落实扣3分，后一项不落实扣2分	
	7	军地团结，关系融洽，互相尊重，互相支持；无军地纠纷。	5	有关资料座谈了解	前一项落实不好扣3分，出现一次军民纠纷扣2分	
	8	积极协助驻地政府维护社会稳定，有应急预案，有应急防暴部（分）队，能随时履行治安防暴任务。	5	有关记录、资料及座谈了解	无应急部（分）队扣3分，完成任务一般扣2分	
	9	积极开展支教活动，基层单位有校外辅导员，有支教活动小组，帮助地方学校开展学雷锋树新风活动。	5	有关资料、记录及座谈了解	有计划无活动扣3分，无计划无活动不得分	
	10	完善和坚持群联制度，定期征求地方政府和人民群众意见，不断改进拥政爱民工作	5	有关资料、记录及座谈了解	不主动定期联系扣2分，地方政府反映一般扣3分	

续 表

考核项目	序号	考核内容	标准得分	考核依据	扣分因素	实际得分
参加地方建设25分	11	关心、支持地方“三个文明”建设，积极参加社会公益活动，拥护地方党委、政府，大局意识强。	5	有关记录、座谈了解	不关心不主动扣2分，地方政府反映一般扣3分	
	12	充分发挥部队组织严密、突击力强的特点和优势，积极参加地方建设，为地方经济发展作贡献。	10	有关记录、座谈了解	参加活动不积极扣5分，地方政府反映一般扣5分	
	13	积极主动参加地方抢险救灾，勇于承担急难险重任务；部队有抢险救灾预案，有应急部（分）队，完成任务坚决彻底。	10	有关记录、预案	不积极不主动扣5分，没有预案和应急部（分）队扣5分	
维护群众利益25分	14	尊重驻地政府和人民群众，坚持走访驻地检查群众纪律制度，每年不少于2次；模范执行国家政策法规，遵守社会公德，没有违反群众纪律现象。	10	座谈了解、有关记录	违反群众纪律扣3分，加强监督不力扣4分，制度坚持不好扣3分	
	15	当人民群众利益遭到侵害时，官兵能挺身而出，勇于维护，树立军人良好形象。	10	有关记录、座谈了解	不能见义勇为不得分	
	16	积极组织部队开展拥政爱民活动，努力为驻地政府和人民群众谋福利。	5	相关材料、座谈了解	活动不经常扣3分，不开展活动不得分	
总计			100			

天津市区县国防教育工作考核表

考核项目	序号	考核内容	标准得分	考核依据	扣分因素	实际得分
组织机构健全25分	1	各级党委、政府高度重视，将国防教育纳入区县总体工作规划，列入议事日程。	5	有关记录、资料、座谈及财务账目	没纳入政府总体工作规划扣3分	
	2	国防教育机构完善，领导分工明确，基层有专人负责。	5		有一项不落实扣2分	
	3	有关部门和社会团体履行职责，配合密切，工作指导有力。	5		有一项不落实扣2分	
	4	有必要的专项国防教育经费，有稳定的教员队伍。	5		有一项不落实扣3分	
	5	区县国防教育委员会每年召开会议研究国防教育工作不少于2次。	5		低于两次扣3分，一次没有不得分	
法规制度落实25分	6	把宣传《国防教育法》摆在重要位置，形式多样，广泛深入。	5	有关记录、计划、制度及问卷考试	没有开展宣传不得分	
	7	有贯彻落实《国防教育法》的意见或措施，有计划、有部署、有检查。	5		有计划没落实扣3分,效果差扣2分	
	8	根据本区县实际，建立一套落实国防教育的有效制度。	5		没有相应制度不得分	
	9	宣传《国防教育法》成绩突出，群众国防意识普遍增强。	5		考试成绩部分不及格扣3分	
	10	按照法规制度规范国防教育工作。	5		教育不规范扣3分	
教育活动经常25分	11	坚持把国防教育纳入各项教育工作之中。	5	有关记录、教育计划、座谈了解及其他相关材料	没有纳入总体教育计划不得分	
	12	全民国防教育日和“国防教育周”规模大，内容实，丰富多彩。	5		教育日和教育周没有活动扣3分	
	13	配合教育经常、有力，能结合重大节日、重大任务开展国防教育活动。	5		重大节日、重大任务没有活动扣3分	
	14	党校、学校开设国防教育课，定期举办国防形势讲座。	5		没有开设专题课扣3分	
	15	领导带头参与，群众性国防教育活动开展经常、活跃。	5		不参与扣3分，活动不经常扣2分	
	16	新闻媒介开设专栏或专题节目，普及国防知识，及时宣传经验做法。	5		新闻媒介没有专题节目扣3分	
基地设施完善25分	17	建立了本级国防教育基地。	5	实地考查、座谈了解	没有建立基地不得分	
	18	国防教育基地设施齐全，内容丰富，有本地区特色。	5		设施不齐全扣3分	
	19	能够广泛利用本地革命历史遗址和青年民兵之家等设施开展教育。	5		开展教育不经常扣3分	
	20	国防教育基地利用充分，管理良好。	5		利用率不高扣2分，管理混乱扣3分	
总计			100			

中共山西省委　山西省人民政府　山西省军区关于开展“双服务”活动的决定

晋发［2004］11 号

为深入贯彻“三个代表”重要思想和党的十六大精神，把全省广大军民的智慧和力量凝聚到全面建设小康社会和推进军队现代化建设上来，省委、省政府、省军区决定在全省广泛深入地开展为全面建设小康社会服务和为军队现代化建设服务（以下简称“双服务”）活动。

一、充分认识开展“双服务”活动的重要意义

近年来，全省军民深入开展拥军优属、拥政爱民活动，有力地推动了经济发展和部队建设。党的十六大提出了全面建设小康社会的奋斗目标和实现我军现代化跨越式发展的战略任务，给双拥工作提出了新的要求。开展“双服务”活动，是进一步引深双拥工作，加快我省全面建设小康社会步伐，积极推进国防和军队现代化建设的重大举措。组织开展好“双服务”活动，对于发挥军队和地方优势，调动官兵和群众积极性，共同为我省经济社会发展和军队现代化建设作贡献，对于创新新形势下的双拥工作，巩固和发展新型的军政军民关系，增强军民团结，推动我省经济建设和国防建设协调发展，具有重要意义。各级党委、政府和军事部门要从全面贯彻“三个代表”重要思想和党的十六大精神的高度，深刻认识开展“双服务”活动的重要性，紧紧围绕军地双方的共同需求，以促进经济社会全面发展、推进国防和军队现代化建设为出发点和落脚点，推动“双服务”活动深入开展。

二、发挥部队优势，积极为全面建设小康社会服务

为全面建设小康社会服务，是部队一项长期的任务。部队各单位要紧紧围绕地方党委、政府确立的经济社会发展整体规划和阶段性目标，坚持从实际出发，充分发挥优势，努力为全省的改革发展稳定多做工作、多作贡献。

积极投身生态工程建设。根据地方政府的整体规划和统一部署，组织民兵预备役部队并协调驻军积极参与生态工程建设。大运高速公路沿线的人武部门要投入“绿色大运”建设，开辟园林村镇和小型公益林建设项目；沿黄地区人武部门要投入黄河流域天然林保护工程建设，实施封山育林项目；北部风沙区人武部门要投入环京津风沙源治理，与驻军共同完成好北京军区赋予的“三北”防护林工程和大同以北至内蒙古丰镇一线 20 万亩乔灌草搭配的防风固沙林带；吕梁、太行山区人武部门要投入退耕还林（草）和太行山绿化工程建设，开辟退耕还林（草）和义务植树基地；南北平川人武部门要投入平原绿化工程建设，开辟环城、环厂林带项目和河流、道路两旁绿化项目。各级人武部门和预备役部队要从当地实际出发，科学规划自己的义务植树基地或退耕还林（草）基地。与驻军同在一地的单位，可以连片建设。义务植树基地要做到栽满保活，基本成型。

广泛参与基础设施建设。从解决贫困地区最迫切的问题入手，积极参加当地治水、改土、修路、绿化、通电等基础设施建设。特别是要围绕影响和制约我省经济发展的突出问题，组织发动民兵预备役人员参与节水工程建设、小流域综合治理、节水灌溉、水土保护等工作。鼓励民兵预备役人员采取成建制承包等形式，参与县乡公路改造，实施村村通油（水泥）路工程。各级人武部门和预备役部队，每年要集中力量完成一两件对当地经济社会发展有重要作用的基础性项目，力争经过几年努力，建成一批有良好经济社会效益的标志性工程。

大力资助农村发展教育和卫生事业。广泛开展捐资助学活动，特别要加大对革命老区和贫困山区农村教育的扶持力度。省军区系统师以上单位，都要捐资援建1至2所希望小学，帮助驻地改善办学条件。各人武部、预备役团至少要定点挂钩帮扶1所困难小学，帮助更新和完善教学设施。开展对贫困家庭学生的教育援助，动员民兵预备役人员并协调驻军参与“1＋1”以及其他形式的捐资助学活动。有条件的部队要组织医务人员下乡巡诊治病，支持和帮助农村发展卫生事业，做好各种疾病的防治工作。

继续做好扶贫帮困工作。采取定点扶贫、包户扶贫、结对扶贫等形式，深入开展扶贫攻坚活动。军分区、人武部和预备役团以上机关都要定点帮扶一个贫困村，基层武装部和民兵预备役连队要继续引深“一兵帮一户、一连带一村”活动，帮助困难群众加快脱贫步伐。组织发动民兵预备役人员参与实施旱作节水、种草养畜、农产品加工、移民开发“四大增收工程”，大力发展小杂粮、干鲜果、中药材、草食畜等特色产业和有市场的项目，引导群众深化产业结构调整，实现增产增收。加大科技扶贫力度，充分利用“青年民兵之家”、“联合学校”等阵地普及科技知识，进行实用技术培训，帮助困难群众掌握致富技能。县（市、区）人武部要建立信息咨询服务中心，加强与外地、外省人武部门特别是沿海发达地区人武部门的联系，及时为贫困户提供科技致富、产品销售、劳务输出等信息。

努力维护社会稳定。各级人武部门要积极组织民兵参与社会治安综合治理，开展经常性的护路、护厂、护矿、护村等活动，维护正常的工作、生产和生活秩序；协助公安部门严密防范和严厉打击各类刑事犯罪，整治治安混乱地区和场所；遇重大活动、重要节日和其他特殊情况时，要协助公安机关、武警部队警戒执勤；加强应急分队建设，做好应付突发事件和维稳反恐准备，切实肩负起“保一方平安”的重任，创造良好的社会治安环境。

踊跃参加精神文明创建活动。进一步引深军民共建活动，组织民兵预备役人员学习贯彻“三个代表”重要思想和党的路线、方针、政策，弘扬先进文化，树立科学生产和文明生活的新观念、新方式；开展普法宣传，参与基层民主法制建设，抵制“法轮功”等邪教组织活动；带头落实省委《关于贯彻落实〈公民道德建设实施纲要〉方案》（晋发[2002] 8号），推动公民道德建设，特别是未成年人思想道德建设，积极参加文明城市、文明村镇、文明行业、文明社区和“文明户”等精神文明创建活动，争做新思想、新道德、新风尚的传播者、实践者和推动者。

三、动员社会力量，积极为军队现代化建设提供服务保障

推进中国特色军事变革，实现军队现代化建设跨越式发展，是全社会的共同责任。各级党委、政府要主动关心、支持国防和军队建设，动员社会力量为部队建设多办实事、搞好服务。

努力为军事斗争准备提供服务保障。各地要把支持军事斗争准备，配合部队搞好军事训练和演习，作为开展“双服务”活动的主要内容，从交通、场地、物资、通信、军供等方面给予大力支持。积极协助部队搞好基础设施、训练设施建设，改善战备、训练和工作条件。建立健全国防动员机制，完善支前保障体系，提高部队打赢能力。司法部门要加紧对保障部队战略机动、平战转换动员、维稳反恐等法律适用问题的研究，为部队遂行应急作战任务提供法律保障。认真贯彻落实《中华人民共和国军事设施保护法》，加大对军事指挥机关、指挥工程、作战工程以及其他各种军事设施的保护力度，切实维护军事设施安全。按照“平战结合、军民结合”的要求，加强未来战场建设，在规划经济建设特别是基础设施建设项目时，要充分考虑军事需求。不断深化全民国防教育，增强全民国防观念，凝聚民族爱国精神，为推进军事斗争准备做好战斗精神储备。

大力支持军队体制编制调整改革。对撤、并、改部队，要妥善解决好房产、土地、债务等问题。切实做好军转干部和城镇退役士兵的安置工作，确保部队调整精简的顺利完成。加强对自主择业军转干部的管理服务工作，妥善解决自主择业军转干部的退役金核发、住房补贴、养老医疗保险、择业指导、就业培训和优待等问题。做好军转干部随调家属安置和养老、医疗及失业等社会保险关系的接续等工作。积极支持军队后勤保障社会化改革。

继续推进民兵工作调整改革。着眼发展社会主义市场经济的新形势和军事斗争准备的新要求，不断深化民兵工作特别是城市民兵工作调整改革，逐步扩大高科技行业和各类非公有制企业编组民兵的比例。积极推进城市民兵训练经费保障体制改革，将城市民兵训练经费纳入财政预算，确保城市民兵教育训练任务的完成。健全基层武装机构，配齐配强专武干部。坚持党管武装和党委议军制度，规范和落实党管武装述职制度。完善民兵工作地方性法规制度，坚持立法与执法并举，推进民兵工作法制化进程。

广泛开展科技和人才拥军活动。开展“图书送部队”、“专家学者进军营”等活动，为部队官兵学习掌握现代科技知识创造条件。高校和科研单位要有计划地为部队开办研究生班、本科生班和各种专修班，支持部队实施人才战略工程。大力支持部队信息化建设，为部队信息基础设施建设、信息开发利用提供资源保障，提高部队应对信息战的能力。高科技行业要配合人武部门在本行业系统组建民兵专业分队，切实把军民通用人才特别是高科技人才编进来、储起来，不断提高民兵科技参战和科技保障能力。

深化选送合格兵、共育优质兵、开发使用退伍兵活动。着眼建设信息化军队对高素质兵员的需要，进一步完善兵员预选、预征制度，在向部队选送高素质兵员的同时，积极配合部队做好共育优质兵工作。各级政府的兵役机关，要成为本籍服役战士的“娘家”，与本籍战士相对集中的部队建立经常性联系，及时了解本籍战士在部队的情况，配合部队共同做好管理教育工作。建立和完善困难军属生活保障机制和官兵激励机制，逐步将农村特困军属纳入最低生活保障范围，并落实相应的军属解困基金；县级政府和有条件的乡镇，可设立本籍官兵奖励基金，对在部队立功受奖和作出突出贡献的给予奖励，并大力宣扬他们的先进事迹。继续抓好退伍军人的开发使用，注重从优秀退伍军人中选拔村级干部，加强农村基层组织建设。

积极维护军人军属合法权益。各地要认真落实省委办公厅、省政府办公厅、省军区政治部《关于加强维护国防利益和军人军属合法权益工作的意见》（晋办发［2002］1号），依法妥善处理军人军属涉法问题。司法机关对涉军案件要快受理、快立案、快侦查、快审理、快执行。各级法院要建立健全涉军案件合议庭，依法从快办理严重侵犯军人军属人身、财产权的刑事案件，切实保障军人军属合法权益。司法行政部门要鼓励、指导法律援助机构和法律服务机构，协调和处理军人军属涉法问题。有条件的地方可设立维护军人军属合法权益法律援助工作站，及时为军人军属提供法律服务。

四、加强对“双服务”活动的领导

各级党委、政府要加强对“双服务”活动的领导，把“双服务”活动纳入重要议事日程。各级双拥工作领导小组具体负责对“双服务”活动的组织领导和检查指导。军地各职能部门要加强协调配合，齐抓共管。要把开展“双服务”活动纳入军地联合办公内容，建立和完善军地联席会、“双服务”活动工作例会等制度，及时研究解决活动中遇到的新情况、新问题。要加强对“双服务”活动的督促检查，更好地促进落实。

各地要从实际出发，研究制定推动“双服务”活动深入开展的具体措施，坚持有偿与义务相统一、奉献与利益相结合的原则，引导广大官兵和群众积极参与“双服务”活动。要把开展“双服务”活动作为工作考核和创建“双拥”模范城（县）的一项重要内容，纳入评先创优条件。借助各种新闻媒体，大力宣传“双服务”活动先进典型，并给予表彰奖励。认真总结推广好的经验和做法，充分发挥先进典型的辐射、示范和导向作用，推动“双服务”活动深入开展。

辽宁省第六轮双拥模范城（县、区）评选实施方案

（2004 年 3 月 30 日）

从 2004 年起到 2006 年，我省将开展第六轮创建双拥模范城（县、区）活动，根据全国双拥工作会议精神和《辽宁省双拥模范城（县、区）创建命名管理实施办法》的要求，为推动新一轮创建工作的深入开展，特提出以下方案。

一、指导思想和原则

以邓小平理论和“三个代表”重要思想为指导，全面贯彻党的十六大和十六届三中全会精神，认真落实党中央、国务院、中央军委关于加强军政军民团结的指示，紧紧围绕辽宁老工业基地振兴和全面建设小康社会，以增强经济实力、国防实力和民族凝聚力为目标，以维护社会稳定、促进经济发展、推进军事斗争准备为重点，完善政策法规体系，创新群众性活动方式，建立协调顺畅的运行机制，与时俱进抓好各项任务落实，巩固和发展军政军民团结，为国家改革发展稳定和军队现代化建设提供可靠有力的保障。

要坚持标准，讲究实绩，特别要突出对双拥工作新特点的研究和新问题的解决；坚持动态管理，充分听取各方面和各部门的意见，全面考察，综合平衡；坚持人民群众和部队官兵广泛参与，科学设置评选内容和重点，充分体现公开、公平、公正。通过评比表彰，调动全省军民创建双拥模范城的积极性，进一步密切军政军民关系，促进各项双拥政策法规的全面落实，为辽宁的改革发展稳定作贡献。

二、检查的内容

从 2004 年开始，在总的检查评选方案基础上，确定年度重点工作，每年按项目实行百分检查。按照全国双拥工作领导小组颁发的《双拥模范城（县）命名管理办法》和《辽宁省双拥模范城（县、区）创建命名管理实施办法》实施检查。内容是：

（一）组织领导坚强有力。市、县（县级市）、区建立有党政军主要领导负责、有关部门参加的双拥工作领导小组及办公室；双拥办公室做到人员、经费、办公地点落实；各种档案资料齐备，经常上报和交流双拥信息。实行军地合署办公。有驻军的乡（镇）、街道和大中型企业要建立相应的双拥组织，并经常开展活动。把双拥工作纳入经济、社会发展和部队建设的总体规划和年度目标责任。双拥工作领导小组各成员单位制定并切实履行职责，双拥工作领导机构充分发挥组织、协调和指导作用，定期召开会议研究工作。部队有重大行动，积极给予支持。

（二）国防教育广泛深入。认真落实《国防教育法》和《辽宁省国防教育条例》，将国防教育纳入全民教育体系，做到人员、时间、内容落实。领导干部带头接受国防教育，关心、支持国防和国防后备力量建设，中小学开设国防教育课，驻军选派优秀干部、战士配合学校开展军训和国防教育。利用多种宣传手段经常宣传双拥工作，通过《双拥工作简报》及时交流双拥工作情况。

（三）双拥活动坚持经常。双拥工作既有长远规划，又有年度计划，并按计划有组织地开展活动。双拥工作在基层单位开展得经常、活跃、富有成效。军地双方每年都要为对方办几件有影响的实事。规章制度健全，定期检查、总结和表彰。开展科技拥军，为部队培养高科技人才，为科技练兵提供有力支持。驻军积极参加驻地经济建设、公益事业和抢险救灾，参加植树造林和城市美化绿化工作，积极开展扶贫帮困和支持“希望工程”。驻军部队严格遵守群众纪律，每年年底向当地双拥办通报拥政爱民情况。

（四）军民共建富有成效。有条件的驻军单位

积极与驻地单位结成共建对子，经常开展活动，并有 70％的军民共建点被评为县团级以上先进单位。军地密切配合，通过建设培训基地、举办培训班等多种形式，培养开发使用两用人才成绩显著。军民共同实施《公民道德建设实施纲要》，新思想、新道德、新风尚蔚然成风，不断涌现双拥先进单位和个人典型。

（五）政策法规落到实处。积极开展对“三老”的扶贫帮困活动，有包扶单位、责任状、包扶责任人，“三老”的治病难有较大突破。完善优抚对象抚恤补助标准自然增长机制，优抚对象抚恤、优待、补助按时足额发放。坚持标准，保质保量地完成征兵任务，农村义务兵家属优待达到规定标准，并及时兑现。按规定妥善安置军队转业干部，完成复员退伍军人安置、上岗、培训、两用人才使用和扶持就业工作，妥善安置军官家属就业，解决子女入学、入托问题。《辽宁省军事设施保护管理办法》得到落实。按有关规定抓好烈士陵园、军供站、干休所、光荣院等事业单位建设。军粮要按质、按时、按量、按品种供应，并提供优质服务。

（六）军政军民关系融洽。军政军民之间互相关心、互相支持，无历史遗留问题，无大的军警民纠纷和伤亡事件。正确处理军警民纠纷，军地领导主动出面，及时协商，妥善解决。

根据全省的实际情况，2004 年检查的重点工作是：

1. 支持辽宁老工业基地建设。按照沈阳军区《关于认真贯彻中央 11 号文件精神，积极参加和支持振兴东北老工业基地的意见》和省武警总队《关于积极参加和支持振兴东北老工业基地的意见》，驻军积极参与驻地的经济建设，集中兵力参加当地有影响的交通、港口、水利、通信、能源建设和城市环境改造工程，做好驻地植树种草、防沙治河等生态环境改造，新建一批重点工程，结合植树造林每市新建一处有规模的双拥林。开展扶贫帮困、捐资助学、献爱心、送温暖活动。

2. 深入开展科技拥军工作。2004 年培养和树立一批支持部队科技练兵的典型，省双拥办将为一批支持部队“科技练兵示范基地”挂牌；为支持部队实施“人才战略工程”，树立“先进培训基地”典型。

3. 落实优抚政策。重点解决农村“三老”治病难问题，医药费标准最低达到每人每年 1000 元标准并有行之有效的医疗办法；积极推行抚恤补助经费个人账户和银行发放；义务兵优待达到当地人均收入的 70％以上。

4. 深入开展共建工作。继续发挥省直机关和各市直单位与驻军部队共建的示范作用，扩大领域，丰富内容。各军分区牵头与各市光荣院开展共建活动，形成新兵帮老兵、老兵带新兵，互相帮助，共同进步。

5. 培养新的双拥工作典型。树立领导干部关心支持部队建设的典型；国有大中型企业和民营企业支持国防建设的典型；大专院校和科研单位支持部队科技兴训的典型；人民群众关心爱护子弟兵的典型；驻军部队拥政爱民的典型。

三、检查和评选方法

年度检查由省双拥办和省双拥工作领导小组成员单位进行，划分一定分数标准。省双拥办的年度检查一般安排在每年 9 月份以后，省双拥工作领导小组有关部门结合本单位的工作实际，在第二年召开双拥工作领导小组会议前将各市评分情况报省双拥办。国防教育由省国防教育办公室进行排名；军转干部安置由省人事厅和省军区转业办进行排名；军粮供应由省粮食局进行排名；军嫂安置由省劳动厅和省人事厅进行排名；军官子女入学入托由省教育厅进行排名；优抚政策落实、退役士兵和军队离退休干部安置由省民政厅进行排名；军民共建精神文明由省委宣传部进行排名；军警民关系由省公安厅进行排名；按照规定完成征兵任务由省征兵办进行排名。同时，每年还要向省双拥办排序推荐 10 个双拥模范县（市）（不含市辖区）。

省双拥办的检查办法主要采取发信调查、随机抽查、问卷调查、召开座谈会、走访基层单位、家庭以及基层部队等形式进行。

吉林省双拥办关于在全省社区开展双拥工作的指导意见

（2004年3月20日）

为深入贯彻落实全国和全省双拥工作会议精神，进一步拓展双拥工作领域，促进双拥工作在基层的落实，推动双拥工作的社会化进程，借助社区平台，在全省开展社区双拥工作，特制定如下指导意见：

一、指导思想

以邓小平理论和“三个代表”重要思想及党中央、国务院、中央军委关于加强军政军民团结的指示精神为指导，着眼于巩固和发展“同呼吸、共命运、心连心”的新型军政军民关系，军民相互支持、双向奉献，共建关系密切、环境优美、秩序优良、服务优质的文明社区，促进社区的稳定发展和部队的全面建设，进一步提升双拥工作的整体水平。

二、基本原则

双拥共建，协调发展。各地制定社区建设规划，要以促进地方生产力发展和部队战斗力提高为目标，把双拥工作纳入其中，摆上重要议事日程，抓好落实，努力做到军民共驻、共建、共发展。

双向奉献，讲求实效。驻军部队要主动做好拥政爱民工作，立足社区构建一批“爱民工程”，充分展示部队的良好形象；社区要积极为驻地部队分忧解难，面向营区构建一批“拥军工程”，形成军民难有所帮，需有所助，求有所应，军爱民、民拥军的社区新风尚。

实事求是，量力而行。要立足军情、民情、社情，以军民最需要解决的问题和军地双方都能办到的实事作为切入点，突出社区双拥工作重点；从方便军民参与，有利军地建设的实际出发，确定双拥活动内容和方式，力戒形式主义，务求实际效果。

继承传统，开拓创新。要在坚持发展基层双拥工作的好传统、好做法的基础上，适应新形势、新任务要求，努力探索社区双拥工作的新路子，总结新经验，推动双拥工作的发展创新。

三、主要任务

（一）深入开展国防和双拥教育，不断增强广大军民的国防观念和双拥意识。要紧密联系国际国内形势变化，采取多种有效形式，广泛开展国防和双拥教育，引导军民立足社区、心系国防，把爱社区、建社区同爱祖国、保家园结合起来，增强广大军民维护军政军民团结的自觉性，为城市社区双拥工作的深入发展打牢坚实的思想基础。

（二）切实做好拥军优属工作，积极为优抚对象和城镇困难群众排忧解难。社区要充分利用各种资源优势，积极开展科技拥军、教育拥军和军民共建等活动，大力支持社区部队后勤保障社会化改革，最大限度地协调解决好部队随军家属就业、军人子女入托、入学等棘手问题，促进各项优抚政策的落实。驻社区部队要大力开展扶贫助困活动，关爱社区的弱势群体，帮助群众尤其是军烈属、五保户、残疾人、下岗职工和特困家庭排忧解难，推动社区逐步建立和发展平等互助、团结友爱、共同进步的新型人际关系。

（三）开展丰富多彩的社区文化活动，推进社区精神文明建设进程。要认真践行“三个代表”重要思想，坚持政治理论共学，切实加强社区政治思想建设；共同搞好青少年教育，共育“四有”新人；开展“军警民一日”活动，组织互教同乐，开展丰富多彩的军民联谊、联欢等文化娱乐活动和群众性体育活动，丰富广大军民的精神文化生活；倡导健康文明的生活方式；深入扎实地开展学雷锋活动，注重加强社会公德、职业道德和家庭美德教育，传播新思想、新道德和新文化，提高居民的道德水平和文明程度，努力形成崇尚先进、团结互助、扶正祛邪、积极向上的社区道德风尚。

（四）主动参与社区建设，营造优美的社区生活环境。驻社区各部队要积极参与社区绿化、美化、净化等公益事业建设，在治理环境脏、乱、差中，要发挥突击队作用；要积极参与和推进“绿色社区”建设，不断改善社区的环境质量，协助建设整洁、美观的社区环境。地方要支持部队营区建设，把建设文明营区同建设文明社区融为一体，努力创造优美的社区生活环境。

（五）大力加强社区军警民联防联治活动，维护和促进社区安全稳定。部队要充分发挥思想政治工作和政治教育的优势，结合“四五”普法宣传，在社区广大居民中开展经常性、群众性法制教育，大力普及法律知识，增强广大军民的法制意识，引导广大军民自觉遵纪守法。要加强军警民联防，健全社区治安防范预案。要积极参加社会治安综合治理，为实现社区“发案少、秩序好、社会稳定、群众满意”的目标作贡献。军地还要着眼大局，互谅互让，妥善处理军民矛盾纠纷。

四、完善机制

（一）建立完善社区双拥工作的规章制度。要着眼于社区的稳定发展，定思路、定目标、定规划，使社区的双拥工作成为有计划、有步骤进行的社会性群众活动。同时，要建立完善领导责任制度、工作协调制度、国防教育制度、信息反馈制度、双拥考评制度，做到办事有章程，行为有规范，推进社区双拥工作经常化、制度化、规范化。

（二）加强社区双拥工作骨干队伍建设。在发挥好社区驻军、民政、工青妇组织、民兵在双拥工作中骨干作用的同时，要积极发展社区双拥志愿者队伍，广泛动员全社会力量，参与社区双拥工作。

（三）健全完善社区双拥服务网络。社区军民要在军民共建和结对帮扶的基础上，依托社区服务中心和服务网，形成一个融思想教育、家政服务、社区文化、医疗保障、优抚安置、助残帮困为一体的双拥综合服务网络，满足社区军民不同服务需求，提高服务质量。

五、要求

一要高度重视。要充分认清在社区开展双拥工作的重要性和紧迫性，积极鼓励和支持社区双拥工作，切实把这项工作作为社区建设的重要内容，采取有力措施扎实抓好落实。各级党委和政府研究制定社区发展建设规划时，要融入双拥工作内容，统筹规划安排，并在指导落实社区服务、社区卫生、社区文化、社区治安、美化社区环境等各项工作中，抓好拥军优属工作的检查落实。部队各级领导机关要转变观念，在研究和部署部队基层工作中，要融入拥政爱民的内容，把推进部队基层建设的过程，作为落实双拥工作的过程。

二要齐抓共管。各级双拥工作领导小组要把社区双拥工作纳入创建双拥模范城（县）活动的总体规划，各成员单位要按照职责分工，抓好本系统社区双拥工作。民政部门是社区建设的牵头部门，在推进城市社区双拥工作中要当好党委政府的参谋助手。各级人武部门是联系军地的桥梁纽带，要做好社区驻军单位的协调工作。要努力形成党委政府领导、军地有关部门配合、社会群众广泛参与、党政军民齐抓共管的城市社区双拥工作新局面。

吉林省人民政府关于支持驻军后勤保障社会化的实施意见

吉政发［2004］52 号

根据《国务院中央军委关于推进军队后勤保障社会化有关问题的通知》（国发［2002］20 号）精神和《中共吉林省委吉林省人民政府关于支持驻吉林省军队后勤保障社会化改革的意见》（吉发［2000］7 号）要求，为推进驻吉林省军队（含武警部队）后勤保障社会化进程，结合我省实际，提出如下实施意见：

一、各级政府要把城市（镇）规划区内军队单位的水、电、气、热供应纳入城市（镇）总体建设规划，按照国家和地方市政建设有关规定，对需与市政供水、供电、供气、供热（管）线连接的，要铺至营区边界，优先安排入网，并在收取入网费用等方面给予优惠。

二、军队战备、训练、生活用水用电，按实际消耗核定供应指标，执行国家有关规定价格。军事机关、通信枢纽、重要目标需要水电增容、增加用水（电、气）指标和开通双路供电、供水的，在条件允许的情况下给予保证。军人和军队职工住房的水、电、气、热应分户计量，执行当地居民的收费标准，由经营单位向用户收取。

三、对军队后勤保障社会化需要配套改造的项目，免征城市基础设施配套费。各地要按照《国家计委财政部关于全面整顿住房建设收费，取消部分收费项目的通知》（计价格［2001］585号）的有关规定，不得征收城市基础设施"四源"建设费（指自来水厂、煤气厂、供热厂和污水处理厂建设费）、建材发展基金和水、电、气、热的入网费、开口费、增容费、贴费等行政事业性收费（含已调整为经营性收费部分）和基金，取消与城市基础设施配套费重复收取的水、电、气、热和道路等专项建设费或配套费。

四、为适应国家住房制度改革和军队后勤保障社会化的要求，军人和军队职工需要购买住房的，逐步做到由当地社会供应。各级政府要把符合条件的军人和军队职工住房纳入当地经济适用住房建设和开发计划。军人和军队职工到地方购买，符合当地购房条件的，当地政府要给予安排，享受国家有关税费减免政策。军人无住房的，在地方工作的配偶购买所在单位具有经济适用住房性质的住房，同等条件下要优先安排。军队已建成的经济适用住房，各地在办理房屋产权证上，应予优先，并简化有关手续。地方人员住军产住房的，按国家和军队的有关规定交纳费用。军队转业复员和移交地方的人员要积极支持部队住房制度改革，所在单位要对部队清理军产住房给予积极配合与支持。

五、交通管理部门及交通运输企业要按照《国防交通条例》的有关规定，优先安排军事运输计划，整合运输资源，为军事交通运输提供便利的保障条件，迅速、准确、安全地完成任务，并做好保密工作。同时，按照《铁道部总后勤部关于印发〈铁道军事运输计费付费办法〉的通知》（［1994］后交安第403号）等有关文件规定，在运输价格上继续给予优惠。

六、在交通不便、远离部队油库（站）的地区和高速公路沿线，部队需要当地石油公司代储、代供油料的，各地石油公司与受供部队签订代储、代供协议书，并适当收取代储代加费。在部队遂行战备任务时提供及时有效的保障，并减免代储代加费，石油销售企业供应给军队使用的代储油，按《成品油零售加油站增值税征收管理办法》（国家税务总局2号令）的规定，允许从当月成品油销售数量中扣除。

七、有条件的城市（镇）要为驻军开设公交站点，把公交线路延伸至营区边界。对远离市区的驻军，需要开设公交专线的，地方有关部门要积极支持，尽量予以解决。

八、各级政府和各有关部门要积极支持军用公路的建设和养护，对于军民兼容、以民为主的军用公路，当地政府有能力维修的，按照《公路法》有关规定，履行必要的审批程序后，无偿移交地方人民政府交通行政管理部门统一规划、建设与养护管理，并确保其畅通。

九、军人医疗按照军队现行划区医疗体系予以保障。对极少数远离部队医疗机构50公里以上单位的军人及享受优惠医疗条件的随军家属，纳入地方医疗服务体系，当地卫生部门要指定医疗条件好、技术力量强的医院进行接诊。政府主办的医院要免收挂号费，对符合基本医疗保障规定的就医检查费、治疗费、手术费、住院费予以优惠，对急诊、危重伤病员应先救治后收费。有条件的医院，可设立军人病房。

十、原由军队承担的服务保障任务移交地方单位后，原有军队职工随同移交，其劳动、人事、工资和社会保险关系随同转移。地方接收单位必须无条件接收安置符合用工条件的军队职工，不得无故解除接收军队职工的劳动合同。凡接收安置军队职工达到规定比例的新办企业，参照《财政部国家税务总局关于企业所得税若干优惠政策的通知》（[1994] 财税字第001号）的有关规定，享受国家有关企业所得税的减免政策。

十一、从事军队后勤保障社会化的服务单位，为军队服务所取得的收入免征营业税。

十二、各级政府有关部门要把军队职工分流安置工作纳入地方用工、培训、再就业管理体系。鼓励军队职工自谋职业和自主创业。各级人事、劳动保障部门要在职业介绍、转岗培训、提高再就业能力等方面创造条件，并积极推荐安排就业。对以安置军队职工为主、具有独立法人资格、与军队彻底脱钩的经济实体和自谋职业的军队职工投资兴办的经济实体，比照《国家税务总局关于中央各部门机关后勤体制改革有关税收政策具体问题的通知》（国税发［2002］32号）和财政部、税务总局的有关规定给予税收优惠政策。地方政府要在工商登记、场地安排等方面给予支持，对各种收费给予优惠。对为安置随军家属就业而新开办的企业，自领取税务登记之日起，3年内免征营业税、企业所得税。

十三、与地方通用专业的军队职工培训、专业技术等级考核、评定等要纳入地方培训、考核、评定管理体系，军队不再单独组织。对军队职工按照军队有关文件规定组织、考核、评定的专业技术资格和工人技术等级资格，各级人事、劳动保障部门要予以确认，并按规定及时更换资格证书。

十四、军队单位职工，按照国家有关规定实行养老、医疗、失业等社会保险，执行属地政策，统一缴费比例，统一计发办法，逐步实行社会化管理。各级劳动保障部门要积极支持和指导军队职工参加社会保险。分流安置到地方的职工，其连续工龄视同社会保险缴费年限，军队原单位和职工本人不再补缴社会保险费。

十五、各级政府要站在战略全局的高度，把推进军队后勤保障社会化作为建设现代化、正规化革命军队和“双拥共建”工作的重要内容，列入重要议事日程，纳入本地区国民经济和社会发展计划，为推进军队后勤保障社会化创造条件，提供服务，在政策、资金上给予必要的支持。要按照“政府部门主导、军队组织实施、社会力量参与、市场机制运作”的原则，切实加强组织领导，建立有效机制，狠抓工作落实。

十六、各级主管部门要把承担军队后勤保障社会化任务的地方单位纳入监管范围，对其资质资信、技术能力严格把关，对其经营管理、服务质量加强监督。承担军队后勤保障社会化的地方单位必须遵守国家和军队的有关政策法规，严格执行国家、军队的有关技术标准和规范，认真履行合同，自觉接受军队和地方职能部门的监督管理。

十七、各级政府要加强对支持军队后勤保障社会化的宣传力度。充分利用广播、电视、报纸等舆论工具，广泛宣传国务院、中央军委关于推进军队后勤保障社会化的方针、政策，以赢得社会的广泛支持，确保改革的深入发展。

黑龙江省双拥工作领导小组
关于做好“八一”期间拥军优属拥政爱民工作的通知

黑拥字［2004］4号

为做好2004年“八一”期间拥军优属、拥政爱民工作，进一步巩固和发展军政军民团结的大好局面，现就有关事项通知如下：

一、认真抓好全国双拥工作会议和省双拥工作领导小组全体会议精神的贯彻落实。各地要以全国双拥工作会议精神为指导，围绕省双拥工作领导小组全体会议确定的双拥工作目标、任务和要求，进一步统一思想，振奋精神，分析形势，理清思路，在更高的起点上筹划工作，推进落实。要采取多种形式，广泛宣传会议精神，宣传双拥典型的先进事迹，宣传当前双拥工作的好经验和做法，进一步营造浓厚的“军爱民、民拥军”社会氛围，再掀双拥热潮。

二、广泛开展军地共建社会主义精神文明活动。各地各部队要充分发挥军地共建共育的政治优势，大力宣讲“三个代表”重要思想，宣传党的路线方针政策，特别是党中央11号文件精神和省委、省政府关于振兴老工业基地的统一部署和总体规划，不断激发广大军民参与老工业基地振兴的热情。要围绕贯彻《公民道德建设实施纲要》、《军人道德规范》和《中共中央国务院关于进一步加强和改进未成年人思想道德建设的若干意见》，广泛开展道德实践活动，弘扬新思想、新风尚，共学科学理论，共讲光荣传统，共树文明新风，为树立新时期黑龙江人新形象做表率。要以建军77周年、红军长征胜利70周年为契机，通过举办座谈会、报告会、国防知识讲座、参观爱国主义教育基地等形式，对干部群众特别是对未成年人进行生动的国防教育，进一步增强国防观念和履行国防义务的自觉性。

三、积极支持配合军队体制编制调整改革。各地要认真贯彻国家和省军转干部安置工作会议精神，下大力妥善安排好部队体制编制调整改革期间转业干部的工作和生活，多渠道、多形式地解决好退役士兵的安置问题，按照国家和省有关政策进一步落实好企业军转干部生活待遇。同时，有关部门要同部队一道接收和安置好军队离退休干部和伤病残人员。

四、切实抓好各项优抚政策规定的落实。各地要从维护社会稳定，促进国防和军队建设的大局出发，认真落实国家和省有关拥军优属政策法规。要及时帮助部队解决教育训练、战备执勤、后勤保障社会化中遇到的实际困难。协调有关部门及时解决官兵关注的随军家属就业、军人子女入学、维护军人及其家属的合法权益等问题。要全面落实好重点优抚对象抚恤、优待政策规定，确保各项标准及时足额兑现到位。各地“八一”前要对贯彻落实政策规定情况进行一次检查，及时发现问题、纠正偏差、化解矛盾。

五、扎实开展拥政爱民活动。驻省各部队和民兵预备役人员，要搞好群众纪律检查，及时解决影响军民关系的问题。在完成战备、训练任务的同时，采取多种形式，集中使用义务劳动日，围绕振兴老工业基地建设，积极参加重点工程建设、生态环保工程，广泛开展科技助民、扶贫帮困活动，搞好军警民联防联治，做好抢险救灾、应对突发事件等工作，为振兴黑龙江老工业基地作出新的贡献。

六、广泛开展走访慰问活动。各地要从实际出发，本着俭朴节约、讲求实效的原则，开展以基层官兵、优抚对象为重点的走访慰问活动。各部队也要对包扶对象进行走访慰问。军地共建单位要互相走访，开展形式多样、内容丰富的联谊活动，总结军民共建经验，改进工作，密切军政军民关系。

黑龙江省双拥办关于发挥双拥工作职能作用认真做好未成年人思想道德建设的通知

黑拥办字［2004］22号

进一步加强和改进未成年人思想道德建设，是中央从推进新世纪新阶段党和国家事业发展、实现党和国家长治久安出发作出的一项重要决策。近日，国家民政部下发了关于认真落实《中央精神文明建设指导委员会贯彻落实〈中共中央国务院关于进一步加强和改进未成年人思想道德建设的若干意见〉的目标任务分工》的通知，对民政系统进一步改进和加强未成年人思想道德建设的要求和目标任务作了明确。根据《通知》要求，经省双拥办研究，现将双拥系统进一步做好未成年人思想道德建设的有关工作意见通知如下：

一、充分发挥烈士纪念建筑物对未成年人的教育作用。烈士纪念建筑物是对未成年人进行爱国主义教育的重要阵地，各地要把革命烈士纪念建筑物及配套设施纳入城乡建设总体规划，结合省里即将启动的烈士陵园维修改造五年规划，加大资金投入，创新陈列形式，丰富布展内容，完善配套设施，美化园容园貌，为未成年人进行爱国主义和光荣传统教育创造良好的环境。烈士纪念建筑物保护单位要坚持把社会效益放在首位，积极创造条件对全社会开放，对中小学生集体参观一律要实行免票，对学生个人参观实行半票。按照内外结合、专兼结合、注重素质的要求，认真抓好队伍建设，强化业务培训和相关知识的学习，不断提高整体素质，为未成年人参观学习活动提供优质服务。

二、深入开展军地共建共育活动。各级双拥部门要充分发挥职能作用，积极协调和组织驻地军警部队和中小学校，围绕培育“四有”新人的目标，广泛开展共建社会主义精神文明活动。通过创办少年军校，举办军事夏令营，开办革命传统教育课，举办国防知识竞赛等活动，对未成年人进行爱国主义教育和光荣传统教育，增强未成年人的国防观念和爱国热情。

三、利用各种有利时机对未成年人开展经常性的思想道德教育。要积极协调军地有关部门，利用重要节日、纪念日，以及未成年人入学、入队、入团等重要时机，通过祭扫烈士墓、举行宣誓仪式、举办主题班会等形式，弘扬革命传统，增进爱国情感，提高道德素养。

四、广泛开展扶贫帮困和捐资助学活动。要发扬中华民族扶弱济贫的传统美德和我党我军关心下一代的优良传统，组织军地有关单位，借鉴和推广省军区开展的以帮扶伤病残军人、烈军属子女或隔代子女为重点的“捐资助学”活动的经验，多渠道筹措资金和组织力量，广泛开展援助希望小学、“1＋1”助学工程活动，为贫困家庭子女接受教育创造必要的条件。

五、有关要求。未成年人是祖国未来的建设者，是中国特色社会主义事业的接班人，是国家和民族的希望。各地要充分认识到进一步加强和改进未成年人思想道德建设，双拥工作责无旁贷、责任重大，切实把未成人思想道德建设作为双拥工作的一个新的增长点摆上重要位置，结合实际，统筹规划，明确任务，分解目标，责任到人，以求真务实的工作态度，切实可行的工作措施，认真抓好落实。

上海市人民政府关于加强拥军优属工作的若干规定

沪府发［2004］5号

为了进一步做好本市拥军优属工作，增强全民的国防观念，促进国防建设，根据《中华人民共和国宪法》、《中华人民共和国国防法》、《中华人民共和国兵役法》和国务院《军人抚恤优待条例》等法律法规，结合本市实际，制定本规定。

第一条 本规定所称优抚对象，是指中国人民解放军（含中国人民武装警察部队）的现役军人、革命伤残军人、复员退伍军人、革命烈士家属、因公牺牲军人家属、病故军人家属、现役军人家属。

本规定所称家属，是指军人的父母、配偶、子女，以及依靠军人生活的18周岁以下的弟妹、军人自幼曾依靠其抚养现在又必须依靠军人生活的其他亲属。

本规定所称随军随调家属，是指驻沪部队军官、高级士官的随军随调配偶。

第二条 本规定所指的有效证件，是指国务院、中央军委、武警总部、各类军事院校、民政部和省级以上民政部门制发的证明个人身份的有效证件。

第三条 本市行政区域内的国家机关、企事业单位、社会团体及其他组织和公民，依照本规定履行拥军优属的责任和义务。

第四条 各级政府要加强对拥军优属工作的领导，把拥军优属工作纳入经济社会发展的总体规划，切实保障拥军优属工作得到落实。

第五条 各级政府和各单位要大力开展以爱国主义为核心，以拥军优属、拥政爱民为重要内容的国防教育，努力在全社会形成关心支持国防建设、维护军政军民团结的良好风尚。

第六条 各级政府和有关单位要按照《上海市人民政府、上海警备区关于推进驻沪部队后勤保障社会化改革的意见》（沪府［2003］2号）的要求，支持驻沪部队的后勤保障社会化改革。

第七条 各级政府及其土地管理部门要依法及时办理因国防建设需要征用土地及进行项目建设的审批手续。

第八条 各级政府要采取有效措施，协助部队管理和保护国防设施，维护营区安全。

第九条 公路和市政部门要做好通往部队驻地道路的修建和养护工作。

第十条 任何单位和组织不得向部队集资、摊派。地方公益事业或建设项目确需部队支持的，必须报经市或区县双拥办统一协调安排。

第十一条 各级政府和有关单位要通过多种形式，积极开展科教拥军工作。

要积极支持驻沪部队开展官兵学历教育和人才培养；为部队的科技练兵提供技术指导和器材、设备等方面的帮助；组织拥军志愿者队伍为驻军部队及官兵服务；对驻沪部队的科研立项等给予支持，并将其纳入地方科研成果评比范围。

第十二条 各级政府要落实和完善征兵工作责任制，动员和鼓励适龄青年履行服兵役义务，并确保兵员质量，完成征兵任务。

第十三条 各级政府及有关方面要高度重视维护军人、军属合法权益，落实维护国防利益的责任。各级司法行政机关要指导法律援助机构和法律服务机构为军人、军属提供法律服务；各级法律援助机构增设维护军人军属合法权益法律援助中心，会同驻军单位法律顾问处、各区县人武部法律咨询站为本辖区内涉军案件提供法律援助。

第十四条 对军用机动车通过本市行政区域内的公路（含高速公路）、桥梁、隧道、渡口（轮渡）以及在本市行政区域内的各类公共收费性停车场停放，由有关部门制定具体政策给予优待。

第十五条 民航、铁路、水运和公路长途客运等部门要坚持设立军人售票窗口，开设军人候车（船）室。现役军人、革命伤残军人优先购票、优先乘车（船），并享受国家规定的优待。对革命伤残军人、革命烈士家属乘坐市内公共交通车辆，由有关部门制定具体政策给予优待。

第十六条 本市各类向公众开放的收费观瞻场所对持有效证件的现役军人、伤残军人、军队离退休干部和革命烈士家属实行优待；各类文化和体育场所对上述人员观看电影、演出和体育比赛实行优惠。各类观瞻场所和文化、体育场所要张贴优待、优惠告示，简化优待手续。非国有资本投资经营的观瞻场所和文化、体育场所接待上述人员，可参照本款有关规定办理。政府部门出资兴建的体育场馆和运动场所，应对部队有计划组织的军事训练给予支持。

第十七条 本市公安、人事、劳动保障部门要积极为准予进沪的随军随调家属办理落户等相关手续。

第十八条 各级政府及有关部门要做好随军随调家属的就业、培训和生活保障工作。

（一）坚持以市场就业为主导、政府安置重点对象为辅助、保底就业为基础的原则，为随军随调家属的首次就业创造条件。同时，鼓励随军随调家属通过市场推荐方式实现就业。对驻沪部队中的飞行员、潜艇干部、从事舰艇工作满10年的军官、荣立二等功以上的军官、因战因公致残（二等乙级以上）、牺牲等军官的配偶，每年由市政府下达计划给予安置；对经过培训及二次推荐仍无法实现就业，但本人有就业需求的随军随调家属，给予就业帮助，安排其参加公益性劳动。

（二）本市出台的促进就业的各项优惠政策，均适用于随军随调家属。各级就业服务机构要安排专人，为随军随调家属开展职业介绍和职业指导；各区（县）劳动保障部门要为随军随调家属安排有针对性的职业技能培训；各级政府要对驻岛及驻扎在市外监狱、劳教场所等处和其他艰苦地区的部队在当地的随军随调家属的就业给予帮助；各有关部门要对随军随调家属从事个体工商经营、创办非正规劳动组织、创立微小型企业给予支持，并按本市有关规定予以优先办理开业指导及小额贷款的担保贴息。

（三）凡有用工需求的机关、企事业单位、社会团体，要优先录（聘）用随军随调家属；各级政府及有关部门要鼓励企事业单位主动接收军官配偶就业并与其签订两年以上劳动（聘用）合同；各级政府及有关部门要为随军随调家属参加本市的人才引进、人才招聘创造各种便利条件，并鼓励用人单位在同等条件下优先录用随军随调家属。

（四）对未实现就业的随军随调家属，可按照市劳动保障局《关于对户口已报入本市的军队随军随调军官配偶享受失业保险若干问题的通知》（沪劳保社［1999］1号）的规定，予以享受相应的失业保险待遇；失业救济期满后仍未实现就业且生活确有困难的，由民政部门参照本市居民最低生活保障标准，对其实施最长不超过一年的临时生活困难救济。

（五）对来沪后有工作的随军随调家属，所在单位要按本市规定，及时为他们办理各项社会保险等接续手续。对其中年龄偏大、在本市实际缴费年限满5年、已到达法定退休年龄，其个人养老保险缴费年限（含连续工龄）不满15年的，可按照市劳动保障局、市人事局、市公安局、市医疗保险局《关于外省市转移进沪人员若干问题处理意见的通知》（沪劳保社发［2003］9号）中的有关规定执行。

（六）各有关部门要认真落实《国务院办公厅、中央军委办公厅关于印发〈中国人民解放军军人配偶随军未就业期间社会保险暂行办法〉的通知》（国办发［2003］102号）精神，做好随军随调家属的社会保险工作。

第十九条 企事业单位在改制、改革中，对革命烈士家属、因公牺牲军人家属、病故军人家属、革命伤残军人、现役军人配偶就业岗位要保持相对稳定，并确保优抚对象在同等条件下优先上岗；各有关部门、主管单位和街道、镇对下岗失业的优抚对象要优先进行技能培训、职业介绍，为他们重新就业创造条件。

第二十条 对分居两地的现役军人配偶，其所在单位在安排工种、班次等方面应予照顾；对按规定探亲的，应安排假期，准予报销路费，并按公休假处理其工资、福利待遇。

第二十一条 伤残军人、复退军人（复退一年内）、现役军人（含其子女）报考本市高中阶段学校和高等学校的，在录取时分别给予适当的优待。革命烈士子女、因公牺牲军人子女，长期在边防海防、高山海岛、舰艇部队、特殊艰苦岗位工作的军人和军队飞行员子女报名就读和报考本市各级各类学校的，在录取时分别给予不同类别的优待。现役军人工作调动，其未成年子女随调转学的，由区县教育部门及学校及时予以妥善安排。

按国家有关规定，对革命烈士子女入国家办的托儿所、幼儿园，托费中由家长承担的部分予以免除。

第二十二条 各级政府及其职能部门、各企事业单位要给予优抚对象适当的房租及购房优待。优抚对象申请廉租房时，对其认定标准可适当放宽。对涉及动迁拆迁的优抚对象，给予购买中低价商品房等优待。

第二十三条 各级政府及其职能部门要进一步加强军队转业干部安置工作。有关部门要采取带编分配、先进后出、按规定增加非领导职数等方法，安排好师团级职务军队转业干部的职务；机构编制部门要按照党和国家机关安置军队转业干部计划数，相应增加行政编制，主要用于安排师团级职务军队转业干部；招聘录用公务员时，经考试合格后，同等条件下可优先录用已被安置在企事业单位中的军转干部。对自主择业军队转业干部创办企业、从事个体经营的，有关部门要优先核发营业执照、行业经营许可证，优先办理开业贷款；其日常服务管理工作纳入街道、社区管理服务体系。

第二十四条 各类医疗机构要对重点优抚对象和现役军人就医实行优先、优惠服务。

第二十五条 各级政府要着眼于双拥工作的发展，按照编制合理、协调有力的要求，加强本级双拥办的机构建设。

第二十六条 各级政府及其职能部门要支持上海市拥军优属基金会的发展。本市各级“拥军优属社会保障金”按市、区（县）、街道（镇）三级进行管理，专项储存，用于支持部队建设，解决优抚对象的特殊困难，保障优抚对象的生活。

第二十七条 对在拥军优属工作中作出显著成绩的单位和个人，由各级政府或有关部门予以表彰和奖励。

第二十八条 本规定自2004年4月1日起施行。本市过去颁布的有关规定与本规定不一致的，以本规定为准。

有关职能部门可根据本规定，制定相关实施细则。

上海市民政局　财政局　卫生局　医疗保险局　上海警备区政治部
关于移交本市安置的军队师职退休干部比照享受同职级退休公务员医疗待遇的意见

沪民安发［2004］27号

为认真贯彻落实《中共中央办公厅、国务院办公厅、中央军委办公厅关于进一步做好军队离休退休干部移交政府安置管理工作的意见》（中办发［2004］2号）精神，根据市委、市政府领导的要求，结合本市实际，对落实解决移交本市安置的军队师职退休干部比照享受同职级退休公务员医疗待遇的问题，提出如下意见：

一、关于比照享受的对象和原则

（一）纳入比照享受同职级退休公务员医疗待遇的对象，为移交本市安置由民政部门管理的军队师职退休干部（含军队专业技术四、五、六级和技术七级并有高级职称的人员）。

（二）按照从实际出发，分批落实解决的原则，2004年落实解决已安置的原任军政领导职务和专业技术四、五级人员；2005年落实解决已安置的原任专业技术六级和七级并有高级职称人员。2006年起转入正常办理。

二、关于比照享受的待遇标准

（一）持证可在定点医院内的指定师职门诊或专科门诊优先就诊。

（二）需要住院时，持证可住定点医院的指定师职病房或2至4人间专科病房。

（三）持证可在定点医院每年进行一次门诊健康体检。

（四）持证在定点医院就诊或就医，用药、检查和诊疗项目按本市基本医疗保险规定执行，所发生的费用，个人自负门诊药费的5%，住院医疗费的4%，个人年自负住院医疗费最高限额为240元。

三、关于定点医疗机构

在现有条件下，落实移交政府安置管理的师职退休干部医疗待遇，要尽可能利用军地双方医疗资源。据此，确定下列医疗机构为师职退休干部医疗定点医院：

（一）南京军区联勤部十三分部所辖八五医院、四一一医院、四五五医院，第二军医大学所辖长海医院、长征医院。

（二）各区（县）中心医院。

各区（县）卫生局指定辖区内一所中心医院，为住院就医的师职退休干部提供2至4人间标准病房，床单元仪器设备按市卫生局关于床位配置标准配置，所需资金由所在区（县）政府解决。部分被市干保局列为定点医院的区中心医院，以不挤占用市干保局定点开设的干部门诊、干部病房床位为原则，挖掘、利用其他资源，为本区安置的师职退休干部提供相应标准的医疗服务。

师职退休干部在总体调控下按相对就近原则选择一所定点医院。在非定点医院就诊，按照《上海市城镇职工基本医疗保险办法》的规定执行，不享受比照的医疗待遇。如医疗诊断、治疗等必须，可以组织有关医院医务人员会诊，或由定点医院报市民政局核准后转诊医疗。

四、关于对象的审核确认和就诊（就医）凭证的核发

（一）对象的审核确认由市民政局负责。

（二）就诊（就医）凭证为市民政局、市卫生局统一制作、核发的“上海市军队师职退休干部医疗就诊证”。在定点医院就医，与医疗保险卡共同使用。

五、关于医疗经费结算办法

师职退休干部比照享受同职级退休公务员医疗待遇，在定点医院发生的费用由医院记账，在其他医院发生的转诊费用先由师职退休干部服务管理机构（干休所）垫付，之后，统一向市医疗保险局结算，具体结算办法由市医疗保险局另行制定。

六、关于经费保障

（一）师职退休干部比照享受上述医疗待遇标准所需费用，按照个人承担、基本医疗保险基金支付和财政补助的原则实行三方分担：个人承担的医疗费用由个人用现金支付；属于基本医疗保险范围的费用由基本医疗保险统筹基金列支；财政补助部分，按师职退休干部所在服务管理机构（干休所）的隶属关系，纳入市、区（县）民政部门年度预算，分别由市、区（县）财政部门保障。

（二）财政补助资金的标准和筹集方式：每年由市民政局、市财政局根据市医疗保险局提供的上年度财政补助部分的人均实际支出，通知各区（县）民政、财政部门。区（县）民政部门在收到通知后的1个月内，将所需经费上缴市民政局，由市民政局统一划转市医疗保险局（2005年暂按人均1万元筹集）。

（三）对安置师职退休干部人数较多的区，视财力情况由市财政通过专项转移支付予以适当补助。

本意见由市相关职能部门负责解释。

浙江省双拥工作领导小组成员单位双拥工作目标考核办法

浙拥字［2004］1号

为了充分发挥省双拥工作领导小组成员单位的职能作用，形成齐抓共管的双拥工作新格局，确保双拥工作各项任务的落实，不断推动我省双拥工作的深入发展，根据2004年3月22日省双拥工作领导小组全体成员扩大会议精神，特制定本办法。

一、考核内容的设置和分值

（一）基本项目（60分）

1. 建立双拥工作组织领导机构或明确分管领导，落实责任处室和双拥工作联络员；（10分）

2. 将双拥工作纳入本单位工作计划，做到年初有工作计划，年终有工作总结；（10分）

3. 按照部门双拥工作职责，主动做好相关工作；（15分）

4. 积极参与省双拥工作领导小组及办公室组织的各项活动，及时向省双拥办通报本单位、本系统、本部队开展双拥工作情况；（10分）

5. 本部门、本系统、本部队没有重大军政军民纠纷，没有发生损害国防、军队利益及侵害军人、优抚对象合法权益的现象。部队没有损害地方利益，违反群众纪律现象。（15分）

（二）年度目标（40分）

1. 每年3月份前根据部门特点，由单位领导审定后，提出本部门、本单位、本部队年度双拥工作目标，经省双拥办审核予以确认；

2. 省双拥工作领导小组及办公室可根据工作需要，提出有关部门的年度双拥工作任务；

3. 年度双拥工作目标按照完成情况计分，完成好的得40分，一般的得30分，差的不得分。

（三）加分项目

1. 双拥工作经验被国家有关部门或解放军四总部转发，单位被评为全国或全军双拥工作先进的加10分；

2. 双拥工作经验被省军级转发的，单位被评为省军级双拥工作先进的加5分；

3. 出台全省性支持驻浙部队建设和解决优抚对象困难、驻浙部队出台支持我省改革开放和现代化建设政策措施的加10分。

二、考核办法

各成员单位于每年年底写出本部门年度双拥工作总结，进行自评打分；省双拥工作领导小组办公室根据平时掌握的情况及抽查结果进行综合评分，经省双拥办主任会议审核，提出考评建议；书面报省双拥工作领导小组组长、副组长审定。

三、奖惩办法

1. 按考评结果，总分在85分以上的，为优秀单位；60～85分的，为合格单位；60分以下的为不合格单位。

2. 考评结果在省双拥工作领导小组全体成员会议上或发文进行通报。

3. 年度考核为不合格的部门，要向省双拥工作领导小组写出书面整改意见。

中共浙江省委　浙江省人民政府　浙江省军区
关于进一步加强双拥工作的意见

浙委［2004］20号

为弘扬双拥光荣传统，增进军政军民团结，推进中国特色军事变革，维护社会政治稳定，促进改革开放和社会主义现代化建设，根据中央有关精神，结合我省实际，现就进一步加强双拥工作，提出如下意见。

一、充分认识新形势下加强双拥工作的重要意义

（一）拥军优属、拥政爱民是我党我军我国人民的优良传统和特有的政治优势，军政军民团结是中国革命和建设事业取得胜利的重要保证。历史充分证明，无论是战争年代还是和平建设时期，双拥工作都是一项带有全局性、战略性的工作，军政军民团结始终是我们战胜困难、夺取胜利的重要法宝。进入新世纪新阶段，改革与发展的各项任务光荣而艰巨，更加需要军民紧密团结、齐心协力、不懈奋斗。全省各级党委、政府和军事领导机关一定要从国家长治久安、民族兴旺发达的高度，充分认识加强军政军民团结的重大政治意义，切实把双拥工作作为一项事关全局的战略任务抓实抓好。

（二）新形势下加强双拥工作，要坚持以邓小平理论和“三个代表”重要思想为指导，全面贯彻十六大和十六届四中全会精神，紧紧围绕我省加快全面建设小康社会、提前基本实现现代化，以促进国防建设与经济建设协调发展、增强国防实力和民族凝聚力为目标，以巩固和发展军政军民团结、维护社会稳定、促进经济发展、推进军队现代化建设为重点，完善政策法规体系，创新群众性活动方式，建立协调顺畅的运行机制，与时俱进，长抓不懈，开创双拥工作新局面，为改革发展稳定和军队现代化建设提供可靠有力的保障。

二、进一步密切军地协作，共同推进全面建设小康社会

（三）加快我省全面建设小康社会、提前基本实现现代化，需要党政军民的共同努力。驻浙部队要积极参与到深入实施“八八战略”和建设“平安浙江”的实践中来，大力支持地方的改革和建设事业。要研究制定部队参加和支持全面建设小康社会的目标规划，完善军地协作方案，集中力量援建重点工程，主动承担急难险重任务。在确保国防安全的前提下，充分发挥军事设施的民用效能，因地制宜支援地方建设。

（四）把维护社会稳定作为双拥工作的重要任务来抓。加强军警民联防，密切配合与协作，积极预防和处理有关军民纠纷，妥善处置各类突发事件，全力维护社会稳定和公共秩序。要教育引导转业复员退伍军人珍惜荣誉，发扬优良传统，自觉维护社会政治稳定。

（五）着眼于促进社会主义物质文明、政治文明和精神文明协调发展，扎实开展军民共建社会主义精神文明活动。要组织军民共同学习实践“三个代表”重要思想，大力传播社会主义新思想、新道德、新风尚，弘扬和培育民族精神。以军民共建为基本形式，深入开展创建文明城市、文明村镇、文明社区等活动，不断提高军民共建社会主义精神文明活动的水平。

三、大力支持军队建设，积极适应中国特色军事变革和军事斗争准备工作需要

（六）把推进军队现代化建设作为拥军重点，大力支持驻浙部队做好军事斗争准备等各项工作，为部队提高“打赢”能力提供有力保障。积极配合部队完成训练演习任务，对部队在军事演习和战备行动中遇到的困难和问题，要特事特办，尽快协调解决。大力支持重点军事工程建设，做好土地征用、群众迁移和水电物资供应等工作。协助部队搞好基础设施、训练设施建设，改善战备、训练条件。加强军地联系沟通，形成上下贯通、高效精干、全方位的支前保障网络。

（七）按照“平战结合、军民兼容”的要求，在基础设施建设中充分考虑军事斗争准备的需要。把战备建设纳入地方经济社会发展的总体规划，城市、机场、港口、码头、铁路、公路等重大设施和船舶、相关修造企业的建设要贯彻“军事需要、便于战时快速动员”要求，统筹规划，兼顾国防功能。

（八）积极配合部队搞好体制编制调整改革，协助做好人员安置、单位交接、部队移防和军事设施保护等工作，并妥善解决有关房产、土地、债务等问题。

（九）省内高校和科研单位要发挥优势，广泛开展科技拥军活动。大力支持部队实施人才战略工程，帮助部队培养高素质的新型军事人才，研究解决科技练兵中遇到的实际问题。根据军事斗争准备需要，鼓励、支持与军兵种专业技术对口的科技人员转服军官预备役。

（十）严格执行《关于进一步支持驻浙部队后勤保障社会化的实施意见》（浙委［2003］10号），保证部队粮油、副食品、水电燃料和生活必需品供应。落实各项补贴政策，帮助部队解决交通、住房改革等方面遇到的困难和问题。

四、认真落实各项拥军优抚安置政策

（十一）深入贯彻《军人抚恤优待条例》，坚持“国家抚恤、社会优待、依法保障”的方针，确保优抚对象生活水平达到或略高于当地群众的平均生活水平。建立完善重点优抚对象优抚标准自然增长机制，进一步规范优抚对象保障办法；切实解决重点优抚对象医疗难问题，不断完善优抚对象医疗补助办法，在实施农村新型合作医疗和医疗救助制度时，对优抚对象给予优惠；落实好税费改革后的优待工作，确保义务兵家属优待金及时足额发放。

（十二）进一步加大军队转业干部、退役士兵安置工作力度。对计划分配的军队转业干部，要根据其在军队的德才条件和职务等级、贡献、专长等，采取指令性分配的办法进行安置。采取使用空出的领导职位、按规定增加非领导职数或先进后出、带编分配等办法，安排好师、团级职务军队转业干部的工作和职务。对担任师级领导职务或担任团级领导职务且任职满最低年限的军队转业干部，一般安排相应的领导职务；接收师、团级职务军队转业干部人数较多、安排领导职务确有困难的部门和单位，可以安排相应的非领导职务。做好军队自主择业转业干部的服务管理工作，落实军队转业干部自主择业的有关政策，并结合实际制定相应的优惠政策，鼓励更多的军队转业干部自主择业。进一步加大城镇退役士兵的安置力度，认真贯彻《关于扶持城镇退役士兵自谋职业优惠政策意见》（国办发［2004］10号），落实扶持城镇退役士兵自谋职业的各项优惠政策，鼓励退役士兵领取一次性经济补助金后自谋职业。各级政府要建立多渠道筹资机制，确保安置工作所需资金及时足额到位。

（十三）按照《关于进一步做好军队离休退休干部移交政府安置管理工作的意见》（中办发［2004］2号）要求，加快推进军队离退休干部接收安置工作。按规定落实好离退休干部、退休士官和军队无军籍退休退职职工的医疗、住房和生活等待遇。地方有关单位和部门不得向军队收取规定以外的费用。根据精简高效原则和安置管理工作实际，及时设置、调整军队离退休干部服务管理机构。服务管理机构是直接服务和管理军队离退休干部的专设机构，执行国家有关事业单位的各项政策。

（十四）认真贯彻《关于进一步做好军队干部随军家属劳动和社会保障工作的意见》（国发［2000］19号），采取有力措施，做好随军家属的就业安置工作。正团职以上干部、飞行员和三级舰艇主管的随军随调家属要作为就业安置的重点。对受到大军区级以上单位表彰，荣立一、二等功及驻海岛部队的军官随军随调家属的就业安置，要采取下达指令性计划等办法予以保证。随军随调家属在未安置就业期间，按照《中国人民解放军军人配偶随军未就业期间社会保险暂行办法》（国办发［2003］102号）执行。各级劳动保障部门要将随军家属职业培训纳入社会职业培训规划，有针对性地进行职业培训，并为他们参加社会保险创造条件。对自谋职业的随军家属，各地各部门要将优惠政策落到实处。

（十五）现役军人子女和革命烈士子女在施教区入学入托的，要优先予以安排；因特殊情况需要进非施教区入学入托的，也要给予相应照顾。夫妻双方均为边海防部队现役军人的子女和革命烈士子女，需到监护人所在施教区学校借读的，教育部门要安排就近入学并免收借读费。革命烈士子女接受义务教育和高中教育，免收学（杂）费。现役军人的子女参加中考升学，各地教育部门可根据当地实际制定适当的加分政策。在服役期间荣立二等功（含）以上或被大军区以上单位授予荣誉称号的退役军人报考普通高等学校，可在其统考成绩总分的基础上增加20分投档，由高校审查决定是否录取；烈士子女、自谋职业的城镇退役士兵、在服役期间荣立三等功的退役军人报考普通高等学校，可在其统考成绩总分的基础上增加10分投档，由高校审查决定是否录取。

（十六）继续抓好清退军队转业干部及其他人员军地两处住房工作，抓紧落实已签退房协议，确保在规定时限或协议时限内全部退交。对新近转业的干部，各地和有关部门要协助部队，督促其严格执行有关规定，防止发生新的占有军地两处住房情况。

五、深入开展以爱国主义为核心的国防教育和双拥宣传教育

（十七）国防观念和双拥意识，是建设和巩固国防、增强军政军民团结的思想基础，是民族凝聚力的重要体现。要认真贯彻《国防教育法》，广泛开展以爱国主义为核心，以拥军优属、拥政爱民光荣传统为重要内容的宣传教育，引导各级干部牢固树立国防建设与经济建设协调发展的思想，引导广大群众牢固树立国家利益至上的观念，切实增强自觉履行国防义务的光荣感和责任感。

（十八）把国防教育和双拥宣传教育纳入国民教育体系和部队政治教育计划，根据不同社会群体的思想实际，有针对性地搞好教育。积极探索新形势下开展国防教育和双拥传统教育的新方法。充分发挥国防教育基地的功能，广泛开展“全民国防教育日”、“军营一日”、军训等活动，使宣传教育活动生动活泼、富有成效。

（十九）加强双拥工作的理论研究和舆论引导，推出一批有深度、有价值的理论成果，推出一批事迹过硬、时代感强、社会影响大的先进典型，推出一批充分反映双拥实践的文学艺术力作，加大宣传力度，扩大双拥工作的影响。

六、不断推动双拥工作改革创新

（二十）适应新形势新任务要求，积极探索社会主义市场经济条件下开展双拥工作的新形式，充实新内容，形成经济建设与国防建设相互促进、协调发展的新格局。积极探索在新型经济组织和新的社会阶层中开展拥军活动的途径和办法，扩大双拥工作群众基础。大力组织开展行业拥军、社会拥军，拓宽双拥工作的领域和范围，推动双拥工作社会化，提高双拥工作的整体水平。

（二十一）加强政策法规建设，形成协调处理军民关系问题的有效机制。认真抓好现行双拥政策法规的贯彻落实，根据形势发展和实际工作需要，修订完善双拥政策法规。进一步加强对涉军维权工作的领导，各级维护国防利益法律保障工作指导小组要切实承担起维护国防利益法律保障职责，公安、法院、司法部门要建立健全涉军案件的受理、审理、法律援助等工作机制，基层乡镇（街道）要做好优抚安置政策咨询工作。建立维权督查制度，军地双方有关部门要定期组织联合检查，促进维权工作的落实。

七、切实加强对双拥工作的组织领导

（二十二）各级党委、政府和军事领导机关要把双拥工作纳入重要议事日程，经常分析形势，研究解决重大问题。党政军主要领导要带头参加重大双拥活动，亲自协调解决重点、难点问题。要把双拥工作作为领导干部政绩考核的重要内容，进一步强化责任意识。要建立健全军地关系协调机制，坚持联席会议、定期走访制度，及时沟通协调军地关系。

（二十三）各级双拥领导小组要切实履行职能，明确任务，狠抓落实。双拥领导小组各成员单位要加强对本系统、本行业开展双拥工作的组织指导，并建立健全双拥领导小组成员单位目标考核制度和工作报告制度。双拥领导小组办公室要充分发挥参谋助手作用，及时向领导小组反映情况，提出建议，做好协调。重视和关心双拥领导小组办公室建设，完善军地合署办公制度，落实专门编制和专项经费，保证双拥工作顺利开展。

（二十四）按照“组织健全、政策落实、活动经常、关系融洽”的要求，下大力抓好基层的双拥工作。健全基层群众性双拥工作组织，完善双拥工作网络，推动双拥工作进企业、乡村、机关、学校和社区，确保基层各项双拥工作任务的落实。

浙江省民政厅　浙江省财政厅
关于规范建立在乡重点优抚对象优抚标准
自然增长机制的通知

浙民优［2004］172 号

根据《军人抚恤优待条例》和国家有关优抚政策，为进一步改善优抚对象的生活待遇，确保其生活水平随当地经济社会发展和人民群众生活水平相应提高，决定在全省建立规范的在乡重点优抚对象优抚标准自然增长机制。现就有关问题通知如下：

一、优抚标准自然增长机制，是指在乡重点优抚对象抚恤补助优待标准，随着当地经济社会发展和人民群众生活水平提高而相应提高的动态增长制度。

二、优抚金是指抚恤、补助、优待金之和。各地建立优抚标准自然增长机制后，一般应实行抚恤补助优待金统一发放制度。

三、优抚标准自然增长机制的适用对象，限于享受残疾抚恤的在乡残疾军人；享受定期抚恤的烈士家属、因公牺牲军人家属、病故军人家属；享受定期生活补助的红军失散人员；享受定期定量补助的在乡复员军人、带病回乡退伍军人。

四、优抚标准自然增长机制以县（市、区）为单位建立，以当地年度职工平均工资和农村居民人均纯收入为参照，由县（市、区）对优抚标准适时进行调整。若当地职工平均工资和农村居民人均纯收入出现负增长时，优抚标准原则上维持不变；各地调整后优抚标准不得低于现行省定标准；若中央统一调整的标准高于当地自然增长的标准，应按中央统一调整的标准执行。今后，全省优抚对象抚恤补助标准不再统一调整。

五、优抚标准自然增长机制所需调整增加的经费纳入同级财政预算。省财政继续加大优抚保障投入，并根据各地优抚对象人数、优抚标准和实际支出、财力状况及工作绩效等综合确定补助数额，重点支持经济欠发达（海岛）地区和优抚对象较多的地区。

六、民政部门要严格优抚金的审批和发放制度，建立优抚对象优抚金个人账户，实行按月发放，保证及时、准确、足额地把优抚金发给优抚对象，切实保障好优抚对象的基本生活。

七、优抚经费要专款专用，任何部门和单位不得挪用、截留或拖欠。优抚对象自然减员结余的优抚经费，可统筹用于解决优抚对象生活、住房和医疗等方面的实际困难，重点用于解决优抚对象医疗难问题，进一步提高重点优抚对象医疗保障水平。

八、调整各类优抚对象优抚标准参照基数。

（一）在乡残疾军人优抚标准，以当地上年度职工平均工资为参照基数。一级因战残疾军人优抚标准，不低于参照基数的100%，其他残疾等级按一定比例递减（详见附件）。

对分散安置的一级至四级残疾军人发给护理费。因战、因公一级和二级残疾的，为当地职工月平均工资的50%；因战、因公三级和四级残疾的，为当地职工月平均工资的40%；因病一级至四级残疾的，为当地职工月平均工资的30%。

（二）家居农村的烈士家属、因公牺牲军人家属、病故军人家属优抚标准，以当地上年度农村居民人均纯收入为参照基数，分别按不低于参照基数的110%、105%、100%计发。大中城市的“三属”，优抚标准可适当高于农村标准。

（三）红军失散人员、在乡老复员军人、带病回乡退伍军人优抚标准，以当地上年度农村居民人均纯收入为参照基数。红军失散人员按不低于参照基数的100%计发；抗日战争、解放战争、建国后入伍的在乡老复员军人和带病回乡退伍军人，分别按不低于参照基数的80%、75%、70%计发。

九、上述优抚对象是孤老或者是孤儿的，优抚金应适当增发，在部队期间立功受奖、服役年限长的，优抚标准可适当提高。具有双重身份的优抚对象按就高原则，只能领取一份优抚金。享受本通知规定待遇的优抚对象，生活仍有困难的，由当地人民政府给予照顾。年老体弱、生活困难的其他优抚对象，各地可酌情给予临时性生活补助。

十、建立优抚标准自然增长机制，解决优抚对象生活问题，是各级政府和有关部门的重要职责。各级民政、财政部门一定要从落实“三个代表”重要思想高度，各负其责，认真抓好落实，保证优抚经费及时足额发放到优抚对象手中，保障好优抚对象的生活，使广大优抚对象真正享受到经济社会发展和现代化建设的成果，感受到党和政府的关怀和温暖。

附件：浙江省在乡残疾军人优抚标准参照表。

浙江省在乡残疾军人优抚标准参照表

残疾等级	残疾性质	占参照基数比例（%）
一级因战		100
一级	因公	95
	因病	90
二级	因战	90
	因公	85
	因病	80
三级	因战	80
	因公	75
	因病	70
四级	因战	70
	因公	65
	因病	60
五级	因战	60
	因公	55
	因病	50
六级	因战	50
	因公	45
	因病	40
七级	因战	40
	因公	35
八级	因战	30
	因公	25
九级	因战	20
	因公	20
十级	因战	15
	因公	15

江西省双拥模范城（县）创建命名管理实施办法

赣拥字［2004］2 号

第一章　总　则

第一条　为了贯彻落实党中央、国务院、中央军委关于做好新时期双拥工作，进一步加强军政军民团结的指示精神，推动我省创建双拥模范城（县）活动广泛深入持久开展，根据全国双拥工作领导小组《双拥模范城（县）创建命名管理办法》，制定实施办法。

第二条　创建双拥模范城（县）活动，要以邓小平理论为指导，按照“三个代表”重要思想的要求，坚持科学发展观，紧紧围绕经济建设和国防建设的实际，以促进生产力发展和部队战斗力提高为根本任务，充分调动军民共同创建的积极性，把加强军政军民团结同促进我省改革发展稳定结合起来，把物质文明建设与精神文明建设结合起来，促进新时期双拥工作整体水平的提高。

第三条　双拥模范城（县）是拥军优属拥政爱民工作成绩突出，并经过一定程序命名的具有榜样和示范作用的先进典型，是体现“同呼吸、共命运、心连心”的新型军政军民关系的重要标志，是当地党委、政府、驻军领导机关和全体军民共同的政治荣誉。

第四条　省级双拥模范城（县）由省委、省政府和省军区命名。

第五条　省级双拥模范城（县）的命名范围为：设区市、县（市、区）、国家级风景名胜区。

第六条　命名双拥模范城（县）应坚持标准，注重实绩，保证质量。

第七条　双拥模范城（县）实行动态管理，不搞终身制。

第八条　对在创建双拥模范城（县）活动中作出突出成绩的单位和个人，结合命名双拥模范城（县）进行表彰。

第二章　双拥模范城（县）的基本标准

第九条　命名双拥模范城（县），坚持以下标准：

（一）组织领导坚强有力。当地党委、政府和驻军领导机关把双拥工作纳入经济、社会发展和部队建设的总体规划，建立健全以军地主要领导牵头、有关职能部门参加的双拥工作领导小组，经常研究、部署、检查、指导工作。建立领导小组成员单位双拥工作重大事项报告制度和年度工作汇报制度。设立办事机构，配齐配强双拥干部，落实办公经费。党政军领导机关形成合力，军地有关部门切实履行职责，上下密切配合，形成齐抓共管的局面。

（二）国防教育广泛深入。认真贯彻《中华人民共和国国防教育法》，把以爱国主义为核心、以拥军优属拥政爱民优良传统为重要内容的国防教育纳入全民教育体系，列入宣传、教育、文化、新闻、广播影视等部门的工作计划。各新闻媒介有固定的国防教育栏目，每年有部署，经常有检查。宣传教育坚持经常化、制度化，做到时间、内容、人员落实。通过多种形式和途径，广泛宣传创建双拥模范城（县）的重大意义，宣传双拥活动中的典型事迹和先进人物，形成人人关心支持国防建设、自觉维护军政军民团结的良好风尚。

（三）双拥活动坚持经常。双拥工作每年有总体计划，半年有具体安排，节日联谊走访，平时活动经常。各项活动主题鲜明，内容实在，形式活泼，广大军民积极参与。群众性拥军优属拥政爱民活动扎实有效，基层优抚服务组织和拥政爱民活动组织形成网络，有工作职责，有服务内容，有计划安排，有优待措施，推动双拥工作进企业、进乡村、进机关、进学校、进社区、进连队。建立领导干部双拥工作联系点制度，帮助基层解决实际问题。

（四）军民共建富有成效。军民共建精神文明活动的形式灵活多样，内容丰富多采，领域不断开拓。坚持重在建设，把为改革开放和现代化建设提供的精神动力和智力支持，培养有理想、有道德、有文化、有纪律的社会主义新人作为根本任务，并取得明显成效。军民积极参加创建文明城市、文明村镇、文明行业、文明社区活动，对弘扬社会主义道德风尚，促进军政军民团结产生广泛影响。军（警）民联防联治活动开展经常，在社会治安综合治理中发挥重要作用。70%以上的军民共建点被评为县（团）级以上先进单位。

（五）政策法规落到实处。认真贯彻执行党和国家有关国防建设和加强军政军民团结的政策、法律和规定，适应新形势的发展，不断完善与之相配套的地方性政策、法规。军事设施得到有效保护，部队执行军事训练、战备执勤、国防施工等各项任务得到地方支持和配合。军队离退休干部、转业和复员退伍军人得到妥善安置，军官家属的工作、生活得到妥善安排，随军家属安置率在90%以上。改进义务兵家属优待工作，确保优待金按时足额发放。对重点优抚对象实行三个层面的医疗保障，建立抚恤补助标准自然增长机制，各项优抚政策得到落实。部队模范执行党和国家的政策法规，尊重地方政府，支持地方工作，维护社会秩序，遵守群众纪律，奋勇抢险救灾，积极扶贫帮困，支持改革开放和经济建设取得明显成效。

（六）军政军民关系融洽。建立完善的军地关系协调机制，坚持联席会议、定期走访、信息通报制度。军政军民之间互相关心，互相爱护，互相支持。无历史遗留问题，无重大军民纠纷。出现矛盾，军地领导主动出面，及时协商，妥善解决。

第十条 省双拥工作领导小组依据第九条的规定，提出每届省级双拥模范城（县）评选命名的具体要求。

第三章 命名程序与权限

第十一条 报请省命名的双拥模范城（县），必须符合本办法规定的条件，县（市、区）和国家级风景名胜区必须获得设区市级双拥模范城（县）荣誉称号。

第十二条 报请省命名的双拥模范城（县）必须经设区市党委、政府、军分区推荐，由设区市双拥工作领导小组写出书面申请报告，并附被推荐单位的事迹材料，经省双拥工作领导小组考核评选，报省委、省政府和省军区批准命名，同时报全国双拥工作领导小组备案。

“爱国拥军模范”按双拥模范城（县）的评选程序推荐和审批。双拥先进单位和先进个人，由设区市双拥工作领导小组推荐，经省双拥工作领导小组审核，报省政府、省军区批准表彰。

第十三条 省级双拥模范城（县）每三年命名一次。除特殊情况外，应举行命名大会。具体命名时间由省双拥工作领导小组确定。

第十四条 省级双拥模范城（县）和“爱国拥军模范”，由省委、省政府、省军区命名，授予奖匾，颁发荣誉证书；省双拥先进单位和个人，由省政府、省军区表彰，分别颁发奖匾和荣誉证书。

第十五条 被命名为省双拥模范城（县）的单位，才有资格由省双拥工作领导小组按照全国双拥工作领导小组规定的程序，择优推荐参加全国双拥模范城（县）的评选。

第四章 命名后的管理

第十六条 双拥模范城（县）应以命名为新的起点，坚持巩固、发展、提高的方针，不断研究新情况，解决新问题，总结新经验，取得新成绩。

第十七条 省级双拥模范城（县）在获得荣誉称号期间，每年年底要作出年度工作报告和下年度双拥工作计划，报省双拥工作领导小组办公室，作为考核检查的依据。

第十八条 省双拥工作领导小组每年组织力量对省级以上双拥模范城（县）进行检查，并将检查情况报全国双拥工作领导小组办公室，作为下一次评选全国双拥模范城（县）的重要依据。

第十九条 被命名为双拥模范城（县）的单位，工作无新进展或出现问题的，省和设区市双拥工作领导小组应及时给予帮助，找出薄弱环节，采取有效措施，切实予以改进。

第二十条 双拥模范城（县）如发生重大军民纠纷，军地主要领导应及时出面协调解决，并将情况报省双拥工作领导小组办公室。对隐瞒不报或不及时采取措施解决的，给予通报批评；严重影响军政军民团结的，按命名权限撤销其“双拥模范城（县）”荣誉称号，收回奖匾和证书。

第五章 附 则

第二十一条 本办法由省双拥工作领导小组办公室负责解释。

第二十二条 本办法自颁发之日起执行。1994年颁发的《江西省双拥模范城（县）命名管理办法》（赣拥字［1994］3号）同时废止。

江西省驻赣部队随军家属就业安置工作实施意见

赣随字［2004］3号

第一条 为了支持国防和军队建设，进一步做好新形势下随军家属的就业安置工作，根据《中华人民共和国国防法》、《军人抚恤优待条例》、《国务院中央军委批转劳动保障部等部门关于做好随军家属劳动就业和社会保障工作意见的通知》及《江西省拥军优属若干规定》，结合我省实际，制定本实施意见。

第二条 随军家属，是指符合随军条件、经军队师（旅）以上政治机关批准，已办理随军手续的驻赣部队现役军官、文职干部和士官的配偶。

第三条 本省行政区域内的国家机关、社会团体、事业单位和国有、集体、股份、合资、民营等各类企业以及民办非企业单位（以下简称用人单位），都有接收安置随军家属的义务。在同等条件下，用人单位应当优先接收安置随军家属。

第四条 驻赣部队随军家属的就业安置工作，在当地政府随军家属安置工作领导小组的直接领导下开展工作。随军家属由驻军所在地公安机关办理落户手续。随军家属是行政机关或事业单位干部身份的，其就业安置工作由人事部门组织实施；属机关、事业单位工人身份和企业的干部职工，以及无工作的人员，其就业安置工作由劳动和社会保障部门组织实施。

第五条 随军家属就业安置工作，坚持实行“行政调配和市场调节相结合”的原则。各级政府和有关部门，要积极拓宽安置渠道，采取多种形式进行安置。

1. 对有正式工作需随调安置的随军家属，由人事、劳动保障部门负责，根据当地政府下达的安置计划，按照部队驻地就近和行业专业基本对口的原则，按有关规定办理调动手续；也可由随军家属和所在部队自行联系接收单位，人事、劳动保障部门办理调动手续。

2. 对在部队驻地有工作单位已下岗的随军家属，由其单位恢复上岗。对确因企业生产经营不正常，无法重新安排上岗的，由企业主管部门在本系统内调剂安置。

3. 对无工作或失业的随军家属，采取招聘的办法予以安置。一是由劳动保障部门负责，根据当地政府的统一部署，向有关部门和单位下达安置指导意见，举办随军家属就业安置招聘会，组织有接收安置任务的单位和随军家属进行双向选择；二是由随军家属自行进入劳动力市场应聘。省、设区市和部队较多的县（市）劳动保障部门，应当视情及时组织随军家属就业安置招聘会。

实行招聘安置的随军家属，用人单位应当与其签订5年以上的劳动合同，并在一个月内到同级劳动保障部门进行劳动合同鉴证。随军家属本人要求签订短期劳动合同的，应予允许。在劳动合同期内，用人单位除生产经营发生重大变化或本人严重违法、违纪外，不得解除劳动合同。劳动合同期满，其配偶仍是驻赣部队军官，本人愿意，用人单位一般应当续订劳动合同。

4. 对已下岗、本系统又无法调剂安置的随军家属，由当地劳动和社会保障部门进行劳动保障事务代理，并免费提供就业指导和职业介绍等就业服务。对年龄偏大、缺乏专业技能的随军家属，实行定岗定人培训。培训合格的，实行劳务派遣或招聘。

5. 鼓励和支持随军家属自谋职业。随军家属自谋职业的，享受地方下岗失业人员的再就业优惠政策。随军家属从事个体经营的，按财政部、国家税务总局《关于随军家属就业有关税收政策的通知》（财税［2000］84号）文件规定，凭师（旅）以上政治部门出具的随军批复和认定证明，经税务部门核准后，自领取税务登记证之日起，三年内免征营业税和个人所得税。

第六条 配偶是空军飞行员的随军家属，在就业安置方面给予特殊照顾。

第七条 用人单位接到当地政府下达的安置任务后，应在规定的时间内办理有关随军家属就业安置和社会保险等手续，合理确定随军家属的工作岗位和报酬，及时安排随军家属到岗上班。

第八条 接收安置随军家属的用人单位应尽可能在工种、岗位、班次等方面，给予随军家属适当照顾，生产经营正常的用人单位，原则上不得安排随军家属下岗。

第九条 随军家属应当转变择业观念，积极到股份制企业、民营企业及民办非企业单位就业。人事、劳动保障等部门和用人单位，应当做好随军家属劳动权益保护工作。

第十条 驻赣部队应主动配合有关部门做好随军家属就业安置工作，要及时掌握提供随军家属有关情况，教育随军家属转变就业观念、体谅地方困难、服从组织安排。随军家属接到人事、劳动保障部门和用人单位的调动或招聘通知后，应当按规定时间及时报到上岗。对逾期不办理手续或不服从安置的随军家属，人事、劳动保障部门不再列入安置计划。

第十一条 省、设区市政府随军家属就业安置工作领导小组，应加强对县（市、区）随军家属就业安置工作的指导和督促检查，并配合当地政府做好驻地随军家属就业安置工作。

第十二条 当地政府应当按年度安置随军家属的实际情况，给予一定的工作经费；对初次就业的随军家属，参加当地培训机构举办的职业培训所需经费，由当地政府承担；随军前有工作的，随军后需要参加职业培训所需经费，由个人和用人单位承担。

第十三条 为安置随军家属新办的企业，随军家属占企业职工总数60%以上，并持有军（含）以上政治和后勤机关出具的有关认定证明，按财政部、国家税务总局《关于随军家属就业有关税收政策的通知》（财税［2000］84号）文件规定，经税务部门审查认定后，自领取税务登记证之日起，三年内免征营业税和企业所得税。

第十四条 对安置随军家属工作成绩显著的单位和个人，当地政府应给予表彰和奖励。对拒绝接收安置随军家属或不按规定完成接收安置任务的，视情节给予批评教育或通报批评，并责令限期接收。情节严重的，人事、劳动保障部门可以暂停其人事、劳动保障业务的办理，直至接收为止。

第十五条 待安置的随军家属，在未就业期间的社会保险和基本生活补贴，由驻赣部队按国务院办公厅、中央军委办公厅下发的《军人配偶随军未就业期间社会保险暂行办法》规定执行。

山东省双拥办关于进一步加强双拥办公室建设的意见

鲁拥办［2004］2号

最近，省委、省政府给省双拥办公室荣记集体一等功，这既是对省双拥办公室全体同志的关心、支持和鼓励，也是对全省各级双拥工作者的殷切希望和鞭策，体现了省委、省政府对双拥工作的高度重视。在新形势下，双拥办公室要以省委、省政府的表彰为新起点，戒骄戒躁，不懈努力，进一步加强自身建设，争创新业绩，开创新局面。为此，提出以下意见。

一、坚持以“三个代表”重要思想为统领，加强政治思想建设

结合双拥办公室工作实际，更加深入扎实地开展学习“三个代表”重要思想，开展“学理论，比工作，创新业”活动，坚持以民为本，兵心为上，情系国防，爱岗敬业，努力做发展先进生产力、提高部队战斗力的促进者，弘扬爱国拥军先进文化的传播者，落实官兵群众合法权益的维护者。积极适应发展变化的国内外形势，更加有效地组织全省军民同心同德，迎接各种严峻挑战，保证国防安全和改革建设的顺利进行；在全面建设小康社会中，更加有效地协调军地利益，促进国防建设与经济建设协调发展；在抗御各种严重自然灾害中，更加有效地动员军民发扬风雨同舟、患难与共的顽强拼搏精神，夺取抢险救灾的新胜利；在反分裂、促统一、保稳定的斗争中，更加有效地组织军民紧密配合、协调行动，形成人民战争的强大威力，维护祖国统一，促进社会稳定；在建设“大而强、富而美”新山东的进程中，弘扬双拥传统，开创我省军政军民团结的新局面。

二、坚持以学习为事业之基，全面提高业务素质

认真学习党的基本理论、基本路线、基本纲领、基本经验，增强做好双拥工作的政治敏锐性和工作责任感；学习党中央、国务院、中央军委关于加强军政军民团结的一系列指示精神，正确把握双拥工作的发展方向；学习协调军地统筹发展的法规政策和社会发展及军事高科技知识，增强为军民服务的本领。妥善处理好工学矛盾，建设学习型集体。坚持终身学习、全员学习、全过程学习，把学习纳入工作生活日程，做到集中学有讨论纪录，分散学有读书笔记，结合工作学习有调研文章。要厚德博学，广闻博览，知军知民，在学习中获取做好双拥工作的新知识、新思路、新办法，不断提高工作能力和业务水平，争当双拥工作的行家里手。

三、坚持军民互帮互助，增强团结奋斗的聚合力

双拥办公室要成为团结战斗的集体。参加军地合署办公的地方同志，要主动团结军队同志，带头做爱国拥军的模范；参加合署办公的部队同志，要支持地方同志的工作，带头做拥政爱民的模范。军民之间要坚持互敬互爱，互谅互让，识大局，顾大体，心往一处想，劲往一处使，团结协作干事业，聚精会神谋发展。办公室要营造凝心聚力的工作生活环境，日常工作中坚持情况常通报，思想多交流，处处以团结为重，多律己宽待人，多沟通多协作，大事讲原则，小事讲风格，工作一起抓，活动一起搞，步调一致，齐心协力，为省委、省政府、省军区领导机关当好参谋，出好主意；为领导小组各成员单位当好桥梁，搞好沟通服务；为驻鲁部队广大官兵和优抚对象当好公仆，做排忧解难的知心人。

四、坚持求真务实的作风，创建务实型双拥集体

大力弘扬双拥办公室一贯倡导的“为军为民不为名，求真求实不求荣，多思多干不多怨，争苦争累不争功”的“四不”精神，坚持讲实话、出实招、办实事、务实效。为领导当参谋，求军情民情之真，务军地协调发展之实；组织军地开展双拥活动，求服务大局之真，务为军民兴利造福之实；协调军民关系，求军民团结之真，务增进军民情感之实；指导基层双拥，求解决军民关注的热点难点问题之真，务维护官兵群众根本利益之实。在军地基层各建一个工作联系点，经常深入基层，倾听官兵群众呼声，关心官兵群众疾苦，做到权为民所用，情为民所系，利为民所谋。树立科学发展观和正确政绩观，老老实实做人，实实在在干事，扎扎实实谋发展，做务实型双拥工作者，建务实型双拥集体。

五、坚持开拓创新的精神，争创一流双拥业绩

把与时俱进、开拓创新作为双拥办公室保持先进性和再创辉煌的不竭动力，不断增强创新意识，提高创新能力。抓好“四个转变”。从注重协调办事向既能协调办事又能出谋划策转变，以新思维谋划双拥工作，超前调研思考，提出自己的真知灼见，给领导小组决策提供有参考价值、操作性强的建议方案；从注重收发传递信息向既能收发传递信息又能综合处理信息，指导组织双拥工作开展转变，适应社会和军队变革新形势，拓宽科技双拥新领域，丰富信息双拥新内容，探索多元化双拥工作新路子，推进双拥工作信息化；从注重以老经验、老办法协调军地关系向既能用老办法协调又会以新手段解决双拥工作遇到的新问题转变，把行政调控与市场调节结合起来，把依法双拥与以情双拥结合起来，建立有效的军地协调沟通机制；从注重完成领导交办事宜的被动服务向既要保质保量完成领导交办事宜、又能围绕地方和军队的中心工作主动服务转变，按照党委、政府和驻军机关的决策部署，做好参谋、组织、协调、督导工作，保证各项双拥任务的落实，让领导满意，让领导小组成员单位满意，让官兵群众满意。

六、坚持“两个务必”的要求，廉洁勤政为军民

办公室全体工作人员，要时刻牢记“两个务必”，在成绩面前保持清醒的头脑，正确对待荣誉，正确对待自己，不自满，不自夸，谦虚谨慎对同志，埋头苦干创事业。要严守党中央“八个坚持、八个反对”的要求和省厅倡导的机关工作“敢、严、细、实、高”的作风，严格要求，严守纪律，廉洁从政，勤政为民，热情为军；发扬艰苦奋斗的精神，勤俭节约，珍惜民力，维护兵利；克己奉公，以俭养德，做堂堂正正双拥人，办扎扎实实双拥事，高标准、高效率、高质量，争创一流业绩，为我省双拥事业增光添彩。

山东省基层双拥工作纲要

鲁拥发［2004］3号

拥军优属、拥政爱民，是我党我军我国人民的优良传统和特有的政治优势。做好双拥工作，加强军政军民团结，是实现全面建设小康社会宏伟目标的重要政治保证，是一项事关全局的战略任务。加强基层双拥工作，是做好双拥工作的基础。根据全国拥军优属拥政爱民工作会议关于双拥工作要着眼基层、立足基层，把各项任务落实在基层的要求，为推动我省双拥工作进企业、进乡村、进机关、进学校、进社区、进连队，实现双拥工作的制度化、法制化、经常化、社会化，特制定本纲要。

一、指导原则

（一）坚持以邓小平理论和“三个代表”重要思想为指导，把发展社会生产力和提高部队战斗力、发展和传播先进文化、维护和实现广大军民的根本利益作为基层双拥工作的出发点和落脚点，不断增强军政军民团结，为全面建设小康社会和加强部队现代化建设作出新贡献。

（二）坚持科学发展观，军地统筹兼顾，把基层双拥工作纳入当地经济社会发展和部队建设的总体规划，做到同步安排，同步实施，推进军地协调发展。

（三）坚持以人为本，军民一致，巩固和发展新型军政军民关系，促进军民思想政治文化素质和道德水平的全面提高。

（四）坚持把推进军地基层团结稳定作为基层双拥工作的重点，凝聚军心民心，为社会主义现代化建设创造良好的社会环境。

（五）坚持求真务实，开拓创新，积极探索新世纪新阶段基层双拥工作的新路子，丰富双拥活动内容，创新载体，拓展领域，推动基层双拥工作的创新发展。

（六）坚持“组织健全、政策落实、活动经常、关系融洽”的总要求，建立拥军优属群众服务网络，落实双拥政策法规，深化军民共建活动，密切军政军民关系。

二、工作内容

（七）抓好以爱国主义为核心的国防和双拥宣传教育。组织军民学习党中央、国务院、中央军委关于加强军政军民团结的指示要求，学习国家和地方政府的双拥法规文件，宣传人民军队在维护国家长治久安、促进民族兴旺发达、保障全面建设小康社会中的战略地位，宣传人民群众在推进中国特色军事变革、做好军事斗争准备、加强国防现代化建设中的重要作用，增强广大军民的大局意识、忧患意识、责任意识，打牢双拥工作的思想基础。双拥宣传教育要纳入全民和部队经常性宣传教育之中，在元旦、春节、“八一”和征兵、退伍、学生军训及部队执行重要任务时，有针对性地集中进行。要讲究方法，注重实效。要在车站、码头、机场、商店、公园、医院等公共场所设立双拥宣传标牌和军人优先优惠标志，营造双拥工作的良好社会氛围。

（八）开展军民共建社会主义精神文明活动。组织军民学习邓小平理论和“三个代表”重要思想，学习党的路线方针政策，加强思想政治建设；进行爱国主义、集体主义、社会主义思想教育，引导军民树立正确的世界观、人生观、价值观；贯彻《公民道德建设实施纲要》和《军人道德规范》，开展社会公德、职业道德、家庭美德建设活动，加强公民和军人道德建设；开展军民同学雷锋、共树新风活动，倡导科学文明健康的生活方式，移风易俗，抵制封建迷信及其他腐朽思想的影响；搞好环境保护、计划生育、综合治理等工作；参加学习型社区建设，办好军地夜校、科技讲座和各种培训班，传播科学文化知识，共育新型建设人才；开展读好书、唱好歌、演好戏等健康有益的军民联谊活动，丰富文化生活，陶冶思想情操；宣传普及法律知识，开展军警民联防联治，做好民族团结进步工作，共同维护社会政治稳定，共建平安乡村、平安社区。军民共建要从实际出发，量力而行，重在建设，坚持以地方领导为主，以做思想政治工作为主，以发动群众自建为主，并纳入当地精神文明建设的总体规划，开展创建文明村镇、文明社区、文明行业、文明单位、文明营院活动，搞好驻地的精神文明建设。

（九）关心支持国防和军队现代化建设。配合部队做好军事斗争准备，支持部队搞好训练演习、战备执勤、国防施工，做好所需场地、交通、安全、信息通讯、物资供应等保障工作；开展科技拥军，多形式、多渠道帮助培养高素质新型军事人才；配合部队搞好思想政治建设，支持部队开展“争创先进连队、争当优秀士兵”活动；帮助部队搞好基础设施建设，加强军事设施保护，改善营区环境，维护营区秩序；协助部队做好后勤保障社会化工作，按照有关规定，落实好免费、优惠、优先等政策，做到服务周到及时，供应保质保量，管理规范有序；开展法律拥军活动，搞好法律咨询，提供法律援助，调解矛盾纠纷，维护军人军属的合法权益。

（十）落实优抚政策。地方基层单位应依法履行各自的拥军优属职责和义务，大力宣传优抚法规政策，强化依法优抚意识，形成尊重、关心、帮助优抚对象的社会氛围。制定完善落实与上级优抚法规政策相适应的配套措施，保证抚恤、定补、优待款项足额按时兑现，做好特殊困难优抚对象的低保、医保和救助工作。发挥乡村、社区优抚服务网络的保障服务功能，开展结对帮扶活动，帮助优抚对象和伤病残退役士兵解决好生活、住房、治病等方面的实际问题，从资金、技术、信息等方面，扶持他们发展生产和经营，加快致富奔小康步伐。落实好优抚对象的政治待遇，搞好精神抚慰。

（十一）做好军转干部、退役士兵和随军家属就业安置服务工作。强化依法安置意识，全面落实国家和地方政府的各项安置政策，积极接收安置军队转业干部、退役士兵、随军家属，为军人子女入托就学提供便利。支持退役军人自谋职业，搞好自主择业转业干部和退役士兵的职业技能培训，落实自主择业和自谋职业扶持政策。努力搞好农村退伍军人两用人才开发使用，在他们应聘社会工作岗位和报考公务员时，保障他们的优先权。落实地方安置军队离退休干部政策，加强管理，搞好服务。

（十二）部队积极支援驻地建设。在完成战备、训练、执勤等项任务的前提下，积极为驻地的经济发展作贡献，为人民群众做好事、办实事。参加地方基础设施、重点工程、社会公益事业建设，开展植树造林、环境治理、科技助民、扶贫帮困、抢险救灾等活动，完成各项急、难、险、重任务，落实总部规定的义务劳动日。在确保部队建设的前提下，支持地方改革发展。积极参加联防联治和反恐、“处突”，维护社会治安，促进社会稳定，为建设平安山东作贡献。

三、制度措施

（十三）结对共建制度。军地基层单位在普遍搞好双拥工作的基础上，就近就地，定点结对，开展双拥共建活动。一般一个部队基层单位要至少建立一个军民共建点。在共建点上，要建立扶贫对子、帮工对子、助学对子、育才对子以及双拥联系户等，把双拥工作落实到单位、到户、到人头。

（十四）工作计划制度。军地基层单位要把双拥工作纳入本单位整体发展规划，做到年有计划，季有安排，月有活动。制订计划要从实际出发，从军民最迫切需要解决的问题入手，突出办实事解难题，做到任务明确，措施得力，切实可行。

（十五）联席会议制度。军地联席会议原则上每年召开一至二次，安排在“八一”建军节和新年春节前后，遇有重要问题随时召开。会议内容主要是通报情况，交流信息；分析双拥工作形势、研究共同组织的活动，协调解决存在的问题；针对薄弱环节，制定加强和改进措施。

（十六）走访慰问制度。重大节日、部队执行重要任务、地方组织重要活动以及军地主要领导变动时，都要坚持走访慰问。军地之间的走访慰问，要坚持经常，注重思想交流，增进了解，加深感情，密切关系。

（十七）定期活动制度。坚持元旦、春节期间，开展“双拥月”活动；3月，开展同学雷锋、共树新风活动；植树节期间，开展共同植树造林、保护环境活动；“五四”青年节期间，开展联欢联谊活动；“六一”儿童节期间，开展“希望工程”援建活动；“七一”、“八一”、“十一”期间，开展爱党、爱国、爱军等庆祝联欢活动。并适时组织开展“军营一日”、“军事夏令营”、“国防知识竞赛”等群众性国防教育和双拥活动。

（十八）岗位责任制度。基层双拥工作按职责分工，以岗定责，逐级完善目标责任制。要根据实际情况，定任务，定标准，定时限，定人员，定奖惩。采取政务公开、签订责任书、接受官兵群众监督等办法，把双拥工作真正落到岗位、落到人头、落到实处。

（十九）检查监督制度。军地基层单位对双拥工作法规政策、任务计划、制度措施等落实情况，要经常进行检查。在“八一”、元旦、春节期间，组织定期检查；执行重大任务时，组织跟踪检查，半年和年终总结时，组织全面检查。对检查发现的问题，及时纠正，督促落实。

四、评比表彰

（二十）为调动基层广大军民开展双拥工作的积极性和创造性，在全省军地县团以下基层单位和军民中开展争创双拥模范单位和争当双拥模范个人活动。

（二十一）评比基层双拥模范单位，以组织领导有力、双拥政策落实、工作成绩显著为基本条件。拥军优属模范单位，必须在关心军队建设、支持军事斗争准备、落实优抚安置政策，维护军人及其家属合法权益等方面事迹突出。拥政爱民模范单位，必须在支持地方经济建设、抢险救灾、扶贫帮困、军民共建、遵纪爱民等方面作出突出成绩。

（二十二）评比基层双拥模范个人，以爱国奉献意识强、模范带头作用好、工作实绩突出为基本条件。拥军优属模范个人，必须是在关心国防、热爱军队、支持部队建设、为优抚对象分忧解难中作出突出贡献者。拥政爱民模范个人，必须是在爱民、助民、为增进军政军民团结等方面作出显著成绩者。

（二十三）基层双拥模范单位和个人的评比表彰，要结合军地年终工作总结进行。省、设区的市和军队师以上单位对基层双拥模范单位和个人的评比表彰，要结合双拥模范城（县）评比表彰一并进行，原则上每三年组织一次。

（二十四）对基层双拥模范单位和个人的表彰奖励，由批准单位实施。要举行一定仪式，发给奖牌、证书，给予适当的物质奖励。要大力宣传他们的事迹，树立榜样，教育群众。

五、组织领导

（二十五）抓好基层双拥工作是各级党委、政府、驻军领导机关的共同责任，要坚持把双拥工作的重点放在基层，做到有计划、有安排、有督导，把基层双拥工作的落实，作为考核领导政绩和机关工作的一项重要内容。

（二十六）实行层次领导，按级负责。坚持一级抓一级，层层抓落实。上级要对基层进行科学指导，着力抓好基本教育、基本队伍、基本制度，帮助协调解决下级难以解决的重大问题。下级要立足本级，积极主动抓好各项工作落实。县级双拥工作领导小组和办公室、旅团政治机关要发挥“一线指挥部”的作用，深入基层，搞好分类指导，重点帮助，督促检查。

（二十七）强化整体合力，按照职责抓落实。要形成抓基层的领导合力，不仅分管领导抓，主要领导、整个班子都要抓；军地要统一思想，齐抓共管；领导小组成员单位和有关部门、行业要履行职责，发挥优势。各级双拥工作领导小组和双拥办要发挥好组织、参谋、协调、指导作用。省军区系统和民政部门要成为双拥工作的桥梁和纽带。

（二十八）求真务实，搞好服务。各级制定政策、下达任务、安排工作时，要考虑基层的实际情况和承受能力，关注基层的反映和实际效果，坚持一切从实际出发，不搞花架子，不搞一阵风，切实为基层办实事、解难题。

（二十九）坚持与时俱进，不断开拓创新。要经常深入基层，调查研究，解决基层双拥工作中带普遍性的问题。在继承传统基础上，积极探索开展双拥工作的新路子、新途径，抓好典型，以点带面，突出地方特色，不断提高基层双拥工作整体水平。

中共山东省委　山东省人民政府　山东省军区
关于全面推进双拥工作创新发展的意见

鲁发［2004］17 号

根据《全国拥军优属拥政爱民工作会议纪要》（国拥［2004］1 号）的要求，结合我省实际，现就全面推进双拥工作创新发展，提出如下意见。

一、深入学习贯彻“三个代表”重要思想，打牢军政军民团结的思想政治基础

要按照党中央、国务院、中央军委的部署，认真实践“三个代表”重要思想，引导军民牢固树立以民为本、爱兵为要、富国强军、共谋发展的双拥新理念，弘扬和培育拥军爱民、无私奉献、团结奋斗、同心报国的双拥精神。要紧紧围绕全面建设小康社会和建设“大而强、富而美”的社会主义新山东，以发展社会生产力、提高部队战斗力和增强民族凝聚力为目标，以维护社会稳定、促进经济发展、推进军事斗争准备为重点，以科学发展观统筹军地全面协调持续发展。要完善政策法规体系，创新群众性生活方式，建立协调顺畅的运行机制，抓好各项任务落实，充分发挥军政军民团结的伟大作用，为改革发展稳定和军队现代化建设提供有力的保障。

二、适应中国特色军事变革，进一步加大拥军力度

当今世界，以信息技术为核心的高新技术迅猛发展，有力地促进了世界新军事变革，也对地方支持军队和国防建设提出了新的更高要求。各级党委、政府要把支持国防和军队建设作为义不容辞的职责，围绕推进中国特色军事变革，扎扎实实做好拥军工作。要广泛开展以爱国主义为核心，以拥军优属、拥政爱民光荣传统为重要内容的国防和双拥宣传教育，引导军民牢固树立“没有一个人民的军队，便没有人民的一切”和“军队打胜仗，人民是靠山”的思想，增强广大干部群众关心支持军队建设的责任感和自觉性。支持部队搞好编制体制调整改革，做好人员安置、单位交接、部队移防和军事设施保护等工作；支持部队做好军事斗争准备，配合部队完成各种训练演习任务；支持重点军事工程建设，按照有关规定做好征地、拆迁安置、物资供应等工作；支持部队实施人才战略工程，进一步拓宽科技拥军、基地化育才的渠道，帮助部队培养高素质新型军事人才；支持部队搞好基础设施建设和后勤保障社会化改革，开展系列化拥军、社会化服务，形成军地协调行动、共谋打赢的局面。

三、组织驻军为全面建设小康社会和建设“大而强、富而美”的社会主义新山东作贡献

驻鲁部队要大力开展拥政爱民活动，积极参加和支持地方建设，以军民团结增其强，靠双拥共建添其美。要围绕全省实施的“科教兴鲁、经济国际化、城市化、可持续发展”四大战略，组织官兵开展科技助民活动，支持改革开放和现代化建设，参加城市治污治乱、绿化美化、建设生态山东等重点工程，完成急难险重任务。要开展扶贫帮困活动，建立扶贫联系点，加大教育、科技、文化、卫生等扶贫力度。要切实做好抢险救灾工作，保护人民群众生命财产安全。要着眼于社会主义物质文明、政治文明和精神文明的协调发展，深入开展军民共建活动，积极参加创建文明城市、文明村镇、文明行业、文明社区活动，大力传播新思想、新道德、新风尚，提高军民共建活动水平。

四、把维护社会稳定作为双拥工作重要任务，在建设“平安山东”中加强军地协作

各地、各部队要把维护社会政治稳定摆在双拥工作的突出位置，大力推进“平安山东”建设。要教育广大军民从政治上看待和处理军政军民关系问题，充分认识以坚强的军政军民团结影响带动社会政治稳定的重要性，倍加顾全大局，倍加珍视团结，倍加维护稳定。要组织军民积极参加建设平安市、平安县、平安乡镇、平安社区活动，发挥军地思想政治工作优势，化解社会矛盾，理顺群众情绪，凝聚军心民心，促进社会稳定。要引导转业退伍军人珍惜荣誉，发扬传统，保持本色，自觉维护稳定大局。加强军警民联防联治，建立健全联防协作机制，依法维护社会治安秩序。对危害国家安全和社会稳定的突发事件，部队和地方要密切配合，果断处置，及时消除不稳定因素。要积极预防和妥善处理军民纠纷，对历史遗留问题要认真梳理，创造条件尽快解决；对现实问题要加强沟通，互谅互让，及时妥善处理，把矛盾与纠纷化解在基层。

五、切实抓好拥军优抚安置政策落实，维护军人军属合法权益

落实拥军优抚安置政策，直接涉及部队官兵和优抚对象的切身利益，关系到军队稳定、国防巩固和社会发展。各级党委、政府要采取政府安置、扶持就业、自谋职业、自主创业等多种办法做好军队转业干部、退役士兵、随军家属的就业安置工作。完善军队离退休干部安置政策，搞好社会化服务，重点确保其政治、生活待遇的落实。完善与国家相衔接的安置政策，及时妥善安置滞留部队的伤病残人员。坚持国家保障和社会优待相结合，搞好精神抚慰，落实抚恤、定补、优待政策，重点解决好烈军属、老伤残军人、老复员军人等优抚对象的困难，保证他们的生活水平与当地群众生活水平同步提高。建立健全法律拥军服务网络，妥善处理部队官兵涉法问题。要针对拥军优抚安置工作中遇到的矛盾和问题，制定与国家双拥政策法规相配套的政策措施，大力推进双拥工作的法制化、规范化建设。

六、坚持改革创新，深入扎实开展创建双拥模范城（县）活动

双拥模范城（县）是双拥工作的典范，是当地党委、政府、驻军领导机关和全体军民崇高的政治荣誉。广大军民要以高度的政治责任感，珍惜创建成果，爱护双拥模范城（县）荣誉。新一轮创建活动已经开始，各地要贯彻坚持标准重实效、解决问题求发展的思想，以新的业绩争创新的荣誉。被国家和省命名的双拥模范城（县），要在荣誉面前找差距，坚持高标准、严要求，高起点制订创建规划，难点问题求突破，重点工作出亮点。没有被命名的市县要学先进、赶先进，全面落实各项标准，争取早日跨入模范城（县）行列。各地要加强对双拥工作的理论研究和舆论引导，努力推出一批有深度的理论成果、有时代特色的先进典型、有很强感染力的文艺作品，指导和推动双拥工作不断创新发展。

七、加强组织领导，建立完善军地关系协调机制

做好新形势下的双拥工作，是全社会的共同责任。各级党委、政府和军队领导机关要适应新形势、新任务的要求，进一步加强领导，切实把双拥工作纳入经济社会发展和部队建设的总体规划，统筹安排，同步规划、同步投入、同步建设；纳入重要议事日程，经常分析形势，研究解决重大问题；纳入领导干部政绩考核的重要内容，实行重大事项领导责任制，强化抓好双拥工作的责任意识。要充分发挥双拥工作领导小组的组织、协调、指导职能，各成员单位要紧密结合担负的双拥任务，完善政策规定，加强督导检查，抓好工作落实。要建立成员单位履行双拥职责的报告制度，并完善军地合署办公制度。要坚持军地联席会议、定期走访、信息通报等制度，协调解决军民关系，帮助解决实际问题。要进一步健全基层群众性双拥组织，完善服务网络，推进双拥工作进企业、进乡村、进机关、进学校、进社区、进连队。建立完善双拥激励机制，大力宣传基层先进典型，继续开展创建“双四好”单位，争当“双拥十佳人物”、“好军嫂”、“兵妈妈”等活动，推动双拥工作深入持久健康发展。

山东省双拥工作领导小组成员单位双拥工作职责

（2004 年 7 月 14 日）

省委组织部：按照职能分工，认真贯彻中央、省委拥军优属工作的部署要求，结合山东实际，落实军队转业干部有关政策待遇；加强对军队复转党员干部的培训教育，在基层党组织建设中发挥好军队转业干部和退伍军人的骨干作用，为他们在三个文明建设中建功立业、施展才能创造条件。

省委宣传部：组织协调各级宣传、广播影视、新闻出版部门有计划地开展国防宣传教育和拥军优属、拥政爱民教育；加强优抚安置法规和军事法规宣传教育；宣传双拥工作的先进典型和经验；配合部队搞好新闻传媒舆论战的军事斗争准备；组织和指导军民共建社会主义精神文明活动；把双拥工作纳入各级精神文明创建活动的重要内容。

省发改委：做好国民经济动员预案编制工作；根据国防建设需要和国家政策支持军队重点工程建设；指导企业做好军民兼容产品的开发和推广；协调驻军建设需要地方解决的重大工程项目问题；把优抚安置事业的发展纳入全省社会事业发展计划；组织做好本系统的拥军优属工作。

省经贸委：帮助协调解决部队生产、生活中的能源及重要物资的供应和应急问题；支持部队开展战备训练，协调有关方面做好交通、通信保障；指导国防科技工业企事业单位为部队提供优质的武器装备。

省教育厅：负责大中小学国防教育、军训组织和教育拥军，搞好国防生的培养教育，帮助部队培养高素质新型军事人才；组织教职员工、学生开展拥军优属活动；积极解决部队子女入学入托问题。

省科技厅：积极做好科技拥军工作。为部队官兵搞好科技咨询服务，组织专家学者深入营区传播新知识、新技能；根据部队需要和要求，协助部队进行装备革新和技术改造。

省民委：组织协调各级民委认真贯彻落实党的民族工作政策，协调处理涉军民族关系问题，维护民族团结和社会稳定；指导少数民族聚居区开展军民共建社会主义精神文明活动，共建文明社区。

省高级人民法院：关心支持部队法制建设，帮助部队搞好法制宣传教育，为部队官兵和优抚对象搞好法律咨询和法律服务；依法及时妥善审理涉军案件，积极维护军人军属的合法权益。

省公安厅：配合有关部门搞好《军事设施保护法》及其他有关法规的宣传教育，协助部队保护好军事设施；依法打击侵害军人及其家属合法权益的违法犯罪行为；开展军警民治安联防，优化营区驻地社会治安环境；组织干警开展拥军优属活动；按照有关政策规定做好转业退伍复员军人、随军家属落户工作。

省司法厅：关心支持部队法制建设，定期帮助部队开办法律知识培训班、讲座，协调处理部队官兵、优抚对象的涉法问题，及时有效地为他们提供法律服务；利用法律服务热线和各种法律网站进行法律常识教育，提供法律咨询服务，提高部队官兵和优抚对象依法维护自身合法权益的能力。

省民政厅：充分发挥组织协调作用，指导全省广泛开展拥军优属活动，督促拥军优属各项法规政策的落实；积极配合宣传教育部门，加强对拥军优属工作的宣传；对优抚对象进行政治思想教育；研究制定军人抚恤优待的有关法规和政策；做好烈士褒扬工作，指导优抚事业单位和烈士纪念建筑物的管理；负责转业士官、退伍义务兵和军队离退休干部接收安置；指导各地军供站和军队离退休干部休养所搞好管理服务工作。

省财政厅：按照军地统筹兼顾、协调发展的原则，积极支持国防和军队建设；大力支持双拥共建活动；落实国家政策，逐步解决优抚事业单位和优抚对象的困难。

省人事厅：做好军队转业干部和随军家属安置工作；做好机关事业单位接收安置城镇退伍军人工作；做好双拥行政表彰工作；配合有关部门开展双拥宣传教育和拥军优属活动。

省劳动保障厅：负责做好退伍义务兵、转业士官安置计划编制工作；做好退伍义务兵、转业士官、随军家属就业安置、培训及社保工作；做好农村退伍军人两用人才培训和开发使用工作。

省国土资源厅：负责帮助部队做好军事用地的征用工作；协助驻军搞好土地法规宣传；依法处理军地土地纠纷。

省建设厅：负责协助部队搞好军事设施和移交地方管理的军休所建设；协调解决城镇规划开发与部队房地产矛盾和纠纷、超高建筑物与驻军机场净空要求的矛盾；协调解决城建设施与军队后勤保障社会化中的军需军供问题；协调解决城镇未随军家属和优抚对象的住房困难，搞好城镇社区拥军。

济南铁路局：做好铁路军运工作，优先保障军事运输；开展军民共建文明车站、文明运输线活动；有条件的车站开设军人售票窗口；对执行紧急任务的军人，凭部队团以上单位的介绍信，提供乘车便利；对革命伤残军人乘车给予优待。

省交通厅：落实《民用运力国防动员条例》，做好民用运力国防动员的组织准备和技术保障工作，保障军事运输；把边远部队进出道路建设纳入“村村通”工程，做好国防、边防公路的修建和养护工作；开展军民共建文明车站、文明运输线活动；有条件的车站、码头开设军人售票窗口；对执行紧急任务的军人，凭部队团以上单位介绍信，提供交通便利；对革命伤残军人乘坐车、船给予优待。

省信息产业厅：指导帮助部队搞好局域信息网络建设，为部队军用信息安全和信息化建设提供技术信息咨询服务，培训信息人才，提高官兵运用信息组织训练和搞好军事演习的能力；协助做好地方军事信息资源的开发与管理。

省水利厅：指导帮助部队搞好军事用水设施建设，协助部队搞好水资源保护；协调组织驻军参加抗洪、抗旱、防雹等救灾活动，维护人民群众利益；协调指导部队参加水利重点工程建设；组织协调本系统开展军民共建活动。

省农业厅：负责帮助部队搞好农副业生产基地建设，实施拥军“米袋子”、“菜篮子”工程，加强对部队科技种养技术指导；指导驻农村部队参加农田重点工程建设和助农劳动；指导部队在农村建立扶贫帮困联系点，落实“帮扶万户奔小康”活动；指导本系统农业科技人员做好优抚工作，以结对帮扶形式扶持农村困难优抚对象发展生产，脱贫致富。

省海洋与渔业厅：开展拥军优属活动，关心和支持海防、海岛部队建设；依据政策规定做好部队海上训练和军事演习的服务保障工作；为部队渔业养殖提供技术和信息服务。

省文化厅：积极开展国防宣传教育和双拥宣传教育，大力弘扬拥军爱民的双拥先进文化；指导基层搞好拥军“书橱子”工程，积极送图书到军营；搞好文化拥军活动，帮助部队搞好文化中心和俱乐部建设，培训文体骨干，活跃部队文化生活；指导开展军民共建社会主义精神文明活动。

省卫生厅：支持部队卫生事业建设，帮助部队培养医护人员，搞好医疗科技联合攻关，加强医疗科技拥军；做好卫生安全的联防联医工作，开展拥军优属和军民共建社会主义精神文明活动；组织指导基层卫生行政部门和医疗卫生机构，做好优抚对象的医疗保障工作。

省国税局：按照国家和地方税收法规政策，积极支持部队改革和建设；对军供保障、优抚安置事业单位及优抚对象、转退军人、随军家属的生产经营，按政策给予优惠。

省地税局：按照国家和地方税收法规政策，积极支持部队改革和建设；对军供保障、优抚安置事业单位及优抚对象、转退军人、随军家属的生产经营，按政策给予优惠。

省工商局：开展拥军优属活动，支持部队改革和建设；指导基层工商部门对军供保障、优抚安置事业单位及优抚对象、转退军人、随军家属的生产经营，提供帮助和便利。

省广电局：把双拥宣传教育列入广播影视部门的工作计划；运用广播、电影、电视进行国防教育和双拥宣传教育，广泛宣传党中央、国务院、中央军委关于双拥工作的指示精神，宣传省委、省政府和驻军领导机关以及省双拥工作领导小组的决定、指示、工作部署和重大双拥活动，宣传各地双拥的典型经验和先进事迹。

省粮食局：积极支持和参加部队后勤保障社会化改革，做好部队粮食供应工作，深化“好米好面供部队”活动，保证供应优质、及时；对参加部队饮食保障的地方人员加强组织指导，帮助部队官兵改善生活；开展为军队和优抚对象做好事活动。

山东电力集团公司：指导行业拥军，深化“彩虹送军营”活动，优先保障部队战备、训练、演习及各项工作的电力供应；协助部队培养军地两用人才。

济南军区政治部：指导驻鲁部队进行人民军队性质、宗旨教育，开展拥政爱民活动和军民共建社会主义精神文明活动；检查部队执行国家法律、法规、民族政策、宗教政策和遵守群众纪律情况；指导部队参加社会义务劳动，支援社会公益事业，进行抢险救灾；协调参与处理军地矛盾和纠纷。

北海舰队政治部：指导驻鲁海军部队进行人民军队性质、宗旨教育，开展拥政爱民活动和军民共建社会主义精神文明活动；检查部队执行国家法律、法规、民族政策、宗教政策和遵守群众纪律情况；指导部队参加社会义务劳动，支援社会公益事业，进行抢险救灾；协调参与处理军地矛盾和纠纷。

济南军区空军政治部：指导驻鲁空军部队进行人民军队性质、宗旨教育，开展拥政爱民活动和军民共建社会主义精神文明活动；检查部队执行国家法律、法规、民族政策、宗教政策和遵守群众纪律情况；指导部队参加社会义务劳动，支援社会公益事业，进行抢险救灾；协调参与处理军地矛盾和纠纷。

省军区政治部：协助驻军加强同政府和人民群众的联系，沟通情况，协调关系；协调军地单位齐抓共管，搞好全民国防教育；协调驻军积极支援驻地经济建设，组织"万户奔小康帮扶活动"，搞好扶贫帮困联系点建设；组织部队参加抢险救灾；协调地方为部队建设服务，配合民政部门做好优抚工作；组织协调驻军开展军民共建社会主义精神文明活动；协调解决军地矛盾和纠纷。

省武警总队：指导全省武警部队开展拥政爱民活动和警民共建社会主义精神文明活动；检查部队执行国家法律、法规、民族政策、宗教政策和遵守群众纪律情况；指导部队参加义务劳动，支援社会公益事业，进行抢险救灾；指导部队参加社会治安巡逻和大型活动保卫，参加军警民联防联治和建设平安山东活动；协调处理警民纠纷；协同有关部门向社会宣讲、普及法律知识，维护社会秩序。

省总工会：把拥军优属工作列入各级工会工作计划；利用本系统报刊进行国防和双拥宣传；指导厂矿企业、技术单位开展科技拥军活动，帮助部队培养军地两用人才；发动、组织职工开展拥军优属活动，积极配合有关部门为军人和优抚对象排忧解难。

团省委：把拥军优属工作列入各级团组织的工作计划；搞好本系统的双拥宣传；加强对青少年和团员的爱国主义和国防观念教育；组织军地青年联欢联谊，开展军民共建社会主义精神文明活动；组织青年志愿者队伍为部队官兵和优抚对象送温暖、办好事。

省妇联：把拥军优属工作列入各级妇联工作计划；利用本系统刊物进行双拥宣传；配合部队宣传表彰女军人和军人家属的先进典型，协同有关部门维护军人家庭、婚姻等合法权益；发动广大妇女开展拥军优属活动，组织"巾帼文明队"为军人和优抚对象做好事；在军属中开展争当"十佳兵妈妈"、"十佳好军嫂"活动。

省工商联：把拥军优属工作列入各级工商联工作计划；组织发动民营企业和个体工商业者开展拥军优属活动；指导民营企业利用科技、信息优势帮助部队培养军地两用人才，积极为部队提供训练、学习、生活方面的有利条件；指导民营企业积极承担转退军人和随军家属安置任务；做好民营企业中转退军人和军属的优待政策落实工作；指导民营企业与部队开展军民共建社会主义精神文明活动。

湖北省军区政治部　湖北省双拥办
关于湖北驻军开展"手牵手、帮战友"活动的通知

〔2004〕鄂政秘字第004号

为贯彻全国双拥工作会议精神，充分发挥驻军部队在地方"三个文明"建设中的作用，促进全省

双拥工作的发展，经 3 月 19 日省军地双拥工作联席会议研究并报省双拥工作领导小组同意，决定从 2004 年至 2006 年，在全省驻军中开展结对帮扶优抚对象和企业下岗军转干部（简称“手牵手、帮战友”）活动。现将有关问题通知如下：

一、指导思想

以邓小平理论和“三个代表”重要思想为指导，认真贯彻落实全国双拥工作会议精神，紧紧围绕维护社会稳定、增强民族凝聚力、全面建设小康社会的战略决策，发扬我军优良传统，积极关心和帮助优抚对象和企业下岗军转干部等方面人员解决生产、生活困难，为促进湖北“三个文明”建设作贡献。

二、组织领导和活动方式

在省双拥工作领导小组统一领导下，由省军区政治部牵头组织落实。军分区（警备区）和县（市、区）人武部负责当地驻军的牵头协调工作，驻军各单位政治部门具体组织实施，省、市（州）、县（市、区）双拥办公室配合有关工作。按照就地就近或与各单位扶贫联系点相一致的原则，军级单位重点联系一个县，军分区（警备区）、人武部联系各自的扶贫点，其他师、旅、团级单位重点联系一个乡镇（街道），营、连级单位重点联系一个村（社区），开展结对帮扶活动。结对帮扶对象名单由各地民政部门提供。

三、帮扶对象和条件

凡是我省的革命伤残军人、革命烈士家属、因公牺牲军人家属、病故军人家属、在乡退伍红军老战士、在乡西路军红军老战士、红军失散人员、复员退伍军人以及企业下岗军转干部，符合下列条件之一的，可纳入帮扶实施范围：

1. 孤老或孤儿的；

2. 人均生活水平在当地贫困线以下的农村优抚对象；

3. 家庭实际收入在当地最低生活保障线以下的城镇优抚对象。

四、帮扶目标和措施

（一）目标

通过开展帮扶活动，每个军级单位所联系的县要帮助 50 户对象，师、旅、团级单位联系的乡镇要帮助 10 户对象，营连级要帮助 2 户对象解困。

（二）措施

1. 对年老体弱多病的优抚对象，派出医疗小分队，定期上门体检、诊治。

2. 对生活困难、无力供子女上学的优抚对象，发动官兵捐助，保证其子女接受义务教育阶段的学习教育。

3. 对住房破旧简陋的农村优抚对象，发动官兵帮工帮料，帮助解决住房问题。

4. 帮助优抚对象比较集中的农村地区修桥、修路、引水、架电，改善生产、生活条件，寻求致富门路，培训致富技能。及时解决帮扶对象遇到的其他困难。

五、活动要求和时间安排

1. 切实加强组织领导。驻军团以上单位要成立帮扶领导小组，明确一名领导负责。政治机关要指定专人负责，加强对活动的指导。各地双拥办和民政部门要主动配合，搞好政策支持和服务。

2. 广泛进行宣传发动。2004 年 4 月份，从上至下进行传达部署，层层进行宣传发动，向各部队讲清开展“手牵手、帮战友”活动的目的和意义，明确帮扶的标准和内容，动员广大官兵踊跃参与。各级双拥办要积极协调当地新闻媒体加强对活动的宣传，扩大驻军影响，营造社会氛围。

3. 深入进行调查摸底。2004 年 5 月，各地民政部门应及时提供重点帮扶对象名单和基本情况，由驻鄂军级单位和军分区（警备区）、人武部，根据当地情况和各部队的实际，层层区分任务，明确帮扶对子。各部队受领任务后，要及时搞好衔接，与帮扶单位建立联系，上门详细了解帮扶对象的工作、生活和健康情况，并根据帮扶对象的不同情况制定具体的帮扶措施。

4. 扎实开展帮扶活动。各单位的帮扶对象确定后三年不变，帮扶活动至 2006 年底结束。活动期间，要经常派人上门了解帮扶对象的家庭情况，组织官兵为帮扶对象多办实事、好事，实实在在地帮助解决生产、生活困难。

5. 注意总结检查。各级双拥办和驻军要加强对活动的检查，注意发现典型，总结先进经验，每年底，对活动开展情况进行一次总结。省双拥工作领导小组在适当时候召开总结表彰会议，对帮扶工作好的单位和个人给予表彰和奖励。

湖北省劳动和社会保障厅　财政厅　民政厅　卫生厅关于建立和完善二等乙级以上革命伤残军人医疗费统筹机制的通知

鄂民政发［2004］59号

二等乙级以上（含二等乙级，下同）革命伤残军人为保卫和建设祖国负伤致残，对他们给予特殊的关怀和照顾，是各级政府和各有关部门应尽的责任。为切实做好二等乙级以上革命伤残军人的医疗保障工作，根据《国务院关于建立城镇职工基本医疗保险制度的决定》（国发［1998］44号）和《湖北省城镇职工基本医疗保险制度总体规划》（鄂政发［1999］57号）精神，现就建立和完善二等乙级以上革命伤残军人医疗费统筹机制问题提出如下意见：

一、统筹的原则

二等乙级以上革命伤残军人医疗费保障机制要按照“单位尽责、社会统筹、财政支持、加强管理”的原则，通过建立和完善二等乙级以上革命伤残军人医疗费统筹机制，对二等乙级以上革命伤残军人这一特殊群体采取特殊政策和特殊办法，确保医疗费按规定实报实销。切实加强医疗费管理，实行权责结合，监管分开，按省、市（州）、县（市、区）分级属地管理。

二、统筹形式及范围

二等乙级以上革命伤残军人（机关、事业、企业单位及在乡的）医疗费实行省、市（州）、县（市、区）分级统筹。企业和原未享受公费医疗的事业单位以及在乡二等乙级以上革命伤残军人医疗费，实行单独统筹（在城镇职工基本医疗保险统筹之外，对二等乙级以上革命伤残军人专门实行的医疗费统筹形式）。行政单位和原享受公费医疗的事业单位二等乙级以上革命伤残军人的医疗费，可维持现行资金渠道不变，也可纳入单独统筹；各地还可以根据实际情况，采取其他行之有效的保障形式。

二等乙级以上革命伤残军人参加医疗费统筹的，个人不缴纳医疗统筹费。已参加职工基本医疗保险的，其医疗费个人负担部分，由二等乙级以上革命伤残军人所在单位解决，单位确有困难的，经财政和劳动保障部门核实后，由同级财政予以补贴，确保二等乙级以上革命伤残军人医疗费在制度规定范围内实报实销。

三、统筹费标准

财政和劳动保障部门，要在充分考虑财政、单位、企业承受能力的情况下，对本地机关、事业、企业上年度人均医疗费实际发生额进行测算，以测算结果确定统筹费筹资标准，以后每年按照医疗费增减幅度适当调整。

四、经费统筹渠道

1. 行政单位和在乡二等乙级以上革命伤残军人医疗统筹费，由同级财政按照当地行政单位和在乡二等乙级以上革命伤残军人上年度人均医疗费实际发生额列入年度预算，确保统筹费及时到位。

2. 财政拨款的事业单位二等乙级以上革命伤

残军人医疗统筹费，由同级财政和所在单位按财政拨款与单位自筹款的比例缴纳统筹费，筹资比例由各地自定。财政负担部分列入年度经费预算。如单位确因经济困难，难以保证二等乙级以上革命伤残军人医疗统筹费足额到位的，经核实后，由同级财政予以补贴。

3. 原属财政拨款的单位，整体转移为不属于财政供给的企业、事业单位的二等乙级以上革命伤残军人医疗统筹费，由各企业、事业单位负责缴纳，对缴费特别困难的，经同级财政部门审核后，由同级财政给予补助，保证足额到位。

4. 企业和原未享受公费医疗的事业单位二等乙级以上革命伤残军人的医疗统筹费，由二等乙级以上革命伤残军人所在单位按各地确定的筹资标准缴纳，在原渠道列支。破产企业二等乙级以上革命伤残军人的医疗统筹费，应从有效资产变现中按当地筹资标准一次性提取十年二等乙级以上革命伤残军人医疗统筹费。对困难企业缴纳医疗统筹费确有困难的，经财政和劳动保障部门核实后，由同级财政帮助解决。

5. 改制企业二等乙级以上革命伤残军人医疗统筹费，要纳入合同条款，由改制后的企业按标准缴纳二等乙级以上革命伤残军人医疗统筹费。缴纳确有困难的，经财政和劳动保障部门核实后，由同级财政予以补贴。

6. 二等乙级以上革命伤残军人医疗费单独统筹实行属地管理原则，经费来源渠道不变。统筹资金出现缺口，经核实后，由同级财政帮助解决。

五、统筹费管理

1. 二等乙级以上革命伤残军人医疗费不得包干给本人。二等乙级以上革命伤残军人医疗费用的支付范围，按照基本医疗保险药品目录、诊疗项目和医疗服务设施范围的规定进行管理。超出基本医疗保险药品目录、诊疗项目和医疗服务设施范围的医疗费用由本人负担。

2. 二等乙级以上革命伤残军人在参加统筹关系所在地劳动保障部门确定的基本医疗保险定点医疗机构就医，并按基本医疗保险的有关规定选择确定定点医疗机构。需要转诊转院的应符合当地有关规定。

3. 各地要认真落实好二等乙级以上革命伤残军人的医疗待遇和经费。二等乙级以上革命伤残军人的医疗保障按属地管理原则，由各地劳动保障部门负责管理。各地财政部门要将应由财政安排的二等乙级以上革命伤残军人医疗费列入预算，保证按时足额到位。民政部门要积极配合做好二等乙级以上革命伤残军人的医疗保障工作。卫生部门要督促医疗机构为二等乙级以上革命伤残军人提供优质的医疗服务。

湖北省军地双拥工作联席会议制度

鄂拥发［2004］1号

一、指导思想

以邓小平理论和“三个代表”重要思想为指导，深入学习贯彻党中央、国务院、中央军委关于做好双拥工作、加强军政军民团结的重要指示，加强军地联系和沟通，认真研究、解决新形势下双拥工作的重点难点问题，建立具有湖北特色的长效军地协作机制，促进双拥共建工作制度化、经常化，推动湖北双拥工作深入、持续、健康发展。

二、主要内容

1. 总结、交流军地双拥工作的情况和经验。

2. 研究、探索改革开放和完善社会主义市场经济体制条件下双拥工作存在的重点难点问题及其解决的方式和途径。

3. 通报驻鄂部队建设情况和重大军事活动，

征求驻军对地方政府的意见，有针对性地帮助驻军解决训练、演习、教学、科研、生活方面的困难，做好支持军事斗争准备工作。

4. 通报全国、全省双拥工作以及全省国民经济和社会发展的基本情况。

5. 举办现代国防与军事知识专题讲座。

6. 总结、分析全省军政军民关系情况，协商解决军地历史遗留问题和矛盾，协调处理军警民纠纷。

7. 紧紧围绕维护社会稳定和全面建设小康社会目标，协调军地统一行动，积极开展学习“三个代表”重要思想、帮扶重点优抚对象和参加扶贫等活动，促进湖北“三个文明”建设。

三、参加单位

驻鄂部队副军以上单位，武汉警备区，省民政厅、省军区政治部、省双拥办以及省双拥工作领导小组职能部门。

四、联席方式

1. 以座谈会、理论研讨、专题讲座、军事日等方式开展联席活动。

2. 联席活动一般每季度举行一次，每次活动确定一个主题。

3. 联席活动由参加联席会议的单位轮流承办。

4. 具体组织协调工作由省军区政治部、省双拥办负责。

湖北省民政厅关于在全省开展特困优抚对象“关爱行动”的实施意见

鄂办发［2004］53号

目前，湖北省现有各类优抚对象240多万人，其中特困优抚对象3万多人。这些优抚对象为中国革命的胜利，为创立、保卫和建设共和国作出了重要贡献。为深入贯彻党的十六大和十六届三中全会精神，进一步落实党的优抚政策，经省委、省政府同意，决定从2004年至2006年，在全省开展以解决特困优抚对象生活难、住房难和医疗难为主要内容的“关爱行动”。现制定实施意见如下：

一、对象和条件

凡抚恤补助关系在湖北省的伤残军人、烈士家属、因公牺牲军人家属、病故军人家属、在乡退伍红军老战士、在乡西路军红军老战士、红军失散人员、在乡老复员军人、带病回乡退伍军人等重点优抚对象，符合下列条件之一的，可纳入“关爱行动”的实施范围：

（一）散居的孤老或孤儿优抚对象；

（二）人均生活水平在当地贫困线以下的农村优抚对象；

（三）家庭实际收入在当地最低生活保障线以下的城镇优抚对象。

二、目标和任务

（一）目标

每个县（市、区）每年要筹集不少于10万元资金扶持100户特困优抚对象，重点优抚大县每年要筹集20万元以上资金扶持不少于200户特困优抚对象。通过三年的努力，使特困优抚对象的就医难有所缓解，住房条件有所改善，生活水平逐年提高。

（二）任务

1. 建立优抚对象抚恤补助费自然增长机制。各地要通过建立自然增长机制，加大地方财政对优抚对象抚恤补助经费的投入，使重点优抚对象的生活水平逐步达到或略高于当地群众的平均生活水平。

2. 对孤老（或孤儿）优抚对象，要将其安排进光荣院或福利院，实行集中供养；对本人不愿进光荣院或福利院的，要发放卡片、证书，明确联系责任人，落实好分散五保供养和抚恤优待政策。

3. 对符合条件的城乡特困优抚对象，纳入农村特困救助、城镇低保救助范围。对遭受自然灾害导致生活困难的优抚对象，在灾后重建、恢复生产、安排群众生活时，要予以优先照顾。

4. 省民政厅每年组织 600 名优抚对象到省荣军医院治疗，各市州优抚医院每年各接收 200 名优抚对象到本院治疗，以改善优抚对象的健康状况。

5. 组织各级地方医院在“八一”或“春节”期间对特困优抚对象开展义诊活动。对患大病的城乡特困优抚对象，优先纳入医疗救助范围。

6. 采取县市资助、部门结对帮扶、乡镇村组帮工帮料相结合的办法，2005 年春节前帮助农村无房特困优抚对象解决住房问题；2006 年底以前，对住危房且子女无力帮助建房的农村特困优抚对象的住房进行维修改造或重建。

7. 采取结对帮扶、减免学杂费等措施，保证特困优抚对象的子女接受义务教育阶段的学习教育。

三、步骤和要求

（一）步骤

1. 调查摸底。2004 年 10 月以前，各级民政部门要认真做好调查摸底工作，逐步了解优抚对象的基本情况，切实摸清特困优抚对象的人数、困难程度和分布情况，并分类建档立卷。

2. 制定方案。各地要结合本地实际，制定开展“关爱行动”的具体实施方案。实施方案要体现地区特点，帮扶计划要因地制宜，区分层次；帮扶目标要具体明确，重点突出；帮扶措施要切实可行，注重实效。

3. 检查督办。各级民政部门要经常检查督办，全面掌握“关爱行动”的进展和落实情况，协调解决工作中存在的问题，做到有计划、有部署、有检查、有验收。

4. 总结表彰。各市、州、直管市、神农架林区民政局每年 11 月底要将本地区开展“关爱行动”的情况报省民政厅。省里将及时总结推广好的经验，适时对“关爱行动”中的先进单位和个人进行表彰。

（二）要求

1. 加强领导。全省“关爱行动”在省委、省政府的领导下，省民政厅负责抓落实。各级都要建立“党委政府领导、民政部门牵头、其他部门配合、社会各界参与”的工作机制，加强组织领导，确保“关爱行动”的顺利实施。

2. 规范管理。各地在组织实施“关爱行动”中，对拟扶持的特困优抚对象，要实事求是，认真选择，并将扶持对象张榜公布，公开接受监督，严禁优亲厚友。

3. 措施到位。各地要周密部署，落实责任，任务细化到人。各有关部门要密切配合，各司其职，各负其责，严格按照有关规定，制定具体可行的帮扶措施，推动本地区“关爱行动”的深入开展。

中共湖南省委　湖南省人民政府　湖南省军区
关于加强新时期拥军优属拥政爱民工作的意见

湘发［2004］7 号

近年来，湖南省双拥工作坚持以邓小平理论和“三个代表”重要思想为指导，围绕改革发展稳定的大局和生产力、战斗力的提高，贯彻“抓基层、打基础、抓重点、求发展”的工作思路，取得了显著成绩，有力地促进了全省经济社会发展和驻湘部队的全面建设。但随着形势的发展，双拥工作也存在一些不容忽视的问题。个别地区、个别单位对双拥工作重视程度不够，工作发展不平衡；组织领导力量发挥不够好，双拥活动的开展不够活跃；工作运行机制不完善，新经济组织和新社会阶层的力量和资源没有得到充分利用。为适应新的形势，把全省双拥工作推进到新阶段，现根据全国双拥工作会议精神和我省实际，对新时期的双拥工作提出如下意见。

一、深化思想认识，增强做好双拥工作的责任感和使命感

拥军优属、拥政爱民是我党我军我国人民的优良传统，是我们特有的政治优势。做好双拥工作，对加强军政军民团结，巩固国防，保持社会稳定，促进社会经济发展有着重要的意义。目前，国际形势正在发生新的变化，出现了一些影响国际秩序和国内稳定的因素。我国正在进行的社会主义事业，还将遇到种种困难和风险，这就更加需要安全稳定的国内外环境，需要把军政军民团结的伟大作用充分发挥出来。各级党委、政府和军队领导机关一定要树立强烈的双拥意识和全局观念，从国家长治久安和民族兴旺发达的政治高度认清双拥工作对国防和军队建设的重要作用，对增强民族凝聚力、密切军政军民关系和维护社会稳定的重大意义，增强做好双拥工作的使命感、责任感。要认真贯彻《国防教育法》，把国防教育和双拥宣传教育纳入国民教育体系和部队政治教育计划，根据不同层次人员的思想实际，有针对性地搞好教育。积极探索新形势下开展国防教育和双拥传统教育的方法和途径，利用新闻媒体、国防教育基地、学生军训、全民国防教育日等活动和途径，广泛宣传国防法规、双拥传统和双拥工作先进典型，进一步激发人民群众和广大官兵爱国拥军、爱民奉献的政治热情。

二、提高工作标准，促进军地改革建设的共同发展

当前，全党、全军、全国人民正在为全面建设小康社会而奋斗，这既为双拥工作提供了新的发展机遇，也为双拥工作提出了更高的标准和要求。双拥工作只有提高标准，坚持集中力量办大事、解难题，组织实施成系列、上规模的“双拥工程”，双拥工作才能上层次、上水平，才能在军地改革建设中发挥更大的作用。

高起点开展科技拥军、智力拥军活动。按照中央确定的科技强军战略思想，积极组织广大科技工作者采取各种有效形式，围绕提高部队战斗力进行科技拥军服务。各市、州要依托大专院校、科研院所、高新技术企业建立科技拥军基地。各级科协要充分利用组织网络、人才智力、社会资源等优势，积极组织动员广大科技工作者参与科技拥军活动，积极帮助部队搞好基础设施建设。各地要把部队基础设施建设纳入城镇建设规划，统筹安排。对重点军事工程建设，省市县要在政策优惠、关系协调、物资保障等方面坚持特事特办，并及时化解矛盾，解决问题；部队要积极支援地方经济建设。各驻军单位要统一组织，集中力量，积极参加抗洪抢险、支援地方重点工程建设。要有组织、有计划开展扶贫帮困活动，坚持送信息、物资、科技、文化到乡村、进社区，帮助群众增加收入，发家致富。

三、落实优待政策，维护优抚安置对象的合法权益

优抚安置工作涉及部队官兵和优抚对象的切身利益，直接关系到军队的稳定、国防的巩固和社会的发展，各级党委、政府必须把全面落实优抚安置政策作为拥军优属的一件实事，予以高度重视。要坚持计划分配和自主择业相结合，切实做好军队转业干部安置工作；要采取政府安排、自谋职业等多种方式，尽可能保障退役士兵当年得到妥善安置。要认真执行国家扶持城镇退役士兵自谋职业的优惠政策，保证自谋职业退役士兵享受优惠政策；要认真落实移交地方政府管理的军队离退休干部和无军籍职工的政治生活待遇；要坚持行政调配和市场调节相结合的原则，保障随军家属劳动就业需求，暂时不能就业的，要按规定给予生活补助；要建立抚恤补助标准自然增长机制，保证重点优抚对象达到或高于当地人民群众的平均生活水平；要按照依法优先原则，妥善处理官兵涉法问题，维护军人及其家属合法权益。

四、创新工作机制，推动双拥工作持续健康发展

随着社会主义市场经济逐步建立和不断完善，双拥工作面临许多新情况、新问题。要发扬与时俱进精神，积极探索新形势下加强军政军民团结的新思路、新方法，以改革创新精神推动双拥工作深入发展。为适应经济成份、组织形式、就业方式、利益关系和分配形式的多样化，各地要整合双拥资源，积极探索新型经济组织和新的社会阶层开展拥军优属活动的途径和办法，扩大双拥工作的群众基础。积极倡导行业和基层群众拥军活动，使双拥工作进企业、进乡村、进机关、进学校、进社区、进连队，推动双拥工作群众化、社会化。要在各级双拥工作领导小组的领导下，广泛深入地开展军民共建活动。地方县级单位和军队团级单位要建立双拥工作指导站，街道、乡镇和部队营以下单位有双拥工作小组，厂矿、居委会、村委会有双拥联络员，并分层次制订双拥工作规划，形成领导重视、部门参与、上下配合、军地互动的格局，保证双拥工作的开展和各项任务的落实；要把双拥工作纳入法制化建设轨道，把在实践中形成的带有鲜明时代特征、行之有效的经验和做法，用法规形式固定下来。要制定完善转业退伍军人安置、随军家属安置、优待抚恤、评残追烈等与国家政策法规相配套的实施办法和细则。地方党委、政府、人大、政协，要定期督查、视察双拥政策法规的落实情况；要完善双拥激励机制。在全省范围开展争先创优活动，大力表彰双拥工作先进单位和个人。坚持每三年评双拥模范城（县）制度，开展争创“双拥十佳单位”、“双拥十佳个人”等活动，充分调动领导和群众、地方和部队的积极性，为双拥工作注入生机和活力。

五、加强组织领导，把双拥工作落到实处

双拥工作是一项事关全局的战略性任务和社会系统工程。各级党委、政府和军事领导机关要高度重视，真正把双拥工作纳入重要议事日程，纳入经济社会发展和部队建设的总体规划，纳入目标管理责任制，纳入各级领导干部政绩考核内容。各级党委要把国防教育作为中心组学习内容列入年度学习计划。各级党校要把国防教育列入教学大纲，开设国防知识课程。要进一步完善和落实党管武装制度，市、县党委书记每年应向上级党委报告一次党管武装工作情况。要建立领导干部双拥工作联系点制度，加强对基层双拥工作的领导。领导干部要坚持过好“军事日”。各级党委政府和军事领导机关要经常分析双拥工作形势，研究解决重大问题。党政军主要领导要身体力行，带头参加双拥活动。各级组织部门要把双拥工作作为领导干部政绩考核的内容，晋升职务时要征求本级军事机关的意见。要充分发挥双拥工作领导小组的职能作用。各级双拥工作领导小组要认真履行组织、协调、指导双拥工作的职责。领导小组要依据职能分工，把任务分解到各成员单位，建立成员单位双拥工作重大事项报告和年度工作汇报制度。要及时调整充实领导小组成员，把组织、政法、科技、信息、工青妇等部门和新型经济组织、行业协会领导充实到双拥工作领导小组，以促进双拥工作向新领域拓展，推动双拥工作在各部门、各系统、各行业的落实。要做好军地关系的协调工作。坚持联席会议、定期走访、信息通报等制度，及时沟通军地关系，协商开展双拥活动，协调解决军民关系问题。在国防教育、军民共建、抢险救灾、军事设施保护、维护军人合法权益、预防和处理军民纠纷等方面，形成军地协调，齐抓共管的合力。军分区（警备区）、武装部要组织加强部队同政府、群众之间的联系，搞好驻军拥政爱民活动，在密切军政军民关系中发挥桥梁和纽带作用。要加强双拥工作办公室的建设，配齐配强干部，落实办公经费，完善并落实军地合署办公制度，保证双拥工作落到实处。

湖南省民政厅评残追烈工作有关规定

2004 年 4 月 1 日

鉴于评残追烈工作的政策法规还是 20 世纪 80 年代初期制定的，有个别条文还沿用 20 世纪 50 年代的规定，随着改革的不断深入和社会的不断进步，这两项工作的难度越来越大，在实际工作中确实存在一些亟待解决的问题。有的定性不准，把因公牺牲也申报追认烈士；有的材料失实，事实失真，死亡情况与致残因素及评定等级与申报材料有出入，甚至弄虚作假，迁就照顾；有的基层民政部门按照家属的要求和某个领导的意图申报，不正面做工作，把矛盾上交。因这两项工作直接涉及当事人的切身利益，如果处理不好，对存在的问题不及时纠正，势必带来不良后果，影响社会稳定。为进一步规范评残追烈工作，坚持依法行政，接受社会监督，根据厅领导指示，优抚处反复研究，制定如下规定：

一、健全组织

成立以厅长为组长，分管副厅长为副组长，优抚处全体参加，并聘请法学专家、社会学专家、省人大代表、政协委员、省政府有关职能、主管部门、当事人的职能部门参加的评残追烈工作领导小组。根据省人民政府批准，负责评残追烈的审查、审批工作。

二、时限规定

评残追烈工作领导小组按期召开会议。一般情况每季度召开一次，特殊情况、疑难问题随时召集。由民政厅负责牵头，日常工作按程序进行。

三、申报审批程序

（一）追烈申报审批工作，实行逐级审核报批制，由各级人民政府行文，民政部门具体办理。凡因公牺牲符合革命烈士条件的国家机关、企事业单位工作人员及人民群众，由所在工作单位或乡（镇）街道报当地县（市、区）人民政府审查，逐级上报省人民政府审批。凡不符合条件的，不得向上级人民政府申报，由民政部门答复下级人民政府或申报单位。

（二）审核报批革命烈士必须备齐的材料

1. 死者原工作单位或乡、镇、街道的申请报告；

2. 市（州）、县（市、区）人民政府申请报告；

3. 民政部门调查报告及研究意见；

4. 2 名以上知情群众或现场目击证人的证明材料；

5. 刑事案件须有公安部门讯问罪犯的口供笔录、法院生效判决书（复印件）；

6. 工伤事故必须有事故调查报告及处理决定；

7. 牺牲时间较长的须有历史档案材料（属国民党抗日人员需有中国南京第二历史档案纪念馆原国民政府抗日阵亡的抚恤金名册）；

8. 革命烈士审批呈报表；

9. 死亡时间；

10. 需要补充的其他材料。

（三）评定伤（病）残等级的条件、对象范围和标准。在新的《条例》未下发前，伤（病）残的评定条件、对象范围和标准，仍按民政部《关于颁发〈革命伤残军人评定伤残等级的条件〉的通知》（民政［1989］优字第 18 号）和民政部《关于转发总政治部、总后勤部〈军队评定伤残等级管理办法〉的通知》（民优发［1989］52 号）及《湖南省伤残抚恤管理细则（试行）》（湘民优发［1997］第 12 号）的规定执行。

（四）评残手续的办理和审批程序（包括新评、补评、调整等级）

1. 由本人向所在工作单位或街道办事处、乡镇人民政府提出书面申请，说明致残经过和残情等情况。

2. 申请人所在工作单位或街道办事处、乡镇人民政府审查后写出证明材料，连同本人档案材料（包括原始证明、病历和现场证人提供的证明材料等。因交通事故评残需附《道路交通事故责任认定书》、《道路交通事故伤残评定书》和《道路交通事故损害赔偿调解书》）、书面申请和本人近期两寸半身免冠照片（人民警察须着制式服装）等一并报送县（市、区）民政部门审查。

3. 县（市、区）民政部门经审查认为具备评残资格的，通知本人到指定医院进行残情检查，由医院伤残医学鉴定小组作出残情鉴定。县（市、区）民政部门根据残情鉴定，填写《伤残人员评残登记表》一式三份和伤残证件，连同本人申请、单位证明等有关材料，一并报送市（州）民政部门审查。

4. 市（州）民政部门经审查认为符合评残条件的，在上报的《伤残人员评残登记表》上签署审查意见，连同其他材料一并报省民政厅审批，一般情况每季度审批一次。

5. 省民政厅审查认为符合评残条件的，在《伤残人员评残登记表》和伤残证件上签署审批意见，加盖公章，并通过县（市、区）民政部门将伤残证件发给本人。

6. 市（州）、县（市、区）民政部门要认真审核材料，严格把关，对不符合评残条件的不得上报。

7. 优抚处对二甲以下伤残等级的新评、补评和调整等级按程序正常进行；对审批特、一等或其他特殊情况处理，要报评残追烈领导小组集体讨论、审查、审批，每季度审批一次。

湖南省双拥工作领导小组
关于开展拥军优属拥政爱民“结对”工作的意见

湘拥发［2004］2号

为深入贯彻全国和省双拥工作会议精神，认真落实省委、省政府、省军区《关于加强新时期拥军优属拥政爱民工作的意见》（湘发［2004］7号），省双拥工作领导小组决定在全省开展“双拥结对”工作。现就有关事项明确如下：

一、指导思想

“双拥结对”工作，必须认真贯彻“三个代表”重要思想和党的“十六大”精神，紧紧围绕增强国防意识，加强军政军民团结，维护社会稳定，促进经济发展，提高部队战斗力开展活动。在“结对”活动中动员广大干部战士和人民群众为社会主义物质文明、政治文明和精神文明建设作贡献。通过“结对”活动，进一步弘扬双拥传统，把新时期的双拥工作推向新的发展阶段。

二、“结对”方法和要求

“双拥结对”，原则上在市州一级进行，在双方自愿的基础上，以部队师团级单位和地方有党组织的企事业单位、学校、社会团体、新型经济组织为结对对象（同时军地单位内部各部门、下属各单位还可以根据自己的特点和需要，有组织地和另一单位进行结对）。每一个双拥对子都应共同建立双拥协调小组，双方各自明确责任人和联络员。结对单位要制定具体的工作规划，有组织有计划地经常开展双拥活动。各结对单位由所属市（州）双拥工作领导小组统一设置标志牌，悬挂在本单位醒目位置。

三、工作内容和标准

结对工作内容因结对的地方单位工作性质不同而有所区别，具体内容由结对双方共同商定，但主要应达到以下标准：

1. 指导思想明确。结对所开展的各项活动必须认真落实结对工作的指导思想，坚持党的路线、方针、政策，遵守军队的条令条例，符合大多数干部、群众的意愿，不侵害群众利益，不搞脱离实际的形式主义。

2. 双方关系融洽。双方互相尊重，及时协调关系，妥善处理军地矛盾，结对双方无与结对工作有关的纠纷和案件。

3. 活动开展经常。结对双方有组织有计划地经常开展健康有益的走访、慰问、联欢活动，各项活动军民积极参与。

4. 制度健全落实。结对单位领导机构职责、教育、培训、会议、活动等制度健全落实，有规范的工作记录和资料。

5. 互办实事成效明显。结对双方在学习、教育、培训、就业、生活保障和硬件设施建设等方面互相支持帮助，成效明显。

四、先进对子评比程序和批准权限

在“结对”工作中评选先进对子。先进对子评比分省、市（州）两级，与双拥模范城（县）评比同步进行，每3年评比一次。省级每次评10个先进对子（市、州评先数量由各单位自定）。

省级双拥先进对子由市（州）双拥工作领导小组推荐，经省双拥工作领导小组考察审定，报省委、省政府、省军区批准命名。市（州）级双拥先进对子由县（市、区）双拥工作领导小组推荐，经市（州）双拥工作领导小组考察审定，报市（州）委、市（州）政府、军分区（警备区）批准命名。

五、组织领导

“双拥结对”及其活动的开展按属地管理的原则，由各市州双拥办在双拥工作领导小组的领导下具体组织实施。各级双拥办要把“双拥结对”纳入双拥工作总体规划，统一安排。市州双拥工作领导小组应结合成员单位的特点和部门优势，分工领导小组成员单位联系结对单位，加强对结对工作的指导。双拥工作人员要主动当好参谋助手，在调查摸底的基础上，根据不同单位、不同组织、不同行业，提出不同的要求和措施，加以分类指导，并定期进行检查、督促，抓好工作落实。

湖南省关于进一步落实二等乙级以上革命伤残军人医疗待遇的通知

湘民优发［2004］10号

为了进一步落实二等乙级以上革命伤残军人的医疗待遇，根据国务院《关于建立城镇职工基本医疗保险制度的决定》（国办［1998］44号）的规定，经省人民政府同意，现就有关事项通知如下：

一、二等乙级以上革命伤残军人医疗实行属地管理，医疗经费由伤残军人户口所在地医疗保险经办机构实行统筹，单独列账管理。医疗经费统筹标准由统筹地劳动和社会保障部门与财政部门根据上年度或前3年革命伤残军人医疗费实际支出等因素共同确定，统筹经费从原渠道解决。破产、倒闭企业医疗统筹金，从资产变现中按统筹标准一次性向医疗保险经办机构缴纳10年医疗备用金。企业改制后，新的企业法人必须承担二等乙级以上伤残军人医药费统筹金。二等乙级以上革命伤残军人的医疗经费不足支付时，由当地人民政府帮助解决。

二、二等乙级以上革命伤残军人诊疗项目、用药范围和医疗服务设施标准，暂按《湖南省离休干部医疗诊疗项目目录》、《湖南省离休干部医疗药品目录》和《湖南省离休干部医疗服务设施范围和支付标准》规定执行，今后国家和省有新规定的从其规定。

三、各级政府和有关部门要加强领导，实行责任制。切实落实二等乙级以上革命伤残军人医疗待遇。民政部门负责二等乙级以上革命伤残军人人数的核定报批工作；财政部门要将应由财政负担的二等乙级以上革命伤残军人医疗费列入预算，保证按时足额到位；企业负责本单位二等乙级以上革命伤残军人医疗费筹措；劳动保障部门负责二等乙级以上革命伤残军人医疗服务的管理工作，确保二等乙级以上革命伤残军人医疗待遇的落实。

湖南省关于在农村税费改革中落实农村优抚政策的指导性意见

（2004 年 8 月 28 日）

根据全国农村税费改革试点工作会议精神和湖南省农村税费改革领导小组的贯彻意见，现就落实农村优抚对象政策，维护优抚对象合法权益，提高优抚保障水平提出如下指导性意见。

一、要统一思想认识

广大优抚对象是我们国家的特殊保障群体，党和国家历来十分重视优抚工作，在各个不同时期，都制定了相应的法律、法规来保障他们的合法权益。做好这项工作，对于支持国防建设、稳定军心、巩固军政军民团结，促进社会经济发展和维护社会稳定，都具有十分重要的意义。各级政府和各有关部门乃至全社会要从讲政治和落实“三个代表”重要思想的高度，认真落实农村各项优抚政策。通过在广大农村落实优抚政策，充分体现党和政府以及全社会对优抚对象这种特殊群体政治上、生活上的关怀爱护，在全社会营造爱国拥军氛围。

二、要明确指导原则

一是依法行政的原则。落实优抚对象的生活待遇，是有法可依的。国家在各个时期颁布的各项优抚政策、法律法规，如：《宪法》、《军人抚恤优待条例》、《国防法》、《兵役法》和各级人民政府贯彻《军人抚恤优待条例》办法以及在税费改革中的各项保障政策，是做好优抚工作、落实优抚政策的法律依据。

二是公平、公正、公开办事的原则。让人民群众和优抚对象都了解国家的优抚政策和优待标准，让优抚对象了解他们享受的优待补助是依据什么政策来确定的，政府是通过什么途径来落实的，要增强这项政策的透明度，以便能更好地接受社会监督。

三是积极稳妥、相应配套、循序渐进的原则。国家已在加大力度，相继出台各项配套改革措施，逐步完善农村经济体制，改革势在必行。地方各级政府更要积极稳妥推进改革，并要根据当地实际制定出相应配套方案，贯彻和落实国家的大政方针、政策。

三、要找准存在的问题

我国现行的农村税费改革政策，与农村优抚对象有着直接关系的是两个方面的问题。一个是农村义务兵家属优待金问题，第二是集中供养的优抚对象的实物负担问题。在找问题时要有工作的针对性。一是优待标准是否达到。如农村义务兵家属优待金，省民政厅 2003 年规定的指导性标准为国家级贫困县每户每年不低于 800 元，省级贫困县每户每年不低于 1000 元，较发达县每户每年不低于 1500 元，就全省的情况看约有 80 个县尚未达到。试点县是否达到了，未达到的原因何在，是转移支付的比例不高，还是财政投入不够，或是在发放中有截留和有改变资金使用去向等问题。二是集中供养的优抚对象实物负担如何落实的问题是否解决。

税费改革后，农民缴了农业税后，是否还要另外负担集中供养优抚对象的实物，不负担实物应从何种途径解决，是通过转移支付解决，还是财政预算解决，标准怎样确定，负担又是怎么收缴，是以乡，还是以村或组为单位缴。这些都是在税费改革中需要明确和规范的。

四、要规范工作程序

1. 要加强领导。要建立政府主导、部门协作、职责明确、措施得力、讲求实效的领导工作机制。在政府统一领导下各司其职，形成合力，共同推进税改工作顺利进行。

2. 要澄清底数。在制定政策措施、出台方案时，对本地实际情况一定要做到心中有数，底子清楚。如优抚对象人数、标准，优待金、补助费发放途径，优抚对象基本生活状况，优待金在财政转移支付中的比例等情况，要彻底澄清底数，要深入到村、组、户调查了解，建档造册，让政府和有关部门了解优抚工作情况，为决策提供依据。

3. 要理顺经费渠道，坚持专款专用。优抚对象从中央财政到地方各级财政都有专项经费保障和经费配套，属民政部门管理服务的优抚对象，其保障经费和配套经费一定要由各级民政部门管理发放。这样才能做到职责分明，权利和义务相等。各级财政部门对民政优抚经费要按时足额保障。各级民政部门对优抚对象的专项经费一定要做到专款专用，按时发放，保障优抚对象的基本生活。

4. 要加强督查和指导。对基层税改工作，要层层落实工作责任制，加强督促检查，及时纠正不按政策办事的违规行为，要依法维护优抚对象合法权益，保障他们按政策规定的生活待遇落到实处。

五、工作建议

1. 工作目标上要有超前意识。我国现行的优抚保障制度是以国家抚恤、社会统筹、群众优待的方式保障的，改革开放以来，社会统筹已不复存在，群众优待日趋淡化。税费改革后，也不能再向农民收取其他费用，由专项转移支付的形式所代替。随着农村经济体制改革的深入、完善，税费也将被逐步取消，而目前的转移支付方式尚达不到优抚政策规定的优待标准，无疑对农村优抚对象的生活待遇存在到不了位的问题。如果完全取消农业税，财政收入还会减少，在国家尚未出台完全取消农业税的情况下，在完善税费改革政策方面，要尽快出台相应的配套政策。

2. 要制定相应的政策来规范农村集中供养优抚对象实物负担的收缴标准和供养途径。现在我省实行的实物供给存在标准不一、方式各异的问题。都存在标准过低、靠挤占优抚经费来保障生活，而优抚经费都是优抚对象人头费，不能长期挤占。对不足的部分，建议在转移支付资金中增加比例解决。

海南省双拥模范城（县、区）创建命名管理办法

琼拥［2004］1号

第一章　总　则

第一条　为了切实做好新时期双拥工作，进一步加强军政军民团结，推动我省创建双拥模范城（县、区）活动广泛深入、扎实持久地开展，依据全国《双拥模范城（县）创建命名管理办法》（国拥［2002］4号）的规定，结合我省实际，制订本办法。

第二条　创建双拥模范城（县、区）活动，要以邓小平理论和“三个代表”重要思想为指导，紧紧围绕全面建设小康社会，以增强经济实力、国防实力和民族凝聚力为目标，以维护社会稳定、促进经济发展、推进军队现代化建设为重点，完善政策法规体系，创新群众性活动方式，建立协调顺畅的

运行机制，与时俱进抓好各项任务的落实，巩固和发展军政军民团结，为改革发展稳定和军队现代化建设提供可靠有力的保障。

第三条 双拥模范城（县、区）是双拥工作成绩突出，各项指标达到本办法规定标准，在全省范围内具有榜样和示范作用，并经过一定程序命名的市、县（区），是当地党委、政府、驻军领导机关和全体军民共同的政治荣誉。

第四条 命名双拥模范城（县、区）应坚持标准，注重实绩，保证质量。对双拥模范城（县、区）实行动态管理。双拥模范城（县、区）的考核验收工作应坚持公开、公平、公正原则。

第五条 对在创建双拥模范城（县、区）活动中取得突出成绩的单位和个人，应给予表彰奖励。

第二章 双拥模范城（县、区）的基本标准

第六条 命名双拥模范城（县），坚持以下标准：

（一）组织领导坚强有力。当地党委、政府和驻军领导机关高度重视双拥工作，把其纳入经济社会发展和部队建设的总体规划，作为全局性、长期性的政治任务，常议常抓，形成合力。建立了由当地党政军领导牵头、有关职能部门参加的双拥工作领导小组，党政军领导带头参加双拥活动，对双拥工作的重大问题及时研究决策。领导小组下设办公室，配齐配强干部，落实办公经费，建立完善军地合署办公制度，能充分发挥其组织、协调和指导作用。双拥工作领导小组成员单位能切实履行工作职责，抓好本系统、本部门的双拥工作，积极为我省双拥工作出谋划策。双拥工作制度落实，坚持领导小组成员会议制度、军地联席会议制度、总结表彰制度、任期目标责任制度。

（二）国防教育广泛深入。把国防教育纳入全民教育体系和各级教育部门、教学单位工作计划，做到人员、时间、效果落实。有适应本地区、本单位实际情况的国防教育制度、教育活动场所、设施和教育方法，经常开展教育活动。有关部门、当地驻军将双拥宣传、国防教育列入工作计划，经常开展双拥宣传。对在双拥工作中涌现出来的先进经验、先进典型及时宣传和推广。城镇主要公共场所、交通要道设有永久性的双拥宣传标牌。服务行业实行军人优先，机场、车站、码头设有军人售票柜台和窗口。每年圆满完成征兵任务，无责任退兵现象。

（三）双拥活动长期坚持。开展双拥活动以基层为重点，注重落实，讲求实效。城市街道办事处、社区居委会，农村的乡镇、村，当地的行政机关、企事业单位、群众团体、民间组织等都积极组织开展双拥活动，结合实际，创新活动形式，形成具有时代特色和本地特点的双拥活动载体。坚持节日联谊走访座谈。地方党政领导每年深入驻军，走访或现场办公，举办节日军民联谊活动，加强联系，通报情况，及时处理解决双拥工作或驻军需地方协助解决的问题。建立健全各项制度。有切合实际、可操作的双拥活动制度，并抓好落实。做到年度有计划，季度有安排，平时有活动，年终有总结，双拥工作社会化、经常化、制度化。

（四）军民共建富有成效。坚持把促进军地共同发展的理想信念、思想道德和科学文化建设，培养有理想、有道德、有文化、有纪律的社会主义新人，作为军民共建社会主义精神文明活动的根本任务，为本地经济建设和社会的全面、协调、可持续发展提供精神动力和智力支持。贯彻落实《公民道德建设实施纲要》，把道德建设作为军民共建活动的重要内容，大力倡导“爱国守法、明礼诚信、团结友善、勤俭自强、敬业奉献”的基本道德规范。军民积极参加创建文明城市、文明村镇、文明行业、文明社区活动，弘扬社会主义道德风尚，促进军政军民团结和民族团结。共建单位每年互办有影响的好事实事。军（警）民联防活动长期开展，在社会治安综合治理中发挥重要作用，共建单位范围内无重大刑事案件。70%以上的军民共建点被评为县（团）级以上先进单位。

（五）政策法规落到实处。妥善安置军队转业干部，无拒收现象。军队转业干部、军队离退休干部当年安置率达到100%。认真贯彻落实国家和海

南省优抚安置政策，当地有相应的配套政策法规，城镇退伍兵和转业士官得到妥善安置。随军家属的就业安置一般不超过随军后一年时间。随军家属、子女当年就业率达到80%以上，军人子女入托入学得到妥善安排。城镇义务兵家属优待金标准达到省规定的标准，农村义务兵家属优待金标准达到当地上年度农民人均纯收入水平，兑现率达到100%。按时足额发放重点优抚对象抚恤补助金，“三难”问题得到解决。在乡孤老“三属”、孤老伤残军人和孤老复员军人优待达到100%，优待达到标准。建立优抚对象抚恤补助标准自然增长机制。

（六）军政军民关系融洽。军政军民互相帮助，互相支持，亲如一家。无军地历史遗留问题，军地地界、产权清晰。无重大军警民纠纷，发生纠纷，军地领导主动及时妥善解决。建立维护国防利益和军人军属合法权益工作机制和工作机构，组织健全，人员落实，军地单位无重大违反群众纪律和侵害军人军属合法权益行为。军事设施得到有效保护。部队积极开展拥政爱民活动和参加地方公益事业、重点工程建设及扶贫帮困、抢险救灾等工作，达到中央军委和四总部规定的义务劳动时间。

第七条 爱国拥军和拥政爱民模范单位的基本条件：单位领导高度重视双拥工作，双拥组织机构健全，工作制度落实，双拥活动长期开展，军民关系融洽。地方单位在关心军队建设、支持军事斗争准备、落实优抚安置政策、维护军人及其家属合法权益等方面事迹突出；部队单位在支援经济建设、抢险救灾、扶贫帮困、军民共建、遵纪爱民以及维护民族团结等方面作出突出成绩。

第八条 爱国拥军和拥政爱民模范的基本条件：政治思想强，工作表现好，群众威信高，在拥军优属、拥政爱民活动中作出突出贡献。

第三章　命名的权限与程序

第九条 全国双拥模范城（县）由省双拥工作领导小组从符合全国双拥模范城（县）条件，并获得最近一届省双拥模范城（县）称号的市、县中择优推荐。推荐全国双拥模范城（县），由省双拥工作领导小组办公室提出推荐意见，经省双拥工作领导小组全体会议审议，并征求广州军区意见，报省委、省政府、省军区同意后，向全国双拥工作领导小组写出推荐报告，并附事迹材料。

第十条 省双拥模范城（县、区）由省委、省政府、省军区批准命名，报全国双拥工作领导小组备案。省双拥模范城（县、区）命名范围包括地级市、县级市、县、市辖区。

第十一条 省双拥模范城（县、区）每3年命名一次。除特殊情况外，由省委、省政府、省军区举行命名大会，对被命名的省双拥模范城（县、区）授予奖匾，颁发荣誉证书。

第十二条 省双拥模范城（县、区）由各市、县（区）党委、政府、驻军根据省双拥模范城（县、区）标准，在自查合格的基础上，向省双拥工作领导小组写出申请报告，省双拥工作领导小组办公室会同军地有关部门对申报市、县（区）进行考核验收，写出考核验收情况报告，并提出初选意见，经省双拥工作领导小组全体会议审议后，提交省委、省政府、省军区批准。

第十三条 省双拥模范单位表彰范围：厅局级以下（含厅局）机关、企业事业单位、群众团体、乡镇、街道和部队师以下（含师级）单位。省双拥模范单位由各市、县（区）双拥工作领导小组评选推荐，省双拥办会同军地有关部门对推荐的单位进行考核，并提出表彰意见，经省双拥工作领导小组全体会议审议后，提交省委、省政府、省军区批准。

第十四条 省双拥模范表彰范围：机关、企业事业单位、群众团体的厅局级以下（含厅局）干部、职工、农民，新的社会阶层人员和部队师以下（含师级）军官、士兵。省双拥模范由各市、县（区）双拥工作领导小组评选推荐，省双拥办会同军地有关部门对推荐的个人进行考核，并提出表彰意见，经省双拥工作领导小组全体会议审议，省管干部还应报省委常委会讨论通过后，由省委、省政府、省军区批准表彰。

第四章 命名后的管理

第十五条 双拥模范城（县、区）应以命名为新起点，坚持巩固、发展、提高的方针，不断研究新情况，解决新问题，总结新经验，取得新成绩。

第十六条 双拥模范城（县、区）在获得荣誉称号期间，每年要写出年度双拥工作报告和下年度双拥工作计划，并报省双拥工作领导小组。

第十七条 省双拥工作领导小组适时对省级以上双拥模范城（县、区）进行检查，并将检查情况报全国双拥工作领导小组，作为下一次评选全国双拥模范城（县）的重要依据。

第十八条 被命名为双拥模范城（县、区）后，工作停滞不前或出现问题的，有关市、县（区）应及时找出薄弱环节，采取有效措施，切实改进工作。

第十九条 双拥模范城（县、区）出现政策法规不落实或重大军警民纠纷，军地领导应及时出面协调解决、妥善处理，同时，将情况报省双拥工作领导小组。对隐情不报或不及时采取解决措施的，给予通报批评；对造成不良后果，严重影响军政军民团结的，按命名权限撤销双拥模范城（县、区）荣誉称号。

第五章 附 则

第二十条 本办法由省双拥工作领导小组办公室负责解释。

第二十一条 本办法自颁发之日起施行。

海南省双拥工作领导小组成员单位工作职责

琼拥［2004］1号

省委办公厅：贯彻执行中央，省委、省政府双拥工作方针、政策；协调安排全省重大双拥活动，协助有关部门开展群众性拥军优属活动；协调处理全省双拥工作中的有关问题；认真做好本部门的拥军优属工作。

省委宣传部：把双拥宣传和国防教育作为全省政治文明和精神文明建设的重要内容列入宣传工作规划；组织协调宣传、文化、新闻、广播电视、出版等部门开展双拥宣传和国防教育，在全社会营造浓厚的双拥工作氛围；有计划地宣传双拥典型和先进经验，推动军民共建活动；大力弘扬和培养以爱国主义为核心的民族精神，加强对爱国主义教育示范基地、国防教育基地工作的指导和管理；倡导爱国拥军的奉献精神，在全社会形成关心、支持、爱护人民军队，优待、照顾优抚对象的良好社会风尚；认真做好本部门的拥军优属工作。

省政府办公厅：贯彻执行中央、省委、省政府关于双拥工作的方针、政策；落实省双拥工作领导小组安排的双拥工作任务；督促省政府各部门开展群众性拥军优属活动；协调有关部门解决双拥工作中的问题；认真做好本部门的拥军优属工作。

省发展与改革厅：积极支持国防现代化建设和军队建设，将国防、军队建设和优抚安置工作列入省经济和社会发展规划；协调处理军队建设需要地方解决的有关问题；做好部队支援国家和省重点工程建设的有关协调工作；组织开展本系统的拥军优属活动，落实优抚安置政策。

省教育厅：把国防教育纳入教育体系，组织大中专院校、职业学校和中小学广泛深入地开展国防教育、爱国拥军教育；组织本系统教职员工和在校学生开展拥军优属活动，为部队和优抚对象做好事；积极支持军队实施人才战略工程，帮助解决人才建设方面遇到的问题，帮助军队培养军地两用人才；指导开展军民共建文明学校活动，搞好学生军训和少年军校活动；制定有关军人子女就地、就近入学入托的规定，积极协调解决烈士、伤残军人等重点优抚对象子女入学入托有关问题；做好本系统优抚安置工作。

省民族宗教厅：在少数民族干部群众中广泛深入地开展双拥宣传和国防教育，进一步提高少数民族干部群众热爱人民军队、维护国防设施、支援部队建设、加强军民团结的自觉性；在民族地区大力开展军民共建和拥军优属活动；配合有关部门做好双拥工作，维护民族团结，维护军政军民团结，维护民族地区的社会稳定；表彰军民团结、民族团结的先进典型；协调驻军部队支援民族地区发展经济和社会文化事业；做好本系统的优抚安置工作。

省公安厅：依法维护军事设施安全；协助部队维护好驻军营区及生活区域的社会治安；依法查处和惩治侵害军人及其家属合法权益的违法犯罪行为；负责协调军警民治安联防；配合铁路、交通、军供部门做好军事运输的安全保障工作；按有关政策规定做好军队离退休干部、转业、复员、退伍军人和随军、随迁家属落户工作；指导征集新兵的政治审查工作；做好部队重要军事行动和重大活动的安全保卫工作；组织做好战时和部队重要军事行动、重大活动的交通管制；组织查处妨碍和破坏国防动员工作的违法犯罪案件；组织公安民警开展拥军优属和军警民共建活动，做好本系统优抚安置工作。

省民政厅：贯彻执行国家，省委、省政府关于双拥工作和优抚安置工作的方针政策，研究起草我省优抚安置工作的地方性法规、规章，制定切实可行的工作措施；督促检查拥军优属、优抚安置各项法规、政策、措施在全省的落实情况；做好优抚对象的思想教育工作，指导各级民政部门制定和落实扶持优抚对象生产、生活的政策措施，将重点优抚对象优先纳入社会救助范围；协助有关部门做好征兵工作；负责军队离退休干部、复员军人、转业士官、退役士兵和无军籍职工的接收安置工作；指导各级民政部门做好符合条件的随军家属的最低生活保障工作；做好军地两用人才的培训、开发工作；做好烈士褒扬工作；指导搞好优抚安置事业单位、烈士纪念建筑物管理保护单位和军供保障单位的建设和管理；会同军地有关部门指导争创双拥模范城（县）、双拥模范单位和个人活动；做好本系统的拥军优抚安置工作。

省财政厅：为全省拥军优属工作提供必要经费保障；按照有关法律、法规和政策规定，会同民政部门认真落实优抚对象的各项抚恤补助经费，切实保障优抚对象的生活，并根据经济发展水平和财力可能，为国防和部队建设及优抚安置工作提供必要的财力保障，适时提高重点优抚对象补助标准；支持优抚事业单位建设；加强对双拥经费和优抚安置各项经费使用的管理监督；做好本系统的拥军优抚安置工作。

省人事劳动保障厅：贯彻落实国家关于军队转业干部安置的政策，做好军队转业干部的接收安置、培训和自主择业工作；妥善安置随军家属和转业干部随调、随迁家属；会同有关部门为部队推荐和选拔国防建设需要的大学毕业生；配合有关部门做好转业士官、城镇退役士兵的安置就业工作，指导人才服务机构为自主择业的军队转业干部、自谋职业的退役士兵和未就业的随军家属提供求职优先服务，开展军地两用人才的培训和开发工作；做好优抚对象的社会保险工作；协助做好双拥模范个人的表彰；做好本系统优抚安置工作。

省建设厅：协助部队依法搞好军事设施建设；支持军队后勤保障社会化，协调指导各地免征配套改造项目城市基础设施配套费；指导地方解决优抚对象和城镇未随军家属的住房困难；协助做好军队离退休干部、无军籍退休职工建房工作；协调处理军地之间的房产矛盾和纠纷；在城乡规划中充分考虑国防利益和军事需求；做好本系统的拥军优抚安置工作。

省交通厅：注重军事需求，搞好公路规划和建设；做好军运工作，保障军事运输；做好国防、边防公路的修建工作，同时做好交通部门管养路段的养护工作，保障军事运输畅通；支持军队后勤保障社会化，指导地方交通部门为驻军比较集中的地区开设公交专线；开展军民共建文明车站、文明港口、文明运输线活动；有条件的车站、港口客运站开设军人售票窗口；对执行紧急任务的部队和军人，凭部队团以上单位介绍信，提供交通便利；对现役士兵、革命伤残军人乘坐车船给予优待；做好本系统的拥军优抚安置工作。

省农业厅：积极支持部队发展农副业生产和“菜篮子”工程建设，搞好技术指导、人员培训和新产品供应等工作；采取多种形式扶持农村优抚对象发展生产，优先帮助优抚对象脱贫致富；做好本系统的优抚安置工作。

省商务厅：做好军队重要物资的供应工作，保障国防重点工程、重要装备建设等物资供应；优先保障部队战备训练、教学、科研及工作生活等有关物资和能源的调运和供应；协助培养军地两用人才；做好本系统的优抚安置工作。

省文化广电出版体育厅：协调全省广播、电视、文化、出版等单位有计划地开展国防教育和双拥工作宣传，大力宣传双拥活动中涌现出来的先进模范和典型经验；组织开展节日期间的双拥文艺演出和双拥活动；协助部队搞好文化建设，丰富部队的文化生活；帮助驻军培养文体骨干，活跃部队文化体育生活；开展拥军优属活动，做好本系统的优抚安置工作。

省卫生厅：开展军地医疗卫生业务交流活动，支持部队发展医疗卫生事业；指导部队搞好公共卫生体系建设，帮助官兵提高应对重大传染病等突发公共卫生事件的能力；研究制定并指导落实优抚对象医疗优惠政策，组织卫生行政部门和医疗机构做好优抚对象医疗服务工作；对优抚对象按规定要求开办的医疗诊所进行业务指导和必要的帮助；做好本系统的拥军优抚安置工作。

省农垦总局：把双拥和优抚安置工作列入工作计划，在全省农垦系统开展双拥宣传和国防教育；积极开展军民共建活动，保护国防设施；落实优抚安置政策，确保重点优抚对象的抚恤补助金按时发放，帮助重点优抚对象解决住房和医疗困难；做好本系统军队转业干部、退伍军人的安置工作。

省工商局：支持军队改革和建设，扶持军供保障、优抚安置事业单位、军人服务社、自主择业退役军人、优抚对象和随军家属的生产经营；支持企业安置退役士兵和随军家属，为退役士兵和随军家属自谋职业提供优先优惠服务；引导私营企业开展拥军优属活动；指导做好驻军周边市场的管理工作；组织本系统和工商户开展拥军优属活动，做好本系统的优抚安置工作。

省粮食局：做好部队的粮油供应工作，保证部队特需粮油供应，为部队和优抚对象提供优先优质服务；完善战时应急粮食储备制度；开展双拥宣传教育，组织本系统开展军民共建和拥军优属活动。

省高级人民法院：依法调解和处理涉及军人、军属、优抚对象的案件，切实维护军人、军属和优抚对象的合法权益，依法惩处涉军违法犯罪行为；做好拥军优属、优抚安置工作。

省总工会：将拥军优属工作列入工作计划；采取多种形式对职工进行国防教育和双拥宣传教育；发动和组织职工开展拥军优属和军民共建社会主义精神文明活动；宣传拥军优属先进单位和个人的先进事迹；积极协调有关部门为企业军转干部、退役士兵、军人家属和优抚对象排忧解难，维护他们的合法权益。

团省委：将拥军优属工作列入各级团组织的工作计划，加强对全省青少年的爱国主义、国防知识和双拥教育；在团员青年中广泛开展学军、拥军和军民共建社会主义精神文明活动；组织青少年为军属和优抚对象送温暖、做好事；指导少年军校建设，表彰先进典型。

省妇联：将拥军优属工作列入工作计划；采取多种形式对广大妇女进行国防教育和双拥宣传教育；发动妇女广泛开展群众性的拥军优属活动，宣传和表彰妇女拥军的先进典型和本系统拥军的先进单位；会同军队有关部门表彰作出突出成绩的女军人和军人家属；组织开展争当“巾帼模范”、“好军嫂”活动，宣传女军人和军人家属自强不息、艰苦奋斗、开拓创新的事迹；发动广大妇女开展拥军优属活动，为部队和优抚对象做好事；协同有关部门维护军人在婚姻家庭等方面的合法权益；指导各级妇联与驻军开展军民共建社会主义精神文明活动。

海南日报社、省广播电视台： 大力宣传国防知识；开设双拥专栏和专题节目，宣传双拥先进典型和经验，弘扬拥军优属、拥政爱民光荣传统，在社会上营造爱国拥军良好氛围；配合有关部门做好节日、纪念日重大双拥活动的宣传报道工作；组织本单位开展军民共建和拥军优属活动。

省军区： 协调、指导驻琼军警部队进行人民军队性质、宗旨教育，开展拥政爱民和军民共建社会主义精神文明活动；督促检查驻军执行国家法律、法规、民族宗教政策和遵守群众纪律的情况；协调部队参加地方经济建设，支持社会公益事业，积极参加抢险救灾和维护社会治安等活动；会同地方有关部门进行全民双拥宣传和国防教育；会同地方党委、政府制定拥军优属拥政爱民的政策和法规；参与协调处理重大军地矛盾和纠纷；帮助地方学校搞好学生军训和少年军校建设活动。

南航部队、榆林基地： 对部队官兵进行人民军队性质、宗旨教育，组织开展拥政爱民活动和军民共建社会主义精神文明活动；发挥部队自身优势，组织参加地方经济建设和社会公益事业建设，积极参加抢险救灾和海难救援；帮助地方学校搞好学生军训和少年军校建设；会同地方进行双拥宣传和国防教育；模范遵守国家法律、法规和群众纪律，严格部队管理，树立人民军队威武之师、文明之师的良好形象。

省武警总队、边防总队、消防总队、警卫局： 组织开展拥政爱民和警民共建社会主义精神文明活动；检查本部队执行国家法律、法规、民族宗教政策和遵守群众纪律情况；组织部队官兵参加义务劳动，支持地方经济建设和发展社会公益事业，积极参加抢险救灾；组织部队参加军警民联防，处置突发事件，维护社会稳定；教育部队官兵遵守国家法律和群众纪律，严格警容风纪，树立良好形象。

海南省双拥工作领导小组办公室工作规则

琼拥办［2004］6号

第一章　总　则

一、根据双拥工作有关规定和省政府工作规则，结合我省双拥工作实际，制订本规则。

二、省双拥工作领导小组办公室工作以邓小平理论和“三个代表”重要思想为指导，以巩固和发展“同呼吸、共命运、心连心”的军政军民关系，维护社会稳定、促进经济发展、推进军队现代化建设为重点，与时俱进，开拓创新，抓好我省双拥工作任务的落实。

三、省双拥办是省双拥工作领导小组下设的工作机构，在省双拥工作领导小组直接领导下开展工作，实行军地合署办公制度。

四、省双拥办工作人员从军地有关单位选调配置，办公机构设在省民政厅。

第二章　工作职责

五、贯彻执行国家、省双拥工作方针、政策和重大决策，组织实施省双拥工作领导小组决定、决议，协调落实省双拥工作领导小组的工作部署。

六、拟定全省双拥工作计划和年度工作安排，起草以省双拥工作领导小组名义发送的公文，筹备组织省双拥工作领导小组召开的会议。

七、负责省双拥工作领导小组成员单位的日常联系和协调工作。

八、研究探索新形势下双拥工作的新情况、新问题，及时提出工作建议和对策，为省双拥工作领导小组的决策提供依据。

九、了解掌握各部门、各市县（区）和部队系统的双拥工作动态，向省双拥工作领导小组反映情况，编印《双拥工作简报》、《双拥情况反映》等信息资料。

十、定期分析全省双拥工作形势，及时总结推广双拥工作先进经验，宣传双拥工作先进典型。

十一、协调、指导各部门、各市县（区）和驻琼部队开展创建双拥模范城（县、区）活动；负责双拥模范城（县、区）命名考核验收工作，督促检查双拥政策落实情况。

十二、会同有关部门组织安排省重要拥军慰问、拥军优属和军地联欢活动。

十三、妥善处理军民的来信来访，协助军地有关单位调查处理军警民纠纷和历史遗留问题。

十四、承办省双拥工作领导小组和全国双拥办交办的其他事项。做好双拥工作文书资料整理归档工作。

第三章　会议制度

十五、省双拥办负责省双拥工作领导小组全体会议、组长办公会议的组织工作。省双拥工作领导小组全体会议由组长或组长委托副组长召集和主持，领导小组组成人员参加，主要任务是：

（一）部署全省双拥工作。

（二）讨论决定双拥工作中的重大事项。

（三）审议向全国双拥工作领导小组推荐全国双拥模范城（县）、模范单位、模范个人和命名省双拥模范城（县、区）、模范单位、模范个人事项。

（四）通报全省双拥工作情况，分析双拥工作形势，协调各成员单位的工作。

（五）讨论其他需要省双拥工作领导小组全体会议讨论的事项。

全体会议一般每年召开一次，根据需要可安排有关部门、单位负责人列席会议。省双拥工作领导小组组长办公会议由组长或副组长召集并主持，主要任务是研究、协调和处理双拥工作中的一些专门问题。组长办公会议根据需要不定期召开。

十六、提请省双拥工作领导小组全体会议审议的议题和组长办公会议研究的事项，由省双拥办主任协调审核后提出，报组长或副组长确定，会议文件由组长或副组长签发。文件和议题由省双拥办于会前送达与会同志。

十七、省双拥办实行主任办公会议制度。主任办公会议由省双拥办主任或副主任召集并主持，主要任务是：

（一）讨论协调提请省双拥工作领导小组全体会议和组长办公会议审议、研究的重要事项。

（二）研究制定省双拥办工作计划，安排部署省双拥办工作。

（三）协调贯彻执行省双拥工作领导小组决定、决议和工作部署中出现的有关问题。

（四）讨论决定省双拥办工作中的其他事项。

主任办公会议根据需要不定期召开。

第四章　公文审批

十八、省双拥办报送省双拥工作领导小组的公文，应当符合《国家行政机关公文处理办法》（国发［2000］23号）和《海南省行政机关公文处理实施细则》（琼府［2001］69号）的规定。向省双拥工作领导小组报送公文，必须经省双拥办主任、副主任审核。省双拥办报送省双拥工作领导小组的请示性公文，若有关部门间有意见分歧，双拥办应主动协调，不能取得一致意见的，应列出各方理据，提出办理建议。

十九、省双拥办报送省双拥工作领导小组审批的公文，要按规定程序呈批。重大问题，应报省双拥工作领导小组全体会议讨论决定。

二十、以省双拥工作领导小组名义发文，由组长或组长授权副组长签发。

以省双拥工作领导小组名义发送全国双拥工作领导小组办公室、国家有关部委和各省、自治区、直辖市双拥工作领导小组的函件，一般由副组长签发。

二十一、以省双拥工作领导小组办公室名义发文，由省双拥办主任或主任授权副主任签发。省双拥办与有关部门联合发文的，由省双拥办主任或主任授权副主任与联合发文单位领导共同签发。

二十二、省双拥办负责同志审批公文应提出明确的办理意见。对于一般报告性公文，圈阅表示“已阅知”。对于具体请示事项的公文，主任、副主任应提出明确的“同意”、“不同意”或其他具体意见，并写上姓名和时间。如主呈人已签署明确意见，其他呈报人随后圈阅，视为同意主呈人意见。

第五章　作风纪律

二十三、省双拥办工作人员要严格遵守、自觉执行国家的法律、法规和行政规章，严格遵守组织纪律和工作规则，依法办事，廉洁自律，勤政为民。

二十四、要善于读书学习，积极钻研业务，不断充实新知识，丰富新经验，创新工作思路，提高政策、知识水平和工作能力。

二十五、注重调查研究，一切从实际出发，实事求是地反映情况和处理问题。

二十六、提倡执行文化，办事要认真、负责、准确、及时，注重质量，讲求效率。分工职责内的事项或上级交办的事项，要按规定的时限完成，紧急事项要迅速报告处理。

二十七、服从组织领导，忠于职守，勤奋工作，密切联系群众，虚心听取基层群众和军地单位的意见和建议。

二十八、要讲政治、顾大局，主动同军地单位配合，团结协作，求真务实，不扯皮、不推诿，共同搞好双拥工作。

海南省人民政府关于军人参观旅游场所免收门票的通告

琼府［2004］45号

为了进一步做好拥军优属工作，增进军政军民团结，根据《中华人民共和国国防法》、《军人优待抚恤条例》等法律法规，结合我省实际，决定对军人参观旅游场所免收门票。现通告如下：

一、免票对象：中国人民解放军和武装警察部队的现役军人，革命伤残军人和离退休军人。

二、免票军人的有效证件：《军官证》、《警官证》、《军队文职干部证》、《士兵证》、《军人离退休证》、《革命军人伤残证》、军警院校《学员证》。

三、免票的场所：全省境内的旅游景区、景点、公园、纪念馆（不包括旅游活动项目）。

四、旅游景区、景点、公园、纪念馆内其他设施免费优惠由各旅游景区、景点、公园、纪念馆自行规定。

五、已参加旅行社组团的军人不享受免票待遇。

六、旅游场所如不执行本通告，由所在市、县人民政府予以通报批评，并限期改正；拒不改正的，由有关部门依法予以处理。

七、本通告从2004年9月1日起执行。

重庆市人民政府　重庆警备区
关于认真做好2003年冬季退役士兵接收安置工作的通知

渝府发［2004］24号

根据《国务院、中央军委关于2003年冬季士兵退出现役工作的通知》（国发［2003］21号）精神，结合我市实际，现就做好2003年冬季士兵退出现役接收安置工作的有关事项通知如下：

一、接收对象

根据《中华人民共和国兵役法》的规定和军队体制编制调整政策的实际情况，今冬接收士兵退出现役的对象为：服现役满2年未被选取为士官的义务兵；服现役满本期规定年限未被选取为高一期的士官；调整精简单位服现役未满规定年限的编余士兵；服役满10年以上的退出现役的士官。因政治、身体等原因需要提前退出现役的，按有关规定执行。

二、接收时间和方法

复员士官和退役士兵同时接收，原则上从2003年11月开始，2004年1月结束。转业士官的档案实行集中交接，原则上从2004年1月开始，2月底基本结束，由市民政局负责审查。转业士官接到《接收安置通知》后，3个月内不报到者，由市民政局在2004年6月底前将其档案退回原移交军区士官管理办公室。退役义务兵和复员士官的接收工作，仍按现行政策规定执行。

对符合安置条件的退役士兵在待安置期间，由入伍前户口所在地或接收安置地政府，按每人每月高于当地城镇居民最低生活保障线10元的标准发给其生活补助费。

三、做好退役士兵的思想教育和岗前培训工作

各区县（自治县、市）人民政府和有关部门要认真做好退役士兵待分配期间的管理教育工作，及时组建退役士兵临时党、团组织，紧密联系退役士兵思想实际，组织他们认真学习“三个代表”重要思想和有关退役安置的政策规定，引导他们认清国家改革和建设的形势，正确理解党和政府的各项改革举措，树立自立、自强精神和与社会主义市场经济相适应的择业观念，听从组织安排，服从政府安置。要有组织、有计划地对退役士兵进行科学文化和各类技能培训，提高他们的就业能力。各新闻单位要加大对退役士兵安置工作的宣传力度，大力宣传人民军队保家卫国的丰功伟绩及退役士兵中的先进人物和模范事迹，激发各行各业和全社会的拥军热情，为退役士兵安置创造良好的社会环境。

四、严格执行安置政策，做好城镇退役士兵安置工作

2003年的退伍安置工作面临新的形势，一是军队进行体制编制改革，部分服现役未满规定年限的士兵将提前退役，地方政府接收安置任务更加繁重；二是随着新成长劳动力就业、下岗失业人员再就业和农村富余劳动力向城镇转移加快，城镇总体就业压力进一步增大。对此，各区县（自治县、市）人民政府和各部门、各有关单位要予以高度重视，要以党的十六大精神和“三个代表”重要思想为指导，进一步加强对安置工作的领导，认真贯彻执行国家有关安置工作的政策和法规，继续全面推行安置就业和自谋职业相结合的安置办法，采取切实有效措施，确保2003年冬季退役士兵得到妥善安置。

（一）要加大对城镇退役士兵安置的力度。退役士兵安置是全社会的共同责任，各区县（自治县、市）人民政府要按照国防义务均衡负担的原则，将所有机关、团体、企事业单位，包括非国有经济单位、民办非企业单位全部纳入安置城镇退役士兵范围，科学合理地制定安置计划。所有行业和单位，要千方百计克服困难，按照国家有关规定承担退役士兵安置的责任和义务，努力完成当地政府分配的安置任务。机关、事业单位工勤人员，应从退役士兵中优先选用。中央驻渝直属机构、企事业单位要按照国务院、中央军委的要求，积极支持地方人民政府的工作，要按照比例安置退役士兵，不得拒绝接收和禁止下属单位接收城镇退役士兵。特别是行业管理部门，要尊重和支持地方各级政府的工作，配合当地民政部门积极承担安置任务。对不执行政府下达的安置计划的单位，要依法追究领导者的责任或予以处罚，并责令其限时完成安置任务。对完不成安置任务的区县（自治县、市），不能评为双拥模范城（县）。

（二）城镇退役士兵采取政府安置就业、自谋职业、扶持就业等多渠道安置。继续采取“按系统分配任务、包干安置”的办法。中央驻渝单位和市直属单位的安置计划由市发展改革委、劳动保障局、民政局联合下达。各区县（自治县、市）的安置计划，由当地政府下达。凡本系统职工的子女、配偶，由主管部门负责接收安置，主管部门不在我市的，由单位直接接收。

各区县（自治县、市）人民政府对提前退役士兵的安置，要与服役期满的退役士兵同等对待，纳入2004年安置计划。其中，对服现役满1年的退役义务兵，按照服现役期满退役义务兵的有关规定安置；对服现役满9年的转业士官，按照服现役满10年以上转业士官的有关规定安置，不满9年的退役士官，按现行退役义务兵的安置政策办理。

由政府负责安置的退役士兵，在开出安置介绍信后，就视为已经安置。凡系市政府统筹安置的，由市民政局开具安置介绍信；凡按系统下达的安置任务，由区县（自治县、市）民政局开具安置介绍信。接收安置单位应在1个月内安排安置对象上岗，不能按时安排上岗的，由接收单位以不低于本单位同工龄职工月平均工资的80%逐月发给生活补助费。企业破产、倒闭或停产、半停产的，要优先安排退役士兵再就业。无论接收单位是什么性质或组织形式，都要按照《中华人民共和国劳动法》的有关规定与退役士兵签订劳动合同，在合同期内非本人原因或严重过失，不得解除劳动合同，并按照国家有关规定参加各项社会保险、缴纳社会保险费，享受社会保险待遇，其军龄连同待分配时间一并计算为连续工龄，并视同为社会保险缴费年限。

（三）深化安置政策改革，积极推进城镇退役士兵自谋职业。要加大工作力度，推动城镇退役士兵自谋职业工作向纵深发展。对城镇退役士兵自谋职业的，由接收地人民政府给予一次性经济补助，补助标准义务兵不低于10000元，转业士官不低于20000元，其中对服役期间荣立三等功以上自谋职业的退役士兵（转业士官）另增发一次性补助金，具体标准由当地人民政府根据实际情况制定。二、三等伤残军人自谋职业的，除领取一次性经济补助外、另按在乡伤残军人发给伤残抚恤金。城镇退役士兵自谋职业从事个体经营的，地方各级人民政府要积极贯彻国家有关扶持城镇退役士兵自谋职业的优惠政策，各有关部门要简化手续，优先给予办理证照、安排场地和摊位；除依法颁发证照收取工本费外，在3年内免收各项行政性收费。在税收方面，自谋职业的城镇退役士兵按照《国家税务总局关于退役士兵自谋职业享受有关税收优惠政策的通知》（国税发［2001］11号）的有关规定享受有关税收优惠政策，并享受国有企业下岗职工的各项优惠政策。自谋职业的城镇退役士兵，按照国家有关规定参加社会保险，缴纳社会保险费，享受社会保险待遇；其军龄视同为社会保险缴费年限，并和实际缴费年限合并计算；应允许其配偶和子女按现行户籍管理政策在城镇落户，并解决其子女入学问题。自谋职业的城镇退役士兵的档案由当地劳动保障部门免费为其保管；党、团组织关系由乡镇、街道接收管理。城镇退役士兵符合低保条件的，要纳入城市居民最低生活保障范围。

各地要根据具体实际，实行先报到落户、后进行分配安置的办法，尽可能缩短退役士兵落户和办理身份证的等待时间。

（四）城镇退役士兵和转业士官必须服从政府的安置和接收单位的工作安排。在接到本地区民政部门发出的分配通知后，3 个月不报到者，取消其安置资格，将其档案转到本人（配偶）户口所在地的乡镇、街道办事处，按待业人员对待。对接收单位安置了工作、本人不按时报到上岗者，由接收单位按照本单位的规章制度处理。

（五）严把安置政策关，不得随意扩大安置范围。对入伍、退役手续不全或在档案中弄虚作假、谋取安置资格的；非户口所在地入伍的城镇退役士兵；属农业户口入伍的，但在服役期间或退伍时为本人或为父母购买了城镇户口农转非的；服现役期间，因征地、小城镇建设占地及移民等就地集体农转非的（本人要求转为非农业户口，报市民政局批准后，只负责转为非农业户口，不负责安排工作）；服现役期间因在城镇购买商品房农转非的；城镇户口占用农村征兵指标入伍的退役士兵等，一律不纳入城镇退役士兵安置。符合安置条件的城镇退役士兵，在待安置期间，被公安机关拘留的，取消其安置资格。

对退役后需跨入或跨出本市易地安置的，由重庆市民政局审查批准；对在本市入伍退役后要求在本市范围内异地安置的按原有规定办理；对转业士官和立功受奖、因公伤残的退役士兵，要优先安置；对驻藏、驻港、长期在边防、海岛等艰苦地区服役退伍的士兵及女兵等在安置时要给予照顾。

五、做好农村退役士兵的接收工作

对返回农村的退役士兵，各区县（自治县、市）人民政府要加强对开发使用军地两用人才工作的领导。结合当地实际，采取有效措施，在生产服务、技术指导、教育培训、农用物资供应和农副产品收购等方面给予支持，对生产、生活、住房等方面确有困难的，当地政府应当予以扶助。引导他们在农业生产和市场经济活动中发挥骨干作用。要采取有效措施，鼓励和扶持有专长的农村退役士兵创办经济实体、兴办第三产业。要推荐介绍优秀退役士兵作为农村基层组织的后备干部重点培养，发挥他们在农村“三个文明”建设中的骨干作用；有条件的地区可建立退伍军人两用人才机构，开展育才、荐才、用才一体服务，有计划、有组织地把退伍军人两用人才推向人才市场和劳动力市场，使他们更好地为经济建设服务。

六、切实加强组织领导，确保安置任务的完成

退役士兵安置工作，是事关国防和军队建设、经济发展和社会稳定大局的一项重要工作，是双拥工作的重要组成部分，是各级人民政府的一项重要政治任务。这项工作政策性强，工作难度大。各区县（自治县、市）人民政府必须高度重视，要纳入重要议事日程，切实加强领导，并落实一定的安置工作经费。各有关部门要互相支持，密切配合，及时研究解决安置工作中出现的新情况和新问题，共同做好工作，确保我市本年度退役士兵接收安置工作任务顺利完成。

中共重庆市委　重庆市人民政府　重庆警备区
关于认真做好 2004～2006 年军队体制编制调整改革期间转业干部安置工作的通知

渝委发［2004］23 号

根据中共中央、国务院、中央军委《关于做好 2004～2006 年军队体制编制调整改革期间转业干部安置工作的通知》（中发［2004］7号）（以下简称中央7号文件）精神，为做好我市军队体制编制调整改革期间的转业干部安置工作，现将有关问题通知如下：

一、充分认识军转安置工作意义，积极支持军队体制编制调整改革

这次军队体制编制调整改革期间，将有6000余名军队（含武警部队）干部退出现役转业到重庆地方工作。做好这批军队转业干部的安置工作，对于保证军队体制编制调整改革的顺利进行，维护改革发展稳定的大局，推进我市社会主义现代化建设，具有十分重要的意义。因此，各区县（自治县、市）党委、政府和市级各部门、中央在渝单位以及驻渝部队各级组织，都要按照中央7号文件的要求，把军队转业干部安置工作作为一项重要的政治任务来抓。市委督查室、市政府督查室要加大监督检查的力度，对军转安置的政策落实、经费保障、家属安置等情况进行督查，确保安置任务落到实处，并以此作为考核领导班子、领导干部政绩的重要内容和评选双拥模范区县（自治县、市）的重要条件。对于拒绝接收军转干部的部门和单位，要通报批评并限期完成军转安置任务。

二、坚决贯彻中央政策规定，全面完成军转干部安置任务

从今年开始到2006年，我市接收军转干部数量特别是师团职以上干部的比例大幅度增长。为了确保军队体制编制调整改革期间的军转安置任务完成，必须坚决贯彻执行中央7号文件规定，采取切实有效办法和措施，落实安置工作任务。

（一）重点安置好师团职军转干部。继续采取使用空出的领导职位，按规定增加非领导职数或者先进后出、带编分配、与领导班子建设通盘考虑等行之有效的做法，切实把师团职军转干部的工作和职务安排好。市级党政机关在军队体制编制调整改革期间，原则上都要接收安置师团职干部。担任师团级领导职务且任职满最低年限的军转干部，一般应安排相应的领导职务；安排领导职务确有困难的，也可安排相应的非领导职务。对正师职干部可安排担任市级党政机关和区里的副厅级领导实职；对副师职干部可安排进入市级党政机关领导班子，也可安排助理巡视员，或者享受副厅级待遇的局长助理、区长助理、党组成员。对正副团职干部安置，根据工作需要，可安排相应的领导职务，也可安排相应的非领导职务。对于作战部队师团级主官，在抢险救灾和抗击“非典”等急难险重任务中表现突出荣立二等功以上奖励、因公因战致残、长期在边远艰苦地区工作或从事飞行、舰艇工作的，要在安置地方、工作单位和职务安排上给予适当照顾。

（二）党政机关要带头完成安置任务。编制尚未满员或者有增员计划和自然减员缺编的部门，应首先从军队转业干部中补充。安置有困难的单位，应先接收安置军队转业干部，以后再逐步调整安排；政法和执法监管部门调整和充实人员，应优先选用军转干部。党政机关接收军队转业干部，按照军队转业干部计划分配数的25%增加行政编制。在安置计划使用上，采取指令性计划与自主选人相结合的办法，军转干部安置计划总数的60%，由组织、人事、军转安置部门按政策规定实行指令性统筹安排安置；40%由接收单位根据实际需要实行双向选择，自主选人。凡是指令性计划安置的，各单位都要无条件接收，坚决维护政令的统一和政策的严肃性。

（三）事业单位应尽可能多地接收军队转业干部。编制尚未满员的，应首先从军转干部中补充；编制满员的可按规定相应增加编制和人员工资总额，用于安排军转干部。事业单位安置军队转业干部，应参照其军队职务等级安排相应的管理或技术岗位，并给予3年的适应期。实行人员聘用制的单位要根据军转干部本人志愿，在协商的基础上，与其签订短期或长期合同，聘用合同期限不包括适应期。

（四）经济效益好的企业应积极接收军队转业干部。市轻纺、化医、机电、长江农工商、水务、水利、城投、建投、开投、高投、高发、地产、燃气和中央在渝的民航、铁路、电力、烟草、电信、邮政、盐业及银行等国有或国有控股集团，要积极接收军队转业干部。其接收安置军队转业干部的计划，由市军队转业干部安置工作部门编制，以指令性计划下达，接收单位不得以任何理由拒绝接收。国有或国有控股企业接收的军队转业干部，要安排管理或技术工作岗位，并给予 2 年的适应期，其工资和津贴、补贴、奖金以及其他生活福利待遇，按国家和所在企业的有关规定执行。

（五）增加专业技术职务数额。担任专业技术职务的军队转业干部，一般按其军队担任的专业技术职务或国家承认的专业技术资格，聘任相应的专业技术职务，工作需要的可以安排行政职务。单位因职数限制，聘任专业技术职务确有困难的，可以适当增加专业技术职务数额。担任行政职务并兼任专业技术职务的军队转业干部，根据单位工作需要和本人自愿，可以安排相应的行政职务或者聘任相应的专业技术职务。

（六）适当放宽部分军转干部去向条件。对符合《重庆市接收军队转业干部条件》（渝转组［2003］1 号）的，各区县（自治县、市）、市级各部门、各单位不得以任何理由予以拒绝。在军队体制编制调整改革期间，所在部队被撤销、合并、降格、改编的军队转业干部，其配偶符合随军条件并取得部队所在地常住户口（不含购房、挂靠等其他原因取得户口）的，可以到配偶常住户口所在地安置；夫妇同为军队转业干部的，可以到任何一方的部队所在地安置；未婚或者离异的，可以比照驻渝部队干部配偶随军条件予以安置。

（七）拉通调剂使用好编制。为减少军转干部到地方工作后夫妻两地分居的实际问题，并缓解主城区机关、事业单位接收安置的压力，在军队体制编制调整改革特殊时期，允许市属垂直管理部门的分支机构空编拉通使用，主要用于调剂接收安置军转干部。

（八）加强师团职军转干部培训。为了有效地帮助师团职军转干部尽快适应地方工作，要组织师职干部到市委党校（行政学院）进行公共管理研究生课程（MPA）的学历培训；对团职干部进行为期半年的岗位适应性培训，其培训费用由市财政承担。

（九）做好军转干部随调随迁家属安置。军转干部随调家属安置工作，原则上应由军转干部安置的所在地区或系统、行业负责，与军转干部同时接收，同时发出报到通知，并合理安排工作。鼓励并提倡军转干部随调家属本人自谋职业。凡是列入安置计划的军转干部随调家属，有自谋职业意愿的，在当年 12 月 31 日前，由本人向当地劳动和社会保障部门提出书面申请，经审批同意后，发给一次性安置补助费〔一次性安置补助费＝基础安置费（10000 元）＋（上年度重庆市职工平均工资÷12）×本人工作年限〕，所需经费由同级财政支付。

对军转干部随调随迁配偶、子女的落户、入转学、入托、基本养老、医疗及失业等社会保障关系的接收，要严格执行国家和本市的有关政策，不得收取规定以外的费用。

（十）未完成军转安置任务的单位，停止办理进人手续。有接收安置任务的单位，在当年军转干部安置任务尚未完成前，由组织、人事、编制部门冻结其编制，停止办理其人员调动、录用、聘用等一切进人手续。

三、推进军转安置制度改革，做好军转干部自主择业工作

这次军队体制编制调整改革，正值党政机关机构改革不断深化，行政机关压缩编制、精减人员，事业单位全面推行聘用制，企业推行现代企业制度，军转安置工作面临许多新情况、新问题。因此，必须坚持改革创新，推进军转安置制度改革，为做好军队体制编制调整改革期间的军转安置工作开拓更加广阔的空间。

（一）制定优惠政策，鼓励军转干部选择自主择业方式安置。尽快制定与中央文件配套、具有重庆特色的、旨在鼓励军转干部自主择业的优惠政策，力争明年军转干部自主择业总数达到计划安置总数的 24%，后年达到 30%。对符合条件并选择自主择业的军转干部除享受有关政策规定的待遇外，市财政根据各区县（自治县、市）实际接收的自主择业军转干部人数，按每人每年 2000 元的标准给予补贴，并用于其在未就业期间的基本医疗保险和住房补贴支出，不足部分由区县（自治县、市）解决。对不符合自主择业条件的计划分配干部，实行鼓励自谋职业的政策，使更多具有一技之长的军队干部进入人才市场，使军转人才资源得到合理配置。

（二）健全各项配套制度，搞好自主择业军转干部的管理服务工作。要进一步加强重庆市自主择业军转干部服务中心的建设，加大投入力度，完善服务设施。切实发挥管理服务作用，做好档案管理、退役金发放、社会保障所需经费的申请、核发、管理、就业培训、指导和协调等工作；构建由市统一领导和宏观调控、区县（自治县、市）协调指导和检查督促、街道乡镇负责日常管理的工作体系。要进一步完善各项制度，明确各级职责，规范工作程序，真正使管理服务体系上下衔接顺畅、协调运转有力；加强对自主择业军转干部的就业培训和指导，千方百计拓展就业渠道，消除自主择业军转干部的思想顾虑；重视自主择业军转党员干部的组织生活和思想教育，加强对自主择业军转党员干部的教育、管理和监督。

（三）积极开展思想教育，引导军转干部树立新的择业观念。军转移交安置部门和驻渝部队要采取召开军转干部恳谈会、政策宣传咨询会、安置形势报告会等多种形式，深入搞好军转干部的思想教育，引导他们认清军转安置面临的形势，正确处理国家与个人的利益关系，自觉体谅国家的难处，不提不合理的要求，科学选择安置方式；引导军转干部认清自主择业安置政策的优越性和生活保障的可靠性，看到我市经济发展给自主择业开辟的广阔天地和提供的良好机遇，从而坚定自主择业的信心；引导军转干部转变择业观念，强化自身素质，勇于参与市场竞争，自觉为国家分忧，走自我完善、自我发展之路，为社会主义现代化建设建功立业。

四、加强对军转安置工作的领导，密切配合、协调一致做好军转安置工作

各区县（自治县、市）党委、政府和市级各部门要把军转安置工作摆上重要议程，坚持党委抓总，“一把手”负总责，分管领导具体抓，一级抓一级，把接收好、安置好、培训好、使用好、管理好军转干部，作为一项严肃的政治任务抓好落实；要牢固树立为国防和军队建设负责和服务的思想，积极主动地为部队分忧解难，设身处地为军队转业干部着想，体谅他们的困难，理解他们的心情，为他们办实事、办好事。各级组织、编制、人事、劳动和社会保障、民政、公安、财政、教育和房管等职能部门，要各司其职，密切配合，以真挚的感情做好我市军转安置的各项工作。

军转安置工作是军地双方的共同责任。随着军队体制编制改革的深入推进，军转安置工作不可避免地会出现一些新情况、新问题。因此，必须继续保持和发扬相互支持、密切配合的好传统，齐心协力地做好军转安置工作。各区县（自治县、市）人武部要及时主动地向党委、政府汇报工作，反映情况，提出建议，积极搞好协调配合；部队各级党委要加强对军转干部的思想教育，对在部队应解决好的问题要切实解决好，不能把矛盾和问题带到地方；部队移交和地方安置部门要多沟通、多协调，对转业安置工作中遇到的问题，要及时通报情况，积极稳妥地处理，共同努力把军转安置工作做细做实做好。

重庆市贯彻全国双拥工作会议精神意见

渝拥［2004］2号

根据全国双拥工作会议精神，结合我市工作实际，提出如下贯彻意见：

一、把握方向，用“三个代表”重要思想统领全市的双拥工作

“三个代表”重要思想已经成为把广大军民凝聚起来、团结起来的光辉旗帜和共同思想基础。在新世纪新阶段，要牢固确立“三个代表”重要思想在双拥工作中的指导地位。按照“三个代表”重要思想的要求，理清思路，明确方向，丰富内容，把促进地方生产力发展和部队战斗力提高，加强军地思想道德和文化建设，维护广大军民的根本利益，作为双拥工作的根本出发点。要发挥军地双方各自的优势，广泛开展军地共同学习和实践“三个代表”重要思想活动，用“三个代表”重要思想凝聚军心民心。各地、各部队要按照党中央的部署和要求，组织军民学习“三个代表”重要思想，把学习不断引向深入。要坚持用“三个代表”重要思想指导双拥实践，进一步理清思路，明确方向，丰富内容，提高标准，使双拥工作在更高的起点上推进，更好地为国家和军队改革建设服务。

二、提高认识，进一步加强和改进双拥工作领导

双拥工作是中国共产党领导下我国亿万军民的伟大创造，是我党我军我国人民的优良传统和特有的政治优势，是党的三代领导核心的一贯思想。双拥工作所形成的坚强的军政军民团结，对于国家改革发展稳定和军队现代化建设发挥了重要作用。双拥工作是一项事关全局的战略性任务和社会工程，各级党委、政府、军事领导机关要高度重视，纳入重要议事日程，经常分析形势，研究解决重大问题。党政军领导要身体力行，带头参加重大活动，亲自协调解决军地重点难点问题。各级双拥工作领导小组要以对国家和军队建设高度负责的精神，认真履行组织、协调、指导双拥工作的职能。要建立双拥工作领导小组成员单位报告制度，各级双拥工作领导小组成员单位要经常将本单位的双拥工作开展情况通过信息、简报等方式报送当地双拥工作领导小组办公室，以利双拥资源的整合。要建立述职制度、联络员制度，双拥工作领导小组成员单位要明确一名联络员与市双拥办协调联系日常的双拥工作，从而增强军地有关部门履行双拥工作职责意识，推动双拥工作在各部门、各系统的落实。全市各区县（自治县、市）党委要参照市委议军会议的形式推行党委议军会议制度，解决当地拥军优抚安置工作中的热点、难点问题。军地领导要关心、重视和支持各地双拥办建设，配齐配强干部，加强对双拥办工作人员的培训，提高他们的综合素质，落实办公经费，完善军地合署办公制度，帮助解决实际问题，保证各项工作开展。军地双拥工作职能部门要积极为党政军领导做好参谋和助手，发挥应有的作用。重庆警备区、各区县（自治县、市）武装部要积极组织、协调当地驻军同政府、人民群众之间的联系，搞好驻军拥政爱民的协调，在密切军政军民工作中当好桥梁和纽带。建立各级领导干部双拥工作联系点制度，加强对基层双拥工作的指导，夯实双拥工作的基础。

三、增强意识，加大以爱国主义为核心的国防教育和双拥宣传教育的力度

爱国主义是一个民族的精神支柱。国防意识是爱国主义的一个重要内容，是民族精神的重要体现。军地要认真贯彻《国防教育法》，把国防教育和双拥宣传教育纳入国民教育体系和部队政治教育计划，制定规范统一的教育纲要，有组织、有领导地抓好落实。市和区县（自治县、市）宣传部牵头，制定宣传计划，利用春节、八一、征兵和双拥命名表彰大会期间，重点安排主要媒体和板块宣传新时期双拥工作的地位和作用，宣传双拥工作典型事迹。充分发挥国防教育基地功能，广泛开展国防教育日、军营一日、学生军训等活动，突出爱国主义核心内容，引导广大军民把市场与战场、思富与思危、稳定与发展结合起来，认清没有强大的军队，就没有国家的安康，没有人民的支持，就没有巩固的国防，进一步激发爱国拥军、爱国奉献的政治热情。

四、明确目标，围绕全面建设小康社会和维护社会政治稳定加强军地团结协作

实现全面建设小康社会的宏伟目标，需要党政军民共同努力。驻渝部队要坚定不移地贯彻服从国家建设大局的方针，积极支持重庆的各项改革和建设事业，研究制定参加和支持富民兴渝、全面建设小康社会的规划，集中力量援建地方的重点工程，主动承担抢险救灾、移民搬迁等急难险重任务。继续抓好扶贫帮困工作，抓好扶贫联系点，开展教育、文化、卫生等多种形式的扶贫活动。军队院校、科研单位和专业技术部队，要深入开展科技助民活动，帮助地方培养人才，进行技术攻关，搞好科技成果转让。充分利用军事设施的民用效能，努力为地方开发开放和经济建设服务，研究掌握自然灾害发生的特点规律，完善军地协作机制和应急方案，进一步做好抢险救灾工作，保护改革开放成果和人民群众生命财产安全。地方政府和有关部门要为部队支援地方经济建设、扶贫帮困、抢险救灾创造必要的条件，从政策、信息、经济等方面提供支持。军队和国防建设关系国防安危和社会主义现代化的成败，是全党和全国人民的共同事业。各级党委、政府要围绕推进中国特色军事变革，实现军队现代化的跨越式发展，更加深入扎实地做好地方支持国防和军队建设工作。积极配合部队搞好体制、编制调整改革，协助做好人员安置、单位交接、部队移防和军事设施保护等工作，妥善解决房产、土地、债务等问题。广泛开展科技拥军、教育拥军、智力拥军，推进实施军队人才战略工程。大力支持部队完成训练演习、战备执勤、科研试验和国防工程建设等任务，实现国防和军队现代化的跨越式发展。军政军民团结历来是保持和促进社会稳定的重要因素。要把维护稳定、促进发展作为双拥工作的重要任务，教育广大军民顾全大局，珍视安定团结的大好局面。军地要以军民共建为基本形式，积极参加创建文明城市、文明村镇、文明行业、文明社区、文明运输线等活动，让双拥工作进企业、进乡村、进机关、进学校、进社区、进连队，推动群众性双拥工作建设深入发展。

五、求真务实，抓好拥军优抚安置政策的落实

拥军优抚安置工作，关系到部队官兵和优抚对象的切身利益，影响到军队的稳定、国防的巩固和社会的发展，必须引起高度重视，并加以认真落实。对军队转业干部的安置仍然要采取计划分配与自主择业相结合的方式，保障军队转业干部的安置落到实处。要完善军队离退休干部的安置政策，确保政治、生活待遇落实。对城镇退役士兵的安置，要采取政府安排、自谋职业等多种形式，拓宽安置渠道。对随军家属的工作安置问题，劳动、人事及相关部门和单位应积极给予妥善安置。对重点优抚对象，要坚持国家保障和社会优待相结合，保证重点优抚对象达到或高于当地人民群众的生活水平。对农村义务兵家属优待金的发放标准，一定要按照有关政策规定标准予以执行。对二等乙级以上伤残军人的医药费用问题，要按照有关规定列入区县（自治县、市）级财政预算，不能将此项费用转嫁到乡镇、街道财政，确保二等乙级以上伤残军人有病能得到及时治疗。要建立健全维护军人及家属合法权益领导小组、法律咨询站等机构，及时提供优质高效的法律服务，按照依法优先原则，妥善处理官兵涉法问题。

六、与时俱进，推动双拥工作的改革创新

双拥工作要永葆生机与活力，必须适应新形势，发扬老传统，开创新局面。各区县（自治县、市）要创造性地开展创建双拥模范城（县）活动，不断充实新的内容，改进创新办法，完善激励竞争机制，通过创建活动解决双拥工作中的难点重点问题，促进拥军优抚安置政策的落实。针对重点优抚对象的“三难”问题，要通过不断地完善抚恤补助标准自然增长机制，解决生活难问题；要通过建立“医疗减免、医疗救助、医疗保险”三位一体的医疗制度，解决医疗难问题；要通过普遍实行敬老院、福利院设立“光荣间”的办法，解决住房难问题。要通过政策扶持、结对帮扶、技能培训，增强优抚对象参与市场竞争的能力，帮助优抚对象奔小康，同时要抓好优抚对象富裕先进典型的培育，带动一大批优抚对象共同致富。要大力推行退役士兵自谋职业、货币补偿的安置办法，要在政策上为自谋职业退役士兵就业提供优惠条件。要尊重广大军民的首创精神，积极创造富有时代特色的群众性双拥共建形式。为适应社会经济成份、组织形式、就业方式、利益关系和分配方式日益多样化，各区县（自治县、市）特别是主城区要积极探索新型经济组织和新的社会阶层开展拥军活动的途径和办法，扩大双拥工作的群众基础。要组织开展行业拥军、社区拥军，推动双拥工作社会化。进一步完善双拥工作运行机制，把政府行为与社会行为、以情双拥与依法双拥、行政调节与市场调节结合起来，保证双拥工作的开展和各项任务的落实。要通过召开双拥工作理论研讨会，总结宣传具有时代特色的经验和先进典型，推出一批有深度、有价值的双拥理论成果，指导和推动双拥工作不断发展。

四川省双拥先进市（州）、县（区）创建表彰管理办法实施细则

第一条 为了进一步加强军政军民团结，推动全省创建双拥模范城（县、区）活动广泛、深入、持久地开展，根据全国双拥工作领导小组《双拥模范城（县）创建命名管理办法》，按照“梯次管理”原则，结合四川实际，制定本实施细则。

第二条 四川省双拥先进市（州）、县（区，以下简称双拥先进市县）是全省双拥工作的先进典型，是当地党委、政府、驻军领导机关和全体军民共同的政治荣誉，是获得“四川省双拥模范城（县、区）”命名的重要条件。

第三条 双拥先进市县由四川省双拥工作领导小组表彰。其表彰程序及管理，按照本实施细则执行。

第四条 双拥先进市县的表彰范围：市（州）及所辖县（区）。

第五条 双拥先进市县的创建表彰与“四川省双拥模范城（县、区）”命名一并举行，一般每三年一次，一届只管一届。

第六条 双拥先进市县的标准：

（一）各级领导高度重视。党政军领导把双拥工作纳入经济、社会发展和部队建设的总体规划，军地齐抓共管形成合力。双拥工作有相应工作人员分管和工作经费保障。各级、各部门、各行业、各系统和驻军各级任务明确，工作落实。城乡双拥服务组织形成网络。

（二）国防教育坚持经常。结合党和国家的中心任务，开展以拥军优属拥政爱民为主要内容的双拥教育，工作有计划、有部署、有检查。形成关心支持国防建设、维护军政军民团结的社会氛围。

（三）规章制度健全完善。军地双拥活动以基层为重点，工作落实。承办双拥工作的机构和双拥服务组织有规章制度，制定工作计划、安排和检查总结等措施，表彰先进做得较好，节日军地联谊走访和平时活动坚持较好。

（四）军民共建成效明显。军（警）民共建坚持为实现“小康目标”提供精神动力和智力支持，把培养社会主义“四有”新人作为根本任务。军民共学雷锋、学英模，共创文明城市、文明社区、文明村镇、文明行业，在增强军政军民团结和民族团结，弘扬革命传统和社会主义道德风尚中起到带头作用。坚持军（警）民联防，社会综合治理工作富有成效，军民遵纪守法。

（五）政策法规得到落实。在当地有与国家国防建设法律以及党和国家加强军政军民团结的政策、规定相配套的地方性政策规定。军人及优抚对象的合法权益有保障，兵员质量、军事设施安全得到有效保证，粮油水电按质按量供应。部队训练、战备执勤及国防施工等工作顺利进行。军队离退休干部、转业和复员退伍军人能按政策妥善安置，各项优抚政策落实，解决优抚对象“三难”问题有效果，二等乙级以上革命伤残军人医疗待遇和重点优抚对象的医疗减免政策落实，义务兵家属优待金纳入当地财政预算，农村义务兵家属优待金标准达到当地农村平均生活水平。部队模范执行党和国家的政策法规，尊重地方政府，支持地方工作，维护社会秩序，遵守群众纪律，尊重少数民族风俗习惯，

奋勇抢险救灾，扶优助贫效果明显，支持改革开放和经济建设。

（六）军政军民关系融洽。军政军民之间互相关心、互相爱护、互相支持。无重大军民纠纷和历史遗留问题。地方和驻军领导互相尊重、互相走访、互通情况，能共同商议和协商解决涉及军地双方的重大问题。

第七条 四川省双拥工作领导小组办公室（以下简称省双拥办）依据本细则第六条之规定，提出每届双拥先进市县评选表彰的具体要求。

第八条 双拥先进市县表彰，由市、州双拥工作领导小组按照分配名额择优推荐。凡符合本实施细则第六条规定的单位均有自行申报的资格。

第九条 双拥先进市县，在市（州）和所辖县（区）自查基础上，经市（州）委、市（州）人民政府、军分区共同审查批准，由市、州双拥工作领导小组推荐申报，经省双拥办组织检查验收，报省双拥工作领导小组审核批准后予以表彰。

第十条 市、州双拥工作领导小组推荐表彰的省双拥先进市县要征求驻军各单位的意见，经市、州党委、政府和军分区研究同意后，市、州双拥工作领导小组向省双拥工作领导小组写出推荐报告，并附被推荐单位的事迹材料。

第十一条 被表彰的省双拥先进市县授予奖匾，并颁发荣誉证书。

第十二条 市、州双拥工作领导小组要做好自查工作，省双拥办在市州自查的基础上，根据工作安排决定是否对省双拥先进市县进行抽查。

第十三条 省双拥先进市县出现政策法规不落实或重大军民纠纷，应在采取措施予以纠正和妥善处理的同时，将情况上报省双拥办。对知情不报或不及时采取措施解决的，给予通报批评；对严重影响军政军民团结，失去示范作用的，按命名权限经批准撤销其“双拥先进市县”荣誉称号，收回奖匾和荣誉证书。

第十四条 本实施细则由省双拥办负责解释。

第十五条 本实施细则自颁发之日起施行。

四川省拥军优属先进单位和个人评选办法

一、评选范围

拥军优属先进单位：厅局级以下（含厅局级）机关，群众团体，市辖区，乡（镇），街道，企业（不含外商独资企业）、事业单位等。

拥军优属先进个人：厅局级以下（含厅局级）机关、企事业单位的干部、工人、农民、知识分子和新的社会阶层等。

二、评选条件

（一）拥军优属先进单位条件

1. 领导重视，组织健全。把拥军优属工作列入党政领导重要议事日程，纳入单位目标管理，作为考核干部政绩的内容之一。工作有计划、有安排、有检查、有总结，经费有保证，有领导分管，有指定部门和专兼职人员具体负责的党政齐抓共管的工作体系。

2. 制度完善，活动经常。结合本单位、本系统特点，制定有拥军优属的职责、制度、规划和完善的优抚安置规定，目标明确，措施具体，落到实处，效果明显。坚持每年“双拥活动月”、“双拥活动周”活动有安排；坚持经常看望、走访驻军和优抚对象；坚持为驻军和优抚对象排忧解难、办好事实事成效显著；积极支持军队后勤保障社会化改革和军事斗争准备成绩突出；坚持开展军警民共建活动，单位风气良好；积极支持和参与当地拥军优属各项工作和活动，社会效果好。

3. 政策落实，关系融洽。优抚对象抚恤补助和优待金按规定发放及时，达到国家规定标准，手续齐全；在单位内部同等条件下，优抚对象子女入学入托、工作、医疗、住房和生活困难补助等优先解决；服务行业设有军人优先窗口；完成征兵任务，无责任退兵；按政策规定接收安置复转军人和军队离退休干部，充分发挥他们的特长和作用；军人和优抚对象的合法权益得到保障，无集体上访；无军地历史遗留问题和较大的军地纠纷，军民关系融洽。

4. 教育深入，效果明显。双拥国防教育列入单位宣传教育计划，形式多样，内容丰富，做到人员、时间、内容、效果四落实，教育面达85%以上，面向社会服务性单位应设有固定明显的拥军优属标志；积极配合部队做好现役义务兵共育工作，培养“四有”新人，促进部队建设；优抚对象思想教育成效明显，模范遵守党纪国法，完成本职工作好、贡献大，关心支持子女、亲友安心服役。

（二）拥军优属先进个人条件

1. 政治思想强。坚持党的四项基本原则，自觉执行党的路线、方针、政策，模范遵守国家法律法规，无违纪违法行为。

2. 工作表现好。积极学习、宣传党的优抚政策和法规，宣传人民军队在新时期的地位、作用和丰功伟绩，爱国拥军观念强，积极参加拥军优属活动，热爱本职工作，完成任务好，模范带头作用好。

3. 拥军优属成绩突出。自觉维护军队声誉和形象，支持亲友安心服役，热心为部队和优抚对象排忧解难，办好事实事，扶贫帮困成绩显著，受到市、州双拥工作领导小组或党委、政府的表彰。

三、推荐程序

按属地推荐管理原则，由县（市、区）评选推荐，市、州双拥工作领导小组审核，报省双拥工作领导小组批准表彰。

四川省拥政爱民先进单位和个人评选办法

川双拥［2004］1号

一、评选范围

拥政爱民先进单位：师（含师级）以下单位。

拥政爱民先进个人：师（含师职）以下军官，士兵等。

二、评选条件

（一）拥政爱民先进单位条件

1. 领导重视，组织健全。把拥政爱民工作纳入部队各级党委（支部）和政治工作的重要内容，列入干部岗位责任制和《军队基层建设纲要》考核内容，有领导分管，有部门或专人负责，半年有检查评比，年终有总结、表彰。团以上单位有拥政爱民工作领导组织，营、连有群众工作组织。工作有计划，活动有安排。职责明确，制度完善，资料齐全。研究探索解决拥政爱民工作中出现的新情况、新问题，职能作用发挥好。

2. 宣传教育普及深入。把拥政爱民教育和学习国家法规和政策列入部队政治教育计划；经常对部队进行教育，做到人员、时间、内容落实，教育面达90%以上；形式多样，效果明显。

3. 拥政爱民活动坚持经常。积极组织官兵开展多种形式的拥政爱民、军警民共建和为民服务活动；配合和协助地方搞好国防教育、军训、优抚安置、征兵和社会综合治理等工作，拥政爱民各项工作落到实处，富有成效。

4. 支援地方建设成效显著。积极参加地方公益事业和重点工程建设，自觉为驻地群众办好事实事；团以上单位有扶贫帮困联系点，基层连队有共建点；官兵人均年度参加地方义务劳动不少于8个劳动日；积极培养和输送军地两用人才。

5. 军政军民关系融洽。模范遵守党纪国法和地方政策法规，严格执行“三大纪律、八项注意”，走访当地政府和周边群众，主动征求意见，尊重地方领导，爱护人民群众，正确处理和妥善解决军民之间出现的矛盾和纠纷，定期检查群众纪律，维护民族团结，无重大违反群众纪律行为和较大军民纠纷。

6. 积极完成急难险重任务。服从安排、姿态端正，踊跃承担急难险重任务；组织周密、工作落实；互谅互让、不争高低。

7. 营以上单位党委必须是先进党委，连队必须是达标先进连队。

（二）拥政爱民先进个人条件

1. 政治思想强。坚持党的四项基本原则，拥护改革开放，模范执行党的路线、方针、政策和部队的规章制度；牢记全心全意为人民服务的宗旨，热爱祖国、热爱中国共产党、热爱人民。

2. 工作表现好。积极宣传拥政爱民的重大意义，政治、军事、文化素质好，爱军习武，安心服役，保守军事机密，爱护军事设施，完成急难险重任务成绩突出。

3. 拥政爱民成绩突出。积极参加各项拥政爱民活动，热心为优抚对象和孤寡老人排忧解难，办好事实事，勇于抢险救灾，保护人民群众生命财产安全，事迹突出，荣立三等功以上。

三、推荐程序

按属地推荐管理原则，由师、团级单位评选推荐，抄送军级单位政治部审核，送各市（州）双拥工作领导小组审定，报省双拥工作领导小组批准表彰。

四川省大学中专招生委员会　四川省民政厅 关于做好可享受高考照顾的自谋职业的城镇退役士兵、立功受奖的退役军人等考生的加分资格审核工作的通知

2004 年 3 月 1 日

教育部《关于做好 2004 年普通高等学校招生工作的通知》（教学〔2004〕1 号）中规定："自谋职业的城镇退役士兵、在服役期间荣立三等功的退役军人，可在其统考成绩总分的基础上增加 10 分投档；荣立二等功（含）以上或被大军区级以上单位授予荣誉称号的退役军人，可在其统考成绩总分的基础上增加 20 分投档"。为做好这些考生的加分资格审核工作，特作如下通知：

一、符合上述条件的考生（含艺体类考生），在户口所在县（市、区）招办报名后，自谋职业的城镇退役士兵持《城镇退役士兵自谋职业证》（2004 年以前个别地方未发证的，持安置地民政部门出具的相关证明），在服役期间荣立三等功（含）以上或被大军区以上单位授予荣誉称号的退役军人持获奖证书原件到安置地民政部门登记审核。

二、县（市、区）民政部门专人审核考生《城镇退役士兵自谋职业证》或获奖证书原件，经审核确认无误后，在其证书（证明）复印件上签注"原件已核，属实"和审核人姓名、审核日期，盖单位公章（鲜章）。

三、审核完毕，县（市、区）民政部门将符合加分条件的考生登记造册并于 3 月底前报市、州民政局复核，市、州民政局将经复核合格的考生名单于 4 月 15 日前上报省民政厅。省民政厅于 4 月 30 日前将确认合格名单报省招办，由省招办在《招生考试报》、"招生考试信息网"上公示，接受社会监督。

四、考生将经民政部门验证签字并加盖公章的证明书（或证明）复印件交县（市、区）招办，待省审核批准后，县（市、区）招办将证书（或证

明）复印件装入考生纸介质档案内。

另，烈士子女的审核程序按此办法执行，上述人员报考成人高等学院的审核程序亦按此办法执行。

青海省拥军优属暂行规定

青政［2004］85号

为进一步做好拥军优属工作，支持军队现代化建设，促进经济社会发展和社会稳定和谐，根据《中华人民共和国宪法》、《中华人民共和国国防法》、《中华人民共和国兵役法》和《军人抚恤优待条例》等法律、法规的规定，结合本省实际，制定本规定。

第一条 本规定所称优抚对象，是指中国人民解放军（含中国人民武装警察部队）的现役军人、残疾军人、复员退伍军人、革命烈士家属、因公牺牲军人家属、病故军人家属、现役军人家属。

本规定所称家属是指军人的父母、配偶、子女，以及依靠军人生活的18岁以下的弟妹、军人自幼曾依靠其抚养现在又必须依靠军人生活的其他亲属。

第二条 本省行政区域内的国家机关、企事业单位、社会团体及其他组织和公民，依照本规定履行拥军优属的责任和义务。

第三条 各级人民政府要加强拥军优属工作的领导，把拥军优属工作纳入经济社会发展的整体规划，把优抚保障纳入当地城乡社会保障体系，保证拥军优属工作的落实。

第四条 各级人民政府和各单位要大力开展以爱国主义为核心，以拥军优属、拥政爱民为重要内容的国防教育，努力在全社会形成关心支持国防建设、维护军政军民团结的良好风尚。

第五条 各级人民政府要建立健全征兵工作责任制，动员和鼓励适龄青年履行兵役义务，保证兵员质量，完成征兵任务。

第六条 各级人民政府要围绕军事斗争准备需要，完善国防动员体制，支持部队完成野外驻训、军事演习和应急维稳等任务。配合部队搞好体制编制调整改革，推进军队后勤保障社会化，改善部队工作和生活条件。

第七条 各级人民政府和有关单位要通过多种形式，积极开展科教拥军活动。支持驻青部队开展官兵学历教育和人才培养；为部队的科技练兵提供技术指导和器材、设备等方面的帮助；对驻青部队的科研立项给予支持，并将其纳入地方科研成果评比范围。

第八条 各级人民政府要采取有效措施，保护军事设施，维护部队营（库）区安全。配合部队做好军事交通、通讯线路、输油管线等管护工作。对毁坏军事设施者，要依法查处。

第九条 积极做好预防军（警）民纠纷工作。处理军地矛盾和纠纷应遵循“团结－协商－团结”的原则，对发生的问题，地方领导应主动与部队协商，着眼稳定大局，及时化解矛盾，稳妥解决纠纷。

第十条 任何单位和组织不得向部队集资、摊派。地方公益事业或建设项目确需部队支持的，必须报经县级以上人民政府统筹安排。

第十一条 各地无论以何种投资方式修建的收费公路和桥梁、渡口、隧道及各类停车场的经营管理者，对军队车辆、武警部队车辆免收通行费和停车费。

第十二条 民航、铁路、公路等客运部门要对军人优先售票，有条件的要设立军人售票窗口，开设军人候车（机）室。对军人提供优先服务。

第十三条 义务兵退出现役后，由原征集地人民政府接收安置。家居农村的义务兵退出现役后，由乡镇人民政府妥善安排他们的生产生活；家居城镇的义务兵退出现役后，由当地政府安排工作。机关团体、企事业单位，不分所有制性质和组织形式，都有接收安置城镇退役士兵的责任和义务。对完成安置任务确有困难的单位，可实行安置任务有偿转移。城镇退役士兵待安置期间由当地人民政府按照最低生活标准发给生活补助费。

第十四条 鼓励城镇退役士兵自谋职业。自谋职业的退役士兵由当地人民政府按规定发给一次性经济补助，并享受扶持城镇退役士兵自谋职业的优惠政策。支持退役士兵接受高等教育和职业技能培训，提高就业能力。

第十五条 接收安置军队转业干部的部门和单位，要根据工作需要和转业干部本人的德才条件、专业特长及在部队任职情况，合理安排使用。对在部队荣立二等功以上以及在边防、海岛、高原、沙漠工作和从事飞行、潜艇工作的转业干部，在工作安排上要给予适当照顾。

第十六条 对随军随调的军人家属，地方有关部门应当将其纳入当地劳动人事管理工作计划妥善安置，其子女转学、入学、入托在同等条件下优先接收，不得收取国家政策规定以外的费用。军队转业干部随调配偶的工作安排，有关部门应与转业干部同时接收、同时安置。

第十七条 对安排工作的退役士兵，要保障其合法权益。分配到实行全员劳动合同制企事业单位的退役士兵，应按规定签订劳动合同，可不约定试用期。退役士兵的工资分配要遵循按劳分配的原则，实行同工同酬。退役士兵自愿终止合同或合同期满后需要再就业时，劳动保障部门在同等条件下应优先介绍就业。

第十八条 对移交地方政府管理的军队离退休干部，按照国家有关规定落实政治、生活待遇。军供站、光荣院、优抚医院、烈士陵园、军休所等优抚事业单位开展的生产经营活动，税务部门按规定在税收上给予减免优惠。

第十九条 各级人民政府要根据当地经济发展水平，建立和完善优抚对象抚恤补助标准自然增长机制，按时足额兑现各类优抚对象的抚恤补助，在实施最低生活保障制度中，优抚对象享受的抚恤补助金不计入家庭收入，保障烈军属、残疾军人、在乡复员军人等优抚对象的生活与当地人民群众生活水平同步提高。结合建立城镇职工基本医疗保险制度、农村新型合作医疗和特困户大病医疗救助制度，解决重点优抚对象的医疗困难。

第二十条 城镇优抚对象住房困难的，可以优先购买经济适用住房，租用廉价房，各地根据实际情况适当减免有关费用；农村优抚对象需要修建住房的，由当地人民政府帮助解决。

第二十一条 对义务兵家属实行优待。农村牧区义务兵优待经费实行财政预算安排。乡镇政府优待标准按县级人民政府公布的上年度农牧民人均纯收入标准确定。

第二十二条 社会捐赠和赞助等方式筹集的拥军优属保障金，用于解决优抚对象的特殊困难和支持部队建设。各级人民政府要加强管理，实行专项储存，专款专用。

第二十三条 国家下拨和地方财政安排的抚恤优待经费，要专户管理，封闭运行，确保资金足额到位，任何单位和个人不得挤占、截留或挪用。

第二十四条 残疾军人、烈士子女、因公牺牲军人子女、一至四级残疾军人子女报考省内普通高中、中等职业学校、高等学校，在与其他考生同等条件下优先录取；接受学历教育的，在同等条件下优先享受国家规定的各项助学政策。

第二十五条 义务兵和初级士官退出现役后，报考国家公务员、高等学校和中等职业学校，在与其他考生同等条件下优先录取。

第二十六条 企事业单位在改制、改革中，对革命烈士家属、因公牺牲军人家属、病故军人家属、残疾军人和现役军人配偶的就业岗位要保持稳定，并确保优抚对象在同等条件下优先上岗；各有关部门和单位对下岗失业的优抚对象要优先进行技能培训、职业介绍，为他们重新就业创造条件。

第二十七条 在国家机关、社会团体、企事业单位工作的残疾军人，享受与所在单位公（工）伤人员同等的生活福利医疗待遇。所在单位不应因其残疾而将其辞退、解聘或者解除劳动关系。

第二十八条 现役军人夫妻分居两地的，按规定到部队的探亲假应及时安排，车（船）费用由所在单位报销，规定假期内的工资、福利待遇不变。

第二十九条 现役军人、残疾军人、军队离退休干部持有效证件在省内游览公园、名胜古迹等旅游景点和参观纪念馆、博物馆时免购门票；残疾军人乘坐火车、飞机和长途汽车时优先购票，并按规定享受减收正常票价50%的优待，乘坐市内公共汽车，凭证享受免费优待。

第三十条 各级人民政府要经常组织检查拥军优属有关政策的执行情况，对拥军优属工作中作出突出成绩的单位和个人给予表彰、奖励。

第三十一条 本规定由民政厅负责解释。

第三十二条 本规定自公布之日起施行。以往有关规定与本规定相抵触的，以本规定为准。

青海省人民政府关于扶持城镇退役士兵自谋职业优惠政策的意见

青政办［2004］84号

为适应社会主义市场经济发展的要求，推进城镇退役士兵自谋职业，维护退役士兵的合法权益，根据《国务院办公厅转发民政部等部门关于扶持城镇退役士兵自谋职业优惠政策意见的通知》（国办发［2004］10号）精神，结合我省城镇退役士兵安置工作实际，现提出如下具体实施意见：

一、享受优惠政策的资格

（一）符合城镇安置条件，并与安置地民政部门签订《退役士兵自谋职业协议书》，领取《城镇退役士兵自谋职业证》的士官和义务兵，凭《城镇退役士兵自谋职业证》在户口所在地享受自谋职业优惠政策。同时享受我省下岗职工就业和再就业的有关优惠政策。《城镇退役士兵自谋职业证》由省民政厅统一印制，安置地民政部门负责核发，但不得收取费用。

二、就业服务和社会保障的优惠政策

（二）经劳动保障部门认定的具有就业培训资格的省内定点培训机构，要根据劳动力市场变化和产业结构调整需要，为自谋职业的城镇退役士兵提供一次免费就业培训。培训经费由各级财政在再就业资金中支付。资金补助方式参照下岗失业人员免费培训的补助方式，由培训机构在完成培训后通过同级就业管理部门向同级财政部门提出申请，财政部门审核后将补助资金直接拨付培训机构。

（三）本省各类人才交流服务机构和公共职业介绍机构，要积极为自谋职业的城镇退役士兵提供职业介绍和指导服务。公共职业介绍机构要为自谋职业的城镇退役士兵提供职业介绍、就业指导、档案管理及劳动保障事务代理服务。

（四）省内各用人单位面向社会招聘员工时，同等条件下优先录用自谋职业的城镇退役士兵。

各级行政机关在考录公务员时，应该允许符合报考条件的自谋职业城镇退役士兵参加考试，服役期应视为具有社会实践的年限，在同等条件下优先录用。

自谋职业的城镇退役士兵，在两年内被行政机关或事业单位录用的，要将《城镇退役士兵自谋职业证》交回安置部门，并向安置部门退回发给的一次性经济补助金，不再享受自谋职业优惠政策。

（五）自谋职业的城镇退役士兵就业后，要按照国家和当地政府有关规定，参加基本养老、基本医疗、失业等社会保险，军龄视同缴费年限，并和实际缴费年限合并计算，按规定享受相应的社会保险待遇。

安置地社会保险经办机构凭县级以上民政部门核发的《城镇退役士兵自谋职业证》，为自谋职业的城镇退役士兵办理社会保险登记接续手续，及时建立基本养老、基本医疗等社会保险个人账户。在服役期间参加基本养老、基本医疗保险的个人账户储存额，并入新建立的基本养老、基本医疗保险个人账户。

三、成人教育和普通高等教育的优惠政策

（六）自谋职业城镇退役士兵，报考省内中等专业学校的免试入学，待学制期满，考试成绩合格后，发给毕业证书；报考成人高等学校的，投档总分可增加10分，其中服役期间荣立三等功以上的，投档总分可增加20分。

自谋职业的城镇退役士兵报考普通高等学校的，投档总分可增加10分，其中服役期间荣立二等功以上或被大军区以上单位授予荣誉称号的，投档总分可增加20分。

自谋职业的城镇退役士兵具有本科学历报考研究生的，在同等条件下，可优先予以复试或录取。

四、个体经营的优惠政策

（七）自谋职业城镇退役士兵从事个体经营的，除国家限制的行业（包括建筑业、娱乐业以及广告业、桑拿、按摩、网吧、氧吧等）外，自工商部门批准其经营之日起，凭《城镇退役士兵自谋职业证》，3年内免交下列费用：

1. 工商部门收取的个体工商户注册登记费（包括开业登记、变更登记）、个体工商户管理费、集贸市场管理费。

2. 劳动保障部门收取的劳动合同鉴证费。

3. 从事城乡个体工商户的，市场、商厦等经营场所，优先予以安置。

五、税收方面的优惠政策

（八）为安置自谋职业的城镇退役士兵就业而新办的服务型企业（除广告业、桑拿、按摩、网吧、氧吧外）当年新安置自谋职业的城镇退役士兵达到职工总数30%以上，并与其签订3年以上期限劳动合同的，经县级以上民政部门认定，税务机关审核，3年内免征营业税及其附征的城市维护建设税、教育费附加和企业所得税。

上述企业当年新安置自谋职业的城镇退役士兵不足职工总数30%，但与其签订3年以上期限劳动合同的，经县级以上民政部门认定，税务机关审核，3年内可按计算的减征比例减征企业所得税。减征比例＝（企业当年新招用自谋职业的城镇退役士兵÷企业职工总数×100%）×2。

（九）为安置自谋职业的城镇退役士兵就业而新办的商贸企业（从事批发、批零兼营以及其他非零售业务的商贸企业除外），当年新安置自谋职业的城镇退役士兵达到职工总数30%以上，并与其签订3年以上期限劳动合同的，经县级以上民政部门认定，税务机关审核，3年内免征城市维护建设税、教育费附加和企业所得税。

上述企业当年新安置自谋职业的城镇退役士兵不足职工总数30%，但与其签订3年以上期限劳动合同的，经县级以上民政部门认定，税务机关审核，3年内可按计算的减征比例减征企业所得税。减征比例＝（企业当年新招用自谋职业的城镇退役士兵÷企业职工总数×100%）×2。

（十）对自谋职业的城镇退役士兵从事个体经营（除建筑业、娱乐业以及广告业、桑拿、按摩、网吧、氧吧外）的，自领取税务登记证之日起，3年内免征营业税、城市维护建设税、教育费附加和个人所得税。

（十一）本意见所称新办企业是指本意见印发后新组建的企业。原有的企业合并、分立、改制、改组、扩建、搬迁、转产以及吸收新成员、改变领导或隶属关系、改变企业名称的，不能视为新办企业。

本意见所称服务型企业是指从事现行营业税“服务业”税目规定的经营活动的企业。

（十二）对自谋职业的城镇退役士兵，从事开发荒山、荒地、荒滩、荒水的，从有收入年度开始，3年内免征农业税。对从事种植、养殖业的，其应缴纳个人所得税按照国家有关种植、养殖业个人所得税的规定执行。对从事农业机耕、排灌、病虫害防治、植保、农牧保险和相关技术培训业务以及家禽、牲畜和疾病防治业务的，按现行营业税规定免征营业税。

六、贷款方面的优惠政策

（十三）自谋职业的城镇退役士兵从事个体经营或创办经济实体的，经营资金不足时，持《城镇退役士兵自谋职业证》按照《中国人民银行西宁中心支行、青海省财政厅、青海省经贸委、青海省劳动和社会保障厅转发〈中国人民银行、财政部、国家经贸委、劳动和社会保障部关于印发下岗失业人员小额担保贷款管理办法的通知〉的通知》（西中支［2003］008号），向商业银行或其分支机构申请贷款。

七、落户方面的优惠政策

（十四）自谋职业的退役士兵凭安置工作机构出具的落户介绍信办理落户手续。

1. 城镇退伍义务兵回入伍地落户。

2. 对在服役期间家庭住址变迁，可到父母迁入地落户。跨州、地、市由省安置部门批准，跨县（区）的由州、地、市安置部门批准。

3. 转业士官符合异地安置条件，要求到配偶户口所在地落户的，经省安置机构批准可到其配偶户口所在地落户，其家属子女是农业户口的，允许办理“农转非”手续并随其落户。

各地在办理自谋职业城镇退役士兵及其配偶、子女落户时，不得收取国家政策规定以外的费用。

青海省民政厅　教育厅　财政厅　劳动和社会保障厅
关于开展退役士兵教育培训促进就业的实施意见

青民发［2004］93号

对退役士兵以教育培训方式促进就业，是新形势下做好退役士兵安置工作的一项重要改革，也是提高退役士兵文化素质、职业技能和市场经济中就业竞争力的有效途径。根据《中华人民共和国兵役法》、《国务院办公厅转发民政部等部门关于扶持城镇退役士兵自谋职业优惠政策意见的通知》、《青海省扶持城镇退役士兵自谋职业优惠政策的意见》的有关规定，自2004年起，在我省城镇退役士兵中有组织地开展多种形式的教育培训工作，现提出如下实施意见。

一、组织领导

对城镇退役士兵实施教育培训的组织领导工作由省民政厅负责，省教育厅、财政厅、劳动和社会保障厅配合，统一规划、制定有关管理办法；落实组织、指导、监督教育培训工作的开展。

具体组织业务分工：省民政厅负责组织、协调全省退役士兵安置部门制定和落实有关助学政策，指导退役士兵报考省内大中专院校的报名工作；省教育厅负责落实助学政策，组织退役士兵参加招考和指导教学管理等工作；省财政厅负责落实职业技能培训和职业资格鉴定的有关经费；劳动和社会保障厅负责职业技能培训和职业资格鉴定等工作；有关院校和培训机构负责学生的培养、培训和日常教学管理工作。

二、教育培训对象

符合国家现行就业安置政策，需政府安置或选择自谋职业的城镇退役士兵；有条件的地方也可以接收退伍回乡的农村退役士兵参加教育培训，但只享受教育、培训、考试、鉴定的有关优惠政策。

三、教育培训促进就业的方式

我省对报考省内大中专院校的退役士兵，实行加分鼓励、减免学费、生活补助等优惠政策：

1. 以保留安置资格的方式，鼓励计划安置的退役士兵报考省内大中专院校。退役士兵自愿就学的，经本人申请、安置部门同意方可入学，学习期间的一切费用自理；学校在收取学费、住宿等费用上按收费标准优惠10%；退役士兵在规定的学制时间内取得毕业证书后，由安置部门负责安置。

2. 以免费入学、毕业后自谋职业的方式，鼓励符合安置条件的退役士兵报考省内大中专院校。退役士兵自愿就学的，录取时按有关规定给予加分；在校学习期间，由安置部门从自谋职业一次性补助金中按学年对本人的学费和住宿费给予补助。具体补助额：学费按所报院校专业的收费标准，每学年最高不超过3000元，住宿费每学年不超过600元，超出部分个人自理。学校对所收学费、住宿费按收费标准优惠10%，安置部门给退役士兵按学制时间发给待安置期间的生活补助费。

3. 以助学安置方式鼓励退役士兵参加省内大中专院校学习。各院校根据政府下达的退役士兵安置计划，可安排其考入本校学习，但不与所在院校建立劳动关系，本人完成学业后自主择业。各院校对进校学习的助学安置退役士兵免收学费、住宿费；学校从学费收入中按每人每月200元的标准发给生活补助费。此优惠所在院校按学制时间执行。

4. 以经济补助的方式，鼓励退役士兵自谋职业后参加高等院校学习。对自谋职业的退役士兵自愿就学的，除按有关规定发给一次性经济补助金外，录取时按有关规定给予加分；学习期间的费用自理；学校在收取学费、住宿等费用上按收费标准优惠10%。

以上4种方式供退役士兵选择，由本人及家长申请并与当地安置部门签订协议，并经公证机关予以公证。

四、教育培训形式和内容

1. 成人高等学历教育。成人高等学历教育以省内高校为主，所学专业由退役士兵在各院校成人高等教育设置的专业中自行选定。学员学完规定的课程并考试合格颁发专科或本科毕业证书；对于符合授予学士学位条件者，授予学士学位证书。

2. 高等职业技术教育。高等职业技术教育以省内高等职业技术院校为主，报考学校和选学专业由退役士兵本人按照招生简章自行选定，除理论课程外，重点接受职业技能培训，学员学完规定课程考试合格并通过职业技能培训取得国家职业资格证书后，可获得大专学历证书和职业资格证书。

对自愿参加以上两种形式教育的退役士兵，需统一参加全省成人高校招生考试。

3. 高等教育自学考试。参加高等教育自学考试相关专业学习，按规定各门课程经考试合格者，可获得国家承认的高等教育专、本科学历证书。参加考试的时间、开设专业和课程参照每次的省高等教育自学考试报名简章。

4. 省内中等专业学校和技工学校教育。凡持有初、高中毕业证书的退役士兵，均可免试入学。学校和所学专业本人自选。文化课考试合格，并通过职业技能培训取得国家职业资格证书后，可获得中专毕业证书、技工学校毕业证书，学校向用人单位做好推荐工作。

5. 职业资格培训。根据《劳动法》、《职业教育法》和国家有关职业培训就业政策对将要从事国家实行就业准入控制职业的退役士兵，进行就业前的职业技能培训。退役士兵参加职业技能培训，由省劳动和社会保障厅、省民政厅共同组织。退役士兵根据自身特长选报所需技能职业，进行技能、专业理论和创业能力等方面的培训。通过国家职业技能鉴定合格后，取得国家职业资格证书，为自主择业、自主创业、计划安置创造有利条件。培训所需经费由各级财政在再就业资金中支付，资金补助方式参照下岗失业人员免费培训的补助方式，由培训机构在完成培训后通过同级就业管理部门向同级财政部门提出申请，财政部门审核后将补助资金直接拨付培训机构。

五、学籍管理

1. 退役士兵在校学习期间由就读院校建立学籍，并进行管理。

2. 参加学习的自谋职业的退役士兵、助学安置的退役士兵、免费入学的退役士兵，按照有关安置政策，其人事档案、组织关系等，在本人自愿的原则上可转入就读学校进行管理。

3. 参加学习的保留安置资格的退役士兵，其人事档案由各级安置部门管理。

六、就业政策

对参加教育培训取得毕业证书和职业资格证书的自谋职业退役士兵、助学安置的退役士兵、免费入学的退役士兵，国家不再统一分配工作，本人自谋职业或自主创业。毕业时所在院校和有关人才（职介）机构应积极创造条件，对参加教育培训的退役士兵开展就业咨询、就业指导和用人单位的交流洽谈、供需双向选择等就业服务。

退役士兵开展多种形式的教育培训是一项政策性强、涉及面广的教育工程，是我省深化退役士兵安置工作的一项重要改革，也是开展教育、智力拥军的具体措施，有关单位应积极向退役士兵及其家长进行广泛宣传，加强协调，紧密配合，保证此项工作的顺利进行。

青海省人民政府关于进一步加强双拥工作的意见

青政办［2004］126 号

根据《全国拥军优属拥政爱民工作会议纪要》精神，结合我省实际，现就进一步加强全省双拥工作提出如下贯彻意见：

一、充分认识新形势下双拥工作的重要地位和作用，进一步增强做好双拥工作的责任感和使命感

拥军优属、拥政爱民是我党我军的光荣传统。做好双拥工作，对巩固和发展军政军民团结和民族团结，维护社会稳定，促进经济社会发展和提高部队战斗力有着重要的意义。各级政府和各有关部门要充分认识做好新形势下双拥工作的重要意义，坚定不移地贯彻执行党中央、国务院、中央军委关于维护、巩固和发展民族团结的重大决策和部署，主动适应新形势，进一步增强做好双拥工作的责任感和使命感。要坚持把继承传统与不断创新紧密结合起来，以稳定部队、稳定社会、密切军政军民关系和加强民族团结，提高社会生产力和部队战斗力为目标，以“三个文明”建设为主要内容，积极探索双拥工作新路子，自觉投身到维护军政军民团结的伟大实践中，为全省的经济发展和社会稳定营造良好的环境。

二、深入开展爱国主义教育、国防教育和民族团结进步创建活动，强化全省军民的国防观念和双拥意识

各地各部队要广泛开展以爱国主义为核心，以拥军优属、拥政爱民、民族团结进步为重要内容的国防教育和军政军民团结教育，把爱国主义教育和国防教育纳入国民教育体系和部队政治教育计划，做到有组织、有领导，切实抓好落实。教育工作要突出爱国主义这个核心内容，引导广大军民把市场与战场、思富与思危、稳定与发展结合起来，进一步激发爱国拥军、爱民奉献的政治热情。要引导广大官兵树立依靠人民建设军队、建设国防的思想，不断加深对人民群众的感情，尊重和遵守民族习俗。要结合贯彻落实全国双拥工作会议精神，大力宣传我省十多年来双拥工作取得的成就和经验，宣传受到全国表彰的双拥模范城（县）、双拥模范单位和个人的先进事迹，大力开展民族团结进步创建活动，形成军爱民、民拥军的良好氛围。

三、围绕实现全面建设小康社会目标加强军地协作

双拥工作是为党和政府的中心工作任务服务

的，其根本目的是充分调动广大军民的积极性和创造性，为实现全面建设小康社会的目标而共同努力。按照《青海省军民共建小康社会五年规划》的要求，驻青部队要在完成战备执勤、教育训练等任务的同时，充分发挥自身优势，努力为驻地经济建设服务。重点抓好以维护社会稳定为主要内容的平安工程，以结对挂钩、对口扶贫为主要方式的扶贫工程，以帮助驻地改善教育条件的助学育人工程，以“三江源”为重点的生态资源环境保护与建设工程。地方各级政府要着眼于未来战争、稳定大局，关心国防建设，拥军优属，积极发挥地方科技教育优势，加强与部队在项目、技术和人才等方面的协作，促进部队建设。

四、以弘扬社会主义思想文化为核心，为全省经济社会协调发展服务

《公民道德建设实施纲要》和《军人道德规范》，是加强社会主义思想道德建设的重大举措，也是新时期双拥工作的重要内容。全省的双拥工作要着眼于发挥军地双方的优势，促进军地思想道德建设。要积极开展军民共建文明社区、文明村镇、文明行业和军民共建高原千里文明青藏线等活动，把文明社区创建活动与城市管理、社会治安综合治理、社会化福利事业、青少年教育、志愿者服务等结合起来，融为一体，军地联手，服务基层，共同促进社区三个文明建设健康发展。在农牧区，要以提高农牧民科学文化水平和致富技能，扶贫帮困，移风易俗等为主要内容，开展共建活动，建设社会主义新农村、新牧区。拥军工作要有所创新，要使地方的市场经济、用人机制、择业观念、教育、科技、文化等具有时代精神的新思想、新观念进入军营，让官兵更加了解地方的政策法规，了解现代化进程，增强官兵热爱祖国，热爱社会主义信念，促进部队建设。要适时组织双拥模范、抢险救灾先进集体和典型、军地英模代表到社区、工厂、机关、学校和部队巡回作报告，以先进典型的坚定立场、高尚道德情操、完美人格魅力教育军民，纯正社会风气。

五、以解决热点难点问题为重点，抓好双拥优抚安置法规政策的制订和落实

双拥优抚安置工作，涉及优抚对象、部队官兵和人民群众的切身利益，直接关系到部队的稳定、国防的巩固和经济社会的发展。一是加强双拥政策法规建设。要结合实际，制订地方性法规和有关政策，并加强检查监督，在全省逐步建立起上下配套的双拥政策法规体系，营造双拥工作的法治环境，促进双拥优抚安置工作的落实。二是认真抓好优抚安置政策的落实。安置军队转业干部要坚持“两条腿走路”，一方面，不折不扣地落实国家安置政策，把计划分配的转业干部安置好；另一方面，积极为自主择业的干部创造就业条件，从信息、培训、指导等方面搞好服务，努力使他们工作有岗位，收入有保障，专长有所用。不断拓宽城镇退役士兵安置渠道，在落实国家计划安置政策的同时，大力推行自谋职业、货币补偿等形式，从观念上引导、政策上鼓励、经费上扶持、技能上培训，逐步走上市场化安置的新路子。要认真落实军队离退休干部安置政策，确保政治、生活待遇。要坚持行政调配和市场调节相结合，做好随军家属劳动就业工作，特别是引导新型经济组织拥军，拓宽就业渠道。要坚持国家保障和社会优待相结合，对重点优抚对象通过抚恤补助标准自然增长机制，解决生活困难问题。健全“医疗减免、医疗救助、医疗保险”三位一体的医疗制度，解决医疗难问题。要建立和完善维护军人及其家属合法权益组织机构，按照“优先立案、优先审理、优先执行”的原则，依法维护他们的合法权益。

六、进一步加强对双拥工作的组织领导

双拥工作是一项社会工程。各级党委、政府和军事领导机关要把双拥工作作为一项战略性、全局性的工作，摆上议事日程，纳入当地经济社会发展和驻地部队建设的总体规划，做到有明确的任务目标，有具体的实施计划，有完善的保障措施。要加强各级双拥工作领导小组和办公室建设，建立领导小组成员单位双拥工作重大事项报告、年度工作汇报、领导成员述职和联络员制度，增强成员单位履行双拥工作的职责意识。加强双拥资源的整合，形成领导重视、部门合力、上下协调、军地互动的新格局。要进一步完善优抚安置政策监督约束机制，建立拥军优抚安置政策落实情况通报制度。进一步畅通优抚对象信访渠道，变优抚对象上访为民政干部下访，防止发生侵害优抚对象合法权益问题。进一步加强双拥理论研究，积极探索新型组织和新的社会阶层拥军途径和办法，推动双拥工作进企业、进乡村牧区、进机关、进学校、进社区、进连队。进一步完善双拥工作运行机制，把政府行为与社会行为、以情双拥与依法双拥、行政调节与市场调节结合起来，保证双拥工作持续深入开展和各项任务落实到位。

理论研究和调研报告

关于科技拥军工作的实践与思考

天津市和平区双拥办

依托地方经济、科技、教育和信息资源优势，开展科技拥军工作，用改革开放的新成果、新经验支持国防与军队建设和贴紧党与军队的中心任务深入开展军民思想道德共建活动，历史性地成为双拥工作的主流。

一、造就高素质复合型人才是科技拥军的核心工作

科技进步是决定部队战斗力的主要因素，但决定性因素则是熟练掌握并运用现代高科技的复合型人才。人才是强军、治军和胜利之本。对复合型人才的培养和开发，是科技拥军工作的核心。过去，我们针对驻军部队官兵学历教育、知识更新、技能培训所开办的各类培训班、补习班、函授班、研修班和专题讲座等，在提高驻军官兵综合素质方面，发挥了一定作用。大批官兵特别是基层连队指战员，科学文化水平和业务技能有了一定的提高，不仅拥有了不同层次的学历，相当一部分官兵还取得了国家或市级专业资格等级认证。然而，伴随着新军事变革的高速发展，这种一般性的补偿型教育模式，已经远远满足不了国防与军队建设对新型军事人才的需要。

依托国民教育培养新型军事人才，支持国防与军队建设，是未来科技拥军工作的发展方向。国民教育作为军事院校教育体系的重要补充，在培养、造就新型军事人才方面，负有重要的责任与使命。充分发挥地方高等院校雄厚的资源优势，根据国防与军队建设对新型军事人才的需要，有计划地开设国防班和各类军队干部培训班、研修班，有计划地选拔和输送优秀高校毕业生和各类高端人才，是对军队与国防建设最大的支持。有效发挥地方科研院所、专业技术院校和具有一定科技含量的机构与单位的专业技术特长，建立多层面的科技拥军基地，针对国防与军队建设需求，开办专业技术人才培训班，在及时补充新型专业技术复合型人才不足的同时，渐进地为新军事变革储备人才。此外，通过广泛发动社会力量，开展面向驻军部队官兵的军地两用人才开发、培训，在提高官兵科学素质方面继续发挥作用，为国防与军队建设造就大批高素质人才。

二、用新技术改善作训条件是科技拥军的有效途径

随着以信息化为标志的高技术战争形态的出现和发展，追求军事质量优势，已经成为军事角逐的潮流。在未来高科技战场上，武器装备的精良、优劣将直接决定战争的胜负。把现代科技成果不断地运用于国防与军队建设，逐步改善驻军部队作训条件，提高科技练兵质量，是科技拥军工作最直接、最有效的方法与途径。瞄准世界新军事变革趋势，集中整合地方经济、科技和信息资源优势，把改革开放前沿的新成果、新经验不断地运用于军队与国防建设，是实现地方科技潜力向驻军部队战斗力转化的必由之路。支持驻军部队信息化建设，及时快捷地了解和掌握世界前沿军事科技发展趋势，不断地把现代科技精髓，引入军事训练、后勤保障、装备建设各个领域；支持驻军部队建立科技练兵网络平台，开发模拟现代战争形态、战场环境、作战方法和指挥手段的作训软件，实现网上综合、集成作战演练，提高官兵驾驭高技术战争的能力；支持驻军部队开展军事科技攻关，充分运用并最大限度地发挥现代科技效能，利用和转化有益于增强部队战斗力的科研成果，及时有效地化解科技练兵中的技术难题，加速提高武器装备的科技含量，为打赢未来可能发生的高技术局部战争创造条件。

三、开发转化军事科技成果是科技拥军的双赢佳径

军事科技成果的开发和转化，既是对军事科技研发的有力促进，也是对地方经济建设的强大支持。以国防与军队需要和市场经济建设需要为导向，以发展社会生产力和提高军队战斗力为目标，积极促成军地在科研项目交流、技术开发和成果转化等领域的合作，是国防与军队和科技拥军工作的最佳结合点，也是军地发展建设的双赢佳径。在开发和转化军事科技成果的实践中，我们积累了一些有益的经验，譬如把驻军部队急需的装备零部件，交由具有一定规模和实力的地方企业共同研制开发，不仅满足了国防与军队建设需要，而且又使濒临倒闭的企业起死回生；譬如把某项军事科技成果运用于地方重点工程建设，在为经济建设注入强大动力的同时，有力地增强了军事科技研发的后劲；又譬如依托军事科研机构强大的研发力量，承担经济建设中重点科技项目攻关和研发，推动了经济建设的快速发展。要在全社会营造有利于军事科技成果开发和转化的氛围，为驻军部队科研立项、科技攻关、成果试验和开发转化，赢取社会的广泛支持和帮助；学习和借鉴民营科技园区发展与建设的经验，借助地方集成资源、市场营销的优势，为军事科技成果搭建开发平台，就军事科技成果的技术论证、开发融资、设计包装和市场推介寻求广泛的合作；积极引导、鼓励和支持地方企业采用驻军部队科研成果，对实现军事科技成果转化的企业和项目，优先列入市级科技发展计划，并给予一定的政策优惠和资金支持；对科技含量较高、市场潜力较大的军事科技项目，要积极推荐列入国家重点科技攻关课题，并在成果登记、技术鉴定和合同认定等方面给予政策支持与倾斜。同时，通过努力争取军需物资采购订单和驻军闲置资源开发利用，盘活军地资源，做活、做大科技拥军的大文章，为地方经济发展和国防与军队建设增加新的增长点。

四、完善运行服务体系建设是科技拥军的重要保障

由于开展科技拥军工作需要大量的人力、物力和资金投入，涉及军地双方的经济利益以及社会诸方面的关系，必须着眼于国家发展建设大局和国防与军队建设需要，运用经济、行政等多种手段，调动全社会的积极性，逐步建立起以政府为主导，科研院所、高等院校、各种经济组织为依托和广大专业技术人员为生力军的多层次、宽领域的科技拥军运行服务体系，才能保证其健康、持久的发展。把科技拥军工作纳入科技兴市、科技兴区发展战略，才能与地方经济建设通盘考虑，同步推进。把科技拥军工作纳入各级政务工作目标管理，作为检验各级班子及成员政绩和双拥工作成效的基本标准，才能取得实质性成效；建立由政府科技主管部门牵头，相关职能部门各司其职、各负其责，吸纳专家学者加盟的科技拥军工作协调组织，才能组织动员起全社会的广泛参与，增强科技拥军工作的活力；借助宽带信息网络优势，建立科技拥军网络平台，在及时为驻军部队课题研究、科技攻关、科技练兵提供国内外最新科技信息支持与服务的同时，向社会发布驻军部队待开发、转化科研成果和军需物资采购信息，实现军地科技信息的及时畅通交流；广泛筹集社会资金，设立科技拥军专项基金，用于对科技拥军项目的论证、研发、启动和推广，奖励在科技拥军实践中作出突出贡献的集体和个人、取得重大突破和经济、社会效益的科研项目和成果。

科技拥军工作通过为驻军部队培养人才、科技练兵、科技攻关和成果转化提供技术援助和支持，有力提升了双拥工作的知识层次和科技含量，实现了地方科技潜力向驻军部队战斗力的转化，实现了为军队与国防建设提供智力支持和科技保证的初衷，必将在人民军队的新军事变革中发挥重要的作用，为打赢未来可能发生的高技术局部战争作出应有的贡献。

抓住症结、勇于实践——河北区随军家属安置工作探索

天津市河北区双拥办

随军家属安置工作与国防建设、军队建设密切相关，是双拥工作的重要内容。河北区从2002年开始，将随军家属安置工作作为热点和难点问题列为区双拥工作重点调研课题，并结合区情，勇于实践，开辟了一条随军家属安置工作的新渠道。

一、随军家属安置工作的历史与现状

计划经济体制下的随军家属安置工作，大都采用政府指令性计划。用人单位对随军家属的安置，从政治上考虑的多，从经济效益上考虑的少，由于大锅饭的思想及现状，企业不论需要用人与否，都愿意接收随军家属，并且照顾得好；随军家属的就业取向以有单位、有收入、有工作岗位为满足，因此随军家属的安置，不存在难的问题。随着改革开放的不断深入，随军家属安置工作面临着新的挑战和局面。计划经济模式已被新型的社会主义市场经济模式所代替，伴随着计划经济体制而派生的随军家属就业工作形式发生了根本性变化。随着劳动力市场的放开，政府指令性安置就业的权利和范围不断地弱化，企业用人制度以法的形式给予了保护，企业用什么样的人，用多少人，已成为企业的权利和自身发展的需要。随军家属在改革开放形势下的就业取向也发生了变化，那些工作较为稳定、名声好、体面、不累的机关事业单位成为了她们的首选。但由于愿望与实际相脱节，随军家属就业矛盾日益突出，形成了安置难的局面。

二、随军家属安置难的根本症结

去年以来，我们重点对这一问题进行了调研，对60名待安置随军家属的基本情况和区内企事业单位情况进行了分析。随军家属基本情况。年龄结构，35岁至45岁42名，占70%，35岁以下的18名，占30%。文化程度，大专以上9名，仅占15%，高中以下的51名，占85%。专业技能，会计、教师、文秘等专业知识和技能的8名，仅占13.34%。就业历史，随军前后曾经就业而后下岗的38名，做过临时工的17名，在乡务农的5名。择业要求，绝大部分随军家属对求职的行业、岗位、工种、报酬以及养老、医疗保险都有较高的要求。经过分析认为，待业安置家属的特点是“四偏”，即专业文化层次偏低，年龄偏大，工作经验偏少，择业取向偏高。企事业单位情况。机关事业单位一直在定岗定编，而且总的趋势是精简缩编；大中型企业大多都不景气，关停并转了大批企业，下岗人员居多，自身矛盾难以消化，无力安置随军家属；新兴产业科技含量较高，对用人的条件、标准都有较高的要求，随军家属很难适应；小型和私营企业劳动强度大，报酬低，福利保障不到位。现实形成了企业需要的人随军家属不具备，输送的人企业不需要，造成了近年来随军家属安置难的问题。

三、解决的方式

随军家属就业的目的，主要是解决目前的生活问题和将来的养老问题。针对市场经济新变化、新特点，我区提出了先解决养老问题，后解决劳动就业的倒置安置两步走的基本工作思路。

在本人自愿的基础上，统一纳入社会养老保险，解除其后顾之忧。由部队将需办理社会养老保险的随军家属情况报区劳动、人事部门；劳动、人事部门责成其劳务或人才市场（服务中心）负责办理具体手续；随军家属按规定交纳个人养老保险金，部队有条件的可以给予一定的资金扶持；随军家属的存档费由承办的劳动、人事部门的服务中心予以优惠（按20%比例）；办理养老保险的一次性手续费（1000元），从优待照顾的角度出发，由区政府予以资助。随军家属参加养老保险有三点好

处：一是可以彻底解决随军家属的后顾之忧。不论随军家属就业与否，只要按规定缴费，期满后都能享受到养老保险金。二是参加养老保险后，随军家属的求职要求和择业范围将更加宽广。随军家属将根据自身的特点和能力自主选择适合自身条件的职业。就业报酬高低将根据个人的付出得到相应的回报。随军家属将由就业的被动地位变为主导地位。三是政府安置的压力和难度得到缓解，其作为安置主渠道的职能将转变成指导和协调的职能。

积极开拓随军家属劳动就业的渠道。一是紧紧围绕劳务市场的实际需求，开展有针对性的职业技能培训。要通过对用人单位的广泛调查和随军家属的素质调查，使培训和就业有机结合，按照实际进行短期上岗培训和中长期职业技能培训，为随军家属提供和创造在劳务市场中的自主择业公平竞争力，使其成为企业单位愿意接收、工作岗位能够胜任的劳动者。二是积极组织协调劳务人才市场，设立随军家属就业安置窗口，提供各种适宜他们从事的岗位，优先让他们选择，保证他们的就业需求，使他们的就业由找领导转变为找市场，走向市场化。三是充分发挥政治优势，利用“八一”、春节等开展拥军优属活动的有利时机，举办随军家属就业安置专场，组织用人单位与随军家属直接见面洽谈，沟通情况，提供择业机会。四是组建一批有一定安置能力，劳动强度不高、劳动技能简单的企业和服务单位为随军家属安置基地，对年龄偏大、文化偏低、在劳务市场难以应聘而本人又愿意就业的随军家属，由民政、劳动部门予以安置，使其实现劳动就业的愿望。

新形势下加强双拥工作应遵循的五个基本规律

武警天津指挥学校

随着改革开放和社会主义市场经济体制的确立，双拥工作的社会环境发生了很大变化。社会经济成分、组织形式、社会阶层、就业方式、利益关系和分配方式日益多样化，双拥工作的群众基础不断扩大；现代社会的高度开放和联系方式的日益广泛，使军地交往的渠道越来越多，呈现出多样性、复杂性的特点；随着政府职能的转变和社会结构的不断调整，处理军民关系的方式也发生了新的变化；随着军队对经济参与的扩大，引起了对奉献精神、人际关系和军政军民关系等重大问题进行深层次的思考和定位，原有的工作思路在新情况、新变化面前遇到了挑战。面对新形势，迫切需要研究双拥工作的基本规律，进而建立与之相适应的新的双拥工作运行机制，才能确立新思路，谋求大发展。

一、讲政治，是双拥工作的永恒规律

军政军民团结历来是国家稳定、政权巩固的基本条件，必须把双拥工作作为一项重要的政治任务常抓不懈。讲政治，其理论意义在于它规定了双拥工作的方向。就军队来说，就是拥护政府、热爱人民，从政治的高度，组织动员广大官兵全身心地为大局服务。军队是国家政治上层建筑的重要组成部分，它对国家政权巩固、发展的保证作用尤为突出。而党政机关、各级政府代表的是国家的利益，是国家的象征，因而军队拥护、尊重地方政府领导，其政治意义就在于它是忠于党、忠于祖国、忠于社会主义的具体体现。讲政治，其实践意义在于它是凝聚军心民心的力量源泉。早在《古田会议决议》中指出：“红军是一个执行革命政治任务的武装集团，除了打仗消灭敌人的军事力量之外，还要担负起宣传群众、组织群众、武装群众、帮助群众建立革命政权以至于建立共产党的组织等重大的任务。”当前，我国进入了新的发展阶段，最需要一个持续稳定的社会环境。开展双拥活动，其目的就是增进军政军民团结，正像毛泽东同志讲的“兵民

是胜利之本”，只有军政军民团结，才能维护大局的稳定，才能创造一个良好的社会环境，更好地服务于国家经济建设大局，这是双拥工作讲政治的巨大威力。讲政治，就是要把维护社会政治稳定摆在双拥工作的突出位置。军政军民团结历来是维护国家稳定的重要因素，是保持社会政治稳定、推进改革开放和现代化建设必不可少的前提条件。双拥工作要按照“十六大”的要求，进一步增强讲大局、讲团结、讲稳定的政治意识，以坚强的军政军民团结促进社会稳定；以军警民联防联治，创造安全稳定的社会环境。特别是对一些突发性事件，只有军地密切配合，采取坚决果断措施，才能消除不稳定因素。

二、讲互利，是双拥工作的一般规律

军民互利，是军队群众工作的基本原则之一。讲互利，是实事求是思想路线的具体运用。在认识和改造客观世界的过程中，从客观存在的实际出发，按照客观世界的特点和发展规律来制定党的路线方针政策，就是实事求是的思想路线。历史经验证明，只有坚持一切从实际出发，实事求是，工作事业才会取得胜利，否则就要受到挫折，甚至失败。因此，在处理军政军民关系时，强调“互利”与“有偿”，正是基于社会主义市场经济条件下的具体实际而提出的，是新形势下加强军政军民团结不可忽视的一条重要规律。讲互利，是市场经济条件下的必然要求。军队在支援国家重点工程建设、各种公益事业以及抢险救灾等急难险重任务的过程中，发挥了其他任何社会集团无法替代的作用。但随着国家经济体制的改革，国家的重点工程一般都以投标承包的形式由某一社会集团承担，有偿支援作为支援的一种形式已被军地双方普遍认同。军队开展有偿服务，既支援了地方建设，又改善了自身的物质生活条件，同时还减轻国家和人民的负担。但是军队的有偿支援，绝不是与民争利，而是在互利条件下的有偿，不论在任何情况下，军队在支援地方公益事业、抢险救灾等工作时都是不求任何报偿的。讲互利，有利于增进军政军民团结。在战争年代，军队依靠人民群众的支援成长壮大，夺取胜利；群众依靠人民军队的支持，建立了自己的政权，“军民团结如一人，试看天下谁能敌”，是军政军民关系的生动写照。引滦入津、引黄入青、引九龙江江水入厦门、支援开发大油田等，表明了人民军队是一支既能保卫祖国，又能建设祖国的革命军队。在市场经济体制下，片面强调一方输出，不考虑双方的利益，是机械主义的表现，久之，会损害军政军民团结。因此，双拥工作只有强调互利，在某些方面实行有偿支援，才能使军政军民之间的鱼水关系进一步深化。

三、讲互动，是双拥工作的新型规律

在新的历史时期，无论是维护国家安全还是保持社会稳定，无论是搞好国家和军队改革建设，还是促进社会全面进步，都离不开军政军民的坚强团结，都需要军地双方在更大范围、更广领域、更高层次互相支持、密切配合。讲互动，就是要把促进社会生产力发展和提高部队战斗力作为双拥工作的根本目标。发展是我们党执政兴国的第一要务，是富民强兵的根本所在。双拥工作必须按照十六大关于“各级党组织和政府、广大人民群众要关心、支持国防和军队建设。军队要积极支持和参加国家建设”的要求，加强军地之间的相互支持与合作。地方应主动了解和帮助部队解决教育训练、战备值勤、科研实验和工作生活中的实际问题，保证部队各项任务的圆满完成。部队要根据中央军委和四总部的指示精神，继续做好支援经济建设、抢险救灾、扶贫帮困等工作，为国家的繁荣发展再立新功。讲互动，就是要把加强军地思想道德和先进文化建设作为双拥工作的重要内容。双拥工作既是促进社会主义物质文明建设的重要因素，也是加强社会主义精神文明建设的重要途径。党的十六大对发展社会主义文化、建设社会主义精神文明提出了新的要求，为军地在思想、道德和文化领域的交流与合作提供了广阔的舞台。双拥工作必须适应新形势新任务的要求，广泛开展军民共同学习实践“三个代表”重要思想活动，用党的最新理论成果武装广大军民；把学习落实《公民道德建设实施纲要》和《军人道德规范》结合起来，共同组织开展道德实践活动；发挥军地各自优势，推进创建文明城市、文明村镇、文明行业、文明社区活动的深入开展。讲互动，就是要正确处理物质支援和精神互助的关系。双拥工作内容很多，涉及政治、经济、文化、科技等各个领域，但归根结底，主要体现在物质和精神两个方面。这就要求在新形势下，既要加强军地在经济领域的支持与合作，又要加大军民在思想道德和科学文化方面的交流力度；既要坚持军地互相支援、互办实事，又要防止和克服重物质交往、轻思想互助的倾向，保证军政军民关系健康发展，坚持双拥工作的正确方向。

四、讲法制，是双拥工作的必然规律

改革开放的深入和社会主义市场经济的发展，既为双拥工作注入了生机，也带来了新的矛盾和问题。人们的思想观念和价值取向发生了很大变化，履行国防责任和义务的观念容易淡化；政府机构改革、企业改组改制，加大了转业干部、退役士兵、随军家属安置的难度等。这些矛盾和问题不同程度地牵动双拥工作的全局，必须运用法律来规范。讲法制，是加强军政军民关系的必由之路。在处理军政军民关系过程中，必须运用法律手段来规范和调整。过去，在部队有些领导或者职能部门中，存在一些模糊认识，认为用法律来解决军政军民之间的涉法问题，就会影响军政军民关系，有些民事纠纷、刑事案件，明明是损害了军队的利益，也不敢理直气壮维护军人的合法权益，往往只是片面要求军人高姿态，采取私了的手段来解决问题。这样做，看似维护大局，其结果是不仅不能维护大局，反而增加了军政军民之间的隔阂。党的十六大确定了依法治国的基本方针，也指明了加强双拥政策法规建设的方向。在处理军政军民关系时，同样要深入学习领会党的“十六大”精神，贯彻“三个代表”重要思想，建立起适应时代特点的法规体系。凡是涉及部队与地方的经济、民事等案件，都要通过法律规范来调整解决，确保军、地、民各自的利益不受侵害。讲法制，就是要运用法律来规范和调整军政军民关系，将双拥工作纳入法制化、科学化、规范化轨道。双拥工作不只是军队与群众之间鱼水关系的客观反映，也是一项长期的战略性任务。因此，搞好双拥工作，单靠传统的军民之间的血肉亲情和政治觉悟是不够的。在依法治国的历史条件下，走依法双拥的路子已势在必行。实际上，双拥工作的许多工作需要靠法律法规来规范，双拥中的一些问题也需要通过法律的途径来解决。通过立法、执法，才能把双拥及相关工作变成党、政、军、民应尽的义务，逐步形成以法律为依据，以政策为导向，社会各界共同关心，军民积极参与的双拥工作新局面。讲法制，才能树立部队的良好形象。军队是国家的重要组成部分，一方面，要自觉遵守党和国家的政策法规，做到学法、知法、守法、护法，同危害人民和国家利益的行为作斗争。另一方面，当部队的意见、行为与地方政府和人民利益出现不协调的时候，要坦诚相待，勇于承担责任，取得地方政府和人民的谅解、信任与支持，在群众中树立人民军队的良好形象。

五、讲奉献，是双拥工作的特殊规律

正确处理经济发展和军事需求的关系，是关系社会主义现代化建设全局的重大问题。作为地方来讲，要在集中精力发展经济的同时，兼顾国防和军事需求。制定经济和社会发展计划时，要把支持国防和军队建设作为重要内容纳入其中；进行城乡基础设施建设，要充分考虑军事行动需要；出台政策法规，要维护国防和军队利益。作为部队来讲，要认真贯彻军委、四总部的指示，服从和服务于经济建设大局，在不影响国防安全的前提下，大力支持国家和地方的改革发展。讲奉献，是由我军的性质宗旨决定的。长期以来，地方政府和人民群众给了军队极大的关怀和爱戴，并把开展拥军优属活动作为一项重要的政治任务，尊重爱护自己的军队，热情关怀和支持部队建设，帮助部队解决实际困难。虽然新的形势对军人的传统道德观念带来冲击，但军队的性质没有变，全心全意为人民服务仍然是我军的唯一宗旨，在追求奉献与报偿相统一的同时，奉献精神仍然是军人职业道德的主流，这既是新形势下加强双拥工作的前提和基础，又是目的和归宿。讲奉献，是军队服从和服务于国家经济建设大局的具体体现。建国以来，人民军队发扬“既是战斗队，又是生产队”的光荣传统，积极参加国家经济建设，几乎涉及到国家经济的各个领域，做到了地方有求，军队必应；人民有需，军队必给。为了党和人民的利益，军队还积极从事旨在减轻国家经济负担、提高官兵生活水平的各种农副业生产活动，没有向人民索取更高的物质补偿，就是在今天社会主义市场经济条件下，许多军人面对各种新观念冲击的困惑，面对家属下岗待业而带来的生活困难，仍然强调“过紧日子”，强调正确对待改革过程中的利益关系调整，强调服从大局，转变观念，体谅地方政府的难处，使我国的军政军民关系进入了一个新的发展阶段，军政军民“同呼吸、共命运、心连心”的大好局面不断得到巩固和发展。

税费改革中优待工作面临的新情况

天津市西青区民政局

按照中央的统一部署，天津市农村税费改革试点工作已全面推开，这是关系到农村干部和群众政治经济生活的一件大事，是农村实行联产承包责任制后又一次重大改革，是减轻农民负担，保护农村生产力，促进农村的改革、发展与稳定的重大决策。从整体和长远上看，税费改革将给优抚工作的规范化和优待资金的落实带来保障，但也面临一些新问题。

一、优待工作现状

截至目前，我区已享受群众优待的农村籍义务兵为257人，年优待总金额近160万元。义务兵优待金的征收除张家窝镇实行镇统筹，每年由镇里根据各村、厂的经济状况和人口数，下达征收任务，由镇统筹，集中管理，统一兑现优待金外，其余八个街镇都是由村集体自筹资金予以兑现。自筹资金主要来自村集体经济利润和村提留。优待金的标准由各村根据上年度村人均收入水平予以确定，年底一次性兑现。

我区现有“三老”优抚对象450多人，这部分人随年龄的增高，身体状况愈来愈差，丧失劳动能力，没有收入来源，对政府和社会的依赖也越来越大。每年除国家给予的定期定量补助、定期抚恤金外，对个别生活特别困难的优抚对象，镇、村两级都给予了临时补助或享受最低生活保障线，每年用于解决生活难资金为15万元。“三老”优抚对象医疗实行医疗补助管理办法，区财政按照每人每年600元的标准予以安排经费，下拨街镇，具体使用办法由各街镇根据自身实际制定，对个别医疗支出大的，由区、镇、村三级负担，全年支出在40万元左右。“三老”优抚对象的住房，普遍面临年久失修、危漏等情况，每年基本只是进行简单维修，还没有从根本上解决问题。

二、税费改革中优待工作面临的问题

1. 关于优待金的确定。税费改革后，农村优待金将纳入农业税正税中，由乡镇统一征收、统一支付。由于正税支出是多项支出，除上级明确规定要确保街镇人员工资以外，如计划生育费、民兵训练费、优待费、街镇办公费均捆在一起，如不确定明确的分配比例的话，易造成各项经费的划分无标准可循，可能会出现哪个部门抓得紧或受到领导重视，就能多得到经费，相应的其他部门经费就会减少、被挤占。

2. 优待经费的兑现可能出现无法足额及时兑现。由于费改税后，农民负担减轻的幅度较大，相应的街镇可用财力也将随之减少。由于税费改革是新生事物，各地在工作中对政策的理解可能会产生偏差，如把优待金单纯地认为只是列入农业税，由农业税里支出的，没有考虑到优待金是作为乡统筹开支的，应当由财政预算安排。如征收的农业税不够开支，地方政府又要照顾多个方面，很可能会出现减少优待金比例的情况，容易造成拖欠，不足额兑现，甚至不兑现。

3. 优待工作面临的压力越来越大。一方面是政策因素，对优待工作的要求越来越高；另一方面是自然规律因素，“三老”优抚对象的医疗等支出费用越来越高，呈上升趋势，税费改革后，街镇财政收入之间肯定会产生差距，个别收入少，优待支出多的单位，压力越来越大，容易造成新的矛盾；此外，部分群众甚至农村干部对于实施群众优待有可能产生误解，认为交完税后，一切由国家管了，不应进行群众优待了。

三、税费改革中应把握的几个问题

1. 要确保优待工作的完整性和连续性。群众优待是优抚保障不可或缺的重要内容。优抚对象是一个特殊的社会群体，不同于一般的社会保障，具有经济和政治的双重意义。建议在制定税改方案时，务必从巩固国防和维护社会安定这一政治要求出发，要求各单位继续做好群众优待工作，使之不受影响。

2. 为了保证义务兵优待金及时、足额的兑现，应明确将义务兵的优待列入街镇财政预算。优待金由财政安排，而不只是在农业税中列支。街镇根据各自的财政状况，统一标准、统一兑现，既解决优待金的拖欠，又平衡了优待标准。各级民政部门要积极参与税费改革，做到政策清，底数明，争取各级领导的重视与支持。

3. 对重点优抚对象的优待，建议由区民政部门根据上年度全区人均收入及财政收入状况，确定统一的优待标准，以政府名义下发各街、镇执行，各街、镇要将此纳入年度财政预算并负责兑现。

4. 税费改革后，区级财政应适当增加对优抚事业费的支出，增加投入，对个别优待支出大、农业税低的街镇，建立财政转移支付制度，以弥补街镇财政缺口，确保优抚对象的生活不受影响。

如何使双拥工作更好地融入社区

天津市河东区东新街道办事处

面对新形势、新任务，如何加强双拥工作，提高双拥工作的整体水平，是我们面临的一大课题，对于街道基层双拥工作，如何发挥社区优势，将双拥工作进社区，是我们所要思考和研究的。

一、双拥工作进社区的重要性

要使双拥工作继续深入开展下去，始终保持旺盛的生机和活力，就必须不断强化广大军民参与双拥的意识，切实加强基层双拥工作，广泛动员社会力量共同参与到双拥工作中来。要按照“工作从基层抓起，任务在基层落实，活动在基层开展，效果在基层体现”原则，不断丰富基层双拥工作内容，进一步推动双拥工作进社区。通过紧紧围绕社区组织、社区服务、社区文化、社区卫生、社区治安等社区建设，深入持久地开展形式多样、行之有效的军民共建活动。

二、双拥工作进社区存在的问题

1. 缺乏对双拥工作融入社区深层次的研究。基层双拥工作事务性较强，容易只注重实际工作，忽视理论的研究。将双拥工作融入社区是一个探索、实践的过程，难免出现新情况、新问题，在工作的同时，要善于总结经验，理论联系实际，加强理论研究，用科学的方法指导实践。

2. 宣传力度不够，社区群众参与意识不足，直接影响各项活动的展开。

3. 社区双拥工作的资金不到位。由于双拥工作没有配备专项资金，开展各种形式的活动或慰问时，必须自筹资金。

4. 基层未设双拥工作专干，缺乏对社区双拥工作的统一领导。目前，基层许多负责双拥工作的干部都是“一肩挑”，在分管双拥工作的同时还负责低保、婚姻、老龄等工作，随着双拥工作进社区程度的不断加深，很难专一有效地开展好各项工作。

5. 机构改革后，许多新的民政干部、社区民政主任理论培训有待于进一步加强。

三、解决存在问题的措施

1. 加强理论学习，深入研究双拥工作。要想求发展就必须加强学习，要搞好双拥进社区工作，必须深入研究问题。加强理论学习，研究对策，在实践的基础上不断总结经验，提高分析问题和解决问题的能力，以应付不断出现的新情况、新问题，通过理论联系实际不断开拓双拥进社区工作的新局面。

2. 加强宣传力度，动员群众参与。要利用各种宣传渠道，深入动员群众参与拥军优属工作，只有人民群众的自觉参与，发动社区志愿者拥军优属，拥军优属工作才能充满活力，保持经久不衰的生命力。如：利用阅报栏、标语、广播等形式，加强对拥军优属典型事例的报道，并通过舆论宣传，树立拥军优属人人有责的观念，使之家喻户晓，人人皆知，营造出社区浓厚的双拥氛围。

3. 加强对社区双拥工作的领导，形成工作网络。街道党工委、办事处把双拥工作列入争创文明示范社区和创建精神文明示范社区的一项重要内容，提高对双拥工作的摆位。以社区为载体，吸收社区单位成员共同参与，形成以街道和部队为主体，以社区居委会为基层，社区单位和广大居民群众参与的双拥工作网络。

4. 建立制度，夯实双拥工作基础。基层单位可以根据各自的实际情况，制定会议、军民联谊、走访服务、检查奖励等制度。街道办事处应将拥军优属工作纳入工作目标管理，实行检查考核制度，对拥军优属先进社区单位和个人给予表彰和奖励，对拥军优属工作和优抚政策的落实情况每年定期检查，做到发现问题及时解决。

5. 加强业务培训，提高业务水平。对街道专职干部和社区居委会民政主任定期进行理论及业务培训，提高业务水平，增强工作实效。并围绕社区双拥工作存在的热点、难点，有针对性地开展系列培训活动，切实将双拥工作业务牢记在心、掌握在手，增强双拥工作的生命力。

城镇退役士兵安置改革的思考与研究

天津市河西区民政局

随着改革的深入发展和社会主义市场经济体制的不断完善，城镇退伍军人的安置工作遇到了许多新情况、新问题，这对于我们从事此项工作的部门和工作人员来说，既有机遇，又有挑战。它需要我们认真反思已经延续了几十年的计划经济的安置模式，并参照市场经济条件下政府各项工作已经形成和正在形成的各种机制、体制，建立全新的城镇退役士兵安置办法，这已经成为民政工作中的一大热点。

一、城镇退役士兵安置难的主要因素

一是计划经济体制下安置政策形成的。1987年12月12日国务院发布《退伍义务兵安置条例》，其中对“原是城镇户口的退伍义务兵，服役前没有参加工作的，由国家统一分配工作，实行按系统分配任务，包干安置的办法”。因此，长期以来对城镇退伍义务兵的安置，一直遵循贯彻由国家统包，安置在全民企、事业单位，按固定工对待的政策。其中的许多规定已经不适应市场经济的发展。还有一些条文过于原则和笼统，在执行过程中难以具体操作。二是改革的不断深化，使实行垂直领导的单位越来越多，且人事权均在上面，每年由市里分配到这些单位的安置人数很少，造成了安置任务负担相对不均衡、不合理。加之近年来，随着国家政治、经济体制改革的深入发展，企业自主权不断扩大，并在逐步实行岗位技能工资制和全员劳动合同制。此项用工制度的重大变革，将使城镇退伍义务兵的安置工作遇到新的课题，面临新的抉择。三是随着经济体制的转轨，原来作为接收安置城镇退役士兵主力的区属各企业，已有相当数量转制为合资、股份制企业，特别是这些企业正处于转轨变型过程中，加之国家的社会保障制度尚不配套，劳保福利也不十分完善，因而安置对象一般不愿到这些企业工作，在很大程度上增加了安置工作难度。部分效益好的企业实行了垂直管理，如电力、电信、金融、保险等行业，使我们分配的刚性原则受到了挑战，增加了操作层面的难度。党政机关、事业单位则因机构精简、岗位有限并且是面向社会招考，其中接收安置城镇退役士兵的空间越来越小。四是安置对象存在着就业观念陈旧、期望值过高、盲目攀比心理和依附思想严重等问题，相当数量的退伍军人想到效益好、条件优的单位工作，与安置的现实相差甚远。五是人情关系也是造成安置难的原因。每到退伍兵安置的时候，托关系、找路子比比皆是，打电话、递条子接连不断，这种现象又是社会普遍现象，造成了人情安置，关系安置，给安置工作造成了人为的困难，也给主管安置工作的领导和从事安置工作的人员造成了巨大的心理压力和负担。

二、城镇退役士兵安置政策改革的构想

现行的城镇退伍义务兵安置政策，对于提高军队和退伍军人的政治地位，巩固国防曾起到过不可估量的作用。特别是按固定工安置后，一系列的物质保障及优厚待遇与合同工、临时工相比有天壤之别，尤其在当今“就业难”的状态下，现行安置政策就更显示出强大的社会影响力。但是，在改革用工制度的浪潮冲击下，现行安置政策给企业带来的压力也愈来愈明显。对城镇退伍义务兵安置政策的改革必须认真思考，如何使安置政策改革与企业改革相适应，便于对退伍军人妥善安置，有利于经济建设的发展，使经济效益与社会效益同时并举。调整城镇征兵政策。一是制定征兵超计划、超比例处罚条例，从法律上抑制超征弊病。从宏观上否定超征、多征兵员合法的观念。二是实行征兵、退伍安置一体化。改革征兵不管退伍、安置不管征兵，各自为政、政出多门的状况。征兵工作由征集部门和安置部门共同把关。“应征入伍登记表”应改为“应征入伍、安置登记表”，共同审核盖章方可有效。三是建立一体化机构。将征兵、优待抚恤金、退伍义务兵安置、军队转业干部安置、军队离退休干部安置及双拥工作纳入一体，形成统一领导和管理体制。四是强化征兵、退伍军人安置监督机制。早在 1955 年 5 月 31 日国务院全体会议第十次会议通过的国务院《关于安置复员建设军人工作的决议》中指出，各级监督部门应当对各级政府在安置复员建设军人工作中的失职违法事件进行检查。此外，还依据有关征兵的文件规定，为杜绝征兵工作中的违纪现象、不正之风等，多次提出严格要求。因此，今后工作中有必要设立专门监督机构。对退伍安置政策实行监督，使征兵、退伍安置法制化。改革城镇退役士兵安置政策。一是继续执行和完善指令性分配，安置全民固定工的政策，并使强制企业承担安置退伍军人法制化。中华人民共和国《兵役法》第十章第五十六条规定：“家居城镇的义务兵退出现役后，由县、自治区、直辖市的人民政府安排工作，也可以由上一级或者省、自治区、直辖市的人民政府在本地区内统筹安排。机关、团体、企业事业单位，不分所有制性质和组织形式，都有按照国家有关规定安置退伍军人的义务。入伍前是机关、团体、企业事业单位职工的，允许复工、复职。”二是建立就业服务机构。为进一步开发和使用军地两用人才和解决城镇义务兵安置难的问题，建立安置就业机构。各级安置部门下设“退伍军人就业服务公司”，进一步开发交流人才，为城镇退伍义务兵和两用人才安置服务；服务公司实行自主经营，自负盈亏，企业管理，是安置部门多种经营的经济实体。

三、城镇退伍义务兵安置政策改革的措施

一是严格执行安置政策及法规，确保退伍军人第一次就业。国务院、中央军委在 1998 年冬季士兵退出现役工作的“退伍通知”中明确要求：“所

有机关、团体、企业事业单位，不分所有制性质和组织形式，都有接收退役士兵的责任和义务。都要按照一定比例安置退役士兵，具体比例由省、自治区、直辖市人民政府确定。”这一规定明确了平衡负担退役士兵安置义务的原则要求，它是今后一个时期退役士兵安置的一个基本原则。二是拓宽经费来源渠道，确保安置政策的实施。安置政策的实施，必须有资金做保障。在安置难的情况下，政府应增加安置经费，社会统筹一部分资金，拒绝接收安置退出现役士兵的单位缴纳一定金额的安置费。建立安置保障基金会，对这部分资金实行专款专用，确保对自谋职业的退役士兵给予经济补偿的资金来源。三是引导退役士兵多渠道、多形式就业。在坚持“按系统分配任务，包干安置”的前提下，“双向选择，供需见面”，试行安置任务有偿转移，鼓励自谋职业等多形式安置办法。四是加强培训，为退伍军人参与社会竞争铺基垫路。退役士兵在待分配期间的各种技能培训，应朝着定点、定向的趋势发展，使培训工作达到应有的实效。可与用人单位联系，对退役士兵进行专业技能培训，使他们走向岗位后有用武之地。军地两用人才服务中心的机构应向职业介绍所的方向发展，与用人单位微机联网，为用人单位荐才，为退伍军人自谋职业创造良好的环境。五是加强依法行政力度。加强依法行政是确保退役士兵第一次就业的根本保障，所以，退役士兵的安置必须加大法律保障的力度。如，对拒绝接收退役士兵的单位实行有偿经济转让，在国家安置法没有出台之前，要力争地方法律、法规的认可，这样在执行“有偿”转让行为时就有了法律依据和法律保障。

关于城镇义务兵家属优待金社会统筹工作的调查与思考

天津市宝坻区双拥办

天津市宝坻区自1997年在干部职工中开展义务兵家属优待金社会统筹工作以来，经过全区广大干部、职工的共同努力，筹集了大量的资金，大大加强了优抚保障实力，有力地促进了双拥工作的有效开展。为保持此项工作的连续性，进一步推动双拥工作的不断深化，我们对城镇义务兵家属优待金的社会统筹工作进行了专题调研，现将调研情况作一简要分析。

一、城镇义务兵家属优待金社会统筹工作的基本情况

我区有22个乡镇，100多个行政事业、企业主管部门，统筹对象大体在3万余人，而实际参加统筹的尚未达到2.5万人。实施统筹工作以来，除今年外每年筹集资金都在40万元以上，前6年共筹集资金256万元。从完成统筹工作任务的实际数额看，乡镇占41.7%，行政事业、企业主管部门占58.3%。

二、存在的问题及其原因

1. 参加统筹的人数逐年递减。从前6年实际收缴资金的情况看，参与统筹的人数和实际筹集的额度逐年减少。1997年筹集456265元，干部职工总人数达24319人；1998年筹集448345元，干部职工总人数达24074人；1999年筹集436345元，干部职工总人数达22717人；2000年筹集410500元，干部职工总人数达21245人；2001年筹集408690元，干部职工总人数达21658人；2002年筹集402815元，干部职工总人数达21365人。统筹人数逐年递减的主要原因有：一是企业下岗、分流人员增多，致使参加社会统筹的人数逐年递减；二是停产、半停产企业增多，在职职工干部拿不到正常工资，造成不愿缴、不缴的人数逐步加大；三是由于企业改制、买断工龄的职工增多，致使参加社会统筹的人数流失；四是行政事业单位精简人员，办理离、退休人员增多，也使参加统筹的人数

减少一部分。

2. 统筹工作难度日趋加大。部分单位对统筹工作认识不够，得过且过，不认真对待；有的单位不按实际在职人数统筹，造成个别统筹对象流失；个别乡镇虽按实际人数统筹，但不按实际统筹的数额上缴；有的单位虽经数次催缴，也只是上缴一小部分，应付了事。

3. 统筹工作存有死角。由于财政体制的改革，经费拨付关系不明确，自收自支单位增多，主管部门统筹工作不到位，致使部分基层单位的干部职工未全部纳入统筹范围，在一定程度上，形成了不缴也无人过问、无人追究的现象。

4. 区域统筹范围不清。部分市属单位、驻区单位以财务报账制，由其上级主管部门统一缴付为借口，借此推委、扯皮，影响我区实际收缴的额度。

三、几点应对措施

一要加强宣传教育。广泛宣传城镇义务兵家属优待金社会统筹工作的重要意义，增强广大干部、职工的国防观念，国家安宁、社会稳定、人民安居乐业需要强大的国防做支撑。

二要加强组织领导。各级领导和双拥组织必须高度重视，把拥军优属工作作为一项政治任务来抓，主要领导要亲自挂帅并督办落实，组织得力人员核实人数、不留死角，确保统筹工作到位。

三要建立健全规章制度。农村"费改税"政策实施后，双拥工作要制定相应的政策规定。比如国家增设"国防建设税"，将城乡义务兵家属优待金、拥军优属基金以及重点优抚对象的优待金、现役军人立功奖励资金、退役士兵待分配期间的生活费、安置补偿金等资金全部纳入税收范畴。

四要调整统筹比例。我区现行的收缴标准是干部每年每人20元，职工每年每人15元。应调为按每人实际工资收入的百分比统筹，或按职级确定统筹标准，这样既体现了领导带头，也解决一般职工干部不平衡的心理。

与时俱进，做好新形势下的双拥工作

内蒙古自治区双拥办

拥军优属拥政爱民是我党我军我国人民的优良传统，进一步做好新形势下的双拥工作，加强军政军民团结，对于维护国家安全、统一和社会政治稳定，保证改革开放和社会主义现代化建设的顺利进行，实现全面建设小康社会的宏伟目标，推进国防和军队建设，具有重大而深远的意义。随着社会主义市场经济的建立和不断完善，双拥工作的领域进一步拓展，内容更加丰富，出现了许多新情况、新特点。

一是双拥工作的社会环境越来越复杂。近年来，随着改革开放的深入和市场经济的建立，我国的社会经济成分、组织形式、就业方式、利益关系和分配方式日益多样化，新型经济组织和新的社会阶层已经成为爱国拥军的一支重要力量，双拥工作的基础不断扩大；现代社会的高度开放和联系方式的日益广泛，使军地交往的渠道越来越多，呈现出多样性复杂性；政府职能的转变和社会结构的不断调整，处理军政军民关系的方式也发生了很大变化，迫切需要建立与之相适应的双拥工作运行机制。

二是双拥工作遇到的矛盾越来越突出。随着社会主义市场经济的发展，双拥工作出现了一些新的矛盾。比如，市场经济条件下，人们的思想观念和价值取向发生了深刻变化，履行国防义务的观念容易淡化；加快开发开放和利益关系调整，军地之间在经济利益方面的矛盾明显增多；政府机构改革、企业改组改制，加大了转业干部、退役士兵、随军家属安置的难度；经济发展不平衡，社会保障制度不完善，使一些地区重点优抚对象生活、住房、医疗方面的困难比较突出；随着部队官兵涉法问题的增多，维护军人及其家属合法权益的要求越来越高，等等。这些矛盾和问题，不同程度地牵动双拥工作全局，影响和制约着双拥工作发展。

三是双拥工作的任务越来越重。双拥工作直接服务于党和国家的大局，服务于国防和军队建设，在新的历史时期，无论是维护国家安全，还是保持社会稳定，无论是搞好国家和军队改革建设，还是促进社会全面进步，都离不开军政军民的坚强团结。当前，随着社会主义现代化建设的步伐加快，维护国家改革发展稳定的任务十分艰巨。台海局势错综复杂，加紧做好军事斗争准备显得尤为重要。这些都需要军地双方在更大范围、更广领域、更高层次互相支持，密切配合，双拥工作的任务比以往任何时候都更加繁重、更加艰巨。做好新形势下的双拥工作，要在更高的起点上思考、筹划和开展工作，不断推动双拥工作在发展中创新，在创新中发展。

一、创新观念，确立围绕发展抓双拥、抓好双拥促发展的工作思路

温家宝总理在全国双拥工作会议上指出：“要紧紧围绕发展这个党执政兴国的第一要务开展双拥工作。”发展是解决中国所有问题的根本出路，要把围绕发展抓双拥、抓好双拥促发展作为双拥工作牢牢把握的基本原则。提高生产力和战斗力，是地方和部队任何时候都必须坚持的中心工作，而双拥工作是服务这一中心的。牢固树立国防建设与经济建设协调发展的观念是做好双拥工作的根本所在。加强双拥工作，首要的是各级领导要予以高度重视，把双拥工作列入“一把手工程”，统一领导，统一规划，统一部署，认真抓好落实。作到“五个同步”，“五个结合”。即：把双拥工作纳入经济社会发展的总体规划，做到双拥工作与经济建设“同步规划、同步实施、同步教育、同步投入、同步发展”，坚持全民国防教育与公民道德规范教育相结合，双拥政策法规建设与社会法制建设相结合，创建双拥模范城与创建文明城市相结合，发挥领导的主导作用与调动群众的积极性相结合。做到传统工作全面提升，特色工作全面加强，政策法规全面落实，规定工作全面到位，推广典型全面开花。真正做到领导与群众之间，军政军民之间，部门与行业之间形成合力，目标明确，责任落实，措施有力，工作到位，使双拥工作成为一项民心工程、社会工程，不断创新和发展。

二、创新制度，促进双拥工作向制度化、规范化方向发展

近年来，从中央到地方，从自治区到盟市，都建立了一套比较完善的双拥政策法规和制度，对促进双拥工作的发展，保障双拥工作的正常运行起到了积极作用。但随着社会的发展和双拥工作地位的提升，可以看到，有些法规制度还不够完善，有些内容还没有涵盖，有些内容还需要修改，更主要的是一些法规制度没有得到很好地落实。首先，要根据发展变化的形势和双拥工作出现的新情况、新问题，对法规制度进行补充完善。其次，要出台新的法规制度。如抚恤标准自然增长机制、义务兵家属优待金旗县统筹、重点优抚对象纳入医疗保险等。第三，要抓好落实。建立党政军联席会议制度、军地互相走访制度、人大政协委员督察制度、双拥工作检查制度以及双拥工作领导小组成员单位工作报告制度，从而加快双拥工作制度化、规范化的进程。

三、创新载体，增强双拥工作的针对性和实效性

多年来，我区的双拥工作以“双三好”活动为重要载体，双拥工作取得了长足的进步和发展，军民携手保卫边疆、建设边疆取得了可喜的成绩。“双三好”这一双拥工作的重要载体应当很好地继承和发扬，做到一年一个主题，一年实现一次跨越。一是要处理好经济发展和军事需求的关系，坚持经济建设与国防建设协调发展。制定经济和社会发展规划，要把支持国防和军队建设作为重要内容纳入其中；进行城乡基础设施建设，要考虑部队军事行动的需要，尽量提供方便；加快开发开放，要切实保护军事设施的安全。部队也应当积极参加重点工程、生态工程和社会公益事业建设，以良好的形象影响和教育人民群众。二是要处理好物质支援和精神互助的关系。军政军民关系从根本上讲是一种政治关系，双拥工作实质上是军地之间相互团结、相互支持的政治性工作。用共同的理想、信念和政治追求，团结和动员广大军民为实现党在各时期的历史任务而奋斗，是双拥工作的根本任务。在新的形势下，既要加强军地在经济领域的支持与合作，又要加大军民在思想道德和科学文化方面交流的力度；既要坚持军地互相支援，互办实事，又要坚持双拥工作的政治方向，防止和克服重物质交往，轻思想互助的倾向。加大国防观念、爱国主义、公民道德、光荣传统教育、宣传的力度，积极探讨开展科技拥军、教育拥军、智力拥军活动。三是要处理好整体推进与重点突破的关系。实践证明，整体推进是重点突破的基础，重点突破是整体推进的关键。这些年来，我们在支持部队建设、演习训练、生活保障、转业退伍军人和随军家属安置等方面做了大量工作，也取得明显成效。但也要看到，这些工作在不同时期，不同地区有主有次，有轻有重。这就需要我们抓住主要矛盾，在解决重点难点问题上下工夫。

四、创新内容，不断拓展双拥工作的领域和范围

不断探索在社会主义市场经济条件下开展双拥工作的形式和内容，积极开展行业拥军、社区拥军，引导新型经济组织和新的社会阶层拥军，拓展双拥工作的领域和范围，不断扩大双拥的群众基础。一是抓好双拥宣传，使双拥工作深入人心，变为全社会的行动。要协调宣传、教育、文化、广电等部门，确定宣传的形式和内容，加大国防教育场所和爱国主义教育基地建设，设立永久、明显的标志牌。做到广播有声、电视有影、报刊有文字，使老百姓能够听到双拥，看到双拥，了解双拥，支持双拥，扩大双拥工作的群众基础。二是抓好双拥工作“进社区、进企业、进机关、进学校、进乡村、进连队”六进活动，重点是抓好进社区活动。借助社区的文明学校、职工之家、文化活动室等场所在社区单位和居民中开展双拥宣传。调动社会力量，建立服务组织，开展“温暖送军营”、“爱心献功臣”等活动。建立富有特色的“社区双拥志愿服务队”、“医务送健康服务队”、“职介家政服务队”等双拥服务组织，为部队官兵、军人家属、优抚对象提供服务。还要搞好军警民共建文明社区活动，组织部队与社区结成共建对子，开展形式多样、行之有效的互助服务，解决双拥中的热点难点问题。三是要抓好两新组织拥军活动。在新的历史时期，两新组织行业众多，遍布城乡，经济实力强，群众基础厚。进一步动员和组织两新组织积极参与双拥工作，已成为提高双拥工作社会水平，实现双拥工作跨越式发展的重要课题。两新组织开展拥军，一要有要求，因为两新组织的成员也是共和国的公民，也要有关心国防、支持国防的意识；二要有责任，国无防不立，民无兵不安，两新组织有责任搞好拥军优属工作；三要有活动，要把两新组织发动起来，组织起来，积极开展实事拥军和爱心献功臣活动；四要有制度，要认真抓好两新组织拥军优属工作的组织、宣传、建章立制工作，使他们感受到参与双拥工作的自豪感和成就感，而且要给予相应的精神和物质方面的回报，从而推动两新组织拥军优属工作不断向前发展。

五、创新品牌，巩固发展提高双拥模范城的创建成果

创建双拥模范城活动是双拥工作的一个创举，是加强军政军民团结的有效载体。目前，全区有国家命名的双拥模范城（旗）11个，自治区命名的双拥模范城（旗、县）54个，这些城市和旗县是自治区创建双拥模范城的排头兵。但因条件地区不同，创建水平有些参差不齐，还必须按照《双拥模范城（县）创建命名管理办法》，按照“巩固、发展、提高”的要求，更加深入扎实地开展创建活动。要端正指导思想，不图虚名，不搞形式主义，扎扎实实做好工作。要精心组织，科学安排，立足基层，突出重点，不断提高创建质量。要打造自己的品牌，创出自己的特色，创出自己的名气。要把创建过程作为推动工作的过程、落实法规的过程、增进团结的过程，真正使创建命名活动成为推动双拥工作的发展动力。

坚持与时俱进　大力推进双拥工作创新发展

吉林省双拥办

在我国加快社会主义建设，全面推进小康社会进程新的历史时期，推动双拥工作创新发展，对于社会主义事业和国防军队建设都有着举足轻重的历史作用。新时期双拥工作要与时俱进，创新发展，使之在社会主义建设的伟大事业中发挥更大作用，就必须着眼于我国市场经济体制的建立，着眼于世界政治经济和新军事变革潮流，着眼于“三个代表”重要思想的践行，创造性地解决双拥工作领域面临的重大理论和实践问题。

坚持与时俱进，大力推进双拥工作创新发展，就要解放思想、实事求是。随着我国市场经济体制的建立和加入WTO，社会经济成份、组织形式、利益关系和就业方式日益多样化，对双拥工作的深入发展产生了一定影响。面对这些新情况、新问题，我们的双拥工作理论研究还有盲区；解决问题的方法还很单一；部分地区双拥工作还不是很活跃。这关键是思想还不够解放；看问题还不能实事求是，探索研究得还不深。我们必须深刻认识和准确把握与时俱进这一马克思主义科学发展观，努力用发展着的马克思主义理论指导新的双拥工作实践，客观地、实事求是地研究分析当前双拥工作领域出现的新情况、新问题。按照以人为本、为兵服务的理念，自觉站在立党为公、执政为民和维护社会稳定的高度，深入进行调查研究，探索解决广大军民普遍关心的、涉及切身利益的难点、热点问题的有效途径。通过制定出台相关政策法规，形成双拥工作长效运行机制，以新的视角、新的方法、新的精神风貌面对双拥工作新的挑战，推动双拥工作整体水平的不断提升。

坚持与时俱进，大力推进双拥工作创新发展，就要勇于探索，开拓前进。创新是一个民族进步发展的灵魂，也是双拥工作不断开拓向前的重要原因。在新的历史时期，双拥工作只有树立起创新就是生存，创新就是出路，创新就是发展，创新就是前途的观念，才能为“发展地方生产力，提高部队战斗力和增强军民凝聚力”这一历史性课题提供强大的精神动力和可靠的政治保证。在双拥工作领域中，必须敢于打破旧框框，面对新实际，提出新见解，作出新判断。只有勇于探索和实践，在解决新问题中总结积累，双拥工作才能不断得以丰富和发展。坚定有新问题就会有新办法的信念，积极调整思维，校正视角，大胆“继承传统的，摒弃过时的，构建新鲜的”，使双拥工作不断向民营企业、新型社会组织、城市社区和农村行业协会等新兴领域延伸拓展，进一步壮大双拥工作的群众基础和社会覆盖面。

坚持与时俱进，大力推进双拥工作创新发展，就要开阔视野，兼收并蓄。双拥工作之所以经风雨而不衰，历沧桑而弥坚，依然生机勃勃，正是因为广大军民在长期的双拥实践中志向高远，兼收并蓄，善于借鉴，不断赋予了双拥工作新的内涵、新的力量，才保证了双拥工作在我国发展的各个历史时期都始终围绕国家中心工作发挥着不可取代的作用。进入新的世纪，双拥工作仍然需要在继承中发展，在发展中创新，不断自我修正、自我完善已有的运行机制，不断吸收和借鉴双拥工作成功经验，创新地发展双拥工作，使其在加强军政军民团结，发展地方生产力和提高部队战斗力，全面建设小康社会的伟大事业中发挥其更大的效能。

坚持与时俱进，大力推进双拥工作创新发展，就要着眼需求，付诸实践。新时期双拥工作实践，既要体现时代特色，又必须放眼全局，着眼实践。只有站在时代的高度，才能高屋建瓴，从容应对；只有付诸实践，紧扣时代脉搏，才能贴近实际，有的放矢。在信息高度发达的今天，社会上各种形形色色的思潮，通过多种渠道渗透反映到部队和地方群众当中，双拥工作也面临着前所未有的冲击。为此，新时期的双拥工作必须着眼需求，付诸实践，必须要以党的十六大和十六届三中全会精神为指导，按照“三个代表”和“两个务必”的要求，以人民满不满意、部队受没受益为根本原则，把实现好、维护好、发展好广大群众和部队官兵的根本利益作为双拥工作独有的魅力。围绕新时期双拥工作难点、热点问题和新型经济组织、新型社会组织的建立和参与双拥，苦钻深研，以强烈的政治责任感和科学求实精神，始终站在时代的高度，创造出体现我党我军特色，具有时代特征，适应未来形势和发展需要的双拥工作方法和理论。

论新时期双拥工作问题与对策

黑龙江省双拥办

进入新世纪新阶段，双拥工作积极适应改革开放新形势，围绕中心，服务大局，有了重大发展，取得了明显成绩，发挥了重要作用。但是，也出现了许多新情况、新问题，概括起来主要有以下几个方面：

一是国防和双拥意识有所淡化。随着市场化进程的加快，受物质利益关系的驱动，人们的思想观念、价值取向和行为方式发生了很大变化；长期和平建设环境冲淡了人们对战争创伤的沉痛回忆，军民感情也不像战争年代那样生死相依，履行国防责任和义务的观念有所淡化，支持、关心和做好双拥工作的主动性和自觉性容易减退。

二是工作运行方式受到了冲击和挑战。随着改革开放的逐步深入，在政府转变职能、社会结构不断调整的情况下，处理军政军民关系的方式呈现出多元化需求的趋向，单纯依靠政府主导、行政干预、感情联络等方式开展工作的做法，已经不能完全适应形势和任务的要求，迫切需要建立与之相适应的双拥工作运行机制。

三是组织机构的职能作用没有得到充分的发挥。一些双拥领导小组只限于定期例会、总结工作、部署任务，没有很好地发挥研究和解决重大问题的职能作用；双拥办绝大多数与民政优抚部门合署办公，人员不足，经费得不到保障，一些单位的双拥工作基本上处于被动应付状态；有的基层单位双拥组织大都残缺不全，工作无人管、没人做的现象比较普遍。

四是政策法规建设相对滞后。近年来，各级相继制定和出台了一些双拥政策法规，但从总体上看，还有部分工作内容没有被涵盖，应该制定的迟迟没有出台。现有的政策法规有的已经过时，突显出效力低、内容陈旧、针对性不强、难以落实的问题，致使一些重点、难点问题得不到有效的解决，亟待补充和完善。

五是军地关系有物化的趋向。军政军民之间互相支援、互办实事、互解难题的力度不断加大，这对于增进军政军民感情起到了重要作用。但是，一些单位在军地共建共育过程中，重物质交往、轻思想建设的现象比较突出，以给钱给物论亲疏，办事多少谈远近，把物质利益作为衡量军政军民关系的标准，在一定程度上影响和破坏了军政军民之间的纯洁感情。

面对发展变化的形势和遇到的新情况新问题，双拥工作要想谋求大发展，争取大作为，就必须紧紧围绕“发展”这个执政兴国的第一要务，进一步浓厚双拥氛围，强化组织领导，完善政策法规，开辟工作领域，实施科学管理，以积极进取的姿态、改革创新的办法、扎实有效的工作，承载起巩固军政军民团结，促进经济发展，维护社会稳定和推动国防和军队建设的历史使命。

一、适应形势发展，盘活现有资源，在增强教育的针对性上求突破，为双拥工作的深入发展打下坚实的群众基础

双拥工作是一项社会性、群众性很强的工作，离不开广大军民的积极支持、热心参与和自觉奉献。当前，国际形势稳中有变，台海局势错综复杂，国内改革进入攻坚阶段。在这样一个重要时期，加强军政军民团结，对于积极应对复杂多变的国际局势，维护改革发展稳定的大好局面，有着极其重大的现实意义。各级应着眼于不断提高人们的国防观念、浓厚双拥氛围的需要，突出地域特色，挖掘资源潜力，多渠道、多领域、多形式地开展国防教育和双拥传统教育，努力在全社会形成“爱国拥军、爱民奉献”的良好社会风尚。一是发挥双拥传统资源的引领作用。黑龙江省有着双拥工作的光荣传统。革命战争年代，全省军民共赴国难，浴血奋战，为夺取中国革命的胜利作出了应有的贡献。社会主义建设时期，在建设开发、抵御严重自然灾害、应对突发事件中，党政军民众志成城，团结奋斗，谱写了惊天地、泣鬼神的英雄壮歌。对这些辉煌业绩和丰硕成果的回顾和宣扬，必将增强广大军民的自豪感、责任感和使命感，必将激励广大军民继承和发扬双拥工作的光荣传统。二是发挥基地资源的主体作用。我省有爱国主义和国防教育基地300多个。这些教育基地展示的是广大军民用鲜血和生命谱写的一曲曲爱国主义壮歌，是黑龙江解放史、创业史、建设史的集中展示，是看得见、摸得着的活生生的爱国主义教材。应充分利用这些现成的教育资源，充分发挥其弘扬爱国精神、教化人民大众的主体功能，广泛开展系统性、经常性、群众性的教育活动。三是发挥共建资源的辐射作用。我省现有军地共建对子3000多个，扶贫点2700多个，少年军（警）校300多所，分布在全省城市乡村，军营哨所。军地共建共育是开展爱国主义和国防教育的重要载体，应加强军地之间在思想、道德、科学、文化等领域的交流合作，采取人民群众喜闻乐见的有效形式，大力弘扬爱国主义精神和双拥光荣传统，使爱祖国、爱人民、爱军队成为广大军民的自觉行动。四是发挥时事政治资源的直接影响作用。台海局势、“9·11”事件、伊拉克战争、俄罗斯人质危机等，都是当今发生的、离我们生活最近的、对人们思想能够产生直接影响的教育资源。应广泛开展多种形式的时事政治宣传教育活动，使各级领导和人民群众认识到天下并不太平，战乱、冲突、危机无处不在，加强国防和军队建设，事关国家长治久安、民族兴旺发达，进而增强爱国拥军的政治热情。

二、加强组织领导，发挥职能作用，在显现齐抓共管合力上求突破，为双拥工作的健康发展提供有力的组织保证

双拥工作是一项政治性、政策性很强的系统工程。做好新形势下的双拥工作，关键在于强化组织领导，整合部门力量，加强机构建设，完善工作网络，形成协调顺畅的工作运行机制。一是必须摆上重要位置。做到“四个坚持”：坚持把双拥工作与经济社会发展结合起来，统筹规划，同步实施；坚持把双拥工作纳入各级党委、政府的议事日程，分析形势，解决问题；坚持把双拥工作纳入党政军领导的工作范围，身体力行，率先垂范；坚持把双拥工作纳入领导干部政绩考核内容，调动工作热情，强化责任意识。二是必须充分发挥双拥工作领导小组的职能作用。发挥领导小组规格高、领导数量多的优势，认真履行组织、指导、协调双拥工作的职能作用，抓大事、议大事、解难题。建立和完善成员单位工作汇报制度、重大事项报告制度、联络员会议制度、军地合署办公制度，靠有效的制度约束不断地调动成员单位的积极性，真正形成齐抓共管的合力。三是必须加强双拥机构建设。双拥办作为党委、政府的办事机构，应从理顺关系、便于工作的实际出发，列入各级党委或政府的直属编制序列。条件不具备的，也应作为民政部门的独立机构单独设立。应配备适当编制，配齐配强人员，保障必要经费，为双拥办开展工作创造良好条件。四是必须进一步完善基层工作网络。着眼双拥工作在基层的开展，完善双拥优抚服务组织，制定工作规划，明确活动内容，建立责任制度，使基层双拥工作层层有人抓，事事有人管。

三、完善政策法规，提升层次效力，在解决重点难点问题上求突破，为双拥工作规范运行提供法律保障

依法规范、调解、保障军政军民关系，是双拥工作深入健康发展的必然要求和根本途径。结合我省实际，加强双拥政策法规建设应注意把握好以下几个问题：一是搞好顶层设计。从当前的实际情况看，国家制定双拥综合性政策法规的条件和时机尚不成熟，省级应结合实际，形成一个具有全局性、规范性、指导性和可操作性的双拥综合性政策法规，为基层双拥工作提供基本遵循。国家颁布新的优抚安置政策法规或出台重大政策举措后，省里应及时跟进，制定与之相配套的地方性政策法规，使之能够及时有效地在基层得到贯彻落实。对现有的已经不能完全适应形势和任务发展需要的政策法规，应及时进行修改、补充和完善，从而建立起相对完善、配套成龙、实在管用的双拥政策法规体系。二是提高政策法规的层次。各地出台的双拥政策规定，多数是以双拥办、双拥领导小组的名义制定的，由于不是严格意义上的法律规范，普遍缺乏权威性和约束力。应把双拥政策法规列入地方法制建设的整体规划，纳入到各级人大的工作范围，努力争取通过人大立法制定双拥政策法规；不能通过人大立法的，也力争通过政府令的形式出台，增强双拥政策法规的效力。三是着眼解决问题。各级应紧紧盯住复转军人安置、随军家属就业、军人子女入学、维护军人军属权益、重点优抚对象待遇落实等影响和制约双拥工作创新发展的重点和难点问题，根据国家的有关规定，按照“继承传统、着眼当前、注重长远”的原则，搞好调查研究和可行性论证，尽快出台一些具有针对性、操作性和实效性的政策法规，从而达到既推动工作发展，又维护群众利益的目的。

四、拓宽工作领域，丰富活动内容，在推进创新与发展上求突破，为双拥工作适新应变开辟空间、创造条件

军地改革的不断深入，为双拥工作的发展提供了广阔空间，双拥工作只有抢抓机遇、乘势而上，才能保持生机、充满活力。双拥工作应向新型经济组织领域延伸。随着我省经济体制改革的不断深化，以民营企业为代表的新型经济组织发展迅速，呈现出规模大、从业人数多、产值和利税增长快的特点，已经成为我省经济与社会发展的重要力量，也必将成为双拥工作的一支有生力量。在实践中应注意发挥政府引导作用，为民企拥军牵线搭桥，出台扶持政策，加大宣传、表彰力度；发挥行业协会组织、协调功能，围绕复转军人安置、随军家属就业、开展科技拥军、帮扶重点优抚对象等内容，推动民企拥军活动迈出实质性步伐；坚持军地双向互动，共建共赢，发挥部队的思想政治、科技人才等优势，为企业的发展壮大献计出力，从而不断激发他们拥军的内在动力。双拥工作应向社区领域延伸。随着我省城镇化进程的加快，以及小政府、大社会管理格局的逐步形成，社区已经成为管理社会、服务大众的基本单元。当前，推进双拥工作进社区，一是要解决好有人抓的问题。建立社区双拥领导组织，完善服务网络，健全各项制度。二是应明确工作内容。围绕浓厚社区双拥氛围，拓展社区双拥服务，繁荣社区双拥文化，美化社区环境，强化社区治安等方面来组织开展。三是要建立激励机制。应把社区双拥工作纳入到双拥模范城（县）的检查评比范围，增强各级做好社区双拥工作的责任感，从而推进社区双拥工作逐步走上经常化、制度化、规范化的轨道。双拥工作应向未成年人教育领域延伸。做好未成年人思想道德建设工作，双拥部门责任重大。应结合我省烈士陵园维修改造五年规划的实施，按照“突出重点、注重建设、打造精品”的原则，努力把烈士陵园建设成为弘扬先进文化的重要阵地。通过免费向未成年人开放，为中小学生举行入学、入队、入团、成人宣誓等活动开辟“绿色通道”，建立由老干部、老战士、部队官兵等人员组成的辅导员队伍等措施，为未成年人开展思想道德实践活动创造良好的条件。应充分发挥军地共建共育的政治优势，围绕培育“四有”新人的目标，引导未成年人弘扬民族精神，增进爱国情感，提高道德素养。双拥工作应向军事斗争准备领域延伸。加紧做好军事斗争准备，是党中央、中央军委针对台海形势发展变化，着眼于实现祖国统一大业作出的重大战略决策。做好军事斗争准备离不开地方的支持和配合，各地应积极探索新形势下开展拥军支前的途径、方法和措施，支持和配合部队完成好战备训练和军事演习任务，多渠道、多形式地帮助部队培养新型军事人才和实用技术人员，集中财力、物力和人力，帮助部队解决好军事斗争准备过程中遇到的困难。

五、坚持科学发展，创新管理方式，在推进工作经常化上求突破，为双拥整体水平的提升夯实基础、确定规范

树立全面协调可持续的发展观，是各项事业不断发展的重要保障，实施科学有效的管理是推进双拥工作整体水平提升的关键环节。当前，应针对一些地区工作不经常、内容不规范、制度不健全的问题，建立和完善推进工作经常化的制度和措施，确保双拥工作向经常化、规范化、制度化方向发展。一是实施目标管理。围绕优抚安置政策落实、开展国防和双拥传统教育、军警民共建共育、支持部队建设等方面，自下而上地建立起纵向到底、横向到边、纵横连锁、层层确保的年度目标管理机制，对确立的项目、达到的标准、完成时限、责任单位等逐项进行明确。二是建立年度考核制度。根据各地上报的年度工作规划和目标，省双拥办每年应对各市（地）、国家级双拥模范县、部分省级双拥模范县（市）进行一次全面考核；市（地）也应对所属单位的工作情况进行一次检查。对工作落实好，有创新、有进步的单位给予通报表彰；对工作滑坡、失去先进性的城（县）要进行通报批评和限期整改。三是进一步细化和量化评比标准。依据国家和省双拥模范城（县）创建命名管理办法，按照“公正、公开、公平”的原则，进一步细化和量化检查考核标准，从而使内容的设置更科学，标准更适当，分值更合理，方法更便于操作。四是应综合评定成绩。按照平时检查和年度考核相结合的原则，综合评定各地双拥模范城（县）创建活动成果。对工作有创新、在省以上双拥重大活动中成绩突出的单位，在评比中应给予加分奖励。力求通过这些有效的管理措施，进一步体现双拥模范城（县）创建活动的先进性，从而不断提升双拥工作的整体水平。

关于赴广东、福建、浙江三省部分沿海地区考察“两新组织”开展拥军优属工作和城镇退役士兵安置工作改革情况的报告

上海市双拥办　上海市双退办

为学习兄弟省市在双拥、双退工作中的成功经验，进一步做好本市有关工作，8 月 9 日至 16 日，上海市双拥办、双退办赴广东省珠三角地区、福建省厦门市、浙江省温州市，就“两新组织”开展拥军优属工作和城镇退役士兵安置工作改革情况进行学习和考察。

一、被考察地区经济社会发展现状和双拥工作的基本情况

上述三地都处于沿海相对发达地区，不仅经济总量处于各省前列，而且非公经济起步早、发展快、规模大，并呈不断上升趋势。如佛山市、东莞市的非公经济约占当地经济总量的90%以上，对地方税收和财政收入的贡献率都达到60%以上，温州市非公经济更是占经济总量的近97%。上述三地又都是全国双拥模范城，双拥工作的基础较好。如佛山市已连续五次荣获全国双拥模范城殊荣。厦门市既是改革开放的先发地区，又长期处于对台斗争的战略前沿，军政军民关系十分紧密。上述三地的党委、政府不仅高度重视继承双拥优良传统，而且注重推动双拥工作不断创新发展，特别在探索“两新组织”开展拥军优属工作和城镇退役士兵安置工作改革方面均走在全国的较前列。

二、被考察地区动员“两新组织”开展双拥共建活动，做好退役士兵安置改革工作的基本做法和主要经验

上述三地都是市场经济的先发地区，当地的党委、政府及其职能部门也都较早、较多地接触“两新组织”。他们普遍认为，依托“两新组织”共同参与，是做好拥军优属工作的趋势性要求；“两新组织”的拥军优属热情是一种丰富的社会资源，潜力很大，因此都十分重视倡导、引导和指导“两新组织”参与双拥活动。为此，采取了政府发文号召，开展理论研讨进行推广等多种动员手段。他们还注重双拥宣传，营造双拥氛围，努力使“没有国防就没有厂房”的观念深入人心，教育先富起来的“两新组织”经营者正确处理好商海与沿海、市场与战场、摊位与哨位的关系。在三地的“两新组织”经营者中，“要想市场发达，必先国防巩固”，“无商不活、无军不安”和“富裕不忘拥军、不忘爱国”的全民国防观念已经比较普及。广东省通过开展公益事业联办、区域治安联防、思想工作联做和共建企业文化、共育“四有”新人等活动，不断创新共建工作新模式。通过发动“两新组织”开展形式多样的军民共建活动，既积极支持了驻地部队的建设，解决了部分退伍士兵、转业士官、随军家属安置等热点、难点问题，也丰富了企业文化内涵，提高了员工素质，提升了企业品牌形象，促进了企业生产经营的健康发展，使双拥呈现了“双赢”局面。

为适应社会主义市场经济的需要，上述三地城镇退役士兵安置工作已逐步实现由传统的指令性安置向自谋职业为主转变。广东省自2001年起，相继出台了一系列鼓励和引导城镇退役士兵自谋职业的实施办法，以法规推动退役士兵安置工作改革的进程。2001年以来，已有15280人选择自谋职业，自谋职业率从起步时的24%发展到目前的69%，预计今年底可达到90%以上。厦门市自2000年起采取计划安置和鼓励退役士兵自谋职业相结合的办法，2002年起全面推行自谋职业和安置重点对象（指转业士官和在服役期间个人战时荣立三等功、平时荣立二等功或被大军区以上单位授予荣誉称号的退役士兵）相结合的办法，使自谋职业率从2000年的35.8%上升到了2003年的84.3%。温州市城镇士兵退役后基本上全部货币化安置，自谋职业率达到95%，转业士官目前还是实行指令性计划安置，安置去向以事业单位为主。上述三地还十分重视做好退役士兵就业指导和培训方面的工作。如广东省为增强退役士兵就业的竞争力，不断加大培训力度，2004年各级财政拨出1.2亿元用于城镇退役士兵的培训，全省有60%自谋职业的城镇退役士兵参加了各种职业技能培训。

三、体会和建议

（一）双拥工作是群众性工作，走社会化道路是其根本选择，尤其在市场经济形势下，“两新组织”在经济和社会生活中所扮演的角色越来越多、越来越重，各级双拥工作部门在思想上要充分认识“两新组织”参与双拥工作的必要性，将其视作做好双拥工作的新生力量和重要力量，努力探索新型经济组织和新的社会阶层开展拥军优属活动的途径和办法，进一步扩大双拥工作的群众基础。

（二）各级双拥工作部门在发动“两新组织”开展拥军优属工作方面，首先要当好“引导者”，通过宣传教育等各种行之有效的方法，把“两新组织”的拥军优属热情调动起来。而且还要主动当好“服务者”和“协调者”，积极为“两新组织”开展拥军优属工作搭建平台，在具体工作中不仅要帮助他们协调联络、出谋划策，甚至要把他们推到舞台的最前排，扮演主角，防止出现“两新组织”出钱出力不出彩，以致热情递减的现象。

（三）现有的非公有制经济大致可分为原国有企业转制后形成、本地土生地长以及引入外资后建立的合资或独资企业。这些企业的经济实力各不相同，对双拥工作的认识也存在差异。因此，我们要注意因地制宜、因时制宜地进行引导，由点及面、先易后难地推进。要针对“两新组织”的不同特点，实施分类指导。

（四）在退役士兵安置工作改革中，要重视对退役士兵讲清政策原则，讲透当前市场经济条件下的就业形势，鼓励他们自觉自愿地选择自谋职业。安置改革工作应循序渐进、逐步推开，尤其是起步阶段，重在开好局，要安排适度的安置指标托底，而且要防止片面强调安置质量，防止继续把退役士兵往依靠政府安置的老路上引导。

（五）在积极鼓励城镇退役士兵自谋职业的同时，应注重做好就业指导、就业服务和就业培训等方面的配套工作，防止他们接受货币化安置后，因为对新的就业形势难以适应又大面积地成为新的失业群体，给社会造成新的不稳定因素。

关于临邑县“优抚联络员制度”的调查报告

山东省双拥办

2004 年 1 月，临邑县被命名为“全国双拥模范县”。面对这一荣誉，他们没有满足，而是以更大的热情投入到双拥工作中，积极创新双拥工作方式，完善双拥工作机制。针对当地驻军少的特点，他们将工作重心放在了为广大优抚对象排忧解难上。2004 年 4 月，临邑县民政局出台了《关于建立在乡“三老”优抚对象联络员制度的意见》，开始组建优抚联络员队伍。该制度实施以来取得了良好的效果，为我们改进拥军优属工作方式提供了借鉴，对今后民政工作的开展也具有一定的启示意义。现将调查情况报告如下：

第一部分：背景

临邑县“优抚联络员制度”的制定实施，是民政工作者为使拥军优属工作适应社会形势发展而采取的一项重要举措，有其特定的社会历史背景。

一、临邑社会现实：乡镇合并，精简人员

临邑县在上世纪九十年代初期，有 3 镇 17 乡。后来进行了数次乡镇合并改建，尤以 2000 年 5 月份的乡镇合并规模最大，最终形成了现在的 7 镇 3 乡 1 区（开发区）新格局，乡镇数目减少了一半。2002 年，临邑县大规模精简乡镇政府机构和人员，转变政府职能。按照“小政府、大社会”和精简、统一、效能的原则，合理确定乡镇职能、机构设置和人员编制，对所辖 10 个乡镇的党政机关和事业单位进行了机构改革。4 个中心镇设置了 4 个行政部门，即党政办公室、经济发展办公室、社会事务管理办公室、科教文卫计划生育办公室，其他 6 个乡镇设置 3 个行政部门。清退乡镇聘用人员，裁减超编人员，对现有干部实行民主推荐、竞争上岗、择优录用。乡镇机关人员由原来的 460 人精简到 370 人，精简率为 13.04%，乡镇事业单位人员由原来的 1203 人精简到 320 人，精简率为 73.40%。精简后，各乡镇民政工作人员一般只有 1 人～2 人。

二、优抚对象状况：生活困难，年龄偏大

截至 2004 年底，临邑现有优抚对象 14130 人。其中“三属”（烈属、因公牺牲军人家属、病故军

人家属）403 人，伤残军人 378 人，老复员军人 1002 人，军属 723 户。在乡“三老”优抚对象 1783 名，分布在 1435 个村，不少人在生产生活中面临很多困难和问题，尤其是目前绝大多数在乡“三老”优抚对象已经年逾古稀、体弱多病、行动不便，难以按时到各地民政部门领取抚恤金，遇到困难也缺乏有效的反映渠道。同时全县所有乡镇总共只有 11 位民政助理，平均每人分管 162 名“三老”优抚对象，要全部走访一次，即使每天走访 6 户，也需要一个月。

三、传统工作方式的局限性：不利于管理，淡化了感情

在实行联络员制度之前，临邑县优抚金发放采取的是定时集中发放的方式，每季度前十天由优抚对象或其委托人到各乡镇民政办领取。由于多数优抚对象路途遥远且不愿让子女代领，往往不能及时前来领取，既耽误了他们的生活，也影响了相关部门的工作，增加了资金管理难度，造成账面混乱。也有不少地方采用银行代发的方式，民政局统一为优抚对象在银行开设专门账户，按期将优抚金存入银行，再由银行按名单存进相应账户，优抚对象在需要用钱的时候到银行设在乡镇的储蓄所提取。这样减少了民政部门的工作量，便于操作，但是却不利于动态管理，不利于民政部门及时掌握优抚对象情况，同时也会让群众感觉国家对优抚对象的关心局限在物质层面上，不利于增进民政部门与优抚对象间的感情，一些军人军属内心深处难免会产生失落感。

第二部分：做法

经过多方征求意见，临邑县民政局于 2004 年 4 月出台了《关于建立在乡“三老”优抚对象联络员制度的意见》。意见要求联络员必须是责任心强、热心服务、具有一定文化程度、身体状况良好的人员。选拔工作由各乡镇民政办公室负责，根据辖区内优抚对象的分布情况，按 15 人～20 人，就近划分为一个片，每片设一名联络员。联络员人选由优抚对象推荐，经民政助理考核，在被荐人自愿，优抚对象认可，民政助理认定后，报民政局备案，签订相关协议。优抚对象联络员的主要任务是负责为行动不便的优抚对象代领抚恤定补款，及时了解优抚对象生活、住房、医疗情况和自然减员情况，及时把优抚政策特别是新政策传达给优抚对象，帮助优抚对象做一些力所能及的服务工作。按照每名联络员服务的优抚对象人数多少，民政局按季度发给一定补助。

经过认真考核，全县共选拔了 83 名优抚对象联络员，其中很多人本身就是优抚对象，还有一些是优抚对象信任的乡镇干部。临邑县民政局十分重视这支队伍的自身建设。一是签订合同，各联络员一经确定，乡镇民政、联络员和优抚对象三方签订合同，明确三方的权利、责任和义务，并依法履行合同和服务。二是搞好培训。乡镇各区域联络员全部确定后，各乡镇民政集中对他们进行培训，主要是进行国家民政方针、优抚政策、业务知识和具体工作程序等培训，使他们了解掌握基本民政方针和政策，掌握服务的本领，成为优抚政策的明白人、优抚对象的贴心人。熟练掌握所服务优抚对象所在的村庄、家庭住址、家庭情况和所属类型，便于开展工作。三是强化监督。要求联络员坚决服从县乡民政部门的领导，不折不扣地落实优抚政策，严格执行各项规定，认真扎实、准确无误做好各项具体工作。乡镇民政办公室每月定期对各联络员的工作进行监督检查，发现问题限期整改，对拖延、克扣、挪用抚恤定补款的严肃处理，县民政局不定期对各乡镇、各联络员的工作进行抽查，发现问题，追究乡镇民政助理和当事人的责任，问题严重的，依政策、法律法规处理。2004 年 11 月，民政局又统一为联络员订制了工作证，进一步做到了规范化。

在实际工作中，联络员们除了按时将抚恤金发放到优抚对象手中外，每月还至少要到服务对象家中走访一次，由优抚对象签字证明，按月将签名簿交民政助理检查监督，并将走访的情况进行汇报，及时解决发现的困难和问题。由于每个联络员负责的优抚对象居住地相对集中，所以走访工作的强度并不大，却取得了良好的效果。

第三部分：效果

联络员制度实施近一年来，联络员们工作尽职尽责，千方百计为优抚对象排忧解难，把党和政府的关怀及时送到优抚对象心中，及时上传下达有关情况和政策，以自身的行动为“拥军优属”作了具体阐释，受到了优抚对象和广大群众的交口称赞，取得了良好的社会效果。

一、开创双拥工作新局面

双拥工作涉及面广，内容多样，工作对象又都是为建设和保卫国家作出过贡献的军人军属，任务重，难度大。自实施联络员制度以来，联络员们尽职尽责，不辞劳苦，使临邑县的双拥工作迈上了一个新台阶。一是方便了优抚对象日常生活。自从有了优抚联络员，行动不便的“三老”优抚对象不用出门就可以领到抚恤款了，既避免了长途跋涉，也消除了抚恤款被委托人冒领的可能。翟家乡宫家村的老复员军人孟广平接到联络员郭仁玉送来的 347 元定补款时高兴地说：“我今年 82 岁了，离乡镇又远，领款不方便，现在小郭将款送来了，真是太好了，民政局为我们又办了一件好事。”同时联络员通过走访直接了解了优抚对象的医疗问题，及时将医疗单据上交民政局，报销医疗费。截至去年底，联络员共将 16867.6 元医疗救助金发放到了 34 名“三老”优抚对象手中。二是及时掌握情况解决困难。“三难”问题是长期以来困扰优抚工作的一个突出问题。虽然临邑县政府和民政部门出台了一系列政策，加大了资金投入，但是如此众多的优抚对象难免有人遇到突发事件，产生难以解决的困难。优抚联络员在定期走访掌握优抚对象动态情况时，积极协调有关部门，帮助优抚对象解决困难。理合乡孙镇村复员军人周长贵家经济状况一直不好，一家四口挤在四处透风的危房内，入冬以来又连续降雨降雪。优抚联络员董庆华看在眼里，急在心里。他顾不上自己买煤，先从厂子里要了 1000 斤煤给周长贵送去，然后马上到乡政府向民政助理作了汇报，引起了党委政府的重视，对周长贵的房屋进行了修缮。周长贵逢人就说：“共产党好，党的政策好！”类似的情况，截至年底全县就有 31 户，共修建修缮危房 87 间。三是优抚政策宣传到位。优抚政策制定出来，贯彻落实是关键。优抚联络员在经过集中培训后，再及时向优抚对象传达优抚政策，一方面让优抚对象深刻地体会到党和政府对他们的关心和爱护，另一方面也便于他们更好地了解和维护自己的权利，促进了优抚工作的顺利开展。自实施联络员制度半年来，优抚科共接待上访 12 人次，去年同期则为 56 人次，同比减少 79%。

二、探索民政工作新形式

随着社会的巨大变革和发展，民政工作的任务越来越繁重。新一届政府“执政为民”、“以民为本”的执政理念，更是给民政工作带来了压力和动力。但是另一方面，为了提高执政能力，减轻人民负担，各级政府都在大力精简机构，裁汰庸员。民政工作的重心在基层，直接和广大群众打交道，面对当前任务繁重和精兵简政并行的局面，如何做到“机构精简，工作力度不减”就成了一个亟待解决的问题。优抚联络员制度的实行就是一种新的有益的探索，在政府工作人员减少的同时，充分挖掘社会力量的潜力，用社会力量分担政府的服务职能，在有限增加成本的前提下，极大地增强了干群联系，取得了事半功倍的效果。这一模式不仅适用于优抚工作，还可以推广到其他民政工作中，比如建立低保联络员、救灾信息员、殡葬监督员制度等，可以让一名联络员身兼多职，同时适当提高联络员待遇，加强教育培训和监督，充分发挥其协调联络作用。

三、树立和谐社会新风尚

优抚联络员制度不仅是一种工作方法的创新，而且对我们建设社会主义和谐社会具有重要的作用和意义。一是“拥军优属”观念深入人心。“拥军优属，拥政爱民”是我党我军我国人民的优良传统，但是长期以来，对优抚对象的照顾大都是“平时发现金，过节搞慰问”，缺少面对面的交流，心贴心的爱护。联络员制度的实施弥补了这一缺憾，通过联络员们的定期走访，广大优抚对象在内心深处感到没有被党和人民遗忘，周围的群众也深深体会到了国家对军人军属的关心和爱护，“拥军优属”观念更加深入人心。 二是扩大社会参与度，创新社会管理体制。党的十六届四中全会提出，构建社会主义和谐社会，要“深入研究社会管理规律，完善社会管理体系和政策法规，整合社会管理资源，建立健全党委领导、政府负责、社会协同、公众参与的社会管理格局”。2004 年初全国民政厅局长会议也提出了民政工作要“努力加大社会开放度、增强社会透明度、扩大社会参与度”的要求。在群众中选拔培训联络员，创新了管理方式，拓宽了服务领域，增强了普通群众参与社会事务管理的积极性和责任感，同时也避免了干群关系的疏离和隔阂，增强了政府行政工作的透明度，形成了社会管理和社会服务的合力。三是建设信息网络，维护社会稳定。民政工作涉及人民群众基本生活的方方面面，在建立和谐社会、维护社会稳定、巩固党的执政基础等方面发挥着越来越重要的作用。建立联络员制度，也就建立了畅通的信息渠道和网络，有助于政府及时掌握社会发展态势，真实了解社情民意，准确把握民政工作全局，从而妥善协调各方面的利益关系，正确处理人民内部矛盾，维护社会稳定，不断提高执政能力和执政水平。

努力构建和谐的军政军民关系

山东省双拥办

党的十六届四中全会，第一次把建设“和谐社会”列入了党的奋斗总目标，明确提出：“带领全国各族人民实现国家富强、民族振兴、社会和谐、人民幸福”，并把“构建社会主义和谐社会的能力”列为党要提高的“五大执政能力”之一，要求“巩固和发展军政军民团结”。从党的执政总目标和执政能力的新高度，深刻认识和把握建设和谐社会与加强军政军民团结的关系，对推进双拥工作的深入发展有着重要的指导意义。

建设和谐社会离不开构建和谐的军政军民关系。首先，和谐社会是以人为本的社会，是经济、政治、军事、文化等社会诸方面全面、协调、可持续发展的社会。军政军民关系，包括军队与政府的关系，军队与人民群众的关系，是国防建设与经济、政治、文化等诸多社会关系在军政军民之间的反映。没有和谐的军政军民关系，便没有社会的和谐发展。构建和谐的军政军民关系，是建设和谐社会的本质要求。二是构建和谐的军政军民关系是党的使命所赋。我党在不同历史时期根据不同阶段的奋斗目标，对处理军政军民关系、加强军政军民团结有不同的要求。战争年代，为民族的独立解放，毛泽东从确立军政军民一致原则到指导双拥运动的兴起，提出了军政军民团结、革命胜利的理论；改革开放中，为民族和国家的振兴，邓小平从确立党政军民一心一意服从国家经济建设大局的方针到倡导军民共建和创建双拥模范城（县）活动，提出了军政军民团结、改革发展的理论；在深化改革发展中，为国家的富强，江泽民从确立军民“同呼吸、共命运、心连心”总目标到提出从政治上看待和处理军政军民关系原则，发展了军民团结、与时俱进的理论。以胡锦涛为总书记的新的中央领导集体，以科学发展观指导军政军民团结，从巩固党的执政基础、实现党的执政历史任务的新高度，明确提出“把双拥工作摆在事关全局的重要位置，坚持不懈地抓紧、抓实、抓好”，“巩固和发展军政军民团结”。实现党新世纪新阶段建设和谐社会的执政目标，必须发扬党的优良传统，加强军政军民团结。三是构建和谐的军政军民关系，加强军政军民团结，归根到底是把军政军民的积极性调动起来，把军心民心凝聚起来，为实现党的总目标提供有力的政治保证和支持。建设和谐社会，需要稳定的社会环境。没有稳定的社会环境，什么事情也干不成。尽管我国已把“和平崛起”作为发展战略，但西方遏制我国发展的战略目标没有变，国际霸权主义和强权政治愈演愈烈。“9·11”事件后，美国制定了“先发制人”的战略，发动了伊拉克战争，并加紧在我国周边调整军事部署，构筑战略包围圈，特别是支持纵容台独势力“以武拒统”，大量向台出售先进武器装备，使台海局势错综复杂，对我祖国统一和领土完整构成严重威胁。国内随着改革的深入和利益格局的调整，影响社会稳定的事件也处在多发期。在外有压力、内有困难的形势下，只有军政军民团结一心、休戚与共，才能稳军心、固长城、促稳定，为建设和谐社会提供良好的社会环境。

构建和谐的军政军民关系，有许多工作要做。从我省双拥工作的实践看，应当做到“十个坚持不懈”。

一要坚持不懈地用“三个代表”重要思想凝聚军心民心。“三个代表”重要思想，是中国化的马列主义，是我们进行革命和建设的指南，也是军政军民团结的政治基础。贯彻“三个代表”重要思想，在建设和谐社会中，军民就有共同的理想和信念，就有一致的目标和追求，就有协调的步伐和行动。近年来，为学习贯彻“三个代表”重要思想，我们年年结合双拥工作实际，提出学习新课题，用“三个代表”重要思想铸造新时期爱国奉献的双拥之魂，使“双拥共建、双向奉献、同心报国、共谋发展”的双拥精神深入军政军民之心，由此奠定军政军民团结奋斗的坚实政治基础。

二要坚持不懈地抓好国防教育。国无防不立，民无军不安。军政军民关系是与国防和军队建设紧密联系在一起的。而和平时期，在灯红酒绿、歌舞升平中，人们重视对物质享受的追求，国防观念却容易淡化。要建立密切的军政军民关系，必须坚持不懈地抓好国防教育，强化人们的国防观念，居安思危，时刻不忘“武备不修国难立”，自觉支持国防和军队建设，自觉热爱和尊重军人军属，自觉搞好军政军民团结。我省双拥工作持续发展，就得益于不断深化的国防教育。前几年，全国推广了我省宣传、教育、民政、驻军、人武五位一体的国防教育经验；近几年，以“强中华、奔小康、爱国防”为主题的国防教育更加深入广泛，大力营造了“祖国在我心中，国防在我心中，爱国拥军的使命在我心中”的社会氛围，形成了军政军民团结的社会舆论力量。

三要坚持不懈地抓好双拥传统教育。在血与火的革命斗争中，我党我军我国各族人民用生命和鲜血培育了军爱民、民拥军的光荣优良传统。这成为我们克敌制胜的法宝，成为团结奋斗民族精神的重要部分。我们要大力弘扬民族精神，传承文明，坚持不懈地抓好双拥传统教育，用爱国拥军的光荣传统构建和谐的军政军民关系。我省的双拥传统教育，年年都在深入开展。特别是近年来，各地筑载体、建机制、编教材、搞活动，深化了军民“山东战略位置不忘、双拥传统不丢、走在前列的决心不移”的“三不”观念。

四要坚持不懈地服从服务于国家经济建设的大局。经济建设是国防建设的基础，国防建设是经济建设的保障。特别是现代战争，是综合国力的竞争，更离不开强大的物质基础。国防和军队建设要服从服务于经济建设的大局，军政军民都要在这个大局下向心聚合，一心一意谋发展，聚精会神搞建设。根据省委确定的建设“大而强、富而美”社会主义新山东的奋斗目标，我省组织驻鲁部队开展了以扶贫帮困、抢险救灾、军民共建、建设平安山东等为主要内容的爱民活动，正为建设“大而强、富而美”的社会主义新山东“增强添美”。

五要坚持不懈地支持国防和军队建设。军地兼顾、协调发展是我们党在处理经济建设和国防建设矛盾中一直坚持的基本原则。党的十六届四中全会又一再强调，“坚持国防建设与经济建设协调发展，建设一支现代化、正规化的革命军队，确保国防安全，是党执政的一项重大战略任务。”并明确提出“四个坚决”：坚决反对外部势力干涉香港、澳门事务，坚决反对和阻止外国势力插手两岸事务，坚决反对和遏制台独分裂势力，坚决粉碎一切把台湾从中国分割出去的图谋，坚定不移地捍卫国家主权和领土完整。要完成党所赋予的这些战略任务，必须在发展经济的同时大力支持国防和军队建设。在省委、省政府领导下，我省坚持把国防和军队建设纳入地方经济和社会发展总体规划，以支持部队军事斗争准备为龙头，大力开展了支持部队以编制体制调整为主要内容的新军事变革，支持了重点军事工程、后勤保障社会化改革、军训和基础设施建设等，开展了科技拥军、信息拥军等活动，受到了军委首长的称赞。

六要坚持不懈地落实国家优抚安置政策。优抚安置政策涉及官兵的切身利益，要稳军心、固长城，必须狠抓优抚安置政策的落实，解除官兵的后顾之忧。政策拥军一直是我省双拥工作的一大特色。前几年我省就颁发了拥军优属工作的若干规定，近年来又进一步完善了有关政策法规，并年年进行检查，督导落实，努力让“条条好政策，温暖官兵心”。

七要坚持不懈地维护好军人军属的合法权益。随着社会改革的深化和利益格局的调整，军民在经济承包、房地产纠纷、港口航道、海上养殖、邻里关系、政策落实等方面涉法问题越来越多，依法维护军人军属的合法权益成为密切军政军民关系的新课题。党中央、国务院和中央军委对依法维护军人军属合法权益也提出明确要求。我省各地积极探索，建立和完善了“一组一庭一站”法律拥军机制，开通了法律咨询和服务热线，及时地处理了涉军案件，有效维护了军人军属的合法权益。

八要坚持不懈地抓好基层双拥工作。广大军民在基层，优抚对象在基层，双拥工作的重点必须放在基层。基层工作落实了，军政军民团结才有巩固的基础。这些年，我省一直扭住基层双拥工作不放，从抓基层双拥工作站和服务网络建设到推出基层双拥“六落实”的经验，从出台社区双拥文件到颁发《基层双拥工作纲要》，心往基层想，劲往基层使，努力夯实基层军政军民团结的基础，使和谐的军政军民关系在基层深深扎根。

九要坚持不懈地抓好创建双拥模范城（县）活动。创建双拥模范城（县）活动是新时期广大军民推进双拥工作、加强军政军民团结的伟大创举。在党的领导下，它把党政军领导的积极性与广大官兵群众的积极性结合起来了，把经济建设与政治文明、精神文明建设结合起来了，把城与乡结合起来了，成为双拥工作深入发展的有效载体。随着创城活动的深入发展，群众喜闻乐见、广泛参与的争先创模活动也蓬勃开展。“争当优秀士兵”、“争当十佳好军嫂”、“争当百佳优秀士兵家庭”、“争当兵妈妈”、“争当关心国防十佳人物”等活动，在军民中已有广泛的影响力。这些活动使新时期的双拥工作充满着生机和活力，成为构建和谐军政军民关系的有效载体。

十要坚持不懈地加强双拥工作的组织领导。双拥要搞好，关键在领导；军民大团结，军政团结最重要。从根本上说，我们党和军队从诞生之日起，都把全心全意为人民服务作为根本宗旨，都把维护广大群众根本利益作为政治追求，都把与人民群众建立血肉联系作为重要基础。军政军民团结，体现了我国军政军民根本利益的一致性，体现了军队与政府、军队与人民患难与共、水乳交融的密切关系。我军是党绝对领导下的人民军队，军队的形象始终同党和政府的形象联系在一起。军政军民关系实质上反映的是党群关系，双拥工作是党联系群众的重要载体，是党的群众路线在军民工作中的生动体现。加强双拥工作的组织领导就是加强党和政府同人民群众的密切联系。在党群关系中，执政党是起主导作用的；在军政军民关系中，军政关系是起主导作用的。以军政团结带动军民团结也是我省双拥工作实践证明了的成功经验。历届省委、省政府对双拥工作都十分重视，纳入了党委、政府的议事日程，分工专人负责。特别是近年来，双拥工作列入了省委常委分工要点，明确目标责任，加大了领导力度。仅今年以来，省委和双拥领导小组就颁发了三个文件，对全省双拥工作加以指导，不断推进了双拥工作创新发展。

坚持构建和谐的军政军民关系，落实“十要”，对双拥工作者也提出了新的要求，其指导和开展双拥工作的能力如何，将直接影响到构建军政军民团结的质量和水平。按照党的十六届四中全会精神和全国双拥会议的要求，双拥工作者要加强“四种”能力建设。一是驾驭全局的能力，要以更宽广的眼界看待军政军民团结，谋划双拥工作，为国家和军队建设的大局服务。二是要提高参谋决策能力，为党委、政府和驻军领导机关当好军政军民团结的参谋，出好双拥工作的主意。三是组织协调能力，要协调党委、政府和驻军的关系，争取领导的支持；要协调涉军各部门之间的关系，争取部门间的密切配合；要协调军地之间的关系，统一军民步伐与行动。四是指导工作的能力，包括文件指导、政策指导、典型指导等。新时期的双拥工作任重道远，对双拥工作者的要求也越来越高。我们一定要认真学好党的十六届四中全会精神，从我们自身所处的历史方位，找准贯彻落实的结合点，努力提高指导和开展双拥工作的能力，努力为构建和谐的军政军民关系、促进和谐社会建设贡献一份力量。

充分发挥双拥成员单位作用
不断推动双拥工作的创新和发展

河南省双拥办

注重发挥成员单位作用，大力开展行业拥军活动，是河南双拥工作的一个亮点和基本经验。

一、着眼大局，不断强化成员单位做好双拥工作的责任感、紧迫感

重视发挥成员单位作用，推动双拥工作的开展，是基于对新形势下双拥工作特点规律和我省实际，进行深刻分析而确立起来的。一方面，河南是驻军大省、兵员大省、优抚大省，而经济欠发达。随着军地交往的日益频繁，军地双方对双拥工作的要求越来越高，双拥工作的任务十分繁重；另一方面，由于市场经济体制的建立和完善，政府职能逐步发生转变，单纯靠政府的行政命令和人民群众的自发行动，已很难适应双拥工作的实际需要。为了解决这些矛盾和问题，省委、省政府和省军区领导反复学习党的三代领导核心关于双拥工作的重要论述，深入基层调查研究，认真分析双拥工作形势，形成了三点共识。一是双拥工作历来是为党和国家大局服务、为国防和军队建设服务的，无论是革命战争时期，还是和平建设时期，无论是计划经济条件下，还是市场经济条件下，各级党委和政府，各条战线、各个部门、各个行业都要高度重视和主动抓好双拥工作，不断巩固和发展军政军民团结的大好局面。二是双拥工作涉及军地双方和社会生活的各个层面，是一项社会系统工程，牵扯面广，工作量大，必须动员一切力量和积极因素，把军地双方的积极性调动起来，把各行各业的力量凝聚起来，把双拥的责任和义务变成广大军民的自觉实践，才能推动双拥工作的深入开展。三是各成员单位既是当地党委政府的组成部门，也是本行业本系统的领导决策机关。成员单位的双拥意识强了，职能作用发挥好了，不仅能充分发挥好部门优势、行业优势，支持部队建设，而且可以产生良好的示范带头作用，影响和带动整个社会的双拥工作。在统一思想认识的基础上，省委、省政府、省军区经过认真的研究论证，迅速成立了有 19 个部门组成的双拥工作领导小组，召开了双拥工作领导小组会议，下发了《关于进一步加强双拥工作的通知》、《河南省双拥工作领导小组成员单位职责》等一系列文件规定。同时，采取在党校开设国防知识课程、组织领导干部参加国防教育活动、评选“关心支持国防建设十佳人物”等形式，有效地增强了成员单位领导的双拥意识，使他们牢固确立了“抓好双拥责无旁贷，不抓双拥就是失职”的思想。各成员单位都成立了双拥工作领导小组，明确了具体分管双拥工作的领导和联络员，研究制定了本行业本系统开展双拥工作的制度计划，并把双拥工作与本部门工作目标结合起来，进行统一安排、统一检查、统一落实、统一考核，有力地推动了全省行业拥军活动的广泛开展。此后，随着形势的发展，根据人事变动、职能转换和双拥工作需要，省双拥工作领导小组成员单位又作了几次调整，如今已发展成为由军地40个部门和单位组成的双拥领导机构。十多年来，各成员单位坚持做到不管形势任务如何变化，双拥意识始终不淡化；不管领导班子如何调整，双拥工作领导力量始终不减弱；不管双拥任务多么艰巨，双拥工作标准始终不降低。认真履行职责，充分发挥作用，为河南的双拥工作、为支持部队建设作出了突出贡献。省电力公司十几年来领导班子换了4届，但届届班子都十分重视双拥工作。在他们关心下，驻豫部队团以上单位全部实现了双回路供电，有力地保证了部队的战备训练，被誉为河南行业拥军的一面旗帜。

二、建章立制，规范完善成员单位工作机制

发挥成员单位作用，仅仅依靠教育是不够的，必须建立有效的工作机制，做到有职责、有制度、有检查，才能促使各成员单位积极主动地参与双拥工作，确保双拥工作落到实处。一是明确成员单位职责。我们根据双拥工作的形势任务和成员单位职能的变化，先后4次修订完善成员单位职责，对成员单位必须担负和完成的任务，需要解决落实的问题，应该协调配合的工作等，都作了具体明确的规定，使各成员单位开展双拥工作任务明确，职责清晰，有章可依。多年来，各成员单位在双拥工作实践中，牢记职责，认真负责，以“千忧万忧，要为子弟兵分忧；千难万难，不让子弟兵为难”为理念，逐步形成了五大拥军工作体系。即：以省委办公厅、省政府办公厅、省军区政治部为主的组织协调体系；以组织、人事、劳动、民政部门为主的优抚安置体系；以卫生、教育部门为主的解决医疗难、就学难的卫生教育保障体系；以财政、粮食、商贸等部门为主的供应保障体系；以城建、规划、土地、电业等部门为主的基础建设服务体系。二是建立完善工作制度。在实践中，我们逐步建立和完善了四项工作制度，并坚持不懈地认真抓好落实。坚持成员单位议事制度，每年定期召开双拥工作领导小组全体成员会议、军地联席会议，分析形势，部署任务，研究解决双拥工作中的重大问题；坚持成员单位报告工作制度，成员单位定期向双拥工作领导小组报告年度开展双拥工作的情况、履行职责完成任务的情况，重要的双拥活动及时报告；坚持成员单位责任制度，双拥工作领导小组根据各成员单位职责，将重要的双拥活动、创建双拥模范城（县）、保障部队训练演习等重大任务进行分解，由各成员单位具体负责抓好落实；坚持成员单位双拥工作领导制度，要求各成员单位建立双拥工作领导机构，确定主管领导和负责处室，明确一名处级干部担任联络员，负责联系本单位的双拥工作。三是加强监督检查。对成员单位落实双拥工作任务情况、部队反映问题的解决情况、党政军领导批示的落实情况进行督查，并将检查情况与部门年终评先和部门领导年度政绩考核结合起来，做到严格奖惩。郑州、新乡、信阳等12个省辖市每年还制定下发《双拥工作目标责任书》，明确成员单位的目标任务，由市政府督察室进行检查考评。

三、突出特点，积极发挥成员单位的行业优势

我省根据双拥工作需要，依据成员单位行业特点，着力突出和发挥成员单位的四个优势。一是宣传教育优势。国防教育和双拥宣传是强化群众双拥意识的基本手段。宣传、教育、文化、工青妇等成员单位在双拥宣传教育中具有特殊的优势，负有重要的责任。这些成员单位把党政干部、青少年作为教育的重点对象，充分利用各种国防教育和爱国主义教育基地、革命烈士纪念建筑物等教育场所，把国防双拥宣传教育纳入宣传思想工作总体规划，纳入各类学校教学计划，纳入党校、行政学院干部培训主要课程，纳入主流媒体重点宣传计划，形成了浓厚的国防双拥宣传教育氛围，使双拥工作成为全社会的共识和广大军民的自觉行动。二是参与决策优势。围绕双拥工作的重点难点问题，参与制定和出台重要的双拥政策和规定。重点做好四个方面的政策配套：做好退役军人安置和随军家属就业的政策支持。在安置难问题日益突出的情况下，组织、人事、劳动等部门出台政策，千方百计拓宽就业渠道，全省每年安置转业军官 2000 多人，安置城镇退伍士兵 3 万多人，以及一大批随军家属。做好军人子女入学入托的政策支持。全省教育系统把解决好军人子女入学入托问题，作为解除官兵后顾之忧的重要问题摆上议事日程，出台优惠政策，作出具体规定，抓好督促落实，比较好地解决了驻豫部队军人子女入学入托问题。做好优抚政策支持。财政、民政等部门密切配合，认真落实优抚政策，在全省普遍建立了优抚对象抚恤补助标准自然增长机制，使优抚对象的生活水平略高于当地群众的平均生活水平。近年来各地共投入 16 亿元资金，用于优抚对象的优待和补助。做好涉军案件的政策支持。为了维护军人军属的合法权益，省军区和法院系统联合总结推广了闻名全国全军的“汤阴经验”，并出台文件，形成制度，在全省普遍建立了维护军人军属合法权益巡回法庭，在乡一级设立了法律咨询服务机构，使部队官兵涉法问题结案率达 98.5 ％。三是组织动员优势。各成员单位组织和动员本行业、本系统、本部队的人力物力财力，积极做好双拥工作。动真情，办实事，解难题，送温暖，坚持做到四个大力支持。大力支持和保障部队的训练演习。我省确山训练基地，承担着济南战区和外战区的军事演习和战备训练任务，近几年每年都有大的演习训练。每次演习都是部队练打仗，地方练支前。公安、交通、民政、电力等部门自始至终做好服务保障工作，从建立训练场地、保障物资供应，到派出保障演习人员、转移疏散群众、慰问驻训部队，给予了全方位的服务。大力支持部队质量建军和科技强军。根据军事变革要求，各成员单位把拥军工作的重点由钱物支持转移到科技支持上来。科技、教育部门在全省建立了 1200 多个科技拥军培训基地，帮助部队科技攻关近 300 项。省委党校、郑州大学开设了团以上干部在职研究生班。大力支持部队基础设施建设。河南财力比较紧张，但每年省财政都要补助部队经费 1 亿多元。粮食、经贸、土地等部门为部队建立副食品基地 110 多个，划拨生产用地 2800 多亩。2000 年以来，省交通厅每年都把解决部队的进出道路问题列入重点建设计划，先后对部队出入口公路 451.22 公里进行修建和改造，总投资达 7.5 亿元，确保了部队的训练和出行，提高了部队的快速机动能力。大力支持地方三个文明建设。驻豫部队广泛开展“热爱河南、建设河南、宣传河南、增辉河南”活动，充分发挥自身组织严密、突击力强的优势，先后参加大型水利设施建设、城市建设、光缆施工、高速公路等 700 多个重点项目，为河南的经济发展和社会进步作出了重要贡献。开封驻军与人民群众连续十年治理开封郊区 50 万亩沙化土地，先后投入兵力 16.8 万人次，使这片沙荒盐碱的不毛之地，田成方，林成网，形成集观光林业、生态林业、旅游林业、高效林业为一体的田园绿色风景线，成为“治沙绿化精品工程”，受到国务院、林业部和全国绿化委员会的肯定和表扬。四是行业指导优势。各成员单位切实加强对本行业、本系统双拥工作的指导和监督，纳入行业目标管理，纳入领导干部政绩考核的重要内容，年终和业务工作一并考评，保证了双拥工作在本系统、本行业的落实。省粮食局每半年对各省辖市粮食部门的拥军优属工作进行一次检查，明确提出，凡拥军优属工作做得不好，驻地官兵不满意的军供部门，一律取消评选先进单位资格，并责令限期改正。省教育厅成立了厅长任组长的双拥领导小组，对双拥工作实行目标管理，把双拥工作目标任务量化分解到处室，部署安排到学校，厅领导经常深入基层，加强分类指导和督促检查，确保双拥工作落到实处。省教育厅被评为全国爱国拥军模范单位，厅长蒋笃运作为双拥成员单位先进代表参加了全国双拥大会。

四、加强指导，为成员单位发挥作用创造良好条件

双拥办是双拥工作领导小组的办事机构，担负着组织、协调、指导双拥工作的职能，岗位重要，责任重大。发挥好双拥办的作用，是确保各成员单位有条不紊地开展双拥工作的关键。省委、省政府对双拥办的建设十分重视，批了 4 个人的专项编制，下拨了专项经费，配备了工作用车。省委副书记、省双拥工作领导小组组长支树平，省委常委、省军区政委、省双拥工作领导小组副组长祁正祥，副省长、省双拥工作领导小组副组长刘新民等领导经常听取省双拥办的工作汇报，就双拥工作的重大问题进行专题研究，直接指导双拥办的各项工作。省双拥办认真贯彻省委、省政府领导和驻军首长的指示，注重发挥好四个作用。一是发挥好参谋助手作用。全省各级双拥办根据双拥工作形势和任务，及时为军地领导提出年度双拥工作的建议，下发双拥工作计划，为成员单位开展双拥工作提出指导性意见。对一些大项工作和重要活动及时作出计划安排，具体分解各单位的任务，有力地保证了成员单位作用的发挥。二是发挥好组织协调作用。对双拥工作一些重点难点问题的解决，我们都广泛征求有关成员单位意见，使各单位意见协调一致，确保了政策规定的权威性和可行性。在每一项重要军事活动中，我们都及时向成员单位通报情况，明确职责，区分任务，形成了上下畅通、高效精干的服务保障网络。同时，在军事设施保护、军地历史遗留问题的处理、军警民纠纷的调解、随军家属工作安置，以及地方动用兵力等方面，都通过双拥办协调军地各部门，共同协商解决。为了适应市场经济的新形势，加强军警民团结，妥善处理军警民纠纷，省双拥办协调省军区、省武警总队和省公安厅联合制定下发了《关于处理军警民纠纷的若干规定》。为了规范部队参加社会公益活动，保证部队兵力科学合理地使用，郑州市双拥办协调军地成员单位制定下发了《部队参加社会公益活动的规定》。这些规定的出台和贯彻，受到了总政首长的充分肯定和部队官兵的热烈欢迎。三是发挥好交流沟通作用。利用简报、文件、联席会议、联络员会议等形式，搞好成员单位之间的情况交流，及时把重要活动通报给成员单位，重要会议都请成员单位参加，使各成员单位对双拥工作全局做到心中有数，增强了做好工作的积极性有效性。四是发挥好典型激励作用。对在双拥工作中作出突出成绩的成员单位，我们及时提请省委、省政府给予表彰，并大张旗鼓地进行宣传。2002 年，省委、省政府、省军区联合表彰了省电力系统、教育系统、粮食系统、交通系统等 9 个先进系统，起到了积极的导向和示范作用，进一步激发了各成员单位做好双拥工作的积极性。

户籍制度改革对优抚工作的影响与对策的调查报告

河南省民政厅优抚处

一、户籍制度改革的思路及进展情况

河南省公安厅 2003 年出台了《关于进一步深化城镇户籍管理制度改革的通知》，对全省的户籍制度改革进行了总体部署。从有关市县上报的材料看，我省的户籍制度改革总体思路是打破传统的城乡二元户籍制度，实行以居住地合法住所、职业、经济来源等主要生活基础为户口迁移落户依据，建立城乡统一的户口登记管理制度。我省地处中西部地区，属于经济不发达地区，虽然全省的户籍制度改革也积极进行，但力度并不特别大。

二、户籍制度改革对优抚工作的影响

随着户籍制度改革的推进，对部分地区的优抚工作也带来了一定的影响。总的来说，过去我国对居住在农村和城市的优抚对象实行了不同的优抚政策，现在户籍制度改革后，这种城乡分割的政策还没有进行相应的调整，相应地也带来了一些影响：

（一）优抚对象因户籍的变化，抚恤金标准难以确定。“三属”和革命伤残军人分城镇、农村、

在职、在乡，抚恤标准也各不相同，随着户籍制度改革的推进，优抚对象不再分农村和城镇，但现在优抚金发放标准仍执行按农业、城镇的划分方法，造成在实际工作中，抚恤标准在具体优抚对象身上难以界定。

（二）给优抚对象的医疗问题带来影响。户籍制度改革前，家住农村的二等乙级以上伤残军人医疗保障由乡镇给予解决，并可参加新型农村合作医疗保险；户籍制度改革后，他们若迁入城镇，则属于医疗保险或由单位保障，这种变化至今还没有明确的政策规定。另外，家住农村的优抚对象一般实行了县、乡两级指定医院的医疗减免政策，转入城镇后则不享受优抚对象医疗优惠，这类优抚对象的医疗待遇受到影响。

（三）对义务兵优待政策的影响。随着城镇户口“准入制”的扩大和开放，“农业户口”已不复存在，国家也将出台逐步取消征收农民“农业税”的相关政策，而农村义务兵家属优待金主要来自农业税，将来优待金的来源就成了问题。农村义务兵，其家庭户口迁入城镇后，则不享受优待金，原来的待遇受到影响。

（四）对带病回乡退伍军人生活补助的影响。户籍制度改革后，必然出现包括一部分带病回乡退伍军人在内的农村居民迁入城镇的现象，农村带病回乡退伍军人人员较多，补助标准普遍较低，也没有明确的政策，生活大多比较困难，他们迁入城镇后，若生活困难，就得享受城市居民最低生活保障，给已较为困难的地方财政带来压力。

三、有关建议

（一）要适应户籍制度改革的形势，对优抚对象的优待和抚恤，应只分贡献差异，不再区分城乡和是否在职在乡。革命伤残军人应取消在职在乡的划分，按伤残等级发放抚恤金；“三属”应取消按城乡划分抚恤标准的做法，不分城乡，统一标准，一样对待；义务兵家属优待要取消城乡差别，一个标准优待，使他们享受同等的待遇。

（二）现在的优待金完全由地方财政承担，必然造成服兵役人多的地方，给国家作贡献多的地方负担却越重，特别是河南这样一个兵员大省，又是经济不发达地区，地方承担的优待负担过重，国家应给予必要的支持，应建立中央、省、市三级财政补贴，县级财政包底的四级保障办法，这样既可解决各地负担不均的问题，又可适当提高优待标准，提高人们服兵役的积极性。

（三）将所有的优抚对象纳入医疗保险体系，享受医疗保险待遇。对参加医疗保险的优抚对象，在其缴费时，各级财政要给予适当补助。同时，国家要拨出专项资金，建立优抚对象专项医疗保障基金，解决优抚对象在医疗保障方面遇到的特殊困难。

（四）要对现有的政策和法律法规进行修订，特别是《兵役法》和《军人抚恤优待条例》的相关内容要进行全面修订。另外，现行优待金以农业税为来源，在农业税逐步取消的情况下，要对相关政策进行修订和完善，确保优待金有可靠的财政来源。

关于组织非公有制经济组织参加双拥工作情况报告

广东省惠州市双拥办

近年来，我们积极探索在社会主义市场经济条件下丰富开展双拥工作的形式和内容，扩大双拥工作的社会基础和群众基础，认真组织了非公有制经济组织参加双拥工作，取得了较好的成绩。现将具体做法报告如下：

一、着力于宣扬和树立先进典型，引导和鼓励非公有制经济组织参加双拥工作

大力弘扬先进，树立典型，对于在双拥工作中出现的非公有制经济组织这一新生力量的发展壮大，由一两个非公有制经济组织的个体行为变为大多数的集体行为，具有极为重要的引导和鼓励作用。近年来，我们利用报刊、电台、电视台等大众新闻媒体，广泛深入地宣扬非公有制经济组织爱国拥军的先进事迹，市委、市政府、惠州军分区对爱国拥军的非公有制企业家在全市进行大力表彰，树立起了广东桥胜集团、TCL 公司等一大批拥军非公有制企业典型和陈桥顿等拥军民营企业家典型。随着这些典型的树立，在我市掀起了一股民营企业踊跃参与拥军的热潮。如在我市惠城区沥林镇，由于陈桥顿的影响，最近有 25 名私人企业老板相继加入了拥军行列。通过大力抓好树典型、宣扬典型、发挥典型的示范引导作用，爱国拥军非公有制经济组织如雨后春笋般涌现。目前，全市爱国拥军非公有制经济组织达 70 多个。

二、突出以产生效益为引导，强化非公有制经济组织参加双拥工作的观念

在市场经济条件下，作为自负盈亏的非公有制经济组织容易忽视支持国防建设的重要性，企业以追求最大利润为目的，这是非公有制经济组织在所有社会活动中的一个鲜明的特点。因此，要确保非公有制经济组织更加积极、持久深入地开展爱国拥军活动，就必须以突出产生效益为引导。因此，我们在广泛深入地对民营企业开展国防教育和双拥教育，使民营企业的老板和员工牢固树立国防观念、国家意识，打牢非公有制经济组织义务拥军的思想基础的同时，大力组织指导军民双方互办实事，优势互补，使非公有制经济组织在参加双拥工作时产生企业效益。如组织引导非公有制经济组织企业员工到部队参观、学习、军训，给非公有制经济企业提供现代企业所必须的管理经验，培养企业员工严格的工作和纪律作风，提高企业的内在发展动力。通过突出以产生效益为引导，使非公有制经济组织深化了对支持国防建设重要性的认识，极大地强化了参加双拥工作的观念和积极性。

三、建立制度，推广经验，确保非公有制经济组织参加双拥工作在制度化、规范化中健康蓬勃发展

非公有制经济组织开展双拥工作是一个新的课题，没有现存的经验可借鉴。如何指导和组织非公有制经济组织开展双拥工作，确保其在制度化、规范化中健康蓬勃发展，需要大胆的探索创新，在实践中不断总结经验。为此，我们针对非公有制经济组织参加双拥工作这一新的课题，展开了大量深入的调查研究，并通过抓好试点，在实践中不断总结归纳经验，逐步建立和完善制度，推广试点经验做法。如 2003 年 9 月，我们组织召开了全市非公有制经济组织参与军民共建理论研讨会。2004 年初，我们以惠城区沥林镇为试点，总结推广爱国拥军模范民营企业家陈桥顿带头与优抚对象建立一帮一的活动。通过研讨、试点，初步建立了非公有制经济组织参加双拥工作的制度，总结并推广了成功经验。一是紧紧围绕“强国拥军”这个共建的主题和坚持求真务实的态度，以军民共建对子形式，建立了与驻军共同谋划、协调工作的制度，做到把共建活动贴近实际，贴近需求，形成了政府、企业、驻军合力互动，携手共筑的良好局面。如组织引导民营企业同部队基层单位搭配“对子”并明确基本工作制度、内容、联系方式和各自职责，引导军民动真情、办实事，双向奉献，相互排忧解难。二是大力推广惠城区沥林镇民营企业与当地优抚对象建立联系户制度的经验。目前，全市两区三县均建立了民营企业与当地优抚对象联系户制度，通过开展一系列扎扎实实的帮扶行动，全市优抚对象的“三难”问题得到了解决，取得了明显的社会效益。

广东省创建双拥模范城（县）活动的情况报告

广东省双拥办

三年来，广东省双拥工作在省委、省政府、省军区的领导下，始终坚持以“三个代表”重要思想和党的十六大、十六届三中全会精神为指导，以争创双拥模范城，争当双拥排头兵为动力，着眼全局、服务中心、不断创新，巩固和发展了军政军民“同呼吸、共命运、心连心”的大好局面，为我省加快发展、率先发展、协调发展，为推进军事斗争准备和部队的全面建设创造了良好的条件。

一、各级党政军领导高度重视双拥工作，军政军民关系更加紧密

三年来，我省各级党政军领导把双拥创建工作作为一项事关全局的长期的战略任务来抓，从贯彻“三个代表”重要思想、维护稳定、促进发展和做好军事斗争准备的高度，把它纳入经济社会发展的总体规划，亲自参加双拥活动，大力推动双拥工作上新水平。省委、省政府和驻粤部队的主要领导高度重视双拥工作，亲力亲为做好双拥工作。每年元旦、春节和“八一”等重要节日期间，各地党委和政府纷纷组织慰问团（组），慰问驻边防、海岛、基层连队以及驻军机关官兵，召开座谈会，向他们赠送慰问品和慰问金。省双拥办、省民政厅和市、县双拥、民政等部门，深入光荣院、军休所、优抚安置医院和优抚对象家中，慰问重点优抚对象。三年来，全省共出动慰问团（组）1万多个，密切了军政军民关系。

二、深入持久地开展双拥宣传教育，广大军民双拥意识和国防观念不断增强

三年来，我省各级党委、政府和军事领导机关认真贯彻《国防教育法》，把国防教育和双拥宣传教育纳入国民教育体系和部队政治教育计划，有组织、有计划地抓好落实。突出爱国主义这个核心内容，引导广大军民把市场与战场、思富与思危、稳定与发展结合起来，认清没有强大的军队，就没有国家的安康；没有人民的支持，就没有巩固的国防的道理。各市、县（区）普遍统一编写了宣传《国防法》和《国防教育法》的教育纲要，广泛开展了“双拥活动月”、“双拥活动周”、“国防教育周”、“全民国防教育日”等活动，充分发挥国防教育基地的功能，广泛开展过军事日和学生军训等活动，充分利用各种新闻媒体进行双拥宣传，把双拥宣传教育工作搞得既生动活泼，又富有成效。重大节日、纪念日的集中宣传，是我省各地双拥宣传工作的亮点。去年是延安双拥运动60周年，我省各地、各部队积极响应全国双拥工作领导小组的号召，广泛开展了形式多样、内容丰富的纪念活动，以双拥座谈会、报告会、文艺晚会等形式回顾双拥运动历程，深刻理解新时期双拥工作的重大意义。据统计，三年来我省共举办双拥晚会、表彰会、座谈会2万多场次，接受国防教育人数9000多万人次，军训学生300多万人次，进一步增强了全民国防观念和双拥意识。

三、以提高经济实力、国防实力为双拥工作的目标，军地双方互办实事力度增大

三年来，我省共支持部队建设资金13.8亿元，用于补贴部队伙食5亿多元，支持部队建设项目1200多个，改善了部队官兵的生活条件，促进了驻粤部队的现代化建设。为适应台海军事斗争的新形势，广州军区等部队近年来在汕头、惠州、汕尾、阳江、湛江等地进行了多次大规模的作战演习和海训，省委、省政府对演习保障工作高度重视，及时研究部署做好拥军支前工作。当地党委、政府和广大人民群众全力以赴做好保障工作，共派出保障演习人员23万人，供应保障演习物资2000多吨，慰问演习部队经费4400万元，疏散转移群众

93 万人，为部队完成演习训练任务提供了有力保障。在近年党政机关和事业单位实行机构改革，就业形势较为严峻的情况下，三年来全省共接收安置军队转业干部 9275 人，有 90%以上安置到行政事业单位，安排部队随军家属就业 8100 多人，优先安排军人子女入学入托 2 万多人，为部队官兵安心部队服役创造了良好条件。2002 年以来，在全省还建立健全了以“一组一庭两中心”为主体、纵横相通的三级维权（维护军人及其家属合法权益）网络，全省各级维权机构接受部队和军人军属法律咨询 1 万多人次，直接受理涉军法律事务 1010 件，已妥善处理 970 件，为部队和军人军属挽回经济损失近亿元。驻粤各部队在完成战备、训练和执勤任务的同时，积极参与支持地方三个文明建设，主动承担急难险重任务，坚持为驻地和人民群众做好事办实事，开展扶贫助学、义务献血、植树造林等公益活动。尤其是在抗击“非典”疫情的战斗中，南方医院、广州军区总医院、空军广州 458 医院、武警广州医院等部队医疗机构，急地方之所急、想群众之所想，迅速腾出病房，收治“非典”病人。广大部队医务人员与地方同行一道，临危不惧、舍生忘死、无私奉献，为我省成功控制“非典”疫情作出了重大贡献。三年来，驻粤部队为地方经济建设共投入劳动日 400 多万个，捐赠扶贫资金 1500 多万元，出动机械、车辆 13 万多台次，支持重大经济建设项目 30 多个，为广东经济的持续快速健康发展作出了重大贡献。

四、全面落实优抚安置政策，优抚安置对象的合法权益得到更好保障

一是大幅度提高重点优抚对象的抚恤补助标准。全省各地进一步完善了优抚对象抚恤补助标准自然增长机制，各级财政三年来共投入抚恤经费 9 亿多元，先后 5 次提高各类重点优抚对象的抚恤补助标准，平均每年增幅达 18%。特别是 2002 年省级财政落实增加优抚经费 1 亿元，并列入年度财政预算，使各类重点优抚对象的抚恤补助标准普遍每人每月提高 50～70 元，保障了他们的基本生活需要。对 3500 名下岗失业伤残军人办理了改领在乡抚恤金手续，为全省在乡二等乙级以上伤残军人、孤老复员军人、孤老烈属建立了医疗补助资金专用账户，较好地解决了他们的生活、医疗难问题。二是复员退伍军人得到妥善安置。全省共接收退役士兵 87759 人，其中应在城镇安置的 27401 人，已落实安置的 25756 人，占安置任务 94.3%。三是军休干部的政治生活待遇全面落实。顺利完成了 985 名军休干部、1241 名军队无军籍退休职工的接收安置任务。各地还加大投入，提高了军休干部的生活、医疗补贴标准，广州市解决了技术 7 级军休干部享受厅局级干部医疗待遇的问题。各地经常组织军休干部开展观光旅游、书画比赛等文化娱乐活动，使广大军休干部老有所养，老有所乐，安度晚年。

五、坚持改革创新，双拥工作与时俱进有新发展

在新的形势下双拥工作遇到许多新情况、新问题，我们进行了积极的改革探索，使双拥工作的改革发展不断向前推进。一是全面推进退役士兵安置改革，建立了以自谋职业为主的安置工作新机制。三年来，我省先后五次召开会议，专门研究解决安置改革工作中遇到的经费保障、补助标准、就业培训等问题。省和各级民政部门加强与财政部门的协调工作，积极筹措自谋职业补助经费，省财政去年安排退役士兵自谋职业安置补助金 3727 万元，对 90 个经济欠发达的市（县、区）给予安置改革经费补贴，各级财政也加大了安置改革的投入，较好地解决了经费保障问题。去年 12 月，省政府颁发了《关于全面推进城镇退役士兵安置改革的通知》，对安置改革的一系列问题作了原则性规定，为加快安置改革进程发挥了重要作用。2001 年，我省城镇退役士兵自谋职业率为 24%，2002 年达到 44.5%，2003 年提高到 66.4%，今年有望达到 85%以上。二是鼓励和引导民营经济组织开展双拥共建活动，扩大了双拥工作的群众基础和社会基础。在继续抓好机关和国有企事业单位军民共建的基础上，从 2002 年起，我省为适应社会经济发展的新形势，首先在民营经济组织中开展双拥工作，组织民营企业等非公有制经济组织，与部队开展双拥共建活动。深圳、珠海、佛山、惠州、中山等地组成调研组深入民营企业和基层部队开展调研活动。惠州市双拥办、广州市荔湾区双拥办还召开了民营经济组织双拥共建研讨会。深圳、东莞等民营经济发达地区积极引导民营企业主参与双拥活动。各地民营企业家积极响应政府号召，走进军营接受国防教育，发挥资源优势和技术优势开展双拥共建活动，取得了双赢效果。据不完全统计，我省民营经济组织三年来支持部队建设资金 2900 多万元，接收安置退役士兵 5500 多人，安排随军家属就业 678 名，66 万名新社会阶层人员参加了国防教育活动，增强了我省双拥工作的社会力量和发展优势。

回顾三年来我省的双拥工作实践，我们主要有如下几点体会：

（一）必须坚持双拥工作的正确方向；

（二）必须坚持围绕中心、服务大局，从政治上看待和处理军政军民关系，不断密切军队与人民群众的血肉联系，维护社会政治稳定；

（三）必须坚持军地互办实事、互解难题，维护好广大军民的根本利益；

（四）必须广泛深入地开展创建双拥模范城（县）活动，充分调动广大干部群众的积极性；

（五）必须坚持与时俱进，不断拓展新领域、探索新形式，使双拥工作始终充满旺盛的生机与活力。

双拥工作要在创新上下功夫

广西壮族自治区双拥办

拥军优属、拥政爱民，是我党、我军和我国各族人民在长期革命斗争和社会主义现代化建设实践中形成的优良传统，对社会生产力的发展和部队战斗力的提高都起到了积极的推动作用。随着形势的发展，如何保持和发展双拥工作的大好局面，不断总结新经验、确定新思路、拿出新办法、着眼新突破、打开新局面，仍然是当前和今后如何加强和改进双拥工作值得探讨的问题。需要着重在以下几个方面下工夫：

一、在观念创新上下功夫

党的十六大指出："拥军优属，拥政爱民，巩固军政军民团结"，这是对新世纪、新阶段双拥工作提出的新要求。在新的历史时期，要以"三个代表"重要思想为统领，把双拥工作作为一项强国固军的战略性工作，纳入社会发展和部队建设总体规划，把牢固树立"政治意识、服务意识、富民意识和发展意识"作为切入点，切实增强广大军民做好双拥工作的政治责任感，努力在全社会形成共同理想和精神支柱，才能使双拥工作始终充满生机与活力。一是思想认识要高起点。党的十六大提出了全面建设小康社会的奋斗目标，这是新世纪建设有中国特色社会主义伟大实践的新起点，是亿万军民建设现代化进程中的新目标，双拥工作要围绕实现这一宏伟目标发挥服务保障作用，为大局服务，为党的中心工作服务，为地方经济建设和部队现代化建设服务显得更加重要。当前，大力弘扬拥军优属、拥政爱民的优良传统，是党的领导核心的一贯思想，是保持我军性质、密切军政军民关系的必然要求，是实现党提出的全面建设小康社会奋斗目标的坚强保证。二是具体工作要高质量。双拥工作政策性强、点多、面广、线长，双拥工作的好坏，直接影响到军政军民团结和社会稳定，这就要求双拥工作者除要有很强的事业心和责任感外，还要在具体工作上高标准、高质量，做到"年初有计划，年中有检查、年终有兑现"，使双拥工作事事有人管、事事有人抓、事事有落实，并把双拥工作的好坏作为各级领导干部提升使用时政绩考核的一项重要内容。三是职能作用要高效益。双拥工作具有实施双向对接的协调作用。从客观上看，它既代表政府协调社会各界参与双拥活动，又代表政府承担解决弱势群体脱贫致富；从微观上看，具备军地双方服务功能和条件。双拥工作的这种作用和效力一般部门是不具备的。因此，我们要有效地运用这种职能，为全面建设小康社会提供长期稳定的社会政治环境。

二、在机制创新上下功夫

健全和完善双拥机制，是做好双拥工作的前提和基础。一是要完善领导机制。领导挂帅，齐抓共管，形成合力，这是多年来做好一切工作的经验总结。双拥工作同样要按照“组织健全”的要求，层层成立以“一把手”为组长的领导小组，并随着军地领导班子成员的变动及时调整和充实，对双拥工作实施不间断的指导，形成“党政一把手亲自抓，分管领导具体抓，一级抓一级，层层抓落实，全社会共同参与，各部门齐抓共管”的双拥工作新格局。要坚持做到“四纳入”，即纳入社会发展和部队建设总体规划，纳入党政军重要议事日程，纳入各级领导的政绩考核内容，纳入年度财政预算决算。“五亲自”，即亲自参加双拥工作计划的制定，亲自参加双拥工作重大活动的实施，亲自参加双拥工作重大问题的处理，亲自听取双拥工作的情况汇报，亲自主持研究双拥工作的持续发展。二是要建立完善工作机制。健全的双拥机构，是做好双拥工作的保证。一方面，各级党委、政府要大力加强双拥办的建设，确保编制、人员、经费、办公场所和办公设施的落实，确保双拥工作正常运转。另一方面，要不断健全和完善工作制度。要积极依靠制度推动双拥工作向制度化发展，如党政议军会议制度、军地联席会议制度、地方领导到部队现场办公制度、过军事日制度、双向走访和情况通报交流等制度，这些都是做好双拥工作的保证。三是要建立健全法律机制。随着改革开放的不断深入和社会主义市场经济体制的建立，社会经济成份、组织形式、利益关系、分配形式和就业方式日趋多样化，使双拥工作在内容、工作方法和手段上自觉不自觉地发生着变化。因此，双拥工作的运作必须建立在法律保障的基础之上，走行政推动和法律保障相结合的道路，从而使双拥工作有章可循、有法可依。

三、在措施创新上下功夫

国家实施科教兴国、军队实施科技强军。双拥工作要以促进社会生产力和提高部队战斗力为目的，发挥各自的优势，取长补短，实现“双赢”。双拥工作制定各种措施，开展各项活动，必须以此为出发点和落脚点。一是要建立以组织、人事、劳动、财政、编委等部门为主的安置军转干部、退伍复员军人、随军家属安置服务体系。通过政务公开，优兵优分，考试考核、自谋职业等形式，指令性分配和双向选择相结合，妥善解决官兵的后顾之忧，千方百计地调动官兵献身国防的积极性。二是要建立以宣传、教育、科技、文化、广电、文明办等部门为主的文教科技服务体系。广泛开展科技拥军活动，提高官兵的科学文化素质，以适应未来高技术条件下局部战争的需要。三是要建立以政法、公安、司法、民政等部门为主的维权保障服务体系。开展法律宣讲和法律服务活动，为部队和军人军属提供优质的法律服务，依法处理每一起涉军案件，维护国防利益和军人军属的合法权益。四是要开展各种爱民助民活动。支援重点工程建设，发展经济，搞好社会公益事业建设。五是要在急、难、险、重任务上，发挥中坚作用。和平时期，部队在完成战备、训练任务的同时，要在人民群众遇到危险时挺身而出，为保卫改革开放成果和人民群众生命财产安全作出新贡献。六是要支援和参加西部大开发。重点扶持西部地区的教育事业，加大对希望小学的教育设备、科研设备的投入，帮助人民群众移风易俗，破除迷信，提高科学文化素质，加快人民群众发展生产、脱贫致富奔小康的步伐。

浅谈新时期如何做好随军家属就业安置工作

广西壮族自治区民政厅

做好军队随军家属就业安置工作，是新时期拥军的重要内容，是关系到国防建设和社会稳定的一件大事。多年来，各级党委、政府把随军家属就业安置工作作为一项特殊的政治任务和创建双拥模范城的一项重要内容，做了许多卓有成效的工作，安置了大量的随军家属就业。但是，由于一些因素的影响和制约，随军家属就业安置问题没有得到很好的解决，这在一定程度上影响了国防和军队现代化建设。如何做好随军家属就业安置工作，已成为当前双拥工作的热点、难点问题，亟待全社会积极探索、认真思考、妥善解决。

一、就业安置，必须加大宣传教育的力度

近年来，由于随军家属就业安置的宣传教育工作相对滞后，导致接收单位与安置对象两者在认识上存在偏差，影响了随军家属就业安置工作的顺利进行。各级党委、政府要充分认识军属安置工作的重要性，加强对全社会的宣传教育力度，营造良好的社会舆论氛围。

首先，要开展好拥军优属教育。近年来，一些领导干部拥军优属的意识淡薄，对接收安置随军家属的重要性认识不足，没有把安置工作与国防建设联系起来，简单地认为接收安置随军家属是本单位的负担，因而缺乏积极性和主动性。许多单位对军属安置任务能推就推，实在推不了就在工种、岗位的安排上敷衍了事。有的认为，自己单位都要裁员，还要接收随军家属，难以向下岗人员交待。因此，要把随军家属安置工作纳入各级党委、政府的议事日程，纳入社会再就业工程的重要内容和双拥考核评比的重要条件，增强各级领导干部亲力亲为的意识。各部门要提高认识，把随军家属安置工作同社会稳定和国防建设紧密联系起来。宣传、文化、教育等部门要把随军家属就业安置的宣传教育作为国防双拥宣传教育的一个重要内容，加大宣传教育的力度。同时要积极开展“接收随军家属就业人人有责”的教育，引导广大干部、职工和群众把爱军队、固长城与经济发展联系起来，充分认识接收安置随军家属是事关大局的政治任务，是国防建设的重要组成部分，是各级领导的一项“德政工程”，是全社会的职责和义务。在宣传教育的过程中，要充分发挥新闻媒介的舆论导向作用，大力宣扬人民军队的光辉业绩，大力宣扬社会各界在安置、培养、使用随军家属中涌现出来的先进单位和先进典型，做到报刊常有文、电台常有影，形成全社会人人关心随军家属安置工作的舆论氛围。

其次，要引导随军家属转变择业观念。近年来，由于思想教育工作力度不够，部队随军家属在择业问题上思想观念跟不上时代的步伐，有的就业观念落后，找工作、谋职业的思想仍停留在过去那种靠部队出面联系、靠政府指令性安置的观念上；有的择业标准过高，总想到社会地位高、工作轻松、待遇好的单位工作，不愿到私营、合同制、三班制、收入低、离家远的单位工作；有的优越感、特殊地位思想严重，不愿进入人才市场、劳务市场参与竞争，认为这样做丢面子。在这些思想的支配下，随军家属就业的渠道越来越窄。即使是政府和企事业单位排除各种困难接收安置了，但部分随军家属总感到不理想，不愿意去报到，失去了一次次就业机会。因此，要通过多种形式，有针对性地对随军家属开展以国家改革开放形势、就业政策、就业形式、就业渠道、就业信息及社会保障制度等为主要内容的思想教育，使随军家属的就业观念发生转变，摒弃世俗偏见，勇于参与市场竞争，勇于走国家安置与自谋职业相结合的道路。只要随军家属提高了思想认识，端正了就业观和择业观，解放思想，放下架子，丢舍面子，就一定能够选择到一份适合自身特点、能实现自身价值的职业。

再次，要加强对军队干部、职工的思想教育。有些随军家属通过各种渠道好不容易谋到了职业，但其配偶认为职业不理想，丢面子，在单位抬不起头，有的甚至要求家属辞掉工作，重新找一份。在现有待业随军家属当中，有相当一部分是曾经谋到过职业，但其配偶认为不理想而又放弃工作的。因此，部队要引导干部、职工正确对待配偶的就业，识大体、顾大局，体谅国家和政府的困难，积极鼓励配偶参与市场竞争，走自强、自立之路。

二、做好随军家属就业安置，必须采取与市场经济体制相适应的有效措施

随着我国的经济体制由计划经济转向市场经济，企事业单位在生产、经营、管理、人事等方面都根据市场这根杠杆来进行调节，政府不再对企事业的用人、招工等下达指令性任务。各单位更多的是考虑经济利益，录用新职工主要是从劳务市场、人才市场中去选择。企事业单位吸纳员工制度的改革，使部分单位在接收安置随军家属就业问题上随意性较大。因此，要做好随军家属的就业安置，必须采取相应的措施加以制约与协调。

首先，要制定出相应的政策法规来调节和规范各用人单位包括私营企业的行为。这些政策法规要做到既不走政府直接参与的老路，又能使它成为各单位接收安置随军家属的依据。针对当前社会的发展形势和就业情况，可以在以下四个方面进行调节和规范：第一，要规定全社会都有接收安置随军家属的责任和义务，各用人单位在招收员工或者配备干部时，要按一定的比例接收安置随军家属。第二，要把接收安置随军家属纳入各单位的工作目标管理体系，使之与企事业单位的三个文明建设结合起来，与创建文明单位结合起来。第三，规定各单位对部队家属要在同等条件下优先录用。第四，对不愿意履行安置随军家属的单位和个人，要有相应的处罚措施。

其次，要充分发挥人才市场、劳务市场等中介机构的作用，积极为随军家属就业牵线搭桥。在市场经济条件下，人才市场、劳务市场是企事业单位吸纳员工的主渠道。各级政府必须适应这一情况变化，以这两个市场为主战场，积极为随军家属牵线搭桥，引导他们走进市场，在市场竞争中实现自己的就业理想。去年，南宁市利用人才交流中心，组织市区各企事业单位与随军家属实行“双向选择”，仅半天时间就有70多名随军家属落实了工作单位。由此可见，只要各级政府建立和利用好各类人才市场、劳务市场等中介机构，随军家属就业安置工作是大有可为的。

三、做好随军家属就业安置，必须着力提高随军家属的文化素质和专业技术水平

从这几年我市安置随军家属的情况来看，相当部分的随军家属文化程度低、没有特长，参与市场竞争的能力弱，在竞争中容易遭淘汰。去年我区一些地方组织随军家属与用人单位实行双向选择时，有相当部分的同志就是因为文化底子差或没有技术特长而落选。当今社会人才竞争日益激烈，要把随军家属就业安置工作做好，必须着眼于社会主义市场经济的发展和需要，在提高他们的思想政治素质的同时，着力提高他们的文化水平和专业技术，使他们成为文化高、特长多、市场需要的人才。提高随军家属的文化水平和专业技术，是部队和地方各级政府的共同责任，需要军地双方共同努力。部队各级政治机关要把它作为一项稳定大局的大事来抓，要教育部队干部家属走自学成才的道路，积极参加成人高考或专业技术培训，争取拿到高学历文凭和技术证书，为随军后的就业打下良好基础；在鼓励军嫂搞好自学的同时，要积极争取当地政府及社会的大力支持，为随军家属搞好职业培训；随军家属就业后，要教育他们珍惜来之不易的工作，爱岗敬业，勤奋工作，服从领导，团结同志，为自己争气，为部队争光。各级地方政府要把帮助随军家属提高文化知识和专业技术作为拥军的实际行动，采取多种形式，有组织、有计划地对随军家属进行培训。各级双拥、人事、劳动、教育、科协等部门要充分发挥职能作用，通力合作，积极为提高随军家属的文化素质、技术水平办实事。在培训的内容上，要从市场需要出发，做到市场缺什么专业人才就培养什么人才，当前要注重培养机关文书、生产经营、经销业务，法律、管理、财会、证券、金融、外语、电脑操作等方面的人才。社会是个大市场，需要许许多多有用的人才。只要军地双方共同努力，把随军家属的文化素质和专业技术水平提高了，随军家属的就业安置问题就一定能够顺利解决。

加强双拥工作　正确处理三个关系

广西南宁边防检查站

在建立和发展社会主义市场经济的新形势下，双拥工作的领域进一步拓宽，内容更加丰富，保持着旺盛的发展势头，同时也遇到了一些新的问题和矛盾。当前急需解决和亟待加强的是从组织领导上，如何进一步适应思想政治建设的需要，提高各级各部门的责任意识，充分发挥基层的积极因素问题。解决这一问题，保证双拥工作沿着正确方向深入持久地发展，着重要处理好三个关系。

一、正确处理双拥工作与中心工作的关系，以双拥促中心，以中心带双拥，不断提高双拥的社会效应

突出中心，兼顾一般，是主要矛盾和次要矛盾哲学思想的具体运用，是必须坚持的科学方法。但中心工作是与一般工作相比较而存在的，没有一般工作，也就没有中心工作。提高生产力和战斗力，是地方和部队任何时候都不能放弃的中心工作，而双拥工作是服务于这一中心的，尤其是在新的历史条件下，它的地位和作用更为明显。因此，加强双拥工作，首要的是各级领导要予以重视，真正把它摆上应有的位置。

首先，要讲政治责任。在国际局势复杂多变，维护国家主权和实现祖国统一大业任务更加艰巨的情况下，双拥工作担负着强化全民国防观念和忧患意识，进一步增强中华民族凝聚力和军政军民团结的责任。随着改革力度加大，各种利益关系不断调整，双拥工作担负着维护国家和军队的稳定，促进国民经济持续、快速、健康发展的责任。在对外开放不断扩大，人们的思想价值观念发生变化的条件下，双拥工作担负着激发广大军民热爱祖国、建设祖国、保卫祖国的巨大热情，弘扬爱国拥军、无私奉献的时代精神，进而形成相互团结、相互支持的良好风尚的责任。这就要求在新形势下各级领导干部必须切实担负起双拥工作的政治责任。所以，我们一定要从讲政治的高度，深入学习党中央有关双拥指示精神，准确领会精神实质，认清做好双拥工作的重要意义。明确肩负的历史使命，增强政治责任感，自觉地经常地抓好落实。

其次，要讲大局观念。要站在党和人民根本利益上思考问题、分析问题，这是对领导干部基本的要求。双拥工作是我党我军的优良传统，体现党和人民的根本利益，它不是中心，但影响中心，不是全局，但影响全局。讲大局观念，就必须胸怀全局，思考问题要从全局出发，把双拥工作摆上脑，防止忽视和遗忘；分析形势，要把双拥工作摆上位，及时掌握存在的问题和矛盾，研究解决的办法；布置工作，要把双拥工作摆上桌，做到统一领导、统一规划、统一部署；检查工作要把双拥工作摆进去，抓中心又抓双拥，力求把双拥工作与中心工作有机地结合起来，查问题，揭矛盾，寻对策。

再次，要讲真抓实干。作为各级领导，抓双拥工作必须端正指导思想，作风要深入，工作要求实，不能停留在嘴上，停留在纸上，必须健全组织和制度。主要应落实有领导抓、部门管、专人做、制度法规保证。必须从小处着眼，双拥工作不能满足于“大呼隆”、“大活动”，从小处着手，从小事抓起，哪里有困难就在哪里帮助，哪里有矛盾就在哪里调解，哪里有问题就在哪里解决，必须持之以恒。现在有的单位在抓双拥工作中，搞“刮风式”活动，想干什么就干什么，有的平时没有事，过节忙一阵，“热”得快，“凉”得也快，改变这种现象，除不但需有现实指导、规范作用的文件和制度保障，还应有领导任期目标责任制，使制度、政策法规和工作配套运转，这样才能有力地推动双拥工作规范化和经常化。

二、正确处理分管与共管的关系，各行其职，各负其责，形成双拥的整体合力

双拥工作是群众性的工作，是全社会的工作，不仅须有专门部门管，也需要各级各类部门共同抓，以此形成整体合力，产生更好的社会效应。处理好分管与共管的关系，增强各级各类部门的责任意识，重点应做到“三个强化”。一是强化各级领导抓双拥责任制，形成上下齐抓共管的领导合力。要在军地各级领导层中，实行党委、支部统一领导下的双拥工作分工负责制，一级抓一级，一级促一级，使双拥工作层层有人管，上上下下有责任，形成一级抓着一级干，一级促着一级办，齐抓共管促落实的工作局面。二是强化各级职能部门双拥工作责任制，形成优势互补、协调一致的部门合力。领导决策，需要职能部门提供依据，落实领导决策，要靠职能部门去组织实施。双拥工作抓落实，职能部门至关重要。一些双拥政策，都是许多部门共同研究论证出来的；一些双拥活动，都是几个部门联合开展的；一些军地矛盾，都是多家协商调解，达成共识，增进团结的；一些军地实际问题，也都是有关部门联合现场办公、共同解决的。因此，把双拥工作纳入部门行业的职责范围，各司其职，发挥优势，就可以共同促进双拥工作开展。三是强化在各项工作中的渗透意识，形成工作合力。

新形势下的双拥工作，内容很广泛，形式很活泼，范围不断扩展，在思想政治领域、文化领域、经济建设和部队建设上都逐步延伸，无论从广度上还是深度上，都把双拥工作推向了一个新的阶段。各级在抓双拥工作中，尤其是分管领导，要注意防止单一性，要贯穿到各个领域、各项工作中去，还可把军队和地方相近的工作统一于一定的活动形式之中，使部队官兵与人民群众通过政治、经济、思想文化领域里的广泛合作，增进友谊，形成纽带，增强双拥工作的力度。

三、正确处理面上活动与帮助指导的关系，在活动上求质，在指导上求实，充分发挥基层的内在动力

双拥工作是一项社会性活动，工作重点在基层，活动场所在基层，主体是群众。只有适应了双拥工作的客观需要，才能使军队和人民群众保持广泛联系，为双拥工作在基层落实提供条件。因此，双拥工作既需要组织好面上活动，造成一定声势和气氛，又需要加强对基层的帮助指导，充分依靠群众的力量，把工作做扎实。工作中要切实注意“三个防止”：一是在活动上，要防止上热下冷。要广泛深入地对群众进行思想发动，帮助基层克服把双拥工作当作“权宜之计”、“额外负担”、“差不多了”的片面认识，进一步增强大家的政治责任感和自觉参与意识。要运用先进单位和个人的典型事迹进行引导，充分发挥典型示范的“领头雁”和标杆作用，使群众感到在新形势下抓双拥工作既实在管用，又可见可学，充分调动群众的积极性，努力形成大家参与的局面。二是在内容上，防止重标轻本。在双拥工作中，现在有的单位把大量的工作时间用在应付门面上，而在建设社会主义精神文明的根本问题上却缺乏有力度的工作，在提高精神文明建设的质量上有“打擦边球”的现象，在治本上很少下工夫。防止和克服这种本末倒置的做法，保持双拥的正确方向，就要处理好精神文明建设与物质文明建设的关系，坚持两个文明一起抓，既要根据各自物质条件和建设的需要，有选择、有重点地进行优势互补，双向互惠，更要利用多种形式，共同宣传党的路线方针政策，进行理想、法纪和职业道德教育，树立社会主义新风尚。使双方不仅在物质利益上互补，更能在思想建设上共益。还要正确处理奉献与索取的关系，双拥共建双方肯定要作出一定的奉献付出，自然也会从中有所获益。但强调坚持共建共益的原则，不能把一切都纳入市场经济条件下商品交换的轨道，既要主动奉献，又要量力而行，把有偿支援和无偿支援、经济效益和社会效益结合起来。如需共同组织的扶贫帮困解难工作、文化教育事业和其他公益事业，都要积极参加，没有任务要主动请战，有了任务不能讲价钱，要想方设法办实事、办好事。三是在工作指导上，防止图名轻实。双拥工作要注重经常，坚决改变节日前后走一走，上面强调时抓一抓的"一阵风"倾向，要一贯地开展工作。要注重抓薄弱环节，认真克服工作刚开始就忙于找经验、急功近利争彩头倾向，认真分析形势，客观估价成绩，查找不足之处，盯着问题做工作，推动工作的全面落实。要注重务实，改变工作浮在上面、华而不实的倾向，严格按照双拥共建的内在规律抓工作，不喊口号，不安排无法承受和无法落实的工作，不组织与双拥工作无关或看来热闹、实际上无意义的活动，少做"盆景"，不搞形式主义。还要抓工作的全过程，不搞虎头蛇尾，不做半截子文章，保证双拥工作健康、深入、扎实、有效地发展。

新形势下加强军民共建活动的实践与思考

75100部队政治部秘书处

随着新形势下社会主义市场经济建设和对台军事斗争准备的不断深入，军民共建工作的领域进一步拓展，内容更加丰富。如何进一步加强对军民共建活动的指导，确保军民共建工作不断深入，是当前亟待解决的问题。结合工作实践，我们感到，新形势下深入开展军民共建活动必须在以下四个方面下工夫。

一、要不断丰富共建内容

随着社会发展，军民共建活动不能再拘泥于传统的内容，必须在发扬光荣传统的基础上，依据有关法规制度不断丰富，始终保持军民共建活动鲜活的生命力。一是支援国家经济建设。要积极支援国家重点工程建设，支援和参加西部大开发，主动参与驻地经济发展，帮助群众脱贫致富，特别要在生态环境治理、扶贫帮困、兴教助学和抢险救灾等急难险重任务中发挥生力军作用。二是协助维护社会稳定。要从大局出发，积极预防和处理军警民纠纷；要严格规范部队社会交往行为，杜绝个人乱拉关系；要积极协助驻地政府处置突发性事件，维护社会稳定。三是传承社会主义精神文明。帮助落后地区援建希望工程，大力传播文化，提高群众思想素质和文化水平；要加强军地文化交流和党组共建，促进精神文明建设；要充分发挥部队史馆、荣誉室优势，协助地方开展国防教育，增强全民国防意识。

二、要大力规范共建对象

新型经济组织和新的社会阶层不断发展，仍以"公"、"私"标准确定共建对象，必将严重制约军民共建的有效开展，必须进一步拓宽范围、明确标准、规范行为。一是拓宽共建对象选择范围。民营、私营企业和个体户等已成为国民经济的重要组成部分，应把这些企业实体纳入军民共建对象范畴，在坚持以"家门口"群众为主的基础上，拓宽军民共建的社会层面。二是明确共建对象选择标准。开展共建活动时，为了避免选择共建对象过多过滥现象，必须严格选择标准，对于娱乐行业、外资企业、背景复杂或声誉不好的，最好明确规定不能确定为共建对象。三是规范共建对象选择行为。选择共建对象，既不能仅凭领导喜好和利益需求搞上层共建、远程共建和对等共建，也不能时冷时热、下冷上热、零打碎敲，必须确保共建活动的规范性和连续性。

三、要遵循相关原则

进入新的时代，人们的思想观念、价值取向发生了复杂而深刻的变化，军民共建应严格遵循相关原则。一是互相尊重，平等协商原则。军民共建，无论单位大小、职位高低，应一律平等相待，本着互相尊重、互相信任、互相理解、互相促进的原则，共同组织开展军民共建活动，协商解决军地军民纠纷。二是依法办事，互助互利原则。军民共建，必须以法律法规为依据，决不能为了局部利益而违背党的方针政策和国家、军队的法律条规。要以互助互利为基础，尽量避免一方受益一方严重受损的共建行为。三是严于律己，服从大局原则。开展军民共建活动必须服务于国家经济建设和社会稳定大局，以人民群众和基层官兵切身利益为根本，着眼全局，服务中心，严格自律。

四、要着力健全共建机制

健全和完善军民共建机制，是做好军民共建工作的前提和基础，加强新形势下军民共建活动的组织领导，必须在健全机制上下工夫。一是健全领导机制。要按照“组织健全、制度落实、活动经常、关系融洽”的要求，及时健全拥政爱民组织。团以上单位要成立以副政委为组长的拥政爱民工作领导小组，完善拥政爱民工作网络，并随着领导小组成员的变动及时调整和补充，始终保持师（旅）、团有拥政爱民工作领导小组，营有群众工作协调小组，连有群众工作活动小组，排、班有群众工作骨干，确保拥政爱民工作层层有人抓，事事有人做，时时有人管，处处不断线。二是健全工作机制。各级党委、政治机关要大力加强群工部门的建设，确保编制、人员、经费、办公场所和办公设施的落实；要不断健全和完善军地联席会议、定期分析形势、军地走访、过军事日、分工负责和检查讲评等制度，确保群众工作落实。三是健全法律保障机制。军民共建工作的运作必须建立在法律保障的基础之上，依据法规制度，坚持行政推动和法律保障相结合，使军民共建工作有章可循、有法可依，走出一条“以法为主、以情为辅”的群众工作新路子。

对参加和支援西部大开发的调查与思考

武警广西总队政治部秘书群联处

积极参加和支援西部的开发建设，是人民军队实践全心全意为人民服务宗旨和保持军队与人民血肉联系的具体体现，是贯彻“三个代表”重要思想的必然要求，也是武警部队义不容辞的历史责任。最近，通过对全区部队开展援建工作的状况进行调查，总体感到广大官兵坚决响应党中央、国务院、中央军委的号召，在圆满完成执勤和处置突发事件的前提下，有组织、有计划、有重点地开展工作，取得了比较出色的成绩。但存在的问题也不容忽视，亟待进一步采取措施，认真加以解决。

一、当前的援建工作喜中有忧

从调查的情况来看，自2000年四总部作出军队参加和支援西部大开发的部署以来，全总队上下参加援建工作的积极性比较高，把援建工作与“实施回报工程、报答壮乡人民”活动结合起来，想了很多办法，办了很多实事，较好地发挥了武警部队生力军和突击队作用。然而，调查中也发现了一些还不尽人意的地方。一是积极参加援建的思想越来越深入，但全力以赴、主动靠前的意识还不够强。调查显示，绝大多数的官兵对援建工作有较高的热情，“视人民为父母，视驻地为故乡”的意识树得比较牢固，“既做捍卫者，又做建设者”的思想深入人心。但值得注意的是，这些认识还没有上升为工作中的理性思考、全局统筹、结合渗透。调查显示，有的对援建的目的、意义的认识还有一定的差距，思想上还没有树立起强烈的大局意识、责任意识和效益意识；有的只是迫于上级工作布置和检查的压力，满足于上级强调什么抓什么，想起什么做什么，导致工作起色不大；有的不能把援建工作与自身特点有效结合，倾向于别人做什么跟着做什么，没有自身特点，缺少过硬典型。二是积极参加援建的力度越来越大，但影响和制约援建的因素仍然存在。经过几年的援建，各单位都分别总结了一些有益的经验，涌现出“全国民族团结进步先进集体”的河池市支队、“全国扶残助残先进单位”的罗城县中队、荣获“联合国消除贫困奖”的何方礼、“瑶乡爱民模范”荣誉称号的陈卓伟等一大批先进典型。但在调查中，各单位也对援建工作中存在的突出问题反馈了不少意见，集中体现在“四个缺乏”上：其一，对地方建设部署缺乏了解，导致工作不好配合，针对性不强；其二，援建计划缺乏完善，被动地按地方的通知开展工作，存在“等、靠、要”现象；其三，情况缺乏反馈，造成对工作不好进行掌握和调整；其四，工作缺乏协调，机关各部门之间还有相互推诿的现象，致使工作出现互相脱节或难落实的现象。三是积极参加援建的形势越来越好，但创新发展、提高效益的措施还不够多。调查中我们发现，各支队为了更好地完成援建任务，分别制定了行之有效的措施，各项制度基本得到落实，有的还在结对助学、改善生态环境和“警民共建文明社区”等新的活动中做了有益的探索。但全区部队能够积极探索新形势下援建工作的新思路、新内容、新举措的还不够多。尤其是当前恰逢广西政治、经济、文化等建设的新高潮，新生事物大量涌现，带来了援建工作的新情况、新问题，但援建工作还不能与时俱进地紧跟形势发展，还停留在出人派车、花钱干活等低层次建设上。

二、援建工作存在问题的原因值得深入剖析

分析问题的原因，主要有三个方面：一是思想认识偏差，导致了援建工作的被动应付。虽然广大官兵整体上认同参加援建的重要性，但从内心深处全力以赴、真抓实干的愿望还不够强烈。有的认为西部大开发是“编外工作”、“额外工作”，部队完成“中心任务”就行，事业心不强；有的认为西部各项建设“底子”薄，武警部队参加援建不好作为，进取心不够；有的单位认为援建是“点缀工程”，干多干少影响不大，责任心不足。二是方法措施不多，制约了援建工作的整体效益。这几年，总队加大了对基层援建工作的指导，相继完善了不少措施。但检查发现，这些指导较好地回答了为什么做、做什么的问题。而各支队在如何结合自身实际更好地开展援建工作上，则显得方法不是很多，措施不是很得力。不论在人力上，还是物力、财力上，仍然固守“派几台车辆、搞几次劳动、扫几条街道、上条把新闻”的套路，不善于运用对口支援、定点帮带、集团扶持、联合攻坚等方法开展工作。不少单位在开展工作过程中，喜欢“短、平、快”和出名挂号的项目，对需要下长功夫、苦功夫、真功夫的工作不够积极，甚至有“假、大、空”等形式主义现象。三是活动内容单一，影响了援建工作的与时俱进。在长期援建的实践中，军队参与地方三个文明建设不断得到丰富和发展，一条重要的原因，就是在不同的历史时期，都能赋予新的内容和新的载体。但有的单位在援建过程中，还是停留在单一的帮助群众修理电器、理发、擦车、抢收抢种等便民服务活动上，被动地参与地方统一组织的公益活动。有的党委成员认为经过多年的努力，部队与地方已建立了十分融洽的关系，没必要再突破前人，“为难”自己，使援建工作的内容缺乏时代特点，跟不上形势要求。

三、新形势下援建工作必须采取更加有力的举措

实施西部大开发，代表了全国最大多数人民的根本利益，反映了全党全国人民的共同愿望。武警部队来自人民，服务人民，深入开展援建工作，就是践行“三个代表”重要思想最直接的体现。当前做好新形势下的援建工作，必须按照服从大局，保证中心；着眼长远，立足当前；积极参与，注重实效；因地制宜，发挥优势的原则，突出抓好以下几个方面工作：一要加强领导，固本造势，营造全力援建的氛围。军委曹副主席指出：“实施西部大开发，重在领导，贵在落实。”做好援建工作，必须从源头上加强对工作的组织领导，充分认识到参加和支援西部大开发的重大政治意义、经济意义和国防意义，进一步明确目标任务责任，牢固树立大局意识、责任意识和实效意识，增强参加和支援西部大开发的光荣感和使命感。要教育广大官兵树立“为西部大开发投入不为亏，为西部大开发尽力不为过”的思想，从思想上行动上与党中央保持一致，做到思想上重视，行动上践行，推进三个文明建设的开展，努力在部队中形成为祖国西部开发建设作贡献的浓厚氛围。二要建章立制，理顺关系，形成强大的援建网络。通过建立和完善经常性的工作制度，规范工作，明确职责，确保援建工作的落实。一是计划机制。根据自身实际和地方工作部署，拟制年度援建计划，并在实践中不断修正。二是会议机制。定期召开援建领导小组全体会议，通报情况，交流经验，做到统一部署，统一标准，统一检查验收，统一总结。三是走访机制。定期走访驻地党政部门，征求意见，及时了解和解决援建工作中出现的问题，进一步密切警政警民关系。四是协调机制。总队要定期召开各单位联系人会议，掌握各单位开展援建工作的情况，适时提出工作意见，做到计划一起定，会议联合开，工作共同抓。五是奖励机制。把援建工作的成果与争先创优结合起来，激发官兵参与援建的积极性和自觉性，从机制上确保援建工作的连续性和实效性，使工作在机制的管理下得到更好地推动。三要渗透结合，抓好落实，提高援建的整体效益。武警部队中心工作的特点，决定了援建工作必须在完成教育训练、战备执勤的基础上，统筹兼顾，科学安排，使两者有机地结合起来。这就要求我们必须把参加援建工作与做好军事斗争准备结合起来，与维护民族团结、社会稳定结合起来，与促进社会文明结合起来，加强督促检查，提高工作效益。要跟踪督导工作的进展情况，集中力量抓好每一个环节的落实，确保精力、人力、物力、财力“四到位”。四要因势利导，认真对待，解决援建中的新问题。要积极摸索援建工作的规律和特点，从大局出发，用发展的眼光研究如何加强部队与地方的交流与合作，增强援建工作的理性思考和主动性、创造性。同时，要结合自身实际，紧跟时代步伐，研究援建工作新的内容，开辟新的领域，创造新的方法，使援建工作在继承与创新中增强活力，在理论与实践中提高效益。

建立完善党委议军会议制度

促进国防和经济建设协调发展

重庆市双拥办

党的十六届四中全会强调，坚持国防建设与经济建设协调发展，建设一支现代化、正规化的革命军队，是党执政的一项重大战略任务。2000 年 5 月，重庆市委召开了首届议军会议，集中解决了驻渝部队需要当地党委、政府帮助解决的重点难点问题。此后，形成了每年 10 月定期召开议军会的制度。几年来，议军会在解决驻渝部队基本建设、营区环境、后勤保障社会化、军转退伍安置、家属就业安置等方面发挥了重要的作用，各级财政投入帮扶资金 1 亿多元，减免费用近亿元，共解决了近 200 个重点、难点问题，进一步增强了军政军民团结，巩固了国防建设，促进了经济发展，维护了社会稳定，全市军政军民关系呈现出更加喜人的局面。

一、基本做法

党委议军会是一个系统工程，涉及的部门单位、区县很多，为了切实开好议军会，市委高度重视，有关方面精心准备，认真组织实施，加强督促检查，为议军会顺利召开打下了基础，确保了议军会各项议题落到实处。

（一）精心准备，收集议题。每年的三季度初，市民政局、重庆警备区政治部联合向驻渝独立师以上部队单位发函，请他们及时报送需要地方党委、政府解决的问题。在议题收集完成后，对所提建议、意见、要求等进行汇总、梳理、分类。在此基础上，由市委办公厅、市政府办公厅牵头，市民政局、市双拥办、重庆警备区政治部的有关人员组成工作组，主动到有关部队就有关情况作进一步了解、征求意见，经沟通协调取得一致意见后，由市民政局和警备区政治部联合向市委写出议军专题报告。

（二）分解任务，落实责任。每次议军会前，市委常委、市委秘书长都要召开两次协调会议。第一次是将议题逐一分解落实到牵头单位和协办单位，明确有关区县、部门主要负责同志为第一责任人，要求千方百计解决好每一个问题。第二次是听取各牵头单位办理落实情况汇报，对所有问题进行“过滤”检查，并确定办理时限。

（三）积极主动，狠抓落实。各牵头、协办单位加强领导，落实责任，抽调专人，跟踪督办，深入现场查看研究，主动到部队听取意见，及时查找有关政策依据，想方设法筹措资金，努力创造条件解决问题，对一些难度较大的问题，反复与有关部队和单位沟通协调，寻求解决办法，将办理议军会议决定事项作为政治任务来完成。

（四）协调沟通，督促检查。议军会上，部队提出的问题往往分为三类，处理的方法方式因事而异。第一类是应该解决并且具备条件解决的，一般在协调会期间就解决落实好了；第二类是应该解决但有一个解决过程的，在议军会议召开前，拿出明确的解决方案，在议军会议交办后逐步实施；第三类是情况复杂或按现行政策法规暂时不能解决的，对此类问题，各牵头单位要摸清基本情况，掌握基本政策依据，做好解释说明工作，力求得到部队理解。为保证议军会各项议题的顺利落实，每次会后市委办公厅都要印发会议纪要，市委、市政府督察室对决定事项进行重点专项督查，并在下次议军会时通报督查结果，确保议军会各项议题及时落实。

二、主要成效

通过议军会议，军地双方统一了思想，达成了共识，双方相互理解、相互支持，国防建设和经济建设协调发展，形成了相互促进的良好局面。

（一）地方为部队全面建设发展提供了有力的支持。

1. 支持部队基础设施建设。自2000年议军会议制度建立以来，各级财政先后投入1亿多元。帮助驻渝部队解决基础设施建设问题。为部队营房建设减免地方规费上千万元；为部队营区建设、道路交通等周边环境，投入资金8000多万元；国家级贫困县奉节县为支持县人武部修建大门，拆迁了产值900多万元的砖厂；太极集团为支持部队建设，无偿向武警重庆市第四支队赠地10亩。

2. 保障部队训练演习。为确保驻渝空军某部机场建设按时完工、新型战机正常飞行，需要搬迁机场周边民居，市区两级财政拿出480多万元，及时完成了机场附近居民搬迁任务；为保证驻渝某集团军驻训和演习，驻地积极协调解决3000余名官兵训练和生活问题；为保障某飞行团战备训练，驻地政府组织了联合执法队，对驻军油库、机场周边环境进行专项清理整顿。

3. 为部队提供智力资源。在议军会的提案中，科技拥军、智力拥军是一个热门话题。各区县市积极开展“科技人才进军营、科普知识传军营、科技书刊送军营”活动，广泛建立“流动图书馆”、“双拥图书室”，定期送书到部队。几年来，重庆17所高校为驻渝部队开设了学历教育点，使6000多人获得大中专以上文凭。各地先后为部队赠送电脑、图书价值近2000万元，培训人员10000多人次。

4. 为部队解除后顾之忧。建立了“支军绿色通道”，军队的事“特事”特办，军人和军属的事“急事”先办，维护军队权益的“大事”必办，是议军会形成的一个共识。从2002年起，将团以上转业干部全部安置到机关事业单位；采取供需见面、双向选择、有偿转移等形式，妥善安置退伍军人；劳动、人事部门提出了“军嫂不下岗，因为军人在站岗”的口号，积极实施军嫂再就业工程，举办专场招聘会，免费进行技能培训，增强市场竞争能力；减免择校费 1000 余万元，近 1000 名军人子女优先优惠入学入托；广泛开展法律拥军，全市各区县（市）都建立了“一组（维权领导小组）、一庭（涉军案件合议庭）、一中心（维权服务中心）”维护军人军烈属权益工作机制，各级法院成功审理涉军案件 100 多起，市高级人民法院还专门下发了《关于认真处理涉军案件，切实维护军人及其家属合法权益的通知》。

（二）部队为地方社会经济发展和社会稳定作出了突出贡献。

市委议军会上，驻渝部队不仅仅提出一些需要地方党委政府帮助解决的问题，同时还积极为西部大开发重庆大发展献计献策。驻渝部队官兵牢记全心全意为人民服务的宗旨，响应党的号召，把参加和支援西部大开发重庆大发展作为义不容辞的责任，视人民为父母、视驻地为故乡，将市委的关心化为巨大的动力，满腔热情为富民兴渝作贡献。

1. 广泛参与基础设施建设、生态环境保护和建设。驻渝各部队共投入 100 余万个劳动日，出动车辆机械 3 万余台次，支援和参加省（市）以上重点工程 34 个，植树种草 100 余万亩，建成 6 个长江防护林生态环境基地，积极参加西部大开发 10 大工程之一的兰成渝输油管道施工。

2. 积极参加抢险救灾、帮助三峡库区移民搬迁、开展扶贫帮困活动。近年来，圆满完成了武隆地质滑坡、开县井喷、天原化工总厂氯气泄漏、开县抗洪等 20 余次重大抢险救灾任务，涌现出“全国新长征突击手”、“见义勇为青年英雄”梁强和“全国抗洪抗旱模范”张金增等先进个人。驻库区部队自觉争当三峡移民的“先遣分队”，圆满完成 8.53 余万移民外迁任务。驻渝部队还率先在全国实施集团式对口扶贫，成效显著。近年来，对口支援我市的国家级贫困县，投入资金物资 2000 余万元，使近 41 万贫困人口越温达标；建立希望小学 15 所，资助 2000 多贫困儿童就学；对口支援县级医院 14 所；修建乡村公路 400 多公里；架设农话线 100 余公里。

3. 大力开展科技助民。驻渝部队院校和驻军医院积极为地方培养人才。输送医护、建筑、自动化管理、电子、机电等方面的技术人才 1 万余名，大力开展技术咨询活动，推广和转让科技成果 10 项，承担地方科研课题 189 项，签订转让协议 14 项，合同金额达 4.8 亿元。

4. 积极协助地方做好稳定工作。驻渝部队高度重视维护社会稳定工作，“守一方热土，保一方平安”。据统计，近几年来，各部队共组织官兵和民兵预备役人员参加义消队、护卫队、联防队、治保会等群众联防组织，协助公安部门先后承担了重庆博览会、AAPP 会议、世界银行年会等 20 多次重大活动安全警卫工作，主动配合公安和城市管理部门查毒禁赌，扫黄打非，维护治安秩序，打击违法犯罪分子，为保卫国家和人民生命财产安全发挥了重要作用，有力地维护了重庆改革、发展、稳定的大局。

三、几点体会

党委议军会制度经过几年的运行，实践证明是成功的。通过议军会议，增强了全市军民的双拥意识，提高了各职能部门对双拥工作的责任感，各级领导对国防建设更加关心重视，有力地促进了部队战斗力的提高和地方生产力的发展。

（一）领导重视是议军会成功的重要保证。“军队建设无小事”，这是议军会上市委常委“一班人”的共识。从第一次议军会开始，市委“一班人”就提出了大发展离不开大团结，国防建设也是大局的观念。明确指出不重视议军会工作的班子，是不讲政治的班子；不重视议军会工作的领导，是政治上不合格的领导。几年来，在各级领导的关心支持下，近 200 个重难点问题在议军会上得以顺利解决。

（二）狠抓落实是议军会成功的关键环节。明确任务，责任到人，重在落实。各级党政及部门的“一把手”，对涉及本地区、本部门的议军会事项亲自研究部署，对个别影响大的重点难点问题，市领导身体力行，亲自协调，现场办公，督促解决。几年来，议军会形成了市委市府抓领导、警备区抓协调、区县部门抓落实的良性运行机制。

（三）军地互动是议军会成功的基础。一方面，各级党委政府千方百计落实部队在议军会上提出的要求，不遗余力支持国防和部队建设。另一方面，驻渝部队不仅是改革开放和现代化建设的重要保障，而且还是富民兴渝的生力军和全面建设小康社会的重要力量。积极支持地方旧城改造，驻渝部队将城区中零星的营区置换，在地方政府帮助下新建起了现代化营区，实现了正规化管理。

（四）加强监督是议军会成功的有力保障。落实目标责任制，强化监督职能。把落实议军会事项纳入各级党委政府的目标管理考核，纳入了考核各级领导干部政绩的主要内容，纳入市委、市政府督察室的重要事项中。市委、市政府督察室每年出一期督察专报，做到件件有落实，事事有回音，杜绝了拖拉、消极懈怠现象。

回顾总结几年来党委议军会的有关情况，我们感到议军会作为新时期双拥工作的一种新机制，是促进国防和经济建设协调发展、增强全民国防意识、提高双拥意识的重要途径，在军地关系互动中充分发挥了桥梁和纽带作用。同时，我们也认识到，对部队的具体困难和问题，不仅要依靠议军会制度，更主要的是在日常工作中及时予以解决落实，并使之制度化、经常化，成为各级党委政府和社会单位的一种自觉行动。为了使议军会制度有效延伸，各级党委、政府还要进一步增强服务意识，主动为部队排忧解难，力求将问题解决在当地。只有这样，才能充分发挥议军会集中研究解决事关军地双方建设的重大问题、普遍性问题及议大事、抓大事的优势，不断提高议军会的质量和水平。

试析加强基层双拥工作应重点把握的几个问题

云南省开远市双拥办

搞好双拥工作的重点在基层，难点也在基层，只有基层双拥工作加强了，双拥模范城的创建活动才有生机和活力，才能推动双拥工作整体水平的提高。

一、加强基层双拥工作应该始终明确一个方向

双拥工作要坚持以邓小平理论和“三个代表”重要思想为指导，紧紧围绕全面建设小康社会的目标，适应改革开放的新形势，继往开来，改革创新，努力开创双拥工作的新局面，以坚强的军政军民团结，为推动经济社会发展、加强军队现代化建设和维护社会稳定提供强大动力。这是开展双拥工作的大方向。紧紧围绕这一目标不懈努力，才能发挥广大军民的积极性、主动性和创造性，使其成为维护社会稳定、加快改革步伐、促进经济发展的强大动力。在新的历史时期，基层双拥工作要坚持把军心民心凝聚起来，振奋起来，引导广大军民深入学习邓小平理论和“三个代表”重要思想，形成爱国拥军、无私奉献的良好风尚；把维护社会稳定、促进社会生产力、提高部队战斗力作为义不容辞的责任，牢固树立经济建设与国防建设统筹兼顾、协调发展的思想，才能使基层的双拥工作始终保持正确的政治方向和持久的生命力，真正成为推动双拥工作全面、健康发展的根基。

二、加强基层双拥工作应该努力解决好两个关键

首先，健全组织，落实责任。随着双拥共建活动的广泛深入开展，社会各行各业普遍建立起双拥机构，为基层双拥工作的顺利进行提供了较好的组织保证。但在一些地区，一些单位双拥组织却存在着徒有其名而不谋其政的现象，结果导致一些地方双拥工作开展不起来，达不到预期效果。因此，健全基层双拥组织，切实落实工作责任，深入扎实地开展工作是加强基层双拥工作的一个关键性问题。

其次，加强宣传，营造氛围。社会主义市场经济体制的建立，相对稳定的社会环境，使人们的国防观念淡化，拥军优属、拥政爱民的热情有所减弱。但是改革与现代化建设却越来越需要通过双拥工作把军心民心凝聚起来，形成推动社会主义现代化建设的巨大动力。因此，基层双拥宣传工作需要从双拥传统入手，大力宣传双拥工作所取得的巨大成就和新时期双拥工作的新思路新举措，努力营造军爱民、民拥军的良好氛围，才能使双拥工作完成自身的历史使命，并为国家经济发展提供一个良好的环境。目前，在基层双拥宣传工作中，存在着注重形式、内容挖掘不深，注重数量、质量效果不好的现象。鉴于此，抓好基层双拥宣传工作应该从内容上下功夫，要着力宣传“同呼吸、共命运、心连心”总要求的凝聚作用；要宣传军爱民、民拥军的社会氛围对发展经济、搞好国防建设的促进作用；要宣传加强军政军民团结对社会的稳定作用；要宣传落实双拥优抚政策对社会的保障作用。

三、加强基层双拥工作要妥善处理好三个关系

一是要处理好基层双拥工作与基层整体工作的关系。基层双拥工作是基层整体工作的有机组成部分。但在实际工作中却往往存在顾此失彼，双拥工作与整体工作相互脱节的现象。顾此失彼是工作方法问题，基层工作固然有着突击性的特点，但是应该充分认识到双拥工作也是基层整体工作的一个重要组成部分，在实际工作中应该建立统筹兼顾、协调发展的工作方法，善于把双拥工作与其他工作融合在一起，研究工作之间的共同点和关联性，力求相互促进，共同发展。因此，在基层应该把双拥工作纳入整体工作的范畴，树立全面衡量、整体推进的思想，只有这样，才能摆正基层双拥工作的位置，才能使基层双拥工作的整体水平有所提高。

二是要处理好基层双拥工作与发动社会各界参与的关系。首先，基层双拥工作每一项政策、指标、任务都要落实，因此必须有落实的主体，这个主体不是单一的，而是各行各业，方方面面的统一动作，共同的行为。其次，基层双拥工作是一项群众性工作，涉及千家万户和广大群众。拥军优属人人有责，必须动员社会力量广泛参与，并且需要党政军以及各行各业共同配合，否则基层双拥工作就成为部门业务。因此，在基层双拥工作中，一方面要发挥部门、行业优势，另一方面，基层群众组织和拥军优属服务小组、送温暖小组是双拥工作的基本队伍，是双拥工作的基础，要注意充分发挥这些组织的影响和带动群众的作用。

三是要处理好基层双拥工作行为性与实效性的关系。基层双拥工作行为性就是要求把各项活动落到实处。实效性则是衡量双拥工作行为性的标志。要建立双拥工作质量标准验收机制，质量标准既要有单项考核的尺度，又要有重点要求的规定和照顾一般的具体标准。要杜绝表面文章，扎扎实实抓落实，抓工作说一件办一件，办一件成一件，衡量一个地区、一个单位的双拥工作，不仅要看计划订了没有，规划搞了没有，更要查落实了多少，不仅要看干了多少事，更要考查所产生的效应。

四、加强基层双拥工作应该着力抓好四个环节

一是着力抓好工作方法的研究。就基层双拥工作的工作方法而言，应该注重两点：一方面要注重掌握双拥工作的节奏。双拥工作既然是一项复杂的社会系统工程，就不可能一蹴而就，它是永不停顿，不断发展的，它可以在某个时期实现某个目标，但社会的发展会对它不断提出更高更新的目标，这就需要遵循事物波浪式前进的规律，把握住双拥工作渐进式的节奏。按照事物由点到面、由个别到一般的演化过程，以点上的经验带动面上的工作，以典型引路，求得深层次的发展。另一方面要注意建立有效的工作机制。在改革大潮的驱动下，基层双拥工作已经很自然地融入到基层各项改革事业之中，要吸引更多的人投身于这一事业，最重要的是要给予每个参与者施展自己才华的机会和位置，这样才能产生持久的热情和动力。因此，必须在双拥工作中确立一种以调动人的主观能动性为核心的有效的激励机制。如明确活动的预期效果的目标激励、评先选优的荣誉激励等，激发人们的双拥积极性。

二是着力抓好政策法规的落实。首先，要注重把握双拥政策、法规与本地实际相结合。要紧密联系本地区、本单位实际，制订具体的可操作性较强的配套政策和法规，以利于把工作落到实处。其次，要抓好优抚政策的落实。落实优抚政策不仅是双拥创建工作的硬件指标，更是党和国家社会保障政策的重要组成部分。当前特别要寻求有效途径，努力解决好优抚对象“生活难、住房难、医疗难”问题，建立义务兵家属优待金财政转移支付制度，做好稳军心、暖民心的工作，积极探索退伍军人安置工作的新途径，确立“征兵、培养、安置、使用”的“一条龙”体系，使政策法规的落实成为基层双拥工作稳定发展的基础。

三是着力抓好军民共建活动。军民共建社会主义精神文明是新时期开展基层双拥工作的一个重要方面，这一活动要着眼于军地的共同需要，始终坚持把军地的共同利益作为工作的出发点和落脚点，为基层双拥工作的发展提供内在动力。

四是着力抓好军地矛盾纠纷的调处。目前发生的军民纠纷归结起来有四种：一是军人介入地方民事纠纷，个别官兵直接介入亲友民事纠纷，使民事纠纷转为军民纠纷；二是军车肇事引发的军警民纠纷；三是军人出入公共场所和地方娱乐场所引发的军民纠纷；四是官兵或军属权益受到侵害引发的军民纠纷。处理这些军民纠纷要坚持四条基本原则：一要顾全大局，自觉服从和支持国家经济建设大局，增强拥政爱民意识。要做到“讲政治、顾大局、严纪律、高姿态”。二要积极主动。部队方面要主动与地方有关部门协调，主动提出合理的解决方案，主动做好当事人的思想疏导工作，不能等、拖、靠，更不能置之不理或回避推诿。三要实事求是。要客观对待，正确分析，公正调解，既要按政策原则办事，又要顾及双方的切身利益。反对凭经验办事，反对弄虚作假，反对无原则的偏袒迁就。四要周密协调。要坚持军地协商为主，加强与地方有关职能部门的密切协调，依靠地方执法部门的力量，发挥军地联合作用，妥善解决矛盾。

新形势下双拥工作的困境成因及对策

云南省昆明市双拥办

近些年来，随着改革开放深入和市场经济发展，双拥工作取得了长足进步，同时，也遇到了一些突出的矛盾和困难。只有认真分析、研究和解决出现的问题，才能促进双拥工作跨越式发展。

一、当前双拥工作面临的困境

从客观情况看，当前双拥工作面临以下几个不能回避的难题：

一是转业士官和退役士兵安置难。以2003年为例，昆明市转业复员退伍士兵2472人，符合在城镇安置工作条件的1457人，其中，五华区、盘龙区的安置数均达300人以上。近几年的安置主要从三个渠道进行分流，即约三分之一进入行政事业单位，约三分之一被分配到各类企业，约三分之一自谋职业。有的退役士兵到企业报到后，得知企业濒临破产、倒闭，又把报到通知交回安置办。有的退役士兵被分配到企业后，一两年时间还不能安排上岗，也领不到薪水，只不过是企业的“名义工人”而已。

二是随军家属工作调动和就业难。驻昆部队每年办理随军手续的干部家属在300人左右，历年累计数达3000人左右。在批准随军的家属中，约20%的人在行政事业单位工作，约20%的人在地方各类企业工作，约15%的人在部队幼儿园、服务社、加工厂工作，另有约45%的人没有正式工作和固定收入。在有固定工作的随军家属中，每年要求调动工作的都在300人以上，能够如愿办理调动的还不到十分之一，解决夫妻分居两地的问题成了“头疼事”。在办理了随军手续而又没有正式工作的家属中，多数在家做家务、少数在部队驻地做临时工，家庭经济都比较紧张。

三是军休干部和军队移交职工医疗费用难。昆明市共有 18 个军队离退休干部休养管理所，共安置和管理 2700 多名军休干部。此外，全市还接收管理了 2147 名军队无军籍退休职工。这些年，干休所在军休干部的医疗保障方面每年要超欠医疗费 2000 多万元，有的干休所医疗费累计超欠达 500 多万元，使干休所背上沉重的经济负担，增大了军休干部到医院就医治病的困难。此外，军队无军籍退休退职职工的医疗保障也未进入医保体系，使民政部门无所适从，接收管理单位难堪重负。

四是困难企业复退转军人生活难。近些年，多数国有企业不景气，有的濒临停产，有的被兼并，工人工资低甚至难以兑现。这些企业，在过去几十年中接收安置了大量复员、退伍、转业军人，其中又有相当一部分是十多年前从部队转业的团职、营职干部，由于工资收入低，生活过得十分艰难。各级双拥办、军转办、安置办，常有困难企业复退转军人上门要求重新安置和解决生活困难的情况。这几年，困难企业军转干部集体上访的情况时有发生，在一定程度上影响了社会稳定。

五是重点优抚对象医疗保障难。随着国家优待抚恤金标准的提高和各级政府采取一些特殊政策，老烈属、老伤残军人、在乡老复员军人“住房难”、“生活难”的问题有了相当程度的缓解，但是，“医疗保障难”的问题还很难得到有效解决。有的基层单位反映，参加过抗美援朝的在乡老复员军人，普遍是解放战争、建国初期入伍的，年龄普遍接近 80 岁，而且身体多病，他们的生活定补仅为每月 95 元、80 元，因没有医疗费补助而给看病就医带来很大困难，基层因财力匮乏，对他们的困难无力普遍解决。

二、产生上述困难的基本成因

一是认识因素。从城镇退役士兵安置和随军家属就业问题来说，客观上的困难是主要的，但也有思想认识、思想观念形成的问题。从计划经济转轨到市场经济，多数人的就业观念、择业观念还停留在计划经济状态，不愿面对安置难、就业难的客观现实，不敢应对市场经济的挑战，过多依赖政府“包办”。

二是机制因素。随军家属工作调动和就业问题，是双拥工作中最需要办的实事，但又是最难办的事情。究其原因，既有岗位所需人员相对饱和的因素，又有机关改革、企业改制的因素，同时也有实施这项工作中的具体运行机制上的因素。例如，这个问题到底该哪个部门主管、哪些部门配合，这项工作如何实施宏观计划和微观操作，等等。

三是政策因素。军队移交地方管理的离退休干部的退休金由总后转拨地方发放，每人每年仅拨医疗费 800 元，住院治疗费从何处来、标准是多少，没有具体政策加以明确。军队无军籍退休退职职工移交地方后，退休金由地方按规定标准发放，医疗费标准、来源也没有具体的政策规定。

四是财力因素。困难企业复退转军人生活困难的问题，因财力有限，过去一直没有特殊照顾，从 2002 年开始对转业干部发给生活补助，但复员、退伍军人生活困难的问题依然不能得到有效解决。农村的重点优抚对象，中央财政拨有一定标准的优待抚恤金，但因地方财政困难，很难拿出专项经费解决其医疗费用。

五是领导因素。双拥工作难就难在“解难题”上，形成难题的原因是多方面的，但也有各级领导层对解决实际问题重视不够、过问不多、支持不力的原因。有的领导同志把双拥工作挂在口头上，当表面文章做，很少调查、研究和解决实际问题，很少对“老大难”问题进行“解剖”和“会诊”，致使难点问题越积越多。

三、对解决存在问题的一些设想

解决双拥工作中的突出矛盾和存在问题，除了需要提高思想认识、转变思想观念和完善组织措施、强化领导作用之外，还必须注重从研究办法、制定政策、改善机制、细化责任等方面相互配合，使“老大难”问题逐步化解。

一是大胆改革，用新办法做好新形势下的退役士兵安置工作。退役士兵安置工作已经到了非改革不可的地步，这是军地各级领导、社会各界和广大退役士兵的共识。最近，云南省民政厅、人事厅印发了《云南省城镇退役士兵考试考核安置办法（试行）》，这个试行办法和相关配套文件规定的主要内容，较好地明确了安置的对象范围、方针原则、办法措施，但在具体实施中还有一些特殊问题、具体问题、个性问题需要认真研究和处理。应把握和处理好以下重点问题：处理好空缺岗位所需人才素质要求与退役士兵个人考核成绩排列名次之间的关系，在一定排名顺序范围内进行双向选择，做到人尽其才、各方满意；处理好面上考核与照顾重点安置对象之间的关系，对考核总分高的应优先安排到相应合适的理想岗位，对获得二等功（含）以上荣誉和六级（含）以上伤残等级的退役士兵也应通过考核考察优先安排合适的岗位；坚持公正、公平、公开的原则，严格按照安置办法和考试规程、考核标准办事，决不能徇私舞弊，决不能搞"暗箱"操作，决不能欺骗民众；在查阅士兵档案和实施加分、扣分时，要特别仔细查阅立功、评残这两个方面的材料，并向有关方面调查核实，发现办理了立功、评残虚假材料的应公之于众，并取消安置资格；对自谋职业的退役士兵，要实行货币补偿安置，在规定时间内及时、足额发放自谋职业补助金，并视情况提供培训、咨询等服务。

二是制定指标，有计划有重点地做好随军家属调动和就业工作。地方政府和有关单位还是要克服畏难情绪，借鉴过去的传统做法和经验，用制订总体计划和下达指标进行控制的办法，每年有重点地解决一批随军家属的调动和就业工作，争取在这个难点上有实质性突破，使拥军优属工作取得更加明显的进展。人事（组织）部门应根据公务员和职员干部进出计划，每年安排接收一定数量的符合条件的随军家属调入党政机关、事业单位；劳动保障部门应根据本级政府制定的劳动就业和再就业计划，按照企业的用工需求，每年推荐和安排一定数量的随军家属到各类企业就业，并依法签订劳动合同、办理有关社会保险手续；企业依法裁减人员时，应对随军家属和其他军人家属予以照顾，非本人原因一般不应裁减；随军家属自谋职业从事个体经营的，以及为安置随军家属新办企业或经济实体中随军家属占企业总人数60%以上的，按照国发〔2000〕19号文件给予减免税收的优惠，有关部门在办理审批手续和证照时应给予优先；各级双拥办和劳动保障部门应密切配合，有计划地举办随军家属职业技能培训，提供职业指导、职业介绍和就业服务，并免收各种费用；对于部队组织的随军家属职业技能培训，地方有关部门应在师资、教材、设备和考试、签证等方面给予支持；凡经部队批准随军并具有部队驻地常住户口的军官家属，未能就业且符合城市居民最低生活保障条件的，按照有关规定优先办理城市居民最低生活保障手续。

三是政策接轨，把军休干部和军队移交职工纳入地方医保体系。军队离退休干部、无军籍退休职工的医疗问题，应由国家和军队有关部门行文规定其移交地方后的医疗保障统一纳入地方医保体系；在国务院、中央军委有关部门没有出台文件之前，地方政府应当组织民政、卫生、劳动保障部门共同研究办法，由地方政府把其医疗问题纳入地方医保体系。此外，对于各干休所过去在老干部医疗方面形成的垫支债务，应由省、市、县三级从地方财政中拨出专款予以解决。

四是多举并重，全力帮助困难企业复退转军人走出生活困境。对转业在困难企业工作的军队干部，中央已经下发文件，明确了保证他们生活待遇不低于当地职工平均工资水平的政策规定，这是解决其生活困难问题的根本办法。除企业军转干部外，当前在困难企业还有相当数量的复员、退伍军人，地方政府还应采取一些特殊办法，对他们在生活上的困难给予一些特殊照顾。对于下岗的企业复退转军人，地方政府还应从城市低保、购买公益性岗位、购买医疗保险、扶持自谋职业等方面提供帮助，尽力帮助他们走出生活困境，逐步提高其生活水平。

五是特殊关怀，尽最大努力解决好重点优抚对象的看病就医问题。对于在乡老红军、老八路、解放战争老战士、抗美援朝老战士的看病就医经费，应由国家财政拨出专款给予定量补助；对于家居农村和城镇的烈属看病就医经费，应由省级财政拨出专款给予定量补助；对于建国后各个时期因战因公负伤和带病回乡复员军人的看病就医经费，应由市、县两级从地方财政中拨出专款给予补助。此外，还应继续开展“爱心献功臣行动”，建立社会捐款专用账户，帮助重点优抚对象解决医治大病、特殊病的困难。

在边疆经济欠发达地区开展双拥共建工作应把握的几个问题

95429 部队

开展双拥共建工作，是新形势下履行我军宗旨，密切军政军民关系的重要途径。云南省地处西南边陲，由于受地理环境、自然条件、交通不便等因素的制约，社会经济、文化发展相对滞后，人民生活水平普遍不高。全国 592 个扶贫开发工作重点县中云南省就有 73 个，占全国的 12.3%。驻滇部队立足云南边疆实际，发挥部队优势，有针对性地开展双拥共建工作，对于推动云南的经济发展、社会进步、边防巩固和民族团结具有重大的现实意义。从当前情况看，就部队而言，应把握好以下几点。

一、要切实克服“额外负担”的思想，增强做好双拥共建工作的责任意识

近年来，驻滇各部队结合各自优势，积极开展双拥共建工作，取得了一些成绩，受到了驻地政府和人民群众的一致好评。但少数单位的工作还存在时紧时松、断断续续的现象。其主要原因是认识上还存在偏差，行动上还缺乏主动。少数同志认为，在边疆经济欠发达地区搞双拥共建，是部队出力，地方受益，只有付出，没有回报；还有的认为部队是随时准备打仗的武装集团，平时主要任务是抓战备训练，支援地方建设是没事找事，把它看成是部队的“额外负担”。因此，要进一步深化双拥共建工作，必须克服“额外负担”的思想，站在讲政治的高度认识其重大意义，牢固树立“责任”意识。做好双拥共建工作：一是我军宗旨决定的。紧紧地和人民站在一起，全心全意为人民服务，是我军的惟一宗旨。在边疆经济欠发达地区开展双拥共建工作，帮助边疆经济欠发达地区脱贫致富，不仅是我军特有的政治优势和光荣传统，更是践行“三个代表”重要思想、维护民族团结、巩固边防稳定大局的政治任务；是立足平时，着眼战时，加强国防建设，适应未来战争需要的必然要求。搞好边疆经济欠发达地区双拥共建工作，保持与人民群众血肉联系，是实践全心全意为人民服务宗旨的具体体现，是我军永远立于不败之地的深厚的力量源泉。二是部队自身建设的需要。边疆经济欠发达地区各族人民群众勤劳朴实，民风纯正，官兵通过双拥共建活动，可以学习到人民群众优良品质和作风，促进部队的思想政治建设。从长远利益上讲，部队建设依赖于社会的发展，有赖于综合国力的提高，只有帮助边疆经济欠发达地区摆脱贫困，走向富裕，促进社会的全面进步，军队和国防建设才会有坚实的基础。在边疆经济欠发达地区开展双拥共建工作，有利于巩固边防，有利于促进边疆“三个文明”建设，有利于树立驻滇部队文明之师的良好形象。三是时代赋予驻滇部队的政治责任。党的十六大报告强调“军队要积极支持和参加国家建设”。云南是解放后经历战事最多的省份。长期以来，边疆各族人民与驻滇部队一道，谱写了无数双拥共建的篇章，共同创造了“老山精神”这笔宝贵的财富。但由于云南的建设基础差、起步晚，近三分之二的人口还处于温饱线以下。作为驻滇部队，做好云南边疆经济欠发达地区的双拥共建工作，既是时代赋予的重任，更是我们做好双拥共建工作的历史机遇，我们有责任和义务帮助驻地人民群众摆脱落后和贫困，共同走向富裕和文明。因此，驻滇部队必须讲政治，顾大局，自觉克服“与己无关”、“额外负担”等模糊认识，真正以饱满的政治热情、足够的领导精力、良好的精神状态，积极为边疆经济欠发达地区的建设和发展作贡献。

二、要进一步提高“主动参与”的自觉性，在双拥共建工作中发挥示范带头作用

驻滇部队在边疆经济欠发达地区开展双拥共建活动，必须从实际出发，因地制宜，以参加扶贫开发、促进驻地经济发展作贡献为己任。当前有少数同志认为扶贫开发是地方政府的事，部队只能唱配角，能做多少算多少。有的还认为部队本身经费紧张，官兵在战备、生活上还存在不少困难，没有更多的经费去投入。这种认识是片面的。实现扶贫帮困战略目标，对于推动整个国家的现代化进程，促进民族团结和社会安定，具有十分重大而深远的意义。如何发挥部队自身优势，帮助人民群众脱贫致富，这是我们开展双拥共建工作的突破口，也是我们的一大优势。只有紧密结合自身实际和驻地特点，本着就地就近、量力而行、有所作为的原则，在支援地方经济、助学兴教、科技扶贫等群众迫切需要、直接受益的事情上出效益、出成果，我们的双拥共建工作才有特色、有生机、有活力。近年来，云南省军区针对驻地经济发展慢，信息闭塞，人民群众迫切希望脱贫致富的愿望，积极开展“八千里文明边防线”共建活动，坚持强边固防与兴边富民相结合，坚持走开发式扶贫的路子，通过举办科普培训班、提供致富信息、推广农科技术等办法，提高了边疆经济欠发达地区的自我发展能力。武警云南总队针对边疆地区教育落后、办学条件差、失辍学率高的实际，发挥部队人才集中、文化水平较高的优势，采取筹资新建校舍、捐助教学设备、派出校外辅导员、资助失学儿童等办法，积极为失学儿童开办“春蕾班”，支援少数民族地区发展教育事业，实实在在为驻地人民群众做好事、办实事，促进了驻地教育水平的提高，受到人民群众的热情称赞。驻滇空军充分发挥部队装备技术优势为民造福，积极开展航空护林，实施飞播造林，促进了云南“绿色经济”的发展；利用飞机进行航测、航拍，支援地方重点工程建设，为实施科学决策提供了依据。这些经验和做法很值得借鉴。

三、要紧紧把握时代“主旋律”，在拓展军民共建活动的领域上下功夫

双拥共建是双向服务、共同受益的活动，它离不开一定的物质交往。但军民关系首先是政治关系，更需要在政治思想领域进行交流与互助。特别是在边疆经济欠发达地区，地方财力物力有限，不可能在双拥共建中投入很多，这就需要部队正确对待，处理好“物质交往”和“思想互助”的关系，保持双拥共建工作的正确方向。作为驻云南边疆经济欠发达地区的部队，要紧紧抓住云南“建设民族文化大省”的战略机遇，把提高边疆人民群众思想素质和文化水平作为支援地方建设的一项重要内容，争做社会主义新思想新道德的传播者，不断巩固农村思想文化阵地。要改变只注重形式，忽视效果，表面热热闹闹，而无多少实际作用的活动方式，切实从那种“拉拉横幅、贴贴标语、说说唱唱搞联谊”的低层次活动中走出来，广泛开展适合驻地特点、主题鲜明的思想、文化共建共育活动，进一步提高共建的质量和效益。目前，有的地方在这方面已经做了一些有益的探索，也创造了成功的经验。如把革命纪念地、战斗旧址、烈士陵园、烈士故居等作为艰苦奋斗、革命优良传统教育基地，经常组织机关事业单位的干部职工参观，接受革命传统、艰苦奋斗教育，这样就把革命传统教育与发挥“红色旅游”景点优势有机结合起来，使得双拥工作既具有时代和地区特色，又富有时效。要认真贯彻《公民道德建设实施纲要》和《军人道德规范》，围绕创建文明城市、文明村镇、文明行业，把双拥共建工作不断引向深入。在文化建设方面，要发挥军地双方的各自优势，互助互补，传播科学文化知识，开展健康有益的联谊活动，丰富军民业余文化生活；要广泛开展文化下乡活动，经常组织业余文艺宣传队，深入驻地厂矿、街道和乡村，用自编自演的节目讴歌改革开放的辉煌成就，寓教于乐，倡导先进的思想文化。在社会综合治理方面，要深入开展普法教育宣传活动，利用农闲时节，组织村民学习《刑法》、《刑事诉讼法》、《治安管理处罚条例》、《婚姻法》等法律法规，深入农户搞好辅导，切实增强村民的法律意识；要大力开展军民“共治”活动，开展军民联防，维护驻地社会治安。

提高共建起点　创新双拥发展

96201部队

党的十六大报告在作出全面建设小康社会、加快推进社会主义现代化战略部署时，强调要在经济发展的基础上推进国防和军队现代化，并要求“加强国防教育，增强全民国防观念。拥军优属，拥政爱民，巩固军政军民团结。”这充分体现了党对国防和军队建设的高度重视，也对新时期的双拥工作提出了新的更高要求。因此，双拥工作要实现与时俱进，就必须更新观念，理清思路，用党的最新理论成果指导共建活动，在紧贴时代步伐中提高工作起点，创新双拥发展。

一、着眼特点谋实招，在把握特点上提高起点

随着时代的发展，人们思想观念、价值取向发生了复杂深刻的变化，给新时期的军民共建带来了大量新情况新问题，双拥工作呈现出一些新的特点。军民交往的人员范围复杂多样，交往的方式和领域不断拓宽，交往中的利益关系日趋增多，面对这种情况，双拥工作必须在把握特点中谋实招，增强双拥工作的针对性。一方面规划部署要突出一个“实”字。当前形势下，军地双方在双拥工作部署上要做到“三多三少”，即：注重多用科学理论武装人、改造人，帮助部队官兵和驻地人民群众提高思想觉悟，少搞那些低层次表面化的应景活动；注重多结合本地实际学科学、学文化、学技能，少干那些舍近求远、舍本求末的事情；注重多深入基层一对一帮助、面对面指导，少搞那些大呼隆、劳民伤财、图虚名招实祸的活动。另一方面开展共建活动要讲求一个“实”字。新形势下开展军民共建活动必须贴近实际，把实现长远目标和满足现实需要作为新的结合点和切入点。在共建对象上要体现广泛的群众性要求，坚持以新的视角来看待和确立共建对象。在共建内容上，要坚持发挥军地各自的优势，在相帮互学、共建共益中实现军地间的双向受益。在共建形式上，既要注重搞好军政关系，又要注重密切军民关系，把拥政爱民的基点放在基层。既要注意搞活为民义务服务、学雷锋活动等传统方式，又要注重围绕学习实践“三个代表”，积极开展富有时代特色的双拥共建活动，始终坚持和体现精神文明建设的主旋律，使军民共建活动在实现群众性与先进性的融合中永葆生机和活力。

二、突出重点求实效，在创新办法上提高起点

近年来，军地双方为推进双拥工作蓬勃发展，创造和积累了许多宝贵经验。但必须看到由于环境、形势的变迁，双拥工作呈现出了多内容、多渠道、多层次的发展趋势，因此，做好新形势下的双拥工作，必须与时俱进、突出重点，在创新办法上有所作为。一要突出感情拥军。感情问题对于做好双拥工作至关重要。事实证明，有了诚挚的军民之爱、军民之情，许多问题再困难也有办法解决；没有真情深爱，有些事情即使符合政策规定，也会“打官腔”、“踢皮球”，或拖着不办。二要突出政策拥军。党、国家和地方政府，历来重视制定和运用相关政策，对军队、军人、军属给予特殊照顾和优待。现行的拥军优属政策，有些是计划经济体制延续下来的，有些政策还不配套，各地执行时也存在差别。因此，不断完善有关政策，应作为拥军优属的重中之重抓好落实。三要突出法律拥军。随着改革开放的深入和社会主义市场经济的不断发展，军队、军人、军属与地方因利益关系的涉法问题呈增多趋势。地方可依照有关法律作出规定，保护军事单位和人员正常活动，为军人和军属提供法律援助和法律服务，有效维护其合法权益。四要突出科技拥军。军营需要科技，部队呼唤人才。在新时期开展双拥工作中，要根据部队的人才急需，利用地方的优势，大力开展智力扶军和科技扶军活动。比如：有的地方为驻军建造教学楼、修建网络教室；有的资助驻军购置电脑自动化设备、修建科技训练场；有的坚持定期为驻军捐赠科技书籍；一些大中专院校和中学派出教师到部队举办各类学习班；有的派专家指导部队掌握种植养殖技术等，展示了科技拥军的工作思路和发展前景。

三、打造亮点办实事，在模范行动上提高起点

人民军队作为国家政权的重要组成部分，作为执行政治任务的武装集团，它同政府和人民群众的关系如何，关系到政权的巩固、国家的安危和社会的稳定。因此，军队在推进新时期的双拥工作中要有更高的思想境界和工作主动性。着力多办实事，注重在拥政爱民活动中凝聚军政军民关系。当前，尤其要强化三种意识：一是强化民心意识。要尊重政府、爱护人民，无论在任何时候、任何情况下，都要把地方政府和人民群众视为生存的依靠、发展的根基、胜利的保障，要想人民之所想，多关心人民群众的安危冷暖，做到情为民所系、利为民所谋，当人民群众有困难的时候，敢于挺身而出。二是强化守纪意识。要用军队的纪律和道德规范严格要求自己，做到自尊自爱，防止和克服违反群众纪律的问题发生，保持遵守纪律的良好形象，以此赢得人民的尊敬和赞誉。同时，还要围绕贯彻落实《公民道德建设实施纲要》和《军人道德规范》，弘扬新思想、新道德、新风尚，满腔热忱地当好精神文明建设的排头兵。三是强化前列意识。在双拥工作中自觉走在社会的前列是军人责任所在，因此，我们要积极适应国家和军队改革建设的需要，始终站在时代的前沿开展双拥工作，在做好部队工作的同时，积极参加支持地方经济建设。要利用军队的有利条件，为维护当地社会稳定和完成急难险重任务尽力尽责，组织部队积极开展扶贫帮困、为民助学活动，多为群众做好事、办实事，用实际行动增进军政军民感情，巩固和发展军政军民团结的良好局面。

四、围绕难点倾实情，在解决矛盾上提高起点

近些年，随着军地交往的增多，军地之间的矛盾、纠纷也日益增多。如何解决这些矛盾纠纷，是当前双拥工作中的一个难点。对此我们必须保持清醒的头脑，切实加强对解决军地矛盾的组织力度，从一些具体的军民纠纷中寻找引发矛盾的内在规律，探求解决矛盾的新思路、新方法。坚持讲理又讲法、讲情又讲利，注重在“法、情、利”的统一中寻求军地矛盾的妥善解决。一是注重发挥“法”的主导作用，保证军民关系发展的正确方向。军地、军民之间的矛盾纠纷，绝大多数都是涉法问题，必须依靠国家有关政策、法律行事，决不能为了局部利益而违背党的方针政策和国家的法律法规。要注意运用法律的强制性，规范军地双方言行，惩戒不法行为，调整和维护军地之间的正常关系。二是注重发挥“情”的纽带作用，保证军民关系的畅通和密切。军地双方要建立和完善走访协调机制，本着相互尊重、信任的原则，多来往、常协调，加深理解和沟通，增强感情。使军地矛盾、军民纠纷尽可能在相互支持、相互谅解、相互自律的和谐氛围中得到协商解决。三是注重发挥“利”的促进作用，保证军民各自利益的实现。新形势下的军民纠纷利益矛盾日益突出，解决矛盾必须坚持大局原则，把维护稳定、促进地方经济建设与保护部队合法权益有机结合起来。要看到军地、军民之间的根本利益是一致的，不同的是具体的利益主体。因此，当一些严重侵害部队利益的纠纷发生时，必须从国防建设的大局出发，维护部队的利益，但在政策允许的限度内，也要充分考虑“让利”，尽可能地照顾地方人民群众的利益，在“双赢”中实现军政军民关系的健康发展。

全面实践科学发展观　不断开创双拥工作新局面

陕西省双拥办

党的十六大提出了继往开来、与时俱进、全面建设小康社会的主题，对拥军优属、拥政爱民工作提出了新的目标、新的要求。

从战略和全局的高度，充分认识新形势下双拥工作的重要地位和作用，切实增强做好双拥工作的使命感和自觉性

双拥工作是我党我军的光荣传统。做好双拥工作，是事关全局的一项政治任务。在新的形势下，双拥工作任务越来越繁重，要求我们必须主动适应新形势，不断提高认识，增强做好双拥工作的责任感和使命感。做好双拥工作，是实现全面建设小康社会战略目标的迫切需要。省委、省政府根据党的十六大确定的奋斗目标，绘制了我省建设西部经济强省宏伟蓝图。在这样一个重要历史时期，我们更要加强军政军民团结，更要发扬艰苦奋斗的精神。双拥工作不仅能产生伟大的精神力量，而且是一种伟大的物质力量，必然有力地推动全面建设小康社会的伟大事业向前发展，推动陕西经济实现跨越式发展。

做好双拥工作，是推进军事斗争准备的重要方面。兵民是胜利之本，无论平时的军事斗争准备，还是战时的拥军支前，都离不开地方参与和大力配合，只有做好双拥工作，军队才能更好地赢得地方党委、政府对部队建设的支持，赢得人民群众的拥护，地方涉及军事方面的基础设施建设也才能更好地得到部队的配合和支援，使军事斗争准备工作顺利进行。

做好双拥工作，是历史赋予陕西军民的光荣使命。双拥传统是延安精神的重要组成部分。在新的历史条件下，尽管地方和军队都面临着许多新的情况，但我省军民既有发扬延安双拥传统的优势，又有弘扬和实践双拥传统的责任，理应为继承、丰富、发展双拥传统作出更大的贡献。把毛泽东等老一辈无产阶级革命家辛勤培养、广大军民用鲜血和汗水浇灌的双拥传统接过来、传下去，这是处在延安双拥运动发祥地的陕西广大军民的神圣使命和光荣职责。

双拥工作实践科学发展观，必须以发展社会生产力和提高部队战斗力为主题，以弘扬社会主义思想文化为核心，把维护人民群众的根本利益作为首要任务

代表先进生产力的发展要求，是党的性质所决定的，也是保持党的先进性的关键所在，我们党的一切奋斗，都是为了解放和发展生产力，为了国家的富强、人民的富裕、民族的振兴。双拥工作是为党和国家的中心任务服务的，它的根本目的，就是充分调动广大军民的积极性和创造性，促进社会生产力的发展和部队战斗力的提高，推动改革开放和社会主义现代化建设事业。部队在完成战备执勤、教育训练等军事任务的同时，充分发挥自身优势，为驻地的开发建设服务。在以维护社会治安为主要内容的平安工程，以结对挂钩、对口扶贫为主要方式的扶贫工程，以美化环境、保持生态资源为主题的生态工程，以促进驻地物质文化、政治文明和精神文明建设等方面做好工作。地方要着眼世界全局、着眼未来战争需要、着眼稳定大局，关心国防、拥军优属，在解决部队热点、难点问题，在落实优抚安置政策、保障优抚对象合法权益方面做好工作。同时，还可以积极发挥地方科技优势，开展项目攻关，培训急需人才，为实现项目、技术和人才的“联姻”与“嫁接”作出新的贡献。

先进的文化是人类文明进步的结晶，又是推动人类社会前进的精神动力和智力支持。中国先进文化的精髓是社会主义精神文明。双拥工作既是社会主义精神文明建设的重要内容，也是加强社会主义精神文明建设的主要途径。党中央、中央军委印发的《公民道德建设实施纲要》和《军人道德规范》，是加强社会主义思想道德建设的重大举措，也是新时期双拥工作实践“三个代表”的重要内容。我们必须着眼于发挥军地双方的优势，促进军地思想道德建设，把我军的优良传统与改革开放的时代精神结合起来，让军队的优良传统进社区、进农村、进企业、进学校。特别是双拥工作进入村镇，就是要以提高农民科学文化水平和致富技能，扶贫帮困，移风易俗，美化村容村貌等为主要内容，开展共建活动，建设社会主义新农村。使地方的教育、科技、文明等具有时代精神的新思想、新观念进入军营，让官兵更加了解地方，了解现代化进程，增强官兵热爱祖国，热爱中国特色社会主义的坚强信念。积极开展军民共建文明社区、文明村镇、文明行业的活动，把文明社区创建活动与城市社区、城市管理、社会治安综合治理、社会化福利事业、青少年教育、志愿者服务等结合起来，融为一体，军地联手，军民共建，服务基层，共同促进社区的两个文明健康发展。要适时组织双拥模范、抢险救灾典型、军地英模代表深入乡镇、村（居）和基层连队巡回报告，让先进典型的坚定立场、高尚道德情操、完美人格魅力教育军民，纯正风气。

代表最广大人民的根本利益，是贯穿于“三个代表”、“以人为本”的一条主线，是我党我军性质、宗旨的集中体现，是我们的事业从胜利走向胜利的力量源泉。双拥工作与广大军民的切身利益息息相关，推动双拥工作深入发展，依然要继续开展“办实事、解难题、作贡献”活动，发扬多办好事、多办实事的好传统，在全心全意为人民服务，为广大官兵和优抚对象谋利益上下功夫。驻军部队官兵积极承担各种急难险重任务，抢救保护国家和人民财产，想方设法为人民群众排忧解难。地方各级组织和广大人民群众“视部队为长城、把军人当亲人”，积极支持国防建设和军队建设，维护军人及其家属和优抚对象的合法权益，不断巩固和发展军政军民团结。

按“继往开来，与时俱进”的要求，不断探索富有时代特色的新路子，确保把双拥工作提高到更高水平

在改革开放和发展社会主义市场经济的新形势下，双拥工作任务十分繁重，需要我们不断地解放思想，实事求是，与时俱进，开拓创新。一是要认真研究新形势下双拥工作新情况、新问题。要适应新形势，深入实际，搞好调查，借西部大开发有利时机，积极探索富有时代性、创造性的工作路子，真正在经济建设中体现双拥工作作用，军民协力，在西部大开发中有所作为。二是要突出抓好基层双拥工作的落实。要立足于基层抓好双拥工作，注重调动基层双拥工作积极性，指导基层开展丰富多彩的双拥活动，把双拥工作由以往的阶段性工作转化为长期任务，贯穿于全年工作始终，常抓不懈；由传统的互做好事、办实事、作贡献，向以创建双拥模范城（县）为主线的全方位、深层次领域拓展；由主要靠随机性活动向制度化、法制化轨道迈进，使双拥工作永葆生机和活力。三是要及时总结推广双拥先进典型经验。要把抓典型作为促进双拥工作落实，推动双拥工作发展的重要任务。突出培训、总结和推广西部大开发中涌现出的具有时代特色、有较大影响的双拥先进单位和个人，用典型引导和示范。

做好新形势下拥政爱民工作要把握的几个问题

海军政治部群工处

深入学习贯彻十六届四中全会和全国双拥工作会议精神，以新的思维和办法推进拥政爱民工作创新发展，要注意把握以下几个问题。

一、要把服务全面建设小康社会作为拥政爱民工作的根本任务

实现全面建设小康社会的宏伟目标，是党和国家的中心任务，也是军队参加国家建设义不容辞的责任。要按照军委、总部的要求，有组织、有计划地做好援建工作，积极为全面建设小康社会服务。要发挥部队组织严密、突击力强的优势，参加那些关系国计民生、具有重大国防效益的地方重点工程和社会公益事业建设。尤其是一些任务比较艰巨的工程，部队要主动承担下来。当前，要充分发挥专业技术部队、科研机构、院校和医院人才众多、科技力量雄厚的优势，参加西部地区开发建设，支援东北老工业基地振兴，为国民经济协调发展作贡献。大力开展以支援“三农”为重点的扶贫开发活动，为贫困地区群众提供教育、科技、信息等服务，扶持发展集体经济，增强脱贫致富的后劲。主动参与社会治安综合治理，认真做好抢险救灾工作，制定应急方案，确保遇到突发事件和灾情险情，部队能够迅速行动，圆满完成任务。

二、要把弘扬社会主义先进思想文化作为拥政爱民工作的重要内容

党的十六大明确指出，全面建设小康社会，必须大力发展社会主义文化，建设社会主义精神文明。做好拥政爱民工作，发挥部队在弘扬社会主义先进思想文化中的作用，就要围绕社会主义物质文明与精神文明的协调发展，扎实开展军民共建活动。要着眼于全面发展，把树立正确的理想信念、培养良好的道德品质、增强科技文化素质等作为重要内容，加强军地思想政治、科学文化和未成年人思想道德建设，体现共建的时代特征。把参加文明城市、文明行业、文明村镇、文明社区创建活动作为重要载体，通过科学文明、生动活泼、群众喜闻乐见的多种形式，不断拓展新的共建方式，增强活动的吸引力和感召力。部队除了与街道、乡村、学校和国有、集体企事业单位搞好共建外，还要按照“三个有利于”的标准，积极、慎重、稳妥地与“两新组织”开展共建活动，要加强对共建活动的统一领导和管理，特别对与“两新组织”开展共建活动，要认真进行摸底，掌握政策界限，做好保密工作，确保共建活动的正确方向。

三、要把推进军事斗争准备和部队建设作为拥政爱民工作的协调目标

协调地方帮助解决军事斗争准备和部队建设遇到的实际问题，是做好拥政爱民工作的一个重要目标。要通过党委议军会、军地联席会等多种形式，协调地方支持部队训练演习和科研试验，做好土地征用、群众迁移、水电供应、卫生防疫和军事安全等工作，促进军事斗争准备的顺利进行。协调地方在开发建设中落实国防和军事需求，按照“平战结合、军民兼容”的方针，把战场建设与基础设施建设有机结合起来，统一规划，同步推进。还要协调地方帮助部队解决人才技术力量不足的矛盾，利用地方教育和科技资源，帮助培养科技人才，进行技术革新，促进部队战斗力提高。针对广大官兵普遍关注的热点难点问题，协调地方落实好优抚安置政策，做好转业干部、退役士兵和滞留部队伤病残人员的安置工作，解除官兵后顾之忧。协调地方维护军人及其家属合法权益，按照依法优先的原则，及时妥善处理部队官兵涉法问题。建立军地协作机制，采取有效措施，及时妥善处理军民纠纷，维护军政军民团结的大好局面。

对妥善处理空军部队战备训练意外事故造成群众损失问题的几点思考

空军政治部办公室群工处

根据空军首长和政治部领导指示，2004年5、6月份，我们就空军部队战备训练意外事故造成群众损失的处置办法等问题，对沈空、南空、广空和空降兵第十五军有关机关和11个航空兵师进行了调研。重点围绕处理善后群众工作的指导原则、组织领导、工作程序、赔偿标准等问题，听取部队介绍经验，征求有关意见和建议。在此基础上，参照国家有关法律法规和军队的规章制度，初步起草了《空军部队战备训练意外事故造成群众损失的处置办法》，并广泛征求部队意见，反复对《办法》进行修订，使之逐步趋于完善。通过这次调研活动，对做好部队战备训练意外事故中的善后群众工作的重要性、紧迫性有了更深刻的体会。

一、善后群众工作处理难的问题，已成为影响部队正常战备训练的重要因素

近年来，随着军事斗争准备工作的深入开展，空军部队战备训练任务日趋加重，发生意外事故并造成地方群众伤亡和财产损失的问题时有发生。据统计，仅1993年以来，空军部队飞行战备训练发生的意外事故中，造成地方群众较大损失的问题就有49起，共造成地方群众死亡31人，受伤54人。赔偿地方群众损失共计1000余万元（其中约40%用于死亡群众抚恤、受伤群众医疗补偿；约60%用于群众房屋、财产损失补偿和公用设施补偿）。从了解的情况看，部队各级党委对处理善后群众工作高度重视，工作也较为主动，对于确保部队正常战备训练和社会稳定起到了积极作用。但由于缺乏相关问题的处理规定，以及善后群众工作本身的复杂性，有关群众伤亡和财产损失的赔偿处理问题，一直是困扰部队正常战备训练的突出矛盾。有的问题一拖几年甚至几十年，严重干扰部队领导和机关的精力，给部队的正常工作带来了很大的负面影响。

归纳起来，处理此类问题的困难主要集中在以下几方面：一是缺乏规范性的指导。对于如何处理战备训练造成地方群众损失的问题，从总部到各军兵种，目前尚无一个可以比照执行的指导性、规范性文件。许多部队对于善后群众工作谁来做、怎么做、做什么都不清楚，对基本的工作程序和方法没有掌握。特别是有的单位常年没有发生过训练事故，一旦遇到事故并导致地方群众人员伤亡或财产损失，往往在处理时找不到头绪，无章可循，导致事故处理时间拖延，或者留下诸多后遗症。二是赔偿标准不好确定。对于善后群众工作赔偿方面，没有专门的法律规定。因此，在赔偿的项目、范围、数额等问题上，只能通过军地协商解决，部队难以掌握分寸。特别是随着人民群众市场经济意识的不断增强，群众对损失赔偿标准的期望值越来越高，军地顺利协调解决问题的难度将会越来越大。三是没有处理善后群众损失的专项经费。部队有专门的训练费用，但没有专门的群众损失赔偿费用。遇到小的赔偿问题，部队可以东拼西凑，勉强应付，但遇到大的事故、大的人员伤亡和财产损失赔偿，部队依靠自身力量根本无法处理赔偿问题。

二、妥善解决意外事故中的善后群众工作，必须坚持正确的指导思想和方式方法

妥善处置部队战备训练意外事故造成地方群众损失的问题，是军队群众工作的一项重要内容，是保持人民军队性质、圆满完成各项战备训练任务的重要保证，对于加强军政军民团结、提高部队战斗力、维护社会稳定有着重要意义。从这些年的实践来看，妥善处理意外事故中的善后群众工作，必须坚持以下原则和方法。

一是要坚持维护军政军民团结大局。要从讲政治、讲大局、讲团结的高度，看待和处理有关善后群众工作。要通过妥善解决善后有关问题，把消极因素变为积极因素，把被动变为主动，使善后群众工作成为加强军政军民团结的过程，使广大军民不被事故灾难所吓倒，共同为恢复正常的生活生产秩序而努力工作。

二是要维护社会稳定。发生重大训练事故并造成群众人员伤亡和财产损失，必定会在一定时期、一定范围内引起各种社会反应。特别是由于受损群众心情悲痛，加之对发生事故原因的误解，很容易出现一些过激的行为和言语冲突，甚至发生聚众闹事的问题。部队在处理善后工作时，必须注意配合当地政府做好安抚群众的工作，向群众讲清事故原因，讲清处理有关问题的基本原则。同时，利用法律手段，对少数企图借机扰乱社会秩序的不法分子进行处理，确保社会和人心的稳定。

三是要体现以人为本。处理善后群众工作主要是以经济手段作为赔偿方式，但不能把单纯的经济赔偿手段作为善后工作的全部内容。要正视训练事故给受损群众家庭造成的极大精神痛苦，及时组织人员看望受伤人员和死者家属，发放慰问金。在赔偿的具体实施过程中，既要坚持原则，又要保持适当灵活，做到合法、合理、合情。

四是要紧紧依靠地方政府。地方政府对于群众的生产生活影响力最大，关系也最为密切，部队处理善后群众工作必须紧紧依靠地方政府开展。无论是组织救护伤员、慰问安抚、宣传群众，还是核查群众财产损失、兑现理赔等各个环节，都离不开地方政府的大力支持和军地的相互协调配合。只有这样，才能顺利地处理好各方面的问题，做到从快从速，一次性解决，不留后遗症。

三、确定有关群众损失的赔偿范围和标准，必须与国家法律法规相衔接

妥善处理善后群众工作，关键是要处理好有关伤亡人员和损失财产的赔偿问题，特别是确定好赔偿范围和标准。这个问题政策性强，牵涉面广，是最为复杂和艰苦的工作。从实践来看，确定赔偿范围和标准，既要防止以感情代替原则、花钱买平安、一味迁就照顾的做法，又要防止漠视对群众的感情、只顾部队利益、处处斤斤计较的做法。必须坚持以人为本，以法为据，用国家的有关法律、法规规范赔偿范围和标准，使之做到合法、合理、合情。

目前，国家和军队还没有一部专门对部队战备训练事故中善后群众工作进行规定的法律法规，但这并不等于说，军队在处理此类问题中就无法可依，无据可查。国家法律法规中有一些比较接近、类似的条款，完全可以在具体实践中参照执行。实践证明，这样做更容易使军地双方就赔偿问题达成一致，往往能起到事半功倍的作用。比如，过去很长一段时间，各单位对战备训练事故中造成地方群众人员伤亡的赔偿处理，通常参照国务院颁发的《道路交通事故处理办法》来进行人身损害赔偿。尽管由于法规适用性不明确，许多问题需要部队和地方政府多次反复做工作，才能最后解决，但由于我们坚持以国家法律法规为基准这一大前提，仍然起到了积极作用，在当时的条件下，成为军地双方基本认可的处理依据。特别是 2004 年 5 月 1 日最高人民法院颁布的《关于审理人身损害赔偿案件适用法律若干问题的解释》，对处理好部队战备训练事故中的善后群众工作具有很强的指导意义。该《解释》对于故意或非故意致害原因导致他人人身损害的赔偿处理进行了非常细致的规定，并明确提出“航空器对地、水面第三人损害赔偿纠纷”适用于该法律规定。这对于空军飞行事故造成群众损失的赔偿处理有着很强的针对性。只要我们在处理有关善后群众工作中遵循这一法律规定，在确定有关赔偿范围和标准时注意与这一法律规定相衔接，就能够使善后群众工作的处理更具有理性，更具有可操作性。

新形势下如何做好部队群众工作

空军政治部办公室群工处

群众工作是我军政治工作的重要组成部分，与党和国家的大局密切相关，与军队全面建设紧密相连。新时期，我军在继承优良传统的基础上，积极适应新的形势，创造性地开展了双拥共建活动，进一步密切了军政军民关系，加强了军政军民团结。但是，在新的形势下，部队与地方政府接触更加广泛，军人与人民群众交往更加密切，群众工作也面临着许多新情况和新问题，迫切需要我们更新思维，把握形势，积极研究探索。

一、随着所处社会环境发生新的变化，军地之间的联系和交往日益广泛复杂

做好新形势下的群众工作，必须深入抓好教育和管理，进一步打牢官兵拥政爱民的思想基础，规范官兵遵纪爱民的行为。改革开放和社会主义市场经济的深入发展，促进了地方多种经济成份的孕育和发展。三资企业、外商企业、股份制企业、私营企业和各种消费娱乐场所遍布营区周围，大量外来人员涌入驻地打工经商，部队所处社会环境发生了很大变化，军地之间的联系和交往呈现出广泛性、多样性、复杂性的特点。一是范围扩大了。过去部队与地方的交往，大都是组织与组织、单位与单位之间的交往，现在不仅领导之间的交往增多，基层官兵与地方人员的联系也日趋广泛。二是渠道增多了。部队与地方的交往已不局限于开展军民共建活动和节日走访慰问。实施西部大开发、振兴东北等老工业基地、做好军事斗争准备、推进后勤保障社会化等，加大了军地在更广领域的支持与合作。三是对象复杂了。现在部队交往的对象，既有党政机关和国有、集体企事业单位，也有股份制企业、外资企业等新型经济组织；既有工人、农民、知识分子，也有个体户老板、三资企业员工、打工人员等新的社会阶层。部队与社会联系和交往的增多，一方面为军地之间相互学习、相互支持拓宽了渠道，提供了条件；另一方面也给部队的思想政治建设和管理工作增加了难度。面对这种情况，首先要从深入抓好思想教育入手，进一步端正官兵对人民群众的根本态度。通过组织部队认真学习领会党的三代领导核心关于从政治上看待和处理军政军民关系的重要指示，引导官兵深刻认识到军政军民关系实质上是根本利益一致基础上的政治关系，广泛宣扬部队拥政爱民、地方拥军优属的先进典型，夯实学人民、爱人民、为人民的思想根基，切实把交往观念引导到正确的人生观、价值观、道德观上来，确保在新形势下我军性质本色和作风不变质。其次要加强部队管理。要针对新形势下军民关系出现的新情况、新问题，用条令条例和规章制度约束部队，建立和完善军地交往的行为规范，始终保持军民关系的纯洁性。引导官兵坚持以组织交往为主，尽量减少不必要的个人交往，杜绝个人之间乱拉关系，堵塞引发军民矛盾纠纷的各种漏洞。

二、随着人们思想观念发生新的变化，军地交往中的经济成份明显增多

做好新形势下的群众工作，必须从政治上全局上看问题，防止军政军民关系出现物化现象。改革开放的不断深入，地方经济迅猛发展，人们的思想观念不断发生变化，市场观念、竞争观念和效益观念明显增强，国防观念和双拥意识相对弱化，军地交往的内容越来越多地体现出经济成份。一是相互钱物支援增多。一些发达地区党委、政府和人民群众富裕不忘拥军，从财力物力等方面给部队很大支持，体现了对子弟兵的关心厚爱和对部队建设的支持，但部队少数单位不能正确认识和对待这个问题，认为这是应该的，甚至搞攀比，向地方伸手要钱要物；而一些经济相对落后地区则视部队为“摇钱树”，经常到部队拉赞助，要求部队给予人财物支援，要求官兵参加各种社会捐助，增加了官兵的经济负担，部分官兵对组织社会捐赠的抵触情绪较大。二是有偿往来增多。比如，部队使用地方机械车辆、水电等，要付出一定费用；请地方同志讲学作报告，要付给一些报酬。同样，地方租用部队空闲营房、场地、机械设备等，也要交付租金。近几年，部队支援地方经济建设，普遍实行义务支援和有偿支援相结合的形式。这样做，有利于兼顾军地双方的利益，但如果处理不当，容易出现过分计较利益，淡化政治关系的倾向。三是功利性增强。一些军地单位选择挂钩共建对象，喜欢同有钱有物、能帮助解决实际问题的单位结对子。一些部队在共建中也出现了舍近求远、嫌贫爱富的倾向。部队驻在一地，一时一刻也离不开地方党委、政府和人民群众的支持。做好驻地的群众工作，保持军地之间的正常联系和交往，是搞好部队建设不可缺少的重要条件。为此，一方面要从政治上、全局上看问题，不能只想本单位的利益。要引导官兵认识到军政军民关系，实质上是根本利益一致基础上的政治关系，这种关系只有建立在共同理想、共同信念、共同目标的基础上，才能是持久的，牢不可破的。如果把军地交往中的经济成分看得过重，就会违背我军的性质、宗旨，损害军政军民之间长期建立起来的生死与共、鱼水相依的紧密关系。另一方面要积极配合地方抓好全民国防教育，尤其要加强对地方有关执法部门的教育，增强爱军拥军意识，建立和完善多层次、多领域的拥军网络，进一步调动全社会拥军优属的积极性。再一方面，要注重把讲政治、顾大局、保稳定作为群众工作的出发点和落脚点。在筹划安排群众工作，组织开展拥政爱民活动时，都要首先考虑是否有利于加强军政军民团结，是否有利于国家和军队的改革建设这个大局，是否有利于维护社会稳定和部队稳定。

三、随着地方开发开放和利益关系发生新的变化，军地之间的利益矛盾相对突出

做好新形势下的群众工作，必须处处维护人民群众的利益，妥善处理军地之间的矛盾和纠纷。在我国，军政军民之间的根本利益是一致的，但军地作为不同的利益团体，在根本利益一致的基础上又有着各自不同的具体利益。在改革开放和发展社会主义市场经济的条件下，这些具体的利益矛盾也必然地、大量地反映到国防建设与经济建设的关系上。如有些地方领导和群众比较看重眼前经济利益，对军队的地位作用看得较淡，有的不惜损害军事利益。突出表现在：一是要求开放军事保护区、拆迁军事设施。有的要求军用机场、靶场搬迁或划归地方，供其使用、开发和建设；有的要求开放军港、码头，划为经济或旅游开发区；由于一些军事设施保护与地方发展经济产生矛盾，有些地区军事设施遭破坏的情况也很严重。二是历史遗留问题突出。由于人们对土地、资源问题的重视程度愈来愈高，有的部队在过去征地时手续不全，地界不清，资料遗失，引起军地之间土地、资源等纠纷。三是部队战备训练与群众的利益矛盾增多。部队外出训练、演习、施工和执行其他任务，有时可能轧坏道路，损坏庄稼和树木，群众索赔要价也很高。这些情况表明，军地之间的利益矛盾，已经成为影响军地正常交往和军政军民关系的一个难点问题。正确处理军队与地方、军队与人民群众的利益关系，是密切军政军民关系一个至关重要的问题。新形势下，军地之间、军民之间在利益上发生一些矛盾和纠纷是不奇怪的，关键是要处理好。军队的利益应当维护好，但人民军队还必须时时想到人民，处处维护人民的利益，这是由我军的性质、宗旨决定的，是保持人民军队政治本色的必然要求。部队在处理军地之间、军民之间的利益关系中，要坚持平等协商与依法办事并举，把预防和处理军民纠纷作为基层群众工作的重中之重。一是抓好群众纪律教育。要反复深入开展军民一致的优良传统教育，切实端正对人民群众的根本态度，通过教育使广大官兵尊重和热爱人民群众，视人民为父母，视驻地为故乡，自觉遵守群众纪律，牢固树立军政军民团结是国家团结的重要标志的观念，像爱护自己眼睛一样，时时处处维护军政军民的团结。二是抓好预防军民纠纷工作的重点。首先要从讲政治的高度出发，着眼维护社会稳定，高度重视做好首都、大中城市、少数民族地区以及敏感时期的预防工作，防止发生问题，防止事态扩大，确保部队和社会的稳定。其次，要把工作重心放在基层，放在部队外出执行任务时。军民纠纷的“多发区”往往在基层，对基层出现的军民矛盾和磨擦如果预见不到，处理不当，小问题可能“炒作”成大问题，一个问题可能衍生出几个问题，一般性问题可能演变成政治性问题。因此，要加强基层工作力度，对机场、小远散单位等易发、多发军民纠纷的地方，要增强工作的敏感性，发现苗头要积极主动靠上去做工作，把工作做在前头，及时化解矛盾，把军民纠纷消除在萌芽状态。三是抓好影响军民关系的难点问题。当前各单位都有一些影响军民关系难点问题，如一些长期得不到解决的经济纠纷、军地历史遗留问题、演习训练中造成群众伤亡问题等等。这些问题涉及面广，政策性强，有的直接影响部队的战备训练和正常工作秩序。群工部门要主动站在第一线，积极为党委分忧，减轻首长的压力；同时，要知难而进，主动与地方政府联系，耐心细致地做好工作，还要善于运用法律来解决问题，力求有所突破。

四、随着政府职能发生新的变化，处理军地交往中问题的难度增大

做好新形势下的群众工作，必须树立政策法规观念，依据政策法规帮助官兵解决实际问题。战争年代，党的中心任务是武装斗争，“一切为了战争，一切为了前线”，军队的许多实际问题非常好解决；计划经济时期，军队的保障供给和军人家庭的实际问题，几乎全由国家和地方政府包下来了；而现在，随着社会主义市场经济发展，政府机关对社会的管理职能逐渐转向宏观调控，军地交往中的一些问题，需要直接同地方基层单位和群众协商处理，这在客观上给工作增加了新的难度，转业退伍军人和随军家属安置难、重点优抚对象医疗难等热点难点问题越来越突出。市场经济从一定意义上讲就是法制经济，它要求整个社会走向法制轨道，依靠法律对社会生活的各个方面进行调节。近几年，国家相继颁布了一系列法律，各地也制定了一些地方性法规。这些法律、法规，对土地征用、资源开发、城市建设、环境保护、交通和治安管理以及人们的行为等，都有明确规定。在这种情况下，军地交往中涉及法律的问题越来越多。过去有些看来是道德和群众纪律的问题，现在弄不好就触及法律；过去军地之间的一些事情，通过行政手段，靠关系、靠感情就能够办，现在有的要按照有关法律、法规来处理；过去有些军民矛盾和纠纷，通过协商和行政调节就能解决，现在有的要上法庭、打“官司”。针对这些情况，一是要教育官兵树立依靠自身优势寻求发展的观念。要引导转业退伍军人和随军家属树立适应时代发展的择业观念，积极经受社会主义市场经济大潮洗礼，充分发挥自身优势，在国家现代化建设中显身手、作贡献。二是重视发挥政府政策拥军的作用。部队群工部门要加强调查研究，及时向地方有关部门反映部队存在的全局性、普遍性的困难和问题，增强地方政府制定拥军政策的针对性。三是善于运用法律等多种手段维护部队的合法权益。随着国家法制的不断完善和健全，由法律调整的社会关系日趋广泛，解决官兵实际问题，处理军民之间的矛盾和纠纷，仅仅靠领导重视和行政干预是不够的，必须把平等协商与依据政策法规办事结合起来，善于运用法律手段维护军地双方的合法权益。

五、随着国际国内局势发生新的变化，军事斗争准备群众工作的任务加重

做好新形势下的群众工作，必须突出军事斗争准备，为“谋打赢”创造良好的社会条件。当前，世界格局发生了深刻变化，恐怖主义、霸权主义对人类和平与发展构成严重威胁，我国与周边一些国家在边境、海域等方面存在不少潜在的矛盾，台海局势动荡不安、变数很大，做好军事斗争准备，是我军面临的紧迫任务。完成这一任务，不仅需要军队自身的艰苦努力，也离不开地方的大力支持。认真做好军事斗争准备中的群众工作，是新形势下贯彻人民战争思想、发挥整体作战威力的必然要求，对于夺取作战胜利至关重要。未来高技术条件下的局部战争，高技术武器广泛运用，许多传统意义的非军事手段用于军事目的，使战争空间领域和手段空前扩大，我军必须超越时空的局限和单纯军事手段，综合运用国家政治经济文化外交和科技等各条战线的合成力量，这对做好群众工作提出了新的更高的要求。为此，一是要把动员群众支持军事斗争准备作为群众工作的重要内容，激发人民群众关心国防、支持战备的政治热情。建立完善适应军事斗争准备和作战需要的军地协调机制，动员地方政府和人民群众积极支持和参加战场建设，切实解决地方经济开发建设影响军事设施效能和部队战备、训练、执勤等问题，认真做好部队训练、演习中的交通道路保障、粮油水电供应、民用设施征用等工作。二是发动地方开展科技拥军、智力支前活动，积极为提高部队战斗力服务。结合战备训练任务，主动协调地方政府做好拥军支前和各项保障工作，争取地方对部队军事行动的配合和支持，为部队遂行战备训练任务创造有利条件。三是要加快进行战时群众工作针对性研究。抓好战时群众工作预案和配套文书的研究制定和完善工作，搞好地方支前潜力调查，抓好战时群众工作针对性演练，为提高战时群众工作能力打下基础。

重　要　会　议

首都春节军政座谈会

2004年1月17日，首都春节军政座谈会在京隆重举行。民政部、北京市、四总部、驻军部队各大单位和武警部队的领导参加了会议。

会上，中央政治局委员、北京市委书记刘淇代表北京市委、市人大、市政府、市政协和全市人民，向长期以来关心、支持北京市建设与发展的解放军四总部、驻京部队各大单位、武警部队和民政部的领导表示衷心的感谢，向为首都现代化建设作出重要贡献的驻京解放军、武警部队全体官兵致以崇高的敬意和节日问候。他说，刚刚过去的2003年，是首都发展进程中很不平凡的一年。在以胡锦涛同志为总书记的党中央正确领导下，在中央各部门、解放军、武警部队及兄弟省市的大力支持下，全市人民万众一心，奋力拼搏，取得了抗击非典斗争的阶段性重大胜利。首都经济社会保持了良好的发展势头，城乡人民生活水平不断提高，奥运会的各项筹办工作进展顺利，精神文明建设、民主法制建设和党的建设进一步加强，军政军民关系更加融洽。首都工作呈现出“心齐气顺、共谋发展”的良好态势。首都现代化建设的成绩，离不开驻京部队的大力支持，离不开广大官兵的积极参与。他指出，2004年是全面落实党的十六大和十六届三中全会精神、实现“十五”计划目标的关键一年，也是首都抓住机遇、加快发展、实现“新北京、新奥运”战略构想的重要一年。全市各级党委、政府要一如既往地关心和支持国防和军队建设，始终坚持国防建设与经济建设协调发展的方针，抓经济不忘国防，把支持部队建设作为义不容辞的责任，满腔热情地办拥军实事。要继续做好支持驻京部队后勤保障社会化改革工作，大力开展科技、智力和法律拥军活动，发挥首都高等院校和科研单位多、教育资源丰厚的优势，为部队培养更多的高素质新型军事人才和两用人才，为实现科技强军战略，推进中国特色新军事变革作贡献。要认真落实好安置政策，积极接收、妥善安置好军队转业干部、复员退伍军人、部队随军家属和军队离退休干部，以实际行动支持军队体制编制调整改革。要积极做好优抚工作，进一步解决好优抚对象生活、住房、医疗难的问题。要继续深入地开展军民共建社会主义精神文明活动，广泛深入地进行双拥宣传和国防教育，增强全民国防观念和履行国防义务的自觉性。要进一步提高双拥工作的整体水平，巩固和发展军政军民团结的大好局面，为首都实现“新北京、新奥运”的战略构想作出新的更大贡献。

总政治部主任徐才厚代表驻京部队领导机关，向热情关心、大力支持军队建设的北京市各级党委、政府和广大人民群众表示诚挚的敬意和衷心的感谢，并致以节日的问候。他要求驻京部队各级党委、机关和广大指战员，一定要深入学习和全面贯彻十六大和十六届三中全会精神，努力践行“三个代表”重要思想，以更高的标准做好拥政爱民工作，巩固和发展军政军民团结的大好局面。要把首都人民的关心厚爱作为巨大动力，忠实履行全心全意为人民服务的宗旨，牢固树立首都意识，模范遵守国家的政策法律，遵守北京市的各项法规，认真做好安全警卫工作，积极支持和参加北京市各项建设事业，为首都经济发展和社会进步作出应有的贡献。全国双拥工作领导小组副组长兼办公室主任、民政部副部长罗平飞热情赞扬和肯定了首都双拥工作所取得的成绩。

天津市双拥工作领导小组扩大会议

2004 年 3 月 31 日，天津市召开双拥工作领导小组扩大会议。会议传达了全国双拥工作会议精神，听取了双拥模范区（县）及单位代表关于开展双拥工作的经验介绍和市双拥办公室主任、民政局副局长李嘉会同志《关于 2003 年天津市双拥工作情况报告》，审议了《2004 年天津市双拥工作安排意见》。市长戴相龙、天津警备区司令员段端武出席会议并讲话，市双拥工作领导小组各成员单位、各区县双拥工作领导小组负责人参加会议。

会议总结了全市 2003 年双拥工作情况。天津市委、市政府和天津警备区高度重视双拥工作，把双拥作为一项支持部队建设和促进地方经济发展、维护社会稳定的重要措施，全市双拥工作呈现出良好的发展态势，保持了军政军民团结的大好局面。特别是近年来，全市双拥工作以“三个代表”重要思想为指导，紧紧围绕增强经济实力、国防实力和民族凝聚力，紧跟时代步伐，不断丰富双拥工作内容和形式。驻津解放军和武警部队积极参与地方重点工程建设、绿化建设、防汛抗洪，支持参与支教助残、扶贫济困等公益事业和精神文明共建活动，为天津经济社会持续快速健康发展作出了重要贡献。在抗击非典斗争中，全市军民团结一心，军地医院并肩战斗，结下了深厚情谊。地方大力支持部队的正规化、现代化建设，努力帮助部队解决各种实际困难，科技拥军、行业拥军蔚然成风，全市上下形成了良好的拥军氛围。在全国双拥工作会议上，天津市有 9 个区县被命名为全国双拥模范城，走在了全国前列。

会议指出，双拥工作是我党、我军、我国人民的优良传统和特有的政治优势，是一项带有全局性、战略性的工作。进入新世纪、新阶段，双拥工作必须按照温家宝总理在全国双拥工作会议上的要求，牢固树立机遇意识和忧患意识。当前，我国正处在全面建设小康社会，加快推进社会主义现代化建设的新阶段，天津正在加快实施“三步走”战略第二步目标，要统筹好经济建设、社会发展与国防建设的关系。要深刻认识到国防建设可以推动民用建设，民用建设也可以推动国防建设，各方面建设都要注意处理好平战结合，相互促进，共同发展。要倍加珍惜军地相互支持、团结一心的大好局面，自觉站在全局和战略的高度，切实把双拥工作作为义不容辞的重要任务，长期不懈地抓紧抓好。

会议强调，地方各级党委、政府和驻津各部队，要解放思想，更新观念，不断深化双拥工作内容，拓展双拥工作领域。要按照巩固、发展、提高的方针，把以创建双拥模范城为龙头的各项活动深入持久、卓有成效地开展下去。要以基层拥军为重点，加大宣传、推动、检查力度，努力把双拥工作引向社区，引向学校，引向机关、企事业单位，实现拥军的社会化。要加快修改完善《天津市拥军优属工作规定》，使双拥工作依法进行。要抓好《进一步支持部队后勤保障社会化改革的意见》的落实工作，修订完善《双拥模范城（县）评比管理办法》，使双拥评比工作更加科学化、规范化。要把双拥工作纳入各级党委、政府和部队领导机关工作的议事日程，把双拥工作作为领导干部政绩考核的重要内容，明确任务，落实责任，定期检查。各级领导和双拥部门，要发挥求真务实的精神，深入实际了解情况，创造性地开展工作。各级双拥部门、各新闻媒体要利用多种形式，开展经常性的宣传活动，总结宣传双拥典型经验。

会议指出，新的时代为双拥工作提供了难得的发展机遇和广阔的发展空间。要按照全国双拥工作会议精神和这次会议部署，围绕“三步走”战略的实施和军队现代化建设，求真务实，真抓实干，不断开创天津市双拥工作的新局面。

河北省双拥工作领导小组会议

2004年7月30日，河北省双拥工作领导小组会议在秦皇岛市北戴河区召开。会议以邓小平理论和“三个代表”重要思想为指导，传达贯彻全国双拥工作会议精神，总结交流全省双拥工作的新情况、新经验，研究部署今后一个时期的双拥工作任务，表彰了石家庄卷烟厂和王灵芬等一批全省双拥模范单位和个人。省双拥工作领导小组组长、省委书记白克明，省双拥工作领导小组副组长、省长季允石，省双拥工作领导小组副组长、省委副书记赵世居，省双拥工作领导小组副组长、省军区政委张连仁分别作了重要讲话。省双拥工作领导小组副组长、副省长柳宝全作了工作报告。会议由省委常委、秘书长张力主持，怀安县人武部部长郝忠等四名同志在会上发了言。省双拥工作领导小组成员，各市主管双拥工作的负责同志，各军分区（警备区）领导同志，各市民政局局长、双拥办科（处）长以及省双拥模范单位代表和省双拥模范个人代表等140余人参加了会议。

会议认为，改革开放以来特别是进入新世纪以来，全省党政军民高举邓小平理论和“三个代表”重要思想伟大旗帜，认真贯彻党中央、国务院、中央军委的指示精神，按照“同呼吸、共命运、心连心”的总要求，军地联手，大力实施“双六工程”，深入开展“双三好”和“双贡献”活动，扎实开展创建双拥模范城（县）活动，全省的拥军优属、拥政爱民工作取得了可喜的成绩。军地广泛开展双拥宣传和国防教育，军爱民、民拥军、军民团结一家亲的氛围更加浓厚。地方大力开展科技拥军、智力拥军活动，帮助部队建立了100个科技图书室，为部队举办了100场科技知识讲座，支持部队实施科技强军、质量建军工作取得新进展。积极配合军事斗争准备，支持国防和军队建设的力度不断加大。各级认真落实优抚安置政策，广大优抚对象的社会保障水平进一步提高。驻冀部队官兵积极参加地方三个文明建设，为河北的改革发展稳定作出了新成绩。各级双拥办大力加强政策法规建设，为双拥工作的落实提供了可靠保障，深入开展创建双拥模范城（县）活动，双拥工作整体水平明显提高。

会议强调，当前和今后一个时期全省双拥工作要以邓小平理论和“三个代表”重要思想为指导，全面贯彻党的十六大和十六届三中全会精神，认真落实党中央、国务院、中央军委关于加强军政军民团结的指示，紧紧围绕全面建设小康社会，以增强经济实力、国防实力和民族凝聚力为目标，着眼大局，服务中心，与时俱进，加大军地相互支持力度，动员广大军民积极投身双拥活动，创新双拥工作的形式，丰富双拥工作的内容，大力推进双拥工作法制化、规范化和社会化进程，提高服务保障能力，构建优抚医疗保障新体系，进一步巩固和发展“同呼吸、共命运、心连心”的新型军政军民关系，为全省改革发展稳定和军队现代化建设提供可靠有力的保障。

会议明确了全省双拥工作任务。一是提高认识，进一步增强新形势下做好双拥工作的责任感和使命感。进入新世纪新阶段，国际国内形势正在发生复杂而深刻的变化。和平与发展仍是当今世界的两大主题，但天下并不太平，世界多极化和经济全球化在曲折中发展，霸权主义、强权政治有新的表现，贫困、冲突和战火在世界一些地区蔓延，恐怖主义对当今世界的和平与安全构成新的严重威胁，以经济、科技、军事实力和民族凝聚力为主要内容的综合国力竞争更趋激烈。西方敌对势力从未放弃对我实施“西化”、“分化”的政治图谋，民族分裂势力、宗教极端势力、暴力恐怖势力和“法轮功”邪教组织的破坏活动始终没有停止。台海局势错综复杂，维护祖国统一任务艰巨。历史经验告诉我们，对于一个国家和民族来说，发展和安全是最重要的两件大事。为了保证国家安全，保障社会主义建设的顺利进行，必须建设强大的国防。为了建设强大的国防，必须加快推进改革开放和现代化建设。正在进行的小康社会建设，是一项前无古人的伟大事业，前进道路上还将遇到各种困难和问题。在这样一个重要时期，更需要充分发挥全党、全军和全国人民的积极性、创造性，需要党政军民齐心协力、同心同德。做好双拥工作，加强军政军民团结，巩固军政军民之间牢不可破的深情厚谊，是捍卫国家安全的强大力量，是保持社会稳定的重要因素，是凝聚中华民族的精神动力，是战胜一切困难和风险、不断夺取新胜利的可靠保证。一定要从践行“三个代表”重要思想、密切党和军队与人民群众的血肉联系的高度，从国家长治久安和民族兴旺发达的高度，充分认识加强军政军民团结的极端重要性，居安思危，切实把双拥工作作为一项重要的政治任务和战略任务，摆上议事日程，纳入领导干部政绩考核内容，坚持不懈地抓紧、抓实、抓好。二是与时俱进，进一步提高新形势下双拥工作的质量和水平。要从河北省的实际出发，根据形势发展的需要，不断创新双拥工作的思路，丰富双拥工作的内容，提高双拥工作的实效。一要全力支持国防和军队建设。建立巩固的国防和强大的军队，是维护国家安全统一和全面建设小康社会的重要保障，是全党、全军、全国各族人民的共同责任。各级党委、政府要围绕推进中国特色军事变革，扎实做好支持国防和军队建设工作。要积极配合部队搞好体制编制改革，做好人员安置、单位交接、部队移防和军事设施保护等工作。切实把支持军事斗争准备作为拥军重点，满腔热情地为部队办实事、解难题，积极主动地配合部队完成各种训练演习任务，支援重点军事工程建设，形成军地协调行动、共谋打赢的良好局面。采取切实有效的措施，多形式、多渠道帮助部队培养高素质新型军事人才。继续协助部队搞好基础设施建设，改善营区环境，做好军队后勤保障社会化工作。在进行经济建设特别是基础设施建设时，要按照“平战结合、军民结合”的要求，充分考虑军事需求，进一步形成经济建设与国防建设相互促进、协调发展的机制。二要认真抓好优抚安置工作。优抚安置工作涉及广大部队官兵和优抚对象的切身利益，一定要高度重视。各级党委、政府要采取切实有效的措施，妥善解决军嫂就业、军人子女入学入托等实际问题，解除军人的后顾之忧。认真处理军人涉法问题，维护军人及其家属的合法权益。进一步加大投入力度，巩固解决“三难”成果。认真落实优抚对象抚恤补助标准自然增长机制，确保重点优抚对象生活水平逐步提高。坚持计划分配和自主择业相结合，做好军队转业干部安置工作。进一步推进军队离退休干部服务管理社会化。着力做好退役士兵安置工作，确保城镇退役士兵的第一次就业，保障退役士兵的合法权益。同时，积极稳妥地推进城镇退役士兵就业安置制度改革。三要深入开展科技拥军、智力拥军。拥军工作要针对新时期军事斗争准备的特点，重点围绕提高部队的科技水平和打赢能力，逐步由一般的送钱、送物向科技拥军、智力拥军、文化拥军拓展，由传统分散的技术服务保障向系统的高技术保障拓展，为实施科技强军战略、提高部队打赢能力创造良好的条件。各地各部门要站在全局的战略的高度，切实把科技拥军纳入科教兴市（县）发展战略，把帮助部队解决科技练兵中的实际问题纳入政府办实事的范围。要组织大专院校、科研院所、科技密集型企业，有计划地深入部队送科技、送知识，大力推进科技拥军、智力拥军的社会化进程，尽可能多地把地方最新技术“嫁接”到科技练兵领域。四要扎实推动社会化拥军。双拥工作的基础在基层。要按照“组织健全、政策落实、活动经常、关系融洽”的要求，动员全社会的力量，积极投身基层的双拥工作。要结合新型社区建设积极推进双拥工作，广泛开展双拥工作“五依托、五促进”活动，即：依托社区组织，促进社区双拥组织建设；依托社区文化，促进社区双拥宣传活动的深入开展；依托社区环境，促进军民共建；依托社区卫生，促进优抚对象医疗条件的改善；依托社区治安，促进军警民联防联治。要结合创建文明城市、文明社区、文明村镇、文明行业活动，广泛开展适合本地、本行业特点，主题鲜明的思想、文化等共建共育活动，进一步活跃基层双拥工作，推进双拥工作在基层的落实。五要加快推进法律拥军、政策拥军。要把双拥法规建设纳入法制建设规划，针对广大军民普遍关心、事关军政军民团结的重大问题，制订政策法规。同时要根据形势变化，对现有的政策法规进行清理、修改、补充和完善。当前重点是深化军队转业干部、退役士兵安置制度改革，探索建立切实可行的优抚对象医疗保障体系，理顺义务兵家属优待金筹集发放渠道，完善支持部队后勤保障社会化改革、军嫂就业等方面的政策。驻冀各部队要充分发挥人才、技术、战斗力等各方面的综合优势，继续加大教育、科技、文化、卫生等扶贫力度，积极支援地方公益事业和重点工程建设，一如既往地在抢险救灾等急难险重任务中发挥突击队作用，为第二故乡的建设和发展作出新的贡献。三是加强领导，进一步构建新形势下双拥工作的长效机制。双拥工作涉及方方面面，政治性、政策性、社会性很强，是一项事关全局的系统工程。做好新形势下的双拥工作，是全社会的共同责任。各级党委、政府和军队领导机关要适应新形势、新阶段、新任务的要求，进一步加强对双拥工作的领导，加大协调力度，形成领导重视、部门参与、军地互动、齐抓共管的工作格局，促进双拥工作的持续深入开展。各地要把经济社会发展和军队建设有机结合起来，统筹规划，同步实施。做到有明确的任务目标，有具体的实施计划，有完善的保障措施，有完备的监督机制。省里根据实际工作的需要，调整充实了省双拥工作领导小组。各地也要加强对这项工作的领导，及时调整、充实双拥工作领导小组。要进一步完善军地关系协调机制，坚持定期走访、联席会议、信息通报等制度，加强军地协作。领导小组成员单位要紧密结合担负的双拥工作任务，采取有力措施，保证双拥工作的各项任务在本单位、本部门、本系统的落实。各级双拥办是双拥工作领导小组的办事机构，要坚持军地合署办公，加强自身建设，配齐配强干部，切实做到机构健全、任务目标明确、工作制度完善、服务网络配套、办公经费落实，保证双拥工作的有序运转。

会议号召，新的形势和任务对全省的双拥工作提出了新的更高要求。全省军民要更加紧密地团结在以胡锦涛同志为总书记的党中央周围，高举邓小平理论和“三个代表”重要思想，与时俱进，开拓创新，进一步提高双拥工作的整体水平，为全省的改革发展稳定和军队现代化建设作出新的更大贡献。

内蒙古自治区双拥工作会议

2004 年 1 月 10 日，内蒙古自治区双拥工作会议在北京内蒙古宾馆召开，就贯彻全国拥军优属拥政爱民工作会议精神进行了专题部署。自治区双拥工作领导小组组长、民政厅厅长庞启出席会议并讲话，各盟市分管领导和双拥办主任共 30 多人参加了会议。

会议指出，自治区党委、政府高度重视双拥工作，始终把双拥工作作为巩固军政军民团结、维护边疆繁荣与稳定、促进经济社会发展的大事来抓。特别是近年来，全区各级党委、政府把双拥工作作为实践“三个代表”的重要内容，纳入当地经济和社会发展的总体规划，切实加强组织领导，作为一把手工程，主要领导亲自抓，分管领导具体抓，军地领导共同抓，推动了双拥工作不断提升档次和水平。双拥工作与自治区经济和社会发展互为促进，同步发展，涌现出了一大批先进单位和先进典型。这次被国家命名表彰的 11 个双拥模范城（旗）、3 个爱国拥军模范单位和 2 名爱国拥军模范是全区双拥工作的先进代表，为发展全区的双拥工作作出了贡献。今后一定要发扬谦虚谨慎、不骄不躁的作风，再接再厉，充分发挥骨干带头作用和典型引路作用，带动全区把双拥工作做得更好。

会议就贯彻落实全国双拥工作会议精神提出了如下意见：

一是要针对发展变化了的形势和遇到的新情况新问题，进一步明确新形势下双拥工作的发展思路。当前，随着社会主义现代化建设步伐的不断加快，西部大开发战略的实施和做好军事斗争准备，双拥工作的内容也在变化，军地需要在更大范围、更广领域互相支持、密切配合，双拥工作的任务也更加繁重，更加艰巨。面对发展变化的形势和遇到的新情况新问题，双拥工作必须抓住机遇，迎难而上，谋划大发展，争取大作为。在指导思想上，要认真贯彻“三个代表”重要思想，把发展社会生产力和提高部队战斗力、维护和实现广大军民的根本利益作为双拥工作的出发点和落脚点；在工作方式上，要把政府行为与社会行为结合起来，拓宽领域，大胆探索，因地制宜，因时制宜，不断研究和探索双拥工作的新经验、新内容，采用情感方式和法规方式并用的新办法，规范军地关系，发展军民鱼水深情；在工作效果上，要着眼增强经济实力、国防实力、民族凝聚力开展工作，更好地为国家和军队建设的中心服务，把创建双拥模范城活动与其他群众活动紧密结合起来，使军政军民团结植根于深厚的社会和群众基础之中，积极探索兼顾社会效益、经济效益、国防效益的新途径、新方式，努力使双拥工作获得最大的综合效益。对于那些长期形成的行之有效的经验和方法，应当继续坚持，同时还要根据变化了的实际，勇于探索和创新，用新的视角观察新的情况，用新的方法解决新的问题，使双拥工作在继承与创新的结合中不断发展。

二是要认真贯彻“三个代表”重要思想，以对国家、人民和军队高度负责的精神，扎实推进各项双拥工作的落实。广泛开展宣传教育，使双拥工作变成广大军民的自觉行动。要通过各种形式，大力宣传党的三代领导核心关于加强军政军民团结的重要思想，宣传我国军民在党的领导下，为民族解放和国家富强团结奋斗的光荣历史，宣传新时期拥军优属、拥政爱民的生动事迹，宣传双拥工作创新发展的成就和经验，在全社会形成“军爱民、民拥军，军民团结一家亲”的浓厚氛围。各级新闻媒体要开辟双拥宣传专栏或专题节目，定期宣传报道双拥工作。要加大国防教育展厅和爱国主义教育基地建设的力度，使各界群众有更多的受教育场所。要通过开展双拥宣传月、专题讲座、知识竞赛、演讲会、举办专题展览、表彰先进等形式，扩大教育范围，增强教育效果，真正使双拥宣传深入人心，使双拥工作成为全社会的自觉行动。抓好双拥政策法规建设，使双拥工作向法制化、规范化迈进。各地要适应形势的发展和需要，进一步加大政策法规建设的力度，特别要针对广大军民普遍关心和影响军政军民关系的突出问题，依据党中央、国务院、中央军委有关文件和国家有关法律，结合当地实际，制定切实可行的政策法规，使这些问题的解决有明确的依据和规范，同时，要采取有力措施，抓好双拥政策法规的落实。人大和政府督查部门可以对双拥政策法规落实情况进行督查，切实解决有法不依、执法不严的问题，维护政策法规的严肃性和约束力，促进双拥工作向规范化、制度化方向发展。抓好双拥办公室的思想、业务建设，提高协调、办事能力。各级要本着对国家和军队建设高度负责的精神，进一步关心和支持双拥办建设。要统一编制，配齐配强干部队伍，把那些政治思想素质好、协调办事能力强、熟悉军队和地方工作的同志选配到双拥办，并要保证他们在职在位，以主要精力做好双拥工作。要帮助双拥办解决实际问题，在办公条件、基础设施、经费保障等方面给予支持。同时要进一步抓好双拥办的思想、业务建设，努力使工作人员达到政治素质好、业务工作精、协调能力强、办事效率高的要求。对那些工作成绩突出的干部，该奖励的奖励，该使用的使用，充分调动大家的积极性，今年自治区双拥工作领导小组将对各级双拥办进行一次检查，并将检查情况通报全区。

三是要加强对创建双拥模范城（旗）活动的指导，不断提高双拥工作的整体水平。广大军民要以这次全国命名表彰大会为契机，按照“巩固、提高、创新、发展”的方针，更加深入扎实、持久地开展创建活动。要进一步端正创建指导思想，正确对待命名，克服重命名、轻创建的思想，不图虚名，不搞形式主义，把广大军民的积极性引导到做好创建工作上来，以此为动力，推动双拥工作各项任务的落实；要保持双拥模范城（旗）的先进性，以强烈的政治责任感，珍惜创建活动的传统，爱护双拥模范城（旗）的荣誉。在保持双拥模范城荣誉的同时，不断充实创建内容，巩固和发展创建成果，作出更大的成绩，争取更大的光荣；要以创建双拥模范城（旗）为龙头，带动其他各项工作的落实，要认真落实优抚政策，建立抚恤补助标准自然增长机制，切实解决重点优抚对象的“三难”问题；要认真落实安置政策，切实解决好军转干部、退役士兵、随军家属的安置问题，真正解除官兵的后顾之忧。要不断充实创建内容，巩固和发展创建成果，坚持把创建活动的重点放在基层，推动双拥工作进工厂、进乡村、进机关、进学校、进社区，推动创建活动持续深入地发展；要处理好双拥工作中物质支援和精神互助的关系，既要加强军地在经济领域的支持与合作，又要加强军民在思想道德和科学文化方面的交流力度，大力开展文化拥军、智力拥军、科技拥军活动；既要坚持军地互相支援、互办实事，又要坚持双拥工作的政治方向。

会议强调，各级党委、政府和领导干部一定要从维护改革发展、稳定大局的高度，充分认识做好双拥工作的重要意义，切实加强对双拥工作的领导。要把双拥工作纳入当地经济社会发展的总体规划，列入重要议事日程，作为重大的政治任务抓紧抓好。要经常听取双拥工作汇报，认真研究解决双拥工作遇到的困难和问题，遇有重大活动和难点问题，主要领导都要深入现场研究制订具体方案，并组织实施。各级双拥工作机构要充分发挥职能作用，各有关部门要加强沟通，密切配合，主动工作，形成领导重视、部门协作、军地互动、军民广泛参与的双拥工作新局面，努力推动全区双拥工作再上新水平、新台阶，为促进自治区经济和社会发展作出更大的贡献。

吉林省第五次双拥模范城（县）命名表彰会议

2004年1月15日，吉林省第五次双拥模范城（县）命名表彰大会在省宾馆举行。省委书记王云坤，省长洪虎，省委副书记唐宪强，省人大副主任米凤君，副省长李斌，省政协副主席赵家治和省军区政委张福才少将，65301部队副政委王平少将，军需大学政委王志发少将，省武警总队副政委王彦忠大校，以及省双拥领导小组成员单位领导，各市（州）双拥工作领导小组组长、双拥办主任，被命名的省级双拥模范城（县）代表和受表彰的双拥先进单位和先进个人代表，共900多人参加了会议。

会议由省长、省双拥工作领导小组组长洪虎主持。副省长、省双拥工作领导小组副组长李斌作了拥军优属工作报告，省军区政委、省双拥工作领导小组副组长张福才作了拥政爱民工作报告，省委副书记、省双拥工作领导小组副组长唐宪强宣读了中共吉林省委、吉林省人民政府、吉林省军区《关于命名表彰双拥及拥军优属模范城（县）、双拥及拥军优属、拥政爱民先进单位、先进个人的决定》，省委书记王云坤就当前和今后一个时期全省双拥工作作了重要讲话。

会议指出，拥军优属、拥政爱民，是中国共产党领导广大军民开展革命斗争和经济建设的伟大创造，是我党我军我国人民的优良传统和特有的政治优势。党的十一届三中全会以后特别是近年来，全省双拥工作紧紧围绕发展社会生产力和提高部队战斗力这两大主题。在经济建设和国防建设上相互支持，在思想政治教育和精神文明建设中相互帮助，在抗击自然灾害和重大疫病过程中并肩战斗，使全省双拥工作不断向前发展，并取得了丰硕的成果。当前，全省正在按照党的十六大、十六届三中全会和省委八届四次、五次全会的部署，抓住本世纪头20年这个重要战略机遇期，全力推动老工业基地调整改造和振兴，加快建设工业省、科教省和生态省，加快推进全面建设小康社会进程，面临的任务十分艰巨，现在比以往任何时候都更加需要军政军民紧密团结，比以往任何时候都更加需要全省军民齐心协力奋斗。

会议强调，当前和今后一个时期全省双拥工作要抓好以下几个方面：第一，高举“三个代表”重要思想伟大旗帜，坚持双拥工作的正确方向。要按照“三个代表”重要思想的要求，把促进社会生产力和部队战斗力提高，加强军地思想道德和文化建设，维护广大军民的根本利益，作为双拥工作的根本出发点。第二，围绕发展党执政兴国的第一要务开展双拥活动，把握做好双拥工作的基本原则。全省各地的拥军优属工作，要适应中国特色军事变革的要求，把着眼点放到支持军队做好对台军事斗争准备上来，放到支持部队完成机械化、信息化双重历史任务上来，放到支持军队体制编制调整改革上来，组织和动员全社会力量帮助驻吉部队全面提升战斗力。驻吉各部队要坚定不移地贯彻服从国家建设大局的方针，积极支持和参与重点工程建设和生态环境建设，在医疗扶贫、捐资助学、科技助民等方面创造新的业绩。要以军政军民团结保持和促进社会稳定，教育广大军民倍加顾全大局、倍加珍视团结、倍加维护稳定，努力创造良好的社会环境。第三，维护广大军民的根本利益，实现双拥工作的本质要求。要充分考虑广大军民的愿望和要求，重点解决热点难点问题，把实现好、维护好、发展好他们的根本利益，落实到双拥工作的方方面面。要积极探索退役军人和随军家属安置的途径，为他们就业创造条件；要不断完善在乡重点优抚对象医疗保障体系建设和抚恤补助标准自然增长机制，切实解决他们生活难、治病难、住房难问题，帮助他们减轻负担、增收致富；要关心军人子女入学入托问题，帮助他们排忧解难，共享发展成果；要做好严守纪律、维护群众利益的工作，保持军政军民之间的血肉联系。第四，适应不断发展的新形势，推动双拥工作的改革创新。要尊重广大军民的首创精神，不断创造富有时代特色，能够吸引军民广泛参与的活动内容，大力推进创建双拥模范城（县）和军民共建活动有序展开。要把双拥活动向民营企业、新型社会组织、城市社区和农村行业协会等领域延伸，不断扩大双拥工作的群众基础，推动双拥活动持续协调发展。要把双拥发展的基点放到基层，通过创新发展使基层经常性、常规性的双拥工作更加规范、更加扎实，在整体推进中实现重点突破。要把双拥工作与创建文明城市、文明村镇、文明行业、文明社区结合起来，大力开展跨地域、跨行业、大范围、全纵深的联片创建活动。要建立政府主导、部门协调、行业带动、各方参与的社会化运行机制，从根本上保证双拥工作的深入发展。第五，健全双拥机构和运行机制，加强对双拥工作的组织领导。各级党委、政府和军事机关要把双拥工作纳入当地经济社会和部队发展的总体规划，摆上重要议事日程，作为一项重大任务抓紧抓实。各级政府要进一步完善双拥工作的领导机制，精心组织和筹划，并不断加大财政投入。各级党政军领导要切实履行第一责任人的职责，经常深入双拥工作一线，了解掌握情况，帮助解决难题，真正做到不管形势如何变化，抓双拥的光荣传统不丢，抓双拥的领导责任不变。

会议要求，各级双拥领导小组要以对党的事业高度负责的精神，认真履行组织、协调、指导双拥工作的职能，搞好双拥工作的统筹谋划，研究制定双拥工作发展的规划措施。各级民政部门和省军区系统要当好党委和政府的参谋，切实发挥桥梁和纽带作用。要进一步加强双拥政策法规建设，用制度法规保证双拥工作的健康发展。各级双拥工作领导小组成员单位，要积极支持和配合双拥工作领导小组开展工作，结合本部门、本行业的特点，组织实施好有关双拥的各项工作，形成齐心协力、共抓双拥的良好局面。

吉林省双拥工作座谈会

2004年7月20日，在中国人民解放军建军77周年即将到来之际，吉林省委、省政府、省军区隆重召开全省双拥工作座谈会，总结了近年来全省双拥工作的经验。副省长、省双拥工作领导小组副组长李斌，省委副秘书长、省双拥工作领导小组成员于守臣，省政府副秘书长、省双拥工作领导小组成员刘长生，以及省双拥工作领导小组有关领导，各市（州）双拥工作领导小组办公室军地负责人等同志参加了会议。

座谈会由省政府副秘书长刘长生主持，长春、通化、延边等6个市（州）和武警吉林省总队第五支队的代表分别介绍了双拥工作经验。副省长李斌总结了年初以来全省双拥工作的情况，并对新形势下开展双拥工作提出了明确要求。他指出，各级党委、政府和驻军各部队要站在国家长治久安和民族兴旺发达的高度，充分认识新形势下加强军政军民团结的极端重要性。一是进一步认清做好新形势下双拥工作是全面推进吉林省二次创业的客观需要。动员各方面力量共同奋斗，把军政军民团结的伟大作用充分发挥出来，把广大军民同心同德干事业的积极性充分调动起来。而双拥工作作为联结军政军民团结的特殊载体，在营造有利于推进二次创业的大环境上，具有不可替代的巨大作用。二是进一步认清做好新形势下双拥工作是维护社会稳定的必然选择。解决当今改革和发展中的深层次矛盾，比以往任何时候都更加需要全党全军全国人民的大团结，比以往任何时候都更加需要营造和谐稳定的社会大环境。因此，我们要紧密联系省情军情社情，进行“保持社会稳定，增强民族团结”教育，引导广大军民充分认清保持社会稳定的极端重要性，自觉为“维护社会稳定、维护民族团结、维护祖国统一”作贡献。三是进一步认清做好新形势下双拥工作是大力支持驻吉部队军事斗争准备的紧迫要求。积极支持驻吉部队做好军事斗争的各项准备。把支持驻吉部队军事斗争准备摆到突出位置来抓。协助部队解决遇到的难题，为部队军事斗争准备提供服务和保障。这既是具有特殊军事意义，又具有重大政治作用的极端重要工作，必须不折不扣地全力做好。

李斌还指出，要着眼全省中心工作和部队建设的需要，始终把发展社会生产力、提高部队战斗力和增强全社会凝聚力作为双拥工作的根本任务来抓。第一，大力开展科技、教育和智力拥军工作，为部队“打得赢”提供强有力的支持。各地、各部门要把支持军队现代化建设作为拥军的重点，帮助部队不断提高训练演习和重要军事工程建设的科技含量。要充分发挥各类培训基地的功能，积极帮助部队培养高素质新型军事人才，推进驻吉部队人才战略工程建设。有条件的城市可设立拥军专项基金，切实加大资金投入，为“打得赢”提供物质、技术和智力支持。同时，要积极配合部队搞好体制编制调整改革，协助做好军事设施保护和人员安置等工作。要抓紧出台支持部队后勤保障社会化实施意见，切实提高部队后勤保障社会化的进程。在城市整体规划和改造中，要充分考虑军事需求，形成国防建设与经济建设相互促进、协调发展的机制。第二，紧紧围绕二次创业的宏伟目标，加强军地协作，充分发挥驻吉部队的生力军作用。按照“军队要积极支持和参加国家建设”的总要求，根据吉林省经济社会发展的需要，驻吉部队要及时调整拥政爱民工作内容，突出重点，为全省二次创业贡献力量。要积极支持、参加省重点工程建设和社会公益活动，在生态建设、扶贫帮困、捐资助学等方面创造新成绩。要勇于在抢险救灾等重要关头当先锋、挑重担，充分展示人民军队的良好精神风貌。第三，扎实搞好以爱国主义为核心的国防教育和双拥宣传教育，把民心军心凝聚到昂扬向上的民族精神上来。各地各部队要切实把国防教育和双拥教育纳入国民教育体系和军队教育计划，采取多种有效形式，广泛开展以爱国主义为核心，以拥军优属、拥政爱民光荣传统为重要内容的宣传教育。引导广大人民群众牢固树立“没有一个人民的军队，便没有人民的一切”的思想，把支持国防和军队建设作为义不容辞的责任；引导部队官兵牢固树立“军队打胜仗，人民是靠山”的思想，充分认识人民军队源于人民、服务人民的本质，不断强化广大军民的国防观念和双拥意识。要充分发挥新闻媒体和国防教育基地的功能，切实增强教育的影响力和实效性。扎实开展军民共建社会主义精神文明活动，组织军民共同学习实践“三个代表”重要思想，大力传播新思想、新道德、新风尚，共同创建文明城市、文明村镇、文明行业、文明社区，让军民共建之花开遍全省城乡。

李斌强调，要切实打牢双拥工作的基础，进一步完善和创新双拥工作社会化格局。一要不断加强军地双拥互助活动，形成覆盖全社会的双拥服务网络。要健全基层双拥服务组织体系，每个基层单位都要确定抓双拥工作的责任人，明确职责和任务，做到各项双拥活动都有人抓、有人管。要坚持双拥联络员制度，由联络员协助第一责任人开展工作，向各级双拥领导机构及时反馈情况。要依托民营企业的党组织、社区居委会和村委会以及各类社团组织开展双拥工作。要鼓励更多的城市和服务行业建立双拥协会，集中人力、物力和财力，办实事、办大事，使双拥工作向全社会覆盖，不断提高社会化水平。二要积极壮大双拥参与力量，进一步拓展双拥工作渠道。吉林省在双拥活动中创造的科技双拥、教育拥军、法律拥军、拥军支前和政策拥军等有特色的经验，对全省创建活动的发展起到了重要推动作用。今后，省双拥办将重点研究探索新型经济组织和新的社会阶层开展拥军活动的途径和办法，大力开展行业拥军、社区拥军。不断丰富创建活动的内容，增加创建活动的载体，推进双拥工作社会化。与此同时，各地也要切实加大社区、民营企业拥军的力度，不断壮大基层双拥工作力量，扩大双拥工作的群众基础。三要注重培养宣传典型，形成有吉林特色的双拥工作。各地、各部门和各部队要进一步加强对基层工作的调查和指导，力争再推出一批事迹过硬、时代感强、社会影响大的先进典型。要充分借助媒体的作用，强化典型宣传，营造学习双拥先进的社会氛围。要进一步建立完善激励机制，把抓双拥工作的成效与个人的工作业绩挂钩，与各项评比和奖励挂钩，用激励杠杆调控双拥工作良性发展。

李斌还强调，要建立双拥常态运行机制，大力推进双拥工作规范化、法制化和制度化。要切实加大依法拥军的力度。各地要进一步健全完善双拥法规，对不适应的相关内容及时修改补充，把经过实践证明的成功经验用法规的形式固定下来，以法规的形式来体现解决问题的权威性。同时，要加大用法规保证优抚安置政策落实的力度，要认真抓好新《军人抚恤优待条例》的贯彻落实。吉林省将修改完善《军人抚恤优待办法》，适应新形势需要对退役军人和随军家属安置、在职伤残军人生活保障和优抚经费投入等进行规范。同时，进一步明确企事业单位尤其是民营企业等新型经济组织拥军优属的责任，建立相应的规章制度，保障优抚对象的切身利益。各地要以此为契机，把抓好《军人抚恤优待条例》的贯彻落实作为拥军优抚工作的一项重要任务，扎实做好配套工作，积极搞好宣传和监督检查，创造性地抓好落实。为使双拥创建活动更加规范、更加持久、更加有效，应当建立科学的创建评估体系。各地要认真探索研究，制定操作性、适用性强的考核办法或细则，形成有效的双拥联动和考核机制。要采取向优抚对象发放问卷、开通咨询热线、明察暗访等形式，切实掌握基层开展双拥工作的真实情况，引导各地把功夫用在平时。在实际操作的过程中，要有硬性指标作为衡量标准，比如评比双拥模范城要把转业退伍军人和随军家属安置、军人子女教育、优抚优待资金兑现、军事设施保护、军政军民团结、优待政策落实、军供站建设和保障、烈士陵园建设和发挥作用等作为硬性指标，实行一票否决，切实提高创建评比活动的整体水平。要进一步强化双拥工作的领导。各级党委、政府和各部门领导机关，要切实把双拥这项事关全局的战略任务摆上重要日程，纳入经济社会发展和部队建设的总体规划，一如既往地关心双拥、支持双拥、推动双拥，带头参与双拥活动。各级双拥工作领导小组要认真履行职责，各成员单位要结合担负的双拥任务，完善政策规定，抓好工作落实。要建立双拥工作领导小组成员单位报告工作制度，全局性的双拥活动，要吸收相关职能部门的人员参加，增强各部门履行双拥职责的意识。要关心、重视和支持各级双拥办建设，配齐配强工作人员，落实办公经费，完善军地合署办公制度。各级民政部门和省军区系统要当好党委和政府的参谋，切实发挥桥梁和纽带作用，使双拥工作为全省的改革发展稳定和驻吉部队现代化建设作出新的更大贡献。

黑龙江省第二十七次双拥办主任会议

2004年12月31日，黑龙江省召开第二十七次双拥办主任会议。省双拥办主任曹志斌主持会议。会议先后听取了曹志斌《关于全国双拥办主任会议精神的报告》、省双拥办副主任宿滨跃《关于2004年全省双拥工作总结》，讨论了省双拥办王广焱《关于制定进一步规范双拥模范城（县）考核评比工作意见》和《修改考核内容与标准几点说明的汇报》，审议了《2005年全省双拥工作要点》。

会议认为，2004年10月20日召开的全国双拥办主任会议，主题鲜明，内容丰富，是深化贯彻落实全国双拥工作会议精神的具体措施和步骤。各地各部队要认真学习贯彻、领会这次全国双拥办主任会议精神和全国双拥办主任、民政部副部长罗平飞的讲话精神，结合实际，搞好工作筹划，推动双拥工作创新发展。

会议认为，2004年黑龙江省的双拥工作坚持以邓小平理论和“三个代表”重要思想为指导，围绕军地改革与发展大局，狠抓各项任务的落实，取得了新的成绩和进步。一是采取多种形式深入传达全国双拥工作会议和省双拥工作领导小组全体会议精神，形成了“爱国拥军、爱民奉献”的浓厚社会氛围。二是各级党委、政府采取得力措施进一步加强双拥工作组织领导和机构建设，为双拥工作持续健康发展提供了坚强的保证。三是围绕军事斗争准备和老工业基地振兴开展工作，发挥服务保障作用，取得了阶段性成果。四是完善政策法规，创新活动方式，推动了双拥工作的创新发展。

会议指出，少数市、县创城后，存在着懈怠思想，领导力度减弱，部门热情不高，工作落实不到位的问题还比较突出，军民反映较大；一些单位双拥工作领导小组没有很好地发挥研究和解决重大问题的职能作用，成员单位的合力作用还没有得到充分地发挥；部分市、县双拥办人员不足，办公条件落后，缺乏经费保障，影响了工作的开展。

会议认为，此次修订的双拥模范城（县）考核评比内容与标准科学规范，方式方法灵活多样，对于推进双拥工作全面发展，提升双拥工作整体水平有着重要现实意义。会议要求，将《意见》和《考核评比细则》下发试行，结合基层运行过程中反映出的一些问题，再进一步修改完善。

会议要求，2005年全省双拥工作要重点抓好七项工作：继续深入搞好全国双拥工作会议精神的学习贯彻；进一步加强双拥工作组织领导和机构建设；加大双拥优抚政策法规建设的力度；全力支持军队搞好军事斗争准备；组织部队积极参与老工业基地振兴和改造；全面提升基层双拥创建工作的整体水平；切实搞好各级双拥办自身建设。

会议还审议了省双拥办王丽华《关于修改省双拥工作领导小组成员单位职责说明的意见》，省双拥办副主任王润增《关于提请省双拥工作领导小组解决省双拥办增配专职副主任（副厅级）问题的汇报》，研究了2005年省双拥工作经费预算。

上海市双拥工作领导小组第十次全体（扩大）会议

2004 年 7 月 21 日，上海市召开双拥工作领导小组第十次全体（扩大）会议。会议传达了《国务院、中央军委批转全国拥军优属拥政爱民工作领导小组、民政部、总政治部全国拥军优属拥政爱民工作会议纪要的通知》（国发［2004］15 号），审议了市双拥工作领导小组第九次全体（扩大）会议以来本市的双拥工作总结和今后一个时期双拥工作打算。市长、市双拥工作领导小组组长韩正，上海警备区政委、市双拥工作领导小组副组长戴长友出席会议并讲话。

会议认为，上海是一座有着双拥工作光荣传统的城市，历任党政军领导和机关都十分重视双拥工作。特别是进入新的历史时期，上海市委、市政府和广大人民群众，认真学习贯彻“三个代表”重要思想和军政军民“同呼吸、共命运、心连心”的政治要求，始终站在讲政治、顾大局的战略高度，发扬与时俱进的改革创新精神，积极探索新形势下双拥工作新途径，不断拓展新领域，创造新经验，开创了一条具有时代特征、中国特色、上海特点的双拥新路子，有力地维护和发展了上海军政军民团结的大好局面。

会议指出，各级政府、各有关部门要进一步牢固树立国防建设与经济建设协调发展的思想，把双拥工作作为提升部队建设水平的有效途径和确保上海发展稳定的战略举措，深刻领会和全面贯彻全国双拥工作会议精神，坚决按照党中央、国务院、中央军委的要求，坚持从上海的实际出发，不断探索既符合中央要求，又适合上海实际和部队特点的新办法、新路子，开创上海双拥工作的新局面。当前和今后一段时期，双拥工作要做到“三个结合”。一是坚持支援国防建设与推动经济社会发展相结合，进一步加强军地团结协作。二是坚持以情双拥与依法双拥相结合，进一步完善双拥政策法规建设。三是坚持政府行为与社会行为相结合，进一步推动双拥工作社会化进程。

会议要求，各级党委、政府要把关心支持国防和军队建设作为义不容辞的政治责任，进一步加强对双拥工作的领导，认真规划安排好本地区、本单位的双拥工作。各级双拥工作部门要认真履行职责，充分发挥好组织协调职能，在推进双拥工作中当好党委、政府的参谋助手。各有关部门要把做好双拥工作当作自己的应尽责任，对双拥办的工作给予积极有力的支持。驻沪部队和武警官兵，要坚持我军全心全意为人民服务的宗旨，大力弘扬人民军队的优良传统，积极响应上海市提出的“构筑大都市大国防发展格局”的号召，紧紧围绕“学习上海、融入上海、保卫上海、奉献上海”这个主题，服从大局，服务中心。

会议强调，全市广大军民要更加紧密地团结在以胡锦涛同志为总书记的党中央周围，高举邓小平理论和“三个代表”重要思想的伟大旗帜，树立和落实科学发展观，坚持经济建设与国防建设协调发展的方针，努力构筑大都市大国防的发展格局，为上海的改革稳定发展和部队全面建设，作出新的更大的贡献。

浙江省双拥工作领导小组全体会议

2004 年 10 月 29 日，浙江省双拥工作会议在杭州召开。省委副书记、省长、省双拥工作领导小组组长吕祖善和省委副书记、省双拥工作领导小组副组长夏宝龙分别主持了会议。省委常委、杭州市委书记王国平，副省长、省双拥工作领导小组副组长陈加元，东海舰队副政委任光礼少将，驻浙某部政委、省双拥领导小组副组长刘晓榕少将，省军区副司令员王加木少将，驻浙某部政委刘巨海少将等出席了会议。各市、县（市、区）双拥工作领导小组组长，驻浙师以上部队领导，各市双拥办主任和省双拥工作领导小组成员以及省直有关部门负责人参加了会议。

会议以邓小平理论和“三个代表”重要思想为指导，认真贯彻党的十六届四中全会以及全国双拥工作会议精神，落实省委十一届七次全会的有关要求，总结了1991年以来全省双拥工作所取得的成绩，表彰了省财政厅和孙厚军等一批双拥模范单位和个人，交流了各地各部队的双拥工作经验，研究部署了当前和今后一个时期双拥工作任务。

省委书记、省人大常委会主任习近平在会上作了重要讲话，吕祖善作了题为《深入贯彻“三个代表”重要思想，全面提高双拥工作整体水平》的工作报告。省委常委、常务副省长章猛进宣读了省委、省政府、省军区关于表彰拥军优属、拥政爱民模范单位和个人的决定。学习了省委、省政府、省军区《关于进一步加强双拥工作的意见》和省民政厅、财政厅《关于规范建立在乡重点优抚对象优抚标准自然增长机制的通知》。

会议认为，改革开放以来，省各级党委、政府在推进经济社会发展中，积极关心支持国防和军队建设，努力为国防和军队现代化建设作贡献。驻浙部队始终牢记我军宗旨，在推进军队革命化、现代化、正规化建设过程中，积极参加地方经济建设，特别是在抢险救灾、环境保护、扶贫帮困、助学兴教、基础设施建设等方面，赢得了人民群众的广泛赞誉。各级党委、政府和驻浙部队广泛开展拥军优属、拥政爱民活动，开创了以服务大局为主线，以创建双拥模范城（县）活动为载体，以军事斗争准备为重点，以完善双拥政策法规和工作机制为基础，以密切军政军民关系为核心的双拥工作新局面，形成了全省军爱民、民拥军、军地相互支持的浓厚氛围，有力地促进了浙江经济社会的发展和驻浙部队的现代化建设。

会议指出，当前国际国内形势发生了深刻变化，以综合国力为标志的国际竞争日趋激烈，局部动荡和地区冲突时有发生，恐怖主义、霸权主义、国际犯罪活动对人类和平与发展构成严重威胁，我国与周边一些国家在边境、海域等方面存在一些潜在矛盾，台海局势动荡不宁、变数很大。浙江省地处东南沿海，改革发展正处在关键时期，又是对台军事斗争第一线，做好全省的双拥工作，具有十分特殊的重要意义。

会议强调，要充分认识巩固和发展军政军民团结的重要意义，切实增强做好双拥工作的责任感和使命感。一是要充分认识做好双拥工作，增进军政军民团结，是我党我军我国人民的优良传统和特有的政治优势。党的历代领导核心关于加强军政军民团结的思想，是马克思主义基本原理同我国革命、建设实践相结合的产物，是我党我军性质和宗旨的生动体现，是我们开展双拥工作的行动指南。二是要充分认识做好双拥工作，增进军政军民团结，是我们战胜困难、夺取胜利的重要法宝。在艰苦卓绝的革命战争年代，我们的党、我们的军队就是唱着“军队和老百姓，咱们是一家人”，从农村走向城市，从根据地走向全中国，赢得民族解放和国家独立的。在社会主义建设和改革开放的历史时期，我们党依靠军政军民的精诚团结，形成了坚不可摧的伟大力量，战胜了前进道路上的一个个困难。在关系国家主权安全和统一的重大事件面前，在抗御严重自然灾害的关键时刻，亿万军民同心同德，团结奋斗，经受住了一次又一次严峻考验，夺取了一个又一个伟大胜利。三是要充分认识做好双拥工作，增进军政军民团结，是加快浙江全面建设小康社会、提前基本实现现代化的必然要求。进入新世纪新阶段，我们党和国家面临着全面建设惠及十几亿人口的小康社会，完成祖国统一大业，维护世界和平的历史重任。浙江省要加快全面建设小康社会、提前基本实现现代化，离不开广大军民的紧密团结，离不开广大军民的齐心协力和不懈奋斗。要紧紧抓住本世纪头二十年的重要战略机遇期，居安思危，增强责任感和紧迫感，加快发展，增强综合实力；要在党的领导下，把军政军民团结的伟大作用充分发挥出来，把广大军民同心同德干事业的积极性充分调动起来，为我们的事业奠定坚实的基础，提供可靠的保障。要积极适应形势和任务的需要，把思想统一到中央和省委的决策部署上来，站在国家长治久安、民族兴旺发达的高度，努力做好双拥工作，巩固和发展军政军民团结，维护改革发展稳定大局，推进浙江和驻浙部队的现代化建设。

会议要求，当前和今后一个时期浙江省双拥工作总的思路是：以邓小平理论和“三个代表”重要思想为指导，全面贯彻党的十六大精神，坚持科学发展观，以实现全省加快全面建设小康社会、提前基本实现现代化和提高驻浙部队战斗力为目标，以维护社会稳定、促进经济发展、推进军事斗争准备为重点，完善政策法规体系，解决热点难点问题，探索社会化双拥工作新机制，与时俱进抓好各项任务落实。巩固和发展军政军民团结，为全省改革发展稳定和驻浙部队的现代化建设提供可靠有力的保障。要大力加强以爱国主义为核心，以拥军优属、拥政爱民光荣传统为重要内容的国防教育和双拥宣传教育，不断增强广大军民的国防观念和双拥意识，筑牢军政军民团结奋斗的共同思想基础。要积极组织部队参加驻地“三个文明”建设，大力支持驻浙部队推进中国特色军事变革。不断创新发展双拥工作，紧紧围绕加快全面建设小康社会，提前基本实现现代化的奋斗目标，认真落实新时期双拥工作的各项任务，不断巩固和发展军政军民团结，为加快浙江和驻浙部队现代化建设而努力奋斗。

安徽省双拥工委第二十次全体会议

2004年3月17日，安徽省召开双拥工委第二十次全体会议。会议传达了全国双拥工作会议精神，总结了2003年全省双拥工作，审议了2004年全省双拥工作主要任务的安排意见。省委副书记、省双拥工委主任王昭耀，副省长、省双拥工委第一副主任徐立全，各成员单位的负责同志出席了会议。会议由徐立全主持，王昭耀作了重要讲话。

会议认为，2003年安徽省的双拥工作以“三个代表”重要思想为指导，认真贯彻党中央、国务院和中央军委的指示精神，在巩固中发展、在发展中创新、在创新中提高。全省各级双拥组织领导更加坚强有力，双拥氛围更加热烈浓厚，双拥内容更加丰富多彩，双拥活动更加经常广泛，双拥工作成效更加明显突出，军政军民团结更加融洽和谐。特别是全省军民团结奋斗，战胜多年不遇的洪涝灾害，受到了全省人民和社会各界的广泛赞誉，双拥工作在抗洪抢险中经受了重大考验并得到了新的提高。

会议指出，当前安徽省双拥工作要在认真贯彻落实全国双拥工作会议精神上下工夫，巩固成绩，发扬优势，克服困难找不足，以更加积极的态度、更加务实的精神、更加自觉的行动，来迎接全国双拥办的检查。要以学习贯彻全国双拥工作会议精神为契机，进一步掀起双拥共建、争先创优的热潮；掀起心系国防、拥军报国的热潮；掀起科技拥军、法律拥军、智力拥军的热潮，营造浓厚的社会和舆论氛围。使学习贯彻全国双拥工作会议精神的过程成为全省军民特别是各级领导干部对双拥工作再认识、再提高的过程；成为总结经验、推广典型、扩大宣传的过程；成为查找不足、推动工作、促进各项政策落实的过程，不断提高全省双拥工作整体水平，努力开创双拥工作新局面。

会议讨论并审议了《2004年全省双拥工作主要任务的安排意见》，并强调要进一步加大对双拥工作的领导力度，特别是要进一步提高各级党政领导的认识，切实解决有些市、县领导对双拥工作精力不到位、措施不到位、解决问题不到位的问题；进一步加大双拥宣传和国防教育的力度，全面提高全省军民的双拥意识和国防观念；进一步加大政策法规落实和走访慰问工作的力度，适当增加慰问部队经费的预算基数；进一步加大双拥进社区活动的力度，使双拥工作在社区开花结果；同时，在模范城（县）中开展创双拥合格单位活动，进一步推动双拥工作向全社会拓展。

福建省双拥办主任会议

2004年3月11日至12日，福建省设区市双拥办主任会议在福州举行。会议传达了全国双拥工作会议精神；总结回顾了2003年全省双拥工作情况，研究了2004年双拥工作创新思路；审议了《2004年全省双拥工作要点》。省委王三运副书记、省军区文可芝副政委分别代表军地双方讲话，省政府陈芸副省长主持会议。参加会议的人员除设区市双拥办军地主任外，还有驻闽部队各大单位政治部副主任、秘群处处长和省双拥工作领导小组成员单位领导和联络员，荣获全国双拥模范城（县）的县（市）双拥工作领导小组组长和双拥办主任。

会议提出了2004年双拥工作发展创新意见：抓好一个重点，继续深入开展军地共同学习实践“三个代表”重要思想活动。推进两项工作，推进科技双拥活动的深入开展，推进社区和民营企业双拥共建的制度化。突破三个难点，各地要以高度的政治责任感，克服各种困难，在解决优抚、安置、随军家属就业三个难点上有新的突破。完善“四项”建设，各地要继续帮助部队完善基础设施、训练设施、文化设施和菜篮子工程建设。做好五项战备工作，一是大力支持部队军事演习、战备训练和国防施工等重大军事行动，做好支前保障工作；二是认真搞好新入闽部队特别是高科技部队的“安居”工程；三是加强未来战场建设；四是积极配合国动委做好动员准备工作；五是建立和完善各级支前保障机制。构建六大“爱民”工程，即：抢险救灾工程，援建重点项目工程，扶贫帮困工程，保护生态工程，捐资助学工程，共建文明工程。

省委副书记、省双拥工作领导小组组长王三运在会上回顾总结了全省近几年的双拥工作。一是坚持以保卫海防、建设海防为主线，立足于军政军民团结，双拥工作的格局进一步形成。二是坚持以“平战结合、军民结合”为方针，服务于军事斗争准备，双拥工作的主题进一步突出。三是坚持以提高部队的战斗力和发展地方生产力为目标，着眼于军队建设和经济建设同步推进，双拥工作的内容进一步丰富。四是坚持以军地共建活动为载体，致力于军民凝聚力的增强，双拥工作的任务要求进一步落实。

王三运提出要进一步认识新形势下双拥工作的重要性。做好双拥工作，密切军政军民关系，是推动经济发展的重要力量，是加强社会主义精神文明的巨大动力，是建设国防的重要保证。王三运要求坚持用“三个代表”重要思想统揽双拥工作。一是做好双拥工作，必须坚持正确的政治方向。二是做好双拥工作，必须围绕发展第一要务。三是做好双拥工作，必须充分调动各方面的积极性、主动性和创造性。四是做好双拥工作，必须以维护广大军民的利益为根本。五是做好双拥工作，必须坚持与时俱进、开拓创新。最后，王三运要求切实加强对双拥工作的组织领导。一是落实工作责任，二是发挥职能作用，三是完善协调机制。

文可芝热烈祝贺全省九个设区市全部被评为“全国双拥模范城”，他代表驻闽部队广大官兵向福建省各级党委、政府和人民群众对部队建设的长期支持表示衷心的感谢，并就如何深化双拥工作讲了几点要求。一是要进一步激发爱国拥军爱民奉献的政治热情，在巩固军政军民团结、增强军民凝聚力上有新思路。二是要进一步推动对台军事斗争准备，在实现军地“三个同步”、合力谋打赢上有新局面。三是要进一步弘扬求真务实精神，在转变作风抓落实、解决双拥工作的重难点问题上有新突破。四是要进一步加大拥政爱民工作力度，在加强军地协作、实现全面建设小康社会宏伟目标上有新贡献。五是要进一步巩固双拥工作成果，在总结经验、宣传典型、营造双拥工作的浓厚氛围上有新举措。

福建省科技拥军科技助民工作经验交流会

2004 年 11 月 22 日至 23 日，福建省在厦门召开科技拥军科技助民工作经验交流会。会议总结了三年来全省开展科技拥军科技助民活动的基本经验，表彰了一批在科技拥军科技助民活动中成绩突出的单位，举办了全省科技拥军科技助民工作图片展览，交流了典型经验，与会代表还现场参观了厦门市科技双拥工作突出的有关单位。总政治部群工办主任、全国双拥办副主任常生荣，南京军区政治部副主任许湘东应邀出席会议。省委副书记、省双拥工作领导小组组长王三运，省委常委、厦门市委书记郑立中，副省长、省双拥工作领导小组副组长陈芸，省军区领导印进宝，驻闽某集团军领导孙德斌以及全省设区市和省直有关部门的双拥工作人员共 100 多人参加了会议。

王三运充分肯定了全省科技拥军、科技助民所取得的成绩。在科技拥军方面，各级党委、政府高度重视，采取各种有效措施，促进了部队战斗力的提高。全省先后为部队培养和输送中高级人才 1.5 万人，选送 800 多名优秀本科生到部队服役；投入 2000 多万元为 1000 多个基层连队建立规范化的“拥军书库”，省委、省政府安排 1000 万元，帮助驻闽部队开发 83 个重点科研项目，各地帮助驻闽部队完成科研项目 500 多个，嫁接、移植和转化科研成果 200 多项，革新装备器材 1500 多件，全省各级各部门先后投入专项经费 4000 多万元，赠送部队电脑 5000 多台，帮助驻闽部队建立 100 多个计算机局域网。在科技助民方面，各部队大力支持全省科教兴省战略，为地方经济社会发展和科技进步作出了新的贡献。驻闽部队建立扶贫联系点 2300 多个，捐资兴建希望小学 56 所，为 12000 多名贫困少年儿童提供教育资助。积极参加地方经济建设，特别是在人工降雨、飞播造林、承担急难险重任务中，充分发挥高科技装备的优势，帮助地方解决难题。全省 11 所军队医院先后挂钩支援贫困地区 15 所地方医院，特别是在抗击非典斗争中，部队医院和医务人员发挥大无畏精神，密切配合地方卫生防疫部门，采取先进的预防和治疗措施，取得了抗击非典的伟大胜利。

王三运在讲话中指出，加强科技拥军科技助民工作是加快军队现代化建设步伐的迫切需要，是提升新时期双拥工作水平的必然选择，是做好军事斗争准备的客观要求。他说，科技拥军科技助民工作要有所加强、有所突破、有所进展，一定要抓住关键，多解决一些实际困难和问题，多做一些推动全局的工作，多开辟一些新途径新渠道，使科技拥军科技助民工作在深度上更进一层，在广度上不断拓展。他强调，要以科学发展观为指导，提高科技双拥水平；要以提高部队战斗力和加快地方经济社会发展这两大主题为目标，推进科技双拥工作；要以开拓创新为动力，拓宽科技双拥思路。王三运要求各级党委政府切实加强对科技拥军科技助民工作的领导，周密部署，狠抓落实，大力促进科技双拥工作向纵深发展，努力实现经济效益、军事效益、社会效益并举，形成经济社会发展与国防建设相辅相成、相得益彰、共生共荣的良好局面。

常生荣、许湘东在讲话中充分肯定福建省科技拥军科技助民工作取得的成绩，并结合当前国防建设的任务对今后的工作提出了要求。陈芸在会议总结中要求各级各部门大力宣传会议精神，采取有效措施，注意科学运作，确保领导到位、责任到位、项目到位、经费到位，通过抓科技拥军科技助民工作推动福建双拥工作再上新台阶。

福建省双拥工作领导小组第二十四次全体会议

2004年12月17日，福建省双拥工作领导小组第二十四次全体会议在福州召开。会议由省委副书记、省双拥工作领导小组组长王三运主持，副省长、省双拥工作领导小组副组长陈芸同志、省军区副政委印进宝同志及各双拥工作领导小组成员单位的负责同志出席会议。会议听取了省民政厅副厅长、省双拥办副主任陈进暖《关于2004年全省双拥工作基本情况报告》，审议通过了《2005年双拥工作打算及元旦、春节期间双拥活动安排意见》。

会议认为，2004年来福建省双拥工作在省委、省政府和驻闽部队领导机关的高度重视下，在领导小组各成员单位的密切配合下，各地、各部队按照省双拥工作领导小组的统一部署与要求，坚持以邓小平理论和“三个代表”重要思想为指导，紧紧围绕做好对台军事斗争准备和建设海峡西岸经济区这一中心任务，开拓进取，求真务实，扎实工作，取得了新的成绩。一是国防教育进一步加强；二是传达贯彻全国双拥工作会议精神初见成效；三是科技拥军、科技助民活动深入开展；四是军事斗争准备继续推进；五是“四项”拥军工程取得新成绩；六是优抚安置工作获得新进展；七是拥政爱民工作成效明显。

会议指出了当前双拥工作存在的主要问题：一是工作发展不够平衡；二是双拥整体发展不够协调；三是创新发展力度不够大；四是双拥办的作用有待进一步发挥。

会议要求，各地、各部队要按照全国和省民政厅、省军区政治部《关于2005年新年春节期间广泛开展拥军优属、拥政爱民活动的通知》的要求，组织贯彻落实，在全省掀起开展双拥活动的新高潮，进一步推动双拥工作在基层的落实。各级宣传、文化部门和新闻单位要大力宣传全省军民以党的十六届四中全会精神和“三个代表”重要思想为指导，携手共建海峡西岸经济区的生动事迹；宣传全省各地弘扬双拥工作光荣传统，与时俱进，争创新成绩、开创新局面的突出事迹；宣传全省双拥工作中涌现出的典型单位和个人的先进事迹，努力在全社会形成浓厚的双拥氛围。各级党委、政府在新年春节期间要广泛开展走访慰问活动，通过走访驻军机关和基层单位，进一步丰富双拥活动内容，增进军地军民感情。走访活动原则上就地就近进行，注重实际效果。在“两节”期间，军地双方要开展互办实事、互解难题活动。地方党委、政府要积极帮助部队解决战备、训练、生产、生活中的实际困难与问题。有关部门要对拥军优属政策法规贯彻落实的情况进行一次认真检查，对群众反映的问题，要认真研究，妥善解决。要坚持为驻军办实事、解难题，让部队官兵实实在在地感受到地方党委、政府和人民群众的关怀。驻军和武警官兵在节日期间要积极开展拥政爱民活动，部队政治机关要认真组织一次群众纪律检查，积极参与地方三个文明建设和维护社会稳定工作以及社会公益活动，有组织、有重点地为优抚对象、困难群体做实事、办好事。

会议强调，新形势和新任务对2005年全省双拥工作提出了新的、更高的要求。省双拥办要加强与各成员单位的交流沟通，密切配合，统筹安排，抓好落实，确保双拥各项活动有条不紊地进行。

江西省双拥工作领导小组第十二次会议

2004年4月1日，省委副书记、省双拥工作领导小组组长彭宏松主持召开了省双拥工作领导小组第十二次会议。会上，省双拥办主任、省民政厅副厅长汪国光传达了全国双拥工作会议精神，汇报了全省贯彻全国双拥工作会议的意见。会议研究和部署了新一轮双拥创建活动任务。省双拥工作领导小组副组长、省长助理熊盛文，省双拥工作领导小组副组长、省军区副政委石成林，省双拥工作领导小组副组长、省政府秘书长魏晓琴，省双拥工作领导小组副组长、省民政厅厅长罗筱玉以及省双拥工作领导小组全体成员出席了会议。

会议认为，2000年以来，全省的双拥工作坚持以邓小平理论和“三个代表”重要思想为指导，按照全国双拥办的总体部署，把密切军政军民关系、加强军政军民团结作为双拥工作的主要内容，在做好优抚安置和军地互办实事等工作的同时，突出了科技拥军、科技助民、随军家属就业安置等重点工作，加大了双拥宣传教育力度，进一步密切了军政军民关系，为促进全省经济发展、社会稳定和驻赣部队全面建设作出了重要贡献。

会议强调，2004年是我们党和国家历史上极其重要的一年，是实现“十五”计划的关键一年。根据全国双拥工作会议精神，全省在新一轮双拥创建活动中，要重点抓好八个方面的工作：一是加强双拥政策法规建设。针对双拥工作面临的新情况，在总结成功经验的基础上，适应深化改革的新形势，积极探索解决军转干部、退役军人和随军家属安置，军人子女就学入托，城乡义务兵家属的优待金，军人和优抚对象的各项优待待遇等方面的办法。二是下大力抓好基层双拥服务组织建设。城市以社区居委会为单位，农村以村委会为单位，在城区的大、中型企业以车间、班组为单位设立志愿者拥军优属服务小组。力争到2005年，全省有3万个以上制度健全、活动经常的拥军优属服务小组，有60万人以上的志愿者队伍常年为驻军和优抚对象提供服务。三是努力提高重点优抚对象的保障水平。建立重点优抚对象抚恤补助标准自然增长机制和重点优抚对象医疗保障制度，切实解决重点优抚对象生活、住房、医疗难问题，确保重点优抚对象的生活高于当地群众的平均水平。四是努力提高科技拥军的水平。通过3至5年的努力，建立军地科技协作体系、军地共育人才体系和科技练兵服务体系。同时，结合“建设数字江西”的工作，将全省交通、通讯、医院、科技资源、战略物资、部队驻训区社情等与军事斗争准备有关的资源布局，实行数字化管理，做到能及时、准确、便捷地为驻赣、入赣和过往部队提供战备训练所需资料。五是加大安置工作改革的力度。力争2年内，城镇义务兵退伍安置，在经济补偿前提下，自谋职业率达到50％以上。通过指令性安置、货币安置、政府扶持就业、自谋职业等多形式、多渠道安置随军家属，确保安置率保持在90％以上。确保转业干部当年安置率达到100％，做到转业干部和接收安置单位双满意。农村退伍兵两用人才开发率确保达到90％以上。做好军队离退休干部安置工作，切实落实他们政治、生活待遇。六是进一步做好拥政爱民工作。驻赣部队进一步拓宽军民共建领域，加强军地双方在思想、文化、科技等领域的交流与合作，让军队的好传统、好作风进入社区，让地方的新思想、新观念、新风尚进入军营。继续实行驻赣部队定点挂钩、结对帮扶、重点援助等多种形式，广泛开展科技扶贫、医疗扶贫和教育扶贫等活动，力所能及地帮助驻地群众改善生产生活条件。七是进一步完善双拥工作机构，加强双拥工作队伍建设。根据新形势新任务的要求，各地双拥领导小组要在成员调动、分工变动的半年内对当地的双拥工作领导小组进行调整。县级以上双拥办要配备专职人员，并保障必要的工作经费，保证双拥各项工作的开展。建立双拥工作领导小组成员单位报告工作制度，各成员单位每年应向双拥领导小组报告一次本单位开展双拥工作的情况。增强军地有关部门履行双拥工作职责的意识，推动双拥工作在各部门、各单位的落实。通过培训、交流、考察学习等多种途径，建设一支精干、高效、廉洁的双拥工作队伍，确保驻军需要地方帮助解决的问题能及时向当地党政领导反映，并协助有关部门抓好落实，以保证军事斗争准备各项工作的顺利开展。八是争取2004年内出台涉及军人和优抚对象切身利益的四个政策性文件，即：优抚对象和现役军人子女升学有关优惠政策；全省重点优抚对象抚恤补助标准自然增长机制的有关文件；包括医疗减免、医疗补助、大病救助三方面的重点优抚对象医疗保障实施办法；出台随军家属就业安置工作暂行办法。

会议还审议通过了《江西省双拥模范城（县）命名管理办法》，讨论了有关召开全省双拥工作会议的具体事项。

会议最后强调，各级党委、政府和军事领导机关要充分认识做好双拥工作的重要性，不断增强做好双拥工作的责任感，把双拥工作摆上重要议程，把支持部队建设和军事斗争准备作为义不容辞的责任。要大兴求真务实之风，各职能部门要更加努力地履好各自的拥军优属职责，进一步探索新形势下做好拥军优属工作的途径和办法，配合部队完成战备、训练、演习和科研试验等重大任务，维护军事设施安全，切实做好转业干部、退役士兵和随军家属安置工作，认真为重点优抚对象解决实际问题。驻赣部队要进一步做好支援地方经济建设和扶贫帮困的工作，为江西经济发展和社会事业全面进步作出应有贡献。要进一步加强军地之间的相互理解、支持与合作，保证军政军民关系的健康发展，保持双拥工作的正确方向，发扬优势，创出特色，努力提高双拥工作的整体水平，为实现江西在中部地区的崛起，为促进驻地部队全面建设作出新的更大的贡献。

江西省双拥工作会议

2004年4月23日，省委、省政府、省军区在南昌召开全省双拥工作会议。会议主要任务是传达全国双拥工作会议精神，总结1990年以来全省双拥工作的经验，部署当前和今后一个时期的双拥工作。会上，省委副书记彭宏松作了双拥工作报告，南昌市、新余钢铁有限责任公司，兴国县、井冈山市公安消防大队分别介绍了做好新形势下双拥工作经验。会议由省委副书记傅克诚主持，省长黄智权出席会议并作了重要讲话。参加会议的领导有：省委常委、省军区政委陈礼久，省人大常委会副主任张海如，省政协副主席殷国光，省军区副政委石成林，省长助理熊盛文，省政府秘书长魏晓琴。总政治部群工办副主任汤奋应邀出席会议。

会议认为，双拥工作既是江西人民的优良传统，也是江西的一大政治优势。要以“三个代表”重要思想统领双拥工作，不断巩固和发展军爱民、民拥军、心连心的大好局面，谱写新时期军爱民、民拥军、军民团结一家亲的壮丽篇章，切实为推动经济和社会发展，加强军队现代化建设和维护社会稳定提供强大动力。在过去的14年里，全省党政军民积极适应国家和军队建设、发展的形势，坚持以邓小平理论和“三个代表”重要思想为指导，按照“同呼吸、共命运、心连心”的总要求，军地携手，与时俱进，共创辉煌，军政军民团结不断加强，社会生产力和部队战斗力同步提高，取得了可喜的成绩，创造了许多新经验。

会议明确，做好双拥工作是新时期继承和发扬优良传统的历史责任，是树立和落实科学发展观的必然要求，是促进江西在中部地区崛起和推进中国特色军事变革的一项重要任务。面对新的形势和任务，各级党委、政府要不断深化思想认识，站在实现历史和时代赋予我们的庄严使命的高度，充分认识做好双拥工作的极端重要性。要始终坚持以“三个代表”重要思想为指导，确保双拥工作的正确方向。要以增强经济实力、国防实力和民族凝聚力为目标，以维护社会稳定、促进经济发展、推进军事斗争准备为重点，立足于实现好、维护好和发展好广大军民的根本利益开展双拥工作；要坚持与时俱进，以改革创新精神推进双拥工作，使之在地方和军队的改革建设中更好地发挥服务保障作用。要紧紧围绕促进社会生产力发展和部队战斗力提高开展各项双拥工作，各级党委、政府要把关心、支持国防和军队建设作为义不容辞的政治责任，切实把帮助部队办实事解难题作为一项重要的政治任务。驻赣部队要在不影响国防安全的前提下，大力支持地方的改革发展，积极投身抢险救灾等急难险重任务和社会公益事业，以实际行动为国兴利、为民造福，以良好的形象影响和教育人民群众。

会议要求，做好新形势下的双拥工作是全社会的共同责任，各级党委、政府和军事机关要进一步加强组织领导，确保双拥工作各项任务真正落到实处。要进一步形成齐抓共管的合力，把双拥工作纳入地方经济社会发展和部队全面建设的总体规划，在改革创新上求发展，努力使双拥工作获得最大的综合效益。

会议强调，当前和今后一个时期，全省双拥工作要以邓小平理论和“三个代表”重要思想为指导，全面贯彻党的十六大和十六届三中全会精神，以实现江西在中部地区崛起、全面建设小康社会和提高驻赣部队战斗力为目标，以维护社会稳定、促进经济发展、推进军事斗争准备为重点，与时俱进，继往开来，发扬传统，完善政策法规体系，拓宽群众性活动领域，建立协调顺畅的运行机制，加强军地之间的相互支持与协作，为全省改革发展稳定和驻赣部队的现代化建设提供可靠有力的保障。各级党委、政府要围绕军事斗争准备的需要大力支持驻赣部队建设，积极组织驻赣部队投身实现江西在中部地区崛起的伟大实践。

山东省双拥工作领导小组会议

2004 年 7 月 27 日，山东省双拥工作领导小组会议在济南召开。会议进一步传达贯彻全国双拥工作会议精神，总结了全省创建双拥模范城（县）经验，研究部署了当前和今后一个时期的双拥工作任务，表彰了一批双拥工作先进单位和个人，动员全省广大军民弘扬优良传统，加强军政军民团结，开创双拥工作新局面，再创双拥新荣誉。省委书记张高丽，省委副书记、省双拥工作领导小组组长高新亭，全国双拥办副主任董华中，济南军区副政委尹凤岐，总政治部群众工作办公室副主任汤奋出席会议并讲话。各成员单位和各区县双拥工作负责人参加了会议。

会议认为，自 1991 年全国拥军优属、拥政爱民工作会议召开以来，全省军民高举邓小平理论伟大旗帜，深入贯彻“三个代表”重要思想，双拥工作围绕中心，服务大局，与时俱进，开拓创新。在双拥教育、促进军地建设、落实法规政策、解决热点难点问题、推进双拥工作社会化等方面取得了新的进展，在全国双拥模范城（县）评比中取得了“六连冠”的好成绩。为了更好地开展和进一步做好双拥工作，一要深入开展国防双拥宣传教育，夯实军政军民团结的思想基础。二要实施系列化、上规模双拥工程，推动军地全面发展。三要全面落实优抚安置政策，维护军人军属的合法权益。四要加强配套法规建设，推进双拥工作的法制化。五要开展群众性双拥活动，激发创建双拥模范城（县）的活力。

多年来的双拥实践，加深了大家对做好新时期双拥工作规律性的认识，积累了十分宝贵的经验，这就是，必须高举邓小平理论伟大旗帜，坚持以“三个代表”重要思想为指导，打牢军政军民团结的政治基础；必须坚持树立和落实科学发展观，坚持经济建设和国防建设协调发展的方针，把促进地方生产力发展和部队战斗力提高作为双拥工作的根本着力点；必须坚持扎扎实实抓基层、抓基础，努力推进双拥工作的社会化；必须坚持不断完善政策法规，维护好军人军属的合法权益；必须坚持开拓创新，增强双拥工作的生机和活力。这些经验，对于做好今后的双拥工作具有重要指导意义。

会议指出，新世纪新阶段全省双拥工作发展的总体要求是：以邓小平理论和“三个代表”重要思想为指导，紧紧围绕全面建设小康社会和建设“大而强、富而美”的社会主义新山东，以发展社会生产力、提高部队战斗力和增强民族凝聚力为目标，以维护社会稳定、促进经济发展、推进军事斗争准备为重点，以科学发展观统筹军地全面协调持续发展，进一步强化双拥工作措施，加大工作力度，以更坚强的军政军民团结，为国家改革发展稳定和军队现代化建设提供有力的保障，以新的业绩争创双拥新荣誉。一是要深入进行国防和双拥教育。二是要紧紧围绕发展社会生产力和提高部队战斗力加强军地协作。三是要把维护社会稳定、建设“平安山东”作为双拥工作的重要任务。四是要切实抓好拥军优抚安置政策落实。五是要深入开展创建双拥模范城（县）活动。各地要开拓进取，扎实工作，创新双拥工作思路，研究新形势下双拥工作的新特点，探索新规律，作出新成绩，以新的业绩争创新的荣誉。被国家和省命名的双拥模范城（县），要在荣誉面前找差距，坚持高标准、高起点制定创建规划，培养双拥工作的新亮点。各级要深入开展学先进、赶先进活动，争先创模，全面落实各项“创城”标准，多做扎扎实实的工作。努力做到宣传教育更加深入、双拥活动更加经常、共建成效更加显著、政策法规更加落实、军民关系更加融洽，努力开创全省创建双拥模范城（县）活动的新局面。

会议强调，双拥工作是一项事关全局的战略任务。各级党委、政府和军队领导机关要进一步加强领导，经常分析形势，研究解决重大问题。各双拥工作领导小组成员单位，要以对国家和军队建设高度负责的精神，保证双拥工作在本单位、本部门、本系统的落实。各级双拥办要加强自身建设，配齐配强干部，落实办公活动经费，完善军地合署办公制度，保证高效有序运转。要按照“组织健全、政策落实、活动经常、关系融洽”的要求，推进双拥工作进企业、进乡村、进机关、进学校、进社区、进连队。要建立完善双拥激励机制，激发军民争先创模的积极性，推出一批有影响的双拥新典型，推动全省双拥工作深入持久健康发展。

河南省庆祝“八一”建军节座谈会

2004年7月29日，河南省党政军领导在郑州隆重召开庆祝“八一”建军节座谈会。省委、省人大、省政府、省政协和驻豫部队领导出席了会议。会议由省委副书记支树平主持，省委书记李克强、省长李成玉、省军区政委祁正祥分别作了重要讲话。

李成玉在座谈会上首先通报了河南省上半年的经济工作和双拥工作情况。他说，上半年，全省上下全面贯彻国家宏观调控政策，坚持在调控中发展、在发展中调控，加快推进改革，大力调整结构，积极转变增长方式，国民经济继续保持较快发展的良好态势，基本实现了速度与结构、质量、效益的统一。各级党委、政府以深入学习贯彻全国双拥工作会议精神为契机，更加深入扎实地开展双拥共建活动，进一步推动了全省双拥工作再上新台阶，进一步巩固和发展了“同呼吸、共命运、心连心”的军政军民关系。驻豫部队、武警部队指战员和民兵预备役人员，继承和发扬人民军队拥政爱民的优良传统，积极参与和支持我省改革开放和现代化建设，以实际行动谱写了拥政爱民的新篇章，有力地推动了全省精神文明建设，为促进河南经济社会发展作出了重要贡献。

李克强代表省委、省人大、省政府、省政协，向驻豫解放军、武警部队和民兵预备役全体官兵表示节日的祝贺，向全省烈军属、革命伤残军人、红军老战士、军队离退休老干部表示亲切的问候。他说，多年来，驻豫部队在党中央和中央军委的领导下，认真贯彻新时期军事战略方针，着眼军事斗争准备需要，全面加强部队建设，部队战斗力不断提高。在完成好战备训练任务的同时，广大官兵继承和发扬延安双拥传统，热爱河南、宣传河南、建设河南、增辉河南，真心实意地关心、支持河南的建设与发展。在去年春季抗击“非典”斗争中，驻豫部队和武警官兵深入农村社区，积极支援地方的疫病防治，为河南抗击“非典”斗争取得重大胜利作出了重要贡献。下半年，淮河流域的部分地区出现严重洪涝灾害，黄河兰考段发生了重大险情，还有前不久，漯河等地遭受了暴雨袭击。在所有抗洪抢险救灾的斗争中，都是部队冲在前头，发挥了主力军和突击队的作用。驻豫官兵与河南人民共同创造了征服自然灾害和战胜重大疾病的辉煌成绩。同时，在支持地方经济建设、开展扶贫帮困、维护社会治安、军民共建社会主义精神文明等方面都作出了重要贡献。

李克强指出，当前国际形势纷繁复杂，台海局势日益紧张。要完成祖国统一大业，加快全面建设小康社会的步伐，实现中原崛起的宏伟目标，比以往任何时候更加需要坚强的军政军民团结，比以往任何时候都需要军民齐心协力、步调一致、不懈奋斗。一定要更加重视双拥工作、支持双拥工作、推动双拥工作，自觉为双拥工作尽一份责任，出一份力量。河南是驻军大省、兵员大省，拥军优抚安置任务很重，虽然双拥工作取得了一些成绩，但也有不尽人意的地方。在今后的工作中，要以“三个代表”重要思想为指针，适应新的形势要求，拓宽双拥工作的思路，发挥军地双方的优势，把全省双拥工作提高到一个新的水平。一是要适应军事变革和军事斗争准备做好支持军队建设工作。地方各级党委、政府，各有关部门一定要把支持部队军事斗争准备作为当前双拥工作的重要内容，全力以赴搞好服务保障，保证部队练得好、住得好、行得快、打得赢。部队后勤保障社会化、体制编制调整是军事变革的重要内容，离不开地方的支持和帮助。各级党委、政府，各有关部门一定要站在全局的高度，牢固树立国防建设与经济建设协调发展的思想，把关心支持国防和军队建设作为义不容辞的政治责任，把政府行为与社会行为、以情双拥与依法双拥、行政调节与市场调节结合起来，大力开展具有河南特色的行业拥军、科技拥军、智力拥军、法律拥军、办实事拥军等活动，积极支持部队人才战略工程，帮助解决好部队教育训练中遇到的实际问题。把工作做实、做好、做到家，为实现国防和军队现代化的跨越式发展作出应有的贡献。二是围绕全面建设小康社会加强军地协作。全面建设小康社会，实现中原崛起，是全省人民的共同目标和任务。要实现这个目标和任务，离不开部队的大力支持。希望驻豫部队在完成战备任务的同时，发挥人力、技术等优势，支持河南的重点工程建设，主动承担急难险重任务。要继续开展扶贫帮困，支持落后地区的经济、科技、教育发展，帮助群众解决生产生活困难。要着眼于社会主义物质文明、政治文明和精神文明协调发展，扎实开展军民共建社会主义精神文明活动，积极参加地方创建文明城市、文明村镇、文明行业、文明社区等活动，不断提高军民共建社会主义精神文明活动水平。三是切实把维护社会稳定作为双拥工作的重要内容。军地要密切配合，倍加珍惜和共同维护安定团结的大局，要教育广大优抚安置对象理解改革、支持改革，体谅国家的困难，珍惜光荣称号，塑造光荣形象。要加强军警民联防，妥善处理突发事件。军地之间有什么遗留问题和矛盾，也要高度重视，认真对待，积极主动地协商解决，进一步巩固和发展军政军地团结的大好局面。四是认真落实好优抚安置政策。各级党委、政府一定要站在讲政治的高度，切实实现好、维护好、发展好广大优抚对象的根本利益。要妥善处理好随军家属的工作安置、军人子女的入学入托、转业复员退伍军人的安置问题，切实解除部队官兵的后顾之忧。对重点优抚对象生活难、医疗难问题，各级财政要加大投入。要适应新形势，研究解决好社会主义市场经济条件下优抚安置工作上的新情况、新问题，积极探索新的特点和规律，总结新的经验和办法，保证双拥工作健康顺利发展。

祁正祥代表驻豫部队全体官兵，向长期关心支持部队建设的河南省委、省政府、省政协及全省各级党、政领导和人民群众表示衷心的感谢。他要求驻豫部队要进一步继承和发扬优良传统，积极支持和参加地方建设，为河南的经济发展和社会进步作出更大的贡献。

会议强调，军政军民团结是国家稳定之本、发展之本，双拥工作是促进军政军民团结的重要保证。全省广大军民要紧密团结在以胡锦涛同志为总书记的党中央周围，高举邓小平理论伟大旗帜，坚持以“三个代表”重要思想为指导，与时俱进，开拓进取，不断提高双拥工作水平，为巩固国防和促进军队现代化建设，为加快全省全面建设小康社会进程作出更大贡献。

湖北省随军家属就业安置和社会保障工作领导小组会议

2004年3月17日，湖北省委常委、常务副省长周坚卫主持召开省随军家属就业安置和社会保障工作领导小组会议。会议听取了省军区政治部关于近年来驻鄂部队随军家属就业安置工作情况汇报，分析了当前就业安置形势，研究部署了今年驻鄂部队随军家属就业安置和社会保障工作任务。副省长蒋大国、省军区副司令员李祖明出席会议并讲话，省委组织部，省人事厅、民政厅、劳动和社会保障厅、财政厅、国税局、地税局、工商局、编办等部门有关同志参加了会议。

会议认为，近几年来，湖北省委、省政府认真贯彻党中央、国务院有关文件和广州军区惠州、海口会议精神，坚持把解决随军家属就业安置作为关心支持军队建设的一件大事，作为暖人心、稳军心、固国防的重要举措。驻鄂部队随军家属就业安置工作取得了新的进展，先后制定了《湖北省随军家属就业安置暂行办法》、《驻鄂部队随军配偶下岗失业期间生活困难补助发放暂行办法》，出台了一系列就业安置优惠政策，摸索总结出具有全省特色的就业安置与经济补偿相结合的新路子。2003年，全省有324名随军家属得到了妥善安置。各级人事、劳动和社会保障部门主动把随军家属纳入当地就业总体培训规划，从2002年8月开始，省政府每年拨款800万元，用于解决无工作随军家属生活困难，受到了驻鄂部队广大干部和随军家属好评。

会议强调，要加大驻鄂部队随军家属就业安置工作力度。一要进一步加强组织领导。各级党委、政府要切实将此项工作纳入重要议事日程，作为支持国防和军队建设，促进社会稳定和军政军民团结的大事来抓。各市、州、县要成立随军家属就业安置和社会保障领导小组，每年定期听取当地驻军有关工作汇报，并通过议军会议、重要节日走访慰问部队等时机，实实在在为随军家属解决问题。各级组织、人事、财政、编办、民政、劳动和社会保障部门要加强与驻军部队协调，设立军嫂就业指导专门窗口，随时提供档案托管、人事关系挂靠、政策咨询、职业指导、职业介绍及劳动保障事务代理等服务，主动为随军家属解除后顾之忧。二要进一步抓好计划安置。各级组织、人事、劳动和社会保障部门要严格按照《湖北省随军家属就业安置暂行办法》中明确的就地就近、专业对口、相对稳定、行政调配与市场调节相结合的安置原则安置好随军家属。驻军政治部门要会同当地人事、劳动和社会保障部门认真抓好下岗失业随军家属身份的核查，对国家公务员身份的要实行指令性计划安置，对事业单位的随军家属，要采取指令安排、指导安排和双向选择等多种办法安置，确保当年安置率不低于50%。三要进一步抓好劳动技能培训。各级人事、劳动和社会保障部门要把随军家属的培训纳入当地培训计划，每年至少免费组织2次随军家属专场职业培训，对合格者颁发相应的《国家职业资格证书》，并优先向用人单位推荐上岗。四要进一步抓好市场调配。各级人事、劳动和社会保障部门每年至少开展 2 次送岗到军营活动。送岗活动要严密组织，周密计划，注重实效。要切实摸清驻鄂部队待安置随军家属就业愿望，做好参与招聘单位思想工作，确保市场招聘会质量。地方组织的各种招聘洽谈会，应及时通知当地驻军部队，积极协助部队向用人单位做好推荐工作，用人单位在同等条件下应优先录用随军家属。五要进一步抓好无工作随军家属生活困难补助费发放工作。省财政要按省委议军会要求，把无工作随军家属生活困难补助经费列入预算，按每人每月 200 元的标准拨付到位。军地各级要坚持标准，严格把关，按期发放，切实把好事办好。

湖南省双拥工作会议

2004 年 4 月 1 日，湖南省委、省政府、省军区在长沙召开全省双拥工作会议。省双拥工作领导小组组长、副省长杨泰波，省双拥工作领导小组副组长、省军区副司令员黄明开出席并讲话。会议由省双拥工作领导小组副组长、省民政厅厅长余长明主持。参加会议的有各市州分管民政工作的副书记或副市长、民政局长、双拥办主任，省双拥工作领导小组成员单位负责人，驻湘师以上单位负责人，双拥工作模范单位和个人代表。会议传达了全国双拥工作会议精神，总结了近几年来全省拥军优属、拥政爱民工作取得的成绩，表彰了双拥工作先进单位和个人，研究分析了全省双拥工作面临的形势，部署了今后一个时期双拥工作任务。

会议指出，近年来，湖南省双拥工作取得了新的成绩和进步。一是国防教育深入开展。全省先后建立国防教育基地 432 个，形成了以全民教育为基础、基地教育为骨干、新闻媒体传播为辅助的三位一体的国防教育模式，直接受教育的官兵和群众达 100 多万人次。二是创建双拥模范单位活动卓有成效。全省有 28 个市县获全国双拥模范单位称号，82 个市县获全省双拥模范单位称号。三是优抚安置政策得到较好落实。全省 3 万多名转业干部、25 万名城镇退伍士兵和转业士官绝大多数得到妥善安置，近 7000 名军队离退休干部和职工的政治生活待遇全面落实，近 2 万名随军家属就业和军人子女入学入托的问题得到较好解决。全省先后投入1.5 亿元资金，帮助 6300 多户在乡老复员军人解决了住房、生产和生活困难。四是军地互办实事蔚然成风。各级政府及有关部门积极拥军，保证部队完成了正常的战备、训练、执勤、科研、教学任务，为部队在建筑用地、粮油、水电、燃气供应、道路交通、军事设施维护、军人及家属涉法案件处理等多方面提供了支持。各级财政为部队办实事投入资金 4.5 亿元，重点扶持了 12 个军供站、91 个军干所、6 所优抚医院和 150 所光荣院的建设。驻湘部队继承和发扬拥政爱民的光荣传统，把驻地当故乡，待群众如亲人，先后投入经费 3000 多万元、义务工 180 万个，派遣官兵 3 万多人次协助地方维护治安和重要活动的秩序，出动官兵 20 多万人次参加抗洪抢险，在支援地方经济建设、维护社会稳定和抢险救灾、扶贫帮困等方面，作出了积极贡献。

会议强调，在看到成绩的同时，还必须清醒地看到，全省双拥工作存在的差距和薄弱环节，一些地方在抓双拥工作落实上认识不足、力度不够，对社会主义市场经济体制下双拥工作出现的新情况、新问题，缺乏深入研究探索，一些重点、难点问题还未得到妥善解决。对此，各级必须引起高度重视，并积极想办法加以解决。

会议指出，当前和今后一个时期，全省双拥工作要着重抓好五个方面：一是要进一步深化思想认识。各级党委、政府要从实践“三个代表”重要思想的高度，树立强烈的双拥意识和国防观念，从国家长治久安和民族兴旺发达的高度，充分认识加强军政军民团结的重要性，增强做好双拥工作的使命感、责任感和自觉性。军队要时刻牢记我军宗旨，把实现和维护好最广大人民群众的根本利益摆在第一位，真正做到情为民所系，利为民所谋。二是要进一步提高工作标准。要高起点开展科技拥军、智力拥军活动，要依托大专院校、科研院所建立科技拥军基地，积极组织广大科技工作者围绕提高部队官兵的科技素质进行科技拥军服务。要积极帮助部队搞好基础设施建设，对重点军事工程建设要坚持特事特办，在财力、物力上给予大力支持。驻湘部队要积极支持地方经济建设。军事机关要研究制定支持全面建设小康社会的规划，集中力量援建重点工程，主动承担急难险重任务，因地制宜做好支援地方经济建设工作。三是要进一步抓好工作落实。各级党委、政府一定要按照国务院和省委、省军区下发的文件精神，切实抓好转业干部和城镇退伍士兵的安置，抓好随军家属就业，抓好优抚政策的兑现。要积极发掘安置空间，拓展安置渠道，鼓励自谋职业，最大限度地保障退役士兵当年得到妥善安置；要坚持计划分配与自主择业相结合，做好军转干部的安置工作；要坚持行政调配和市场调节相结合的原则，尽量安排随军家属就业，暂时不能就业的，要按规定给予适当的生活补助；要建立优抚对象抚恤补助标准自然增长机制，保证重点优抚对象达到或高于当地人民群众的生活水平。部队支援地方经济建设，要结合湖南实情，把侧重点放在支援我省“十五”计划中的重点工程建设；抢险救灾，要突出湖南最大的省情——水情，把防汛工作放在重要位置；扶贫帮困，要把重点放在贫困地区，特别是革命老区和少数民族地区；军民共建，要紧紧围绕社会主义三个文明建设发挥作用。各部队要发挥优势，突出重点，结合实际，把拥政爱民工作开展得更加扎实有效。四是要进一步创新工作机制。要积极探索，逐步建立一套保证双拥工作持续发展和全面落实的有效机制。各地要整合双拥资源，探索新型经济组织和新的社会阶层开展双拥活动的途径和办法，扩大双拥工作的群众基础。要在各级双拥工作领导小组的领导下，形成多层次“结对”双拥网络，广泛开展“共建”活动。要注重把政府行为与社会行为、行政调节与社会调节结合起来，保证双拥工作的开展和各项任务落实。要把双拥工作纳入法制化轨道，把在实践中形成的行之有效的经验做法，用法规形式固定下来。制定完善国防教育、科技拥军、转业退伍军人和随军家属安置、优待抚恤等与国家政策法规相配套的实施办法。要在全省范围内开展多种争先创优活动，大力表彰先进典型。坚持每三年评选双拥模范城（县）制度，并开展争创“先进双拥办公室”、“双拥十佳单位”、“双拥十佳个人”等活动，把领导和群众、地方和部队的积极性调动起来，为双拥工作注入生机和活力。五是要进一步加强领导。各级党委、政府和军事机关要高度重视，把双拥工作纳入重要议事日程，纳入经济社会发展和部队建设的总体规划，纳入目标管理责任制，纳入各级领导干部政绩考核内容。要坚持和完善双拥工作领导小组成员单位报告工作制度、市（县、区）委书记党管武装述职制度和政绩考评制度。各级党政军有关领导要认真履行组织、协调、指导双拥工作的职责，带头参加双拥活动，亲自协调解决重点难点问题。要加强双拥资源整合，充实领导力量。要把双拥任务分解到有关单位、部门和行业，促进双拥工作的落实。要加强双拥办建设，配齐配强干部，落实办公经费，完善军地合署办公制度。

会议决定，为加强对双拥工作的指导，以省委、省政府、省军区和省双拥工作领导小组的名义下发《关于加强新时期拥军优属拥政爱民工作的意见》和《关于开展拥军优属拥政爱民“结对”工作的意见》。

湖南省“八一”军政座谈会暨纪念中国人民解放军建军 77 周年座谈会

2004 年 7 月 30 日，湖南省委、省政府、省军区、省双拥工作领导小组在长沙召开“八一”军政座谈会暨纪念中国人民解放军建军 77 周年座谈会。驻湘部队师以上单位的领导参加了会议。会议由周伯华省长主持。

省委书记杨正午代表省委、省人大、省政府、省政协、省军区和全省人民向驻湘人民解放军全体指战员、武警部队全体官兵和广大民兵预备役人员致以节日的问候，向全省烈军属、革命伤残军人、转业复退军人、军队离退休干部表示亲切的慰问。他指出，湖南是革命老区，长期以来军政军民团结亲如一家。全省党政军民以“三个代表”重要思想为指导，发扬拥军优属、拥政爱民的光荣传统，坚持与时俱进，双拥工作取得了可喜的成绩，有力地推动了全省的经济建设和社会发展。特别是驻湘部队和武警官兵，视驻地为故乡，把人民当亲人，在推进部队各项建设的同时，积极参加驻地经济建设，主动承担急难险重任务，广泛开展扶贫帮困活动。驻湘部队共投入扶贫资金 1000 万元，连续 16 年派机关干部扶贫助学，受到国务院领导和总政治部的肯定，其经验在全国交流。全省驻军还有近千个学雷锋小组活跃在城乡。驻湘部队以实际行动赢得了湖南人民的衷心爱戴和崇高赞誉。

杨正午强调，在新的历史时期，要按照党中央、中央军委的要求，进一步加强军政军民团结。各级各部门要着眼于提高部队战斗力，把为部队官兵和广大转业复退军人办实事、解难题摆在突出位置，扎实做好拥军优属工作。部队和民兵预备役要立足全面建设小康社会的需要，把积极完成急难险重任务、为地方经济建设服务摆在重要位置，广泛开展拥政爱民活动，深入开展军民共建活动。针对新时期双拥工作任务重、标准高、要求严的特点，要坚持不懈地把双拥活动开展下去，要在内容和形式上有新的突破，做到不断研究新情况，解决新问题，拓宽新领域，务求新发展，努力把全省双拥工作提高到一个新水平。

省军区政委李今伟代表驻湘解放军、武警部队官兵和民兵预备役人员，向关心支持国防和军队建设的各级党政领导和全省各族人民表示衷心的感谢。他指出，在新的历史时期，各级党委、政府继承和发扬党管武装、拥军优属的优良传统，始终坚持经济建设与国防建设同步规划、协调发展，双拥工作与“三个文明”建设紧密结合，军政关系更加融洽，军民关系更加密切。特别是近年来，双拥工作从内容到形式都有新发展，出现了各级领导高度重视，广大军民积极参与，各项工作真抓实干，军政军民亲如一家的大好局面。各级党委政府动真情、办实事，千方百计为部队建设和广大官兵、转业复退军人、伤残军人、离退休老干部排忧解难，制定完善了一系列地方性拥军政策法规，解决了部队建设中的许多实际困难。尤其是在地方党政机关精简机构、人员分流、就业安置非常困难的情况下，各级认真落实中央的安置政策，积极安置了大批军转干部和随军家属，基本做到了“三个满意”。各级党委政府始终坚持对武装工作的领导，在经济发展的基础上，投入了大量人力、物力、财力，使全省民兵预备役部队建设得到了快速发展。

李今伟最后强调，军政军民团结是胜利之本、稳定之本，是社会稳定、经济发展的政治保证。党政军民要并肩携手，团结奋斗，为维护祖国的和平统一，为湖南全面实现小康社会建设目标作出新的更大的贡献。

广东省军政迎春座谈会

2004年1月19日，广东省委、省政府、省军区在广州珠岛宾馆召开了2004年广东省军政迎春座谈会。广东省党政领导，广州军区、海军南海舰队、广州军区空军和省军区、省武警、边防、消防等驻粤部队的领导同志，以及来自全省各地的烈军属、抗美援朝老战士、荣誉军人、全国爱国拥军模范和拥政爱民模范代表等共130多人欢聚一堂，同庆新春佳节，共叙军民鱼水情谊，共商新时期的拥军优属和拥政爱民工作。中共中央政治局委员、省委书记张德江，广州军区司令员刘镇武中将，省长、省双拥工作领导小组组长黄华华，广州军区政委杨德清中将，省双拥工作领导小组成员，地方和部队有关部门的负责同志出席了座谈会。座谈会由副省长、省双拥工作领导小组副组长李容根主持，黄华华、杨德清分别在会上作了重要讲话。

黄华华首先代表省委、省政府和全省人民向驻粤部队领导和烈军属、爱国拥军模范、英模代表，以及驻粤人民解放军、武警部队广大官兵和革命伤残军人、转业和复员退伍军人、军队离退休干部致以节日的祝贺和亲切的问候。他说，过去的一年是不寻常的一年。在以胡锦涛同志为总书记的党中央坚强领导下，全国军民团结奋斗，战胜了突如其来的“非典”疫情等多种自然灾害，保持了经济快速增长和社会全面发展的良好势头。驻粤人民解放军和武警部队忠实履行我军宗旨，自觉服从和维护改革发展稳定的大局，在加强部队建设和军事斗争准备工作的同时，广泛开展军民共建精神文明、创建双拥模范城（县）和扶贫帮困活动，奋勇投入抗灾抢险斗争。特别是在2003年抗击“非典”疫情的战斗中，广大军队医务工作者与地方同心协力，夺取了防治“非典”的阶段性重大胜利，为全省的改革发展稳定作出了重要贡献。

黄华华说，过去的一年，广东省双拥工作的整体水平进一步提高。各级党委政府和广大人民群众一如既往支持部队建设，认真抓好优抚安置政策落实，大力推进城镇退役士兵安置改革，军队转业干部、退役士兵、离退休干部得到妥善安置，军政军民团结的大好局面得到了进一步的巩固和发展。黄华华强调，在新的一年里，全省人民将继续高举邓小平理论和“三个代表”重要思想伟大旗帜，在加快经济发展的同时，加强社会主义民主法制建设，全面推进文化大省建设和党的建设。做好新时期的拥军优属工作，努力解决好社会变革、利益调整时期双拥工作出现的新情况新问题，促进双拥工作不断取得新的成绩。

杨德清在讲话中对广东省各级党委、政府和广大人民群众对部队建设的大力支持表示衷心的感谢。他说，广东省历来有着拥军优属的优良传统。广东的双拥工作与经济建设同步发展，2003年各项工作又有新的进步。各级党委、政府和广大人民群众的拥军热情极大地鼓舞了官兵士气，有力地促进了部队的全面建设。2003年广州军区部队紧紧围绕打得赢、不变质的使命，大力加强思想政治建设，扎实推进军事斗争准备，坚持从严治军，部队建设的形势很好。同时驻粤陆海空三军、武警部队和民兵预备役人员积极参加抢险救灾和急难险重任务，热情支持地方的各项改革和建设。他表示，驻粤部队全体官兵将进一步牢记我军的神圣职责，开拓进取、扎实工作，为祖国的现代化建设和人民的幸福安宁提供可靠的安全保障。

广东省双拥工作领导小组第十七次全体成员会议

2004 年 2 月 2 日，广东省双拥工作领导小组在省政府召开第十七次全体成员会议。会议由广东省政府副省长、省双拥工作领导小组副组长李容根主持。会议传达了全国双拥工作会议精神，审议通过了《广东省 2003 年双拥工作情况报告》、《2004 年广东省双拥工作要点》。省委副书记、省长、省双拥工作领导小组组长黄华华，省委常委、省军区政委、省双拥工作领导小组副组长黄志忠少将分别作了重要讲话。27 个成员单位的领导出席了会议。

黄华华充分肯定了 2003 年全省双拥工作取得的成绩并对获得全国双拥模范城（县）、双拥模范单位和个人表示热烈的祝贺。他指出，2003 年，广东省认真贯彻落实党中央关于新时期加强军政军民团结的要求和胡锦涛总书记视察广东重要讲话精神，以争创全国双拥模范城（县）为动力，围绕发展生产力和提高部队战斗力这一主题，着眼大局，服务中心，与时俱进，开拓创新，认真做好双拥工作，使全省双拥工作的整体水平又有了新的提高。主要表现在：各级党政领导对双拥工作更加重视，双拥宣传和国防教育活动深入人心，军地相互支持更加密切，创建双拥模范城（县）的活动深入推进，非公有制经济组织的双拥共建工作发展势头良好。他就 2004 年全省的双拥工作强调了三点意见：一是要充分认识做好双拥工作、促进军政军民团结的极端重要性，不断增强做好双拥工作的政治责任感。双拥工作不是一般的业务性工作，而是事关全局的政治任务；不是权宜之计，而是一项长期的战略目标。进入新世纪新阶段，国际国内形势正在发生复杂而深刻的变化，台海局势错综复杂，祖国领土面临分裂危险，维护祖国统一的任务非常艰巨。同时，随着改革的深化和利益关系的调整，各种社会矛盾和问题将更加突出，不同程度地出现一些影响稳定的因素。我们迫切需要一个安全稳定的国际国内环境，迫切需要更加坚强的牢不可破的军政军民团结来维护国家的安全稳定，来推动经济社会持续、快速、健康、协调发展。因此，一定要充分认识到新时期加强军政军民团结的重大政治意义，以高度的政治责任感，切实把双拥工作摆上重要的位置，下大力气抓出成效。二是要认真贯彻全国双拥工作会议精神，把握重点，全面落实 2004 年的各项双拥工作任务。最近召开的全国双拥工作会议，是继 1991 年全国双拥工作会议后的又一次重要会议。联系广东省的实际，要做好 2004 年的双拥工作，重要的是发扬老传统，作出新成绩；适应新形势，开拓新局面。要把握好三个重点：第一个重点，坚持以“三个代表”重要思想统领双拥工作为前提。要将“三个代表”重要思想贯穿到双拥工作实践中去，树立与“三个代表”重要思想相适应的思想观念和工作思路，不断丰富内容，拓宽领域，使双拥工作与时俱进；要发挥军地双方的优势，广泛开展军地共同学习和实践“三个代表”重要思想活动，用“三个代表”重要思想来凝聚军心民心。第二个重点，紧紧围绕地方经济建设和军队全面建设抓好双拥工作。要牢固树立国防建设与经济建设协调发展的思想，把支持国防和军队建设作为义不容辞的政治责任；要适应中国特色军事变革的要求，积极配合部队搞好体制编制调整改革，广泛开展经常性的科技、智力、法律拥军，推进实施军队人才战略工程；要大力支持部队完成训练演习、战备执勤、科研试验和国防工程建设等任务，实现国防和军队现代化的跨越式发展；要认真解决部队普遍关心的热点难点问题，切实做好转业退伍军人安置、随军家属就业、军人子女入学入托、重点优抚对象生活保障等工作，过去广东在这方面的安置总量在全国都是排在前面的，师职干部安置基本上年年第一，广东接收安置军队转业干部和退役士兵的任务是比较繁重的，地方各级党委政府和各部门，一定要从大局出发来考虑问题，要讲政治，讲大局，困难再大，任务再重，都必须要完成好；要认真贯彻落实“平战结合、军民兼容”的方针，切实维护军事设施安全，为做好军事斗争准备提供有力保障。第三个重点，继续深入开展群众性创建双拥模范城（县）活动，不断提高双拥工作的整体水平。各地各部门要按照巩固、发展、提高的要求，对照全国双拥工作领导小组颁发的《双拥模范城（县）创建命名管理办法》和省双拥工作领导小组制定的评比细则，查找创建工作的薄弱环节，落实整改措施，进一步做好创建工作。三是要适应新形势、新任务的要求，切实加强对双拥工作的组织领导。各级党委政府和军事领导机关要把双拥工作纳入重要议事日程，经常分析形势，研究解决重大问题。党政军主要领导，要身体力行，带头参加双拥活动，影响和带动双拥工作的广泛开展。要把双拥工作作为领导干部政绩考核的重要内容，进一步强化责任意识。各级双拥工作领导小组要认清肩负的重要责任，认真履行组织、协调、指导双拥工作的职能，加强双拥资源的整合，建立双拥工作领导小组成员单位报告工作制度，增强军地有关部门履行双拥工作职责的意识，推动双拥工作在各部门、各系统的落实。双拥办要进一步发挥职能作用，加强与成员单位联系，收集情况；各成员单位要进一步提高认识，明确责任，发挥作用，积极主动地做好工作。要按照“组织健全、政策落实、活动经常、关系融洽”的要求，下力气抓好基层的双拥工作。进一步健全基层群众性双拥组织，完善服务网络，推动双拥工作进企业、进乡村、进机关、进学校、进社区、进连队。要大力培养和宣传双拥先进典型，推动双拥工作广泛开展和各项任务落实。

黄志忠就做好新年度双拥工作，尤其是驻粤军警部队如何进一步加强拥政爱民工作，讲了五点意见：一是坚持用“三个代表”重要思想为统揽，切实加强双拥工作的组织领导。进一步加强双拥工作的组织领导要做到思想认识上要有新的高度、开展工作上要有新的举措、重点工作上要有新的成效。二是贯彻服从国家建设大局的方针，积极为地方“三个文明”建设作贡献。驻粤部队各级党委要紧紧围绕发展这个党执政兴国的第一要务开展双拥工作，围绕发展抓双拥，抓好双拥促发展，积极支援地方经济建设，特别是要关心和支持广东省“十大工程”和“十大民心工程”建设，积极支援全省城乡水利防灾减灾工程建设；继续深入开展扶贫帮困、扶贫助学、科技助民等活动；坚决贯彻执行国家即将出台的《军队抢险救灾条例》，积极承担和坚决完成抢险救灾等急难险重任务。三是加强军政军民团结协作，努力维护社会政治稳定。要在协助地方做好维稳反恐工作方面发挥积极作用，要在配合地方做好企业军转干部思想稳定工作方面发挥积极作用，要在抗击重大流传性疫病方面发挥积极作用。四是发扬与时俱进精神，不断推进双拥工作创新发展。要在丰富双拥共建内容上求创新，要在完善双拥运行机制上求创新，要在拓宽双拥工作领域上求创新。五是充分发挥职能部门的指导协调作用，推动双拥工作深入开展。驻粤部队要充分发挥各级双拥工作职能部门的作用，形成齐抓共管的整体合力，切实加强对基层双拥工作的指导，不断提高双拥工作水平。要认真抓好各级双拥机构建设，解决好人员编制、经费、车辆等问题，确保各级双拥工作有人管、有人抓。要根据政府换届和军地成员单位领导变动的情况，及时调整健全双拥工作领导小组成员和办公室。各部队要大力支持驻地双拥办的工作，特别是在抽调干部轮流值班、临时派遣车辆、完成突击性任务等方面，要给予大力支持，并注重培养和宣扬典型，完善军地协调机制。

广东省双拥工作领导小组第十八次全体成员会议

2004年6月28日，广东省双拥工作领导小组在省政府召开第十八次全体成员会议。省委副书记、省长、省双拥工作领导小组组长黄华华出席会议并讲话，省军区政委蔡多文少将和各成员单位的领导出席了会议。会议由省政府副省长、省双拥工作领导小组副组长李容根主持。

会议认为，全省的双拥工作在省委、省政府、省军区和省双拥工作领导小组的领导下，围绕改革、发展、稳定的大局，认真贯彻党中央、国务院、中央军委关于新时期拥军优属、拥政爱民的工作方针，不断巩固发展军爱民、民拥军、心连心的大好局面。各级领导对双拥工作更加重视，军政军民关系空前紧密，优抚安置政策得到进一步落实，优抚保障水平有了新的提高，基层双拥共建工作成效显著，涌现出了一批全国双拥模范城（县），提高了全民国防意识，促进了军队现代化建设，推动了经济社会发展，维护了社会稳定。

会议指出，要广泛深入地开展双拥典型和爱国主义的宣传教育。要注意宣传这次双拥先进单位和先进个人的事迹，宣传双拥共建活动对部队战斗力和地方生产力所产生的巨大作用。进一步加强对优抚对象的爱国主义和革命传统教育，鼓励他们自觉维护社会稳定。继续广泛深入地开展创建双拥模范城（县）活动，要以这次命名为契机，继续把创建双拥模范城（县）活动作为稳定社会、促进经济发展和精神文明建设的重要内容抓紧抓好，保持不断深入持久地开展，进一步加强和巩固军政军民团结。要广泛开展科技、智力、文化拥军活动，积极支持部队搞好后勤保障社会化工作，配合部队完成战备、训练、演习和国防科研等重大任务，做好维护军事设施安全工作。认真解决好双拥工作中的热点难点问题。要帮助部队搞好野外驻训、海训和军事演习期间的各项保障工作，积极配合部队做好后勤保障社会化改革，做好军转干部和退伍军人的安置工作，圆满完成军队体制编制调整改革期间军转安置任务，加快城镇退役士兵安置改革步伐，全面推进自谋职业。要不断推进双拥工作的发展创新。要继续加强对非公有制经济组织和社会组织双拥共建活动的组织领导，深入开展双拥共建工作的理论研究，进一步探索非公有制经济组织和社会组织双拥共建的内容、途径和形式。要积极开展社区双拥共建工作，扩大双拥工作的群众基础和社会基础。要适应新形势的需要，进一步加强双拥机构和队伍建设。要适应新形势的要求，进一步加强对双拥领导机构和工作机构的建设，完善和充实各级双拥工作领导小组和办公室，建立起运转正常、协调畅顺的组织机构，并在经费和办公条件方面给予大力支持。

会议听取了省民政厅副厅长、省双拥办副主任范俊龙同志代表省双拥办所作的《关于第七届省双拥模范城（县）评比命名有关问题的说明》和《关于推荐表彰省双拥模范单位和个人有关问题的说明》，审议通过了广东省拟命名的双拥模范城（县）及拟表彰的双拥模范单位和个人的名单。

广东省庆祝中国人民解放军建军77周年军政座谈会

2004年7月30日，广东省委、省政府、广州军区在珠岛宾馆召开座谈会，热烈庆祝中国人民解放军建军77周年。中共中央政治局委员、广东省委书记张德江，广东省委副书记、省长、省双拥工作领导小组组长黄华华，广州军区司令员刘镇武上将，广州军区政委杨德清上将等出席了座谈会。座谈会由广东省委副书记欧广源主持，黄华华、刘镇武分别在会上作了重要讲话。

黄华华代表省委、省政府和全省人民向驻粤人民解放军和武警部队全体官兵，以及烈军属、革命伤残军人、转业复员退伍军人、军队离退休干部致以节日的祝贺和亲切的问候，简要介绍了广东省2004年上半年经济社会发展情况和下半年的工作安排。他说，2004年以来，广东省各级党委、政府带领全省人民坚决贯彻执行中央宏观调控的各项政策措施，全省经济社会发展呈现出快速健康协调发展的良好态势。初步核算，上半年全省完成生产总值6959.67亿元，同期增长15.1%，增幅同比提高2.5个百分点，为近10年来同期最好水平。上半年全省经济社会发展呈现出经济增长内在动力明显增强、宏观调控取得明显成效、经济效益明显改善、各项社会事业蓬勃发展、社会保持稳定的特点。

黄华华指出，2004年下半年广东省的经济工作要进一步牢固树立和认真落实科学发展观，重点做好八个方面的工作：一是继续贯彻落实中央宏观调控的政策措施。二是继续加强经济运行调节，认真解决好电力瓶颈问题，切实做好原材料采购和储运工作，加强市场监管，规范市场秩序。三是采取有效措施，实现产业发展、区域合作、县域经济发展、基础设施建设四个新突破。四是积极扩大内外需求，加大招商引资力度。五是深化经济体制改革，努力解决制约经济健康发展的体制性障碍。六是加强依法治税，确保财政增收。七是加快文化大省建设步伐。八是切实关心人民群众的生活，继续推进“十项民心工程”，把事关人民群众生活的问题抓好抓实，确保社会稳定。

刘镇武对广东省各级党委、政府和始终关心支持部队建设的广东省各级领导和广大人民群众表示衷心感谢。他说，广东省历来有着拥军优属的优良传统。广东省委、省政府坚持科学发展观，逐步建立了经济建设与国防建设互相促进、协调发展的新机制，有力地促进了部队的全面建设。驻粤部队全体官兵将进一步牢记我军的神圣职责，开拓进取、扎实工作，为祖国的现代化建设和人民的幸福安宁提供可靠的安全保障。

广西壮族自治区双拥工作电视电话会议

2004年11月11日，广西壮族自治区党委、自治区人民政府、广西军区在南宁隆重召开双拥工作电视电话会议。会议传达了全国双拥工作会议精神，总结了2001年以来双拥工作情况，命名了新一轮双拥模范城（县、区）和双拥先进县（市、区），表彰了一批双拥模范单位和个人，交流经验，研究部署当前和今后一个时期的双拥工作。自治区领导曹伯纯、陆兵、马庆生、刘奇葆、郭声琨、马铁山、潘琦、李纪恒，以及驻桂部队的主要领导参加了会议，全国双拥办和广州军区政治部领导应邀参加会议。会议由自治区副主席孙瑜主持。

会上，自治区党委副书记、双拥工作领导小组组长马铁山总结了三年来自治区双拥工作的基本情况，对当前和今后一个时期的双拥工作作了部署。他强调，一是要深入开展以爱国主义为核心的国防双拥教育，进一步打牢广大军民做好双拥工作的思想基础。二是要发扬与时俱进的精神，不断创新丰富双拥工作的形式内容。三是要进一步抓好基层双拥工作。四是要加大对双拥热点难点问题的解决力度。五是要加强双拥调查研究。

最后，广州军区政治部秘书长张仲会对驻桂部队今后的双拥工作提出了要求。一是要进一步认清形势，明确任务，理清思路，以与时俱进的精神积极投入到创建活动中去，用每个官兵的实际行动谱写拥政爱民的新篇章。二是要教育广大官兵发扬我军拥政爱民的优良传统，视人民为父母，视驻地为故乡，不断树立文明之师、爱民之师的良好形象。三是要始终不渝地坚持全心全意为人民服务的宗旨，牢固树立“国家富强我自豪，人民富裕我高兴”的思想，在完成战备执勤、教育训练等各项任务的前提下，积极支援和参加驻地的开发建设，以主人翁的姿态为广西的社会稳定和经济腾飞作出新的贡献。四是要进一步密切军政军民关系，积极预防和妥善处理军警民纠纷，积极创造良好的社会氛围，促进社会主义精神文明建设。五是各级军分区、人武部要在双拥工作中充分发挥桥梁纽带作用，积极主动地做好牵头、协调工作，不断推动双拥工作的深入发展。

四川省双拥工作领导小组第十一次全体成员会议

2004年7月26日，四川省委、省政府、省军区召开了省双拥工作领导小组第十一次全体成员会议。会议以邓小平理论和“三个代表”重要思想为指导，认真贯彻党的十六大精神，传达学习了《全国拥军优属、拥政爱民工作会议纪要》，听取了省民政厅副厅长、省双拥办主任李钢就全省2003年创建全国双拥模范城（县）情况和2004年全省开展创建省级双拥模范城（县）活动情况的汇报，讨论审议了省双拥办提出的关于做好创建省级双拥模范城（县）命名表彰工作的建议方案。省委副书记、省长、省双拥工作领导小组组长张中伟，省委常委、省军区政委、省双拥工作领导小组副组长周光荣出席会议并作了重要讲话。省双拥工作领导小组27个成员单位领导参加了会议。会议由副省长、省双拥工作领导小组副组长张作哈主持。

会议指出，深入贯彻全国双拥工作会议精神，是当前和今后一个时期全省双拥工作的首要任务。扎实做好新形势下的拥军优属、拥政爱民工作，对促进四川发展新跨越、推进军队和国防后备力量建设将发挥出极其重要的服务保障作用。

会议认为，2003年全省双拥工作在全国双拥工作领导小组指导下，在省委、省政府和省军区的领导下，在省双拥工作领导小组成员单位的共同努力下，全省各级领导和广大军民高举邓小平理论伟大旗帜，以“三个代表”重要思想为指导，认真贯彻十六大、十六届三中全会和省委八届三次会议精神，按照“同呼吸、共命运、心连心”的总要求，围绕“全面建设小康社会和促进军地共同发展”的目标，以创建国家级双拥模范城（县）活动为契机，扎实开展双拥创建活动，取得了创建国家级双拥模范城（县）活动以来的最好的成绩，军政军民关系得到了进一步的巩固和发展，为全省跨越式发展、促进社会全面进步和驻川部队建设作出了积极贡献。

西藏自治区双拥工作会议

2004年7月21日，西藏自治区隆重召开全区双拥工作会议。会议的主要任务是，以邓小平理论和“三个代表”重要思想为指导，传达学习了全国双拥工作会议精神，全面回顾总结了自治区双拥工作情况和取得的经验，分析了形势，明确了当前和今后一个时期的双拥工作任务，命名表彰了一批双拥模范城（县）、双拥模范单位和个人。自治区常务副主席土登才旺、西藏军区副政委多嘉出席会议并讲话。

会议认为，拥军优属、拥政爱民，是我党我军我国人民的优良传统和特有的政治优势。在长期的革命斗争和建设过程中，驻藏部队官兵和自治区各族人民精诚团结，并肩作战，谱写了无数军民团结战斗的光辉篇章。特别是1991年首次召开双拥工作会议以来，自治区党委、政府和驻藏部队在邓小平理论和“三个代表”重要思想指引下，认真贯彻落实党中央、国务院、中央军委关于双拥工作的重要指示，积极适应国际国内形势的发展变化，按照西藏经济社会发展的客观要求，带领全区各族人民和驻藏部队广大官兵，紧紧围绕“抓住机遇，深化改革，扩大开放，促进发展，保持稳定”的工作大局，深入持久地开展拥军优属、拥政爱民活动，进一步增进了军民鱼水情谊，增强了军政军民团结和民族团结，为西藏的改革开放、经济发展、社会稳定、边防巩固和军队现代化建设作出了积极贡献。13年来，西藏军地各级领导和广大军民，始终站在维护祖国统一和民族团结的立场上，重视双拥、支持双拥、推动双拥，同心同德，携手并肩，顾全大局，共同奋斗，在世界屋脊奏响了一曲曲“军爱民、民拥军，军民团结一家亲”的壮丽凯歌，证明了“军民团结如一人，试看天下谁能敌”这一颠扑不破的真理，涌现出了一批又一批民族团结的模范以及双拥先进单位和个人，为促进全区经济社会发展，维护安定团结的政治局面，全面推进部队现代化建设作出了突出贡献。特别是武警边防总队帕里边防派出所，由于事迹突出，2003年12月被国务院、中央军委授予“模范边防派出所”光荣称号，成为自治区双拥工作的一面旗帜。

会议指出，新世纪新阶段新任务，为我们推进跨越式发展和全面建设小康社会赢得了新的发展机遇，但在前进中还面临着许多不利因素，国际国内形势正在发生复杂而深刻的变化。以美国为首的西方敌对势力从未放弃对我实施“西化”、“分化”的政治图谋，民族分裂势力、宗教极端势力、暴力恐怖势力和“法轮功”等邪教组织的破坏活动始终没有停止。要战胜前进道路上的种种困难和风险，完成自治区“一加强、两促进”的历史任务，比以往任何时候都更加需要党政军警民的紧密团结，比以往任何时候都更加需要广大军民的齐心协力和不懈奋斗。我们一定要站在国家长治久安、民族兴旺发达的高度，充分认识加强军政军民团结的重大政治意义，切实把双拥工作摆在事关全局的重要位置，坚持不懈地抓紧抓实抓好。

会议确定，当前和今后一个时期的双拥工作，要坚持以邓小平理论、“三个代表”重要思想和党的十六大精神为指导，认真落实党中央、国务院、中央军委关于加强军政军民团结的指示精神，紧紧围绕跨越式发展和全面建设小康社会的目标任务，完善工作机制，创新工作方式，巩固和发展军政军民团结，为推动经济社会发展、加强军队现代化建设和维护社会稳定提供强大动力。一是认真学习贯彻“三个代表”重要思想，不断谋求双拥工作新发展。“三个代表”重要思想既是党的立党之本，执政之基，力量之源，也是做好新形势下双拥工作，进一步加强军政军民团结的思想武器。各级党政组织和部队机关要按照中央的部署和要求，组织军民深入学习“三个代表”重要思想，用党的最新理论成果把广大军民武装起来、凝聚起来，为实现自治区的跨越式发展和长治久安的目标而努力奋斗。要更加自觉地把“三个代表”重要思想运用到双拥工作实践中，按照服务大局、注重建设、立足基层、求实创新的思路，与时俱进地开展双拥工作。要坚持用“三个代表”重要思想指导双拥实践，进一步理清思路，明确方向，丰富内容，提高标准，使双拥工作在更高的起点上推进，更好地为自治区经济建设、改革开放、社会稳定和部队建设服务。二是紧紧围绕跨越式发展和全面建设小康社会的奋斗目标，加大双拥工作力度。实现跨越式发展和全面建设小康社会，需要党政军警民的共同努力。必须紧紧抓住发展这个执政兴国的第一要务，坚持围绕发展抓双拥、抓好双拥促发展，不断丰富双拥工作内容，拓宽领域，加大力度。各级政府和部门要围绕推进中国特色军事变革，围绕自治区部队建设的实际，扎实做好支持国防和军队建设工作。深入进行以爱国主义为核心的国防教育和双拥宣传教育，按要求制定规范的、切合实际的国防教育纲要，开展形式多样的教育活动，引导广大干部群众牢固树立国家利益至上的观念，增强关心支持军队建设的责任感和自觉性。积极配合部队搞好体制编制调整改革，做好优抚安置、单位交接、部队移防和军事设施保护等工作。要把支持军事斗争准备作为拥军重点，配合部队完成各种训练演习任务，支援重点军事工程建设，继续协助部队搞好基础设施建设，改善营区环境，做好军队后勤保障社会化工作。研究制定科技、教育、智力拥军，支持军队实施人才战略工程的规划措施，多形式、多渠道帮助培养高素质新型军事人才。在进行经济建设特别是基础设施建设时，要按照“平战结合、军民结合”的要求，充分考虑军事需求，进一步形成经济建设与国防建设相互促进、协调发展的机制。同时，驻藏解放军和武警部队要按照中央军委、总部的要求，研究制定参加和支持跨越式发展和全面建设小康社会的规划，积极支援地方经济建设。要围绕发展重点，集中力量建设一批基础设施重点工程，组织部队参与“兴边富民”行动，大力开展扶贫帮困活动和植树种草等生态环境治理工作。充分发挥部队人才、技术等优势，加大对地方教育、科技、文化、卫生等的支持力度。继续做好抢险救灾工作，研究掌握自然灾害的特点规律，制定应急方案，确保一有灾情，部队能够迅速行动，圆满完成任务。三是加强军地团结协作，促进社会局势从基本稳定到长治久安。军政军民团结是胜利之本，稳定之基，是保持和促进社会稳定的重要因素。各地、各部队要把维护稳定、促进发展作为双拥工作的重要任务，教育广大军民充分认清保持社会局势稳定的重要性，倍加顾全大局、倍加珍视团结、倍加维护稳定。组织军民积极参加民族团结进步活动，搞好党的民族宗教政策的宣传教育，坚定不移地维护民族团结、维护社会稳定、维护祖国统一。引导转业退伍军人珍惜荣誉，发扬传统，自觉维护稳定大局。建立健全军警民联防机制，加大社会治安综合治理力度，对达赖集团危害国家安全和社会稳定的分裂活动和突发事件，部队和地方要密切配合，果断处置，努力创造长治久安的良好社会环境。军地双方要从维护稳定大局出发，积极预防和妥善处理军民纠纷，对军地历史遗留问题，要认真梳理，尽快解决，防止久拖不决引发纠纷。要依靠群众掌握边境敌情社情，搞好边防巡逻、执勤，军民同守共建，筑起边防坚不可摧的铜墙铁壁，军政军民齐心协力，共同完成对外反蚕食，对内反分裂的双重任务。四是加强军民共建，积极开展双拥模范城（县）创建活动。军民共建精神文明活动，既是密切军民关系的重要形式，又是把双拥工作任务落实到基层的有效途径。要按照“坚持方向、丰富内容、拓宽领域、注重实效”的要求，深入开展军民共建社会主义精神文明活动。要根据自治区实际，充分发挥广大官兵和人民群众的积极性、创造性，努力探索富有时代特色和自治区特点的双拥工作新路子，不断丰富双拥工作的内容，推进双拥工作社会化。把军民共建同共建文明城市、文明街道、文明社区、文明行业、文明乡镇的活动有机地结合起来，着眼于社会主义物质文明、政治文明和精神文明协调发展，大力传播新思想、新道德、新风尚，弘扬和培育中华民族精神，总结宣扬典型，促进双拥工作整体水平的提高。按照国家要求，进一步完善双拥模范城（县）命名标准，努力提高创建活动质量；广泛开展争创双拥模范单位、争当双拥模范个人活动，积极引导广大军民进一步端正创建双拥模范城（县）的指导思想，正确处理“争”与“创”的关系，把功夫下在平时，下在基层，下在经常性的基础工作上，把创建的过程变成促进双拥工作的过程，推动群众性双拥活动深入开展。五是以与时俱进的精神，推动双拥工作改革创新。发展靠改革，改革靠创新。做好新形势下的双拥工作要大力弘扬与时俱进的精神，认真分析新形势下我区双拥工作出现的新情况、新问题，研究加强军政军民团结的新思路、新办法。用新的观念研究新的问题，用新的办法解决新的矛盾，力求使双拥工作在围绕中心、服务大局上有新的作为，在解决重点难点问题上有新的突破，在推进社会化、经常化上有新的成效。不断完善双拥工作运行机制，把政府行为与社会行为、行政调节与市场调节结合起来，使双拥工作制度化、法制化、经常化、社会化。六是进一步加强基层双拥工作。双拥工作是一项政治性、政策性、社会性很强的工作，做好双拥工作基础在基层，关键在基层。要按照“组织健全、政策落实、活动经常、关系融洽”的要求，下大力气抓好基层的双拥工作。无论是创建双拥模范城（县），还是开展军民共建活动，都要着眼基层，立足基层。要进一步建立健全地（市）、县（市）双拥工作领导机构和协调顺畅的运行机制，充分发挥地（市）、县（市）双拥工作领导小组和双拥办的职能作用。健全完善基层群众性双拥组织和服务网络，推动双拥工作进企业、进乡村、进机关、进学校、进社区、进连队。建立领导干部双拥工作联系点制度，加大协调、研究、解决基层实际问题的力度。坚持典型引路，大力培养和宣传先进典型，推动双拥工作的广泛开展和各项任务的真正落实。

陕西省双拥工作电视电话会议

2004年12月10日，陕西省双拥工作电视电话会议在西安召开。会议的主要任务是，传达全国双拥办主任会议精神，回顾2004年双拥工作情况，研究部署2005年双拥工作任务。副省长、省双拥工作领导小组副组长张伟，省军区副政委李登武少将，省双拥工作领导小组成员单位和驻西安市区部队独立师以上单位的有关负责同志在西安主会场参加了会议，各市双拥工作领导小组及成员单位、双拥办和驻地部队的负责同志在各市分会场参加了会议。省委秘书长、省委办公厅主任、省双拥办主任励小捷主持会议。

会上，省委副书记、省双拥工作领导小组副组长董雷作了重要讲话。他强调要以科学发展观统领双拥工作，坚持以人为本，协调推进，扎实工作，促进国防建设和经济社会全面协调持续发展。他指出，今年以来，全省各地和驻陕各部队按照党中央、国务院、中央军委的要求和省委、省政府、省军区关于做好双拥工作的部署，紧密结合军地实际，深入学习贯彻了全国双拥工作会议精神，广泛开展了“办实事、解难题、作贡献”活动，争创双拥模范城（县）活动热情高涨，双拥政策得到有效落实，使全省双拥工作继续保持了蓬勃发展的良好势头。他强调，2004年初，国务院召开了新时期具有里程碑意义的全国双拥工作会议。5月，国务院、中央军委又批转了《全国拥军优属拥政爱民工作会议纪要》，进一步明确了新时期开展双拥工作的指导思想、主要任务、创新发展和组织领导，是今后做好双拥工作的行动纲领。10月，全国双拥工作领导小组又批准召开了全国省区市双拥办主任会议，对贯彻全国双拥工作会议精神和国务院、中央军委批转的《会议纪要》精神作了全面部署。陕西要结合实际，进一步搞好贯彻和落实。

会议明确了2005年双拥工作的总体思路和主要任务。一是坚持以邓小平理论和“三个代表”重要思想为指导，全面落实科学发展观，开创双拥工作新局面。要坚持以人为本，实现好、维护好、发展好广大军民的根本利益。要坚持协调推进，使双拥工作全面发展。要加强国防教育和双拥宣传教育，打好双拥工作持续发展的基础。要大力加强理论研究，促进双拥工作持续发展。二是加大军地互相支持力度，促进国防事业和经济社会协调发展。各级党委、政府和有关部门要围绕促进中国特色军事变革和新时期军事斗争的需要，有意识、有计划地将双拥工作贯穿到国防建设和经济发展各项工作中去，牢固树立国防建设与经济建设协调发展的思想，把关心、支持国防和部队建设作为义不容辞的政治责任，扎实做好支持国防和军队建设工作。驻陕人民解放军和武警部队要发扬光荣传统，一如既往地支持地方的改革发展。三是广泛开展创建双拥模范城（县）活动，进一步巩固和发展双拥模范城（县）创建活动的成果。创建双拥模范城（县）活动是深化双拥工作的重要载体，是提高双拥工作整体水平的有效手段，一定要坚持标准，讲求实效，不断做好巩固、发展和提高工作。四是加强双拥法规建设，完善双拥工作机制。要进一步健全完善双拥法规，及时修改补充不适应的相关内容，把经过实践证明的成功经验用法规的形式固定下来，依法解决问题，依法开展双拥工作。五是进一步加强双拥机构和队伍建设，不断提高双拥工作水平。各级党委、政府要适应新的形势，进一步加强双拥工作领导机构和工作机构建设，完善和充实各级双拥工作领导小组，保证双拥工作在党委、政府和部队机关的领导下顺利开展。要配齐配强双拥机构工作人员，建立起运转正常、协调顺畅的组织机构，为双拥工作提供有力的组织保证，并在经费和办公条件方面给予支持。

会议指出，保证双拥工作深入发展，还必须完善双拥工作机制，激发双拥工作的内在活力。要建立完善军地协调机制。继续坚持党委议军会、定期走访、信息通报等制度，及时沟通军地关系，解决双方之间的具体问题，真正在国防教育、军民共建、抢险救灾、训练演习损失赔偿、军民纠纷解决等方面形成齐抓共管的合力。要形成双拥办与领导小组成员单位独立发挥作用和相互配合的机制。各级双拥办是双拥工作的组织者、协调者，要切实履行好自己的职责，搞好军地之间和双拥工作领导小组成员单位之间的协调配合。领导小组成员单位既是各项双拥任务的落实者，又是相关双拥政策的制定者，是新形势下双拥工作发展的重要角色。

会议要求，全省各级双拥办要深入贯彻党的十六届四中全会精神，按照全国双拥办主任会议的要求和省委十届五次全会的部署，切实加强自身能力建设。要不断提高驾驭全局的能力，能够在摸清双拥现状、研究双拥问题、把握双拥规律、制定双拥政策等方面下工夫、花气力、出成果，推动双拥工作重大决策的有效执行和重要事项的顺利实施。要不断提高参谋决策能力，能够使双拥工作具有预见性、体现规律性、富于创造性，为党委、政府和驻陕部队做好双拥工作当好参谋助手。要不断提高组织协调能力，能够组织好双拥工作的各项事务，协调好驻陕部队与全省各地之间、领导小组成员单位之间等各方面的关系，促进全省双拥工作协调发展。要不断提高指导工作的能力，善于发现和培养好典型、总结和推广好经验，以点带面，推动双拥工作全面发展。省双拥办要发挥好自身作用，搞好人员培训和业务交流工作，进一步提升全省双拥工作队伍的能力，大力提高全省双拥工作的水平。

会议号召，陕西是双拥运动的发祥地，新时期的双拥工作任重而道远。让我们紧密团结在以胡锦涛同志为总书记的党中央周围，以科学发展观为指导，认真落实党的十六大、十六届四中全会和全国双拥工作会议、省委十届五次全会的精神，继续努力，扎实工作，不断巩固和发展军政军民团结的大好局面，续写出新时期双拥工作的壮丽篇章。

甘肃省双拥工作领导小组第十六次全体成员会议

2004年3月24日，甘肃省双拥工作领导小组在兰州召开第十六次全体成员会议。会议传达了全国双拥工作会议精神，听取了《2003年全省双拥工作情况报告》，部署了2004年全省双拥工作要点。省委副书记、省双拥工作领导小组组长陈学，省军区副政委、省双拥工作领导小组副组长丁德福在会上分别作了重要讲话。会议由省民政厅厅长、省双拥办主任黄续祖主持。

会议认为，2003年全省双拥工作在省委、省政府、省军区的正确领导下，坚持以党的十六大精神和“三个代表”重要思想为指导，紧紧围绕全面建设小康社会的奋斗目标和改革发展稳定的大局，以“发展社会生产力、提高部队战斗力和增强军民凝聚力”为根本，立足基层，求实创新，深入扎实地开展拥军优属、拥政爱民活动，进一步巩固和发展了“同呼吸、共命运、心连心”的新型军政军民关系，为全省改革发展稳定和部队建设作出了新的贡献。一是围绕纪念双拥运动60周年，广泛开展国防教育和双拥宣传，进一步形成了军爱民、民拥军的浓厚氛围。二是广泛深入开展“双四好”活动，有力地推动了双拥工作各项任务在基层落实。三是积极推进联片创建活动，双拥工作整体水平明显提高。四是深入开展双拥模范城（县）创建活动，有力地促进了军地的发展。五是驻甘部队积极支援地方经济建设，军地合力共同抗御严重自然灾害。

会议指出，过去的一年，全省双拥工作以纪念双拥60周年和命名表彰活动为契机，以推动联片创建和广泛开展“双四好”活动为重点，不断加大了军民共建和互办实事的力度，各项工作都取得了显著成绩。但也要看到工作与形势发展要求还有很大差距。国防教育和双拥宣传还不够深入，对先进典型缺乏系统的总结、宣传和推广；双拥模范城（县）创建活动缺乏创新，有的标准不高，工作处于一般化的状态；联片创建还有待于进一步深化，一些地方对此不够重视，没有明确的规划和目标，缺乏具体的思路和措施；重点优抚对象的“三难”还没有从根本上得到解决，退役士兵和军嫂就业安置率仍然比较低；一些基层单位群众性的双拥共建力度不够，缺乏活力。这些问题要引起高度重视，切实采取有力措施，逐步加以解决。

会议强调，2004年是实现“十五”计划的关键一年，也是深化改革、扩大开放、加快发展的重要一年。全省双拥工作的重点任务和安排打算是：一是以“三个代表”重要思想统领双拥工作。要牢固确立“三个代表”重要思想在双拥工作中的指导地位。用党的最新理论成果把广大军民武装起来、凝聚起来，进一步激发广大军民的政治热情，更加自觉地投身到建设中国特色社会主义的伟大事业中去。二是更加扎实深入地开展国防教育和双拥宣传。在新的历史时期，我们要深刻认识加强军政军民团结的重大政治意义，切实把双拥工作作为一项事关全局的战略任务来抓。要教育广大军民增强忧患意识，倍加顾全大局，倍加珍惜团结，倍加维护稳定。要把贯彻《国防教育法》同双拥传统教育纳入国民教育体系和部队政治教育计划，有组织、有领导地抓好落实。三是继续推进联片创建活动深入发展。要按照“推动联片创建，发展特色双拥”的总体思路，积极探索双拥工作的新形式、新载体、新路子。要全面启动“天兰双拥文明线”创建的实施工作，沿线各地要按照《创建“天兰双拥文明线”总体规划》要求，制定工作规划，完善保障措施，形成良好的创建机制和发展态势。要加强对创建双拥模范城（县）活动的指导，按照坚持方向、丰富内容、拓宽领域、注重实效的要求，把双拥创建活动不断引向深入。四是切实把双拥工作的重点放在基层。要继续把开展“双四好”活动同大力推进社区双拥工作紧密结合起来，依托社区普遍建立双拥工作站，逐步形成思想教育、家政服务、社区文化、医疗保障、优抚安置、助残帮困等综合性服务网络，不断满足广大军民不同的服务需求。五是围绕发展稳定大局，加强军地之间的团结协作。要围绕推进中国特色军事变革和军队现代化跨越式发展，更加深入扎实地做好支持国防和军队建设工作。六是进一步加大对双拥工作的指导力度。各级党委、政府和军队领导机关，要切实加强对双拥工作的领导，加大协调力度，形成领导高度重视、部门积极配合、军地携手互动、军民广泛参与的格局，保证双拥工作持续深入开展。各级主管部门要以高度负责的精神，使双拥工作与经济社会发展和部队建设有机结合，统筹规划，同步实施。双拥办要认真履行组织、协调、指导和服务职能，积极主动地为党政军领导当好参谋和助手。要坚持把双拥工作的重点放在基层，按照“组织健全、政策落实、活动经常、关系融洽”的要求，加强对基层指导。要进一步完善成员单位年度工作报告、督促检查、军地合署办公等制度，确保各项工作有序进行。

会议强调，2004年双拥工作的任务十分繁重，大家一定要在省委、省政府、省军区的领导下，全面贯彻“三个代表”重要思想，与时俱进，改革创新，立足基层，狠抓落实，不断巩固和发展军政军民团结的大好局面，努力为实现全面建设小康社会，增强经济实力、国防实力和民族凝聚力作出新的贡献。

青海省双拥工作会议

2004年12月20日，青海省委、省政府、省军区在西宁召开了省双拥工作会议。会议以“三个代表”重要思想和党的十六大精神为指导，认真贯彻落实全国双拥工作会议精神，总结交流了1991年全省双拥工作会议以来的经验，研究部署了当前和今后一个时期的双拥工作任务，命名表彰了双拥模范城（县）、双拥模范单位和个人。省委副书记、省双拥工作领导小组组长宋秀岩，省军区副政委林建忠分别作了重要讲话。省双拥工作领导小组全体成员，各州、市、地、县（区）双拥工作领导小组负责同志，驻青海部队师以上单位的领导，双拥模范城（县、区）、双拥模范单位和个人代表出席了会议。副省长穆东升作了拥军优属拥政爱民工作报告，大通县、总后青藏兵站部、青海宏基投资（集团）股份有限公司等军地单位和个人分别介绍了做好新形势下双拥工作的经验。

会议认为，党的十六届四中全会以来，全省军民认真贯彻党中央、国务院、中央军委关于加强军政军民团结的指示精神，紧紧围绕党和国家的中心任务，创造性地开展双拥工作，取得了新的历史性成就。以爱国主义为核心的国防教育深入人心，双拥创建和军民共建活动蓬勃发展；军地在政治、经济、军事、文化等领域的相互支持协作更加有力，军爱民、民拥军的鱼水情谊不断得到巩固和发展；广大军民立足高原，不畏艰苦，弘扬“五个特别”的高原精神，积极开展“军民共建高原千里文明线”、“军民共建文明青藏公路运输线”和“民族团结进步创建”等活动，军政军民关系和民族关系更加融洽；驻青部队奋力参加抢险救灾，努力完成急难险重任务，在支援重点工程建设、生态环境保护、扶贫育人等三大工程建设中作出了突出贡献；认真探索与社会主义市场经济相适应的双拥工作新途径，不断完善双拥工作的法规政策，妥善做好转业复员退伍军人安置工作，重点优抚对象基本生活得到有效保障。军政军民团结同心，为加快青海经济社会发展创造了良好的社会政治环境。

会议指出，拥军优属、拥政爱民，是我党我军的优良传统和特有的政治优势，是我们战胜困难、夺取胜利的重要法宝，是一项带有全局性、战略性的工作。进入新世纪新阶段，国际局势并不太平，国内发展和改革还面临不少矛盾和问题，青海既是西北边境重要后方基地，又是与达赖集团进行反分裂斗争的前沿阵地，战略位置十分重要，维稳任务艰巨繁重。我们要完成“建设小康、富民强省”、“深化改革、创新体制”的两大历史任务，比以往任何时候都更加需要加强军民团结，更加需要军民共同奋斗。全省各级党委、政府和军事领导机关要充分认识做好双拥工作、加强军政军民团结的极端重要性，切实把双拥工作作为事关全局的重大政治任务，不断增强做好双拥工作的政治责任感和历史使命感，一如既往地重视双拥，推动双拥，努力开创双拥工作的新局面。

会议强调，新时期双拥工作要坚持以“三个代表”重要思想和党的十六大精神为指导，树立和落实科学发展观，紧紧围绕全面建设小康社会，以增强经济实力、国防实力和民族凝聚力为目标，以加强军政军民团结、维护社会稳定、促进经济发展、推进军事斗争准备为重点，深入扎实地开展拥军优属、拥政爱民活动，努力为青海省的改革发展稳定和部队建设创造良好的社会环境。

宁夏回族自治区双拥理论研讨暨优抚工作会议

2004年11月30日，宁夏回族自治区双拥理论研讨暨优抚工作会议在银川召开。会议主要传达贯彻全国双拥办主任会议和全国优抚工作会议精神；安排部署今后一个时期的双拥工作及贯彻落实新出台的《军人抚恤优待条例》的各项任务；进行双拥理论研讨交流及总结表彰。自治区双拥办、民政厅等有关厅局，宁夏军区领导，各市、县（区）双拥办公室主任、民政局分管局长、驻宁夏部队建制团以上单位分管拥政爱民工作的负责人参加了会议。

会议传达了全国双拥办主任会议精神和全国优抚工作会议精神。军地双方共13人作了双拥理论研讨发言，宣读了《关于双拥理论研讨情况的通报》，向34名理论研讨文章一、二、三等奖作者颁发了荣誉证书。

会议指出，2005年和今后的双拥工作要坚持以“三个代表”重要思想为指导，确保双拥工作服务于国家和军队建设大局；要加强理论研讨，坚持创新发展，确保双拥工作始终充满生机与活力；要狠抓政策落实，坚持求真务实，确保双拥工作的质量和水平。2005年要重点做好三项工作：一是深入贯彻党的十六届四中全会精神，围绕提高党的执政能力，扎实开展双拥工作。党的十六届四中全会作出了关于加强党的执政能力建设的决定，这是总结国内外执政党的历史经验而提出的新的历史性任务。加强党的执政能力建设，不仅涉及党政各组织、各系统、各层面，同样也涉及到双拥工作。各地、各部队要通过“共学”、“互帮”、“双促”等形式，以提高党的执政能力建设为重点，以这次双拥理论研讨会的召开为契机，进一步确立双拥工作新思路；以推进构建和谐社会为突破口，构建双拥工作的新平台；以提高社会生产力和部队战斗力为出发点，拓宽双拥工作的新视野，真正把人民团结在党的旗帜下，把力量凝聚在全面建设小康社会的伟大事业上。二是认真落实拥军优抚安置政策，切实保障优抚对象的合法权益。新的《军人抚恤优待条例》已颁布实施，贯彻落实条例成为明年优抚工作的重要任务。新的《条例》覆盖面广，政策性强，涉及问题多，各级要认真学习贯彻，立足实际，有针对性地加大对本地区抚恤政策的补充和完善的力度。要积极争取财政的支持和投入，抓好抚恤优待标准的落实，切实解决好优抚对象的“三难”问题。要建立健全优抚对象抚恤补助标准自然增长机制，确保优抚对象生活不低于当地平均生活水平。要拓宽安置渠道，加大安置政策力度，确保城镇退伍士兵安置就业及时到位。要切实把生活困难的重点优抚对象、退伍士兵纳入城市低保、农村救助范围内，重点给予保障。要认真落实《宁夏回族自治区拥军优属若干规定》，抓好对军人和优抚对象实施减免费用规定的落实，各部队要给予协助与支持。三是军地协力在互办实事、互解难事上下功夫。各地要紧紧围绕军队“打得赢、不变质”这个主题，积极帮助部队解决作战、训练、生活中的实际困难，减少部队官兵的后顾之忧，激励官兵的训练热情。各部队要加强与地方各级党委、政府的协作力度，进一步做好生态环境建设、帮贫扶困、捐资助学等工作，在帮助地方完成急难险重任务中真正体现威武之师的良好形象。

会议强调，做好双拥工作意义重大，各地各部队一定要认真践行“三个代表”重要思想，进一步用全国双拥工作会议精神统一思想，立足现实，牢记责任，齐心协力，开拓创新，努力形成做好双拥工作的整体合力，不断推动全区双拥工作的深入开展。

工作概述

二○○四年全国双拥工作情况

2004年，各地各部队各部门坚持以邓小平理论和“三个代表”重要思想为指导，树立和落实科学发展观，认真贯彻党的十六大和十六届三中、四中全会精神，按照全国双拥工作会议的要求，坚持围绕发展抓双拥，抓好双拥促发展，为国家和军队改革建设作出了新的贡献。

一、认真贯彻全国双拥工作会议精神，拥军优属、拥政爱民再掀新高潮

今年1月召开的全国双拥工作会议，是新时期具有里程碑意义的双拥盛会。会议系统总结了13年来双拥工作的基本经验，研究部署了新世纪新阶段双拥工作任务，命名表彰了309个全国双拥模范城（县）、206个双拥模范单位和99名双拥模范个人。党中央、国务院、中央军委对这次会议十分重视，江泽民同志为双拥模范单位和个人题词，温家宝同志作了重要讲话，回良玉同志作了工作报告。国务院、中央军委批转全国双拥工作会议纪要，对新形势下开展双拥工作的指导思想、基本任务、创新发展和组织领导提出明确要求，为做好当前和今后一个时期的双拥工作提供了基本依据。各地各部队各部门从践行“三个代表”重要思想、服务全面建设小康社会、推进中国特色军事变革的战略高度，把学习贯彻会议精神作为双拥工作的大事来抓。北京、吉林、山东、湖北、西藏、陕西等20多个省区市召开双拥工作会议，传达学习中央领导同志讲话和有关文件，对双拥工作进行部署。国家民委、司法部、文化部、团中央、全国总工会、全国妇联和全国工商联等成员单位，及时召开会议，结合本部门本行业实际，研究制定贯彻会议精神的规划措施。中宣部、广电总局指导中央电视台、中央人民广播电台播报双拥消息、专稿等460多篇。国资委对本系统受表彰的爱国拥军模范单位和个人，采取多种形式进行广泛宣扬。贵州省委常委专门建立双拥工作联系点，山东省修订颁发《基层双拥工作纲要》，指导基层贯彻会议精神。全国双拥办在抓好普遍指导的同时，组织对部分单位进行抽查，召开省区市双拥办主任会议，研究把贯彻会议精神引向深入的措施和办法。为使会议纪要明确的任务要求转化为做好工作的思路，吉林、上海、河南等地在总结近年来成功经验的基础上，提出以深化科技拥军、智力拥军支持部队信息化建设，开创拥军优属工作新局面。江苏、浙江、广东等地着眼复杂严峻的台海局势，把双拥工作重心转到推进军事斗争准备上来，形成军地协调行动、共谋打赢的局面。兰州、成都和沈阳军区按照统筹区域发展要求确立援建工作重点，加大支持西部大开发和振兴东北老工业基地力度。通过军地深入学习贯彻会议精神，广大军民积极参与双拥、推动双拥，掀起了拥军优属、拥政爱民的新高潮。

二、着眼推进中国特色军事变革，各地各部门支持军事斗争准备力度不断加大

各地各部门把关心国防和军队建设，推进中国特色军事变革作为重要政治任务，围绕军事斗争准备需要做好各项拥军工作。今年，我军相继在东南沿海、山东半岛、西北高原等地进行野外驻训和演习，江苏、浙江、广东、山东、新疆等地积极开展拥军活动，及时提供电力、通信、生活物资等服务，做好场地征用、民船征集、卫生防疫、群众损失赔偿等工作，保障部队圆满完成任务。铁道部、交通部建立军事运输保障机制，加强运力组织、通道保障、桥梁架设、道路复修等战备演练，优先保证部队训练演习、科研试验的运输需求。国防科工委严把科研生产质量关，确保武器装备的生产供应。为支持部队信息化建设，福建省拨出500万元专款，帮助驻闽旅团单位改善作战、通信、机要等基础设施；辽宁、上海、湖北、海南、四川、陕西等地和科技部、信息产业部等部门，充分挖掘科技、信息、教育资源潜力，深入开展各种形式的拥军活动，组织大专院校和科研机构与部队进行共建，签订人才培养、技术服务协议，帮助培养高素质新型军事人才 10 万余名，解决训练演习中的科技难题 3000 多个，技术革新 600 多项。据不完全统计，东部发达地区去年用于国防和军队建设的经费达 3 亿元左右，中西部地区也有 8000 多万元。东南沿海省份和新疆、西藏等边疆少数民族地区，还积极配合部队对战略资源、物资储备、科技人才分布等 20 类、38 个方面的支前潜力情况进行调查，修改完善支前保障、处置突发事件预案，为组织人民群众参战支前和维护社会政治稳定奠定了基础。福建、浙江、江西等地把战场建设纳入地方建设规划，已建和在建入闽通道 20 多条，新建、改建交通战备公路 6000 余公里，修建人防工程 200 多万平方米，积极为军事斗争准备创造条件。在部队体制编制调整改革中，河北、山西、内蒙古、黑龙江等地按照特事特办的原则，协助做好单位交接、营房换建、人员安置和军事设施保护等工作，解决涉及房地产、债权债务等问题。水利部采取措施优先满足部队战备、训练和生活用水需求，农业部支持部队发展农副业生产和“菜篮子”工程，为加强部队全面建设提供了有力保障。

三、围绕实施经济社会发展战略，军队支援国家建设的成效更加明显

全军和武警部队着眼统筹经济社会可持续发展，积极参加和支援小康社会各项建设事业。按照军委、总部的统一部署和推进区域协调发展要求，驻西部和东北地区部队研究制定具有综合效益的援建规划，支持西部大开发和东北老工业基地振兴发展。兰州、成都、广州军区和驻西部地区武警部队先后出动官兵 5 万多人次，投入劳动日 80 多万个，机械车辆上万台次，援建青藏铁路、西气东输、西电东送、长江和黄河中上游生态环境治理等重点工程建设项目 100 多项。总参谋部协调军地有关单位，形成西气东输可行性工程建设的有关意见，使管道缩短施工 60 多公里，为国家节省了大量资金。空军部队利用航空技术，出动飞机 200 多架次，飞播造林、人工降雨面积达 170 多万亩。总后勤部拓展医疗卫生帮扶的范围和方式，推动百家部队医院对口支援西部地区向纵深发展。陕西省军区组织部队和民兵预备役人员承建 106 条小流域综合治理，有效促进了驻地自然资源利用和生态环境保护。沈阳军区发挥部队组织严密、突击力强的优势，参加和支援驻地企业改造、水利工程等 200 多项基础建设项目，积极为东北老工业基地振兴作贡献。各部队按照城乡统筹发展的要求，认真做好以支援“三农”为重点的扶贫帮困工作。北京、济南、南京军区和海军、总参、总装部队采取定点、挂钩、对口扶贫等形式，巩固和新建扶贫点 1.9 万多个，转让技术项目 1200 多个，帮助 10 万多名群众脱贫致富。驻老、少、边、穷地区的二炮部队，配合当地政府推进节水灌溉、人畜饮水、乡村道路等“六小”工程，扶持集体经济 2800 多个，带动农村经济快速发展。全军官兵心系贫困群众，踊跃开展捐款助学和筹资济困活动，共捐款、筹资 6000 多万元，新建、援建希望小学 250 多所，帮助近 7 万名失学儿童重返校园，解决 5 万多名贫困和受灾群众的生产、生活困难。武警部队抽调精干警力配合公安执勤，对公共场所、重点目标实施昼夜武装巡逻，为维护社会政治稳定发挥了重要作用。特别是在云南、河南、四川、广西、内蒙古等地抗洪、扑火，东南沿海抗台风和新疆“八一”水库垮坝、重庆氯气泄露等抢险救灾中，部队官兵当先锋、打头阵，为保护国家财产和人民群众生命安全作出了贡献。

四、建立完善政策法规体系，双拥工作法制化建设迈出新步伐

依法双拥是适应国家法制化建设、保证双拥工作落实的根本措施。一年来，从中央到部门，从地方到军队，围绕解决广大军民普遍关心和影响军政军民关系的突出问题，进一步加大了双拥政策法规建设力度。国家相继发布《军人抚恤优待条例》、《关于做好 2004～2006 年军队体制编制调整改革期间转业干部安置工作的通知》，批转中组部、发改委、教育部、公安部、民政部、国土资源部、建设部、卫生部等 16 个部门《关于进一步做好军队离休退休干部移交政府安置管理工作的意见》，转发民政部、劳动和社会保障部、税务总局、工商总局等9个部门《关于扶持城镇退役士兵自谋职业优惠政策的意见》；民政、财政、教育、总政、总后等部门，联合出台优抚对象及其子女教育优待、军人残疾等级评定、移交政府安置的军队离退休干部及其无经济收入家属和遗属医疗保障等7个配套政策，初步形成了与市场经济和双拥工作发展相适应的政策法规体系。各省区市和军队各大单位本着“落实已有的、完善不足的、填补空缺的”原则，从推进军事斗争准备、支援国家经济建设、维护社会政治稳定等方面，制定出台或修改完善战时支前保障、重点优抚对象医疗待遇、退役士兵安置改革、随军家属就业、做好支援西部大开发工作、预防和处理军民纠纷等政策法规，20个省区市建立重点优抚对象抚恤补助标准自然增长机制，进一步推动了双拥工作的规范化、法制化。各级各部门还采取有力措施，抓好双拥政策法规的落实。财政部继续加大投入，较大幅度增加了优抚安置经费。人事部针对转业干部安置任务重的实际，组织开展深化军转安置制度改革专题调研，召开人事部门协调会、用人单位招聘会、待安待分人员推荐会，为转业干部安置就业搭建平台，创造条件。司法部以举办法制讲座、开展法律咨询、实施法律援助为基本形式，维护官兵及其家属的合法权益。天津、安徽、湖北、湖南、云南、青海、宁夏等地拓宽退役士兵安置渠道，在就业培训、接受高等教育、从事个体经营等方面提供优惠政策，鼓励退役士兵自谋职业。沈阳军区会同东北三省，用制度规范双拥工作的内容和方式，初步探索出一条以情双拥与依法双拥相结合的工作路子。

五、注重研究新情况、解决新问题，双拥工作改革创新持续深入发展

以研究新情况、解决新问题为突破口，推动双拥工作创新发展，是今年双拥工作的鲜明特色。全国双拥工作领导小组根据面临的新任务、新要求，研究修订工作规则，调整充实成员单位，颁布《领导小组成员单位双拥工作职责》，建立年度双拥工作汇报制度，为双拥工作深入发展提供制度依据和保障。召开领导小组成员单位联络员会议，专题研究发挥成员单位职能作用问题，促进双拥工作在各部门、各系统、各行业的落实。全国双拥办结合实际修订工作规则，完善军地合署办公的程序规定，保证各项工作有序运转。许多地区和部队还把加强机制建设作为重要途径，推动双拥工作创新发展。山东省双拥办从完善工作机制入手抓好自身建设，指导和开展双拥工作取得显著成效，被省委、省政府荣记集体一等功。重庆、湖北等地通过健全军地关系协调机制，较好解决了部队建设和军民关系中的重大问题。内蒙古、江西等地与驻军部队建立完善信息通报、定期走访等制度，在国防教育、军民共建、抢险救灾等方面，形成了齐抓共管的整体合力。为把群众性双拥活动引向深入，各地各部队积极探索富有时代特色的活动方式和载体。上海、江苏、广东等地采取教育引导、政策保障、典型激励等方式，指导“两新组织”与部队开展双拥活动，进一步扩大双拥工作的社会基础。沈阳、济南、成都、南宁等市充分利用和依托社区，组织军民开展生动活泼的共建活动，推动了基层双拥工作发展。天津、河北、安徽、河南、广西、四川等地3000多个军民共建点，把加强未成年人思想道德建设作为共建的重要内容，在群众性精神文明创建活动中发挥了示范带头作用。华北五省（区、市）与北京军区拓展“双三好”活动的领域和内容，铁道部与武警部队共建京九、京广、南疆铁路文明站区，北京市军地联手创建军营社区，云南军民共建“八千里文明边防线”，甘肃省开展“河西千里双拥模范走廊”联片创建活动，促进了三个文明建设协调发展。

一年来，全国双拥工作取得了很大成绩，但也存在一些问题和薄弱环节：一是有的单位对全国双拥工作会议精神的学习贯彻抓得不深入，成效不够明显；二是少数双拥模范城（县）命名后工作有所放松，存在重名誉、轻创建的现象；三是一些地区双拥组织机构人员不落实、经费无保障、业务不熟悉的问题还不同程度地存在；四是双拥理论研究滞后于实践，影响和制约了双拥工作整体水平的提高。这些问题都要认真研究，切实加以解决。在新的一年里，我们要继续高举邓小平理论和“三个代表”重要思想伟大旗帜，深入贯彻党的十六大和十六届三中、四中全会精神，认真落实科学发展观，按照全国双拥工作会议要求，锐意进取，开拓创新，切实抓好双拥各项任务落实，更好地为全面建设小康社会和推进中国特色军事变革服务。

北京市二〇〇四年双拥工作要点

2004年，北京市的双拥工作，要以“三个代表”重要思想为指导，认真贯彻党的十六大和十六届三中全会精神，紧紧围绕全面建设小康社会，以增强经济实力、国防实力和民族凝聚力为目标，树立双拥工作为军事斗争准备服务，为打赢未来战争服务的思想，务实创新，与时俱进，深入广泛地开展双拥活动，进一步加强军政军民团结，为首都快速发展和军队现代化建设作出新贡献。

一、抓学习、重宣传，不断增强广大军民做好双拥工作的责任感

各级党委政府和驻军，要把学习贯彻党的十六大和十六届三中全会精神作为首要的政治任务抓紧抓好。结合学习贯彻全国双拥工作会议精神，动员和组织广大军民做好双拥工作，掀起新的双拥热潮，促进双拥工作深入发展和整体水平提高。要广泛进行双拥宣传教育和国防教育。各区县各部队要大力宣传党中央、国务院、中央军委关于加强军政军民团结的指示和要求，宣传十多年来双拥工作取得的成绩和发挥的作用，宣传全国双拥模范城（县）、双拥模范单位和个人的先进事迹，激发广大军民做好双拥工作的政治热情，形成军爱民、民拥军的浓厚氛围。要通过开展多种形式的活动，对广大军民进行生动的国防教育，进一步增强全民国防观念和国防意识。在全市组织开展“国防教育神州行”公益广告宣传活动，激发人民群众关心国防建设、支持国防建设、投身国防建设的积极性和责任感。

二、大力支持军队现代化建设

为适应加紧进行军事斗争准备需要，各级党组织和政府、广大人民群众要关心、支持国防和军队建设，坚持国防建设与经济建设协调发展的方针，积极帮助部队解决实际困难。一是着眼于提高部队战斗力开展拥军活动。配合部队教育训练、战备执勤、科研、军事演习等搞好场地、交通、物资等保障；发挥首都高校多、科技人才集中的优势，帮助培养高素质军事人才；支持部队科技练兵，总结推广军民共建“学习型军营”的经验做法。二是认真做好优抚安置工作。全面贯彻执行国务院新颁布的《军人抚恤优待条例》，制定我市实施细则；调整提高优抚对象抚恤补助金标准；进一步落实优抚对象医疗减免政策；继续抓好农村300户优抚对象危房新建和城镇优抚对象廉租住房工作；组织实施《北京市义务兵优待金发放管理办法》，增强优抚保障能力；妥善安置军转干部、复员退伍军人、随军家属和军队离退休干部，市民政局、北京教育考试院联合制定出台《关于对退役士兵开展多种教育培训实施的试行办法》；建立完善“军地互联法律援助中心”，为官兵涉法问题提供法律支援，维护军队、军人、军属合法权益；进一步完善军人优待政策，研究制定革命伤残军人、部队义务兵乘坐市内交通工具的优待办法。三是积极支持驻京部队后勤保障社会化改革。认真贯彻落实北京市人民政府、总后勤部《关于进一步支持驻京部队推进后勤保障社会化的意见》，按照“政府部门主导、军队组织实施、社会力量参与、市场机制运作”的原则，支持驻京部队全面推进营房、交通、医疗等后勤保障社会化。四是积极支持军队体制编制调整改革。在部队进行体制编制调整改革期间，各级党委政府要以高度的政治责任感，积极支持和配合部队做好工作，及时了解部队需要地方帮助解决的问题，研究具体的措施和办法。配合部队做好单位交接、人员安置等工作，搞好家属随迁随调。

三、扎实开展拥政爱民活动

适应首都发展建设需要，协调组织驻京部队广泛开展以“爱首都、迎奥运、作贡献”为主题的拥政爱民系列活动，集中使用20万个义务劳动日，支援首都绿化美化建设，重点承担五环、六环路和城市铁路东线、奥运场馆周边地区的绿化劳动任务；配合公安部门打击违法犯罪活动，及时处理突发事件，加强执勤巡逻，搞好军警民联防联治，勇于承担急难险重任务，维护首都安全稳定；积极开展科技助民、扶贫帮困活动，为老功臣、烈军属、五保户、特困职工排忧解难，帮助他们解决生产、生活困难，为首都率先基本实现现代化贡献力量。积极参加北京市文明礼仪教育实践活动，重点在执勤哨位、医疗卫生单位、军车驾驶员中开展争当“执勤标兵、服务标兵、文明标兵”活动，激励广大官兵从我做起，从本职岗位做起，自觉做到文明礼貌执勤，热情周到服务，文明礼让行车，自觉树立文明之师良好形象。

四、面向基层抓落实，不断提高双拥工作整体水平

各区县、驻京部队，要把双拥工作的重心下移到基层，以军民共建为载体，深入开展创建“文明单位、文明社区、文明村镇”活动，不断提高广大军民的文明素质。要以为人民服务为核心，以集体主义为原则，以诚实守信为重点，加强社会公德、职业道德和家庭美德教育，引导军民树立文明的道德规范，自觉抵制各种腐朽落后思想文化的影响，争当文明市民、文明军人，为2008年奥运会成功举办奠定基础。各区县要注重培养和宣扬基层先进典型，发挥榜样的作用，推动基层双拥工作深入发展。“八一”前夕，表彰一批爱国拥军和拥政爱民模范单位和个人，表彰军民共建先进单位和个人。为进一步促进基层双拥工作，各区县要对社区双拥工作情况进行调研，总结经验，找出问题，提出改进措施和办法。调研报告在8月底前报市双拥办。

北京市二〇〇四年双拥工作总结

2004年，北京市双拥工作，坚持以邓小平理论和“三个代表”重要思想为指导，以增强经济实力、国防实力和民族凝聚力为目标，紧紧围绕市委、市政府的中心工作，按照全国双拥工作会议要求，树立双拥工作为军事斗争准备服务，为打赢未来战争服务的思想，深入扎实地开展双拥活动，狠抓双拥工作落实，进一步巩固和发展军政军民团结的大好局面，为首都改革、发展、稳定和军队现代化建设作出了新贡献。

一、认真贯彻全国双拥工作会议精神，推动首都双拥工作深入发展

今年1月召开的全国双拥工作会议，是新时期具有里程碑意义的双拥盛会。全市上下把学习贯彻会议精神作为双拥工作的大事来抓。市双拥办及时编写会议精神传达学习提纲，下发各区县进行传达学习。市、区县和各部队，普遍召开领导小组全会、双拥办主任会、双拥工作会和军队政治工作会议，传达学习温总理讲话和有关文件，把会议精神宣传好、学习好、贯彻好。为把全国双拥工作会议精神落到实处，市、区县依据全国双拥工作会议精神，研究制定加强和改进双拥工作的规划措施。市双拥工作领导小组出台了《关于深入贯彻全国双拥工作会议精神，与时俱进做好新形势下双拥工作的意见》，进一步明确了新时期首都双拥工作的指导思想，强调了新形势下加强双拥工作的重要意义，从开展国防和双拥教育、支持军队建设、落实优抚安置政策、密切军地军民关系等方面提出了新的要求。东城区在党代会、人代会、政协会期间，组织与会代表传达学习全国双拥工作会议精神。西城区人大常委会把双拥工作列入议事日程，审议通过

《西城区关于进一步开创双拥工作新局面》的决议。朝阳区在双拥工作中实施“五双”工程（双扶、双建、双优、双促、双育），促进社会生产力和部队战斗力提高；海淀区提出以“全国双拥模范城（县）”命名为契机，以国防教育“五进”活动为载体，以抓基层打基础为重点，以落实优抚安置政策为平台，以建设新北京为己任，全面提升双拥工作质量新思路。通过市、区县和各部队有计划、有组织、分步骤地学习贯彻全国双拥工作会议精神，推动了首都双拥工作深入发展。

二、深入开展国防教育，首都军民双拥意识进一步增强

今年，全市的国防教育主要以学习贯彻《国防教育法》为主题，以弘扬爱国主义精神为核心，紧贴首都实际，广泛开展了形式多样、内容丰富的教育宣传活动，不断强化全民国防观念。一是抓“龙头”。市、区县坚持召开常委议军会，研究支持国防建设和党管武装工作；邀请首都国防教育讲师团成员、国防大学、军事科学院教授到各区县给党政军领导干部上国防教育课；组织市、区县750多名领导干部到军营参加“军事日”活动。二是搞好宣传。在“八一”、春节等重大节日及全民国防教育日期间，在电视、电台、报纸等新闻媒体广播、刊登国防教育内容，在闹市区、繁华地段悬挂宣传标语，在街道、乡镇开办国防教育橱窗、板报、墙报。在9月18日——全民国防教育日当天，中央政治局委员、军委副主席曹刚川和市领导出席国防教育日活动，参观卢沟桥抗日战争雕塑园、抗日战争纪念馆，在全国引起了很大反响，新华社、中央电视台、人民日报等媒体进行了报道。充分利用广告功能开展“国防教育神州行”公益广告宣传活动，在市区主要街道、社区、学校设立国防教育公益广告牌200多块。三是建设“阵地”。投资50多万元，在房山区韩河村建成了集国防教育街、国防教育图书室、国防教育学校、兵器园、元帅林、神州五号载人飞船和长征火箭模型等设施的“国防教育主题公园”。公园建成后，已接待各地游客10多万人次，使国防教育深入人心，渗透到千家万户。

三、着眼推进中国特色军事变革，拥军优属力度不断加大

全市各级党委、政府把关心国防和军队建设，推进中国特色军事变革作为重要政治任务，围绕军事斗争准备需要做好各项拥军优属工作，办了“八件实事”：一是着力做好安置工作。今年，北京市接收安置军队转业干部4701人，复员退伍军人5415人，随军家属1488人。累计接收军队离退休干部18000余人，占全国接收任务的八分之一。为落实军队离退休干部“两个待遇”，北京市财政补贴军队离退休干部的医疗费、取暖费等费用2.8亿多元。二是建设“拥军楼”解决部队干部住房困难。针对部队干部家属随军后住房困难的现状，地方政府想方设法给驻京部队提供优惠价住房。昌平、房山、顺义、大兴、平谷等区，以每平方米低于市场价600至1200元的价格，售给驻地部队712套60436平方米住房，补贴房屋差价4000多万元，缓解了部队干部住房困难。三是支持部队大院实施“为老服务星光计划”。北京市先后拿出2130万元，帮助75个部队大院建成了“三室一场一校”（日间照料室、娱乐活动室、医疗室、室外健身场、老年学校），丰富了军营社区居民的文化生活。四是支持驻京部队后勤保障社会化改革。近几年来，北京市投入3000万元支持驻京部队“菜篮子工程”建设，拿出3000万元支持驻京部队完成了商业、饮食保障社会化改革（占全军改革任务的22%），驻京部队营房、交通、医疗等后勤保障社会化也取得了很大进展。五是为优抚对象解决住房困难。今年，北京市拨款720万元，给300户农村优抚对象新建翻建住房1000多间；市政府投资1.12亿元，在崇文区广渠门建起了“优抚对象廉租住房小区”，城区住房困难的优抚对象都已入住，受到优抚对象的高度赞扬，这项工作走在了全国的前列。六是实施新的《优抚对象医疗费用减免管理办法》。为使在乡的优抚对象有病能及时治疗，全市提高了优抚对象医疗费用减免幅度，全年减免医疗费用2500多万元。七是提高义务兵优待金标准。今年，北京市出台了新的义务兵优待办法，城镇义务兵按照城镇居民年消费性支出标准，优待金由原来每人每年不足 2000 元增加到 1 万元；农村义务兵按照不低于全市农村居民年生活消费支出标准，由原来每人每年 3800 元提高到 4200 元以上。这一办法的实施，调动了广大适龄青年应征入伍的积极性，确保了征兵任务的圆满完成。八是广泛开展走访慰问部队活动。在“八一”、春节期间，市、区县领导分别到部队走访慰问，看望部队官兵，赠送慰问金及官兵训练、生活、学习等用品。据不完全统计，全市慰问部队的资金和物品折合人民币共计 5000 多万元。

四、围绕实施“新北京、新奥运”战略构想，驻京部队支援首都建设成效明显

驻京解放军和武警部队积极适应首都改革发展需要，积极投身首都各项建设，为建设新北京，筹办新奥运作出了突出贡献。一是积极参加首都绿化美化建设。今年，驻京部队集中使用 10 多万个劳动日，先后参加了朝阳公园、颐和园、圆明园、北京站东街等 20 多个地段的植树绿化劳动，还承担了一批城市重点工程和奥运场馆周边地区的绿化美化劳动任务，共植树 10 万余棵，种草 50 多万平方米。今年 3 月 25 日，军委首长率领四总部、驻京部队各大单位 80 多名将军，亲自参加朝阳公园的义务植树劳动，为广大官兵作出了表率。二是热心参与社会公益事业。今年，驻京部队广大官兵积极参加全市组织的“关注灾区、关爱灾民、捐赠一日工资、奉献一片爱心”活动，共捐款 300 多万元，捐赠衣被 20 多万件。驻京部队还投资 100 多万元，帮助九所“八一爱民小学”添置教学设备，改善教学条件。在首都“城市清洁日”期间，驻京部队派出 5 万余名官兵清扫大街，清理垃圾，清除“白色污染”，为营造清洁优美的环境作出了贡献。三是全力维护首都安全稳定。驻京解放军和武警部队，以维护首都安全稳定为己任，与公安部门一道开展联防联治，巡逻在城市大街小巷，及时处置突发事件，出色地完成了全国人大、政协会议和国庆 55 周年，以及重大外事活动的安全警卫任务，树立和维护了人民军队的良好形象。四是勇于承担急难险重任务。驻京部队广大官兵始终牢记全心全意为人民服务的宗旨，在发生重大突发事件、危急的险情和灾情时，冲锋陷阵战斗在前。今年初，郊区发生氯气泄露事故，部队立即出动官兵 500 多人投入抢险战斗中，疏散周围群众，转移物资，避免了重大经济损失；今年 8 月上旬，八达岭高速公路发生 30 吨煤焦油泄漏事故，附近大片河道和农田将被污染。驻京部队紧急出动 300 多名官兵，战胜高温酷暑和蚊虫叮咬，奋战 4 个昼夜，及时控制煤焦油蔓延，清除泄漏的煤焦油，确保了附近响潭水库的水源安全；在北京举行的亚洲杯足球赛期间，驻京部队派出 1 万多名官兵，维护赛场秩序，保证比赛顺利进行。一年来，部队先后参加扑救山火等抢险救灾 20 余次，为保护国家和人民群众的生命财产安全作出了贡献。

五、注重抓基层打基础，保持了双拥工作深入发展的良好势头

双拥工作的基础在基层，重点难点也在基层。全市各级党委、政府，坚持做到工作重心下移，以基层为双拥工作的主战场，认真抓好工作落实。一是盯住问题做工作。针对部队官兵关心关注的安置难的问题，地方各级党委政府从讲政治的高度，想方设法做好安置工作。今年，北京市依据国务院、中央军委有关文件精神，结合实际出台了《关于扶持城镇退役士兵自谋职业各项优惠办法》，鼓励退役士兵自谋职业。规定自谋职业的城镇退役士兵报考国家公务员时，在同等条件下优先录用；报考成人高等学校、普通高等学校的，投档总分增加 10 分；从事个体经营的，除国家限制的行业外，3 年内免交有关登记类和管理类收费，为退役士兵提供了新的就业渠道。在安置部队随军家属工作中，各区、县出台了《部队随军家属接收安置暂行办法》，对一时未就业的随军家属发给生活补助，对自谋职业的政府奖励 2 至 3 万元；昌平、通州等区还成立了“军嫂服务中心”，对部队随军家属实行“接收、培训、就业”一条龙服务，深受部队广大干部的好评。二是坚持开展活动不断线。基层双拥工作主要体现在坚持经常地开展双拥活动，把广大军民的心凝聚在一起，形成“军爱民、民拥军，军民团结一家亲”的浓厚氛围。因此，各区县普遍开展了贴近基层、贴近实际、贴近群众的双拥活动。崇文区开展“八项承诺、六项服务”活动，积极为优抚对象办实事、解难事，当好优抚对象的贴心人；宣武区开展“首都卫士看北京”活动，组织武警官兵游览北京风景，让他们亲身感受首都改革发展取得的成就；石景山区在军营社区开展评选“社区热心人”活动，促进了社区建设；丰台区开展“当红娘结军亲”活动，通过举办联谊活动的方式，为军地大龄未婚青年搭建联系沟通的平台；门头沟区坚持“文艺送军营”活动，组织燕山情艺术团为驻深山哨所的官兵演出文艺节目。这些活动的开展，增强了双拥工作在基层的生命力和感召力，促进了基层双拥工作落实。三是与时俱进地开展军民共建活动。军民共建活动是开展双拥活动的一个重要形式，各区县围绕实施“新北京、新奥运”的战略构想，开展争创“文明城市、文明行业、文明村镇、文明社区”活动，在全社会倡导争当文明市民、争做文明军人，不断提高广大军民的文明素质，为成功举办 2008 年奥运会奠定基础；积极探索开辟共建领域，把新型经济组织和新的社会阶层纳入共建范围。今年“八一”期间，王府井商业街部分个体、私营、民营商家，自发组织到北京卫戍区某部慰问部队官兵，赠送生活用品及文化书籍；富力城、今典、中加等 5 家房地产开发公司与卫戍区部队开展共建活动，捐资 40 万元为部队修建文化活动中心，改善官兵文化生活，充分体现了“两新”组织浓浓的拥军情。全市 2232 个共建对子，在不同的单位、不同的岗位开展军民共建活动，增进了军地友谊，密切了军政军民关系。四是宣扬典型促进基层双拥工作全面落实。今年，在全市自下而上地开展了评选表彰基层双拥共建先进单位和个人活动，“八一”前夕表彰了全市 46 个爱国拥军模范单位、28 个拥政爱民模范单位、26 名爱国拥军模范、20 名拥政爱民模范，以及军民共建 38 个标兵单位，79 个先进单位，120 名先进个人，在基层掀起了新的双拥热潮。

一年来，北京市双拥工作取得了很大成绩，但也存在一些薄弱环节：一是双拥工作发展还不平衡，个别单位双拥工作主动性不强，成效不明显。二是一些区县双拥办的力量有待加强。三是少数荣获双拥模范城（县）的区，工作平淡创新不够。这些问题我们将认真研究，在今后的工作中切实加以解决，进一步提高全市双拥工作整体水平。

天津市二〇〇四年双拥工作要点

2004 年，天津市双拥工作要以“三个代表”重要思想和十六大精神为指导，认真贯彻落实全国双拥工作会议精神，按照市委八届五次全会精神，紧紧围绕军地改革建设，不断完善机制，拓展领域，丰富内容，狠抓各项任务落实，进一步巩固和发展军政军民团结的大好局面，为天津市实现跨越式发展、部队和国防建设再上新台阶作出贡献。

一、认真学习贯彻全国双拥工作会议精神，进一步激发广大军民投身双拥工作的热情

全国双拥工作会议精神是当前和今后一段时期做好双拥工作的理论和行动指南。军地各级双拥组织要把深入学习贯彻全国双拥工作会议精神作为开展双拥工作的首要任务，切实抓紧抓好。要结合军地实际，把学习贯彻全国双拥工作会议精神与贯彻市委“三步走”战略结合起来，与开展各类宣传教育活动结合起来，与双拥工作的实践结合起来。认真学习温家宝总理的重要讲话和回良玉副总理的工作报告，学习双拥模范城（县）、单位和个人的先进事迹，把学习教育搞得生动扎实。

今年，市双拥领导小组拟在市双拥培训基地继续举办双拥干部培训班，认真研究双拥工作的新情况、新问题，积极探索新对策。会同市国防教育办公室组织第四个全民国防教育日和天津市第十五届国防教育周，通过开展宣传咨询、军地联欢、座谈等活动，组织广大军民共同学习实践“三个代表”重要思想，不断增强广大军民做好双拥工作的责任感和自觉性。

二、着眼中心任务，进一步加大军地互办实事力度

军地要紧紧围绕增强经济实力、国防实力和民族凝聚力，广泛开展互办实事活动。地方各级党委、政府要把支持部队做好军事斗争准备和加强国防后备力量建设作为义不容辞的政治责任，努力做到经济建设和国防建设协调发展。要适应中国特色军事变革的需要，积极配合部队搞好体制编制调整改革，各区县和有关职能部门要各司其职、密切协作，认真做好转业复员退伍军人和随军家属的接收安置工作。要广泛开展科技拥军、教育拥军、智力拥军，充分发挥我市大专院校、科研院所科技资源雄厚的优势，运用举办学历教育、专业技能培训等方式，把新知识、新技术、新成果引进军营，帮助部队培养高素质新型军事人才，推进实施军队人才战略工程。要积极支持部队搞好后勤保障社会化。今年，驻津部队要全面推行后勤保障社会化工作，各区县、各行业要认真落实各项政策规定，充分发挥各方面资源优势，给部队提供最有力的支持保障。市双拥办会同市农委研究拥军绿色食品供应模式，确保优质食品保障部队。各区县也要因地制宜，结合实际提出相应拥军举措。要大力支持部队完成训练演习、战备执勤、科研试验和国防工程建设等任务，推进驻津部队和国防后备力量建设跨越式发展。

驻津部队要在完成部队战备训练任务的同时，积极参加地方三个文明建设。要主动承担急难险重任务，积极做好扶贫帮困、支教助残，支持社会公益事业建设。要继续深入开展“八个一”活动，结合各自实际，在用兵中练兵，努力实现生产力与战斗力同步提高，经济效益、军事效益、社会效益并举。要组织部队积极参加地方重点工程建设和支援西部大开发，发挥部队突击力强和特别能战斗的优势，为振兴地方经济贡献力量。要深入开展科技助民活动，充分利用军事设施的民用效能和科研成果，在军地互利的原则下，转化科技成果，努力为地方改革开放和经济建设服务。

三、抓好双拥模范城（县）管理，进一步促进基层双拥工作的落实

军地双拥组织要发动广大军民更加广泛深入开展争创双拥模范城（县），争当双拥模范活动。要把创建双拥模范城（县）活动的重点放在基层，不断拓展活动对象和工作领域，积极引导新型经济组织和新的社会阶层开展拥军活动。要使创建双拥模范城（县）活动引进社区，坚持双拥工作社会化方向，组织发动广大军民积极参与到双拥活动中来，组织社区志愿者主动为烈军属等优抚对象献爱心作贡献，努力营造全社会人人做双拥模范、人人关心双拥工作的浓厚氛围。市双拥办将组织有关部门按照双拥模范城（县）评比管理办法，定期检查各区县创建双拥模范城（县）工作开展情况，并进行打分，将评比成绩记入各区县创建双拥模范城（县）活动档案，实行动态管理，不搞终身制，做到能上能下，切实把创建双拥模范城（县）的过程变成推动各项工作落实的过程，进一步调动广大军民做好双拥工作的积极性，形成领导重视、部门协作、军地互动、军民广泛参加的双拥工作局面，促进创建双拥模范城（县）活动健康持久深入发展。

四、完善双拥政策法规，进一步推进双拥工作制度化、规范化

各区县、各系统、各部队要针对改革开放和市场经济条件下双拥工作出现的新情况、新问题，认真做好调查研究，制定和完善双拥政策规定，使双拥工作不断向规范化、制度化发展。今年，市双拥办将对天津市拥军优属和拥政爱民规定进一步修改完善，《天津市拥军优属工作规定》将上报立法。各级双拥工作领导小组、双拥办及双拥成员单位要修改和完善工作职责，要明确要求、分工负责、责任到人。市双拥办将进一步完善《天津市创建双拥模范区县（单位）活动实施办法》，努力使评比工作更加公开、公平、公正，评出干劲、评出团结、评出风格，推动创建双拥模范城县深入发展。各区县、各系统要结合各自实际，修改制定相应政策规定和实施细则。市属各系统要根据自身行业特点，继续修订和完善行业拥军优属制度，出台各系统行业拥军规定。要采取有力措施，认真抓好各项双拥政策法规的落实。

五、切实加强组织领导，进一步发挥双拥工作职能部门作用

各级党委、政府和部队领导机关要把双拥工作纳入经济社会发展和部队建设的总体规划，摆上重要议事日程，切实加强组织领导。要采取切实可行的措施充实健全各级双拥领导小组，配齐配强双拥办公室工作人员，把得力干部选配到双拥工作岗位，并保证专职专用相对稳定，提供必需的办公经费，保证双拥工作高效运转。今年市和区县双拥工作领导小组都要建立健全各项工作制度。市双拥工作领导小组每年初要召开双拥工作领导小组会议，审议上年度工作报告和本年度工作安排意见。区县双拥领导小组每年至少要召开两次领导小组会议。市和区县双拥领导小组成员单位每年第四季度要向同级双拥领导小组报告工作；各区县每半年要向市双拥领导小组报告一次工作；有重大双拥活动和任务时要及时向市双拥办报告。军地要在“八一”和春节期间互相走访，征求意见，密切军地关系。各级双拥部门和成员单位要认真履行职责，充分发挥职能作用，在抓好各项任务落实的同时，不断总结推广先进经验，树立先进典型，努力提高双拥工作的整体水平。

天津市二〇〇四年双拥工作总结

2004年，天津市双拥工作在市委、市政府和天津警备区的领导下，以邓小平理论和“三个代表”重要思想为指导，认真贯彻落实党的十六届四中全会精神和全国双拥工作会议精神，紧紧围绕全面建设小康社会、推进中国特色军事变革和做好军事斗争准备，深入开展拥军优属、拥政爱民活动，形成了领导高度重视、行业热情支持、群众广泛参与、军地真情互动、创新持续发展的良好局面。巩固和发展了同呼吸、共命运、心连心的新型军政军民关系，进一步提高了双拥工作整体水平，促进了天津经济建设和国防建设协调发展。

一、领导高度重视，双拥组织领导更加有力

各级党委、政府和驻军把做好双拥工作作为实践“三个代表”重要思想的具体行动，作为事关全局、事关稳定、事关发展的政治任务，纳入经济建设、社会发展和部队建设的总体规划，纳入各级党委、政府议事日程，纳入领导干部的目标管理责任制，全面加强双拥工作的组织领导，在全市范围内形成了主要领导亲自抓、分管领导具体抓、各部门领导积极抓的整体合力。中共中央政治局委员、市委书记张立昌同志亲自听取双拥工作汇报，作出“再难也不能难部队”的指示。“八一”前，张立昌同志到警备区调研时，专门听取了警备区副政委、市双拥工作领导小组副组长李德顺的双拥工作汇报，指示“要把创建双拥模范城（县）活动搞好”。在区县人武部党委第一书记“党管武装工作述职会”上，张立昌书记要求“要广泛深入地开展拥军优属、拥政爱民活动，加强国防教育，增强全民国防观念，在全社会形成重视国防、关心国防、支持国防的浓厚氛围”。市委副书记、市长、市双拥工作领导小组组长戴相龙同志在双拥工作领导小组扩大会议上要求各级政府办理部队的事，要做到“办文不过夜，办事不逾期，经费年年有增加”。市委副书记、常务副市长、市双拥工作领导小组副组长黄兴国同志指出：“不重视双拥工作的领导是不称职的领导，不重视双拥工作的干部是不清醒的干部，不重视双拥工作的部门是不全面的部门”。他要求人事、编制、财政等部门尽快为双拥办公室落实“五个有”。天津警备区副政委、市双拥工作领导小组副组长李德顺同志带领市双拥办和部分区分管领导、民政局长到上海、江苏等省市学习双拥工作经验。回来后，要求我们认真查找差距，检查全国双拥工作会议精神落实情况，并就进一步搞好创建“双拥模范城（县）”工作深入各区县进行督促检查。全国双拥工作会议后，我市及时召开市双拥工作领导小组扩大会议、市委常委议军会议、驻津部队拥政爱民工作会议，传达贯彻全国双拥工作会议精神、部署年度工作。各级党委、政府调整力量加强双拥办建设，全市有11个区县增配了双拥工作专项编制，全市增加双拥办编制17名（其中市双拥办增加编制2名）；14个区县双拥办年度办公经费都达到10万元以上。区县双拥办做到了有机构、有编制、有经费、有办公用房、有工作车辆。

二、宣传教育形成声势，双拥社会氛围更加浓厚

为贯彻全国双拥工作会议精神，各级党委、政府和驻津部队加强了双拥宣传、国防教育和理论研讨。一是采取多种形式，广泛深入宣传全国双拥工作会议精神。军地普遍组织了宣讲，到基层向广大军民宣传大会精神，并利用新闻媒体和双拥宣传阵地大力宣传双拥先进典型事迹，通过制作专题广播电视节目，开辟宣传专栏，印发领导讲话和《会议纪要》等形式，做到广播有声、电视有影、报纸有内容、橱窗有图片。二是通过教育培训，增强了各级领导干部的双拥意识。举办了我市第四期双拥领导干部培训班，市双拥工作领导小组各成员单位领导、区县双拥工作领导小组组长（副组长）以及区县双拥办主任、副主任共100多人参加了培训。培训期间，我们邀请国防大学教授作了军事斗争形势报告，安排学员参观了北京国家航天城，全体学员深受教育。各区县也相继举办培训班、报告会、专题讲座对各级干部进行了培训。三是扎扎实实开展全民国防教育。军地各级组织把国防教育作为一项政治任务，纳入政治教育计划，纳入学校教学内容。各区县充分发挥了党校、团校、少年军校、民兵训练中心等教育基地的作用，开展了“爱中华、奔小康”系列国防教育活动。全市280万人参加了国防知识竞赛；撰写国防教育征文3682篇，并从中评选出百篇文章进行编辑出版；结合民兵训练和学生军训，组织38个代表队进行了军事技能比赛；据不完全统计，军训学生人数达32万人次，带动了全民国防教育的深入开展。河北区政府投资100万元建立了国防教育基地，大港区政府投资80余万元建立了爱国主义教育基地。我市获得全国国防教育活动优秀组织奖。四是深入开展双拥宣传。各区县通过举行双拥工作表彰大会、电视讲座、双拥成果图片展，放映爱国主义、革命英雄主义题材的影片等多种形式进行双拥宣传。五是加强双拥理论研究。针对当前双拥工作遇到的新情况、新问题，我们确定了一批重点研究课题，组织军地单位在深入调研的基础上推出了有一定分量的研究成果，召开了全市双拥工作理论研讨会，对优秀论文的作者进行了表彰，并把选出的15篇论文编印成册下发各单位，发挥了理论对双拥工作实践的指导作用。

三、职能部门积极行动，行业双拥作用发挥明显

全国双拥工作会议和市双拥工作领导小组扩大会议后，市双拥工作领导小组成员单位进一步增强了做好双拥工作的责任感和使命感，各单位履行职责、相互配合、发挥优势、真抓实干，按照年初确定的工作职责和任务开展工作。市科委立项并拨出专门科研经费，支持天津大学与南开区武装部合作开发抗干扰GPS接收机，提高了部队战时指挥能力和单兵作战能力。在富民路改造中，市建委出资1200万元为北京军区联勤八分部修建供热设备；为5个军队单位办理了水、气配套减免费用117.5万元。市发改委安排6930万元资金用于天津警备区民兵预备役防空指挥训练中心建设、天津武警总队第五支队搬迁等项目。市财政拨专款2000万元用于退役士兵自谋职业的一次性补助，拨专款530万元用于提高优抚对象抚恤补助标准，抚恤补助标准提高10.5%。团市委和市民政局在全市组织青少年、社区志愿者开展“我为优抚对象献爱心”活动。市民政局与教育、公安、财政、人事、劳动、工商、税务和银行等部门制定了《关于扶持城镇退役士兵自谋职业优惠政策的实施意见》。市人事局为适应军队体制编制调整改革，针对转业军官数量增大的实际，组织人员到驻津各部队宣讲转业干部接收安置政策。市劳动和社会保障局给随军家属提供实实在在的就业帮助，开设了“免费就业超市”，对随军家属进行就业指导服务。市教委与市双拥办、天津警备区政治部委托南开大学和天津大学为驻津部队军官举办了工程硕士和哲学硕士班。市教委组织天津大学等高等院校成立科技拥军小分队，走进军营为部队科技强军服务。市公用事业管理办公室对驻津部队水、气配套建设免收增容费。市商委、一商集团、市供销合作总社、市粮食局等领导小组成员单位，进一步完善了双拥工作措施，发挥自身优势，积极配合驻津部队搞好后勤保障社会化工作，与部分驻津部队签订了物资及生活保障协议。天津铁路分局一年来优先为军人售票近万张，发送行包五千余件，做好事千余件。卫生系统安排医务人员深入连队，为战士免费体检。司法部门进军营举办法制讲座、开展法律咨询、赠送法律书籍、实施法律援助，维护军人和优抚对象的合法权益。

四、互办实事力度加大，促进军地共同发展进步

军地互办实事是天津双拥工作的好传统。市委、市政府“把部队官兵放在心上、把优抚对象放在心上”，真心实意解难题、办实事。元旦、春节期间市委 6 位书记和市政协主席带领市委、市人大、市政府、市政协和有关部门的领导到部队慰问，现场办公解决部队战备、值勤、生产、生活中的困难。春节前，为 760 个连队送去了乒乓球台，丰富官兵的文体活动。市委、市政府把做好军队转业干部安置、退役士兵安置、随军家属就业、部队子女入学作为支持部队建设的大事，克服困难，拓宽渠道做好安置工作。1400 多名军转干部和 2794 名退役士兵得到妥善安置，安置率达 100%，为全市 710 名无工作随军家属办理养老保险，安置随军家属就业 210 多名，解决部队子女入学 300 多名。

各区县根据部队需要，把军地年度互办实事计划纳入区县经济与社会发展规划，认真落实办实事的项目、资金、完成时间和责任。和平区、东丽区、津南区组织人大代表视察双拥工作。河东区在富民路改造中为部队修建营房、美化营院投入近 1000 万元，大港区为刚迁入本区的武警五支队无偿划拨土地 30 亩，减免建设配套费近 1000 万元。据不完全统计，区县政府和社会各界今年用于支持部队建设的款项达 3000 多万元。

驻津部队广大官兵把驻地当故乡，积极支持地方经济发展和精神文明建设。警备区牵头协调驻津部队参加天津市重点工程建设，出动兵力 99923 人次，机械车辆 15439 台次。各部队积极支援社会公益事业，开展扶贫帮困、支教助学，仅天津警备区机关干部就捐赠 4 万元资助困难学生。驻津部队院校和科研单位发挥人才技术优势，与地方共同研发科技项目，向地方提供科技信息、转让科技成果，并组织协调教学和科研人员深入到工厂、农村及社区中举办各类学习班，普及科技文化知识，共举办 130 期学习班，培训 11270 人次。驻津部队有 780 多个拥政爱民小分队坚持深入乡村、街道为群众做好事，倡导社会主义文明新风尚。有 300 多个军警民联防小分队分布在全市各区县，成为维护社会稳定的一支重要力量。展示了津门子弟兵威武之师、文明之师的良好风貌，赢得了人民群众的高度赞扬。

五、完善双拥工作考评规则，推进创建活动健康持续发展

为适应新形势新任务的需要，不断提高我市双拥工作的整体水平，市双拥办在深入调研，广泛听取基层意见的基础上制定了《天津市区县双拥工作考核办法》和《天津市区县双拥工作考核评分细则》。使考核内容突出双拥工作的时代性，工作标准做到量化，评价标准做到科学严谨。今年的区县双拥工作考核办法在原基础上进行了创新，增加了区县互查工作资料的内容。各区县认真梳理总结一年来的双拥工作，把工作资料、文件、音像图片、支持部队建设拨发的款物单据以及安排随军家属就业、子女入学的名单等整理成卷，供职能部门和兄弟区县检查。各区县领导参加了工作资料互查后说："今年的双拥工作考核，既体现了公开、透明的原则，又使区县之间的双拥工作有成果可看，有依据可查，有实物可比，有经验可学"。通过检查考核，各区县相互学习，相互借鉴，取长补短，激发了热情，鼓舞了干劲，促进了全市双拥工作整体水平的提高。

一年来，全市双拥工作虽然取得了一定的成绩，但也存在不足。主要是研究探索新情况、总结宣扬典型事迹和经验还不够深入。明年将重点加强双拥典型的培养、总结和推广，搞好双拥工作的理论研讨，在科技拥军、行业拥军、社区拥军方面争取有所突破，为加快天津的经济发展和促进部队战斗力的提高作出新贡献。

河北省二〇〇四年双拥工作要点

2004 年，全省双拥工作要以邓小平理论和"三个代表"重要思想为指导，全面贯彻党的十六大、十六届三中全会和全国拥军优属拥政爱民工作会议精神，认真落实党中央、国务院、中央军委关于加强军政军民团结的指示，紧紧围绕全面建设小康社会，以增强经济实力、国防实力和民族凝聚力为目标，以维护社会稳定、促进经济发展、推进军事斗争准备为重点，完善政策法规体系，创新群众性活动方式，积极开展以提高部队战斗力和发展社会生产力为核心的"双贡献"活动，巩固和发展军政军民团结的大好局面，为全面建设小康社会和军队现代化建设创造良好的社会条件。

一、认真抓好全国拥军优属拥政爱民工作会议精神的传达贯彻

各地要以这次命名表彰全国双拥模范城（县）为契机，认真传达学习会议精神，被命名的双拥模范城（县）要认真总结经验，积极探索提高创建活动质量的途径和办法；未被命名的单位要对照先进找差距，针对问题做工作，进一步增强做好双拥工作的信心和动力。上半年拟召开全省双拥工作会议，传达全国会议精神，部署当前和今后一个时期双拥工作的主要任务，表彰一批双拥模范单位和个人。根据全国会议精神，结合我省实际，研究制定我省双拥工作创新发展的具体意见。起草《关于进一步加强双拥工作的决定》，由省委、省政府、省军区联合发文。

二、积极开展军地共同学习实践"三个代表"重要思想活动

用党的最新理论成果把广大军民武装起来、凝聚起来，教育广大军民一定要从实践"三个代表"重要思想、密切党和军队与人民群众的血肉联系的高度，从国家长治久安和民族兴旺发达的高度，充分认识加强军政军民团结的极端重要性，坚持以马列主义、毛泽东思想、邓小平理论和"三个代表"重要思想为指导，用建设中国特色社会主义的共同政治基础凝聚军心民心，保证双拥工作始终沿着正确方向发展。要深入进行以爱国主义为核心的国防教育和双拥宣传教育。要进一步加强对双拥工作的理论研究和舆论引导。着力发现和培养富有时代特色、地域特色、创新特色的先进典型，大力宣传他们的先进事迹和爱国拥军的高尚精神，发挥典型的带头和示范作用。要充分利用报刊、广播、电视等新闻媒体，发挥爱国主义和国防教育基地的功能，把宣传教育搞得生动活泼。

三、坚持国防建设与经济建设协调发展的方针，积极开展以发展社会生产力和提高部队战斗力为核心的"双贡献"活动

军地要唱响"树正气、讲团结、求发展"的主旋律，地方要紧紧围绕加速推进中国特色军事变革，为支援部队机械化信息化建设和做好军事斗争准备作贡献；军队要积极为建设小康社会和维护社会稳定作贡献。军地要深入实施"双六"工程，积极开展"双三好"活动，全力推进适应新形势、新任务要求的各项双拥工作。要把支持军事斗争准备作为拥军重点，配合和保障部队完成战备、野外驻训、海训、军事演习和科研试验等重大任务，形成军地协调行动、共谋打赢的局面。研究制定支持军队实施人才战略工程的规划措施，继续深入开展科技拥军活动，多形式、多渠道帮助培养高素质新型军事人才，支持部队开展科技练兵活动。要积极支持军队推进后勤保障社会化改革，在营房保障、交通运输保障、医疗保障、军队职工分流安置等方面提供服务，在政策、资金上给予必要的支持。在军队体制编制调整精简工作期间，要采取行政、法律、经济等手段，促进转业退伍军人安置、随军家属就业、子女入学入托、义务兵家属优待、滞留部队伤病残人员安置等重点难点问题的解决。各部队要按照中央军委、总部的要求，研究制定参加和支持全面建设小康社会的规划，集中力量援建重点工程，积极参加植树种草、防风治沙等生态环境治理。组织部队开展好扶贫帮困、抢险救灾、维护社会治安等工作。扎实开展军民共建活动，不断提高军民共建水平。要教育广大军民充分认清保持社会政治稳定的重要性，倍加顾全大局，倍加珍视团结，倍加维护稳定。要引导转业退伍军人珍惜荣誉，自觉维护稳定大局。积极预防和妥善处理军民纠纷。认真梳理解决军地历史遗留问题。

四、认真抓好拥军优抚安置政策的落实

要坚持国家保障和社会优待相结合，认真落实省政府《关于建立优抚对象抚恤补助标准与人民生活水平同步提高的自然增长机制的通知》，保证重点优抚对象达到或高于当地人民群众的生活水平。指导各地要切实把优待金列入财政预算，要理顺优待金筹集发放渠道，确保优待金及时足额发放。认真落实中央政治局常委会议精神，深入实施“光荣工程”，动员全社会力量，采取结对帮扶、社会捐助、群众优待等形式，为优抚对象提供帮助，解决他们的特殊困难；同时进一步加大财政投入力度，采取切实措施，巩固解“三难”（优抚对象的生活难、住房难、医疗难）成果。要坚持计划分配和自主择业相结合，做好军队转业干部安置工作。完善军队离退休干部安置政策，确保政治、生活待遇落实。要采取政府安排、自谋职业等多种形式，拓宽城镇退役士兵安置渠道。进一步完善政策，及时妥善安置滞留部队的伤病残人员。坚持行政调配和市场调节相结合的原则，做好随军家属劳动就业工作。要及时妥善处理部队官兵涉法问题，维护军人及其家属合法权益。加强政策法规建设，认真做好即将修订出台的《军人抚恤优待条例》贯彻落实工作。

五、加强基层双拥工作，推动群众性双拥活动深入发展

要加强对基层双拥工作的指导，按照“组织健全、政策落实、活动经常、关系融洽”的要求，下大力气抓好基层的双拥工作，推动双拥工作进企业、进乡村、进机关、进学校、进社区、进连队。继续做好社区双拥工作，整合社区双拥资源，把社区作为基层双拥工作的重要保障平台，要积极推进“五依托、五促进”活动（依托社区组织，促进基层双拥组织建设；依托社区文化，促进基层双拥宣传教育；依托社区环境，促进军民共建；依托社区治安，促进军警民联防联治；依托社区卫生，促进优抚对象医疗条件的改善），推动群众性双拥工作健康、深入发展。

六、认真研究新情况、解决新问题，积极推进双拥工作改革创新

要把研究新情况、解决新问题作为推动双拥工作深入发展的突破口。要发扬与时俱进精神，加强政策理论研究，努力把握新形势下双拥工作的特点和规律，在双拥工作内容、思路、制度、方式、手段、机制、典型推动等方面积极探索，大胆创新。充分发挥新型经济组织和新的社会阶层爱国拥军的热情和作用，组织开展好行业拥军、个体拥军，推进双拥工作社会化。拟成立省双拥协会，加强双拥宣传，挖掘社会的双拥潜力，调动社会各界的爱国拥军热情，筹措拥军优属保障基金，为部队和优抚对象办好事。要不断完善双拥工作运行机制，把政府行为与社会行为、以情双拥与依法双拥、行政调节与市场调节结合起来。要加强对外交流，研究借鉴外省市一些好的做法。

河北省二〇〇四年双拥工作总结

年初以来，全省双拥工作坚持以邓小平理论和“三个代表”重要思想为指导，认真贯彻党的十六大及十六届四中全会精神，紧紧围绕全面建设小康社会，以增强经济实力、国防实力和民族凝聚力为目标，以创建双拥模范城（县）活动为载体，以落实新的《军人抚恤优待条例》和完善政策法规体系为重点，以改革创新为手段，紧紧围绕服务改革发展稳定大局谋思路，着眼促进国防和军队建设做工作，立足维护优抚对象根本利益抓落实，取得了很大成绩。

一、认真抓好全国双拥会议精神的传达贯彻，理清工作思路，加大双拥宣传力度

全国双拥会议刚结束，1 月 13 日，省委白克明书记主持召开议军会议，听取了副省长柳宝全关于全国双拥会议主要精神和我省贯彻意见的汇报。各市、县（区）相继组织召开各种会议，认真传达会议精神，并对学习贯彻作出部署。特别是被命名的 13 个全国双拥模范城（县）和 5 个爱国拥军模范单位，通过举行揭牌仪式、召开庆功表彰会、誓师动员大会等，传达会议精神，明确今后创建思路。驻冀各军级单位也对传达学习作出部署。许多基层部队在学习会议精神的同时，联系实际开展了拥政爱民教育。各地各部队还充分利用广播、电视、网络、报刊等媒体广泛宣传，增大覆盖面，扩大影响。为把会议精神落到实处，省双拥办印发了《2004 年河北省双拥工作要点》，明确要求，全年工作要把抓好会议精神的传达贯彻和继续深入开展军地共同学习实践“三个代表”重要思想活动作为首要任务来抓。积极开展“双贡献”活动，地方紧紧围绕加速推进中国特色军事变革，为支援部队机械化信息化建设和做好军事斗争准备作贡献；军队积极为建设小康社会和维护社会稳定作贡献。为使双拥工作更好地瞄准基层、深入基层、服务基层，结合社区建设，号召全省广泛开展社区双拥“五依托、五促进”活动，即：依托社区组织，促进基层双拥组织；依托社区文化，促进基层双拥宣传活动；依托社区环境，促进军民共建；依托社区卫生，促进优抚对象医疗条件的改善；依托社区治安，促进军警民联防联治。石家庄市还把 7 月定为双拥宣传活动月，大张旗鼓宣传。7 月 30 日，省委、省政府、省军区召开全省双拥工作会议，对传达学习会议精神和下一步工作进行再动员再部署，柳宝全副省长作了工作报告，省委书记白克明、省委副书记赵世居、省军区政委张连仁出席会议并作了重要讲话。会议表彰了 10 名“河北省爱国拥军模范”、6 名“河北省拥政爱民模范”及 100 名双拥先进个人、60 个双拥模范单位。通过军地强有力地传达学习，会议精神更加深入人心，使广大军民明确了当前和今后一个时期全省双拥工作的指导思想和总体要求，进一步增强了双拥意识和国防观念，为双拥工作的广泛深入开展打下了坚实的基础。

各地结合本地实际，认真筹划双拥工作。唐山、张家口等市把支持军事斗争准备作为拥军重点，配合和保障部队完成战备、野外驻训、海训、军事演习、科研试验和重点军事工程建设等重大任务。秦皇岛、石家庄等市把军转干部、城镇退役士兵安置作为重点。保定、沧州等市坚持以人为本，在落实各项优抚政策上狠下工夫。驻军各军师级单位也都依据会议精神，着眼全面建设小康社会，对拥政爱民工作作出新的规划。军地的工作都体现出高扬“树正气、讲团结、求发展”的主旋律，把双拥工作往深里做、往实里做的鲜明特点。

二、狠抓双拥优抚安置政策的落实，注重办实事解难题，加大拥军优属工作的力度

针对当前双拥工作存在的转业退伍军人和随军家属安置就业、重点优抚对象“三难”和农村义务兵家属优待等热点难点问题，各地以学习贯彻双拥会议精神为契机，把抓热点、解难点作为突破口，积极为部队建设出力，为军人及其家属分忧。今年我省接收军转干部总数 5279 名，是去年的 2.4 倍；需计划安置的 4125 名，是去年的 2.7 倍，在全国居第 3 位；计划分配团职军转干部 494 名，其中符合任职条件的 398 名，是去年的 1.6 倍。接收退役士兵人数达 3 万多人，比去年增加了近万人。加之全省事业单位机构和全员聘任制改革，使得今年的安置工作面临着更大的压力。为将工作落到实处，全省做到了“五个确保”，即：确保计划分配的师团职转业干部的职务安置；确保退役士兵安置改革顺利进行，全面推行退役士兵安置就业和自谋职业相结合的就业办法；确保家属随军后的第一次就业，符合享受最低生活保障条件的全部纳入当地最低生活保障范围；确保巩固解决优抚对象“三难”成果，使优抚对象生活略高于当地群众平均生活水平；确保义务兵家属优待金足额纳入市、县（区）级财政预算，标准不低于当地平均生活水平。秦皇岛市共接收军转干部 466 名，其中，计划分配 357 名，数量是去年的 2.65 倍，接收符合任职条件的团职军转干部 44 名，是去年的 1.7 倍，6 月底以前，秦皇岛市在全省率先圆满完成军转安置任务，市委书记宋长瑞被部队亲切地称为“拥军书记”。保定市委、市政府推出政府指令安置一批、市场指导选择一批、政策优惠一批、发放生活费保障一批的“四个一批”新举措，安排了 370 多名随军家属就业。衡水市、沧州市、乐亭县、涉县重点检查了义务兵家属优待金发放等优抚政策落实情况，并上门为重点优抚对象解决实际问题。全省各地共为部队减免粮油、水电、燃料等费用近 4000 万元，解决训练场地、基建用地和生产、生活用地 2000 多亩，安置军嫂就业和再就业 500 多名，子女入学入托 1700 多人。

各级民政部门牢固树立情为优抚对象所系，权为优抚对象所用，利为优抚对象所谋的服务宗旨，坚持因地制宜、因时制宜、因人制宜，维护优抚对象生产、生活权益。建立相应医疗体系、实行优惠优待、实施重大疾病医疗救助等多种类、多层次的保障模式，较好地缓解了优抚对象医疗难问题。采取政府补贴、社会资助、个人自筹相结合的方法，大大改善了优抚对象的住房条件。摸索出政府补助和个人负担相结合，普通保障与重点保障相结合，优抚医疗保障与社会医疗保障相结合，优待和大病救助相结合，优先进入城镇职工基本医疗保险或农村新型合作医疗体系、医疗救助体系的新思路，在全省形成共识。省明确提出，明年进行新一届省级双拥模范城（县）的检查验收、命名表彰时，将把优抚对象医疗保障制度建设的成效作为一个主要条件、一个硬指标。

各地都把落实抚恤补助资金纳入了创建双拥模范城（县）活动和岗位目标责任制；加强了资金的科学管理，探索建立科学、高效的优抚经费发放机制，改善管理水平，提高运转效率；加大行政检查督察力度，确保各项抚恤补助经费专款专用，及时到位。以开展行风评议、评比窗口单位活动为载体，进一步加大行政执法监督力度，确保了各项双拥优抚政策落到实处。9 月 8 日，省政府办公会议要求，从 2004 年 7 月 1 日起，在乡退伍红军老战士、在乡复员军人、带病回乡退伍军人每月增加 20 元生活补贴。调整后在乡退伍红军老战士每人每月达到 800 元，在乡老复员军人每人每月补助标准平均达到 140 元。

各级非常重视两节期间优抚对象的生活问题。省里派出几个检查组到各地检查了优抚对象和困难群众生活状况。省厅党组要求各市县在元旦前必须将优抚资金发到每一个优抚对象手中，对生活困难的要给予特殊的救助。今年，省民政厅又拿出 150 万元专款，购买药品、棉被和防寒服，发到了各市。各地多措并举，积极开展扶贫济困送温暖活动，组织社会各界与优抚对象结对帮扶，组织医疗单位开展义诊，进一步激发社会各界厚待革命功臣的热情。

在处理解决原 8023 部队退役军人的问题上，各地做到了早摸底、早应对、早预防，并积极当好党委、政府的参谋助手。由于工作主动，措施得力，全省未出现大的波动。11 月 23 日上午，省政府召开了民政、财政、卫生、劳动和社会保障以及信访等部门参加的协调会议，对原8023部队退役军人的有关问题进行了专题研究。明确了民政、财政、劳动、卫生、信访等部门的职责。省财政投入了300万元为原8023部队退役军人报销体检费。沧州市精心组织，充分调动各级各部门的积极性，将国家和省里的政策宣传到每个人，顺利完成了全市体检工作。各地也建立健全了原8023部队退役军人动向信息反馈制度，注意发现苗头性、倾向性问题，把工作做到前边，把矛盾化解在基层，把问题解决在萌芽状态。并建立了预警机制，做好一些人意愿得不到满足时可能上访的应对工作。目前，体检工作正有序进行。

三、加强政策法规建设，为双拥工作健康发展提供可靠保证

各地在动员和倡导以情双拥、以情优抚的同时，坚持把推进双拥工作法制化作为双拥工作的关键问题抓住不放，积极调查研究，不断探索实践，初步形成了与社会主义市场经济体制相适应的双拥优抚政策法规体系。全省70%的县（市）建立了重点优抚对象抚恤补助标准自然增长机制。各地着手构建了灵活多样的优抚对象医疗保障制度。邯郸市在全市形成了以优抚门诊为载体的优抚医疗保障制度；邢台、石家庄等地开展了优抚对象住院医疗保险试点工作；沧州出台解决优抚对象报销医疗费的政策；唐山、保定、廊坊规范义务兵家属优待金发放办法；秦皇岛出台解决军嫂就业政策等。这些政策法规对拥军优属、国家抚恤、社会优待、烈士褒扬等工作作了进一步规范和完善，为全省双拥工作的健康发展提供了可靠保证。

各地不断研究新情况，解决新问题，拓展新领域，探索新形式，健全新机制，总结出一些富于创造性、体现时代性、具有规律性的经验。在落实政府优待、科技拥军、户籍制度改革对优抚政策的影响与对策、建立自然增长机制、解决优抚对象医疗难等方面，以及唐山市就新形势下做好社区拥军、秦皇岛市对个体拥军群体、邯郸市对民营企业如何开展拥军优属等方面进行了有益的研讨和尝试，对促进全省双拥优抚工作的深入发展起到了巨大的推动作用。

四、积极配合军事斗争准备，新形势下的拥军工作更加活跃

各地把支持军事斗争作为义不容辞的责任，从讲政治、讲大局的高度，满腔热情地为部队办实事、解难题。各级领导亲自到演习地域慰问部队，在训练、演习场地征用、建设，损失赔偿等方面现场办公、协调解决问题。各有关部门和广大人民群众，发扬无私奉献精神，千方百计做好场地、道路、车船、交通、通信、安全、医疗、生活等保障工作，极大地鼓舞了广大官兵的士气，有力地保障了各项演习、训练任务顺利完成。8月13日，副省长柳宝全、省军区政治部主任高义勋带领河北省慰问团，到张家口慰问北京军区驻训部队，赠送了100万元慰问金。保定、张家口、宣化等市县的领导也都带队到驻训部队进行了慰问，并送去了几十万元的慰问金（品）。乐亭县紧紧围绕部队推进中国特色军事变革，在建立完善智力拥军保障体系、军事训练演习保障体系、退伍军人安置体系的同时，积极开展“五进军营”活动。即：医疗进军营、科技进军营、图书进军营、文化进军营、爱心进军营。

各地坚持以与时俱进、开拓创新为着力点，注重树立与形势发展相适应的新思想、新观念。坚持把文化拥军和科技拥军作为科技强军、质量建军的最佳结合点，推动部队建设向现代化、智能化发展的重要手段。全省深入开展了科技拥军“双百工程”（每年帮助驻军团以上单位建100个科技图书室，组织专家学者进军营举办100场科技讲座）。河北大学、燕山大学等大专院校开展了“育兵工程”，为部队增强“造血”功能，提高知识层次和高科技含量，实现项目、技术和人才的“联姻”与“嫁接”。沧州市充分利用科技部门和大专院校的优势，从7月22日开始，对8632部队等6个驻沧部队组织举办实用技术科技讲座和当代最新科技成果巡回展览，有3000多名官兵接受了教育。

五、驻冀部队官兵积极参加地方三个文明建设，为全面建设小康社会作出了新的成绩

驻冀部队广大官兵牢记人民军队宗旨，大力实施拥政爱民“六项工程”，广泛开展“双三好”活动，在支援地方重点工程和社会公益事业建设、抢险救灾、维护社会稳定、支持希望工程等方面发挥了重要作用，为全省的经济发展和社会进步作出了积极贡献。省军区组织协调地方党委、政府和广大民兵，积极开展为北京军区在宣化地域举行的信息化试点建设演示活动和 66267 部队举行的拉练演习的支前保障工作；建立了省军区、军分区、人武部、乡镇武装部四级扶贫网络，建立扶贫项目 240 个，新建扶贫点 537 个，新结扶贫对子 6850 个；向贫困学生家庭捐款 93 万元，资助了 3575 名失学儿童；举办农业科技知识和实用技术培训 506 次，受训群众达 52580 人次，向群众赠送科技图书 30000 余册。66267 部队为平山县一“八一”希望小学捐助 3 万元人民币和 35000 元的教学用具，发动官兵与 50 名因贫困失学的儿童结成帮扶对子；特别是在 10 月下旬的拉练、演习中，先后向群众发放宣传资料 3000 余份，为群众义务演出 19 场次。66393 部队成立了 38 个法律咨询站和 61 个法律宣传小组，向群众宣传党和国家的法律法规；修建爱民路 3 条，组织学生军训 7000 余人次；无偿向西部山区捐赠了 25 台电脑和 1000 册各类书刊杂志。66455 部队组织官兵义务献血 500 余人次；先后派出校外辅导员 1000 人次，协助学校举办“少年军校”10 多期；捐资 30 万元在张北县喜顺沟村援建一所希望小学，对 100 户孤寡老人和特困下岗职工进行救助。石家庄陆军指挥学院先后派出专家教授 50 人次，到地方进行专题报告 80 场次，直接受教育的人数达 2 万余人；向革命圣地西柏坡捐赠 3 万元的建设资金，捐资 5 万元帮助南掌村开发宜林荒山，向困难群众捐赠 1 万元的生活用品。军械工程学院帮助石家庄市北新街小学建起了多媒体教室；组织 30 多个学雷锋活动小组，义务为群众修理自行车 800 余辆、钟表 400 多块、电脑 100 余台、其他家用电器 300 余件，接受群众法律咨询 500 余人次。炮兵指挥学院先后为地方培训经济管理和法律专业人才 1530 名，培训计算机、机电和英语专业人才 295 名。武警学院先后资助甘肃、宁夏、江西、云南、广西、黑龙江等外省的贫困学生 90 多名；宁夏固原县二中的原学生李蓉、李慧两姐妹，在该学院的资助下，双双考入了全国重点大学。武警河北省总队处突抢险 230 余次，找救遇险群众 144 人，派出城市武装巡逻 64650 次，抓获不法分子 289 名，出色完成押解运送勤务 471 次。石家庄机械化步兵学院组织 3000 多名学员赴全国 20 多个省市区广泛宣传党的路线方针政策，宣传群众 10 万人；出资 15000 元为此竹村打深水井 1 眼，专门安排人员到该村看望 15 户特困户，向上庄镇中学捐献图书 30000 册，出资 6 万元帮助上庄镇进行了公路改造。

山西省二○○四年双拥工作要点

2004 年全省双拥工作要以邓小平理论和“三个代表”重要思想为指导，以贯彻落实全国双拥工作会议精神为主线，紧紧围绕促进社会生产力和提高部队战斗力，积极适应发展社会主义市场经济和推进中国特色军事变革的新形势，突出抓好支持部队体制编制调整改革、参加地方重点工程建设和军地双方互办实事，广泛开展争创双拥模范城（县）和“为全面建设小康社会服务，为军队现代化建设服务”活动，巩固和发展军政军民团结的大好局面，为我省的改革发展稳定与国防和军队现代化建设提供有力支持和可靠保障。

一、围绕营造浓厚双拥氛围，深入开展国防教育和双拥宣传

军地双方要把国防教育和双拥宣传，作为双拥工作的首要任务，切实抓紧抓好。要把国防教育和双拥宣传纳入干部教育、青少年政治教育、全民教育和部队教育的总体规划，宣传人民军队的丰功伟绩、军民团结的伟大力量和做好双拥工作的重大意义。要以“爱中华、奔小康、强国防”为主题，结合重大节日、重要纪念活动，在全省范围内开展一次大型双拥和国防知识智力竞赛、主题活动周、双拥宣传月活动。要充分利用报纸、电视、电台、网络等大众传媒，通过开辟“国防天地”、“双拥之声”、“军事博览”等专题、专栏，宣传军事科技知识和国防基础知识，反映国防和军队建设和双拥工作先进模范事迹。要通过举办国防教育报告会、双拥演讲赛、摄影赛、书法赛，请爱国拥军模范、革命功臣做巡回报告，在主要路口和中心地段设置宣传标牌等形式，深入开展爱国主义和革命传统教育，打牢双拥工作的社会基础。要重视发挥国防教育、爱国主义教育基地和军训基地的功能，组织领导干部、青年学生、民兵预备役人员等重点人员定期开展“军营一日”、“国防教育日”等活动。各部队要把拥政爱民教育列入政治教育计划，在重大节日、演习和执行重要任务等时机，对官兵进行专题教育。要利用荣誉室、军史馆、烈士陵园等场所进行革命传统教育，开展以双拥共建为主题的联欢会、演讲比赛和知识竞赛等活动，使广大官兵进一步增强做好拥政爱民工作的自觉性和主动性。

二、立足发展山西经济，踊跃参加驻地重点工程建设

各部队要在完成战备、训练等任务的同时，根据地方政府的整体规划和统一部署，充分发挥组织严密、突击力强的优势，积极支持和参加地方基础设施和生态环境等重点工程建设。要组织官兵积极参加当地治水、改土、修路、绿化、通电等基础设施建设，特别是要抓住影响和制约我省发展全局的干旱缺水、水土流失、水质污染和洪涝灾害四大问题，参与节水工程建设、小流域综合治理，发展节水灌溉，搞好水土保护工作；参与县乡公路改造，帮助当地政府完成村村通油（水泥）路工程。各部队每年要集中力量完成1至2件对当地经济社会发展有重要作用的基础性项目。要按照省委、省政府加快建设“绿色山西”的目标要求，围绕建设“绿色大运”、黄河流域天然林保护、环京津风沙源治理、退耕还林（草）和太行山绿化、平原绿化等生态重点建设项目，从当地实际出发，合理规划自己的义务植树基地或退耕还林（草）基地，帮助地方政府完成生态建设任务。驻北部风沙区部队还要完成好北京军区赋予的“三北”防护林工程和大同以北至丰镇一线20万亩乔灌草搭配的防风固沙林带。

三、以实现群众利益为己任，努力为驻地群众排忧解难

各部队要通过开展扶贫帮困、捐资助学、防病治病、维护社会治安、抢险救灾等形式，切实为驻地群众办实事、办好事。要采取定点扶贫、包户扶贫、结对扶贫等形式，广泛开展扶贫帮困活动。各部队团以上单位要定点帮扶一个贫困村，对贫困地区群众进行实用技术培训，帮助困难群众掌握致富技能；加强与发达地区驻军的联系，掌握致富信息和产品需求情况，及时为贫困户提供科技致富、产品销售、劳务输出等信息；为贫困地区修路架桥、开渠引水、垦辟农田、发展特色产业，帮助贫困地区群众改善生产生活条件。要通过定点挂钩帮扶困难小学和捐资援建希望小学的形式，帮助贫困地区更新和完善教学设施，改善办学条件；通过积极开展“1+1”接力助学和群体性捐资助学活动，对贫困家庭学生进行教育援助，降低贫困地区适龄学童的辍学率。要支持和帮助贫困地区发展卫生事业，积极开展为群众送医、送药、送健康活动，经常组织医务人员下乡巡诊治病，做好各种疾病的防治工作。要通过开展“共办社区文化、共创社区环境、共保社区治安、共育社区新人”为主题的军民共建活动，积极配合地方有关部门加强社会治安综合治理。民兵预备役部队和武警部队还要协助公安部门严密防范和打击各类刑事犯罪，整治治安混乱地区和场所。在重大活动、重要节日和其他特殊情况下，要协助公安部门执行警戒执勤任务。要研究掌握自然灾害发生的特点规律，完善与地方有关部门的协作机制和应急方案，积极组织官兵参加抢险救灾，保障改革开放成果和人民群众的生命安全。

四、以搞好服务保障为出发点，积极支持军队体制编制调整改革

各地要把支持军队体制编制调整改革作为拥护党中央、中央军委战略决策的实际行动，作为分内职责，全力搞好服务保障。要认真分析研究在军队体制编制调整改革中面临的形势和任务，在落实好各项政策的基础上，采取超常措施，拿出解决困难和矛盾的具体办法。要按照省委、省政府、省军区《关于积极支持军队体制编制调整改革，切实做好军转安置工作的意见》精神，认真做好军转安置中的组织、协调、配合工作，对于因部队调整精简而确定的军队转业干部，要采取特殊政策给予照顾和安排。要结合本地实际，制定相关政策和措施，加大自主择业军转干部管理服务工作力度，妥善解决自主择业军转干部的退役金核发、住房补贴、医疗保险、择业指导、就业培训等问题。要按照有关政策规定，采取“计划安置、政策扶持、自主择业”相结合的办法，妥善安置退役士兵，并积极为退役士兵提供就业咨询、就业信息。要加大党管武装工作力度，切实把这次调整精简过程中由现役转为预备役部队的各项建设，纳入国防后备力量建设的整体规划，并在组织和经费落实上给予倾斜。要认真执行《军事设施保护法》，加强与有调整精简任务部队的联系，实行军警联防联治，做好部队空闲营区治安管理特别是军事设施的保护工作。

五、以维护官兵切身利益为着力点，下大力解决热点难点问题

各地要把解决当前部队普遍关注、官兵反映最为强烈的随军家属安置、随迁子女入学、优抚金发放、维护军人军属合法权益、营区出口通道建设作为今年关心支持部队建设的重点工作抓紧抓好。要对部队未安置的随军家属进行摸底调查，采取“政府指令性安置、办理劳动关系挂靠、购买社会保险、帮助自主择业”相结合的办法，有计划、分批次解决随军家属就业问题。要按照国办发［2003］102号《军人配偶随军未就业期间社会保险暂行办法》的规定，协助部队办理好未就业随军家属的社会保险关系和个人账户资金的转移、接续工作。要按照“就近入学、择优划片”原则，尽量把教学质量较高的学校、幼儿园划进部队子女就近入学入托范围，优先给予安排，收费标准应不高于当地居民子女。要做好义务兵家属和享受抚恤补助后生活有困难的优抚对象的优待工作，建立优抚对象抚恤补助标准与人民生活水平相适应的增长机制，逐步提高优待金标准，并确保按时足额兑现。要积极为军人军属提供法律服务和法律援助，妥善处理军人军属涉法问题，维护军人军属的合法权益。要结合市政工程建设和乡村公路改造，对驻地部队营区出口道路建设进行规划，解决驻军出口通道不畅、机动困难的问题。年内，有关市（地）要拿出解决问题的具体方案，省双拥办将就此情况进行调研。

六、切实加强组织领导，建立协调顺畅的双拥工作运行机制

各地各部队要高度重视，把双拥工作纳入重要议事日程，经常分析形势，研究解决重大问题。各级双拥工作领导小组要认真履行组织、协调、指导双拥工作的职能。要加强双拥资源整合，建立双拥工作领导小组成员单位双拥工作重要事项报告制度、年度工作汇报制度，增强军地有关部门履行双拥职能的意识，推动双拥工作在各部门、各系统的落实。要关心、重视和支持各级双拥办公室建设，积极开展创建先进双拥办公室活动，落实办公经费，配齐配强干部，完善军地合署办公制度，提高双拥办的工作效率。适当的时候，省双拥办要对各市（地）双拥办进行一次检查，并通报情况。要从本地区的实际情况出发，培养和树立具有时代特色和地区特点的双拥典型，依靠典型推动双拥工作的深入开展。要对双拥工作实行动态管理，对工作严重滑坡、失去示范作用的省级双拥模范城（县），将视情况予以限期改正，或撤销其命名。下半年，省双拥办要对省级双拥模范城（县）进行检查验收。

山西省二〇〇四年双拥工作总结

2004年，全省双拥工作在省委、省政府、省军区的正确领导下，以邓小平理论和“三个代表”重要思想为指导，以学习传达和贯彻落实全国双拥工作会议精神为主线，紧紧围绕全面建设小康社会和推进中国特色军事变革，不断丰富双拥内容、拓展双拥领域、创新双拥形式，通过军地双方互办实事、双向服务，双拥工作整体水平有了较大的提高，为全省改革发展稳定和部队现代化建设提供了有力支持和可靠保证。

一、认真学习宣传全国双拥工作会议精神，营造浓厚的双拥工作氛围

全省各级、各部队始终把认真学习和贯彻落实全国双拥工作会议精神作为“一条主线”贯穿于双拥工作的各项任务中，贯穿于全年工作的始终。年初召开的全国双拥工作会议，是新时期具有里程碑意义的双拥盛会，全面贯彻落实会议精神是当前和今后一个时期的主要任务。我们把学习传达会议精神作为贯彻落实的一个重要步骤，作为推进双拥工作的关键环节。相继召开党政军领导迎春座谈会、省委议军会、市地双拥办主任会议，传达学习温家宝总理的重要讲话、回良玉副总理的工作报告，并对会议精神的贯彻落实进行了安排部署。各地、各部队对双拥模范城这一来之不易的荣誉高度重视，结合重大节日、重要纪念活动，充分利用报纸、电视、电台、网络等大众传媒，宣传会议盛况。太原、晋中等八个全国双拥模范城（县），通过隆重举行揭匾挂牌仪式，召开庆功表彰和誓师动员大会，认真传达会议精神，分析双拥形势，表彰先进典型，明确努力方向。大同、晋中、侯马、永济等地在主要路口和繁华地段设置了宣传全国双拥工作会议精神的宣传标志牌和标语，教育广大群众保持荣誉、再接再厉。省军区和63710部队政治部专门下发《关于学习贯彻全国双拥工作会议精神，进一步做好拥政爱民工作的通知》，要求各级政治机关组织广大官兵学习会议精神，谋划今后三年拥政爱民工作的总体思路。武警8650部队在组织官兵学习会议精神的同时，邀请全国双拥模范个人赵爱田介绍全国双拥工作会议盛况和双拥工作事迹，增强广大官兵进一步重视双拥、支持双拥、推动双拥的责任感和光荣感。

各地各部队充分发挥各自优势，不断强化双拥国防宣传教育，优化双拥工作环境，进一步调动了广大军民参与双拥工作的积极性。晋中、大同等地结合“国防教育日”、“双拥宣传月”的宣传教育以及建军、建国等纪念活动，组织开展了军民座谈会、演讲会、参观、双拥展览、双拥知识竞赛等丰富多彩的活动。阳泉市举办了“鱼水情深唱双拥广播歌会”，活动隆重热烈，体现了浓浓的鱼水深情，受到了广大军民的一致好评。太原、晋中、大同等地为各中学配备国防教育副校长300多人。晋城市举办国防教育班258期、开设国防教育课程培训干部5000余人次，编制了《晋城的将军们》、《爷爷的故事》等文献纪录片在电视上放映。在全民第四个国防教育日前后，晋中、晋城等地组织广大群众开展了“爱中华、奔小康、强国防”征文启事活动。忻州市在《忻州日报》上刊登了《双拥知识百题问答》，就广大群众所关心的优待抚恤、转业退伍军人安置、军转干部安置、国防教育等问题进行了解答，并由军分区领导在电视上进行了军事知识讲座。吕梁市举办了“双拥杯”知识竞赛和国防知识有奖答题活动，党政干部参与率达90%。长治市编写了一套适合不同层次的国防教育教材，形成了适应不同地区、不同单位实际情况的教育制度、教育素材和教育方法。永济市人大常委会讨论通过了《关于深入持久地开展国防教育的决定》，实现了国防教育的市、镇、村三级目标管理责任制，并成立56个宣传小分队，分赴城乡社区、厂矿学校，开展双拥国防宣传教育活动，授课1600多次，印发宣传资料 21 万余份。太原、长治、吕梁等地成立少年军校，全国少年军校示范校——太钢二校少年消防团参加了全国少年军校成果展示活动，并取得了团体优胜奖的优异成绩。驻晋部队和军队离退休老干部在各中小学校广泛开展讲战斗故事、当校外辅导员活动，加大对中小学生进行国防教育和革命传统教育力度，广大军民积极投身双拥活动的氛围空前高涨。

二、创新双拥工作载体，广泛开展“双服务”活动

为贯彻落实全国双拥工作会议精神，三月份，省委、省政府、省军区在全省范围内部署开展了“为全面建设小康社会服务，为军队现代化建设服务”（简称“双服务”）活动。各驻晋部队和人武部门紧紧围绕各级党委政府确立的经济社会发展整体规划和阶段性目标，在完成战备训练任务的同时，积极支持和参加地方经济建设，广泛开展扶贫帮困、捐资助学等公益性活动，主动承担各种急难险重任务，为当地经济社会发展作出了突出贡献。先后投入兵力 30 万多人次，动用机械车辆 7000 余台次，援建了“绿色大运”、黄河流域天然林保护、环京津风沙源治理、退耕还林还草等重点工程 38 项，植树造林 20 多万株。驻晋部队积极开展爱心助残募捐活动，捐款资金 50 多万元。省军区系统通过单位出资、个人捐资、社会筹资等形式，开展了援建希望小学、帮扶困难学校、资助贫困学生活动，投资 600 多万元，援建希望小学 19 所，帮扶困难学校 131 所，改善了贫困地区的教学条件和教学设施，使 2000 多名学生重返校园。63710 部队投资 20 万元整修了岢岚三井至南川公路，捐款 5 万元修建了岢岚县钟楼。武警总队采取定点、包户、结对扶贫等形式，积极开展扶贫援建、技术培训和信息交流等活动，帮助 8 万多名群众走上了致富道路。66211 部队与太原市杏花岭区职工新街办事处共同投资 500 万元，新建了双拥蔬菜批发市场；与杨家峪乡剪子湾村共同投资 30 万元，兴建了占地 1300 亩的生态园。63988 部队投资 170 多万元、出动机械设备 58 台次，为驻地无偿架设了 2000 多米的输电线路，开挖了一个近 400 平米的鱼塘，架起了两座石拱桥，铺设了一条 500 米的柏油路。62190 部队为驻地修建了两个蓄水池，无偿为群众供应生活用水，每年为驻地群众节省资金 10 多万元。武警 8653 部队营区房屋和门店在晋中市“双百项目”工程北山路拓宽改造规划地域内，部队以大局为重，无偿让出土地 37.62 亩，拆迁房屋 3000 多平方米。武警 8673 部队与夏县团委联合开展了“思想政治工作联抓、公益事业联做、人才培养联手、文体活动联谊”四联活动，丰富了军民共建活动的内涵。今年阳曲县、盂县等地发生山林火灾，驻晋部队官兵动用兵力 7000 余人次，连续奋战 6 昼夜扑灭山火，挽回经济损失 3000 多万元。

全省各级各部门组织动员全社会力量，积极为军队现代化建设提供服务保障。省政府、省军区出台了《山西省支持军队推进后勤保障社会化实施办法（试行）》。晋城、阳泉、长治等地领导多次深入部队调查研究，征求意见，在财政紧张的情况下，先后投资 4700 多万元，帮助部队解决饮用水净化处理、出口道路修建和营房建设等重点工程。晋中、忻州、临汾、运城等地积极配合部队搞好军事训练和演习，从交通、场地、物资、通信等方面给予大力支持，投资 6000 多万元，为部队营房出口和营区附近整修公路 80 多公里，帮助部队修建训练基地、改善军事、生活设施 9000 多平方米，极大地改善了部队战备、训练和生活条件。太原、忻州等地对军队调整精简中的撤并将改部队房产、土地、债务等问题进行了协调处理，帮助部队办理房产土地移交 2 万多平方米，无偿划拨生产、生活用地 80 多亩，减免各种税款 200 多万元。阳泉供电部门得知 66488 部队工程建设中存在“用电难”问题时，深入施工现场勘察线路，架设配电专线，增设变压器，及时解决了生产供电问题。永济市和驻军单位共同投资 80 万元，为部队修建了一条长达 5 公里的“拥军路”，开通了拥军公交专线。潞城市把支持部队后勤保障社会化改革作为义不容辞的责任，投资近 20 万元，建成了采购、加工、制作、供应一条龙的熟食供应部。临汾、运城、吕梁、阳泉等地动员社会力量开展科技拥军活动，向部队赠送电脑90多台，科技图书5万余册，举办高科技知识讲座70余次，建立科技拥军基地22个。晋城市组织开展“文化进军营”活动，为10个驻军单位分别赠送了一个价值2.5万元的“育才图书室”。全省各级共建立军人军属维权中心14个，“双维”组织1830个，形成了覆盖党政军、司法机关和群众团体，贯穿市、县（区）和乡镇的维权工作网络，妥善解决了一批军人军属涉法问题。

三、完善双拥工作政策法规，大力解决重点难点问题

转业复员退伍军人安置、随军家属就业、随迁子女入学、优抚对象优待抚恤政策落实是双拥工作的重点难点问题。各地立足双拥工作的长远发展，加大了政策、法规和制度建设力度。省政府和省军区专门下发了《关于做好军队体制编制调整期间军转安置工作的意见》，对因部队调整精简而确定的军队转业干部，采取优惠倾斜政策给予照顾安排。今年的转业干部除个别自愿到企业外，全部安置到了行政事业单位。晋中市积极推广《榆社县退役士兵转业士官有偿转移和自谋职业试行办法》，在全市开展了“情系军人，安置城镇退役士兵第一次就业活动”，筹资168万元，帮助100多名城镇退役士兵走上了自谋职业道路。朔州市出台了《关于扶持退役士兵自谋职业有关优惠政策的意见》，通过发放一次性自谋职业补助金，鼓励、扶持70多名城镇退役士兵自谋职业。大同市积极向新成立的单位和私营企业推荐退伍兵，使200多名退伍军人走上了工作岗位。全省11市通过建立优待抚恤标准自然增长机制，义务兵家属优待和在乡老红军、老复员军人、革命伤残军人及烈属的抚恤补助都能按时足额发放到位，没有发现拖欠、挪用现象。各地不断巩固“爱心献功臣”活动成果，发动社会力量，多方筹集资金，通过领导包扶、纳入低保范围等办法，积极改善优抚对象的生活、住房条件，帮助有一定能力的优抚对象开展生产自救、发展多种经营。晋城市结合全市小康建设，广泛开展了优抚对象“六项扶优奔小康”工程，在项目、资金、科技、政策、择业、智力六个方面帮助扶持，使有劳动能力的优抚对象达小康比例大大提高，占到总数的70%。各地普遍建立了对重点优抚对象实行定点医疗和大病补助、公费医疗和医疗减免、最低保障和临时救济相结合的医疗保障制度，使“看病难”问题得到突破性进展。

各级双拥办对驻晋部队随军未就业家属情况进行了调查摸底，并协调有关部门采取“政府指令性安置、办理劳动关系挂靠、购买社会保险、帮助自主择业”相结合的办法，帮助一大批军人家属走上工作岗位。太原通过政府指令性安置、按比例逐步解决的办法，对40多名随军家属一次性进行了安置。晋中市委、市政府出台了《关于解决部队随军家属安置等有关问题的意见》，加大了随军家属安置就业的力度，走开了随军家属安排上岗、帮助交纳社会劳动保险、提高未就业期间补助标准的路子。晋城市对随军未就业家属每人每月补助生活费用198元。潞城市按照《军人配偶随军未就业期间社会保险关系暂行办法》的规定，一次性为21名随军家属落实了挂靠单位，转移续接了未就业期间的社会保险关系。汾阳市帮助驻军建起了家属工厂，使随军家属基本都有了工作岗位。大同出台了《驻同部队子女入学暂行规定》，采取“就近入学、择优划片、降分录取、平等收费”的办法，对军人子女入学给予了最大限度的优惠，彻底解决了驻同部队军人子女入学难的问题。忻州市双拥办协调市教育局，把中考分数低、进不了教学质量较好高中就读的军人子女，全部安排进了理想的学校。

四、健全组织领导体系，加大对双拥工作的领导

各地各部队进一步健全完善了双拥工作重要事项报告制度、年度工作汇报制度、重点工作督办制度，做到了双拥工作有计划、有部署、有检查、有总结，增强了军地有关部门履行双拥职能的意识，推动了双拥工作在各部门、各系统的落实。省双拥工作领导小组根据人员和部队变动，调整了成员单位，明确了职责，并为省双拥办增设了双拥联络处编制，抽调了两名干部充实到了省双拥办，加强了省双拥办的力量。晋城市将创建全国双拥模范城作为一流文明城市的基础工程抓紧抓好，把双拥办作为市政府直接主管的职能部门列编，配备专职人员，确保了双拥工作的高效运转。太原、晋中、长治、运城等地把双拥工作列入各级领导干部岗位目标责任制的基本内容，在年度领导干部岗位目标考核时与其他工作一并进行考核，提高了各级领导干部关心支持双拥工作的积极性。大同市把双拥工作列入"一把手"工程，下发了《关于进一步做好双拥工作的意见》，加大了对双拥工作的领导，保持了争创全国双拥模范城的强劲势头。太原市修改了《双拥模范单位和个人奖励办法》，提高了双拥模范单位和个人的奖励标准，营造了争当双拥工作典型的氛围。长治市在双拥工作中做到了政治上关心不撒手、工作上支持不甩手、经费上保障不缩手，为双拥工作的良好运行提供了有力保障。侯马市在荣获全国双拥模范城"四连冠"后，荣誉面前不止步，明确提出了争创全国双拥模范城"五连冠"的奋斗目标和具体措施，推动了双拥工作更加广泛深入持久地开展。在双拥模范城（县）动态管理考核中，盂县被取消了省级"爱国拥军模范县"荣誉称号后，认真总结经验教训，提出了"争回丢失荣誉，再谱双拥新篇"的奋斗目标，确立了"狠抓宣传教育不松手、坚持经常性活动不间断、解决突出问题不含糊"的"三不"工作方针，使双拥工作有了长足的发展进步。今年九月，省双拥办组成两路检查组，对年初评为全国双拥模范城（县）和去年评为全省双拥模范城（县）进行了检查指导，促进了省级以上双拥模范城（县）工作整体水平的不断提高。

在肯定成绩的同时，我们也十分注重研究总结新时期双拥工作出现的新情况、新特点。总的感到，当前双拥工作有以下主要矛盾和突出问题：一是双拥工作的任务越来越繁重。"台独"分裂势力依然猖獗，加紧做好军事斗争准备显得尤为重要，需要军地双方在更大范围、更广领域、更高层次上互相支持、密切配合，特别是需要加大科技参战、科技支前、科技保障的力度。但由于受传统习惯思维和社会科技基础的影响，科技拥军的质量有待进一步提高。二是双拥工作的环境越来越复杂。随着我国社会经济成分、组织形式、就业方式、利益关系和分配方式日益多样化，政府职能的转变和社会结构的不断调整，处理军政军民关系的方式、开展双拥工作的领域也发生了很大变化，迫切需要建立与之相适应的双拥工作运行机制。三是双拥工作遇到的矛盾和问题越来越突出。在市场经济条件下，人们的思想观念和价值取向发生了深刻变化，加上政府机构改革、企业改组改制，加大了军队转业干部、退役士兵、随军家属安置的难度。另外，由于地区经济发展不平衡，个别贫困县、区"三老"优抚对象医疗难问题还比较突出。这些矛盾和问题，不同程度地牵动着双拥工作的全局，影响和制约着双拥工作的发展。

内蒙古自治区二〇〇四年双拥工作要点

2004 年，全区的双拥工作要坚持以邓小平理论和"三个代表"重要思想为指导，全面贯彻全国双拥工作会议精神，认真落实党中央、国务院、中央军委关于加强军政军民团结的指示，紧紧围绕全面建设小康社会，以增强经济实力、国防实力和民族凝聚力为目标，以推动社会稳定、促进经济发展、推进军事斗争准备为重点，进一步完善双拥政策法规，健全双拥组织体系，创新双拥活动方式，巩固和发展双拥模范城创建成果，与时俱进，抓好各项工作的落实，以牢固的军政军民团结，为自治区的改革发展稳定提供安全可靠有力的保障。

一、深入学习宣传全国双拥工作会议精神，进一步激发和调动广大军民做好双拥工作的政治热情

今年 1 月份在北京召开的全国双拥工作会议，

是一次历史性盛会。会议认真总结交流了新形势下双拥工作的经验，研究部署了当前和今后一个时期双拥工作的任务，命名表彰了双拥模范城（县）、双拥模范单位和个人，对做好新形势下的双拥工作具有十分重要的指导意义。在当前和今后一段时间，一定要学习好、宣传好、贯彻好这次会议精神。一是各级党委、政府，双拥工作领导小组及有关部门要认真组织学习温家宝总理、回良玉副总理在全国双拥工作会议上的讲话，提高认识，统一思想，制定规划，下大力抓好本地区、本部门的双拥工作。二是各级双拥办公室要协调宣传部门，大力宣传全国双拥工作会议精神，宣传党的三代领导集体关于加强军政军民团结的重要思想，宣传新时期拥军优属、拥政爱民的先进典型（自治区双拥办将我区国家命名表彰的双拥模范城（旗）、单位和个人的先进事迹材料整理编印下发），宣传双拥工作的政策法规及创新发展的成就和经验，使广大军民认清军政军民团结在全面建设小康社会中的重要作用，激发广大军民做好双拥工作的政治热情，把双拥工作的责任和义务变成广大军民的自觉实践，热情参与，在全社会形成“军爱民、民拥军，军民团结一家亲”的浓厚氛围。

二、认真贯彻“三个代表”重要思想，切实搞好以“双三好”为主要内容的军地配合和支持

“三个代表”重要思想是把广大军民凝聚和团结起来的光辉旗帜和共同思想基础。各地要按照温家宝总理提出的以“三个代表”重要思想统领双拥工作，始终坚持双拥工作的正确方向。要确立“三个代表”重要思想在双拥工作中的指导地位；要组织军民认真学习“三个代表”重要思想，用“三个代表”重要思想把广大军民武装起来，凝聚起来；要按照“三个代表”重要思想的要求，理清思路，明确方向，丰富内容，提高标准，使双拥工作在更高的起点上推进。要按照“双三好”的要求，着眼于促进社会生产力发展和部队战斗力提高，抓好双拥工作各项任务的落实。各级党委、政府和有关部门要坚持国防建设与经济建设协调发展的方针，热情关心军队建设，主动了解和帮助部队解决各种实际问题。积极开展教育拥军、智力拥军、科技拥军活动，发挥地方科技人才优势，支持部队开展科技练兵，帮助部队培养高素质人才。要切实解决重点优抚对象的“三难”问题，落实军休干部的政治、生活待遇。要下大力搞好转业退伍军人安置，随军家属就业，军人子女入托入学等热点难点问题，维护军人及其家属的合法权益，解除官兵的后顾之忧。各部队要在完成各项战备训练执勤任务的同时，积极参加和支持西部大开发工作，援助地方搞好重点工程、生态环境建设。继续搞好扶贫开发，大力支持“兴边富民”行动，为边疆少数民族办实事、谋利益，维护边疆的繁荣与稳定。要制定应急预案，做好抢险救灾工作，保护人民群众生命财产的安全。要把军民共建活动不断引向深入，使双拥工作进社区、进连队、进乡村、进企业、进机关、进学校。今年要宣传一批军民共建典型，总结交流军民共建社会主义精神文明的经验。

三、巩固和发展双拥模范城（旗、县）的创建成果，促进双拥工作上档次、上水平

目前，全区有受国家命名的双拥模范城（旗）11个，自治区命名的双拥模范城（旗、县）54个。这些城市和旗县在创建双拥模范城（旗、县）活动中做了大量的工作，取得了可喜的成绩，成为自治区创建双拥模范城活动的排头兵。各地、各部队要认真贯彻《双拥模范城（县）创建命名管理办法》，按照“巩固、发展、提高”的要求，更加深入扎实地开展创建双拥模范城（旗、县）活动。要端正指导思想，不图虚名，不搞形式主义，扎扎实实做好工作。要精心组织，科学安排，立足基层，突出重点，不断提高创建活动的质量。已被国家和自治区命名的双拥模范城（旗、县）要认真总结经验，查找问题和不足，保持荣誉，巩固成果，提升档次和水平。正在积极争取国家和自治区命名的地区要对照《双拥模范城（县）创建命名管理办法》，逐条逐项落实，尽快实现既定目标。要把创建双拥模范城（旗、县）与群众性创先活动结合起来，大力表彰和宣扬基层双拥工作先进典型，进一步调动广大军民做好双拥工作的积极性，形成领导重视，部门协作，军地互动，军民广泛参与的双拥工作局面。要把创建过程作为推动工作的过程，落实法规的过程，增进团结的过程，真正使创建命名活动成为推动双拥工作的发展动力。年底前自治区双拥工作领导小组对全区的双拥工作进行检查，并将检查情况通报全区。

四、切实加强对双拥工作的领导，发扬与时俱进的精神，推动双拥工作在创新中发展

各级党委、政府和部队领导机关，要适应新形势、新任务的要求，进一步加强对双拥工作的组织领导。要切实把双拥工作纳入经济社会发展和部队建设的总体规划，做到有明确的目标任务，有具体的实施计划，有完善的保障措施。要把双拥工作纳入重要议事日程，经常分析形势，研究解决重大问题。要把双拥工作作为领导干部政绩考核的内容，强化责任意识。党政军主要领导要带头参加双拥活动，影响和带动双拥工作的开展。双拥工作领导小组各成员单位要认真履行职能，加强工作指导，促进本系统、本行业双拥工作的开展。要建立领导小组成员单位双拥工作重大事项报告制度，年度工作汇报制度，充分发挥各成员单位的职能作用。要加强政策法规建设，使双拥工作真正做到有法可依，有章可循，向制度化、法制化方向发展。年内各地要对已出台的双拥政策法规进行修订和完善，对未制定的政策法规，抓紧进行制定。要采取有力措施，抓好双拥政策法规的落实，切实解决有法不依、执法不严的问题。

各级双拥办是双拥工作领导小组的办事机构，担负着组织、协调、指导双拥工作的职能，岗位光荣、责任重大。目前，一些地区的双拥办事机构还存在薄弱环节，人员不落实、职责不明确、业务不熟悉的问题比较突出。各级要本着对国家和军队建设高度负责的精神，进一步关心支持双拥办建设。要配齐配强干部，落实办公经费和设施，完善合署办公制度，保证各项工作有序运转。对工作成绩突出的干部，该奖励的奖励，该使用的使用，充分调动工作人员的积极性。年内，自治区双拥工作领导小组对各盟市和部分旗县的双拥办进行一次检查，并组织一次双拥办主任培训，互相交流经验，提高业务素质和协调办事能力。

随着形势任务的变化，双拥工作也出现了许多新的情况和问题。各级要发扬与时俱进的精神，认真分析研究新形势下双拥工作发生的新变化，研究加强军政军民团结的新思路、新办法，增强工作的针对性、创造性。在指导思想上，要认真贯彻“三个代表”重要思想，把发展社会生产力和提高部队战斗力，维护和实现广大军民的根本利益作为双拥工作的出发点和落脚点；在工作方式上，要把政府行为与社会行为结合起来，拓宽领域，大胆探索，因地制宜，因时制宜，不断研究和探索双拥工作的新经验、新内容，采取情感方式和法规方式并用的新办法，规范军地关系，发展军民鱼水深情；在工作效果上，要着眼增强经济实力、国防实力、民族凝聚力开展工作，把创建双拥模范城活动与其他群众活动紧密结合起来，使军政军民团结植根于深厚的社会和群众基础之中，积极探索兼顾社会效益、经济效益、国防效益的新途径、新方式，努力使双拥工作获得最大的综合效益。对于那些长期形成的行之有效的经验和方法，应当继续坚持，同时还要根据变化了的实际，勇于探索和创新，用新的视角观察新的情况，用新的方法解决新的问题，使双拥工作在继承与创新的结合中不断发展。

内蒙古自治区二○○四年双拥工作总结

2004 年，我区的双拥工作在全国双拥工作领导小组，自治区党委、政府和内蒙古军区的领导下，认真学习贯彻全国双拥工作会议精神，以“三个代表”重要思想和党的十六大、十六届四中全会精神为指导，以创建双拥模范城为载体，从发展社会生产力和提高部队战斗力、全面建设小康社会的大局出发，认真落实各项优抚安置政策，军民携手共同完成生态建设、扶贫帮困、抢险救灾工作，进一步密切了军政军民关系，维护了自治区的繁荣与稳定。双拥工作与自治区经济、社会互为促进，共同发展，取得了可喜的成绩。全区有 11 个市（旗）、3 个单位、2 名个人分别荣获全国双拥模范城、模范单位、模范个人称号。

一、基本情况

（一）认真学习贯彻全国双拥工作会议精神，以不同形式和手段促进双拥工作的开展

为传达好、学习好、贯彻好全国双拥工作会议精神，自治区双拥工作领导小组年初即召开各盟市分管领导和双拥办主任会议，就传达学习贯彻会议精神进行了具体部署。各级分别召开双拥工作领导小组、双拥办主任、民政局长会议，认真传达学习会议精神，研究如何做好新形势的双拥工作。被命名的 11 个双拥模范城（旗），都举行了揭牌仪式，召开表彰和动员大会，确定新的奋斗目标。自治区双拥办将会议文件及时转发各盟市，并将国家命名表彰的双拥模范城（旗）、模范单位和个人的先进事迹编印成册，下发基层和成员单位学习。各地还利用大众传媒，广泛宣传会议精神和双拥典型，使广大军民进一步提高了巩固和发展军政军民团结重要性的认识，明确了当前和今后一个时期双拥工作的指导思想、基本任务和创新发展的要求。

各地在认真学习宣传全国双拥工作会议精神的基础上，积极筹划部署双拥工作。一是召开议军会、双拥工作领导小组会议，分析双拥工作形势，确定双拥工作重点，解决双拥工作中的问题。自治区党委召开议军会，把边防和后备力量建设作为重点，大力支持驻军后勤保障社会化。呼和浩特市、呼伦贝尔市、兴安盟召开议军会，把随军家属就业和退伍军人安置作为解决的重点。巴彦淖尔市首届市委、政府在议军会上研究解决了党管武装、后备力量建设等八个方面的问题，并作出了《创建双拥模范市的决定》。二是普遍制定了双拥工作计划（规划），明确双拥工作的重点和努力方向。自治区双拥工作领导小组下发的《二〇〇四年双拥工作要点》，把认真学习贯彻全国双拥工作会议精神，开展科技拥军、智力拥军、社区拥军作为双拥工作重点，要求下大力解决好退伍军人安置难、随军家属就业难、重点优抚对象医疗难的问题。呼和浩特、包头、通辽市，内蒙古公安边防总队制定了《2004～2006 年双拥工作三年规划》。包头市做到了领导变，争创双拥模范城的目标不变，机构变，双拥工作的制度不变，人员变，维护国防利益的责任不变，确保双拥工作在各个层面的落实。三是积极开展双拥工作的调研和检查。自治区双拥办组织了如何做好新形势下双拥工作的调研，收到调研报告和论文 22 篇，为新形势下开展好双拥工作进行了有益的探索。民政厅优抚处会同包头市民政局，对农村实行税费改革后，义务兵家庭优待金保障方式发生的变化进行了调研，为制定义务兵家庭优待办法提供了依据。各盟市双拥办组织专人对双拥工作进行全面检查，发现和解决存在的问题，推动了双拥工作的开展。

（二）加大国防教育和双拥宣传的力度，认真落实各项优抚安置政策

为使广大军民真正了解双拥、认识双拥、支持双拥，使双拥工作成为民心工程，军地双方广泛开展了国防教育和拥军优属、拥政爱民宣传。内蒙古军区一月份组织全区部队，以助民劳动、学雷锋做好事、图片展览等形式，深入街头、深入群众开展声势浩大的拥政爱民宣传。鄂尔多斯市投资 100 多万元建设国防教育展厅，修建国防教育一条街和军事主题广场，受教育 4000 多人。呼和浩特市组织 1000 多名中小学生参观市国防教育中心，组织 500 多名部队官兵参观乌兰夫纪念馆。包头市开展了争创全国双拥模范城有奖知识竞赛，在各大媒体宣传了一批具有时代特色的双拥典型。阿拉善盟、乌海市开展了军人好妻子评选表彰活动。赤峰市开展了“举办一场知识竞赛、唱一支英雄赞歌、读一本军事题材书、看一部爱国主义教育影片”的国防教育活动。呼伦贝尔市举办双拥成果图片展和“双拥之歌”军民演唱会，4000 多人参观了展览，2800 多人参加演唱会。巴彦淖尔军分区和市委宣传部、市

报社联合举办《国防在我心中》征文活动。乌兰浩特市、乌拉特中旗在主要街道设立永久性双拥宣传标志牌。内蒙古公安边防总队自拍的电视专题片《边关情》，“八一”期间在内蒙古电视台多次播出。边防一团在团史馆开辟了双拥宣传栏。各级在国家和自治区级媒体上发表双拥报道300多篇。自治区民政厅和各盟市民政局都举行了《军人抚恤优待条例》宣传活动，散发宣传品50多万张。元旦春节期间，自治区党委、政府发出了《致全区部队、武警官兵的慰问信》。“八一”前夕，自治区双拥办与内蒙古人民广播电台联合举办了《双拥情、边关行》大型采访报道活动。自治区民政厅、内蒙古军区政治部联合下发了《关于搞好“八一”期间拥军优属拥政爱民工作的通知》，进一步扩大了双拥工作的影响，促进了双拥工作的开展。

各地认真贯彻“三个代表”重要思想，考虑问题、谋划工作、形成决策，都从维护广大军民的根本利益着想，从广大军民最需要帮助的方面入手，认真落实优抚安置政策。一是开展走访慰问活动。自治区党委书记储波、政府主席杨晶等党政领导春节前率领慰问团，深入12个盟市慰问部队和优抚对象，送去了党和政府的关怀。各盟市、旗县也都开展了不同形式的慰问活动，为优抚对象送去慰问金（品）500多万元。二是积极为优抚对象解“三难”。自治区民政厅对全区31所光荣院全部进行了普查，提出改扩建规划，计划投资2000万元左右，用3至5年时间让无依无靠的老复员军人在自愿的基础上全部入住光荣院。各级都做到了优抚对象抚恤金按时足额发放，义务兵家庭优待金全部由旗县区统筹发放。乌兰察布市采取“三定一包”（定服务对象、服务时间、服务项目，包户）的办法为优抚对象解难题。赤峰市市旗两级财政拿出921万元用于提高老复员军人的定期定量补助。通辽市今年投入88.2万元，解决了275户重点优抚对象的住房困难。全区各级财政今年拿出近5000万元资金，用于解决重点优抚对象的生活、住房、医疗等问题。四是做好退伍军人安置工作。自治区出台了《关于扶持城镇退役士兵自谋职业优惠政策实施意见》，鼓励退役士兵自谋职业，缓解退役士兵安置难的问题。今年全区安置退役士兵4651人，安置率达90%；各级财政为481名自谋职业的退役士兵列支719万元。包头市政府拨出10万元专款，对待分配期间的285名退役士兵进行驾驶、电脑培训，95%获得职业资格证书。赤峰市妥善安置59名军转干部，正团职干部全部安排了实职。呼和浩特市实行文化考试与功绩考核相结合的办法，安置军转干部169名，做到了部队、地方、本人、家属满意。

（三）动真情办实事，全力支持部队建设；献爱心为人民，积极为地方作贡献

各级党委政府全力支持部队建设，把帮助部队提高战斗力和做好军事斗争准备作为义不容辞的责任。一是想方设法帮助部队改善生活条件。自治区政府为警卫局投资1000多万元建设新办公楼。鄂尔多斯市政府投资800多万元为预备役团和通信部队建设新营房。呼和浩特市投入近7000万元为部队建设营区、拓宽道路。巴彦淖尔市网通公司和军分区共同投资500万元建设边防通信光缆。包头市投资1200多万元，解决部队供水、供电、道路硬化、营区美化、营房翻建、信息化建设等问题。赤峰市每年拿出400多万元用于驻军的业务费用和生活补贴。锡林郭勒盟针对部队官兵外出不便的实际，协调公交公司开设拥军专用站点。二是保障部队完成训练演习任务。呼和浩特、赤峰市为驻军赴外地训练演习举行隆重的欢送仪式，为部队官兵壮行。各盟市党委政府在内蒙古军区举行的民兵优秀教练员评比活动中，从人力、财力上全力保障。内蒙古军区举行的首长机关“信息化条件下快速动员”演习中，呼和浩特市积极做好演习部队途经道路、训练用地、宿营、用水用电、军事设施保护、驻地安全保卫和群众工作。包头市领导驱车几百公里前往演习地域慰问参演官兵，受到内蒙古军区首长的好评。三是对部队开展多种形式的慰问活动。“八一”前，自治区党委副书记杨利民、政府副主席郭子明带领有关部门，对驻呼部队、军干休养所、荣誉军人康复医院进行慰问，送去慰问金13

万元。自治区党委、政府召开呼和浩特地区庆“八一”军地座谈会，党政军主要领导全部出席，进一步密切了军政关系。各级在春节、“八一”期间也都以不同形式对驻地部队进行慰问和开展联欢活动，送去慰问金（品）300多万元。四是多方解决军嫂就业和军人子女入托入学。通辽市制定优惠政策，解决17名随迁随调军人家属安置和32名部队子女入托入学。呼伦贝尔市以指令性计划，一次对口安置39名随军家属，为150多名军人子女解决了入托入学。赤峰市和军分区建立了“双拥幼儿园”。

全区部队认真贯彻落实中央军委和总部的指示精神，在圆满完成训练、执勤任务的同时，积极为自治区经济社会发展作贡献。一是支援重点工程建设。军区和武警总队组织部队、民兵预备役人员先后支援了呼市西河清淤、托克托电厂西电东送、苏格里气田西气东输、岱海电厂建设以及城市改造建设等重点工程。二是积极参加生态建设。内蒙古军区今年重点抓了“621”生态建设工程（60片生态绿地、20个义务植树基地和“两线”防护林、10个军区重点生态工程）的完善工作，出动官兵2万人次，民兵、预备役人员45万人次，绿化荒漠40多万亩。武警内蒙古总队组织部队参加“大青山千亩双拥林”、“百亩第二故乡林”、“环京津风沙源防沙治沙工程”，植树近5万株，种草400余亩。武警内蒙古森林总队投入兵力1.8万人次，营造“千亩卫士林”2万多亩。三是全力支持扶贫工程。内蒙古军区团以上单位参加“千村扶贫工程”，包扶的贫困村绝大多数脱贫。武警内蒙古总队与15个单位结成帮扶对子，官兵为贫困地区捐款16万元，总队部门以上领导与19名特困学生开展“1＋1”助学活动，受到驻地党委、政府的表彰和群众的赞誉。武警内蒙古森林总队一次为50名“春蕾”女童交齐读初中三年所需的全部费用。包头军分区司令员陈其满包扶6名贫困山区学生，《解放军报》等新闻媒体作了报道。四是奋力参加抢险救灾。内蒙古军区今年组织部队和民兵预备役人员参加抗雪灾、沙尘暴、地震、防凌等抢险救灾50多次，出动兵力2万人次，动用各种车辆机械4634台次。内蒙古公安消防总队出动警力1万余人次，车辆3000余台次参加抢险救灾工作。“11·21”空难发生后，包头消防支队4分钟到场，出动车辆31台、警力410人次，打捞遇难者遗体49具，受到各级领导和群众的赞誉。五是开展军（警）民共建活动。全区部队积极参加“北疆万里文明大通道”创建活动，在环境治理、道德文化、公益事业建设中发挥了重要作用。武警内蒙古总队组织官兵与驻地开展“思想工作联做、社会治安联防、公益事业联办、科学文化联教、环境建设联搞”的“五联五创”活动，促进了警民共建的深入开展。内蒙古公安消防总队参加益民、助民活动7000余次，义务献血1000多人次，为人民群众办好事实事1万多件。武警内蒙古森林总队开展的“抓好一个献爱心示范点，建设一条文明街，管好一个治安区”活动收效明显。内蒙古公安边防总队作为唯一的部队代表在自治区两个文明经验交流会上进行了典型发言。锡林郭勒盟边防一线连队与边防派出所和民兵组织建立“三共三包”（共管、共治、共防，包线、包片、包点）的联防体系，一年来，军民共同堵截越境、走私、盗窃等事件69起，抓获非法活动人员100多起，向蒙方追要牲畜3500多头，挽回经济损失400多万元。

（四）不断完善双拥工作运行机制，推动双拥工作在创新中发展

各级党委政府和部队领导机关，把双拥工作纳入重要议事日程，不断完善双拥工作运行机制，保障双拥工作健康发展。一是健全和完善双拥工作领导机构。为加强对双拥工作的领导，自治区双拥工作领导小组对成员单位进行了调整，成员单位由原来的18个扩大到36个。各盟市对双拥工作领导小组也进行了调整和补充。赤峰市对人武部党委第一书记、分管双拥工作的副旗（县）长、驻军团级部队的主官进行集中培训，提高他们的双拥意识，增强做好双拥工作的责任感和使命感。鄂尔多斯市将双拥工作任务分解到具体单位，明确责任人，设定完成期限，从而使双拥工作落到了实处。二是加强

双拥办建设。自治区双拥办于 9 月份举办了盟市和荣获全国双拥模范城（旗）的双拥办主任培训班，通过业务学习、参观见学，开拓了视眼，提高了业务素质。呼伦贝尔市采取脱产调训的方式，对各旗县分管双拥工作的民政局长、双拥办主任、从事具体工作的同志进行系统的业务培训。多数盟市重视双拥办建设，做到了有专职人员，有办公场所，有档案资料。三是修订和完善双拥政策法规。自治区双拥办制定了《内蒙古自治区双拥工作领导小组成员单位双拥工作职责》。自治区人大通过了《内蒙古自治区征兵工作条例》，为保证兵员质量和义务兵家庭优待金的发放提供了法律依据。兴安盟、鄂尔多斯等盟市修改完善了《拥军优属若干规定》等政策法规。兴安盟还出台了《关于积极支持军队体制编制调整改革，切实做好军转安置工作的意见》和《兴安盟城市民兵训练经费保障办法》。呼和浩特市制定了《双拥模范旗县区基本标准》。各级双拥工作领导小组和成员单位都能认真履行职能，加强工作指导，促进本行业、本系统双拥工作的开展。

各级积极探索新形势下做好双拥工作的办法和途径，使双拥工作在继承传统的基础上不断创新，在创新中求得发展。一是开展科技、智力拥军。包头市建立了以政府为指导、院校科研单位为依托、科技文化服务为载体、人才培养为重点的科技拥军机制，为驻军举办各类科技培训班 11 期，培训干部战士 421 名。呼伦贝尔市投资 200 余万元，为边防部队赠送微机、电视机等 150 多套，科技图书 1 万多册，举办各类科技培训班 100 多期，为部队培养人才 2000 多人。赤峰市筹资 20 多万元建起了“文化拥军连队”。二是开展企业、行业拥军爱民活动。包铝集团等企业筹资近 200 万元，为驻包空军某部修“双拥路”。二〇二厂为部队无偿供水、供电、供气，今年又投资 160 万元为驻厂武警中队建设营房。内蒙一机集团规定：军属不准优化下岗，军人子女入托减免管理费，军人妻子住院派人护理，春节、“三八”、“八一”对军人妻子探望，对军烈属实行“落户、疗养、探亲”三优先。二九一医院每周派出“爱民巡诊车”到周边地区开展义诊活动。武警总队医院与武川县、苏尼特右旗医院结成帮扶对子，定期组织流动手术车到偏远农牧区巡诊。部分盟市还积极组织社区和“两新组织”开展拥军活动，进一步扩大了双拥工作的内容和范围。

二、基本问题

（一）部分盟市和单位对全国双拥工作会议精神学习不够深入，对会议提出的新思想、新思路、新举措研究不够，贯彻办法不多，工作仍是老套路。

（二）大多数单位对双拥政策法规没有进行修订，原有的政策法规滞后于新形势下的双拥工作。

（三）部分地区和单位双拥工作创新不够。对新形势下的双拥工作从理论上没有很好地研究，实践中没有很好地探索。

（四）少数盟市没有重视双拥办建设。双拥办仍然是没有专职人员，没有单独的办公场所和活动经费，工作质量和效率较差。

（五）没有很好地发挥双拥工作领导小组成员单位的作用。

辽宁省二〇〇四年双拥工作要点

今年，全省双拥工作要以“三个代表”重要思想为指导，全面贯彻党的十六大和十六届三中全会精神，认真贯彻落实全国双拥工作会议精神，紧紧围绕辽宁老工业基地振兴的这个中心，以增强经济实力、国防实力和民族凝聚力为目标，以维护社会稳定、促进经济发展、推进军事斗争准备为重点，巩固和发展军政军民团结，为改革发展稳定和军队现代化建设提供可靠有力的保障。

一、要认真贯彻党的十六大精神，以“三个代表”重要思想统揽双拥工作全局

各地、各部队要按照党中央的部署和要求，组织军民学习“三个代表”重要思想，用党的最新理论成果把广大军民武装起来、凝聚起来，为建设中国特色社会主义事业而奋斗。要按照“三个代表”的要求，认真研究新时期双拥工作的新情况、新特点，牢固树立与之相适应的新思想、新观念。进一步理清双拥工作思路，规范工作内容，创新工作形式，求真务实，推动双拥活动深入持久地开展下去，不断取得新成果。要进一步加强对双拥工作的理论研究和舆论引导，力争推出一批有深度、有价值的理论成果，推出一批事迹过硬、时代感强、社会影响大的先进典型，力争推出一批充分反映双拥实践的文学艺术作品，指导和推动全省双拥工作不断发展。

二、要着眼于驻辽部队的实际，做好支持军队建设工作

积极配合部队搞好体制编制调整改革，做好人员安置、单位交接、部队移防和军事设施保护等工作；帮助部队解决战备、训练、演习中遇到的实际问题；深入开展科技拥军活动，帮助部队培养高素质军事人才，为科技练兵、科技兴训创造条件；教育和引导广大人民群众自觉增强大局观念和国防意识，充分发挥新型经济组织和新的社会阶层在爱国拥军中的作用，推进双拥工作社会化的进程；大力支持军队后勤保障社会化改革，按照省政府《关于支持驻军后勤保障社会化的具体实施意见》要求，在营房保障、交通运输保障、医疗保障、军队职工分流安置等方面为驻军部队提供有力支持和帮助。省双拥办拟在前两年为部队建设副食基地的基础上，协调省市两级共同投资帮助基层部队完善文化、体育设施，活跃部队文化生活，为提高部队战斗力服务。

三、要充分发挥双拥工作在振兴辽宁老工业基地中的作用

全省军民要围绕振兴辽宁老工业基地作贡献。驻辽部队在完成教育训练等各项任务的前提下，要按照沈阳军区《关于认真贯彻中央11号文件精神积极参加和支持振兴东北老工业基地的意见》，发挥部队和民兵预备役人员组织严密、突击力强的优势，积极参加重点工程和公益建设项目，每年利用“助民日”，集中使用兵力干一、两件大事。以双拥共建、学雷锋做好事为载体，经常向城乡困难群众献爱心、送温暖；大力开展科技扶贫、医疗扶贫、捐资助学活动；要针对驻地各种自然灾害发生的特点和规律，制定完善各种抢险救灾预案，建立民兵应急专业分队，奋勇参加抢险救灾。要积极参与军警民共建活动，共同维护社会治安秩序，为振兴老工业基地创造稳定环境。省双拥办今年将以支持部队积极参加辽宁老工业基地振兴为主题，协调军地双方共建一批影响大、作用突出的重点项目，提高双拥工作的档次和水平。

四、要与时俱进，坚持不懈做好创建双拥模范城工作

2006年“八一”建军节前夕全省将进行第六轮双拥模范城（县）的评选表彰。各地从现在起就要紧紧围绕振兴辽宁和军队改革建设实际，从办实事、解难题、作贡献入手，以不断创新的业绩，为第六轮双拥模范城（县）评选创造条件。全省实行双拥模范城（县）动态管理，不再增加地市级全国双拥模范城（县）的名额，国家增加我省双拥模范城（县）的名额，我们将重点考虑推荐县（市）。要做好双拥典型培养工作，每个市军地双方每年都要培养1～2个过硬的双拥工作典型，总结经验推动工作，为下一轮推荐全国双拥模范单位和个人做准备。凡是没有推荐年度典型的，不能作为全国的模范进行表彰。要采取措施，落实责任，保证非评比年全省双拥工作力度不减，创建热情持续高涨。省双拥办今年将培养和树立一批支持部队科技拥军的典型，将评选“科技拥军示范基地”；为支持部队实施“人才战略工程”，培养和树立“先进培训基地”典型，指导全省创建双拥模范城（县）活动向纵深发展。继续发挥省直机关与驻军部队共建的示范作用，扩大领域，丰富内容。省双拥办今年将协调各军分区牵头与各市光荣院开展共建活动，通过新兵帮老兵，老兵带新兵，互帮互学，共同进步。省双拥办将制定年度百分考核项目，与省双拥工作领导小组有关职能部门一起，每年都要进行年度双拥工作检查，并综合检查项目得分，进行年度工作排序，作为第六轮推荐省和全国双拥模范城（县）的依据。

五、要切实落实拥军优抚安置政策，保障优抚对象的合法权益

国家今年将修订出台《军人抚恤优待条例》、《退伍义务兵安置条例》，全省要抓住机遇，结合实际，认真落实。要坚持计划分配和自主择业相结合，做好军队转业干部安置工作；要完善军队离退休干部安置政策，确保政治、生活待遇落实；要采取安排工作与扶持退役士兵自谋职业相结合的安置办法，进一步拓宽安置渠道，维护退役士兵合法权益；坚持行政调配和市场调节相结合的原则，做好随军家属劳动就业工作；坚持国家保障和社会优待相结合，不断提高重点优抚对象的优待抚恤补助标准；通过建立大病补助和医疗保险等方式，重点解决“三老”的治病难问题；要将农村税费改革中优待、补助资金切实落实到位，推行抚恤补助资金银行发放办法，保证资金按时足额发放到重点优抚对象手中；及时妥善处理部队官兵涉法问题，维护军人及其家属的合法权益。

六、要加强政策法规建设，加快双拥工作规范化、法制化进程

加强对双拥法规体系的整体研究，把双拥法规建设纳入法制建设规划。要针对广大军民普遍关心、事关军政军民团结的重大问题，特别是对转业复员退伍军人和随军家属安置、维护国防利益和军人军属合法权益、解决重点优抚对象治病难等问题，制定切实可行的政策法规和措施办法，使双拥工作逐步走上规范化、制度化、法制化的轨道。同时，要根据形势变化和工作发展的需要，对现有的政策法规进行清理、修改、补充和完善，尽快建立健全双拥政策法规体系，推动双拥工作向更高层次发展。

七、总结经验，深入开展双拥共建工作

从 2001 年起，省双拥工作领导小组地方成员单位带头与驻辽一线师旅级部队开展共建，推动了全省双拥共建工作的开展。在共建中，地方共建单位深入部队了解情况，帮助部队解决实际困难；驻军部队发挥优势帮助地方单位开展多种形式的教育活动。通过共建，军地双方优势互补，进一步密切军政军民关系。省和各地有关部门要从讲政治的高度认识和重视双拥共建工作，认真履行责任，总结双拥共建的经验，推动共建工作的深入开展。

八、要维护社会稳定，为经济发展和国防建设创造良好条件

各地、各部队要把维护社会政治稳定作为双拥工作的重要任务来抓，教育广大军民充分认清保持社会政治稳定的重要性，倍加顾全大局，倍加珍视团结，倍加维护稳定。要认真做好“三方面人”的工作，认真落实国家和省有关政策，关心他们的生活，帮助他们解决实际问题，引导他们珍惜荣誉，发扬传统，自觉维护稳定大局。要及时解决军民关系中出现的新情况、新问题，积极预防和妥善处理军民纠纷。特别是对一些突发性事件，军地更要密切配合，采取果断措施，及时处理，防止事态扩大和矛盾激化，千方百计地消除不稳定因素，为改革开放和振兴辽宁老工业基地创造长期和谐稳定的社会环境。

辽宁省二〇〇四年双拥工作总结

2004 年，在省委、省政府和省军区的正确领导下，全省军民认真贯彻落实全国双拥工作会议精神，坚持以“三个代表”重要思想为指导，紧紧围绕辽宁老工业基地振兴和驻辽部队军事斗争准备的中心，与时俱进，齐抓共管，使全省的双拥工作上了一个新的台阶，取得了显著的成效。

一、贯彻全国双拥工作会议精神，国防和双拥宣传教育深入开展

一是各地普遍掀起了学习贯彻的高潮，深入做好非评比年双拥工作。省和各市先后召开了双拥工作领导小组会议和驻军大单位座谈会，认真传达会议精神，重点学习温家宝总理在全国拥军优属、拥政爱民工作大会上的讲话和回良玉副总理的工作报告，并结合当地实际，以创建下一轮双拥模范城为目标，创新思路，精心谋划，高起点开局，全面动员，干劲不减，提出新的创建目标。沈阳、大连、鞍山、丹东、锦州、营口、辽阳、葫芦岛等市都召开了全市大会进行全面部署和动员，并提出了新一轮创建双拥模范城的规划。丹东市和锦州市提出第六轮创建的年度规划，并逐条分解落实，收到了很好的效果。

二是开展多种形式的双拥及国防教育。2004年全省重点抓好县以上党政机关干部和青少年的国防教育，建立了1049个教育场所，受教育人数达到1100多万人次。围绕“三个纳入”和“两项制度”的落实，全省组织了“世界安全形势与我国国防”巡回报告。沈阳、营口、辽阳等市还分别举办了宣传、教育、武装等部门领导干部国防教育培训班。锦州市分期分批集中党政机关干部到驻军部队进行军事训练，有效地提高了干部队伍的国防观念。本溪市有3000多名领导干部参加了国防形势报告会，300多名领导干部参加“一日兵”活动，4万多名大中专学生参加了国防教育展示活动，10万多名干部群众参加了“我们保卫21世纪中国”签名活动。鞍山市继续开展“国防教育进校园”活动，举行了由5万名学生参加的大型“学生国防教育成果汇报表演”。各市积极参加由全国国教办、中宣部、教育部、团中央、全国少工委、中国科协联合举办的“爱中华、奔小康、强国防”国防教育系列活动，有近百万人参与了国防知识竞赛，近万人参加了国防教育征文，有50多万大中专学生参加了军事训练成果比赛，使广大干部群众国防双拥意识普遍增强。

三是注重加强国防教育的基础设施建设。全省新命名了6个省级国防教育基地，使全省国防教育基地达到了53个，同时表彰了11个在国防教育中作用突出的“国防教育示范基地”。省国防教育办公室充实了领导力量，完善了办公设施。营口市成立了国防教育基金管理委员会，在全市开展募捐国防教育基金，兴建一处造价800万元的国防教育基地。大连市政府投资近800多万元，修复和充实完善了大连现代博物馆、关向应纪念馆、大连英雄纪念公园等一批爱国主义教育基地。

二、围绕部队编制体制改革，积极支持部队做好军事斗争准备

今年是部队裁减员额20万的第一年，各地围绕部队建设的实际，扎扎实实地认真做好各项保障工作。

一是积极支持驻军后勤保障社会化。按照省政府《关于支持驻军后勤保障社会化的具体实施意见》的要求，各地普遍出台了相应的政策，积极稳妥地推进保障工作顺利进行。葫芦岛市在驻军313医院试点，在有关部门配合下，已经把饮食保障、商业服务、营房保障和物业管理等4个领域推向了社会。大连市从5月1日起，对接收安置的无军籍职工全部纳入地方职工医疗保险。沈阳市先后为驻军调整并专设2处公交车站站点，方便了部队官兵及其家属的出行。朝阳市政府为朝阳军分区、市武警支队、预备役团、234医院营房和家属楼建设纳入地方城市规划和开发计划，将供水、供电、供气、供热纳入市政干线，免收城市基础设施配套费；市石油公司免费为驻军部队储备汽油；市交通局已将通往驻军的道路纳入公路网络；市劳动和社会保障局为百余名驻军家属办理了养老保险。

二是积极协助部队完成移防、换建任务。去年，为适应战备的需要，部分驻军实施移防并进行基础设施建设，我省各级政府给予了大力支持。沈阳市为支持驻军某部完成扩编后营建任务，拨出200亩生产用地作为部队新建营区。本溪市军分区和预备役192师炮兵团去年实行异地换建，市政府及有关部门也给予大力支持，保证了换建任务的完成。朝阳市政府为预备役团新建营房，专门召开办公会议，减免各种税费300多万元。营口市投入资金415余万元，无偿划拨土地240亩，帮助新建3个武装部和一个边检派出所。

三是深入开展科技拥军，全力为部队建设服

务。各地围绕部队战备训练的实际开展科技拥军工作，在完善基础设施、培养高素质人才和提高官兵的基本技能上取得了新进展。一年来，全省开展科技拥军项目 329 项。东北大学、大连理工大学等重点院校成立了国防教育学院，为部队培养 280 名本科生，200 多名硕士和博士研究生。沈阳、大连、锦州、阜新、辽阳、铁岭还充分利用各地大专院校的优势，积极为驻军部队培养实用技术人才。抚顺市列支 10 万元，为预备役团办文化夜校，开展网上模拟演练和指挥；营口市为军分区和消防支队开通移动通信虚拟专网业务；盘锦市投资 50 万元帮助武警 8610 部队进一步完善野战指挥自动化系统。同时，各地还开展了文化智力拥军。全省为驻军部队培训了大专以上人才 9064 名、军地两用人才 32284 名。全省投入资金 1684 万元，帮助部队建设“三室两场”，即：图书室、娱乐室、荣誉室、篮球场、训练场等。向部队赠送了大量科技图书及电脑、激光打印机、传真机、数码相机等器材。丹东市建立了军地两用人才培训中心，下设学工、学农、学艺、学文基地，每个基地都以拥军先进典型及其企业为依托，做到有师资、有计划、有场所、有教材、有考核。朝阳市广播电视大学为实现“入伍即入学，退伍便成才”的目标，开展“送知识进军营”活动，吸收了 440 名官兵到电大参加学习。省双拥办在“八一”前夕命名表彰了全省 16 个“科技拥军示范基地”，为推动全省的科技拥军发挥了积极的作用。

三、党政机关率先示范，双拥共建深入开展

省双拥工作领导小组成员单位带头与驻辽部队开展共建工作，成效显著。省财政厅把开展双拥共建活动摆在重要位置，列入计划，并就双拥共建活动，与部队进行了磋商。省人事厅领导带领各部门负责人专程走访了空军大连通信士官学校，就今后进一步加强双拥共建进行了交流探讨。“八一”前夕，省农委走访慰问了驻军，先后派出 10 余名专家赴部队农场开展农业科技指导。省粮食局与 93356 部队共同修订了共建协议，为帮助部队提高创收自补能力，局直属锦阳粮库在租用部队闲置场地储粮五年的基础上，又续签了五年协议，并提前支付租金 30 万元。省委办公厅请共建部队同志参观了省档案馆、省珍宝馆、省委机要局密钥中心，现场观看了省委办公系统电子政务网络平台操作系统。辽宁日报集团与武警 8620 部队签订了《警民共建协议》，明确了“八一”、元旦、春节期间警民联谊活动的内容，还为部队举办新闻骨干培训班。省国土资源厅挤出经费 10 万元用于共建部队的基础设施建设，共同主办了庆“八一”大型文艺晚会，请空政歌舞团来沈演出。省水利厅为驻军某旅解决 30 万资金用于在建工程，以解燃眉之急。省发改委筹措 80 万元，为部队海岛官兵修建了“双拥路”，解决了千余名官兵吃水难、洗澡难的问题。

四、基层双拥工作活跃，形式不断创新

各地普遍利用多种载体活跃基层双拥工作，形式多样，不断创新。丹东市以地方对部队开展送科技、送文化、送健康、送法律、送服务、送政策的“六送”活动为内容，积极为部队建设提供全力支持，还由市委宣传部、市妇联、团市委、军分区政治部联合成立了“军官婚恋服务中心”，开设热线电话，利用节假日组织座谈会、联欢会等形式，坚持经常性地为军地未婚男女青年搭鹊桥。大石桥市 13 个社区，组织由 300 多人参加的 13 个老妈妈服务队，每逢重大节日，都来到共建连队，像看望自己的儿女一样，给战士送鸡蛋、包粽子、包饺子、拆洗被褥。阜新市积极打牢基层双拥基础，广泛开展“三送”活动，组织驻军街道和社区成立法律、科技、医疗、种植养殖服务基地，周到细致地为部队服务。辽阳市居民自治组织积极开展社区（村委会）拥军，组织“好妈妈”拥军服务队、“红领巾”拥军小分队，定期到部队慰问服务。盘锦市选择驻军和优抚对象相对集中的 10 个社区和驻军 10 个连队，开展了“双十”结对共建活动，通过开展内容丰富、形式多样的共建活动，扩大了双拥工作在基层的影响。葫芦岛市进一步加强基层双拥组织建设，连山区、龙港区、兴城市、南票区都设置了独立机构，有专职工作人员，保证了双拥经费、办公设施的落实，职能作用得到充分发挥。100 个市直单位和大中型企业与驻葫团以上单位结对共建，共建对子发展到400多对。大连市为增强军人对第二故乡的深厚感情，先后组织开展了“优秀士兵游大连”、“百名部队院校优秀教员看大连”、“百名革命功臣看大连”、“来连驻训演习部队官兵游大连”等活动，市有关部门还组织召开“军地鹊桥联谊会”及“集体军婚庆典”等活动。铁岭市与驻军部队联合举行大龄青年鹊桥联谊会，帮助部队干部排忧解难。丹东和锦州市还注意培养“两新”组织参与双拥工作的典型，凤城市和丹东市元宝区组织区属25家民营企业组成“企业家拥军团”，定期分赴6家武警部队开展拥军活动，分别送去了电脑、电风扇、自行车、太阳能热水器等用品，走出了一条民营企业与部队结对共建的新路子。锦州市13家民营企业在《锦州日报》上向在锦州注册的所有民营（含合资）企业、个体工商业者发出拥军优属联合倡议。内容涉及落实优抚政策、搞好国防教育、结对共建、抢险救灾、重大节日慰问、民兵训练、优先选择复转军人和军嫂上岗等。市政府还发出《关于民营（合资）企业、个体工商户做好拥军优属工作的通知》，在政策上给予强有力的保证，使民企拥军在锦州轰轰烈烈地开展起来。

五、认真抓好政策法规落实，依法做好双拥工作

各地围绕双拥工作的重点难点抓好各项政策的落实。

一是多种形式解决重点优抚对象治病难问题。全省各地普遍采取大病补助、医疗保险、开办优抚医院等方法解决“三老”优抚对象的医疗问题，使他们的治病难得到很大缓解，医药费年平均标准达到704元，比去年提高26%。大连市和东港市、辽中县率先在全省落实财政转移支付的优抚经费，实行重点优抚对象抚恤补助经费银行发放，解决了抚恤补助资金按时足额落实到位的问题。丹东市由慈善总会等12个单位联合发起了真情关爱建国功臣的“白山慈善送健康行动”，筹集资金30多万元，用于解决“三老”治病难，取得了很好的社会反响。

二是认真落实军转干部和退役士兵安置政策。今年，按照中央7号文件和全国军转安置工作会议的要求，我省加大工作力度，保证了军转安置任务的完成。我省接收安置军队转业干部5448名，其中计划安置的3105名，数量超过2003年一倍，省委、省政府将8名师职干部安置到了省直厅级领导岗位，为各地安置军转干部起到了带头作用。今年退役士兵接收安置工作，坚持指令性计划安置和扶持就业相结合的安置办法，保证了退役士兵安置工作的圆满完成。全省共接收退役士兵28560人，其中符合安置条件的退役士兵14790人，已安置14060人，占应安置总数的95%以上。全省各地克服困难，积极做好第五批接收军队离退休干部工作，今年计划接收550人，已接收450人，同时完成了1649名军队离退休干部、退休士官安置去向的审定工作。

三是妥善安置军嫂就业和子女入学入托。各地依照国家、省、市的有关规定，制定了一系列军官家属就业的新政策、新措施，全省共安排了1600多名军嫂就业。大连市驻军积极与地方一些单位结成共建对子，举办各种联谊活动和就业洽谈会，先后使多名军嫂上岗就业。沈阳市劳动、人事部门及各区都相继召开了“军嫂就业洽谈会”，全市共拿出近1000个岗位供军嫂选择，有500名军嫂走上了工作岗位。丹东市和营口市多个部门共同表彰安置军嫂就业先进单位和模范军嫂。今年全省共安排军人子女入学入托5800余人。为了更好地解决军官子女入学问题，各市都出台特殊政策，明确了对军官子女入小学、初中和高中的特殊优惠条件，为部队军官和家属解除了后顾之忧。

六、着眼部队军事斗争准备，积极开展拥军支前活动

省和各地围绕驻军战备训练的实际，做好各项保障和拥军支前活动。

一是做好春节、“八一”期间的慰问活动。春节和“八一”期间，全省各地集中开展了拥军优属工作。省市的主要领导普遍走访慰问了驻军部队。春节期间，省委、省人大、省政府、省政协领导分别赴各驻军部队走访慰问，并赠送了慰问品，还慰问了锦州、阜新、丹东光荣院、优抚对象等，赠送了慰问品和慰问金。“八一”期间，省民政厅和省军区政治部组织慰问团前往西藏和新疆慰问了进藏进疆辽宁籍战士，极大地鼓舞了他们习武戍边的士气。今年，全省共派出县区以上慰问团组 810 个，向部队赠送慰问品折款 3040 万元。

二是支持部队演习开展支前慰问活动。2004 年我省有多支部队在沿海地区进行演习和到东南沿海地区参加轮训。各市主动做好支前拥军工作，大连市和丹东市领导带队前往福建慰问轮训部队。本溪市驻军开展冬季适应性军事训练，市委、市政府领导，动员社会各界帮助安排住宿、疏导交通、安全警卫，组织群众欢迎欢送，受到了部队官兵的赞扬。营口市驻军部队在吉林临江进行光缆施工，营口市委、市政府、营口军分区领导带队，慰问在地势险要环境下紧张施工的官兵，部队很受感动。铁岭市政府领导到大连慰问了驻训的民兵预备役官兵，并带去了 2 万元现金和部分慰问品。大连市和抚顺市还对参加联合国维和工兵部队的官兵进行了慰问。

三是为部队军事斗争准备提供保障。为支持和配合驻训演习部队圆满完成任务，驻地政府成立了支前保障办公室，及时提供电力、通信、生活物资等服务，做好场地征用、民船征集、卫生防疫、群众损失赔偿等工作，保障部队圆满完成任务。

七、积极支持老工业基地振兴，拥政爱民卓有成效

为加快辽宁老工业基地建设，沈阳军区发出《关于认真贯彻中央 11 号文件精神积极参加和支持振兴东北老工业基地的意见》，各部队和民兵预备役人员，发扬组织严密、突击力强的优势，积极参加重点工程和公益事业建设，集中使用兵力，利用“助民日”，以双拥共建、学雷锋做好事为载体，向城乡困难群众献爱心、送温暖；大力开展科技扶贫、医疗扶贫、捐资助学活动；发挥突击队作用，奋勇参加抢险救灾，积极参与军警民共建活动，共同维护社会治安秩序，为振兴老工业基地创造稳定环境。省双拥办和省绿化办统一部署军民共建“双拥林”活动，驻军部队积极响应，共建双拥林 29 处，植树 692.5 万株，栽种草坪 452.8 万平方米。同时，全省驻军投入 84.94 万个劳动日，出动机械 25638 台次，参加工程建设项目 209 个、农田水利建设 171 个、公益建设项目 299 个，有力地支援了地方经济建设。

在抢险救灾和应对突发事件中，驻军共出动兵力 10.3 万余人次，抢险救灾 600 多次，抢救遇难群众 3600 余人。执行警卫安全保卫、处置突发事件。在旅顺“顺达 6 号”、“金赣 6 号”等遇险船只的抢险任务和盘锦市田庄台大桥坍塌事故搜救中，大连海军旅顺基地先后出动官兵和舰船参加了营救工作；春季连山区发生山火，驻葫芦岛部队出动官兵近千人次，扑火面积 1000 余亩，挽回经济损失 100 余万元。省武警总队完成重大安全保卫任务、处置上访及突发事件 1200 多次，有力地保障和支援了老工业基地建设。同时，驻辽部队积极开展扶贫捐赠工作，官兵累计捐款达 680 多万元；包扶贫困户 1800 多户，新建希望小学 8 所；由沈阳军区牵头开展了医疗扶贫工作，组织了 80 多个医疗小分队，深入贫困农村送医送药，有 50 余万人次接受了医疗扶贫，受到了当地人民群众的高度赞扬。驻军部队还参与当地的扶贫超市建设，使捐赠工作经常化。沈阳军区政治部副主任曹华川少将率军区机关慰问团顶风冒雪奔赴辽中，为农村军烈属和贫困群众送去 200 台彩色电视机，在当地产生很好的影响。

一年来，全省双拥工作取得了很大成绩，但也存在一些问题和薄弱环节：一是一些地区命名双拥模范城（县、区）以后，对双拥工作重视不够，抓得不紧，有松劲情绪。二是双拥工作典型培养还有待提高。虽然各地涌现出了一批新型的双拥工作典型，但总体上来说，大部分典型叫得不响，事迹不够过硬。三是对双拥工作出现的新情况、新问题缺乏研究，深入调研不够。四是双拥工作的政策法规没有完全得到落实，新政策出台滞后，特别是农村实行费改税以后，义务兵和在乡复员军人的优待标准没有得到落实，重点优抚对象医疗问题较大。明年，要针对存在的问题和薄弱环节，按照全国双拥工作会议的要求，认真分析，改善机制，拿出办法，加以解决，为辽宁老工业基地振兴、驻辽部队军事斗争准备和社会稳定作出积极贡献。

吉林省二〇〇四年双拥工作要点

按照全国和省双拥工作会议的总体部署，2004年全省双拥工作以“三个代表”重要思想为指导，全面贯彻党的十六届三中全会和省委八届四次、五次全会精神，以增强经济实力、国防实力和民族凝聚力为目标，以维护社会稳定、促进经济发展、推进军事斗争准备为重点，建立完善的政策法规体系，创新活动方式和内容，形成协调的运行机制，全面落实各项工作任务，巩固和发展军政军民团结的大好局面，为实现老工业基地振兴和驻吉部队体制编制调整改革创造良好的社会环境。

一、要有针对性地搞好双拥宣传教育，不断强化广大军民的国防观念和优患意识

要充分发挥军地双方的优势，组织广大军民深入学习践行“三个代表”重要思想活动，引导广大军民联系改革开放的生动实践，加深对“三个代表”时代背景、科学内涵和精神实质的理解，焕发建设中国特色社会主义的政治热情，凝聚全省广大军民共谋老工业基地振兴之路。要充分借助我省“五位一体”的国防教育网络，广泛开展以爱国主义为核心，以拥军优属、拥政爱民光荣传统为重要内容的国防教育，不断增强广大军民的国防观念和双拥意识。要结合省情军情社情，在广大军民中开展“为老工业基地振兴献计策，为驻地部队体制编制调整改革办实事”活动，努力为吉林经济发展、社会稳定和驻吉部队全面建设创造良好的社会环境。

二、要着眼于推进中国特色军事变革的需要，积极为驻吉部队现代化建设提供强有力的保障

要着眼于驻吉部队体制编制调整改革的需要，协助做好人员安置、单位交接、部队移防和军事设施保护等工作，妥善解决房产、土地、债务等问题。要把支持军事斗争准备作为双拥工作的重点，配合部队完成野外驻训和军事演习任务。要加大对边防部队的支持力度，积极帮助边防部队解决实际困难，同时注重加大物力和财力投入，努力创造和谐稳定的社会环境。进一步深化科技拥军工作，充分发挥大专院校、科研院所、科技协会和各类培训基地的作用，举全省科技和人才的优势，帮助部队培养高素质的新型军事人才。协调相关部门出台吉林省支持驻军部队后勤保障社会化改革的具体实施意见，探索平战结合的社会保障模式，不断加大服务和支持的力度，形成全社会参与的社会化保障运行机制。

三、要大力加强政策法规建设，依法维护军队和优抚对象的合法权益

二季度，省双拥办组织人员对《军人抚恤优待条例》、《军事设施保护法》、《吉林省拥军优属若干规定》（[2002] 141号）等政策法规落实情况进行检查，并进行通报。指导各地结合工作实际，研究制定新的地方性双拥法规和行政规章，尤其是企事业单位、城市社区，以及民营企业等新型经济组织在建章立制时，应明确双拥的责任和义务，建立相应的拥军优属制度，切实保障优抚对象、军人及其家属的合法权益。要进一步完善在乡重点优抚对象医疗保障体系建设和抚恤补助标准自然增长机制，确保各项优抚优待政策在基层的全面落实。要建立健全维护军人及其家属合法权益的机构，及时提供优质高效的法律服务，按照依法优先的原则，妥善处理优抚对象涉法问题。

四、要深入开展群众性创建活动，扎实打牢双拥工作的社会基础

新一轮创建活动要更好地与基础性、经常性的工作相融合，做到高潮过后工作内容更丰富，活动载体更多样化，始终有声有色。要把军队转业退伍军人和随军家属安置、军人子女教育、优抚优待资金兑现、军事设施保护、军政军民关系融洽程度以及其他优待政策落实等作为硬性指标加以重点考核，不断提高创建活动的实效。注重加强对基层创建活动的检查督导，研究制定城市社区开展双拥工作的实施意见，总结培育一批民营企业开展双拥工作的典型，确保创建活动的正确发展方向。“八一”前召开全省双拥工作经验交流会，总结宣传各地具有时代特色、地方特色、行业特色的双拥工作经验，进一步提升全省双拥工作的整体水平。

五、要以吉林老工业基地振兴为统领，充分发挥驻吉部队生力军的作用

驻吉各部队要自觉把拥政爱民、建设第二故乡作为己任，着眼于吉林老工业基地的振兴大局，集中使用助民劳动日，成建制用兵参加重点工程及公益事业建设，建设一批有影响的“爱民工程”。要积极配合地方党委、政府做好企事业单位军转干部、老复员军人、要求退改离人员的思想工作，引导他们发扬传统，珍惜荣誉。认真实践《公民道德建设实施纲要》和《军人道德规范》活动，大力弘扬社会主义新思想、新道德、新风尚，倡导科学、健康文明的生活方式。要大力开展军民共建共育活动，积极维护改革发展稳定的成果。要勇于承担急难险重任务，积极参加扶贫帮困、捐资助学、科技助民活动，为吉林的“第二次创业”和全面振兴作出新贡献。

吉林省二〇〇四年双拥工作总结

2004年，全省双拥工作在全国双拥办的精心指导下，在省委、省政府的正确领导下，坚持以邓小平理论为指导，认真贯彻落实“三个代表”重要思想，按照全国双拥工作会议的要求，紧紧围绕增强经济实力、国防实力和民族凝聚力开展双拥工作，切实把加强军政军民团结当作巩固国防、维护社会稳定、促进经济发展和社会进步的大事摆上战略位置，不断探索双拥工作的新路子，着力在解决重点、难点、热点问题下工夫，全省的双拥工作在原有的基础上又有新的发展和提高。

一、完成的主要工作情况

（一）精心部署，认真抓好全国双拥工作会议精神的贯彻落实。全国双拥工作会议结束之后，我省于1月15日召开了双拥模范城（县）命名表彰大会，学习传达了国务院总理温家宝和副总理回良玉的重要讲话。省委书记王云坤、省长洪虎等党政军领导出席了表彰大会，并就贯彻全国双拥工作会议精神作了重要讲话。会上命名了辽源市等17个市（县）为省级双拥模范城（县），还对一大批双拥先进单位和个人进行了隆重表彰。与此同时，全省9个市（州）均采取双拥工作会议、双拥领导小组会议和双拥表彰大会的形式，迅速掀起学习全国双拥工作会议精神的高潮，及时将会议精神落实到机关、企事业单位、学校、民营企业和基层连队，为全省新一轮双拥工作的创新发展奠定了坚实的思想和理论基础。

（二）紧密联系实际，研究制定新一轮争创双拥模范城（县）的规划措施。全省各地在学习贯彻全国双拥工作会议精神的同时，认真总结近年来争创双拥模范城（县）的经验，结合各地特点，研究制定了争创新一轮双拥模范城（县）的发展规划或阶段性目标。长春、通化、四平、吉林等市制定了保持荣誉，争创双拥模范城五连冠的规划。白城市制定了继续努力，再创双拥模范城的保障措施。辽源市、白山市研究了寻找创建突破口，力争早日跨入全国双拥模范城行列的实施意见。与此同时，驻吉各部队按照“军队要积极支持和参加国家建设”的总要求，及时调整拥政爱民工作内容，积极支持、参加我省老工业基地振兴调整改造。9月27日至28日，省军区在通化市召开了民兵预备役部队投身振兴老工业基地工作会议，专题研究了驻吉部队、民兵和预备役部队参与老工业基地建设，充分发挥突击队和生力军作用的问题，并以省委办公厅、省政府办公厅和省军区政治部的名义出台了《民兵预备役部队投身老工业基地振兴的实施意见》，有力地推动了创建活动的深入发展。

（三）总结交流经验，推动双拥工作向纵深发展。为贯彻落实全国双拥工作会议精神，总结交流我省有特色的双拥工作经验，推进双拥工作的健康发展，7 月 20 日召开了全省双拥工作座谈会，长春市、武警总队等 7 个单位从不同侧面分别介绍了双拥工作的经验，副省长李斌就贯彻落实国务院、中央军委批转的全国双拥工作会议纪要精神，推动全省双拥工作健康发展，提出了具体落实意见。总政群工办副主任、全国双拥办副主任范巨通参加了座谈会，对深入贯彻国务院、中央军委批转的全国双拥工作会议纪要精神，进一步做好新时期双拥工作提出了要求。与会人员还对省双拥办制定的贯彻纪要的落实意见，认真进行了讨论研究，并对落实意见进行了修改完善。

（四）深化有特色的拥军活动，进一步开辟双拥工作新领域。我省注重借助社区建设在全国领先，率先实现全省覆盖这一优势，及时研究双拥工作进社区的路子，在抓好先行试点、总结经验的基础上，出台了《关于在全省城市社区开展双拥工作的指导意见》，同时，针对全省民营企业蓬勃发展的势头，研究制定了《关于在全省民营企业开展双拥工作的指导意见》，有力地促进了社区和民营企业双拥工作的开展，既壮大了双拥工作的力量，又扩大了双拥工作的覆盖面。我们还总结推广了白城市开展非公经济组织拥军优属工作的做法，为全省非公经济组织开展拥军优属提供了经验，指明了方向。长春市继续发挥科技拥军的优势，采取组建科技拥军高级顾问团、设立科技拥军专项基金等措施，不断深化科技拥军工作。白山市针对自身特点，注重研究新时期文化拥军的规律，舍得向基层连队投入资金，使基层连队文化设施和文化环境明显得到改善，成为基层连队的一道风景线。各地认真落实省政府有关教育拥军的规定，今年有 1100 多名军人子女享受到优惠政策。经省教育厅等有关方面协调，长春市重点学校免费接收 8 名出国参加维和行动的军人子女就学。

（五）加大对双拥政策法规落实的督查力度，切实维护广大优抚对象的合法权益。今年上半年，省双拥办对各地贯彻《拥军优属若干规定》和落实各项优抚政策的情况进行了检查指导，针对我省今年农村税费改革，取消农业税的实际情况，对个别县（区）群众优待金落实不到位和个别市（区）公共场所对军人及残疾军人优惠照顾体现不够明显的问题，及时进行了整改，有力地促进了双拥政策法规的落实。

（六）抓双拥促优抚，有力地推动了优抚难点问题的解决。我省在开展双拥工作的同时，注重用双拥的浓厚氛围和产生的良好社会效益，推动优抚工作难点问题的解决。指导各地建立起了优抚对象抚恤补助自然增长机制，全省义务兵、重点优抚对象人均优待金分别达到 2200 元和 600 元。还采取政府机关和企事业单位包建、自助公建、制定优惠减免政策等，共投入资金 550 多万元，为 1050 多户老兵新建和维修住房 2680 多间。全省普遍建立了在乡老兵医疗保障体系，通过实行医疗补助、纳入城镇职工医疗保险和商业保险等模式，使在乡老兵人均享受医疗费 654 元，从而使在乡重点优抚对象“三难”问题得到较好解决。在 9 月份召开的全国优抚工作会议上，我省介绍了解决在乡重点优抚对象医疗难的经验。

二、存在的主要问题

一是加强双拥政策法规建设与工作落实之间存在矛盾。加强双拥政策法规建设是保证双拥工作落实的最有效杠杆，但一部好的双拥政策法规在具体操作中也会遇到一些矛盾。诸如我省出台的军人子女教育方面的优惠政策，受到军人家庭的普遍欢迎，但在择校和费用减免中与学校切身利益方面存在矛盾；军队干部随军家属安置与当前政府机关和企事业单位人事制度改革的要求不相适应，这些工作在具体操作中难度较大。

二是个别基层单位落实全国双拥工作会议精神的力度不够。从落实全国双拥工作会议精神看，省市一级对全国双拥工作会议精神认识到位，重视程度高，推动双拥工作的氛围浓厚，而且还召开了规格较高的会议，进行传达贯彻，但个别基层单位由于工作头绪多，对全国双拥工作会议精神只限于面上的传达学习，结合实际研究贯彻落实的具体措施不够，还存在不到位的地方，需要在今后的双拥工作实践中加以克服。

三、明年工作打算

一是进一步贯彻落实全国双拥工作会议精神。按照全国双拥工作会议的有关要求，明年要继续在深入贯彻全国双拥工作会议精神上下工夫，使气力。结合我省双拥工作的实际，指导各地开展新一轮双拥模范城（县）创建活动，引导各地把功夫用在平时，把工作做在平时。同时，为进一步提高创建命名管理的科学性、规范性和系统性，我省将着手研究制定操作性、适用性强的考核办法或细则，形成有效的双拥联动和考核机制，确保全省各地双拥工作的均衡发展。

二是强化依法拥军意识，继续研究出台双拥配套政策法规。按照国家新颁布的《军人抚恤优待条例》要求，我省将研究制定优抚对象医疗优惠待遇、住房和残疾军人保障等方面的多部配套政策，进一步修改完善《吉林省军人抚恤优待办法》，适应新形势需要对退役军人和随军家属安置、在职伤残军人生活保障、优抚经费投入和新型领域、新型经济组织的拥军优属工作等进行规范，切实维护军人和广大优抚对象的切身权益。同时，近期将按照全国双拥工作会议纪要的要求，出台《深化新形势下双拥工作的指导意见》，大力推动双拥工作政策法规建设。

三是坚持创新发展，进一步全面提升双拥工作的整体水平。我省将继续坚持双拥工作创新发展的指导思想，用创新的思路指导双拥工作，用创新的办法解决双拥工作难题，不断推动双拥工作的创新发展。在总结宣传全省双拥工作成功经验的基础上，年底前将组织力量总结宣传白城市非公经济组织拥军优属和白山市开展文化拥军的经验，再次掀起双拥工作创新的高潮。同时，采取请进来、走出去的办法，学习借鉴兄弟省市和部队的双拥工作经验，不断催生新的双拥理念，构建新的双拥工作平台，进一步提升双拥的整体水平。

黑龙江省二〇〇四年双拥工作要点

2004 年，全省双拥工作要坚持以邓小平理论和“三个代表”重要思想为指导，紧紧围绕我省“努力快发展，全面建小康”奋斗目标，认真贯彻全国双拥工作会议精神，服务大局，注重建设，立足基层，创新发展，与时俱进地抓好各项工作的落实，巩固和发展军政军民团结，为全省改革发展稳定和部队现代化建设提供有力保障。

一、认真抓好全国双拥工作会议精神的贯彻落实

2004 年 1 月召开的全国双拥工作会议，对于推动双拥工作创新发展，巩固和加强军政军民团结具有极其重要的指导意义。各地要把学习贯彻会议精神作为当前双拥工作的一项重要任务来抓。召开双拥工作领导小组及成员单位会议，深入传达和学习温家宝总理的重要讲话和回良玉副总理的双拥工作报告，以及省双拥工作领导小组副组长、省长张左已同志在省党政军领导接见我省全国双拥模范代表时的讲话，领会精神，统一思想，明确任务。以会议精神为指导，认真分析本地双拥工作形势，查找问题和不足，理清思路，寻找对策，筹划工作。省双拥办拟于三、四月份，收集各地贯彻落实会议精神情况，重点了解各地在贯彻落实过程中遇到的矛盾和问题，向全国双拥办专题报告。要采取多种形式广泛宣传全国双拥工作会议精神，宣传双拥典型的先进事迹，跟踪报道本地贯彻落实会议精神情况，进一步营造双拥工作的浓厚氛围，再掀双拥工作高潮，促进工作落实。

二、积极支持和配合部队完成好以调整改革为重点的各项任务

随着军队体制编制调整改革实施，我省将陆续接收一大批军队转业干部，各地要按照省委9届11次常委会议确定的“执行政策、瞻前顾后、适当从优”的原则，严格执行国家和省有关军队精简调整期间军转干部安置政策，采取超常措施，突出师团职干部重点，切实把军转干部接收好、安置好、使用好。对在全省各级双拥办合署办公并确定转业的军队同志，要协调有关部门给予妥善安置。要认真做好撤并部队伤病残人员的接收工作，会同有关部队一道处理好历史遗留问题，确保改编预备役部队的各项保障及时到位。要把支持军事斗争准备作为双拥工作的重点，配合部队完成好战备训练和军事演习，逐步探索现代条件下支前保障的新路子，在组织、人员、内容、方式上进行配置和规范。继续深入开展科技拥军活动，立足现有，着眼需要，形成规模，力求实效，努力把地方的科技实力转化为部队的“打赢”能力。

三、组织部队参与和支持全省经济社会改革与发展的伟大实践

驻省各军警部队、民兵预备役，要认真贯彻中央军委和四总部的指示精神，在完成好战备训练任务的同时，紧紧围绕我省全面建设小康社会的总体目标，加强军地之间的沟通和联系，制定支援地方经济建设规划，充分发挥部队人才、技术、设备的优势，围绕基础设施建设、生态环保工程、农田水利改造、江河治理等，积极参与我省老工业基地的振兴和改造。继续巩固和发展扶贫帮困成果，发挥集团优势，围绕教育、科技、文化、卫生等方面，按照整体规划，分步实施，突出重点的要求，做到“有联系点、有帮扶对象、有扶持项目、有启动资金”，使帮扶活动形成一定规模和取得明显效益。要积极做好抢险救灾工作，制定应急预案，畅通信息渠道，确保一有灾情，能迅速行动。

四、切实抓好双拥工作在基层的落实

要不断加强基层双拥工作组织网络建设，推动双拥工作向基层延伸，向社会各界拓展；结合部队体制编制调整改革的实际，3月底前对军民共建点进行一次清理，合理调整布局，围绕军地共同学习“三个代表”重要思想，开展“双争”（争做文明市民、争当优秀士兵）和参与“三大创建”活动等内容，加强军地间在思想、道德、文化等领域的交流与合作，促进军民共建社会主义精神文明活动的深入开展。要加强对双拥模范城（县）创建活动的指导，上半年颁布黑龙江省《双拥模范城（县）命名管理办法实施细则》，各地要结合实际贯彻执行。按照动态管理的要求，年内省双拥办对国家级和省级双拥模范城（县）进行一次抽查。要积极探索新型经济组织和新的社会阶层开展拥军活动的途径和办法，充分发挥其在复退军人安置、军嫂就业、科技拥军等方面的优势，不断扩大双拥工作的群众基础。围绕浓厚社区双拥氛围、拓展社区双拥服务、繁荣社区双拥文化、美化社区环境、强化社区治安等方面，推进社区双拥深入健康地开展。上半年，在国家级双拥模范城进行试点先行。各地要积极探索和逐步完善双拥工作新的运行机制，把“政府行为与社会行为，以情双拥与依法双拥，行政调节与市场调节”结合起来，保证各项工作任务的落实。

五、进一步加强双拥政策法规建设

争取省人大修改《黑龙江省义务兵征集、优待、退伍安置条例》，根据国家即将出台的《军人抚恤优待条例》，制定《黑龙江省军人抚恤优待条例实施办法》。各地要结合贯彻沈阳军区双拥法制化建设座谈会精神，对现有的双拥政策法规进行一次认真的清理，对已经不能适应形势和任务要求的要及时进行修改、补充和完善；对于目前没有的政策法规，要根据国家和省有关要求，结合工作实际，按照“继承传统、注重当前、着眼长远”的原则，搞好调查研究，逐步建立和完善。要采取得力措施，加强监督和检查，切实解决好有法不依，执法不严，违法不纠的问题。下半年，各地要对转业退伍军人安置、随军家属工作安排、军人子女入学入托、各项优抚政策落实等情况进行一次检查，向省双拥办进行专题汇报。年底前，省双拥办将对国家级和省级双拥模范城（县）政策法规修改完善和执行落实情况进行抽查。

六、认真搞好双拥工作基础建设

要加强双拥工作队伍建设，确实把那些敬业精神强、工作作风实、基本素质好的同志调整到双拥岗位上来，采取多种措施，不断提高他们的工作筹划、组织协调、检查指导、调查研究能力。省双拥办定于今年上半年召开全省双拥工作理论研讨会，各地（市）要推荐 2 篇（军地各 1 篇）文章，国家级双拥模范县推荐 1 篇文章，力争推出一些有深度、有价值的理论成果和事迹过硬、指导性强的经验成果。要进一步加强双拥办内部建设，地（市）级双拥办要配备传真机，无密级资料要实现网上传输；要加强双拥工作文件、资料的管理，提升工作标准，提高工作效率，规范工作程序，建立大项工作、重大活动、重要事件报告制度。要认真办好省双拥工作简报，适当增加刊发期数，使之成为交流双拥经验、报道重要工作、反映双拥动态、促进双拥工作创新发展的重要平台。各地要积极踊跃投稿，年底省双拥办对各地投稿和上稿情况进行通报，并作为双拥模范城（县）和先进双拥办评比的一个重要条件。要进一步完善双拥工作协调机制，各地要根据省双拥领导小组调整情况，及时调整双拥领导小组成员，落实成员单位工作汇报制度、双拥工作联络员制度、军地合署办公制度，确保双拥工作关系协调，渠道顺畅，资源整合，形成合力。

上海市二〇〇四年双拥工作要点

2004 年上海市双拥工作，要以邓小平理论和“三个代表”重要思想为指导，全面贯彻党的十六大、十六届三中全会和市第八次党代会、市委八届四次全会精神，认真落实党中央、国务院、中央军委关于加强军政军民团结的一系列重要指示精神，贯彻全国双拥工作会议和上海市双拥模范城（县）命名表彰大会精神，紧紧围绕全面建设小康社会，以增强经济实力、国防实力和民族凝聚力为目标，进一步强化大局意识、政治意识和前瞻意识，牢固树立双拥工作为军事斗争准备服务，为打赢未来战争服务的思想，务实创新、与时俱进，努力为国家的改革发展稳定和军队建设提供可靠有力的保障。

一、继续学习贯彻十六大精神，深入开展双拥宣传教育

双拥宣传教育要紧紧围绕学习贯彻党的十六大、十六届三中全会精神和中央关于加强军政军民团结的一系列指示展开，引导广大军民充分认清做好双拥工作对于促进改革发展稳定的重要意义和作用，抓住上海经济发展的大好时机，宣传新时期军爱民、民拥军的生动事迹。各区县、各部门、各单位要进一步加大宣传教育力度，广泛开展不同形式、不同层次的国防和双拥宣传教育活动，扩大双拥工作影响。通过组织参观国防教育基地，举办国防报告会和“军营一日生活”等活动，增进军民之间的理解，加深军民鱼水情。要利用各新闻媒体受众广、辐射面大的特点，开辟专栏、专刊宣传在新一轮双拥模范表彰活动中涌现出来的全国和本市典型人物、先进事迹，不断激发广大军民爱国拥军、无私奉献的政治热情，广泛形成军政军民“同呼吸、共命运、心连心”的良好风尚。节假日期间，上海双拥艺术团要走上街头，为人民群众提供丰富多彩的主题文艺节目。

二、贯彻全国双拥工作会议精神，促进双拥工作整体水平提高

全国双拥工作会议总结了 13 年来双拥工作的成功经验，对新形势下推进双拥工作不断深入发展和创建双拥模范城（县）活动提出了新的要求。各区县、各部门、各单位要以全国双拥工作会议和本市双拥模范命名表彰大会为契机，深入学习贯彻“两会”精神，以创建双拥模范城（县）为龙头，坚持把创建活动的重点放在基层，拓展新领域，丰富新内容，开辟新途径，创造性地开展创建双拥模

范城（县）活动，切实提高双拥模范城（县）的质量和水平。引导广大军民进一步端正思想认识，正确处理“平时创”和“评时争”的关系，对各区县创建活动情况要组织力量进行不定期的单项检查，注重发现和解决广大军民普遍关心的重点、难点问题，使双拥工作真正渗透到各部门、各行业，促进双拥工作整体水平的提高。

三、贯彻落实《关于本市加强拥军优属工作的若干规定》，推进双拥工作法制化进程

2004年是贯彻落实《若干规定》的第一年，各区县要围绕适应国家改革开放向纵深推进和军事斗争准备的总要求，认真执行《若干规定》，并结合本地区实际制定实施细则。特别是要针对广大军民普遍关心和影响军政军民关系的突出问题，进一步加大双拥法制建设的力度，实现规范性文件向地方性法规的转化。在贯彻落实《若干规定》过程中，及时发现并不断解决在新形势下出现的新情况、新问题，组织力量开展专题调研，对在实践中形成的一些带有鲜明时代特征、行之有效的政策规定进行总结，为修订、完善《若干规定》并提升到地方性法规做好准备，逐步建立与社会主义市场经济体制相适应的双拥法规体系，通过政策和法规的保障，切实支持部队建设，解决优抚对象的实际问题。

四、抓好双拥工作各项任务落实，为军事斗争准备服务

在新的历史时期，要适应改革开放向纵深推进和做好军事斗争准备的要求，根据形势的发展与任务的需要，确定双拥工作的重点，坚持与时俱进、开拓创新。各区县、各部门、各单位要认真执行《若干规定》，加大科教拥军的力度，为部队培养一批适应未来战争的各类人才。积极帮助解决驻沪部队建设中需要地方支持的重点难点问题，配合驻军完成战备、训练、演习和科研试验等重大任务，维护军事设施安全。围绕军队精简整编的大局，进一步完善政策，切实做好转业干部、退役士兵、随军随调家属的安置工作。坚持国家保障和社会优待相结合，增加投入，建立和完善抚恤补助标准自然增长机制。发动社会力量，开展结对帮扶活动，解决重点优抚对象在生活、住房和医疗等方面遇到的困难。加强军人维权工作机制，妥善处理部队官兵涉法问题，维护军人及其家属的合法权益。保证双拥工作各项任务的有效落实，把上海双拥工作提高到一个新的水平。

五、进一步加强军政军民团结，切实维护社会政治稳定

军政军民团结，历来是维护国家安全稳定的重要因素。实现全面建设小康社会的伟大目标，完成改革发展的各项任务，必须保持和谐稳定的社会环境。要进一步加强军政军民团结，把保持社会政治稳定摆在双拥工作的重要位置，教育引导广大军民认真学习领会党中央关于“稳定就是大局”的指示，充分认清保持社会政治稳定的极端重要性，倍加顾全大局，倍加珍视团结，倍加维护稳定。要加强军警民联防联治，建立健全联防协作机制，依法维护社会治安秩序。对一些突发性事件，军地要密切配合，采取坚决有力措施，及时果断处置，千方百计消除不稳定因素。要积极预防和妥善处理军民纠纷。军地双方要搞好思想教育，完善预防措施，加强检查督促，进一步巩固军政军民团结的大好局面。

六、研究新情况，开拓新领域，在坚持社会化、法制化、经常化的基础上，积极探索适应市场化要求的新思路

不断研究新情况，开拓新领域，是推动双拥工作发展的重要保证。要切实改进作风，把双拥工作重点放在基层，按照“组织健全、政策落实、活动经常、关系融洽”的要求，进一步打牢双拥工作的基础。在双拥工作社会化方面，要进一步推进对重点优抚对象的结对帮扶工作；要进一步探索行业拥军、社区拥军、“两新组织”拥军等新路子；要进一步推进市拥军优属基金的发展，发挥其拥军优属的保障功能。在双拥工作法制化方面，随着《若干规定》的出台，各区县、各部门、各单位要在执行《若干规定》的过程中，不断总结，不断提炼，为《若干规定》上升到地方性法规做好准备。在双拥工作经常化方面，双拥工作中的常规性工作（譬如：舆论宣传、模范创建、科教拥军、实事拥军、优待抚恤、退伍安置等方面）要坚持连续性、稳定性、开拓性相结合，要进一步完善措施、创新机制、丰富形式。

目前，在社会主义市场经济体制初步建立，坚持利用外资，大力发展混合所有制经济的大背景下，逐步探索并建立与市场化相适应的工作方法、工作手段愈显重要。一要确立适应市场化要求，顺势推进双拥工作的思路，逐步走出一切依赖行政手段推动，一切依靠政府计划调节的传统框框；二要下工夫探索与市场化要求相适应的工作方法和手段，把双拥工作做得更贴近时代，更贴近我们的服务对象，更便于落实；三要有的放矢地寻找突破口，从一两个方面起步，推进双拥工作与“市场”间的接轨。

七、发挥市双拥活动中心的服务作用，为优抚对象和驻军官兵提供优质服务

要充分发挥市双拥活动中心等双拥工作服务保障机构的作用，采取多种形式，做好广大优抚对象和驻军官兵的服务保障。今年要对组织驻军英模人物和本市重点优抚对象疗休养活动的情况进行总结提高，扩大受益面和疗休养基地范围，不断提高服务质量，保证优质服务，让他们共享上海改革开放和三个文明的建设成果，深切感受到党和政府对他们的关心。首期疗休养活动拟安排在上半年进行。

八、促进市拥军优属基金的发展，为双拥工作提供有力保障

继续推动市拥军优属基金会的发展，加强对基金会的规范管理。要在确保资金安全基础上，科学运作，提高增值率，不断扩大基金会母本的规模。区县拥军优属基金会联络处要不断扩大基金筹集，基金会要积极辅助政府做好拥军优属的保障工作，进一步发挥其社会服务保障功能作用。

九、驻沪部队要继续支持地方的经济社会建设，深化军民共建活动，为上海三个文明建设再立新功

驻沪部队要认真贯彻中央军委和总部的指示精神，在完成战备训练任务的同时，进一步做好支援地方经济建设工作，发挥部队在抢险救灾和支援地方重点工程建设方面生力军的作用，为实施“十五”计划作出新贡献。要积极拓展军民共建的领域和途径，通过开展形式多样、丰富多彩的军民共建活动，把人民军队的好传统、好作风传播到社会的各个领域，树立人民子弟兵文明之师、威武之师的良好形象，促进地方精神文明建设。

上海市二〇〇四年优抚双拥工作总结

2004年，上海市优抚双拥工作以邓小平理论和“三个代表”重要思想为指导，坚持科学发展观，认真贯彻落实中央有关优抚双拥工作的一系列指示精神，坚持在继承中发展，在改革中探索，在创新中前进，规范服务，完善政策，大力支持军事斗争准备，切实维护优抚对象的基本权益，积极推动优抚双拥事业的健康发展，较好地完成了全年各项工作目标。

一、提高素质，改进方法，全面提升工作水平

针对新形势下工作人员少、新情况多、业务量大的实际，全市各级优抚双拥工作部门抓住干部队伍建设这一关键环节，在提高干部业务素质，改进工作方法方面狠下工夫，取得了较好的成效。

（一）加强基础业务培训。从2004年2月起，全市组织了5次优抚双拥工作会议，传达重要会议精神，进行技能培训，讲解政策法规，交流研讨新情况、新问题，统一思想，取长补短，提高应对处理各种复杂问题的能力。各区县加强了对街道乡镇优抚双拥干部的业务培训，讲解业务知识，针对热点难点问题开展指导，提高灵活处置具体情况的能力，从而使优抚双拥工作的前沿阵地得到不断巩固。

（二）提倡“一专多能”。全市各级优抚双拥工作部门大力提倡优抚干部“一专多能”，鼓励干部在做好原本职工作的基础上，全面系统掌握抚恤优待政策法规和业务程序。在有关业务分管同志因故缺位的时候，其他同志能够及时顶上，正常办理审批业务，接待信访对象。这样不但极大地方便了优抚对象，而且也促进了优抚干部综合业务素质的全面提高。

（三）狠抓行风建设。为深入贯彻党中央“立党为公，执政为民”的指导精神，各级优抚双拥干部牢固树立“为民、便民、利民”的思想，坚持开展创建文明处室活动，大力推行政务公开，全面开展“四心”（热心、诚心、细心、耐心）服务，认真解决驻沪部队和优抚对象关注的热点难点问题，原有重点历史遗留问题得到了化解，一些突出矛盾也在萌芽状态得到了妥善解决。

（四）推进信息化工作。全面准确掌握优抚对象的信息数据，是做好优抚双拥工作的首要基础。在建立全市义务兵及其家属优待金发放管理系统的基础上，2004年本市优抚信息管理系统在全市进行推广。通过以会代训等多种形式，开展全面、系统的专业技能培训，保证了信息采集准确、更新维护及时、统计汇总科学。

（五）深入开展专题调研。面对“两新组织”蓬勃兴起的新局面，发动“两新组织”开展拥军优属工作是当前和今后一个时期双拥工作的重要任务。今年3月，刘云耕、周太彤等市党政军领导同志专程前往民营企业，对“两新组织”开展拥军优属工作进行专题调研；8月，叶兴华副局长带领有关人员对周边省份和本市部分区“两新组织”开展拥军优属工作进行调研。各区县也积极开展“两新组织”拥军优属活动的调研和试点工作，为增强民营企业家拥军优属的自觉意识，动员他们积极支持部队建设打下了良好基础。

（六）做好日常业务工作。截止12月31日，全市共办理革命伤残人员伤残抚恤等审批事项198件，其中评定伤残等级17件，调整伤残等级8件，恢复伤残抚恤2件，伤残抚恤证件破损换证和遗失补证81件，外地迁入和部队退役换证64件，批准失业残疾军人改领伤残抚恤金26件；核准残疾军人配偶及未成年子女户籍就地农转非和异地迁入7件，批准患精神病退役义务兵享受生活医疗待遇3件，报送二等乙级以上残疾军人医保基本信息27件；办理两会提案1件，领导批示件4件；处理人民群众来信190件，接待群众来电来访近300起，其中重要信访3件；办理老干部骨灰存放265件，夫妻同格存放96件；调整了特、一等革命伤残人员护理费的发放标准。

二、完善政策，依法行政，不断推进法制化进程

实现优抚双拥工作法制化，既是目标也是重点。去年，这方面的工作成效显著。

（一）出台了《关于本市加强拥军优属工作的若干规定》及其配套政策。《关于本市加强拥军优属工作的若干规定》（沪府发［2004］5号）于4月1日正式实施，市双拥办会同各有关委、办、局针对科教拥军、司法维权、生活保障、就业安置、子女入学、住房解困、医疗服务、廉租住房以及军队和优抚对象在交通、游览等方面的优待等十多项具有较强操作要求的条款制定了配套实施细则。向全市4700多名烈士遗属颁发了《上海市革命烈士家属优待证》。

（二）落实解决部队人大代表“五条建议”。市十二届人大二次会议期间，部队人大代表团针对军队体制编制调整改革期间部队所遇到的主要问题和困难，提出了“五条建议”。市双拥办协调各有关职能部门，对移交地方管理的军队师职干部医疗保健等比较突出的难点问题，进行了多次专题研究，依据有关政策法规，结合部队和地方实际，对这“五条建议”分别提出了相应的处理方案，得到了市委、市政府和驻沪部队领导机关的充分肯定。有关落实解决“五条建议”的具体措施逐步落实到位。

（三）驻沪部队拥政爱民政策建设有了重大突破。与地方政策建设相同步，经上海警备区牵头运作，驻沪部队出台了有关拥政爱民方面的规范性文件。军地双方的共同努力，使上海初步建立了上下结合、军地结合、配套完善的双拥政策体系。

（四）困难重点优抚对象临时生活补助机制得到进一步完善。2004年，市、区县、乡镇街道三级共投入754万元资金，市拥军优属基金会出资20万元，总计补助困难优抚对象1.3万多人次。

（五）公开政务信息。为方便广大优抚对象和社会公众，增强政府工作透明度，建立健全社会监督机制，促进依法行政工作的开展，对涉及优抚业务的政策法规类文件进行了清理，并将12万多字的政策文件经过扫描、校核，制成了供网上公开查阅的电子版本。此次共清理各类法律、法规、部门和地方政府规章、规范性文件共95件，其中按规定向社会公开43件；公布优抚对象抚恤补助标准共9大类、112种；拟制日常审批业务办事指南14项；拟写本市13处烈士陵园的情况简介。

三、高度重视，精心组织，确保重要会议和重大活动顺利进行

重要会议和重大活动多是今年优抚双拥工作的显著特点。在全市上下的共同努力下，这些阶段性重点工作都圆满完成。

（一）全面落实全国拥军优属拥政爱民工作会议精神。今年1月8日，全国拥军优属拥政爱民工作会议在京召开。会上，我市11个区、4个单位、2名个人受到命名表彰。会后，市双拥办及时向市委、市政府汇报了会议的有关精神，并多次召开各有关方面会议，传达全国双拥工作会议的主要情况和温家宝、回良玉同志的讲话精神，专题研究贯彻意见，推进了双拥政策法规建设，加快了解决热点、难点问题的进程。

（二）召开了上海市拥军优属拥政爱民工作领导小组第十次全体（扩大）会议。7月21日，韩正等市领导出席了会议，听取了《全国拥军优属拥政爱民工作会议纪要》（国发［2004］15号）的传达，总结了九次全会以来的工作，对今后本市双拥工作的发展提出了具体要求。

（三）认真贯彻全国优抚工作会议意见。为总结回顾1998年以来全国优抚工作情况和经验，部署当前和今后一个时期的优抚工作任务，贯彻执行新《军人抚恤优待条例》，今年9月24日至26日，民政部在吉林省延边朝鲜族自治州召开全国优抚工作会议。结合此次会议，本市对六年来全市优抚工作进行了全面、系统的总结，上报了总结材料。同时，松江区在会上作了书面经验交流。会后，及时将有关会议情况和工作部署要求向市委、市政府进行了书面汇报，针对新修订的《军人抚恤优待条例》的规定精神，对需要协调落实的重点工作提出了初步意见。

（四）精心组织全国省区市双拥办主任会议。10月20日至22日，全国省区市双拥办主任会议在上海召开。会议围绕深入贯彻落实党的十六届四中全会和全国双拥工作会议精神，交流情况，总结经验，研究对策，推动双拥工作深入发展。我市《求真务实，开拓创新，不断开创上海双拥工作新局面》的材料在会上进行了交流。会议期间，市双拥办作为会议承办单位，与局属各业务部门和有关单位通力协作，共同努力，圆满完成了有关会务工作。

（五）组织协调系列重大活动。一是组织实施了2004年春节市四套班子走访慰问驻沪三军和武警部队活动。向驻沪部队、武警部队伤病员以及本市烈士家属发放了慰问品，向基层连队全体官兵发放了每人30元一次性慰问金。二是圆满完成市党政军领导祭扫烈士墓活动。今年适逢建国和解放上海55周年，清明节市党政军领导和各界人士分三路在龙华、高桥和宝山烈士陵园举行祭扫活动。三是组织实施了以市政府和上海警备区名义举行的上海市庆祝中国人民解放军建军77周年文艺晚会，晚会在上海警备区云峰剧院举行，市领导和驻沪部队领导，各委办局有关领导观看了演出。

四、军民互动，争创模范，不断构筑双拥新高地

2004年，结合建军77周年和全国双拥模范命名表彰的契机，在全市范围内多层次、多形式地组织开展了爱国拥军宣传活动，大力营造浓厚的双拥氛围。各级党委、政府和社会力量全力支持军队现代化建设，驻沪部队为地方发展积极奉献，双拥模范创建活动持续开展，不断构筑上海双拥工作新高地。

（一）举办系列活动，营造双拥氛围。去年“八一”期间，开展了一系列声势浩大的庆祝活动：举行专场文艺晚会；走访慰问市荣誉军人疗养院的休养员；组织“迎八一，为最可爱的人服务”第三届上海市百名留学归国医学专家大型义诊活动；召开“和平不忘国防，发展不忘拥军”主题座谈会；举办《绿色时空，庆八一，中国人民解放军美术精品展》，为驻守上海的人民子弟兵和广大优抚对象献上了一份节日的厚礼。作为对全市广大人民群众长期支持部队建设的回报，由驻沪部队文艺骨干组成的市双拥艺术团于今年春节、“五一”和“十一”期间，三次走上街头，在市中心繁华地区举行了“双拥”主题演出，宣传了全国双拥工作会议精神和双拥成果，讴歌了新型军政军民关系，产生了良好的社会效果。各区县也采取多种形式，开展走访、慰问和联欢活动，加深了军民鱼水之情，促进了军政军民团结。

（二）整合社会资源，加大科技拥军力度。充分利用上海科技文化教育的资源优势，有针对性地开展科技拥军活动，积极推动地方科研单位与部队建立科研协作关系，科研骨干培养、军队科研立项、科技攻关方面给予积极扶持和帮助，为部队“打得赢”提供了切实的人才支持和科技保障。在地方科研单位的大力支持下，驻沪部队开发研制的“便携式导弹作战自动化系统”、“数据容灾备份系统”等一批科研成果在全军获科技进步奖。

（三）围绕重大军事任务，开展拥军支前。各级党委、政府成立机构，建立组织，投入大量的人力、物力、财力支持在本地区进行重大军事训练、执行军事任务的部队，动员和组织社会力量开展各种拥军活动，为驻训部队提供全方位、全过程的服务保障，使广大驻训官兵充分感受到了上海人民浓浓的拥军热情。

（四）围绕部队关心的问题，开展实事拥军。各级党委、政府把部队官兵关心的热点、难点问题作为“固长城、稳军心”的一项政治任务来抓，克服困难、创造条件，全市退役军人的安置率连续多年都达到了100%。在随军随调家属安置上，确立了以市场就业为主导、政府安置重点对象为辅助、保底就业为基础的就业安置原则，通过开展岗前文化、语言培训、技能培训等方式，切实提高了军嫂参与市场的竞争力，拓展了就业渠道，有效地解决了军人的后顾之忧。

（五）围绕提升服务质量，开展疗休养活动。充分利用上海市荣誉军人疗养院、上海市双拥活动中心和黄山荣誉军人疗休养活动基地等现有资源，共组织35批1720名驻沪部队官兵、英模代表和重点优抚对象开展疗休养活动，并为他们提供医疗保健和法律咨询，受到了部队官兵和重点优抚对象的广泛好评。

（六）拥政爱民，驻沪部队积极投入地方三个文明建设。长期以来，驻沪部队始终牢记为人民服务的宗旨，积极开展拥政爱民工作，从“学习上海、融入上海、保卫上海、奉献上海”的角度出发，引导广大官兵努力争做可爱的“上海兵”。在完成战备、训练等各项任务的前提下，以“思想共建”、“社区共建”、“助民工程”为重点，大力开展军民共建社会主义精神文明活动，为提升上海城市文明程度、树立国际化大都市的良好形象作出了积极贡献。“百连万兵进社区、扶贫帮困献爱心”、“进百所学校、送精神食粮”、“学雷锋、学八连”等主题活动的组织开展，在社会上引起了很大反响，展现了“威武之师”、“文明之师”的良好形象，成为上海精神文明建设的旗帜和榜样。

（七）注重实绩，开展双拥模范创建。在有利的外部环境的促动下，全市各级、各部门、各单位广泛、深入、持久地开展双拥模范创建活动。市双拥办制定了重在基层、重看平时、动态管理的双拥创建的考核评选具体标准和实施办法，注重工作实绩，增强创建实效。各区县也纷纷制定计划，明确任务，完善措施，努力打造双拥“品牌”，下大力气解决退役军人安置、军嫂就业、重点优抚对象生活保障等受到社会普遍关注的问题，使优抚双拥工作的各项任务得到了有效落实，使我市双拥工作呈现你追我赶、争先创优、各具特色的良好发展态势。

江苏省二○○四年双拥工作总结

今年以来，我省的双拥工作在全国双拥工作领导小组和省委、省政府、省军区以及新一届省双拥工作领导小组的正确领导下，以“三个代表”重要思想为指导，广泛深入地开展双拥宣传教育，继续在全省开展双拥模范城（县、区）创建活动，巩固发展“科技拥军”和“爱心献功臣行动”的工作成果。地方大力支持驻苏部队的革命化、现代化、正规化建设，驻苏部队积极支持江苏“三个文明”建设，双拥工作整体水平得到了进一步的提高，巩固和发展了“同呼吸、共命运、心连心”的新型军政军民关系，为实现全省“两个率先”的宏伟目标作出了新的贡献。

一、开展系列双拥宣传教育活动内容丰富多彩

一是广泛深入开展走访慰问驻苏部队和优抚对象活动。今年春节期间，省委、省人大、省政府、省政协领导带领慰问团，对驻军部队进行走访慰问。各地驻军和部分重点优抚对象都由所在地党委、政府进行走访慰问。同时，各地企事业单位、群众团体和各阶层人士都自发地走访慰问驻军部队，向人民子弟兵送上一份赤诚之心。

二是双拥活动精彩纷呈。各地纷纷开展了领导干部“军营一日”活动和组织学校学生普遍进行军训，不断提高他们的国防观念和双拥意识。南京市在全民国防教育宣传日还举办了“爱中华、奔小康、强国防”万人签名活动，镇江市“八一”期间在市中心广场举办大型双拥文艺晚会，效果都很好。全省统一组织拍摄了26集“江苏省全国双拥模范城巡礼”专题片，系统地宣传我省双拥工作，从今年2月份开始，在省市电视台专题节目中播放，社会反映良好。各地通过电台、电视台、报刊杂志等新闻媒介对双拥工作进行多角度、大容量、宽视野的宣传报道。南京市双拥办撰写的《与时俱进铸长城》大型纪实性文章在《南京日报》刊登，得到军地领导的高度评价。扬州市集中宣传宝应县柳堡镇“二妹子”模范民兵班的先进事迹。省军区还将她们感人的事迹改编成一台生动的《重唱九九艳阳天》文艺节目到全省13个市进行巡回演出，产生了良好的宣传效果。

三是充分发挥教育阵地作用进一步加大宣传力度。镇江市在双拥活动期间，做到报纸天天有双拥稿件，电视台天天有双拥画面，广播电台天天有双拥声音，营造了“双拥人人有责、双拥处处有情、双拥事事依法”的良好社会政治环境。扬州、南京、淮安依托党校、政校成立双拥国防教育学院，提高教育的层次。宿迁市继去年投入800多万元，对全市10个烈士陵园和纪念馆进行改造后，今年又投入100多万元对彭雪枫烈士陵园进行改扩建，提高了爱国主义教育阵地的品位，清明节前后有100多万群众前来烈士陵园瞻仰凭吊。常州市投入2000多万元新建了烈士纪念馆和革命斗争史馆，于12月26日正式对外开放。

二、学习贯彻全国双拥工作会议精神氛围浓厚

全国双拥工作会议结束后，各地认真学习、传达全国双拥工作会议精神，特别是认真组织广大军民学习温家宝总理在全国双拥工作大会上的重要讲话和回良玉副总理在全国双拥工作会议上所作的工作报告。省双拥工作领导小组将全国双拥工作会议精神向省委常委会作了专题汇报。各地通过多种形式传达了全国双拥工作会议精神。全省被命名的14个全国双拥模范城都先后召开双拥工作大会，传达全国双拥工作会议精神，并举行了隆重的揭牌仪式。各级党政军领导切实感受到党中央、国务院、中央军委对双拥工作的高度重视，强烈感受到新形势下做好双拥工作的极端重要性。镇江市委书记史和平同志在荣获全国双拥模范城“四连冠”庆功大会上说，全国双拥模范城是我国双拥工作的最高荣誉，它凝聚着军地双方的共同努力，它是军地双方的共同荣誉，它激励着我们共同奋进。第一次获得全国双拥模范城荣誉称号的淮安市表示，要以贯彻全国双拥工作会议精神为契机，巩固提高淮安市全国双拥模范城的基础和地位，特别是要加大双拥政策落实力度，做到4个百分之百，即确保转业干部安置100%，退伍士兵安置100%，随军家属安置100%，随军子女入学入托100%。南京市为贯彻全国双拥工作会议精神，强化基层双拥工作，在“八一”建军节前夕隆重举行了军民共建文明社区经验交流会，表彰了10个军民共建文明社区，推动双拥进社区工作深入开展。徐州市在国庆节前由书记、市长带领市四套班子成员、各县（市、区）党政主要领导130多人，举行国防日活动，学习研究台海形势，体验军营生活，集中精力抓好军事斗争准备，并筹集近亿元实施淮海战役纪念馆改扩建工程。常州市委、市政府作出了关于进一步做好新形势下拥军工作的决定，市双拥工作领导小组办公室、市精神文明建设指导委员会办公室、常州军分区政治部联合颁发了《常州市军民共建学习型军营与学习型单位行动纲要》和《驻常部队市级文明单位评选标准》，全市120多对学习型军民共建对子，在建设学习型城市的活动中起到了典型示范作用。“军人家庭服务中心”的发源地南通市，认真总结20年来的创办经验，使服务内容不断拓展，由解决军属日常生活难题发展到全面提高军属生活质量；服务对象不断扩大，由以现役军人家庭为主发展为广大优抚对象和驻军；服务机制不断健全，由应急解难发展为制度化规范化的优待优惠；服务主体不断增加，由基层单位唱主角发展为政府主导下的全社会广泛参与；服务效应不断放大，由军人军属受益发展为全社会共同受益。连云港市于今年9月23日成立了全省第一家市拥军协会，把那些既有经济实力又热心拥军事业的民营企业家、个体工商户组织起来，密切配合党委、政府有计划、有步骤地开展拥军优属活动。扬州市政府办公室下发了文件进一步规范了社区双拥工作，要求做到社区组织领导健全，社区国防教育广泛深入，社区双拥活动经常，社区军民共建活跃，社区软硬件建设规范。泰州市深入开展“一助一”扶优活动，积极探索优抚工作社会化的新路子，做到坚持政府主导，部门通力协作，社会广泛参与，他们的经验在全国优抚工作会议上作了介绍。各地还把学习贯彻全国双拥工作会议精神与学习贯彻省委、省政府、省军区《关于进一步做好新形势下双拥工作的意见》结合起来，联系当地实际，进一步理清工作思路，巩固提高创建全国双拥模范城的成果。

三、军地密切配合办实事不断提高部队战斗力

我省是驻军大省、优抚安置大省。各地在抓好经济建设的同时不忘国防建设，千方百计为军队、为军人、为优抚对象解决各种实际困难，为巩固国防提高部队战斗力作出了新的贡献。

一是大力支持军队后勤保障社会化改革。我省出台了《关于进一步支持驻苏部队后勤保障社会化的实施意见》，南京、南通、镇江、无锡等市都先后制定了进一步贯彻的实施意见，明确了工作重点、实施步骤，提出了优惠政策和落实措施。无锡市对支持部队后勤保障社会化改革做到思想认识到位、组织领导到位、资金投入到位，市、区两级财政及有关企业，共出资1145万元，保证了这项工作的落实。目前，我省驻军团以上单位96%的饮食保障，95%的营房物业管理，98%的用电保障，68%的用水保障，100%的大宗物资采购保障实现了社会化，减轻了“军队办社会”负担，得到总部的肯定。

二是加大军队转业干部和退役士兵安置力度。今年我省共接收安置军队转业干部5939人，其中师职干部58人，团职干部1171人，是历年来安置师团职干部最多的一年。省委办公厅、省政府办公厅和省人事厅带头接收安置转业干部，实行按积分择岗的方法进行安置，做到用人单位、部队和本人三满意。据统计，全省今年城镇退役士兵共17777人，截止到11月份，已安排16159人，占应安置数的90%，其中申请自谋职业已有9941人，占应安置数的56%，无锡、苏州、常州、盐城、镇江、泰州等市的自谋职业率已达80%以上。苏州市适应户籍制度改革的需要，为切实维护退役士兵合法权益，率先在全省进行改革探索。该市出台了《苏州市退役士兵接收安置办法》，全市统一实行“以货币安置为主，就业安置为辅，强化配套服务，取消城乡差别，实现一体化安置”的办法。货币安置金标准按服役年限10年以下和10年以上两个档次，分别参照上年度职工平均工资的2倍和3倍发放。为拓宽安置渠道，南京市与省电大积极协调，在全省首批以助学形式安置的154名城镇退役士兵进入省电大接受高等教育。

三是多渠道解决随军家属就业难问题。全省各地将随军家属就业安置作为军地互办实事的重中之重，积极探索就业安置的新方法、新途径。扬州市为随军家属就业安置开辟了“绿色通道”，南京、徐州、无锡、苏州、常州等地所有职介机构对军嫂优先服务，并举办多场军嫂就业专场招聘会。南京市今年先后举办13场“送岗进军营”随军家属现场就业洽谈会，共解决400多名随军家属就业。其中鼓楼区对驻军部队随军家属采取网络信息找岗、政府出资买岗、结对帮扶送岗、发展经济增岗的办法，今年全区需要安置的军嫂实现了百分之百就业，百分之百与用人单位签订劳动合同和养老保险。徐州市针对随军家属就业安置存在的实际困难，由市委常委秘书长和分管市长召开专题办公会，市长李福全亲自进行动员，对151名随军家属实行指令性安置。南京、扬州、无锡、泰州等市相继以市政府、市政府办公室名义出台了随军家属劳动就业和社会保障工作意见，多渠道帮助随军家属就业，落实补助接续保险，保障其基本生活，以真正解除她们的后顾之忧。

四是重点优抚对象治病难问题取得了突破性进展。各地认真贯彻省民政厅、省财政厅、省卫生厅、省劳动和社会保障厅联合下发的《关于解决在乡老复员军人生活困难和重点优抚对象医疗困难问题的通知》精神，使孤老重点优抚对象各种基本医疗费用自付比例不超过10%，烈属、因公牺牲军人家属不超过30%，病故军人家属不超过40%，在乡老复员军人、老三等伤残军人不超过50%，一般三等伤残军人和带病回乡退伍军人不超过60%。全省重点推广了南京市以优抚门诊为基础，住院医疗保险为主体，大病救助为补充，建立“三位一体”的重点优抚对象医疗保障的做法，收到了比较好的效果。我省经济欠发达的连云港、宿迁等市均与人保公司签订了协议，由县、乡财政人均出资100至150元，个人出资50元，通过市场运作机制，保证参保重点优抚对象住院费用可按80%比例报销。扬州市由市县乡三级财政共筹集200多万元，将全市所有重点优抚对象全部参加大病住院医疗保险，为优抚对象办了一件实实在在的好事。目前，我省参加住院医疗保险的市已达7个，有77000多名重点优抚对象参加了住院医疗保险，缴纳保险费用1000多万元，有6000多人次住院，获得住院医疗保险理赔700多万元，有效地防止部分重点优抚对象因住院治疗造成因病致贫或返贫问题的发生。

五是深入开展科技拥军活动。各地围绕军事斗争准备，继续把科技强军作为时代主题，努力推进科技拥军工作深入开展。南京市对国防科技动员潜力进行调查，使地方在战时为部队提供国防科技保障有了可靠的依据。扬州市适应军事变革的需要，组织7个军供企业抓好优质名牌军品的研制和生产，实现了1.4亿元的供货合同。常州市42个科技拥军基地纷纷到挂钩部队共商开展科技拥军活动内容。全年投入资金850多万元，为部队科技练兵办实事180件。盐城市投入资金200多万元，积极开展科技拥军活动，进一步完善了作战指挥网络，并向驻盐部队赠送了64台电脑。南京市科技双拥部门还举办了“院士进军营”活动，南京大学生物系的教授、博士与江苏省军区后勤部官兵进行“基因工程与人类健康”、“转基因食品及安全问题”讨论，深受部队官兵欢迎；该市兴办的第四届“福中杯”军民网上计算机知识竞赛活动历时两个月，全国26个省市区军民近万人参加了网上竞赛，其中参与此项活动的官兵达1000多人，对促进科技知识的普及、军地信息化建设和提高军民综合素质起到了积极的作用。今年省财政还拿出1000万元支持南京军区总医院门诊大楼的建设，为科技拥军办了一件实实在在的事。

六是坚持特事特办，主动帮助部队解决建设中遇到的特殊困难。驻徐州某部队机关计划新建办公区，需要占用市公安局建设干警经济适用住房的部分用地，由于市局已经先期投入400多万元的征地和基础设施建设费用，出让该用地不仅要承担一定的经济损失，而且要贻误建设工期，直接涉及公安干警的切身利益，市领导得知情况后，亲自做协调工作，市公安局和广大干警从支持部队建设大局出发，主动转让了该建设用地。连云港市为从根本上解决驻东海县某炮兵团营房门口道路破损严重，影响了部队训练、生活，连云港市与东海县共同出资2830万元，修建一条长26.9公里、连接310国道的战备路。无锡市为73031部队和军分区解决了经济适用住房126套，缓解了部分驻军单位住房紧张的矛盾。镇江市军地连续多年来互办了20件实事，今年已按计划提前全部圆满办结，地方办的实事以块头大、实施快、完成早为显著特点，共投入资金3000多万元，有效地改善了部队办公条件，提高了部队快速反应能力，改善了部队工作学习环境，提高了部队科技水平，改善了部队物质文化生活条件。

四、驻苏部队以驻地为故乡，在推进实现“两个率先”目标中作出新贡献

驻苏部队以驻军江苏、造福人民为己任，积极参加驻地的“三个文明”建设，为江苏率先全面建设小康社会，率先基本实现现代化作出了新的贡献。一是广泛开展“双带双扶”活动。省军区组织部队和民兵预备役人员开展了“带头创业致富、带动共同致富，扶助贫困村和贫困户，扶助希望小学和特困学生”的“双带双扶”活动，共涌现4000多名民兵致富带头人，带动12万群众共同致富，援建希望小学25所、资助特困学生5986名，帮扶贫困村146个，贫困户4730户，劳务输出25000多人。驻连云港部队28个团以上部队与驻地28个贫困村建立了扶贫对子，与驻地32个乡镇的1100名特困学生结为助学对子，共向扶贫点捐款18.6万元，捐赠衣物5670件，力争三年内帮助脱贫。二是精神文明建设勇当标兵。驻徐州73061部队经常开展帮耕帮种、捐款捐物活动，主动与重点优抚对象、孤寡老人结对帮扶。今年春节前，该部队筹措10万元资金、12500斤面粉、1500斤猪肉，深入到250户贫困群众家中走访慰问，资助丰县华星希望小学50名贫困家庭子女完成学业，并捐资5万元支持学校二期工程建设，在人民群众中产生了广泛的影响。驻徐州工程兵工程学院全体官兵，每人每年交一次特殊党（团）费，定向资助101名特困学生，并长年坚持下去，帮助他们完成九年义务教育。三是完成急难险重任务再立新功。今年11月4日中午，一场山林大火从安徽窜进南京江宁、溧水境内，15000多亩原始森林危在旦夕。省武警总队、江宁驻军、公安消防人员和民兵应急分队短短数小时内共出动5000多人与火魔展开了殊死搏斗，经过10多个小时的奋力扑救，终于将这场森林大火全部扑灭，谱写了一曲新时期军民鱼水情的动人诗篇。

在充分肯定成绩的同时，我省双拥工作还存在一些值得注意的问题：一是全省双拥工作发展还不够平衡，有些地方有些部门和少数基层单位工作落实还有不到位的地方。二是面对市场经济带来的新情况，在城镇退役士兵、部队随军家属工作安置，以及解决经济欠发达地区部分重点优抚对象“三难”方面还存在不少困难和问题。三是从全省范围看，双拥组织机构不统一、不健全，专职人员偏少，双拥工作力量仍需继续加强。

浙江省二〇〇四年双拥工作总结

2004 年，我省双拥工作以邓小平理论和“三个代表”重要思想为指导，认真贯彻落实全国双拥工作会议精神，按照科学发展观要求，以维护社会稳定、促进经济发展、推进军事变革为重点，积极探索社会主义市场经济条件下双拥工作的新路子，不断完善政策法规体系，着力解决一些热点难点问题，进一步密切了军政军民关系，促进了全省经济社会发展和驻浙部队的全面建设。

一、认真学习贯彻全国双拥工作会议精神，积极开展国防教育和双拥宣传活动

年初召开的全国双拥工作会议，既是对 1991 年以来全国双拥工作的总结，也是对进一步做好双拥工作，加强军政军民团结的深入动员和部署。浙江省有 11 个市、县被命名为新一届全国双拥模范城（县），有 4 个单位被授予双拥模范单位称号，有 3 名同志被授予双拥模范称号。3 月 22 日，省双拥领导小组召开了全体成员（扩大）会议，进一步传达学习了全国双拥工作会议精神，并对学习贯彻落实会议精神作出具体部署；10 月下旬，又召开了全省双拥工作会议，省委书记习近平作重要讲话，省长吕祖善作双拥工作报告，会议还交流了各地各部队的双拥工作经验，表彰了一批双拥工作先进单位和个人，并对当前和今后一个时期全省双拥工作进行了研究和部署，配合会议的召开，省委、省政府、省军区下发了《关于进一步加强双拥工作的意见》，从密切军地协作、支持军队建设、开展国防教育和双拥教育、推动双拥工作改革创新等方面提出了明确要求。各市、县（市、区）、各部队分别以党委常委会、双拥工作领导小组会和军地联席会等形式，传达贯彻全国、全省会议精神，研究深入开展双拥工作的办法和措施。舟山市、杭州市、绍兴市、湖州市、宁波市、衢州市、温州市、台州市、象山县、义乌市、嵊泗县等 11 个全国双拥模范城（县）都举行了隆重的迎匾仪式，对争创工作进行再动员再发动，争取更大的荣誉。通过一系列行之有效的办法，有力促进了全国双拥工作会议精神在我省的落实。一年来，全省各地以贯彻两级会议精神为主线，广泛开展了国防教育和双拥宣传活动。杭州市开通了以宣传军政军民团结、军属支持亲人献身国防为主要内容的《杭州国防》、《双拥在线》电视、电台专题节目；舟山市在鸦片战争遗址举行了“勿忘国耻，爱我千岛，强我海防”宣传纪念活动；嘉兴市举行了“长城精兵之路”广场图片宣传；衢州、温州、湖州等地举行了以“爱我中华，强我国防”为主题的千人歌咏大会，高唱《义勇军进行曲》、《保卫黄河》、《我们走在大路上》等不同历史时期的爱国歌曲；宁波、金华等地邀请国防大学和军事院校教授作国防形势报告；绍兴、丽水等地组织“四套班子”领导到部队过军事日；台州、金华等地领导积极参加各类军事演习。一年来，全省有 600 多万群众受到系统的国防教育，500 多万学生接受军训。

二、积极适应中国特色军事变革和军事斗争准备需要，拥军优属力度不断加大

各级始终坚持“居安不忘思危，发展不忘拥军”，紧紧围绕军队建设的重大课题，不断加大拥军优属力度，为促进中国特色军事变革，做好对台军事斗争准备提供强有力支撑。一是充分运用地方优势开展科技拥军。各地充分发挥地方教育、科研部门、技术密集型单位人才和技术的优势，积极开展向部队送“新技术、新知识、新智能”活动，把最新技术“嫁接”到科技练兵领域，主动配合部队搞好士兵文化补习、科技人才培训和复合型人才的培养工作，推动科技拥军活动的深入开展，支持部队提高“打赢”能力。东海舰队、73011 部队、浙江省军区等单位依托浙江大学、宁波大学等重点院校开展选拔、培养干部工作，去年共培养研究生 260 名；临安市为驻地官兵举办了四期电脑培训

班，100多名官兵获得了浙江省人事厅颁发的计算机操作二级证书；宁波市为提高官兵的身体素质，免费向驻甬部队提供新研制成功的体育科研成果——大回环训练器；杭州市科技局投资30万元为空军94936部队、94882部队装备改进型飞机发动机吊挂车、HDB－600型航弹装卸工程车和导弹收发计算机管理系统等项目；慈溪市依托职业成人学校设立“科技拥军培训基地”，为驻军、退役士兵进行学历教育和电脑、会计、电工等课程培训。一年来，全省累计建立智力、科技拥军基地60余个，向部队赠送电脑700多台，科技文化书籍20万余册，帮助培养各类人才16000多名，直接投入科技拥军的资金达4000多万元。二是扎扎实实为部队办实事办好事。全省各级党委、政府，心系部队建设，真心实意为部队解决困难。舟山、嘉兴、温州、宁波等地把支持部队完成海训任务作为义不容辞的职责，不惜损失经济利益，积极做好拥军支前工作，非但在旅游黄金季节无偿把最好的海域让给部队搞训练，还广泛发动社会各界做好各类保障工作。据不完全统计，部队海训期间，各级累计提供住房5万余平方米保障部队住宿，提供1200万元钱物慰问海训部队，为全力保“打赢”作出了无私奉献。为改善部队的战备、训练、工作和生活条件，各级有计划、有重点地帮助部队搞好基础设施、训练设施、文化设施和“菜篮子”工程等建设。温州市将部队建设纳入全市经济社会发展计划，统筹安排生活和建设资金3000余万元，促进了国防建设与经济建设的协调发展；台州市出资300万元用于台州军分区海防营营房整治；萧山区个体经营户陈国昌致富不忘拥军，个人出资20多万元为73021部队钱江农场铺设了1000米长的水泥路；湖州市出资100多万元为某集团军机关购置了2台交通保障车；宁波市专门安排资金对部队蔬菜生产所需的农药、有机肥料给予半价供应，并利用“菜篮子”行业配送中心和名优加工示范企业、特色基地向驻军优惠配送商品。据统计，去年全省共投入资金1.6亿元用于支持部队建设，累计划拨土地4300余亩，为部队修建各类用房50多万平方米，解决训练演习中的各类问题300余件，为加强部队建设、提高战斗力创造了良好条件。三是积极稳妥地做好转业干部及随军家属的安置工作。2004年是党中央确定裁军20万的第一年，在党政机关机构精简、事业单位改制、企业减员增效，就业压力十分突出的情况下，各级强化政府调控力度，采取了腾位置、先进后出、进人不占编、增加领导职位数等办法，接收安置军转干部2972名，是近几年接收最多的一年。共接收复员退伍军人26545名，接收军队离退休干部257名，基本做到了部队、地方、安置对象满意。各地、各部门千方百计克服困难，努力做好随军家属接收安置和再就业工作。宁波、温州、湖州等地组织企事业单位到部队举办随军家属招聘会，使178名随军家属找到了合适的工作；衢州市采取逐个驻军单位调查的方法，摸清“军嫂”下岗情况后，责成有关部门和单位限期解决，对驻衢空军某师的飞行员家属，采取政府督办的形式解决就业安置；杭州、舟山等地对随军后暂时未能安置的随军家属发放生活补助金，受到部队和随军家属的欢迎。去年共安排随军家属923名，发放随军家属生活补助1100多万元。

三、着力抓好政策法规的完善落实，一些重点难点问题得到较好解决

针对新形势下双拥工作出现的新情况、新问题，各地与时俱进做好双拥工作，不断健全完善双拥工作的政策法规，着力解决双拥工作中存在的突出问题，把双拥工作不断引向深入。省双拥领导小组在调查研究的基础上，结合实际，研究制定了《2004年度省双拥领导小组成员单位双拥工作目标任务》、《浙江省双拥领导小组成员单位双拥工作目标考核办法》等一些促进双拥工作落实的制度措施，进一步强化了各级的责任意识，增强了做好双拥工作的紧迫感。为缓解优抚对象生活难、医疗难、住房难问题，我省以贯彻国务院、中央军委《军人抚恤优待条例》和落实全国优抚工作会议精神为契机，按照以人为本、科学发展的要求，在深入调研的基础上，省民政厅会同财政厅研究并规范制定了在乡重点优抚对象优抚标准自然增长机制，对保障原则、保障对象、标准制定、经费来源、发放程序等方面作了规定，进一步强化政府保障主体责任，从制度上确保优抚标准随当地经济社会发展相应增长，重点优抚对象生活水平随当地人民群众生活水平同步提高，确保重点优抚对象充分享受经济社会发展和现代化建设的成果。为进一步推动双拥工作，全省各地也相应制定和完善了一系列政策措施。全省各地全都出台了《重点优抚对象医疗补助办法》；湖州市出台了《军队转业干部随调家属安置实施细则》、《现役军人子女招生入学优惠措施》；衢州市研究制定“军嫂安置工作联席会议”制度，建立“衢州市军人家属就业指导中心”，免费提供技能培训，提供就业信息；诸暨市针对退役士兵安置工作中出现的新情况、新问题，大胆进行改革，创新建立了城乡一体化的安置工作模式，使双拥工作的一些重难点问题得到有效解决。为确保双拥政策法规的落实，各级党委、人大和政府有关部门加强了执法监督。根据驻浙部队省人大代表反映和省领导批示精神，上半年，我们在全省开展了义务兵家属优待政策及优待金发放情况专项检查，纠正了一些地方存在的义务兵家属优待政策不落实及优待金不足额、不及时发放和管理体制不顺等问题。2004 年，全省共抚恤补助各类优抚对象 10.6 万人，发放抚恤补助金 3.86 亿元、医疗补助费 5500 万元，各级财政支出优待金 4.2 亿元，其中义务兵家属优待金 2.8 亿元、重点优抚对象优待金 1.4 亿元，重点优抚对象的生活、医疗得到了较好的保障。

四、驻浙部队发扬我军优良传统，拥政爱民工作取得新的成绩

在致力于国防现代化建设的同时，驻浙部队发扬我军拥政爱民优良传统，把地方党委、政府和人民群众的关心厚爱作为回报社会的巨大动力，自觉服从服务于经济建设，积极参加地方重点工程项目建设、抢险救灾、维护社会治安和为民做好事等活动。8 月 12 日，第 14 号台风“云娜”正面袭击浙江省沿海地区，造成了 164 人死亡，1800 多人受伤，1300 万人受灾，6 万多间房屋倒塌。灾情发生后，驻浙部队官兵和广大民兵预备役人员，坚决贯彻党中央、国务院的指示，全力以赴投入抗台救灾。先后出动官兵 1300 余人次，民兵预备役人员 2 万余人次，累计疏散和转移群众 7 万余人，解救被困群众 7000 余人，抢运物资 2000 余吨，为把灾情特别是人民生命财产损失降到最低程度作出了重要贡献。为尽快帮助灾区人民恢复生产，驻浙部队广泛开展了“我为灾区人民献爱心”活动，共募捐资金 300 多万元。驻杭部队将倍受世人关注的钱江新城建设作为军民共建的“品牌工程”来实施，先后出动兵员 700 余人次，完成义务劳动日 1100 个，保证了“七艺节”前各项工作的顺利展开。73011 部队为配合湖州市搞好接轨上海活动周活动，专门选派 46 名军龄长、驾驶技术精的骨干司机给予交通保障，确保了活动的圆满完成。东海舰队积极组织部队进行扶贫济困活动，全年捐款达 100 多万元，捐献衣被 2 万余件。空军等有关部队积极支持地方政府的人工增雨作业，为久旱的浙江大地送去阵阵喜雨，直接减少经济损失几十亿元。一年来，驻浙部队在支援地方经济建设中先后出动官兵 15 万人次，动用车船 3 万台（艘）次，参加重点工程、公益事业项目建设 100 多项，完成义务劳动日 64 万个，为民做好事 1.3 万余件，为浙江的改革开放和现代化建设，为“第二故乡”的经济发展、社会进步和人民安康作出了卓越贡献。

一年来，全省双拥工作虽然取得了很大成绩，但也存在一些问题和不足。主要是工作发展不平衡的问题还没有得到很好解决，有的单位抓得比较紧，比较主动，而有的单位满足于一般化，工作起色不大；有的单位存在短促突击现象，热衷于搞热热闹闹，片面追求出成绩、出成果，不愿做扎扎实实、艰苦细致的工作；还有的对新形势下双拥工作出现的新情况、新问题重视不够，研究解决不力。这些都需要在新的一年里有针对性地加以克服和改进，促进全省双拥工作的发展。

安徽省二○○四年双拥工作总结

过去的一年里，全省各地各部队以“三个代表”重要思想为指导，认真贯彻全国双拥工作会议精神，在经济建设和国防建设中通力协作，在维护国家安全和社会稳定中密切配合，在社会主义精神文明创建中携手共进，军政军民同呼吸、共命运、心连心，进一步巩固了安定团结的大好局面，为我省的改革发展稳定和驻皖部队建设创造了良好的社会环境。主要做了以下几项工作。

一、全面深入贯彻全国双拥工作会议精神，双拥创建意识不断提高

去年元月召开的全国双拥工作会议，是近13年来双拥工作一次非常重要的会议。全省军民把贯彻会议精神作为践行“三个代表”重要思想，加快发展，富民强省，加速奔小康步伐和巩固军政军民团结，维护稳定，推动双拥工作不断创新发展的大事来抓。各级领导高度重视，带头学习贯彻，认真组织落实。一是及时传达贯彻会议精神，用会议精神统一全省广大军民的思想。全国会议刚结束，原省委副书记、省双拥工委主任王昭耀就主持召开了省双拥工委第二十次会议进行传达、学习、贯彻，在总结前一个时期我省双拥工作基础上，对当前和今后一个时期的双拥工作作了全面的布置，对会议的贯彻提出了巩固成果、强化宣传、创新发展、全面推进、再上台阶的六点具体的要求。二是以贯彻会议精神为契机，巩固成果，扩大宣传。合肥、黄山、池州、蚌埠、宿州等全国双拥模范城，为加强宣传、扩大影响，举行了不同形式的盛大揭牌仪式和争创新一轮全国、全省双拥模范城（县）动员大会，全省各市、县都相继召开了双拥工委会、双拥办主任会或民政工作会议进行传达贯彻，有的市还召开了表彰大会，有的开展了宣传周、宣传月等不同形式的传达、学习、贯彻活动。全省各地把会议精神的贯彻落实过程，当作对双拥工作再学习、再认识、再提高的过程，当作拥军优属政策再检查、再落实的过程，当作对双拥政策法规再完善、再充实的过程，当作解决双拥难题再深入、再破解的过程。用会议精神统一思想，规划蓝图，分解任务，明确目标。全省市、县普遍制定2004至2006年双拥工作规划，出台或完善了创建办法、奖惩措施。做到大处有目标、小处有手段、平时有进度、难处有方案。三是加大学习造势力度，及时推广双拥典型。9月15日，召开了省党政军领导和南京军区政治部负责同志参加的全省双拥工作经验交流会，交流了双拥工作开展情况，成功做法，探讨新形势下双拥工作的对策和发展方向。

二、思想认识不断深化，组织领导得到加强

各地以贯彻全国双拥工作会议精神为契机，进一步加强对双拥工作的领导，真抓实干，开拓创新，有力地推动了双拥工作的深入发展。一是始终把双拥工作作为一项重要工作任务来抓。各级党委、政府从讲政治的高度，切实把双拥工作列入议事日程，定期研究，督促落实，常抓不懈。凡涉及到重要的双拥活动，省领导都亲自参加；凡涉及到驻皖部队需要地方解决的重要问题，省领导都亲自过问督办。合肥、芜湖、滁州、铜陵等地党政军领导始终把双拥工作当作一项重要任务，坚持做到“三亲自”、“四纳入”、“三挂钩”，即党政军重要负责同志亲自审定双拥工作规划，亲自过问双拥工作的重大问题，亲自参与双拥工作的重大活动；将双拥工作纳入党政军领导的重要议事日程，纳入领导干部政绩考核范围，纳入经济社会发展和部队建设的总体规划，纳入精神文明建设的重要内容；双拥工作与领导干部升降挂钩、与部门责任挂钩、与评先创优挂钩。滁州、蚌埠、池州、合肥、淮南、淮北等市还设立双拥创建奖，以此激励广大军民的创建积极性。二是加强双拥组织机构建设。针对新形势、新任务、新情况的实际需要，省双拥工委及时增补了省检察院、人民法院等九个部门为成员单位。根据各成员单位职能，修改补充并下发了各成员单位的职责。各市县根据领导人事变动情况，及时明确分管领导和调整充实各级双拥工委成员，健全了组织机构，做到双拥工作有人抓，有人管，保持了双拥工作的连续性和稳定性。合肥等9个市提升了双拥办机构规格，大部分市落实了军地合署办公制度。

三、以求真务实为着眼点，狠抓双拥政策法规落实

把双拥工作各项政策落到实处是双拥工作的重中之重，是贯彻落实“三个代表”重要思想的具体体现。在市场经济条件下，在农村税费改革后，各项优抚安置等双拥政策法规落实已成为焦点、难点摆在双拥工作面前。我们一方面在强化宣传教育，完善政策法规的同时，特别注重各项双拥政策法规的落实。而广泛深入的双拥检查和量化指标考评，又是督促法规落实，检验政策是否到位的重要环节。正是一年一度的检查考评使我省的双拥工作全面向前推进，通过双拥检查考评，使国防教育扎实有效地开展；使大批军嫂妥善地得到安置；使军人子女有学上、有好学校上；使国防施工和军事设施保护得到重视；使广大优抚对象和军人军属的合法权益得到有效地维护；使退伍安置、军转安置、军休安置得到顺利进行。通过检查、抽查、互查和500分制的量化指标考核，全省双拥工作参差不齐状况得到了改善，只抓经济忽视双拥的苗头得到有效遏制，军地矛盾得到进一步的化解，全省各级党政领导对双拥工作的认识得到进一步强化，双拥工作在三个文明建设和提高党的执政能力，巩固党的执政基础、执政地位、构建和谐社会中的作用越来越显得重要。

2004年全省城乡优待15.9万多户优抚对象，兑现优待金1.58亿元，其中军属优待6.25万户，优待金1.05亿元，户均1680元；今年全省共接收军队转业干部1822人，其中师团职干部379人，安置进度和安置质量得到保证。全省共接收退役士兵3.6万多人，基本完成了1.1万多城镇退役士兵的安置任务；军队移交地方管理的离退休干部政治、生活待遇得到了较好的落实。

四、宣传教育更加深入，双拥基础广泛扎实

以爱国主义教育为核心，以双拥光荣传统和《兵役法》、《国防教育法》、《安徽省拥军优属条例》等为主要内容的国防和双拥宣传教育被纳入全民教育体系，各地各部队开展了各种内容丰富、行之有效的宣传教育活动，极大地激发了广大军民爱国拥军、无私奉献的政治热情。春节、“八一”、双拥宣传月和国防教育日等活动期间，全省各地开展了多形式、全方位的国防和双拥宣传教育；教育部门注重发挥各类学校和国防教育基地作用，不少市、县党校把双拥教育、国防教育纳入必修课之一。各级宣传部门和新闻媒体加大宣传力度，做到电视有栏目、广播有专题、报刊有分量，营造了浓厚的双拥工作氛围。省双拥办根据各地双拥工作开展情况，编发《安徽省双拥工作简报》15期。芜湖市政府制作并播出双拥专题片《城市的光荣》，社会效果很好。淮南市开展“三百”工程活动（即评选百名好军嫂，组织百篇双拥军事报道，百堂国防军事教育课）。芜湖、马鞍山、铜陵已建立双拥一条街、双拥园。池州市组织了近百名民营企业家到军营过“军事日”。合肥市利用烈士陵园、渡江战役总前委旧址等爱国主义教育基地，积极开展国防教育和爱国主义教育。9月18日，省国防教育委员会在全省组织开展了以“勿忘国耻，强我国防”为主题的全民国防教育日活动，省五大班子领导参加了合肥市瑶岗渡江战役总前委旧址的“省国防教育基地”授牌仪式。省国动委把各单位国防动员工作纳入双拥模范城（县）的考评内容。通过上述活动的开展，一个讲政治、顾大局，自觉维护军政军民团结的良好社会风尚在江淮大地已蔚然成风。

五、积极配合军事斗争准备，支持国防和军队建设力度不断加大

各级党委、政府把关心国防和军队建设，支持军事斗争准备，提高部队战斗力作为义不容辞的责任，满腔热情为部队办实事、解难题。一是大力开展智力拥军、科技拥军，支持部队提高“打赢”能力。发挥地方大专院校、科研院所知识密集和师资力量雄厚的优势，帮助部队培养复合型人才和科技人才，把最新技术“嫁接”到科技练兵领域。二是强化基础设施配套建设，为部队建设创造良好的条件。各地积极按照省委、省政府的要求，把关心支持部队建设作为政治责任，大力支持国防重点工程和部队环境建设，做好场地征用、基地建设、道路保障、物资供应、营区绿化、供电供水等配套工作。合肥、蚌埠、淮南、池州、马鞍山等市为驻军解决绿化、征地拆迁、修建道路、营房改造建设等注入大批经费，省领导为96151部队建设征地亲自过问，特事特办。三是为解决现役军人家属就业难、子女入学难问题，各地党委、政府及相关部门克服困难，千方百计为军嫂就业、子女入学出主意想办法。合肥、芜湖、滁州、黄山等市把这项工作作为拥军重要任务来抓。今年以来，全省先后共安排1000多名军嫂就业，解决军人子女入学率达百分之百。四是各地高度重视军民纠纷，积极化解驻军和当地群众发生的矛盾12起，各级司法部门主动为军属提供司法援助保护军人合法权益110人次。五是春节、“八一”期间，各地党政领导深入军营，看望部队，慰问官兵，带去电脑、空调、科技书籍等慰问品和慰问金折合人民币300多万元，表达了地方党委、政府和人民群众对子弟兵的一片真情。

六、驻皖部队自觉服从经济建设大局，为我省的改革发展稳定作出了新的贡献

在致力于国防现代化建设的同时，驻皖部队发扬我军拥政爱民的优良传统，自觉服从和服务于经济建设大局，积极支持和参加地方经济建设和社会公益事业，促进了驻地经济发展和社会进步。省军区系统发挥牵头协调和桥梁纽带作用，动员和组织驻皖部队和民兵、预备役官兵积极开展双拥共建、“三个文明”建设、扶贫开发、助学助残、抢险救灾等活动，为加快发展、富民强省作出了重要贡献。省军区、省武警总队组织官兵积极承担清淤任务，为美化省城作出积极贡献。省军区在全省人武系统中广泛开展了“组织发动民兵预备役人员带头和带动贫困群众脱贫致富奔小康”活动，各级先后建立扶贫联系点597个，扶助贫困民兵和群众4.6万余户，帮助2.5万余户民兵预备役人员和群众家庭脱离贫困，进一步巩固和扩大了省军区系统十年扶贫的成果。二炮某基地坚持把搞好助学助教活动作为促进驻地群众奔小康的重要内容来抓，组织部队团以上干部与117名贫困学生结成对子，并投入20余万元帮助贫困山村小学改善教学设施。96151部队、94669部队、炮兵学院、电子工程学院等单位充分发挥高科技优势，积极开展科技助民、科技助教、科技兴农、科技兴企等活动。广大武警、消防、边防官兵在做好本职工作的同时，积极配合驻地开展军警民联防，传播精神文明、弘扬社会新风，维护了社会稳定，受到了地方党委、政府的高度评价和广大人民群众的赞誉。

2004年我省双拥工作虽然取得很大成绩，但是，随着改革开放的不断深入和国际国内形势的不断变化，双拥工作也出现了一系列新情况和新特点：一是政府职能的转变和社会结构的不断调整，使双拥工作难度越来越大；二是随着社会主义市场经济体制的基本建立，人们的价值取向和利益关系发生了深刻的变化，双拥工作的方法和渠道越来越需要多样化；三是工作发展不平衡，个别地区、单位重视不够，少数领导干部国防观念和双拥意识淡薄，双拥法规政策没有得到很好的落实；四是退伍安置等法规严重滞后于市场经济发展的新形势，加之我省属经济欠发达地区，财力匮乏，以至退役士兵安置难、随军家属安置难的矛盾在一些地方依然突出。

福建省二〇〇四年双拥工作要点

2004年，是我省双拥工作巩固提高、发展创新的重要一年。全省双拥工作的指导思想和总要求是：以邓小平理论、“三个代表”重要思想和党的十六大精神为指导，认真贯彻落实党中央、国务院、中央军委关于做好双拥工作、加强军政军民团结的一系列方针政策和全国双拥工作会议精神，紧紧围绕全面建设小康社会，以增强经济实力、国防实力和民族凝聚力为目标，坚持与时俱进、求真务实、巩固成果、开拓创新，着重做好军事斗争准备、完善政策法规、解决热点难点问题和提高拥政爱民工作水平等方面工作，不断推进双拥工作发展，努力使我省双拥工作取得新的成绩和突破。

一、要以“三个代表”重要思想统领双拥工作，认真贯彻全国双拥工作会议精神，不断增强全民支持国防建设和参与双拥活动的自觉性和积极性

（一）用“三个代表”重要思想统领双拥工作。“三个代表”重要思想是代表人民、造福人民的科学理论，是立党为公、执政为民的科学理论。要牢固确立“三个代表”重要思想在双拥工作中的指导地位，继续深入地开展军地共同学习实践“三个代表”重要思想活动。今年，各地要在认真总结我省首倡的“共学”经验的基础上，围绕省委、省政府的工作部署与要求，制定年度“共学”实施计划，由军分区、人武部牵头驻军的师、团和部队基层单位与设区市、县、乡村（街道）挂钩结对，定期召开军地联席会议，互相交流心得体会，着力在军地思想道德和文化建设、抓好双拥共建工作、促进小康社会建设等方面，研究贯彻落实的具体办法和措施。各设区市重点抓好10个各种类型的“共学”示范点，运用其学习经验和实践成果，引导和推动全省军民“共学”活动的健康深入开展。

（二）贯彻落实全国双拥工作会议精神。今年1月召开的全国双拥工作会议，是新世纪双拥工作的一次盛会，也是对十多年以来双拥工作的总结和做好新时期双拥工作的一次动员部署。各地要认真传达贯彻这次全国会议精神，把这次会议精神传达好、宣传好、贯彻好、落实好。要把学习贯彻全国会议精神与贯彻党的十六大精神紧密结合起来，始终用“三个代表”指导双拥工作实践；要把学习贯彻全国会议精神与增强全民国防观念紧密结合起来，不断强化军民的国防观念和双拥意识；要把学习贯彻全国会议精神与做好双拥共建工作紧密结合起来，不断拓展双拥工作新领域；要把学习贯彻全国会议精神与我省双拥工作实际紧密结合起来，研究热点难点，解决困难问题，创造新鲜经验，进一步推进我省双拥工作发展创新。

（三）进一步搞好国防教育和双拥宣传。为推进我省双拥工作的发展创新，要进一步加强以爱国主义为核心、以拥军优属为重点的国防教育，不断增强广大军民的国防观念和双拥意识。要在“八一”期间，大力宣传人民军队的丰功伟绩，宣传双拥模范单位和个人的先进事迹，不断调动全省军民参与双拥活动的积极性和自觉性。

二、做好以军事斗争准备、优抚安置为重点的拥军优属工作，大力支持驻闽部队现代化建设

（一）扎实做好军事斗争准备工作。一如既往地支持驻闽部队的全面建设、特别是支持做好军事斗争准备的各项建设，是地方各级党委政府义不容辞的责任。要把军事斗争准备的建设项目纳入地方经济与社会发展总体规划，统筹安排，大力支持部队军事演习、战备训练和国防施工等重大军事行动，适应高技术条件下战争的特点，进一步完善支前保障机制，增强支前保障能力。

（二）深入开展科技拥军活动。推进科技拥军活动的深入开展，要继续依托大专院校、科研院所、高新企业等科技力量，积极开展以送“新技术、新知识、新智能”为主要内容的科技拥军活动，努力把地方最新科技成果“嫁接”到军事领域，“移植”到练兵场上，提高部队“打得赢”能力，推进双拥工作由传统型向现代型转变。今年适当时候拟组织召开科技拥军现场经验交流会，进一步推动我省科技拥军活动的深入开展。

（三）继续完善“四项”建设。继续帮助部队完善基础设施、训练设施、文化设施和“菜篮子”工程建设，进一步改善海岛、高山、沿海突出部驻军的战备、执勤、工作和生活条件，积极帮助应急机动作战部队完善综合训练基地。配合部队做好新入闽部队和部队移防的保障工作，实施“安居”工程，保证这些部队按时执行战备值班任务。

（四）稳步推进国防动员准备工作。积极配合国防动员有关部门，认真抓好兵员动员、科技信息动员、经济动员、应急交通保障和支前保障等国防动员准备工作，实施并完善“保畅通”、“供得上”、“过得去”等演练和预案，进一步提高我省战时兵员动员扩编能力、国民经济平战转换能力、综合防护能力和交通保障能力。加强人防建设，适应未来防空需要。

（五）妥善安置军转干部、退役士兵和军休干部。要认真贯彻落实军转干部的安置政策，坚持计划分配和自主择业相结合，切实做好军转安置工作。对计划分配的军转干部要加大安置力度，妥善安排好工作岗位，让他们在新的工作岗位上建功立业；对自主择业的军转干部要努力搞好管理服务，并适当给予经济补助，以进一步鼓励和扶持军转干部自主择业。加强军休所建设和管理，切实落实军休干部的政治和生活待遇，积极探索军休所融入社区的改革经验，推进军休服务管理社会化。进一步拓宽安置渠道，实行有偿转移安置。鼓励和动员非国有单位多接收城镇退役士兵。各地要制定相应优惠政策，扶持退役士兵自谋职业，参与社会劳动力就业竞争。今年，各地退役士兵自谋职业率应达80%以上，对未能完成安置任务的市、县、区，原则上不能评为双拥模范城（县、区）。切实做好随军家属的就业和再就业工作。各市（县、区）可举办随军家属就业供需招聘会或实用技能免费培训班，让军嫂掌握技能增加就业机会，想方设法帮助军嫂就业。

（六）切实做好优抚工作。要重点抓好优抚对象的医疗保障，结合城镇职工医疗保险、农村合作医疗和医疗救助体制的建立完善，切实解决优抚对象的医疗难问题。要继续抓好抚恤补助标准自然增长机制的巩固和完善工作，进一步巩固“爱心献功臣行动”的解“三难”成果。要采取有效措施，按时足额发放农村、城镇义务兵家属优待金，让广大士兵安心在军营服役。

三、卓有成效地做好拥政爱民工作，积极支持地方改革与建设事业，促进福建全面建设小康社会

（一）积极支持地方经济建设。各部队要在完成训练演习、战备执勤、科研试验和国防工程等各项任务的前提下，积极支援地方改革和经济建设。有条件的部队可以相对集中人力、物力和财力，支援地方搞好一两件有影响的重点工程建设。

（二）奋勇参加抢险救灾。积极主动承担和完成抢险救灾等急难险重任务，充分发挥部队特有优势，帮助地方健全抢险救灾指挥机构，完善抢险救灾预案，组训地方抢险救灾专业队伍，提高地方抗灾救灾能力，以减少自然灾害造成的损失，为福建的防灾抗灾发挥生力军作用。

（三）广泛开展科技助民活动。各部队要根据自身科技能力和人才优势，制定切实可行的科技助民计划，开展结对挂钩帮扶，有计划地帮助地方单位和驻地群众发展经济，促进地方科技进步，提高拥政爱民的科技含量，使科技助民活动与科技拥军活动同步进行，共同促进军地的建设和发展。

（四）积极参与小康社会的建设。各部队要紧紧围绕全面建设小康社会目标，有计划地帮助地方做好扶贫帮困、捐资助学等社会公益事业建设。要采取挂钩结对的办法，团级单位挂钩扶持1个贫困村，师级单位挂钩扶持2个，军级单位挂钩扶持3至5个贫困村，从多方面帮助贫困村发展生产。各基层连队还可以帮助驻地1至2个最低生活保障对象、重点优抚对象办实事、解难题、帮脱贫，实现共同富裕，为全面建设小康社会作出积极贡献。

四、完善双拥政策法规建设，实现双拥工作法制化、制度化，进一步巩固军政军民团结的大好局面

（一）完善双拥政策法规建设。党的十六届三中全会对完善社会主义市场经济体制作出了全面部署，要适应形势发展的需要，进一步完善双拥政策法规建设，使双拥工作做到有法可依，有章可循。结合省、市（县）近几年双拥政策建设经验与做法，在充分调研的基础上，省里拟制定出台一个较为全面的综合性双拥政策法规。各地也要对已出台的双拥政策法规进行一次检查和梳理，凡难以适应形势需要的，要依法废除；对实践证明可行的做法，要用政策法规形式加以统一。要在户籍管理、农村税费等制度改革后，探索并出台优抚安置工作办法和政策，保障优抚安置对象的合法权益。要把双拥工作中出现的难点热点，作为制定政策法规的重点，努力实现双拥工作的法制化和制度化。

（二）加强双拥政策法规的执法力度。加强双拥政策法规的执法检查，促进双拥工作在基层的落实。要建立监督机制，定期检查监督，保证已出台的政策法规真正得到贯彻执行。要重视并加强对军事设施的保护，对破坏军事设施的行为要依法予以打击。各级人大和执法部门要把双拥政策法规纳入执法检查和监督的范围，发现问题，及时督促有关单位抓好落实。

（三）妥善处理官兵涉法问题。军地都要重视处理官兵涉法问题，部队要依法对官兵进行法制教育；地方有关部门要依法维护军人及其家属的合法权益。军分区（警备区）、人武部要发挥协调作用，建立工作机制，使官兵涉法问题尽快得到依法解决。各地要对官兵涉法问题和维护军人及其家属合法权益的情况进行一次认真检查，发现问题及时研究解决。

（四）高度重视做好军政军民团结工作。军政军民团结是社会政治稳定的基础。正确处理和预防矛盾、纠纷，是军地的共同任务和责任。军地领导和有关部门都要正确看待军民矛盾和纠纷，若发生矛盾和纠纷，军地双方的领导都要亲自出面，及时上报，从维护安定团结的大局出发，严于律己，及时进行处理，防止矛盾激化和扩大。

五、坚持与时俱进、求真务实，深化军民共建工作，进一步拓展双拥工作领域和范围

（一）深化军民共建工作。军地要深化开展军民共建社会主义精神文明活动，制定共建工作规划，把军民共建活动纳入群众性精神文明创建活动体系中，广泛开展创建文明城市、文明村镇（街道）、文明行业、文明社区等活动，扩大共建的影响力和覆盖面，形成军民广泛参与、团结协作、互相帮助、无私奉献、齐抓共建社会主义精神文明的新格局。各设区市在拓宽双拥共建新领域中，要注意抓好试点工作，探索新形势下做好双拥共建的内容、形式及方法，及时总结推广新鲜经验，科学地指导面上工作，保证双拥共建沿着健康、有序、扎实的方向发展。

（二）广泛开展“双拥进社区”活动。“双拥进社区”是今年大力推进的一项重要工作，也是双拥工作拓展的新领域。各地、各部队要充分利用社区的作用，发挥社区的功能和优势，广泛开展“双拥进社区”活动，把基层拥军优属工作纳入社区建设整体规划。各社区要成立“双拥共建协调小组”，建立健全服务网络和规章制度，广泛开展各种形式的拥军优属活动，使拥军优属工作在社区深入人心，受社区群众欢迎。城市驻军要在当地双拥部门的统一规划下，积极与社区开展军民共建活动，为建设“管理有序、服务完善、环境优美、治安良好、生活便利、健康和谐、军地融洽”的现代新型社区多办实事、好事，把爱民行动送进千家万户，保证双拥工作在社区得到全面落实。

（三）稳妥地开展“两新组织”双拥共建工作。要积极引导和鼓励新型经济组织和新的社会阶层开展拥军优属工作，尤其是非公有制企业开展拥军优属活动。鼓励新型经济组织成立“拥军优属协会”，发动全社会力量都来关心支持国防事业和部队现代化建设。非公有制企业重点在支持驻军建设、安排随军家属和城镇退役士兵就业、帮助优抚对象解决“三难”等方面，尽力做好拥军优属工作。各部队也要为新型经济组织排忧解难，特别是组织新型经济组织的员工军训、建立健全党团组织、加强思想道德建设等方面发挥优势作用。

六、不断巩固“创模”成果，进一步加强对双拥工作的组织领导

（一）抓好“创模”的巩固提高工作。广泛深入地开展创建双拥模范城（县）活动，是推动双拥工作深入发展的有效载体和重要形式。开展创建活动，关键是要提高质量。今年，各市（县）要认真总结近几年来开展“创模”活动的经验，巩固“创模”成果。已命名的双拥模范城（县），要在荣誉面前找差距，以更高的标准做好工作；对没有命名的城县，要学先进赶先进，增强创建的信心和动力。明年，是省级双拥模范城（县）的评比年，根据全国双拥工作领导小组颁发的《双拥模范城（县）创建命名管理办法》的要求，省拟重新修订《双拥模范城（县）基本条件》。各地要适应新形势新要求，制定新一轮“创模”规划，动员广大军民积极参与这项活动，高标准地做好工作，力争在新一届命名中有更多整体水平高的单位获得双拥模范城（县）的荣誉称号。为把“创模”活动引向深入，拟于适当时候召开全省双拥模范城（县）巩固提高座谈会，推动全省“创模”活动的健康发展。

（二）充分发挥领导小组及办公室职能作用。双拥工作是一项事关全局的重要任务和系统工程，各级党政军领导要高度重视，要适应新形势、新任务的要求，进一步加强组织领导，以开拓进取的精神，研究解决双拥工作的重要问题，不断推进双拥工作的发展与创新。各级双拥工作领导小组要切实加强对双拥工作的领导，充分发挥组织、指导、协调的作用；坚持例会制度，履行工作职责，对本地区双拥工作做到有研究、有部署、有检查，并认真抓好落实。要建立成员单位双拥工作重要事项报告制度、年度工作汇报制度。要重视解决设区市和县（市、区）双拥办的编制问题，加强各级双拥办自身建设，配齐配强干部，落实办公经费，完善合署办公制度，发挥好“参谋”作用，圆满完成领导和上级赋予的各项工作任务。

（三）加强对基层双拥工作的指导。双拥工作的基础在基层，要按照“组织健全、政策落实、活动经常、关系融洽”的要求，下大力抓好基层的双拥工作。无论是创建双拥模范城（县），还是开展军民共建活动，都要着眼基层，立足基层，把各项任务在基层的落实情况作为衡量工作、评选先进的基本标准。进一步健全基层群众性双拥组织，完善服务网络和工作机制，推动双拥工作进企业、进乡村、进机关、进学校、进连队。今年适当时候，省里拟组织军地有关单位人员对各地基层双拥工作的落实情况进行一次检查，为明年省里评选表彰双拥工作先进单位和个人作准备。

福建省二○○四年双拥工作总结

今年来，我省双拥工作在全国双拥工作领导小组的关心指导下，在省委、省政府和驻闽部队领导机关的高度重视下，在领导小组各成员单位的密切配合下，各地、各部队按照省双拥工作领导小组的统一部署与要求，坚持以邓小平理论和“三个代表”重要思想为指导，紧紧围绕做好对台军事斗争准备和建设海峡西岸经济区这一中心任务，开拓进取，求真务实，扎实工作，取得了新的成绩。

一、国防教育进一步加强

一年来，各地按照《国防教育法》的规定，调整健全各级国防教育领导小组和办公室，进一步加强对国防教育的组织领导。全省各级党校和各类学校普遍开设国防教育课程，紧密联系国内外形势的发展变化，有针对性地对各级干部和广大学生进行以爱国主义为核心、以拥军优属为重点的国防教育，开展了多种形式的军训和夏令营活动，有效地增强了干部和学生的国防观念及忧患意识。各地在开展国防教育活动中，重视突出特色教育，收到很好的效果。福州的爱国主义教育，厦门的革命英雄主义教育，龙岩的革命传统教育，都具有浓厚乡土气息，深受群众的欢迎。此外，各地还充分利用国防教育日和“八一”、国庆、元旦、春节等节日，广泛开展群众性的国防教育和双拥宣传活动，进一步扩大了国防教育的覆盖面，增强了国防教育的影响力。驻闽部队在积极协助各地搞好国防教育的同时，十分重视搞好自身教育，深入进行以拥政爱民为重点的国防教育和双拥光荣传统教育，引导广大官兵牢固树立“爱人民、为人民”的观念，进一步端正对人民群众的根本态度。通过广泛深入的宣传教育，“无兵不安、无军不稳”，“军队离不开人民、人民离不开军队”的思想深入人心，爱国拥军、爱民奉献成为良好社会风尚。

二、传达贯彻全国双拥工作会议精神初见成效

经党中央、国务院、中央军委批准，全国双拥工作会议于今年1月在北京召开。陈芸副省长带领我省军地有关部门的同志出席参加。这次会议以邓小平理论和“三个代表”重要思想为指导，总结交流新形势下双拥工作经验，研究部署当前和今后一个时期双拥工作任务，命名表彰双拥模范城（县）、双拥模范单位和个人。我省成为全国唯一所有设区市都被命名为双拥模范城的省份，双拥模范城（县）总数（14个）位居全国前列。出席会议代表返榕时，省委、省政府、驻闽部队领导接见与会代表。省委书记卢展工说，这次殊荣的获得，标志着我省双拥工作达到了一个新的层次和新的起点。他要求各地、各部队要认真总结经验，继续创新实干，再创我省双拥工作新成绩。省里和各设区市相继召开双拥工作领导小组会、军政座谈会、双拥办主任扩大会和双拥工作总结表彰会等形式，认真传达学习温家宝总理的重要讲话、回良玉副总理的工作报告，并就如何贯彻落实会议精神作出了具体部署。各地根据会议精神，认真筹划双拥工作，提出不少反映时代要求、体现双拥工作规律、具有本地特色的创新思路。厦门市确定进一步发挥科教资源雄厚的优势，扩展科技拥军内涵，提高支持部队建设的科技含量。福州市安置任务重，研究提出加大改革力度，多渠道、多办法、多形式地安置军转干部、退役士兵和随军家属。泉州市着力做好民营企业拥军优属这篇文章，借助社会力量，解决双拥工作的重点难点问题。漳州市把支持部队演习作为做好军事斗争准备的重点，认真总结支前保障工作经验，积极探索新途径、新举措。龙岩、三明等市针对优抚对象多的特点，坚持以人为本，增加投入，扶贫济困，尽力帮助优抚对象解决实际困难，提高其生活水平。驻闽部队各大单位也依据会议精神，确立以支援海峡西岸经济区建设为重点，调整拥政爱民工作规划。福建省军区提出，要继续发挥桥梁和纽带作用，进一步做好拥政爱民的牵头、协调和服务工作，更加有效地支持地方“三个文明”建设，加强和维护军政军民团结。驻闽陆、海、空军和二炮部队确定，发挥各自知识、技术、人才比较密集的优势，以军民共建为载体，广泛开展科技助民活动，支持地方实施科教发展战略。武警部队认真研究进一步加强警民团结、维护社会稳定、做好群众工作的办法和措施。从总的情况看，各地、各部队传达贯彻全国双拥工作会议精神是积极认真的，落实会议精神的措施比较有针对性、创新性和可操作性，进一步发展了我省双拥工作的良好局面，增强了军政军民团结。

三、科技双拥活动深入开展

为了有效地支持国防和军队现代化建设，提升我省双拥工作水平，省委办公厅、省政府办公厅于2001年8月发出了《关于广泛深入开展科技拥军活动的通知》。从此科技拥军摆上了各级党委、政府的议事日程，作为双拥工作的“创新工程”来抓。近3年来，各地注意发挥科教资源优势，在积极帮助部队培养高素质人才、支持部队信息化建设、协助部队科研攻关和技术革新、为部队提供信息咨询服务等方面，取得了明显成效，为科技强军作出了应有贡献。驻闽部队也发挥各自特长和优势，积极开展科技助民活动，支持各地实施科教振兴战略，捐资助学，扶贫帮困，为地方科技进步和经济社会发展作出了新的贡献。在军地双方的共同努力下，全省初步形成了科技拥军与科技助民相互促进、共同发展的良好局面。11月22日至23日，经省委、省政府批准，省双拥工作领导小组在厦门召开全省科技拥军、科技助民工作经验交流会。会议总结交流近3年来科技双拥工作经验，研究部署今后工作任务，表彰军地30个先进单位。省委副书记王三运同志、副省长陈芸同志、省军区副政委印进宝同志出席会议并讲话。总政治部和南京军区对这次会议的召开十分重视和支持，总政群工办主任常生荣少将、南京军区政治部副主任许湘东少将到会指导，对我省广泛开展科技双拥活动给予很高评价，认为这是创造了具有福建特点和时代特色的新鲜经验，是双拥工作创新发展的有益实践，有着特殊而现实意义。《人民日报》、中央电视台等媒体对这次会议作了报道。与会同志认为，通过这次会议，对于进一步深化双拥工作，促进国防和军队现代化建设，维护我省改革发展稳定大局，加快海峡西岸经济区建设，必将起到积极的推动作用。为了支持驻闽部队重点科研项目，省政府继去年安排500万元科研经费之后，今年又安排500万元用于帮助各部队开发45个重点科研项目，进一步提高了我省科技拥军的层次。

四、军事斗争准备继续推进

面对严峻的台海形势，全省各级党委、政府及广大人民群众以国家和民族的根本利益为重，积极配合部队做好对台军事斗争准备：一是认真做好各项军事演练的支前保障工作。今年上半年，漳州市遵照省国动委的部署与要求，组建1个民兵船运团，成功举行了“战时海上支前保障”实兵演习，探索“过得去”的办法和经验；今年下半年，该市又圆满完成了“408”，“410”军事演练的支前保障任务，得到中央军委、南京军区的高度赞扬。泉州等沿海地区全方位保障部队海上练兵和野营驻训等军事活动，为提高部队“打赢”能力作出了积极贡献。省财政专门安排200万元，用于建设38个支前物资供应站，现已初步建成19个，还有19个明年建成。二是着力为部队解难题。各地对驻军特别是应急机动作战部队、空军飞行部队、海军舰艇部队、导弹部队及其指挥机关，采取优惠政策和灵活措施，积极帮助解决战备训练、国防施工、生产生活、家属就业、子女上学等实际问题。一年来，先后解决与战备工作有关的实际问题1500多个，安排随军家属就业500多人，部队子女上学普遍得到优先照顾。从而，保障了部队处于良好战备状态，随时准备应付台海可能发生的突发事件。三是加强未来战场建设。经过多年的努力，我省沿海高速公路全线通车，沟通浙、粤、赣三省的10条入闽通道全部建成，76个路网改造工程已完成42个，11个滚装码头正在加紧施工和筹建，战场交通保障条件不断得到改善。与此同时，各地进一步加强对现有军事设施的保护，对移交地方管理的坑道、工事和火力点等设施进行严格管理和精心维护，在历次军事演习中经受了检验。四是加紧推进国防动员建设。各地按照省国动委的统一部署，以对台军事斗争准备为牵引，加强了后备力量质量建设、交通和人防基础设施建设、战争动员潜力调查及平战转换准备，进一步提高了我省后备力量整体素质、国民经济平战转换能力、战时防护能力和交通保障能力。

五、“四项”拥军工程取得新成绩

支持驻闽部队的基础设施、训练设施、文化设施和“菜篮子”工程建设，已成为我省拥军的“精品”工程，闻名于全国。今年，省委、省政府仍然坚持把支持部队“四项”建设列入为民办实事计划，专门安排经费1000多万元，各地配套资金3000多万元，为部队改扩建道路，改善供水供电条件，完善训练和文体设施，发展农副业生产。据统计，到目前为止，全省各地支持部队完成基础设施项目105个，训练设施项目20多个，文化设施项目80多个，“菜篮子”工程项目100多个。驻闽各部队的战备、训练、执勤、工作和生活条件得到了进一步改善，为部队全面建设奠定了良好的物质基础。

六、优抚安置工作取得新进展

一年来，各地坚持以人为本，认真落实各项优抚安置政策。在优抚工作方面，全省所有县（市、区）进一步完善了重点优抚对象抚恤补助标准自然增长机制，使重点优抚对象抚恤补助标准随着当地经济的发展而“水涨船高”。各地采取补助、减免等措施，逐步缓解了重点优抚对象的医疗难问题。各种抚恤补助标准和义务兵家属优待金基本上能按规定标准发放，有些经济条件较好的地区超过了省定标准。在安置工作方面，尽管困难越来越大，但各地仍然想方设法把这项工作做好。今年，军转干部应安置 1782 人，现已安置 1600 多人，占应安置总数的 90％；城镇退役士兵应安置 4897 人，现已安置 4603 人，占应安置总数的 94％，其中自谋职业占了 79.6％。目前尚未安置的争取春节前后全部完成。

七、拥政爱民工作成效明显

驻闽部队以振兴福建经济为己任，积极参加和支持为民造福、为国兴利的各项建设事业。据不完全统计，今年来各部队共投入劳动日 30 多万个、机械车辆 1.5 万多台次，援建重点工程 20 多项，参加抢险救灾 130 多次，扑灭火灾 120 多起，植树造林 2000 多亩。特别在抗击 14 号“云娜”、18 号“艾利”强台风袭击我省部分沿海地区以及抢救山洪暴发遇险群众的战斗中，广大部队指战员和武警官兵发挥了中流砥柱作用，涌现了许多感人事迹。今年 7 月 7 日，将乐县遭受暴雨袭击，山洪暴发，该县消防大队班长郑忠华因抢救被洪水围困的 6 名群众而壮烈牺牲，用青春与热血谱写了一曲新时期拥政爱民的壮丽凯歌，他的事迹感人至深，省内外媒体纷纷作了报道，在广大军民中引起了强烈反响。日前，国务院、中央军委追授郑忠华为“抢险救援勇士”的荣誉称号。

当前双拥工作存在的主要问题：一是工作发展不够平衡。全省 9 个设区市虽然都评上全国双拥模范城，但“含金量”有所差别。要继续抓好巩固提高工作，发展“满堂红”的良好局面，进一步提高双拥模范城（县）的质量。二是双拥整体发展不够协调。拥军优属与拥政爱民是构成双拥工作的有机整体，应当得到同等重视与协调发展。但在实际工作中，有的地区往往偏重一方面而忽视另一方面，优抚安置工作相对滞后，影响双拥工作整体水平的提高。三是创新发展力度不够大。在改革日益深化的新形势下，双拥工作遇到不少新情况、新问题，需要认真研究解决。比如，科技双拥、优抚安置、军嫂就业、社区和民营企业双拥等等，有待在实际工作中大胆探索，改革创新，闯出一条具有时代特色的新路子，以推进双拥工作向更高层次发展。四是双拥办的作用有待进一步发挥。从检查情况看，有的市（县）双拥办的编制还没有完全解决，职能作用没有发挥好，当地双拥活动仍然停留在“初级阶段”。这些问题，需要引起足够重视，在今后工作中认真研究解决。

山东省二〇〇四年双拥工作要点

2004 年，全省双拥工作总的要求是：以邓小平理论和“三个代表”重要思想为指导，以贯彻落实全国双拥工作会议精神为主线，巩固成果抓提高，着眼基层抓落实，开拓创新抓发展，扎扎实实抓好各项双拥任务的完成，为山东改革发展稳定和军队现代化跨越式发展提供坚强有力的保障。

一、贯彻全国双拥工作会议精神，深入学习实践“三个代表”重要思想

各地各部队要结合实际，认真组织学习 2004 年 1 月召开的全国双拥工作会议精神，更加深入扎实地贯彻“三个代表”重要思想，用党的最新理论武装军民，打牢军政军民团结的思想政治基础。要组织好“三个教育”：结合纪念建军 77 周年，开展好以“军民团结一家亲”为主题的双拥传统教育；结合 9 月份的“国防教育日”，开展好以“爱中华、奔小康、强国防”为主题的国防宣传教育；结合纪念国庆 55 周年，开展好以“歌颂祖国新成就，富民强兵奔小康”为主题的爱国主义教育。要通过广泛深入的宣传教育，进一步引导全省广大军民牢固树立和平与发展的机遇意识、居安思危的忧患意识；牢固树立以人为本、富民强兵、统筹兼顾、军地“双赢”的科学发展观，增强军民做好双拥工作的政治意识、大局意识、责任意识，始终保持双拥工作的政治热情，成绩面前找差距，挑战之中抓机遇，求真务实谋发展，努力推进双拥工作整体水平的提高。

二、适应中国特色军事变革新形势，大力支持部队现代化建设

地方各级党委、政府要围绕军队推进中国特色军事变革，更加深入扎实地做好拥军工作。重点要抓好支持部队体制编制调整改革，按政策接收安置好精简人员，保护好军事设施，建立与新移防单位的沟通和协调机制；抓好支持部队军事斗争准备，制定支前保障预案，做好演习中的场地、交通、通信、卫生、物资等保障；抓好科技拥军，发挥院校和科研单位的优势，为部队现代化建设培养高层次人才；抓好支持部队重点军事工程建设，做好军用土地征用、群众拆迁和水电物资供应。有关部门要继续开展“好米好面送军营”、“彩虹进军营”、“温暖送军营”等活动，支持部队后勤保障社会化改革，搞好社会化服务。

三、围绕全面建设小康社会目标，积极协调组织驻鲁部队为地方建设作贡献

驻鲁部队要大力开展拥政爱民活动，积极参加和支持地方建设。重点支持黄河三角洲开发和“海上山东”、“生态山东”及植树造林、治污治乱、绿化美化亮化等重点工程建设，完成好急难险重任务；发挥军队院校、科研技术单位优势，大力为地方培养建设人才；继续办好“八一希望小学”、“蓝天希望小学”，开展与驻地贫困失学儿童结对帮扶活动；抓好扶贫联系点，落实好“万户奔小康帮扶行动”，帮助贫困户脱贫致富；更加深入扎实地开展共创文明城市、文明村镇、文明行业、文明社区等共建活动，弘扬社会主义新思想、新道德、新风尚，推进军地精神文明建设。

四、把建设平安山东作为双拥工作的重要任务，切实抓好优抚安置政策的落实

各地各部队要自觉把维护社会政治稳定摆在双拥工作的重要位置，对影响社会稳定的军民矛盾和纠纷抓苗头，早发现，早解决；对转业、退役军人和随军家属就业安置抓政策落实，为重点优抚对象解决生活、住房、医疗难，为困难企业军转干部解决生活难。各地要学习青岛军警民团结协作维护社会稳定的经验，建立健全军警民联防协作机制；深入开展法律拥军活动，完善法律维权机制。

五、深入开展创建双拥模范城（县）活动，推动双拥工作的改革创新

全国双拥工作会议对创建双拥模范城（县）提出了新的要求，省领导对全省创建工作也提出了新的奋斗目标。各地要高起点制定新一届创建双拥模范城（县）的规划，高标准组织开展创建活动。创建全国双拥模范城（县）必须做到“四无”：无军民纠纷、无涉军上访、无破坏军事设施、无损害军人军属合法权益事件发生。要大力抓好双拥工作的创新发展，做到领导有位子，宣传有阵地，活动有特色，政策有保障，共建有亮点，发展有创新。要发动新经济组织和民间组织开展拥军活动，把“千家企业进军营科技拥军活动”引向深入，大力推进双拥工作社会化。

山东省二〇〇四年双拥工作总结

2004年，是我省双拥工作深入贯彻党的十六届三中、四中全会和省委工作会议精神，按照全国和全省双拥工作会议的部署要求，实现创新发展的重要一年。全省双拥工作以邓小平理论和“三个代表”重要思想为指导，认真落实科学发展观，创新思路，求真务实，干事创业，加快发展，进一步巩固了军政军民团结的良好局面，促进了全省改革发展稳定和军队建设。

一、深入学习贯彻全国、全省双拥工作会议精神，创新双拥工作发展思路

全国双拥工作会议总结了1991年以来全国双拥工作的成绩和经验，安排部署了当前和今后一个时期双拥工作的主要任务，是一次十分重要的会议。省委、省政府、省军区对贯彻落实这次会议高度重视。全国双拥工作会议结束后，省在车站举行欢迎仪式，载誉归来的会议代表披红戴花，受到军地领导的亲切接见；召开了军地座谈会，省委书记张高丽、济南军区副政委尹凤岐发表了热情洋溢的讲话；组织了丰富多彩的文艺晚会，讴歌军民鱼水情，庆祝实现创建全国双拥模范城（县）“六连冠”的辉煌胜利。5月，省委常委会专题听取全国双拥工作会议精神汇报，研究贯彻落实措施，张高丽书记指出，要把全国双拥工作会议精神与我省双拥工作实际紧密结合起来，用心把握，用心落实，进一步认清形势，理清思路，推动双拥工作创新发展。“八一”前，省委、省政府、省军区召开全省双拥工作会议，张高丽书记到会讲话，高新亭副书记作工作报告，就深入贯彻全国双拥工作会议精神提出了明确要求和意见。会议表彰了56个双拥工作先进单位和50名先进个人，其中，军地15名双拥模范享受省劳模待遇，全省广大双拥工作者倍感欢欣振奋，进一步激发出干事创业的热情。省委以全国双拥工作会议精神为指导，结合我省双拥工作实际，出台了《关于全面推进双拥工作创新发展的意见》（鲁委［2004］17号），不仅谋划了我省双拥工作今后一个时期的发展蓝图，而且提出了我省双拥工作发展的新思路，即树立“以民为本、爱兵为要”的双拥新理念；确定发展生产力、提高战斗力、增强凝聚力的“三力”工作目标和维护社会稳定、促进经济发展、推进军事斗争准备的三项工作重点；明确支持部队搞好体制编制调整改革、做好军事斗争准备、实施人才战略工程等“六支持”拥军活动和建设平安山东、加强军地协作的新任务；制定创建双拥模范城（县）的新标准、新措施。这些对于全省军民进一步统一思想，提高认识，推动双拥工作开拓创新，具有十分重要的意义。

二、认真落实科学发展观，军地互办实事好事促发展

双拥工作事关军民切身利益，事关改革发展稳定大局。做好双拥工作，必须认真落实科学发展观，把促进军地发展作为“第一要务”来抓。今年以来，全省各地着眼于支持军队建设和发展，开展了形式多样的拥军活动。一是支持南京军区在日照的海训。张高丽书记、韩寓群省长批示，要求把支持部队做好军事斗争准备作为一件大事抓紧抓好。谢玉堂副省长亲自召开协调会，对部队的交通安全、防暑防病、住宿饮食、文化生活等方面提出具体要求。高新亭副书记、谢玉堂副省长同济南军区领导一起到驻训地慰问官兵，并送去了慰问品。南京军区司令员朱文泉、政委雷鸣球亲自给省领导打电话表示感谢，第12集团军向省委、省政府、省军区发了感谢电。二是支持济南军区“391”工程建设。工程光缆施工要通过平阴黄河大桥，为减少部队施工补偿，省多次进行协调，并派人对施工部队进行了慰问。三是协助济南军区空军处理了飞行事故。省双拥办在接到部队报告后，立即派人赶到现场，协调组织地方上百只渔船参加营救，寻找飞行人员，慰问训练部队。四是支持部队军事设施建设。省政府办公厅发文，要求有关地市配合部队完成军事设施建设，帮助部队解决施工中的各种难题。当施工部队17名战士受伤时，有关市组织了抢救和慰问。五是省双拥工作领导小组各成员单位和全省各地努力为驻军办实事、解难题。省经贸委积极协调，用好政策，帮助军工企业核销银行债务上亿元；省军粮供应中心创新服务方式，拓宽服务领域，积极参与部队后勤保障社会化改革，投入190多万元对部队食堂进行改造，不断完善军供办法，建立“军供超市”，确保及时优质供应；省法律援助中心开展了“稳军心、固边防——法律援助边防行”活动，解决军人涉法问题上百件；城建部门把11万平方米的军产房纳入地方供热管网，解决了驻军取暖问题；省财政厅安排专项资金支持慰问12集团军海训和军区、二炮施工部队，省和各地财政部门投入2000多万元支持预备役部队建设，济南军区在青岛召开了现场会；教育系统支持部队实施人才战略，5所地方大学与部队签订了培养国防生协议，利用学校和培训中心为部队培养军地两用人才5000多名。各地积极支持部队基础建设的经费达1.2亿元。同时，驻鲁部队和武警官兵积极支持和参加地方重点工程建设及植树造林、扶贫帮困、抢险救灾活动。各部队制定了关于支持配合平安山东建设的意见。济南军区调整撤编部队腾让租借房屋支持地方建设，在军区首长的支持下，济南驻军拆迁房屋14处，大力支持济南经十路拓宽工程；北海舰队和军区空军积极参加驻地军民共建活动，发挥技术优势为地方培养了一批技术人才；二炮部队参加了驻地的河道治理和修路工程；省军区召开了人武系统帮扶工作总结表彰会议，巩固和深化了帮扶成果；省武警总队积极与公安部门配合，出动兵力4.5万人次，完成保卫、抓捕、救灾等重大任务300多次；驻鲁部队植树11万株，结对帮扶贫困村2300多个，在全省开展的“慈心一日捐”活动中捐款73万元，参加火灾扑救955起，保护建筑17.4万平方米，价值2.9亿元，为促进地方经济发展作出了贡献。

三、狠抓双拥法规政策落实，切实维护军人军属合法权益

在转业干部安置工作方面，全省实行了转业干部考试择优安置办法，接收安置军转干部7570人。省直单位实行了考试考核与双向选择相结合的安置办法，中央电视台进行了报道。济南、青岛、淄博等市以市委、市政府文件下达了转业干部分配计划。枣庄市人事局与有关部门配合，认真开展了军转安置“回头看”活动，对军转干部进行跟踪服务，受到军转干部的好评。在退役士兵安置工作方面，今年全省接收退役士兵6.1万人，省召开了安置工作会议，出台了支持城镇退役士兵自谋职业优惠政策，推广了威海、青岛等地退役士兵自谋职业的经验。省个体私营企业协会与省人事厅、省工商局开展了劳动技能培训工作，举办了退役军人与民营企业双向选择洽谈会，为社会提供就业岗位13400多个，为从事个体经营的退役士兵解决资金8.54亿元。在优抚工作方面，落实优待金5亿多元，为1万多名下岗失业伤残军人落实了在职改在乡政策，对生活困难的3152名退役士兵全部纳入低保，对不符合低保条件但生活确有困难的，给予了临时生活救济。在农村合作医疗改革中，济宁等市积极探索开展优抚医疗“双重保障”试点，为“三老”优抚对象投医疗保险，实行了国家和社会的“双保险”，我省的做法在全国优抚工作会议上进行了介绍。在法律拥军方面，各地不断建立和完善“维护军人军属合法权益领导小组”、“涉军法庭”、“法律咨询服务站”等组织机构，构筑了依法维护军人军属合法权益的“绿色通道”，召开军地协调会、现场办公会议110多次，处结涉军纠纷800多起。

四、加强组织领导，进一步优化双拥工作运行机制

面对新形势、新任务，今年以来，我省双拥工作进一步加强组织领导，整合双拥资源，在构建充满活力、高效运作的双拥工作运行机制上取得了新成绩，形成了领导重视、部门协作、军地互动、基层群众踊跃参与的双拥工作新格局。省委领导班子调整后，省委及时明确了双拥工作领导小组新领导，保证了双拥工作的持续发展。按照省委关于建立决策目标、执行责任、考核监督“三个体系”的要求，明确了双拥工作领导小组成员单位职责，进一步完善和落实岗位目标责任制和工作督查、绩效考核制度，做到年初有部署，半年有回顾，平时有督查，年终有总结。为提高双拥办协调和服务能力，省双拥办颁发了加强自身建设的意见，被全国双拥办转发，并在10月召开的全国双拥办主任会议上介绍了经验，受到军地领导的好评。为加强基层双拥工作，重新修订《山东省基层双拥工作纲要》，明确了基层双拥工作的指导思想、工作任务、组织制度、运行机制，为我省基层双拥工作提供了有力指导。各地双拥共建活动蓬勃发展。青岛启动了“社区拥军、扶贫助民、绿色奥运、平安青岛”四项双拥新工程；威海开展了“军民共建海疆文化”活动；潍坊、东营、淄博、泰安等地开展了送文化、送技术、送知识的“新三送”科技拥军活动。驻鲁部队基层连队对帮扶户送信息、送技术、送致富路子；省军区人武系统在帮扶点普遍开展了帮班子、带队伍活动。武警、边防、消防基层部队积极参加“平安山东”建设，与驻地开展了军警民联防联治活动，促进了社会稳定。

一年来，全省双拥工作有新的进展和突破，但也存在一些薄弱环节和问题。主要是：有的地方从政治上、大局上认识双拥、抓好双拥的自觉性还不高，停留于评比时搞突击，平时活动不多；在经济建设和国防建设协调发展上，军地统筹兼顾不够；在落实政策法规方面，军转军退安置、随军家属安置、伤病残军人安置等方面矛盾多，压力很大，维护社会稳定任务艰巨。对这些问题，需要在新的一年很好地研究，认真加以解决。

河南省二〇〇四年双拥工作要点

2004年，全省双拥工作要坚持以邓小平理论和“三个代表”重要思想为指导，认真贯彻全国拥军优属拥政爱民工作会议精神，着眼于全国建设小康社会和部队改革、建设的需要，打实基础，不断创新，与时俱进地做好双拥工作，进一步巩固和发展军政军民团结的大好局面。

一、认真贯彻落实全国双拥工作会议精神

2004年元月召开的全国双拥工作会议，系统总结了新形势下双拥工作的基本经验，部署了新世纪新阶段双拥工作任务，是一次非常重要的会议。各地各部队要认真学习贯彻会议精神，认真总结和查找工作的不足，研究、制定阶段性工作计划。深入研究贯彻落实全国双拥工作会议精神的措施办法，要大张旗鼓地宣传双拥模范，带动和鼓舞广大官兵参与双拥活动。

二、广泛开展“三个光荣”活动

认真总结和推广郑州上街区珍惜光荣称号、塑造光荣形象、谱写光荣篇章的“三个光荣”活动经验，教育广大优抚对象以大局为重，立足本职，敬业奉献，稳定社会，为全面建设小康社会再立新功。下半年适时召开会议，对开展“三个光荣”活动先进单位、先进个人进行表彰。

三、进一步完善、落实拥军优抚政策

加强调查研究，理清当前拥军优抚工作中存在的问题，对围绕军事斗争准备、做好后勤保障工作、完善落实优待政策进行深入探讨，修订完善拥军优抚政策，解决好当前拥军优抚政策与当前形势不相适应的问题。深入基层，加大指导、检查和监督力度，保证各项优抚政策落实到位，解决好部队和官兵关心的热点、难点问题，切实维护广大优抚对象的合法权益。

四、搞好双拥工作基本建设

按照重在建设的要求，对各级双拥办加强指导，建立健全双拥工作制度和措施，保证各项工作有序运转。加强军地和成员单位之间的联系，多沟通情况，密切协作，形成军地齐抓共管的整体合力，共同完成工作任务。

河南省二〇〇四年双拥工作总结

2004年，河南省双拥工作在省委、省政府、省军区的领导下，以“三个代表”重要思想为指导，以贯彻落实全国双拥工作会议精神为重点，紧紧围绕发展社会生产力、提高部队战斗力、增强民族凝聚力，深入进行双拥政策法规教育，广泛开展双拥共建活动，进一步密切了军政军民关系，促进了社会经济发展和军队的现代化建设。

一、认真学习贯彻全国双拥工作会议精神，进一步明确双拥工作的新目标

今年，全省各级党委政府和驻豫部队把学习贯彻全国双拥工作会议精神，作为双拥工作的重中之重，省双拥办制定下发了《关于认真学习贯彻全国双拥工作会议精神的通知》，对学习宣传会议精神的方法、手段和步骤提出了具体要求。省军区组织各军分区第一政委、军分区和预备役师主要领导召开了双拥工作座谈会，18 个省辖市分别召开了党政军及市直有关部门领导会议和由各县（市、区）主管双拥工作的党政领导、民政局长和驻军首长参加的双拥工作专题会议，传达全国双拥工作会议精神，部署新形势下双拥工作的任务；受到表彰的 13 个市、县（区）召开了双拥工作总结暨命名表彰大会，系统总结近年来双拥工作的新经验，研究制定今后双拥工作的新任务。全省县级以上电视台、广播电台开辟专题专栏，报道双拥工作先进单位和模范个人的典型事迹，激发广大军民参与双拥工作、支持双拥工作、做好双拥工作的积极性和创造性；各级广泛利用报刊、标语、橱窗等多钟手段，宣传全国双拥工作会议精神，并围绕会议提出的任务要求，分析形势，理清思路，确立双拥工作的奋斗目标。省委、省政府强调双拥工作要遵循“重在领导、重在决策、重在机制、重在创新”的思想，为全省双拥工作指明了方向；洛阳市提出重在“五个转变”上下功夫，一是转变传统封闭思维模式，加强市场化、开放型；二是转变以走访慰问、座谈为主的感情事务型双拥模式，加强各阶层群众自发型；三是转变满足现状，加强争先创优活动；四是转变单纯依赖行政推进的做法，加强双拥工作进机关、进工厂、进社区、进连队、进学校的社会化建设；五是转变习惯性的纵向比较，加强与外地双拥工作和部门双拥工作的横向联系。商丘市围绕实现争创全国双拥模范城“五连冠”，确定了“六个突破”的奋斗目标，即在强化拥军意识，开展政策拥军、科技拥军、双拥共建和解决优抚难点问题、拓宽双拥工作活动领域等六个方面实现新突破，为双拥工作注入了生机和活力。

二、广泛开展国防教育，增强双拥工作的社会责任感和历史使命感

今年，全省以学习贯彻全国双拥工作会议精神为契机，广泛开展以爱国主义为核心、以拥军优属、拥政爱民光荣传统为重要内容的国防教育，增强广大军民的国防观念和双拥意识。首先加强国防教育的组织领导。年初，全省 18 个地市调整补充国防教育领导机构，明确工作人员；各大中专院校、企事业单位制定工作制度，确定专人负责。各级国防教育部门认真落实全国国防教育办公室座谈会精神。年内，全省先后组织开展了国防教育百万军民签名、国防征文、国防知识竞赛、企业民兵军事技能比赛等系列活动，各级各单位高度重视，认真组织，社会各界群众积极响应，踊跃参与，省国教办组委会办公室共收到上报条幅 1800 余条，各类征文 3800 多篇，其中 300 篇被评为优秀征文，直接签名近 90 万人；全省共印发国防知识试卷 1560 万份，回收 1320 多万份，其中正确答题卡 1210 多万份；共组织国防知识竞赛 200 多场次，18 个地市的 108 家企业和省直 17 家企业参加了民兵军事技能比赛，直接参与民兵 1500 多人，受教育群众近 30 万人。各省辖市配合开展了国防形势报告会、演讲比赛、文艺汇演、国防教育电视讲座、参观国防教育基地和“宣传一条街”等丰富多彩的活动。郑州市邀请国防大学教授举行了多场国防形势报告，驻马店市印制了《国防教育宣传册》，举办了“移动杯”国防知识竞赛、“平安杯”民兵奔小康演讲比赛，平顶山市成功组织了“爱鹰城、奔小康、强国防”民兵文艺调演，都产生了深远的社会影响。其次加强国防教育的阵地宣传。经过认真考察评选，今年省政府又命名了第二批 19 个国防教育基地。目前，每个省辖市有省级命名的国防教育基地达到 2 至 3 个。各级积极适应新形势，充分利用大众媒体宣传国防教育的政策法规，开展警示教育。在全民国防教育日期间，省电视台、广播电台、《河南日报》开设了“国防教育”专栏，商丘市电视台先后开办“商丘国防”、“国防后备军”

栏目，河南工业大学开通了“国防教育网站”，洛阳市创办了“中国拥军网”，郑州市各县（市、区）鸣响了防空警报。一年来，全省各级各类新闻媒体共播发稿件 400 多篇，教育的覆盖面超过全省总人口的 70%，使广大人民群众牢固树立了“没有一个人民的军队，便没有人民的一切”的思想，自觉把关心国防建设、支持双拥工作作为义不容辞的责任，涌现了连维良、刘满仓、乔文娟、韩明武等关心支持国防建设“十佳人物”，其中，新乡市市委书记连维良和洛阳市涧西区工农乡党委书记韩明武，分别被全国评为关心支持国防建设“十佳新闻人物”和关心支持国防建设的“荣誉镜”。三是认真落实国防教育的内容。各地把国防教育纳入党员党性修养、青少年思想修养的重要内容，把学习《国防法》、《兵役法》、《防空法》和《国防教育法》与中国近代史教育结合起来，用中华民族的盛衰荣辱史，激发党员干部、青年学生的爱国拥军热情；定期开展过“军事日”、参加军训、参观烈士陵园、国防教育基地等活动，增强全民的国防意识。驻豫部队各级党委把拥政爱民教育与年度思想政治教育统一计划、统一部署、统一编写教育提纲，采取集中教育与体会交流、参观见学与感情激发、课堂教育与随机教育相结合的方式，组织进行我军的性质、宗旨、优良传统教育和群众纪律教育。驻军某部将拥政爱民教育贯穿于部队战备、训练、施工的全过程，在外训、演习中将《群众文明用语 100 例》、《群众纪律十不准》印发部队，官兵做到了营区内外一个样、平时战时一个样、领导在与不在一个样。某部队结合执行遂行任务时对群众纪律的要求，开展了“新时期怎样发扬拥政爱民的优良传统”、“执行群众纪律重要性”的大讨论，打牢官兵的思想基础，增强了官兵关心群众、爱护群众，热爱驻地、建设驻地的历史使命感。全年全省没有发生一起军民纠纷，双拥工作保持了良好的发展势头。

三、大力支持部队发展建设，促进中国特色军事变革

当前，部队正处在由机械化向信息化建设跨越式发展的重要历史时期，各级党委、政府正确处理国防建设与经济建设协调发展的思想，围绕做好军事斗争准备，广泛开展政策、科技、教育、智力拥军，促进部队战斗力生成，形成了“部队练打赢、地方练支前”的浓厚氛围，有力地促进了驻豫部队训练演习、教学科研、战备执勤等各项任务的圆满完成。

一是配合部队做好训练演习中的群众工作。今年，广大人民群众把“部队打胜仗、人民是靠山”落实到具体行动上，体现了老区人民的政治本色，赢得了部队官兵的高度信赖。年初，驻偃师某部武警官兵赴外地执行一年的训练任务，当地政府和驻地群众主动承担了营区的看管维护和军人子女上学的接送任务。7 至 10 月份，某部进行“铁拳一2004”军事演习，省委、省政府、省军区专门下发通知，要求沿途各地积极做好道路交通、安全警戒和宿营地的粮秣给养、水电供应，确保部队安全顺利到达了演习地域。为做好保障工作，驻马店市专门成立了拥军支前领导小组，组织公安、民政、交通、人防等有关部门的同志，深入演习地区 4 个乡、18 个自然村、22 个路边店开展群众工作，演习部队在构筑各类堑壕、障碍，修筑机动道路，搭建观礼台中，共占用群众庄稼地 150 多亩，损失各类树木 810 多棵，震坏房屋 1300 间，都得到了妥善解决。演习中，粮食、商贸、电力、电信等部门密切配合，通力合作，确保演习的顺利进行，受到了军内外高度赞扬。

二是支持部队的基础建设。为做好部队体制编制调整中，营区扩建改建和新装备训练遇到的实际问题，地方各级政府把部队的建设用地、营区规划、道路扩建纳入城区建设的总体规划，纳入党政军重要议事日程，纳入各级各部门年度工作计划，做到了特事特办，优先协调解决。驻栾川某部扩编，需要征地 150 亩，当地城建、土地等有关部门实地考察后，以最低的价格、最快的速度为部队办理了征地手续；驻明港某部至 107 国道之间路况较差，给部队人员、车辆、装备出入带来了诸多困难，平桥区政府在财政十分紧张的情况下，投资 80 多万元，修通了道路，改造了营区大门。今年，全省共为驻豫部队解决建设用地和试验用地560多亩，投资610万元为军分区、武装部新建办公楼，投资130多万元更新训练、办公设施，美化营区营院。

三是为部队战斗力提高提供有力保障。军队和国防建设是事关全面建设小康社会顺利进行的重要因素，是各级党委、政府和广大人民的共同责任。今年，各地从完善政策法规入手，引导企事业单位、个体工商户和民营私营企业主等新型经济组织和新的社会阶层加入到拥军行列，不断扩大拥军的群众基础，拓宽双拥工作的领域和范围，使各行业各部门以提高部队战斗力为目标，采取系统联建、行业共建等形式，在物资供应、资金支持、科技帮助、人才培养等方面为部队提供了有力保障。省教育厅制定下发了《关于在全省开展智力拥军的通知》，河南大学、河南财经学院、周口师范学院、驻马店师专等学校，充分利用师资力量和教育设备，为驻军官兵开办英语辅导班、文化补习班、技术培训班，协助开展技术革新和科技练兵，促进了部队新装备战斗力和技术保障力的生成。信阳市制定下发了《关于进一步开展行业拥军活动的通知》，全市掀起了行业拥军的新高潮，电业部门为驻信阳6个部队实施了新装变压器工程和变压器增容工程，免收施工费50多万元；电信部门把无限GPRSH上网技术和GPS无线定位技术推广到部队，促进了部队的信息化建设；粮食部门在全省率先取消军粮县级自筹，实行统一配送，保证了军粮质量。洛阳市出台了《关于建立洛阳市行业拥军体制的意见》，使行业拥军活动走上了规范化轨道，公交公司私营车主赵团营、出租车司机黄学花、个体户李社波分别创办了拥军客车、拥军轿的、拥军食品经营部，全市32个旅游景点全部为现役军人、革命伤残军人免费，6条公交线路为驻军设立了站点。焦作市电信局帮助部队建立了“军事视频系统”，安阳通信公司免费开通了“八一”声讯热线，市图书馆开展了“绿色书屋”驻军营活动，为部队营造了良好的学习生活条件。

四是帮助部队官兵排忧解难。各级党委政府坚持利用重大节日走访部队、慰问官兵、征求工作意见，针对部队提出的问题和新形势下机关、事业单位机构改革和企业改制给双拥工作带来的新情况、新问题，各地从实际出发，切实采取有效措施解除官兵的后顾之忧。郑州、许昌、安阳、濮阳等地，把随军家属安置纳入社会劳动就业的整体规划，专门成立随军家属安置领导小组，通过组织技能培训、与用人单位召开协调会等形式，取得了突破性进展；郑州、新乡、濮阳3个省辖市，对得不到及时安置、没有经济收入的随军家属，每月给予一定的救济金。为让军人子女得到良好的教育，各省辖市相继出台了军人子女升学加分、跨学区择校和同等条件下优先安排的规定。一年来，全省共接转600多名军人子女择校就读，免收学费近16万元。为解决官兵乘车难、进城难，郑州市铁路局命名郑州至青岛的2034/3次列车为“双拥号”列车，许昌市设立了公交车“拥军站”牌，驻马店市开通了“八一”拥军班车，信阳市修通了“拥军路”，使部队官兵亲身感受到了地方政府关心，进一步密切了全省军民的鱼水深情。

四、积极参加和支援地方建设，推动驻地经济社会发展

今年，驻豫部队各级党委响应省委省政府的号召，在完成战备、教育、训练任务的同时，充分发挥部队人员集中、突击力强的优势，深入开展“热爱河南、建设河南、宣传河南、增辉河南”活动，积极参加地方“三个文明”建设，为推动驻地社会经济全面发展作出了应有的贡献。

一是支援地方重点工程建设。驻豫部队官兵从大局出发，支持地方经济建设，积极参加绿化荒山、美化城市、清理河道、治理河滩、修桥筑路、植树造林，以实际行动为国兴利、为民造福。在沁河滩区治理中，某部官兵除留下值班执勤人员外，全体出动，奋战两昼夜，清理淤泥2600余立方米，新挖水渠1700米，使数百亩良田得到了及时灌溉。一年来，驻豫部队共出动官兵12万人次，动用机械车辆3000余台次，参加了小浪底西霞院工程、开封万亩荒沙治理、信阳华豫电厂扩建等8项工程建设，援建帮建44所希望小学，帮助2个贫困乡

10多个山村开通了电视信号，新修“致富路”、“救命路”2300米，部队官兵被誉为“穿军装的编外工作队”。

二是积极参加抢险救灾等急难险重任务。驻豫官兵把保护人民的生命财产安全作为一项重要的政治使命，做到招之即来，来之能战。今年7月，信阳、漯河、平顶山3个地市发生洪涝灾害，驻豫部队解放军指战员、武警官兵和广大民兵预备役人员迅速奔赴抗洪一线，投入到封堵决口、保堤护堤、迁安救护、治安巡逻中，转移群众3198人、抢运粮食1.6万吨，封堵溃堤30多处、决口2处，挖掘土石2.8万余立方米，挽回经济损失600多万元。今年，驻豫部队先后投入6600名官兵、10万名民兵预备役人员，配合公安、水利、卫生、防疫等部门参加了禽流感防治工作，打捞“6·22”黄河小浪底库区沉船和及时处置中牟回汉民族冲突等突发事件，维护了我省的社会政治稳定。

三是开展扶贫帮困活动。部队各级党委牢固树立我军是社会主义现代化建设重要力量的思想，结合驻地实际，采取多种形式，利用多种方法，积极帮助驻地群众脱贫致富奔小康。省军区在全省人武系统开展了“双帮扶、双促进”活动，并抽调200名优秀干部参加了驻村工作队，帮助村委会班子理清发展思路，调整农村种植结构，发展特色农业；周口军分区专门成立了支援西部开发领导小组，协助商水县人武部与新疆建设兵团签订了1万亩土地承包合同，拓宽当地群众的增收渠道，实现了“借地生财”；商丘、鹤壁军分区与新疆石河子市、西藏日喀则等地结成了友好合作城市，分区组织各县武装部，以普通民兵为主体，以民兵干部为骨干，由专武干部带队，成建制的组织民兵预备役人员同当地群众一道，赴新疆收割小麦、采摘棉花，人均年增收近1500元。驻军某部先后与荥阳、沁阳等地8个贫困村、65个贫困户签订了扶贫帮困协议，定期提供致富信息，开展义务劳动；防空兵指挥学院指挥系三队坚持以交纳“特殊党（团）费”的形式，长年资助贫困残疾人家庭。解放军外国语学院、信息工程大学派专家教授给党政机关、企事业单位作理论学习辅导和国内外形势报告，举办外语培训班、外语知识讲座，派教员为外宾来访、对外经贸洽谈作现场翻译和外文资料翻译，促进了地方对外经济交流。驻豫军事科研单位和技术部队充分发挥人才密集、知识密集、技术密集的优势，与有关单位加强技术合作，攻克技术难关，先后联合开发出《河南省大地水准面研究》、《河南省党员干部现代远程教育系统》、《河南省人大会议表决系统》等12项重大科研项目。其中，平顶山天鹰中压电器有限公司委托开发的《永磁机构智能真空断路器》，填补了国内空白。

四是传播社会主义精神文明。驻豫部队广泛开展“弘扬文明新风、开展精神文明创建”活动，广大官兵组成流动医疗队、演出队、便民服务队，利用节假日、双休日走上街头、深入山村，义务巡诊，为群众送医送药；义务演出，宣扬党的路线方针政策、卫生、法律和国防知识；义务修理家用电器、农机用具。各单位组织青年官兵发起了“春蕾计划”、“阳光工程”社会公益活动，筹集资金资助特困学龄儿童，援助艾滋病孤儿、残疾人、老人和下岗职工；各部队组织开展了“向灾区献爱心”活动、与失学儿童“一帮一”结对子活动，广大官兵积极捐款捐物，帮助灾区人民重建家园，让失学儿童重返校园。

五、落实双拥工作政策法规，维护广大军民的根本权益

各级党委、政府把双拥工作作为党的群众工作的重要体现，实现好、维护好、发展好广大军民的根本利益要求，运用双拥政策法规，认真解决广大军民普遍关心的热点难点问题。一是做好转业退伍军人的安置工作。针对部队调整精简，今年省委、省政府发出了《关于做好军队体制编制调整改革期间全省军转安置工作的通知》，对转业干部安置去向、工作分配和人员编制等情况作出具体规定，提出明确要求。各级人事部门把军转安置工作纳入总体工作布局，各单位实行“一把手”负总责，层层抓落实。目前，全省接收的4082名转业干部，除5名师职干部省委组织部安排之外，计划分配的

3272 名全部安置并发出通知，805 名自主择业干部的退役金进行了审核确定，并登记造册，468 名随调配偶也安置到位。坚持指令性安置与自谋职业相结合的方式，做好退伍军人的安置工作，今年全省共接收退役士兵 64456 人，其中农村 33791 人，应安置 30665 人，已安置 27900 人，安置率达 91%，农村两用人才开发使用率占 93%。二是做好优抚工作。今年，各级党委、政府和广大人民群众高度关注各级各类优抚对象的生活水平和身体状况，各省辖市普遍建立了优抚对象抚恤标准自然增长机制，定期提高定补标准。全省广泛开展了“三个光荣”活动，省妇联组织了“好军嫂、巾帼拥军模范”座谈会，表彰了 26 名好军嫂和 19 名巾帼拥军先进个人；各地召开了“庆八一老战士座谈会”，组织了“爱心献功臣”、“白衣天使献爱心”等活动，倾听军属、烈属的心声，发动社会力量为他们分忧；商丘市睢阳区建立了“三个光荣”活动室，组织优抚对象开展“双学双树双比四带头”评比活动，增强了全面建设小康社会的责任感，争当“三个文明”带头人的荣誉感；焦作市、漯河市给重点优抚对象办理了住院医疗保险，商丘市发放了“医疗优惠卡”，濮阳市范县成立了“优抚对象门诊部”，各地纷纷采取不同措施，帮助优抚对象解决医疗难。驻马店市对全市重点优抚对象分类建档立卡，实行动态管理；开封对各类优抚对象进行了全面统计，实行了数据库管理；济源发放优待兑现明白卡，平顶山、安阳、三门峡等地对义务兵家属优待金实行县（市、区）财政支付，并采取检查、调查的形式对在乡复员军人、伤残军人和义务兵家属优待情况进行督查，确保优待金全额按时发放到位。在灾后倒房重建工作中，开展了助“优”工程，把救灾先救“优”落实到实处，共为 1417 户优抚对象建新房屋 3120 间，帮助 400 户维修房屋 955 间。三是做好退役军人的思想稳定工作。各地对退役军人情况进行了调查摸底，采取集中与重点相结合的方式进行了正面教育，对符合低保条件的城镇退役军人纳入低保范围，对家庭确有生活困难的农村退役军人给予了特困救助，稳定他们的思想，对促进社会稳定起到了一定的作用。

六、加强研究探索，促进双拥工作的深入开展

在市场经济的新形势下，各地认真研究解决双拥工作中遇到的新情况、新问题，探索加强军政军民团结的新思路、新办法，建立协调处理军民关系问题的新机制，促进双拥工作的新发展。今年，省双拥办对驻豫部队军级单位和部分师级单位进行了走访，对部队提出的问题专项研究、专题汇报，逐一制定了解决的办法和措施；采取明察暗访、随机抽查的方式，深入 7 个省辖市，15 个县（市、区），24 个乡镇，36 个自然村，68 名优抚对象家中，检查义务兵家属优待落实情况，了解重点优抚对象家庭生活情况和存在的困难，对优待金达不到标准、拖欠等问题，提出了具体可行的举措。郑州市围绕发挥驻军在改革开放、经济建设、社会稳定中的作用和更好地预防、解决军地军民矛盾纠纷，妥善处置突发性纠纷事件，建立了《驻军参与地方公益活动协调联络机制》和《军地军民矛盾纠纷事件处理机制》。平顶山市根据新时期双拥工作的新特点、新思想，围绕开展双拥宣传教育、军民共建活动和落实优抚安置政策等工作，出台了《关于进一步加强新时期双拥工作的意见》；三门峡、漯河市为更好地发挥双拥成员单位的职能作用，形成党委、政府统一领导下的合力，制定出台了《双拥领导小组成员单位职责》、《双拥领导小组联络员制度》。一年来，随着各地双拥工作机制不断创新，全省的双拥工作更加规范，各项活动更加深入，军政军民关系更加密切。

我省的双拥工作还存在一些薄弱环节和问题。一是对双拥工作的检查督查力度不够，个别县、市落实制度不经常，双拥工作有死角；二是缺乏开拓进取精神，有的单位在工作中遇到难题等政策，碰到困难靠上级；三是全省的双拥工作发展不够平衡。今后，我们将针对以上存在的不足加大研究探索的力度，积极开展工作，推动我省的双拥工作再上一个新台阶。

湖北省二〇〇四年双拥优抚工作总结

2004年，全省双拥优抚工作以“三个代表”重要思想为指导，以维护和保障驻军和优抚对象基本权益为主线，认真贯彻全国双拥工作会议、全国优抚工作会议、全国省区市双拥办主任会议精神，突破重点工作，创新难点工作，落实常规工作，有力地推动了全省双拥优抚工作的创新发展。

一、双拥工作以贯彻落实全国双拥工作会议精神为重点，在制度、内容上有创新

建立军地双拥工作联席会议制度，在双拥工作的制度上有创新。为加强军地联系和沟通，认真研究、解决新形势下双拥工作的重点、难点问题，建立长效的、具有湖北特色的军地协作机制，促进双拥共建工作制度化、经常化，推动湖北双拥工作深入、持续、健康发展，我厅和省军区政治部共同发起了军地双拥工作联席会议活动，并于今年3月中旬和6月中旬分别召开军地联席会议。第一次联席会议，传达了全国双拥工作会议精神，讨论通过了《湖北省军地双拥工作联席会议制度》和《关于在全省驻军中开展“手牵手、帮战友”活动的方案》，并以省双拥办和省军区政治部名义行文下发，使这一活动制度化。第二次会议，重点讨论了军转干部安置、随军家属就业及其子女入学等问题，进一步探索了改革开放和完善社会主义市场经济体制条件下解决双拥工作重点难点问题的途径和方式。两次会议的召开，加强了军地之间的联系和沟通，受到部队的好评。

与省军区政治部联合开展驻鄂部队“手牵手、帮战友”活动，在双拥工作的内容上有创新。为充分发挥驻鄂部队在地方“三个文明”建设中的作用，促进全省双拥工作的发展，进一步密切军政军民关系，根据全省军地双拥工作联席会议精神，民政厅和省军区政治部在驻鄂部队中开展了“手牵手、帮战友”活动，得到了驻军部队的积极响应。按照就地就近或与各单位扶贫联系点相一致的原则，军级单位重点联系一个县，军分区（警备区）、人武部联系各自的扶贫点，其他师、旅、团级单位重点联系一个乡镇（街道），营、连级单位重点联系一个村（社区），开展结对帮扶活动。截止到10月底，驻军单位都已成立了帮扶组织，制定了帮扶方案，深入到对口联系县市调查了解情况，确定帮扶对象，“手牵手、帮战友”活动正积极展开。

二、坚持常规工作抓落实、重点工作抓创新、难点工作抓突破，优抚工作稳步发展

一是突出重点难点，创新工作方式，认真组织开展了以帮助特困重点优抚对象解决“三难”问题为主要内容的“关爱行动”。起草了《关于在全省开展“关爱行动”的实施意见》、《重点优抚对象基本情况调研方案》和《省民政厅关于优抚工作的调研报告》，参与组织了四县市重点优抚对象调研活动。召开了全省市、州、直管市、神农架林区分管局长会议，部署了“关爱行动”调查摸底工作。完成了特困优抚对象的入户普查工作，为开展“关爱行动”提供了决策依据。提请省委办公厅和省政府办公厅于9月6日转发了《省民政厅关于在全省开展特困优抚对象“关爱行动”的实施意见》，对全省“关爱行动”的实施进行了部署。以缓解部分优抚对象治病难为主要宗旨，组织全省600名优抚对象到省荣军医院治疗。将散居的特困孤老（儿）优抚对象纳入“福星工程”。在自愿的基础上，对散居特困孤老（儿）优抚对象，以县市光荣院和乡镇福利院为单位，实行集中供养，保障他们的基本生活。对本人不愿进光荣院或福利院的，采取发放卡片、证书，明确联系责任人，落实好分散五保供养和抚恤优待政策。重点抓了咸宁市咸安区和南漳县开展“关爱行动”的试点工作。咸安区、南漳县等地在全面了解社情民意、找准困难原因的基础上，因户制宜地制定出了行之有效、操作性强的帮扶措施，从资金、信息、技术、医疗、住房、子女上学等方面进行扶持，对孤老特困优抚对象安排进光荣院或福利院集中供养，对城乡特困优抚对象纳入农村特困救助或城镇低保救助，对遭受自然灾害导致生活困难的优抚对象，在灾后重建、恢复生产、安排群众生活时，给予优先照顾安排，对无房、住危房的农村特困优抚对象，采取民政部门资助、部门结对帮扶、乡镇村组帮工帮料相结合的办法，解决住房困难，对家庭生活困难，无力支持子女上学的特困优抚对象，采取结对帮扶，教育部门减免学杂费等措施，保证其子女接受义务教育阶段的学习教育。

二是制定出台新的政策，为解决优抚工作的重点难点问题提供了政策支撑。省民政厅、财政厅、人事厅、劳动和社会保障厅联合转发了民政部、财政部、人事部、劳动和社会保障部《关于解决原8023部队退役军人生活医疗困难问题的复函》，部署了关于解决原8023、8040部队退役军人生活医疗困难问题的工作。在调研的基础上，民政厅、财政厅、劳动和社会保障厅、卫生厅，下发了《关于建立和完善二等乙级以上革命伤残军人医疗费统筹机制的通知》，在落实二等以上革命伤残军人尤其是下岗失业伤残军人医疗政策方面实现了政策上的突破。

三是抓了优抚事业单位的基础设施建设和典型经验的推广工作。搞好协调，争取国家和地方政府的支持。优抚事业单位的维修改造，特别对有影响的优抚事业单位的维修改造，省委、省政府领导十分重视和关心，省委俞书记十分关心红安烈士陵园建设，并批示省民政厅、省建设厅要搞好设计，确保工程质量，为此，我们派人到外地考察学习，并多次与省建设厅到红安县协调烈士陵园的维修改造方案，并到民政部争取6个优抚事业单位的维修改造立项。争取武汉市政府帮助解决省荣军医院南大门拆迁工作。总结推广了优抚事业单位的典型经验。省荣军医院领导班子调整一年来，各项工作都有很大的起色，荆门市优抚医院，这几年稳步发展，在当地知名度很大，省双拥办及时用《湖北双拥简报》进行了推广，也得到了民政部的充分肯定。组织检查评选了10个优抚事业样板单位和35个优抚事业先进单位，促进了优抚事业单位的正规化建设。

四是加强调研。根据民政部优抚安置局的通知要求，在对试点单位大冶市、襄樊市樊城区牛首镇调研的基础上，向民政部优安局上报了《户籍制度改革对优抚工作的影响和对策》调研报告；完成了我省1998年以来优抚工作总结和两个典型经验材料的组稿任务；针对部分伤残军人到省委、省政府集体上访，反映企业拖欠工资、医疗费、养老保险费及军残与工伤政策衔接不到位、下岗再就业困难、企业集资费不退还等问题，我们及时会同有关部门组成联合调查组，奔赴黄冈、孝感、鄂州、随州等重点地区调查督办，向省政府写出专题报告，并提出解决问题的意见和建议。

五是认真做好评残、追烈以及优抚对象来信来访接待处理工作。截止到11月底，共评残98件，追烈17件，评残追烈都能在规定的时限内办结，准确率达100%。全年共处理来信150件，接待处理了15起集体上访、在职伤残军人和退伍军人的上访工作，继续协助海军做好361潜艇遇难官兵家属的善后工作。

六是大力推行优抚对象抚恤补助标准自然增长机制，省一级有突破。目前我省已有黄冈市、宜昌市、襄樊市等20多个县市区初步建立这一机制，重点优抚对象的抚恤补助标准每人每月增加5至10元，有效地提高了优抚保障水平。

三、全面落实各项优抚政策，切实保障优抚对象的各项权益

一是优抚对象抚恤（保健）、定补经费和特一等残疾军人护理费按政策规定及时足额发放。优抚对象抚恤（保健）金是中央下拨的专项经费。近年来，每年中央这笔经费下拨到我省的时间都较晚，各地在财力十分紧张的情况下，多方筹措资金进行垫拨，保证了抚恤经费的落实。

二是二等乙级以上残疾军人公费医疗政策得到较好落实，三等残疾军人旧伤复发的医疗费得到较好解决。针对二等乙级以上残疾军人医疗难的问题，今年 7 月，省民政厅、财政厅、劳动厅、卫生厅在广泛调研的基础上，联合下发了《关于建立和完善二等乙级以上革命伤残军人医疗费统筹机制的通知》，明确规定原二等乙级以上残疾军人医疗费实行单独统筹，实报实销。对三等残疾军人伤口复发以外的医疗费用，全省大部分县市采取了将其纳入基本医疗保险和大病医疗保险的办法。财政、主管局和残疾军人按比例承担保费，较好地解决了这部分对象的医疗困难。

三是残疾军人的优待政策在大部分县市落实较好。大悟县采取政府主管、民政主办、部门协调的办法妥善解决残疾军人子女上学难问题；鄂州市、大悟县境内公园、烈士陵园、旅游景点等单位，设置醒目标志，对残疾军人实行凭证免费参观。罗田、浠水对残疾军人乘车予以优待。与此同时，各地还多渠道解决下岗残疾军人的基本生活。对与单位解除劳务关系和已下岗的残疾军人，将其在职伤残保健金改为在乡伤残抚恤金，人月均增收 100 多元；对符合条件的残疾军人优先纳入城镇低保，人月均增收 90 多元；发放困难生活补助费；对符合条件的，提前办理退休退职手续；优先安排推荐再就业。

四是城乡义务兵家属优待工作取得明显进展。农村税费改革后，乡镇财政实行年初预算，年底决算。我省各地财政部门能够按现行标准预留当年的优待金，保证农村义务兵家属优待金春节前发放到户。

四、认真完成其他工作任务

一是认真落实党风廉政建设责任制。制定了实施细则，做到经常有要求，有检查，领导班子成员以身作则，廉洁自律，认真参与各种专项清理。

二是按时完成厅督办、信息、网站、建议、提案、档案、保密等工作任务。做到分工明确，责任到人。办理人大、政协建议、提案 2 件，受到提案人的好评。办理省委、省政府领导批示办件 5 件，做到件件有落实，事事有回音。做好了“福星工程”联系点指导、帮扶工作。

三是对厅里制订的学习、财务、后勤管理等方面的规章制度，能自觉遵守，没有失泄密和违纪违规行为。

四是能全面贯彻中纪委三次全会要求，严格执行《湖北省民政厅关于实行党风廉政建设责任制实施细则》、《湖北省民政厅谈话制度实施方法》，加强党风廉政建设和法纪法规教育，带好队伍，民主决策，政务公开，无违纪违规行为；资金物资分配按有关程序办事，做到公开透明。

湖南省二〇〇四年双拥工作要点

2004 年，全省双拥工作要坚持以党的十六大精神为指导，认真贯彻落实全国双拥工作会议精神，以增强经济实力、国防实力和民族凝聚力为目标，不断完善政策法规体系，解决热点、难点问题，创新双拥活动方式，建立协调顺畅的运行机制，巩固军政军民团结，努力为我省改革发展稳定和军队现代化建设提供可靠有力的保证。

一、充分认清新世纪新阶段加强军政军民团结的极端重要性

军政军民团结，历来是维护国家安全稳定的重要因素，是推进经济社会发展的强大力量。进入新世纪新阶段，国际国内形势正在发生复杂而深刻的变化：以经济、科技、军事实力和民族凝聚力为主要内容的综合国力竞争更趋激烈；西方敌对势力“西化”、“分化”的政治图谋，民族分裂势力、宗教极端势力、暴力恐怖势力和“法轮功”等邪教组织的破坏活动始终没有停止；台海局势错综复杂，维护祖国统一的任务更加艰巨；深化改革和利益关系调整，必然涉及深层次矛盾和问题；正在进行的全面建设小康社会的前进道路上还将遇到种种风险。处在这样一个重要历史时期，更加需要安全稳定的国际国内环境，需要充分调动全党全军全国人民的积极性、创造性，需要党政军民齐心协力地克服前进道路上的各种困难，在党的领导下，把军政军民团结的伟大作用充分发挥出来，把广大军民同心同德干事业的政治热情焕发出来，这是全面建设小康社会，把中国特色社会主义事业不断推向前进的政治保证。各级党委、政府和军队领导机关，要充分认清加强军政军民团结的重大政治意义，切实把双拥工作作为一项事关全局的战略任务，坚持不懈地抓紧抓好。

二、深入进行以爱国主义为核心的国防教育和双拥宣传教育，树立国防观念和双拥意识

国防观念和双拥意识，是建设和巩固国防、增强军政军民团结的思想基础，是民族凝聚力的重要体现。各地要认真贯彻《国防教育法》，把国防教育和双拥宣传教育纳入国民教育体系和部队政治教育计划，制定规范统一的教育纲要，有组织、有领导地抓好落实。要根据不同层次人员的思想实际，有针对性地搞好教育，引导各级干部牢固树立国防建设与经济建设协调发展的思想，在抓好经济建设的同时不忘关心支持国防和军队建设；引导广大群众树立国家利益至上的观念，增强履行国防义务，支持军队建设的光荣感和责任感；引导官兵树立依靠人民建设军队、建设国防的思想，不断加深对人民群众的思想感情。要积极探索新形势下开展国防教育和双拥传统教育的方法途径，广泛开展全民国防教育日、军营一日、学生军训等活动，把宣传教育搞得生动活泼、富有成效。

三、围绕实现全面建设小康社会目标加强军地协作

实现全面建设小康社会的宏伟目标，需要党政军民的共同努力。驻湘各部队要继续贯彻服从国家经济建设大局的方针，积极支持各项改革和建设事业。研究制定参加和支持全面建设小康社会的规划，集中力量援建重点工程建设，主动承担急难险重任务，因地制宜做好支援经济建设工作。继续做好扶贫帮困工作，抓好扶贫联系点，开展教育、文化、卫生等多种形式的扶贫活动。军队院校、科研单位和专业技术部队，要深入开展科技助民活动，帮助地方培养人才，进行技术攻关，搞好科技成果转让，充分利用军事设施民用效能，努力为地方改革开放和经济建设服务。研究掌握自然灾害发生的特点规律，完善军地协作机制和应急方案，进一步做好抢险救灾工作。地方政府和有关部门要为部队支援经济建设、扶贫帮困、抢险救灾创造必要的条件，从政策、信息、经费等方面提供支持，搞好协作。

四、切实把维护社会政治稳定作为双拥工作的重要任务

完成改革发展的各项任务，必须保持和谐稳定的社会环境。各地各部队要把保持社会政治稳定摆在双拥工作的重要位置，教育引导军民认真学习领会党中央关于“稳定就是大局”的指示，充分认清保持社会政治稳定的极端重要性，倍加顾全大局，倍加珍视团结，倍加维护稳定。组织军民积极参加民族团结进步活动，反对民族分裂、反对非法宗教活动。引导转业退伍军人珍惜荣誉，发扬传统，自觉维护社会治安秩序，加强军警民联防联治，建立健全联防协作机制，依法维护社会治安秩序。要从维护稳定大局出发，积极预防和妥善处理军民纠纷。发生军民纠纷，要以高度的政治责任感，及时妥善处理，多从自身找原因，多做自我批评，多做增进团结的工作。对军地历史遗留问题，要组织力量进行深入调查，有针对性地提出解决的办法和措施，防止久拖不决引发纠纷。

五、贯彻全国双拥工作会议精神，促进双拥工作整体水平的提高

贯彻全国和省双拥工作会议精神，提高双拥工作的整体水平，要做到“五要”：认识要进一步深化，标准要进一步提高，工作要进一步抓实，机制要进一步创新，领导要进一步加强。落实“五要”当前要做好以下几点：坚持把创建活动的重点放在基层，重视新经济组织和新社会组织在双拥工作中的作用；加强政策法规建设，建立与社会主义市场经济体制相适应的双拥政策体系；适应形势发展需求，积极探索、稳妥做好安置办法改革后的退伍安置工作；增强对新形势下双拥工作热点难点问题的破解能力，探索和建立对重点优抚对象的分级补助机制；深化军民共建活动，积极拓展军民共建的领域和途径，搞好以“结对双拥”为主要形式的军民共建活动，优势互补，互相促进，巩固军政军民团结的好局面。

湖南省二〇〇四年双拥工作总结

2004年，湖南省双拥工作在省委、省政府和省军区的领导下，以十六大精神为指导，按照“三个代表”重要思想的要求，认真贯彻全国双拥工作会议精神，紧紧围绕国家改革发展稳定大局和军队现代化建设的中心任务，与时俱进，开拓创新，大力弘扬拥军优属拥政爱民的光荣传统，广泛深入地开展“双拥结对”活动，认真做好拥军优属工作。进一步巩固和发展军政军民团结的大好局面，有力地促进了社会生产力和部队战斗力的提高。

一、认真贯彻落实全国双拥工作会议精神

一是认真抓好全国双拥工作会议精神的学习宣传。省双拥工作领导小组成员和出席全国双拥工作会议的代表就如何结合贯彻会议精神，总结前一阶段双拥工作的成绩，布置当前和今后一个时期的双拥工作的任务，更好地把握这次机遇，与时俱进，加强和改进新时期的双拥工作作了专门的探讨，一致认为：全国双拥工作会议十分重要，贯彻落实好这次会议要做到“五要”：认识要进一步深化；标准要进一步提高；工作要进一步抓实；机制要进一步创新；领导要进一步加强。省双拥办把温总理的讲话、回副总理的工作报告和《拥军优属拥政爱民工作会议纪要》转发各市州组织宣传学习，在全省掀起了学习宣传会议精神的高潮。长沙、怀化、吉首、郴州、耒阳、涟源、会同等市县党政军领导都把全国双拥模范城（县）当作一种很高的荣誉，举行庆祝活动和挂牌仪式，传达学习全国双拥会议精神，落实大会提出的各项任务；《湖南日报》和各地新闻媒体对双拥模范城（县）和个人的先进事迹进行了报道，气氛非常热烈喜庆。

二是向党政领导汇报会议精神并提出工作建议。为了借全国双拥工作会议的东风，争取地方党政领导对双拥工作的更大支持，我们把向党政领导汇报会议精神作为一件大事来做，认真准备材料，撰写了《关于学习贯彻全国拥军优属拥政爱民工作会议精神的意见》，并按照省双拥领导小组组长杨泰波同志的批示，分送省委常委、副省长和省军区领导人手一份。重点向党政领导汇报了全国双拥工作会议情况、温总理的讲话、回副总理的报告和会议纪要的精神，结合湖南的实际，提出了贯彻落实全国双拥工作会议精神、加强和改进新时期湖南双拥工作的意见：要深化思想认识，增强做好双拥工作的责任感和使命感；要提高工作标准，促进军地改革建设的共同发展；要落实优抚政策，维护优抚安置对象的合法权益；要创新工作机制，推动双拥工作健康发展；要加强组织领导，把双拥工作落到实处。

三是召开了全省双拥工作会议。省委、省政府、省军区于4月1日在长沙召开了全省双拥工作会议。会议传达学习全国双拥工作会议精神，统一思想认识，并对全省双拥工作作了部署。把双拥工作纳入全省经济发展的总体规划，坚持经济发展和部队建设有机结合，统筹规划，明确任务目标，制订具体实施计划，有完善的保障措施。充分发挥双拥工作领导小组和双拥办的职能作用。建立领导小组成员单位双拥工作重大事项报告制度、年度工作汇报制度；加快完善有关政策规定，加强督促检查，保证各项政策措施落实到位；加强各级双拥办自身建设，不断提高双拥工作水平。进一步建立和完善军地关系协调机制。继续坚持军地领导联席会议、驻湘部队双拥工作例会、定期走访、信息通报等制度，及时沟通军地关系，协商开展双拥活动，协调解决军民关系。加强对基层双拥工作的指导。按照“组织健全、政策落实、活动经常、关系融洽”的要求，进一步健全基层双拥组织，完善服务网络，推动双拥工作进企业、进乡村、进机关、进学校、进社区、进连队。为了配合会议的召开，《湖南日报》4 月 1 日和 2 日在头版和专版报道了湖南双拥工作成就和会议精神。

四是广泛开展“双拥结对”，扩大双拥群众基础。5 月 9 日至 11 日召开了全省双拥办主任会议，研究部署了双拥结对工作。在征求各市（州）意见的基础上，省双拥工作领导小组下发了《关于开展拥军优属、拥政爱民“结对”工作的意见》（湘拥发［2004］2 号），要求各市（州）结合实际，广泛开展“双拥结对”，把我省新时期的双拥工作推向新的发展阶段。全省共结对 323 对，其中长沙市 17 对，株洲市 16 对，湘潭市 12 对，岳阳市 30 对，娄底市 11 对，永州市 6 对，邵阳市 20 对，郴州市 9 对，怀化市 85 对，衡阳市 88 对，常德市 6 对，益阳市 8 对，张家界市 7 对，湘西土家族苗族自治州 8 对。各市州根据《意见》中统一的样式给结对单位制作双拥结对标志牌，并都在“八一”前组织了简朴而隆重的授牌仪式。各市州结对单位以“双拥结对”为契机，积极整合双拥资源，探索新经济组织和新的社会阶层开展双拥活动的途径和办法，把新型经济组织与社会行业领导成员纳入双拥工作领导小组，积极倡导基层行业和基层拥军活动，地方县级单位和军队团级单位建立双拥工作指导站，街道、乡镇和部队营以下单位建立双拥工作组，厂矿、居委会、村委会设立双拥联络员，逐步形成了领导重视，部门参与，上下配合，军地互动的格局，保证了双拥工作任务的落实，使新时期双拥工作再上新台阶。

二、深入开展国防和双拥教育

一是全省各市（州）以国防和双拥为主要内容的教育深入扎实。我省把国防教育和双拥宣传教育纳入国民教育体系，初步形成覆盖全省的教育网络，受教育面普遍提高；同时全省各市（州）国防教育基地全面向社会开放，各地有组织、有计划地安排干部、群众、军人、学生前往参观学习，使大家受到生动形象的爱国主义和双拥传统教育。军地双方都从各自实际出发，充分利用革命文物保护地、纪念馆、烈士陵园等课堂，深入持久地开展忧患意识、同心报国等教育。怀化、株洲、衡阳等市和各部队把国防教育阵地建设作为育人工程来抓，基本做到了县（市、区）和部队团以上单位有国防教育馆（室），乡、镇、街道、连队有国防教育园地，交通要道有固定宣传橱窗，教育有成套资料。全省各类学校、各级党校普遍把国防教育列入教学计划，对干部、学生（学员）进行比较系统的国防理论、国防形势、国防常识、国防精神、国防法制、国防科技和军事技能等教育，进一步增强了各级干部和广大学生（学员）的国防观念。

二是全省爱国拥军氛围更加浓厚。省委宣传部、省军区政治部、省双拥办充分利用各大新闻媒体抓住元旦、春节、八一、国庆等有利时机，开辟双拥宣传专栏和专题节目，广泛宣传我省军民在党的领导下团结奋斗的光辉历史和优良传统，宣传坚强的军政军民团结在促进国家和军队改革建设中的重要作用，宣传富有时代特色和地区特点的双拥典型和先进经验，促进双拥工作的落实。全省各市（州）都在医院、车站、银行、邮局、公园等服务窗口设置了“军人优先”、“军人候车室”、“军人免费”等标志；全省共刊登各类双拥新闻稿件 3300 余篇；各级党政领导干部过“军事日”200 余次；举行各类军民联欢会 140 余场。

三、军政军民互办实事

全省双拥工作会议召开后，各市（州）、各部队纷纷表示，当了模范，拿了奖牌，争创劲头不能减，工作标准不能降，要乘这次大会的东风，在“高”字上定目标，“深”字上下功夫，“实”字上求成效。

一是加大投入，在解决重点问题上见成效。长沙市针对目前经济转轨、企业改制以及医疗制度改革中出现的新情况、新问题，全市各级党委、政府在执行好现有优抚安置政策的同时，加大财政投入，使优抚对象生活水平与经济发展和人民群众的生活水平同步提高，并通过开展“爱心献功臣”活动，确实解决好重点优抚对象的生活、住房、医疗难等问题；为解决长沙市警备区用地问题，和解决国防科大住宅区生活用水等问题，长沙市政府简化手续、特事特办；株洲市加大财政投入，积极帮助部队解决战备、训练、生活中的实际问题，每年安排军人职业津贴和粮贴500多万元，安排征兵、退役士兵安置补偿金620万元；湘潭市无偿划拨土地40亩，拨款400万元支援军分区营院建设；衡阳市虽然经济不是很发达，但市委、市政府表示再困难也不能苦子弟兵，一年来为部队解决各种困难205件，无偿划拨用地27亩，并深入开展科技、智力拥军活动，从部队战备训练、后勤保障实际需要出发，提供技术支持。今年组织下岗军嫂培训2310人次，安排部队子女入学407名，减免入学费96万元；邵阳市积极筹措双拥、优抚配套经费，以“双拥结对”、一帮一的形式为部队解决各种困难238件，深受部队赞誉；郴州市近五年，市、县两级财政先后投入5千多万元支持部队建设，其中投资2000多万元用于支持军分区兴建专武干部培训中心和11个县（市、区）人武部的正规化建设，拨款2000多万元用于补贴部队官兵生活、设备器材购置和营房基建，偿还人武部收归军队建制时移交债务1200万元，无偿或优惠划拨军用土地850亩；怀化市提出双拥工作实行量化管理：共建1000亩桔园，1000亩科技高产田，10个厂矿企业，10个小康村，10个文明社区，10所中小学学校，10个传统教育基地，10片经济林，10个商贸城，10条路；益阳市提出创建全国双拥模范城的目标并要求做到“三个结合”：结合创建文明社区，把双拥工作纳入文明社区建设，明确评估分数和责任；结合城市低保，把困难优抚对象纳入低保范畴；结合救灾救济，把特困优抚对象纳入特困医疗救助。

二是圆满完成军休、安置任务。根据民政部、总参谋部、总政治部《关于审定2004年度军队离退休干部、退休士官安置去向的通知》（[2004]政干字第154号）等文件精神，共审定接收军队离退休干部398人，军队伤病残退休干部53人，无军籍退休退职职工73人。军休事业费与2003年相比增长1700万元，其中军休人员调整各项生活补贴标准等1500多万元，军队无军籍退休退职职工生活补贴110多万元。2004年度全省共接收军队转业干部3464人，退役士兵3.8万人，其中城镇退役士兵1.54万人，农村退役士兵2.24万人，转业士官2011人，按政策规定需要在城镇安排工作的退役士兵达1.56万人左右（含转业士官2011人），占退伍总人数的41%以上。为切实做好这项工作，我们针对退伍安置任务重、难度大、矛盾多、要求高的特点，坚持从巩固国防、服务经济、维护稳定的大局出发，坚持维护退役士兵的合法权益，认真贯彻执行《兵役法》、《退伍义务兵安置条例》和国务院、中央军委的有关政策规定，在继续实行“按系统分配任务，包干安置”和“按职工比例分配任务”办法的同时，努力克服困难，不断改进工作方法，积极探索退伍安置工作新路子，从而保证了退伍安置工作的顺利进行，使当年退伍回来应安置的退役士兵基本上得到了妥善安置。截止11月底已安置士兵、士官8248人，占当年应安置总人数的52.9%，安置转业干部2890人，占当年应安置总人数的83.4%。

三是继续开展“爱心献功臣”活动，落实各项优抚政策。“爱心献功臣”在全省已经开展多年，由于各级党委、政府的高度重视，这项工作取得了较大的成绩。在巩固成果的同时，2004年进一步做了以下工作：1、加大财政经费投入，抚恤标准普遍落实到位。建立完善了优抚对象抚恤补助标准自然增长机制，城镇的重点优抚对象在享受定补的同时，又享受城市最低生活保障，全省重点优抚对象的生活水平随社会发展不断提高。2、发挥社会力量，帮扶重点优抚对象。全省各地普遍建立了领导干部、富裕户、党政机关、企事业单位与优抚对象“结对子”的帮扶活动，制定了各种包扶制度，在活动中坚持“四个到位”，即领导干部包扶必须到位，帮助优抚对象解决困难必须到位，优抚对象患病住院必须到位，重大节日走访慰问必须到位。目前，全省已有15829个单位96453人（县级以上领导干部5641人）参加帮扶活动，共帮扶43467个重点优抚对象，已有36453个优抚对象的“三难”问题已基本得到解决，占包扶总数的84%。3、突出重点，落实责任。全省有重点优抚对象

353411人，不同程度地存在生活难、住房难、医疗难问题。为解决生活难问题，各地加大财政投入，调整提高抚恤补助标准，搞好优待金社会统筹，提高优待标准，把重点优抚对象列入城镇最低生活保障，使其享受双重保障。与此同时，还积极安排优抚对象子女就业，实施优惠政策等。目前全省优抚对象生活难问题已基本解决。为解决住房难问题，各地采取国家补一点、乡镇筹一点、社会捐一点、个人拿一点的办法为重点优抚对象新建和维修住房，全省共筹集资金8000余万元，义务帮工861405个，使28532户住房难问题基本得到解决。为了解决医疗难问题，各地普遍建立了优抚对象医疗保障制度，通过医疗保险、合作医疗、补助医疗等形式，缓解了优抚对象医疗难问题。

四是驻湘部队积极投入地方三个文明建设。驻湘各部队继承发扬我军拥政爱民的优良传统，把驻地当故乡，待群众为亲人，在圆满完成军事任务的同时，积极投入到地方的三个文明建设中来。为地方的重点工程建设、扶贫攻坚、治安维稳和公益事业发展作出了新的贡献。特别是今年入汛以后，我省部分地区水情灾情不断加重，驻湘各部队紧急出动，奋力抗洪，抢险救灾，先后出动兵力8万多人次，机械车辆8500多台次，与广大干部群众团结奋战，夺取了抗洪抢险救灾的全面胜利，再次显示了人民军队的英雄本色。全年驻湘部队在支援地方三个文明建设上投入的义务工达70万个，出动车辆机械18万（台）次，参加地方各类公益活动1800余次，军训学生128万余人，无偿献血120万毫升。以实际行动塑造了威武之师、文明之师的良好形象，巩固了军政军民团结。

全省双拥工作虽然在各方面有了长足的发展与进步，但还存在一些问题，主要是全省双拥工作发展不够平衡，个别地方还停留在一般化的水平；各地对完善政策法规建设比较重视，但落实政策力度不大；新形势下双拥工作的内容、方法、形式还有待于进一步研究、探索。

广东省二〇〇四年双拥工作要点

2004年，我省的双拥工作要在省委、省政府、省军区领导下，以“三个代表”重要思想和党的十六大、十六届三中全会精神为指导，坚决执行党中央关于加强军政军民团结的指示，认真贯彻落实全国双拥工作会议精神，围绕全面建设小康社会，以增强经济实力、国防实力和民族凝聚力为目标，以维护社会稳定、加快经济发展、推进军事斗争准备为重点，以建立和完善政策法规为手段，不断推进双拥工作的机制、内容、领域和方式创新，与时俱进抓好各项任务落实，巩固和发展军政军民团结，为我省加快发展、率先发展、协调发展，为部队的现代化建设提供有力保障。

一、深入开展学习实践“三个代表”重要思想活动，认真贯彻落实全国拥军优属拥政爱民工作会议精神

学习实践“三个代表”重要思想是双拥工作的首要政治任务，也是长期的战略任务。各地各部队要坚持用“三个代表”重要思想武装广大军民头脑，开展军地共同学习“三个代表”重要思想活动，用共同的政治信念，把军政军民的智慧和力量凝聚起来，为全面建设小康社会而奋斗。要坚持“三个代表”重要思想在双拥工作中的指导地位，切实按照“三个代表”的要求谋划发展思路，加强理论研究，丰富工作内容，检验工作成果，确保正确的工作方向。当前，要认真抓好全国双拥工作会议精神的学习贯彻工作。省双拥办拟于今年三月召开全省双拥办主任会议，传达学习全国双拥工作会议精神，总结2003年工作，提出今后的双拥工作任务，部署今年“八一”前夕我省双拥模范城（县）检查、评比、命名的有关工作。各级党委政府和驻粤部队特别是军地双拥工作部门要高度重视，迅速行动，密切配合，组织广大军民认真学习领会全国双拥工作会议特别是温总理的重要讲话精神，使广大军民的认识和行动统一到党中央的部署和要求上来。军地基层单位要把全国双拥工作会议的要求与本地区和部队的实际结合起来，研究制定贯彻落实方案和措施，促进双拥工作任务在基层落实。要把学习贯彻会议精神与双拥宣传和国防教育结合起来，广泛开展宣传、学习双拥模范城（县）、双拥模范单位、模范个人活动，用先进思想、模范事迹激励人、鼓舞人、引导人，推动群众性双拥运动的深入开展。

二、围绕推进中国特色军事变革和我省改革发展，加大军地互相支持力度，促进国防和经济建设协调发展

各级党委政府要围绕促进中国特色军事变革，扎实做好支持国防和军队建设工作。要继续支持部队搞好基础设施建设，不断改善驻当地部队战备执勤、工作生活条件。要把支持部队军事斗争准备作为拥军工作的重点，大力支援部队重点军事工程建设，扎实做好部队演习、海训期间的场地征用、物资供应、交通运输、通讯联络等拥军支前工作，为部队练打赢提供可靠保障。要深入做好科技拥军工作，研究制定支持军队实施人才战略工程的规划和措施，多形式、多渠道帮助部队培养高素质新型人才。要配合部队完成精简整编任务，做好人员安置、单位交接、部队移防和军事设施保护工作。要按照“平战结合、军民结合”的原则，处理好地方基础设施建设和国防设施建设的关系，促进经济与国防建设的协调发展。

驻粤人民解放军和武警部队要按照全国双拥工作会议要求，发扬传统，一如既往地支持地方改革发展。要以贯彻落实这次全国双拥工作会议精神为契机，创新拥政爱民的内容和方式，研究制定参加和支持全面建设小康社会的规划。要充分认识广东经济发展不平衡的实际，把扶贫帮困作为拥政爱民工作的重点内容，大力支持革命老区、山区和经济欠发达地区的经济建设，促进我省社会经济的协调、快速发展。要继续做好抢险救灾工作，研究总结抗击台风、洪水、“非典”等自然灾害的经验，密切关注季节灾情预报，提前制定应急方案，确保一有灾情，部队能迅速出动，切实维护国家和人民生命财产安全。基层部队要加强与地方在思想文化道德建设上的支持与合作，坚持每年为驻地办几件影响大、效果好的实事，继续深入开展预防军警民纠纷、军民共建精神文明、争创双拥模范城（县）和社会治安联防活动，不断提高拥政爱民工作水平。

三、深入研究经济社会发展和军事变革对双拥工作的影响，不断推进双拥工作的发展创新

继续开展双拥共建活动理论研究，促进新领域双拥工作的深入发展。各地各部队要继续开展双拥共建工作理论研究，进一步探索新经济组织双拥共建的内容、形式和组织领导，及时解决存在问题。军地各级宣传部门要搞好新经济组织双拥共建活动的舆论引导，鼓励和吸引更多的民营企业、民营企业家开展双拥活动，壮大双拥工作的社会力量。今年适当时候，省双拥办将与有关部门联合召开新经济组织双拥共建理论研讨会，交流总结工作经验，力争推出一批有深度、有价值的理论成果。各级双拥办要加强对新经济组织双拥活动的组织协调，引导他们发挥自身优势，在各级政府领导下有序地开展双拥活动，确保正确的发展方向。要适应当前城市社区建设的新形势，积极开展社区双拥共建工作的理论研究，把双拥共建工作领域向社区拓展。要组织利用社区科技、文化、教育等资源，开展形式多样、内容丰富的双拥共建活动，组织举办广场文化、社区文化活动，推动社区的精神文明建设，扩大双拥工作的群众和社会基础。

不断研究新情况解决新问题，及时推进拥军征兵优抚安置工作配套改革。军地有关业务部门要从全局出发，团结协作，发扬敢想敢干、敢为人先精神，从建立政策机制入手，搞好征兵优抚安置工作改革。要继续全面推进城镇退役士兵安置改革，认真贯彻落实省政府《关于全面推进城镇退役士兵安置改革的通知》精神，进一步完善退役士兵自谋职业的安置工作机制，大幅度提高退役士兵自谋职业比例。要深入研究城市化战略实施、户籍制度改革的影响，逐步建立城乡统一的优待抚恤标准和退役士兵安置办法。要深入研究农村税费改革的影响，制定优待金筹集、发放的新办法。要研究征兵工作、兵役制度改革的影响，建立和完善军地协调、上下配套的征兵一优抚一安置政策体系。要研究住房制度、军队后勤保障社会化改革的影响，及时充实拥军工作内容，改进拥军工作方式，大力做好行业拥军工作，逐步推行军休干部服务管理工作社会化，切实维护社会变革时期广大军民的根本利益。

四、认真搞好省级双拥模范的评比表彰活动，促进双拥创建活动的深入开展

“八一”前夕，省委、省政府、省军区将举行省双拥模范城（县）命名暨双拥模范单位和模范个人表彰大会，命名新一届省双拥模范城（县），表彰一批双拥模范单位和模范个人。各地要按照《广东省双拥模范城（县）命名管理暂行办法》的要求组织好自查自评工作，4 月底前完成双拥模范城（县）申报推荐工作。省双拥办拟于 5 月份，与省民政厅、省军区政治部组成联合检查组对申报的市、县进行检查验收。各地各部队要以此为动力，掀起新一轮的双拥活动热潮，积极投身于创建双拥模范城（县）活动，进一步提高我省双拥工作的整体水平。拟申报全国双拥模范城（县）的单位，要在“创”字上下功夫，认真总结分析本地区的双拥工作形势，查找薄弱环节，针对问题，依据《广东省双拥模范城（县）量化标准》，按照“巩固、发展、提高”的要求，固强项，攻弱项，认真做好整改提高工作。未能申报省双拥模范城（县）的单位，要认真制定创建规划，争取早日实现创建目标。与此同时，拟以省双拥工作领导小组、省人事厅、省民政厅、省军区政治部名义表彰一批拥军优属、拥政爱民模范个人，以省双拥工作领导小组名义表彰一批双拥模范单位。各地各部队要严格搞好双拥模范单位和个人的评比推荐工作，大力宣传表彰双拥先进事迹，进一步推动双拥工作。

五、坚持抓好双拥优抚安置政策落实，切实维护国防利益和优抚对象的合法权益

今年，军转干部和退役士兵安置任务将非常繁重。各级党委政府要提高对军队转业干部、退役士兵、军休干部安置工作的思想认识，消除畏难情绪，克服麻痹思想，把安置工作作为配合军队改革发展的大事抓紧抓好，增强做好复员转业退伍退休军人安置工作的责任感、使命感。要坚持计划分配和自主择业相结合，做好军队转业干部安置工作。要努力解决好退役士兵安置工作的历史遗留问题，坚持自谋职业为主、计划分配为辅的办法妥善安置城镇退役士兵。要高度重视、耐心做好军队离退休干部接收安置和服务管理工作，确保军休干部“两个待遇”落到实处。要完善和落实抚恤补助标准自然增长机制，加大优抚经费投入，继续解决好重点优抚对象的生活、医疗难问题，确保他们的生活达到或高于当地群众生活水平。要重视做好随军家属就业和涉军法律事务的处理工作，切实维护国防利益和军人军属的合法权益，为军心安定、社会稳定创造条件。

广东省二〇〇四年双拥工作总结

2004 年，我省双拥工作在省委、省政府、省军区的领导下，以“三个代表”重要思想和党的十六大、十六届三中、四中全会精神为指导，认真贯彻落实全国双拥工作会议精神，按照科学发展观的要求，围绕全面建设小康社会和推进中国特色军事变革，以增强经济实力、国防实力和民族凝聚力为目标，以维护社会稳定、加快经济发展、推进军事斗争准备为重点，与时俱进地抓好各项任务落实，巩固和发展了军政军民团结，为建设经济强省、文化大省、法治社会、和谐广东和实现富裕安康，为部队现代化建设作出了积极的贡献。

一、认真学习贯彻全国双拥工作会议精神，进一步增强了广大军民的国防观念和双拥意识

今年初，全国双拥工作会议后，我们采取多种形式认真传达贯彻会议精神，按照会议部署积极筹划当前和今后一个时期的双拥工作。及时召开了省双拥工作领导小组会议和全省地级以上市双拥办主任会议，传达学习会议精神，将军地各级领导的思想进一步统一到会议精神上来，并结合我省实际研究了贯彻落实的意见。黄华华、黄志忠、李容根等省双拥工作领导小组领导对学习贯彻落实会议精神提出了具体要求。各市、县（市、区）也都于3月底前召开了专门会议学习传达，并将会议精神贯彻到基层单位。广州、深圳、中山、江门、韶关、清远、肇庆、云浮等市召开了双拥工作会议，传达学习全国双拥工作会议精神，研究制定了贯彻落实会议精神的具体措施。汕头、惠州、阳江、梅州、湛江、茂名、潮州、揭阳、汕尾等市着眼复杂严峻的台海局势，把双拥工作重心转到支持部队做好军事斗争准备工作上来。各地各部队紧贴双拥工作实际，把学习宣传全国双拥工作会议精神作为国防教育和双拥宣传教育的重要内容，与以爱国主义为核心的国防教育和双拥宣传教育有机结合起来，进行了内容广泛、形式多样的宣传教育，进一步增强了广大军民的国防观念和双拥意识。各地各部队充分利用报刊、电台、电视台等新闻媒体，通过举办国防电影月（周），派发《双拥宣传》小册子，观看录像、图片展，设置国防标语标牌等形式，宣传会议精神。同时，采取一定形式开展台海形势教育，进一步激发了广大军民积极参与双拥工作的政治热情。全年刊登播发宣传报道稿件4860篇，举办双拥晚会、表彰会、座谈会7000多场次，军训学生4973万人次，举办国防教育活动2000多场次，接受教育人员达3321万人次。各级以落实全国双拥工作会议精神为契机，进一步健全了双拥工作机构。省双拥办增设了1名专职副主任，增加了3名编制。珠海、东莞、河源等市成立了双拥科，配备了2名专职双拥工作人员，落实了办公场所和经费。佛山、汕头等市争取了2个双拥编制，配强了双拥工作人员。

二、认真做好省双拥模范城（县）评比命名表彰，进一步推动了创建活动的深入开展

2004年是我省双拥模范城（县）的检查评比命名年。省双拥工作领导小组对做好评比命名表彰进行了部署，省双拥办制定了检查评比工作方案。各地各部队以争创双拥模范城（县）为动力，按照创建双拥模范城（县）的标准要求，把评选推荐的过程作为落实双拥优抚安置政策的过程，军地密切配合，制定创建方案，召开动员大会，部署创建工作，开展自查自评，共同解决热点难点问题，掀起了新的创建热潮，进一步促进了双拥工作在基层的落实。省双拥办组织5个检查验收组，对申报单位进行了检查验收。共实地抽查了18个地级以上市和34个县（市、区）的双拥工作情况，检查了45个优抚事业单位、31个国防教育基地、32个军民共建点、27个烈士纪念建筑物，深入300多户重点优抚对象家中，检查双拥优抚安置政策落实情况。对照双拥模范城（县）评比命名量化标准进行打分，根据打分情况和好中选优、优胜劣汰、有上有下、有进有出的评比原则，向领导小组提出了拟命名名单。7月28日，省委、省政府、省军区隆重召开了命名表彰大会，命名广州市等79个市、县（市、区）为“省双拥模范城（县）”，表彰了50个省双拥模范单位和49名模范个人。张德江、黄华华、卢钟鹤、陈绍基、张国初、蔡多文、胥肖野、胡长生等党政军领导、各地级以上市有关领导及社会各界、部队官兵共1400多人参加了大会，新闻媒体进行了广泛的宣传报道，进一步推动了创建活动的深入开展。

三、认真贯彻新时期军事战略方针，积极组织协调社会各界力量支持驻粤部队做好军事斗争准备工作

我省各级党委政府认真贯彻新时期的军事战略方针，从广东地处军事斗争准备的重要位置考虑，正确处理经济与军事、“市场”与“战场”的关系，组织协调社会各界力量，积极支持部队做好军事斗争准备工作。一是建立健全国防动员保障机制，扎实做好拥军支前工作。各级把军事斗争准备作为国防动员建设的根本着眼点，按照国家和广州军区国防动员建设“十五”规划要求，把国防动员工作纳入党委政府工作计划，把专职武装干部和民兵干部管理纳入党政干部管理计划，把国防动员基础设施建设纳入城市建设总体规划，把国防动员经费纳入地方财政统筹安排。各级党政军领导还以高度的政治责任感，把配合部队搞好演习和海训作为大事、作为演练战时支前的工作来抓，积极组织社会各界、各有关部门开展拥军支前工作，确保了部队海训任务的圆满完成。全省共派出保障演习人员16万多人次，疏散转移群众50万多人次，供应保障演习物资3万多吨，慰问演习部队经费达到1300万元。二是整合社会资源和力量，积极支持驻粤部队后勤保障社会化改革。各级政府把推进驻粤部队后勤保障社会化改革作为促进经济建设与国防建设协调发展和双拥工作的重要内容，认真研究制定支持驻粤部队后勤保障社会化改革的配套政策，积极解决推进后勤保障社会化改革中遇到的重点难点问题，使驻粤部队后勤保障社会化改革取得明显成效，提高了驻粤部队的后勤保障能力和保障效益。全省支持部队后勤保障社会化改革的资金达4200万元，减免有关税费880多万元。三是立足战争形态的新特点及其发展趋势，加强人防工程建设。各级着眼反台独军事斗争准备和国防建设需要，坚持与经济建设协调发展、与城市建设相结合、与要地防空和野战防空相统一的基本原则，将人防工程建设规划纳入城市建设总体规划，建立健全人防机构和指挥系统，完善人防法制建设，加强人防机关“准军事化”建设，有力地推动了我省人防建设的健康、快速、全面发展。全省21个地级以上市、121个县（市、区）都成立了人防工作机构，落实了战备值勤制度。

四、坚持国防建设和经济建设同步发展的原则，军地互办实事好事，进一步密切了军政军民关系

广大军民自觉坚持国防建设和经济建设同步发展的原则，在更宽领域、更深层次广泛合作，军地之间互办实事好事，互相促进，共解难题，进一步融洽了军政军民关系，推动了地方经济发展和部队现代化建设。各级党委政府坚持以提高部队战斗力为目标，广泛深入地开展内容丰富、形式多样的拥军优属慰问活动，为部队办实事、做好事。“八一”前夕，按照省委领导的指示要求，省双拥办、省民政厅组织了5个拥军慰问组，代表省委、省政府深入到驻粤陆、海、空军和武警部队5个基层单位进行走访慰问。各市、县（市、区）也都广泛组织开展了拥军慰问活动。据统计，全省召开大型军政座谈会200多场，组织拥军慰问团（组）7000多个，举办军民联欢会、迎春茶话会380多场。支持部队建设资金5.3亿元，其中补贴官兵生活资金1.5亿元，投入8000多万元用于739个军事设施建设项目。驻粤部队牢记全心全意为人民服务的宗旨，在完成战备、训练、执勤等任务的同时，坚持“驻扎一方，稳定一方，发展一方，造福一方”，积极参加地方经济建设，奋勇完成急难险重任务，积极参与维护社会稳定行动，广泛开展兴学助教、扶贫济困、富民助民等便民利民活动，为我省的三个文明建设作出了重要贡献。省军区、武警总队派出官兵到火车站、“花市”等地协助维护秩序，维护社会稳定。南海舰队发动官兵踊跃为湛江市“固本强基”工程捐款45.5万元。广州军区空军部队承担了新白云国际机场的部分施工任务，为机场的如期完工作出了贡献。2004年，驻粤部队共投入劳动日82万多个，出动机械、车辆3.6万多台次，参加和支援地方工程建设710余项，协助公安机关抓获犯罪嫌疑人1万多人，抢救遇险群众1万多人次，为地方挽回经济损失近2亿元。各地各部队积极做好预防和处理军警民纠纷工作，全年没有发生大的军警民纠纷。

五、坚持与时俱进、改革创新，进一步增强了双拥工作的生机与活力

各地各部队积极适应新形势新任务的要求，坚持与时俱进，加大双拥工作改革创新力度，在实践中不断深化内容、创新形式、丰富内涵、拓宽领域，进一步增强了双拥工作的生机与活力。一是深入开展了非公有制经济组织和社会组织的双拥共建活动。各地各部队积极应对非公有制经济组织和社会组织蓬勃发展的新形势，在非公有制经济组织和社会组织中开展爱国拥军活动和军民共建活动。省双拥办在广州、深圳、珠海、惠州、东莞、中山等市建立了非公有制经济组织和社会组织双拥共建联系点，帮助总结提高，收到很好的效果。在2004年1月召开的全国双拥工作会议上，深圳市的旭飞集团有限公司作为全国“爱国拥军模范单位”，受到了全国双拥工作领导小组、民政部、总政治部的联合表彰，并在大会上作了书面发言。去年10月，我省双拥办在全国省区市双拥办主任会议上介绍了《与时俱进，开拓创新，积极组织引导非公有制经济组织和社会组织开展爱国拥军活动》的经验，得到与会代表的好评。各地各部队积极引导非公企业主与军烈属结对帮扶，开展“一帮一、一帮多、多帮一”活动，丰富了非公经济组织与社会组织双拥共建活动的内涵。各地各部队积极组织引导非公经济组织和社会组织做好退役士兵和随军家属安置工作，为拓宽安置渠道，缓解政府安置压力作出了贡献。全年全省非公经济组织和社会组织支持部队建设资金9600多万元，接收安置退役士兵6000多人，安排随军家属就业750多名。二是深入开展了军民共建文明社区活动。适应城市管理社区化和建设现代化新型文明社区任务的新形势，积极开展军民共建文明社区活动，探索建立军民共建文明社区活动的新形式，涌现出一批具有时代特色、充满生机活力的先进典型。广州市东山区黄花岗街道积极开展“军民四方共建文明社区活动”（即一个社区居委与一所学校、一个部队、一个机关单位结成共建关系），全街道13个社区构筑了四方共建平台，近60个军地单位共同参与，共建的军地单位把共建社会主义精神文明与维护社会稳定、“实现十年一大变”的工作目标结合起来，优势互补，资源共享，共建和谐社会，共建文明健康、高质量的生活家园，有效地推动了社区和共建单位的精神文明建设和各项事业的发展。广州市越秀区流花街道与驻街道部队开展的“六进军营”活动，广州市荔湾区沙面街道与武警广东省总队二支队六中队探索出的“六联六共”共建模式，都得到了上级军地领导的充分肯定。目前，军民共建文明社区已成为我省军民共建活动的一个新亮点。

六、认真落实各项拥军优抚安置政策，维护了部队官兵和优抚对象的合法权益

一是积极做好抚恤优待工作。各级积极向财政争取经费解决重点优抚对象的实际困难，确保了各类重点优抚对象的生活水平与当地人民群众生活水平同步提高，有效地维护了广大优抚对象的合法权益。去年各级财政拨款2.8亿元，优待烈属3.2万户，户平年标准2800元，义务兵家属6.7万户，户平年标准3400多元，优待面达到100%。二是努力拓宽安置渠道，转业复员退伍军人和军休干部得到妥善安置。2004年，我省接收安置军队转业干部5360名，师职和团职干部数量均列全国第1位。实行计划安置的4436名军转干部，90%以上安排在行政事业单位。及时为选择自主择业的924名军转干部办理了自主择业手续，落实了地方的生活补助政策。全省共接收退役士兵31419人，其中按政策应由政府安置的城镇退役士兵9492人，已安置9034人，占应安置总人数的95.2%；有7878名城镇退役士兵选择了自谋职业，占应安置总人数的86.4%，我省安置难的问题得到缓解。圆满完成了民政部、总后勤部下达的接收安置军休干部、无军籍退职职工任务，军休干部“两个待遇”得到了全面落实。三是采取各种有效措施，妥善安排随军家属就业。坚持适当照顾就近和与原工作单位性质、工种、专业基本对口的原则，各级采取以政府安置为主渠道，积极鼓励随军家属自谋职业，扶持随军家属从事个体经营和自主创业，帮助驻军提高内部安置能力等方法妥善安置随军家属，并有计划地组织随军家属参加各种就业技能培训，提高其自身素质，增强就业竞争能力。去年，共安置4400多名驻粤部队随军家属就业。四是建立健全“维权”机制，积极维护国防利益和军人军属的合法权益。各级按照“面上铺开、典型引路、总结经验、全面推进”的工作思路，建立健全了以“一组一庭两中心”为主体、纵横相通的三级维权网络，对军地反映的涉军问题认真协调、合理解决，对军人军属合法权益受到侵害的积极进行维护，国防利益和军人军属的合法权益得到了维护。据统计，全省各级维权机构接受部队和军人军属法律咨询1万多人次，直接受理涉军法律事务2300多件，90%得到妥善处理，为部队和军人军属挽回经济损失1亿多元。

一年来，我省双拥工作取得了较大成绩，但也存在一些问题和薄弱环节，主要是：一些地方在创建双拥模范城（县）活动中，不同程度地存在着重数量轻质量、重荣誉轻工作、重评比轻平时的倾向；有些地方对双拥工作的新情况、新问题深入调查研究不够，双拥工作停留在低层次、一般化的水平上；不少市、县双拥工作人员编制不落实、经费不到位等问题还比较突出。

广西壮族自治区二〇〇四年双拥工作要点

2004年，全国双拥工作要认真贯彻落实党的十六届三中全会精神，按照全国双拥工作会议的要求，在马列主义、毛泽东思想、邓小平理论和“三个代表”重要思想的指引下，围绕“发展是第一要务”，坚持“以人为本”，着眼于“发展社会生产力和提高部队战斗力”，服务大局，与时俱进，创新思路，拓宽领域，丰富内容，面向基层，开拓进取，军政军民团结一致，同心同德，积极开创改革开放和社会主义现代化建设新局面，为实现富民兴桂新跨越和促进部队建设作出新的贡献。

一、广泛进行国防双拥宣传教育，加强军政军民团结

党的十六大精神和“三个代表”重要思想，是做好双拥工作的主要依据，也是双拥工作的首要任务。各地各部队要紧密联系双拥工作实际，组织广大军民深化对十六大精神和“三个代表”重要思想重大意义的认识，认真学习全国双拥工作会议精神，深入理解十六大关于“拥军优属、拥政爱民，巩固军政军民团结”的要求，牢固确立“三个代表”重要思想在双拥工作中的指导地位。切实加强爱国主义教育和双拥宣传教育，宣传教育要不断探索研究教育内容，改进教育方法，完善教育制度，增强教育的针对性、系统性和有效性。坚持依托各种教育基地搞好经常性教育；坚持利用重大节日和重要时机进行集中教育；坚持通过树立榜样，表彰先进开展典型教育。大力宣传我国军民在中国共产党领导下，为民族解放和国家富强而团结奋斗的光辉历史；宣传军政军民在我国革命和建设中相互支持的生动事迹；宣传做好双拥工作对促进国家改革发展稳定和军队建设的重要作用；宣传具有时代特色和广泛影响的拥军优属、拥政爱民先进典型。同时要抓好《中华人民共和国国防教育法》和《军事设施保护法》的宣传教育，不断增强广大军民热爱国防、献身国防的光荣感和自觉履行国防义务的责任感。营造浓厚的双拥氛围，创造良好的双拥环境。凝聚军政军民力量，同心同德，努力实践十六大描绘的全面建设小康社会，加快推进社会主义现代化建设的宏伟蓝图。进一步巩固和发展新型军政军民关系，加强军政军民团结。

二、认真贯彻落实全国拥军优属拥政爱民工作会议精神，搞好自治区双拥先进、模范城（县、区）的命名表彰

经党中央、国务院、中央军委批准，元月8日至9日，全国双拥工作领导小组、民政部、总政治部在北京隆重召开了“全国拥军优属拥政爱民工作会议”，认真回顾和总结了十三届四中全会以来双拥工作的经验，部署了当前和今后一个时期的双拥工作任务；命名“全国双拥模范城（县）”，同时表彰“爱国拥军模范单位、拥政爱民模范单位、爱国拥军模范、拥政爱民模范”；我区有9个市县荣获“全国双拥模范城（县）”、8个单位荣获“全国爱国拥军模范单位、拥政爱民模范单位”、3名个人荣获“全国爱国拥军模范、拥政爱民模范”。这次会议是继1991年全国双拥工作会议之后的又一次大规模、高规格的双拥重要会议，将对进一步做好新形势下双拥工作具有重要指导和促进作用。各地各部队要认真组织学习贯彻落实好全国拥军优属拥政爱民工作会议精神，上半年，各市召开双拥工作会议，传达贯彻全国双拥工作会议精神，以全国双拥模范城（县）、双拥先进单位和个人为榜样，对照先进，总结经验，表彰先进，查找差距，掀起学先进、赶先进、超先进的双拥热潮，进一步调动广大军民做好双拥工作的积极性，形成领导重视、部门协作、军地互动、军民广泛参与的双拥工作局面，把创造双拥模范城（县）活动进一步引向深入，促进双拥工作整体水平提高。自治区党委、自治区人民政府、广西军区拟于上半年召开全区双拥工作会议，命名双拥模范城（县）、表彰“自治区爱国拥军模范单位、拥政爱民模范单位、爱国拥军模范、拥政爱民模范”。

三、大力抓好基层双拥工作，实现军地双拥互利双赢

各地各部队要按照“组织健全、政策落实、活动经常、关系融洽”的要求，进一步加大抓好基层双拥工作的力度。各部队要积极参加和支持国家建设，充分发挥自身优势，积极支持和参加广西实施西部大开发战略，广泛开展扶贫帮困、科学助民活动，特别是驻边境地区和贫困地区的部队，要做到每个连队有扶贫点，积极努力工作，切实帮助其摆脱贫困；抓好“希望工程”和“春蕾计划”的实施，要帮助边境地区和贫困地区建设“希望学校”，做到每个团级干部承包资助一名贫困学生，保证他们有书读，不辍学；积极参加急难险重任务，奋勇参加抢险救灾，加强军警民联防联治，协助地方打击各类犯罪活动，保卫改革开放成果和人民群众生命财产安全，维护边疆地区安全与稳定。地方各级组织和政府、广大人民群众要关心支援国防和军队建设，支持部队军事斗争准备，支持部队完成各项任务，重点帮助部队完善基础设施建设，扶持部队发展生产，改善基层连队的物质文化生活，同时还要进一步加大智力拥军、科技拥军的力度，帮助广大官兵提高文化水平，促进部队战斗力提高。自觉维护和保护军人及其家属的合法权益，维护和保护军事设施，帮助部队解决战备、训练、国防设施和科研等方面的实际困难，积极配合部队完成野外驻训、海训和军事演习，搞好场地、交通、物资等保障；协助和支持部队搞好后勤保障社会化工作；坚持政府行为与社会行为、以情双拥与依法双拥、行政调节与市场调节相结合，切实抓好拥军优抚安置政策的落实，坚持指令性安置和自主择业相结合，做好军队转业干部安置工作。采取政府安排、扶持就业、经济补偿等多种形式，拓宽城镇退役士兵安置渠道。采取对口安置、双向选择、政策扶持等办法，搞好随军家属就业安置。坚持国家保障和社会优待相结合，搞好老红军、烈属、伤残军人、老复员军人等重点优抚对象的生活保障。按照依法优抚的原则，及时妥善处理部队官兵涉法问题，维护军人及其家属合法权益。各地要抓好双拥进社区工作，努力探索社区双拥的经验和做法；要积极抓好大中型企业和民营企业的拥军优属工作，要发动和引导他们主动自觉做好拥军优属工作。自治区拟于适当时候，召开全区社区双拥工作暨大中型企业和民营企业拥军优属工作经验交流会。

四、加强双拥政策法规建设，研究新情况，解决新问题

要深入研究市场经济条件下双拥工作遇到的新情况、新问题，进一步加强政策、法规和制度建设，推动双拥工作向规范化、法制化、制度化发展。各地各部队要认真调查研究，积极探索新时期双拥工作的特点和规律，使双拥工作不断适应新形势的变化。加强双拥政策法规建设，用法制手段调整和规范双拥的责任和义务，维护国防利益和军人及其家属的合法权益，推进转业退伍军人、随军家属安置和义务兵家属优待等各项政策的落实，促进重点优抚对象生活、住房、医疗困难等问题的解决。部队要严格遵守拥政爱民的各项规章制度，同时模范遵守党的政策和国家的法律法令，严格执行群众纪律，自觉维护军队形象。要高度重视融洽军政军民关系，积极主动做好工作，避免发生矛盾和纠纷。军政军民要坦荡直言，互谅互让，友好协商，严于律己，化解矛盾，消除隔阂，融洽感情。

五、加强双拥办建设，充分发挥职能作用

双拥办是双拥工作领导小组的日常办事机构，必须加强双拥办建设，充分发挥双拥办的组织、协调、指导作用。双拥办要坚持定期不定期向党委、政府、驻军汇报工作，特别是要向分管的党政军领导反映情况，提出建议，争取领导的重视和支持。要抓好“双拥经费、办公地点、办公设施、军地合署办公”的落实。要协调发挥领导小组成员单位的作用。双拥办要与成员单位加强联系，及时掌握信息，沟通情况，共同研究制定结合各部门业务开展双拥活动的措施。同时要注重抓好政治、思想、业务、作风建设。努力建设一支“与时俱进、思想稳定、热爱本职、业务精湛、工作勤勉、作风正派、廉洁自律、工作高效”的双拥工作队伍。抓好制度建设，完善和坚持会议、学习、计划、检查、评比、汇报、表彰、登记以及资料管理等工作制度，使双拥办工作真正做到制度化、正常化、标准化、自动化。自治区拟于第四季度开展评选“自治区先进双拥办和先进双拥工作者活动”。

广西壮族自治区二〇〇四年双拥工作总结

2004年，我区双拥工作在全国双拥工作领导小组和自治区党委、自治区人民政府、广西军区的领导下，以“三个代表”重要思想和十六大精神为指导，认真落实党中央、国务院、中央军委关于加强军政军民团结的一系列重要指示，坚持双拥工作“以人为本和权为军民所用、情为军民所系、利为军民所谋”为出发点，服务大局、与时俱进、立足基层、注重落实，全区的双拥工作从内容到形式有了新的进步和发展。进一步巩固和发展了军民“同呼吸、共命运、心连心”的大好局面，有力促进了地方经济发展、社会稳定和部队建设。

一、深入学习贯彻全国双拥工作会议精神，掀起双拥活动新高潮

（一）双拥宣传和国防教育成效显著。国防观念和双拥意识是建设和巩固国防，增强军政军民团结的思想基础。对此，各级党委、政府和部队都把搞好国防双拥教育作为双拥工作的重要任务来抓。把国防双拥教育纳入全民教育总体规划，建立了以“各级领导干部为重点，以民兵预备役人员为主体，以大中小学生为基础”的全方位的国防和双拥宣传教育网络。紧密联系国际形势和台海局势的变化，充分利用广播、影视、报刊、网络等媒介，深入进行以爱国主义为核心的国防和双拥宣传教育。一是认真抓了全国双拥工作会议精神的传达贯彻。全国双拥工作会议召开后，我区党政军民乘大会的东风，在全区各地各部队通过举行迎匾挂匾仪式和召开庆祝会，以及广播、电视、报刊广泛宣传等形式，掀起了学习贯彻全国双拥工作会议精神的热潮，营造了良好的双拥社会氛围。荣获全国双拥模范城（县）的柳州市、桂平市、桂林市、北海市、南宁市、贵港市、防城港市、梧州市、靖西县分别举行了党政军主要领导参加的隆重热烈、声势浩大的迎匾和挂匾庆祝会，对本地区的双拥创建工作进行再动员，再发动。地处中越边境的靖西县党政军隆重召开荣获全国双拥模范县庆祝大会，5000多名社会各界干部群众和1500名驻地官兵参加了庆祝大会。会议规模之大、规格之高为靖西县多年来少有。防城港市组织全市军民2600人参加的28个方队，在全国双拥模范城奖匾车、宣传车、锣鼓车和军乐队的引导下，在市区主要街道进行了庆祝游行，使全市军民共同分享全国双拥模范城的殊荣。自治区双拥办全文印发了温总理在全国双拥工作会议上的讲话共600份，发至各县市和部队团以上单位。全区各大新闻媒体都积极宣传报道会议有关精神，转载刊登了温总理等中央领导人的重要讲话；《广西日报》、广西人民广播电台开辟了《双拥专刊》，宣传了我区9个全国双拥模范城（县）的事迹。各地各部队认真抓了双拥国防标语牌的建立和更新，在城市、乡镇、军营新树立了700多块永久性双拥国防标语宣传牌，并对200多块残旧的双拥国防标语牌进行了翻新维修。特别是全国双拥模范城（县）都在进城的显要位置树立了“全国双拥模范城（县）——欢迎您!”的标语牌。二是利用新闻媒体开展国防双拥教育。为了扩大国防双拥宣传教育覆盖面，增强效果，各地注重发挥新闻媒体的作用，在报刊、电台、电视台开辟国防双拥专栏，大力进行国防双拥宣传。北海市坚持常年开辟了“军旅生活”、“当兵人”、“双拥动态”等双拥专栏，不间断地全方位宣传双拥工作。从2003年“八一”起，防城港市在电视台开播了“军民心连心”固定栏目，专题报道部队和军地双拥活动。节目开播以来，深受全市军民欢迎。今年“八一”，为庆祝“军民心连心”开播一周年，市双拥办、电视台和驻军联合摄制了21集“走边关”系列专题电视节目，分别在《防城港新闻》、“军民心连心”栏目中播放。并将“走边关”系列专题电视节目制成光碟，发放到部队和机关、学校、企事业单位、社区，进行直观形象的视听教育。三是依托各种教育基地开展国防双拥教育。各地各部队积极组织军民到国防和爱国教育基地参观纪念场馆、战争遗址、烈士陵园，缅怀革命先烈；组织地方到部队参观学习，组织部队到地方参观改革开放成果。东兰县组织干部职工和学生开展了“重走将军路”国防教育活动。百色市组织市民开展了“红色之旅”活动，参观邓小平领导百色起义革命纪念馆和粤东会馆旧址。通过形式多样的国防双拥宣传教育，使双拥工作更加深入人心，增强了全区军民的国防双拥意识，营造了更加良好的双拥氛围，进一步增强了党政军民做好双拥的光荣感、责任感。

（二）军民共建活动扎实有效。各地各部队始终把军民共建作为双拥工作的一项重要内容来抓，不断拓宽共建内容，提高共建质量。全区军（警）民共建点都能坚持有协议、有机构、有计划措施、有总结表彰。在共建中，注重开拓创新，使共建形式内容不断推陈出新，在坚持军地双方搞好“双拥国防教育、文体联谊、互办好事、互解难题”的基础上，还能把“希望工程、质量建军、创建模范城（县、区）”等工作结合起来。积极开展共建小康村、共建文明单位、举办双拥知识竞赛、扶贫帮困等活动。南宁市积极开展“法制进军营、军民共建文明社区、文明街道、文明村镇、文明行业”等活动，形成了军地互学、互教、互益、互促的良好局面，有80%的共建点受到县（团）级以上单位表彰。钦州市组织市科技局、第一、二人民医院等12个单位共70多人组成“科普进军营”活动小组，历时3个月，由专家亲自给官兵讲科普知识，深受官兵欢迎。玉林市168所少年军（警）校定期与共建单位开展军训和国防教育及文娱体育等联谊活动，不断增强广大师生的国防观念。玉州区东城小学少年军校赴京参加全国少年军校示范校竞赛，荣获红军蓝军军事技能对抗大赛冠军。柳州市鱼峰区在军民共建中，积极开展“三进军营和三进社区”活动，即地方帮助部队“科技、文化、法律进军营”，部队帮助地方“国防教育、医疗卫生、扶贫帮困”进社区。随着城市社区建设的发展，共建活动也积极跟进，军地纷纷结成对子，为搞好社区建设出力，促进了基层双拥工作的深入发展。一年来，全区有75%以上的共建对子受到县（团）以上单位的表彰。

（三）创建双拥模范城（县、区）活动更加深入扎实。创建双拥模范城（县、区）是加强军政军民团结的有效途径，各地各部队都把获得双拥模范城（县、区）称号看成是本地区最高的政治荣誉，看成是一个地区政治稳定、经济发展和社会进步的重要标志。为此，各地党政军高度重视，以创建双拥模范城（县、区）为载体，按照“巩固、发展、提高”的方针，认真总结创建双拥模范城（县、区）活动的经验，不断丰富活动内容，拓宽工作领域，强化竞争激励机制，充分调动广大军民参与的积极性。为了认真做好命名全区双拥模范城（县）、表彰双拥先进单位和个人的工作，自治区双拥办按照下发的推荐申报要求，对照全国双拥模范城（县）的六条标准，对各市推荐申报的全区双拥模范城（县）的候选单位进行了逐个检查验收，实行量化打分，全面衡量，严格筛选，经自治区双拥工作领导小组第15次全体成员会议审议通过，经自治区党委、人民政府、广西军区审批命名了61个市县（区）为自治区双拥模范城（县、区）；命名20个市县（区）为自治区双拥先进市县（区）。授予地方101个单位为“自治区爱国拥军模范单位”；授予部队60个单位为“自治区拥政爱民模范单位”；授予地方198名同志为“自治区爱国拥军模范”；授予部队100名同志为“自治区拥政爱民模范”。创建活动贵在坚持，贵在创新，贵在发展提高。对此，自治区和各市注重加强了对基层创建活动的检查和指导，经常组织人员深入到自治区级双拥模范城（县、区）进行跟踪检查，对工作有发展创新的，及时给予肯定和表扬，对工作存在不足的提出批评，现场帮带指导，限期改进。通过跟踪检查，较好地解决了争创工作中存在的问题，激发了各地争创活动的内在动力，使全区的争创活动始终保持了强劲的势头，军政军民团结得到进一步巩固和加强，全区双拥工作的整体水平进一步提高。

二、健全机制，落实政策，双拥工作有序发展

（一）加强组织领导。领导挂帅，齐抓共管，形成合力，是做好双拥工作的关键。全区各级党委、政府和驻桂军（警）部队严格按照“组织健全”的要求，层层成立以“一把手”为组长的领导小组，军地领导班子成员发生变动后，及时进行调整和充实，坚持对双拥工作实施不间断的领导，形成“党政一把手亲自抓，分管领导具体抓，一级抓一级，层层抓落实，全社会共同参与，各部门齐抓共管”的双拥工作新格局。各地各部队非常重视双拥工作，把双拥工作写入了党代会、人代会。坚持做到“四纳入”、“五亲自”，即：纳入社会发展和部队建设总体规划，纳入党政军重要议事日程，纳入各级领导的政绩考核内容，纳入年度财政预算决算。亲自参加双拥工作计划的制定，亲自参加双拥工作重大活动的实施，亲自参加双拥工作重大问题的处理，亲自听取双拥工作的情况汇报，亲自主持研究双拥工作的持续发展。自治区党政军领导十分重视双拥工作，今年，为了开好“自治区双拥工作大会”，自治区党委曾先后两次召开常委会，研究全区双拥工作会议有关事宜。在常委会上，自治区党委书记曹伯纯同志要求“扩大双拥工作影响，把原定召开普通大会改为电视会议。主会场设在首府南宁，各市县（区）设分会场”。11月11日，自治区党委、自治区人民政府、广西军区在南宁隆重召开了“全区双拥工作电视会议”，会议学习贯彻了全国双拥工作会议精神；总结了2001年以来我区双拥工作情况；命名了自治区双拥模范、先进城（县、区），表彰了自治区双拥模范单位和模范个人；部署了当前和今后一个时期的双拥工作。这次会议规模大、影响大。以电视会议形式在全区各市县区设立了分会场，各级党政军领导和军民代表近3万人参加了会议，收看了会议实况。这次会议宣传报道面广，全区各地主要报刊、广播、电视等新闻媒体都宣传报道了会议盛况。《中国社会报》也头版报道了我区这次会议的情况。这次会议领导重视规格高。会议以自治区党委、自治区人民政府、广西军区的名义召开；自治区领导曹书记、陆主席、广西军区司令员和在南宁的自治区四家班子的正副职领导，以及驻桂部队军级单位的军政主官都出席了会议；那么多自治区党政军领导出席会议，在我区双拥会议历史上还是第一次。崇左市针对行政区划的调整和驻军的整编，及时调整充实双拥工作领导小组。全市各级双拥机构也及时进行了调整和充实。空军南宁指挥所整编组建后，所党委、机关坚持从讲政治的高度，把群众工作列入党委议事日程，继承和发扬原空七军的双拥优良传统和作风。根据新的形势任务，合理调整使用群众工作力量，使群众工作平衡过度，有序开展。据不完全统计，全区有1200多个市县区乡镇成立了双拥工作领导小组，下设了办公室，加强了双拥工作的领导，保证了双拥工作的正常运作，促进了双拥工作的持续健康发展。

（二）加强双拥办自身建设。在机构改革中，各地注重加强双拥机构的建设，南宁市、柳州市、桂林市、北海市、贵港市、钦州市、防城港市、百色市、贺州市等高度重视双拥办的建设，在人员编制十分紧张的情况下，单独列编，配备了专职人员。绝大多数双拥办有专门办公场所，专项双拥经费，并配备了电脑、照相机等办公设备。各地还坚持军地合署办公，保证了双拥办工作的正常运转。不断健全和完善工作制度，全区各地普遍建立和形成了一套双拥工作制度，如党政议军会议制度；军地联席会议制度；地方领导到部队现场办公制度；军地双向服务制度；双向走访制度；总结评比表彰制度；情况通报交流制度等。通过这些行之有效的制度，促进了全区双拥工作有计划、有步骤地正常开展。同时加强双拥激励机制建设，经过多年的探索，逐步建立了一系列有效的双拥激励机制，在全区范围内实施双拥量化考核标准，定期评选“双拥之星”、“先进双拥工作者”、“先进双拥办”、“双拥优秀通讯员”等。许多市县也开展了评选“双拥十佳领导”、“双拥十佳单位”等活动。通过这些机制，激发了双拥工作者的热情，调动了全区军民参与双拥的积极性，进一步促进了双拥工作的全面开展。

（三）进一步完善双拥法规，确保双拥政策法规落到实处。全区各地注重了依法双拥，加大了双拥优抚安置政策法规的落实力度。一是认真抓了双拥政策法规的修订完善。针对市场经济条件下双拥工作遇到的新情况、新问题，各市县注重加强了对原有双拥政策法规的修订和完善，并出台了一些新的双拥政策。如柳州市、北海市、防城港市、南宁市、桂林市先后出台了《军队随军家属就业暂行规定》、《军队随军家属待业生活补助规定》、《关于支持驻军后勤保障社会化改革的实施办法》、《关于建立抚恤补助标准自然增长机制的通知》等政策性文件。二是认真抓了义务兵家属优待金的兑现工作。各市县认真执行了桂政发［2000］45号文件精神，使全区义务兵家属优待金全部列入各级财政年度支出预算，做到统一机构管理，统一时间发放，统一标准兑现，保证了按时按标准足额发放，目前全区没有出现拖欠发放义务兵家属优待金的现象。三是认真抓好“三老”“三难”问题的解决。全区各类优抚对象的抚恤定补金都达到了国家标准，按月足额发放。今年是重点优抚对象抚恤定补标准自然增长年，各市县区都非常重视，都自觉及时从财政拨款，从七月一日起，给重点优抚对象每人每月提高了10元抚恤定补金。并把特困重点优抚对象纳入低保和特困户救助行列，享受各种救助待遇。南宁市、柳州市结合当地实际，在国家抚恤定补标准的基础上适当提高了标准，使优抚对象的收入达到了当地人均收入。各地卫生部门还普遍给“三老”优抚对象发放医疗优惠卡、农村合作医疗证。全区二等乙级以上伤残军人都全部享受了公费医疗，并做到了实报实销。柳州市积极解决优抚对象医疗难问题，在全区率先实施了全市优抚对象医疗费减免报销制度。对各类优抚对象实行等级比例报销医疗费，报销等级比例从70％～100％，从根本上解决了优抚对象的看病就医难问题。四是认真做好军转干部、随军家属、退役士兵安置工作。今年，由于部队裁军减员，我区安置转业干部的压力骤增，各地进一步加大了安置改革力度，采取行政调配与市场调节相结合、推荐就业与自主择业相结合、安排工作与社会保障相结合的办法，千方百计做好部队军转干部、退役士兵和随军家属安置工作。桂林市今年接收军转干部519名，其中团职干部97名，接收退役士兵1682名，是安置人数最多的一年，均得到了较为妥善的安置。贵港市针对随军家属安置难的问题，军分区、市双拥办和有关单位组成学习考察组赴柳州、桂林、南宁等地学习考察，出台了《随军家属就业安置工作暂行办法》，促进了随军家属安置工作的正常化。南宁市结合广州军区在南宁市召开西南五省随军家属安置座谈会之际，举办了驻邕部队随军家属就业安置专场招聘会。有175家单位、1352个岗位、857个个体摊位供随军家属选择。一年来，全区共接受军转干部1990名，目前已安置1900名，安置率达95％。接受退役士兵17644名，应安置城镇退役士兵4581名，至今已安置上岗4261名，安置落实率93％，自谋职业1875名，占安置总数44％。安置随军家属1562名，安置率达到75％以上，较好地解决了部队官兵的后顾之忧，为部队建设创造了拴心留人的环境。

三、军民互办实事，互利双赢，共谋发展，共同提高

拥军优属、拥政爱民，是我党我军和我国人民在长期革命斗争和社会主义现代化建设实践中形成的优良传统，对社会生产力的发展和部队战斗力的提高都起到了积极的推动作用。

（一）适应军事斗争准备需要，地方支持部队建设的力度不断加大。全区各级党委、政府和有关部门，把支持关心部队建设作为义不容辞的责任，纳入重要议事日程，树立经济建设与国防建设协调发展的思想。积极运用“安置转业、退伍、复员军人和随军家属服务体系；生活物资保障服务体系；维护军人和军属合法权益保障体系；社会各类服务组织的双拥服务体系；科技拥军的专业培训体系”，热情关心、支持部队建设，解决部队在战备、训练、演习、生活中遇到的实际困难，为建设“打得赢，不变质”的现代化军队创造良好条件。一方面，地方下大力帮助部队完善基础建设，不断提高部队的硬件设施水平。今年全区共投入8600多万元资金，解决驻桂部队营房、俱乐部、交通、办公设施建设等资金困难，使部队的硬件建设有了一个新的改观。今年，柳州市从财政共拨500多万元支援部队基础建设，帮助部队绿化营区，修建靶场水泥路，改造电视收视网络；南宁市各级各界共投入1300万元帮助部队解决战备、训练、生活中的实际问题；桂林市投资1000多万元修筑拥军路34公里；市委、市政府在春节、“八一”慰问部队经费达1000多万元，投资2000多万元为部队解决战备、训练、生活设施等方面的困难。另一方面，地方积极开展文化科技拥军，全区各地为部队开设了电脑、财会、经济管理、医学、法律、烹饪、企业管理等培训班500多次，促进了部队广大官兵科学文化水平的提高。广泛开展图书进军营活动，赠送各种书籍和学习资料16万多册。北海市第一中学和合浦县第一中学坚持帮助驻地官兵补习文化课，每年都有100多名战士考上军校，为部队培养高素质人才作出了贡献。南宁市新城区在辖区5个街道办事处设立了“双拥法律服务工作站”，为部队和优抚对象提供法律服务。各地还积极投资为部队建设“菜篮子”工程，协助和支持部队搞好后勤保障社会化工作。此外，各地各部队还注重扩大和壮大社会双拥力量，积极开展了“双拥进社区、双拥进两新”活动，组织和引导“社区、新经济组织、新社会组织”做好双拥工作，提高了双拥工作的质量。

（二）真情献驻地，拥政爱民谱写新篇章。驻桂部队始终牢记全心全意为人民服务的宗旨，在完成作战、战备、训练及其他各项任务的前提下，积极支援我区的经济建设，投身西部大开发，做好扶贫帮困和助学工作，奋勇参加抢险救灾和社会治安综合治理工作。

一是继续坚持支援和参加西部大开发。驻桂部队积极响应党中央号召，把参加和支援西部大开发作为义不容辞的责任，积极为我区的西部开发建设贡献力量。在西部大开发中，广大官兵积极参与，支持驻地城市改造、国道扩建、建设高速公路、兴修水利、绿化造林等，帮助人民群众发展生产，改善居住条件，提高生活质量。防城港军分区认真做好扶贫帮困工作，组织部队和民兵实施“五个一百”工程（100里边海文明示范带、沿边村100里果园经济林、边境公路100里国防防护林、结对100个村屯、帮扶100户困难群众脱贫致富）。驻河池广大军警官兵积极支持“东巴凤”重点工程基础设施建设大会战。一年来，驻桂部队出动兵力达36万多个劳动日，支持我区实施西部开发战略，积极支援公益事业和重点工程建设，以及边境建设大会战，为富民奔小康创造了良好的条件。

二是在急难险重任务中发挥中坚作用。广西是一个自然灾害频发的地区，哪里出现灾害，哪里就有子弟兵。今年，全区各部队倾力支援地方战胜禽流感疫情、战胜严重自然灾害和50年持续大旱。今年柳州市遭洪水袭击，市区多处出现险情，驻柳部队共派遣官兵10000多人次，出动车辆200多台，昼夜奋战在抗灾第一线，排除了险情，保护了国家和人民群众生命财产安全。7月下旬，武鸣县遭遇30年不遇特大洪水，该县官兵积极参与抢险救灾，连夜转移被洪水围困的饥饿灾民，帮助灾民搬运物品数万吨。河池驻军先后参与扑灭火灾 16 起，从火口中救出遇难群众 400 多人，抢救物资几千吨。首届中国—东盟博览会期间，驻邕各部队全力支持博览会，积极主动为博览会服务，派出官兵 3 万多人次帮助清理整理环境卫生，维护交通秩序，布置展览会场，担负“两会一节”期间的安全保卫，确保了首届中国—东盟博览会的成功顺利召开。驻桂部队还积极参与地方社会治安综合治理，为我区的社会稳定作出了积极的贡献。防城港市公安边防支队加强边境治安整治工作，全力维护边境秩序，严守国门通道，严厉打击不法分子偷渡外逃和非法走私，有效地消除了边境地区的一些不安全因素，确保了边境安全。驻钦州部队主动配合地方公安机关开展联防联治，共派出巡逻小组 70 多个，抓获抢劫出租车罪犯 3 名，抓获犯罪嫌疑人 50 多名。

三是积极开展“一帮一”扶贫助学活动。驻桂部队积极抓好“希望工程”建设，做到每个团级干部承包资助一名贫困学生，保证他们有书读、不辍学。各部队官兵踊跃捐款资助失学儿童，援建希望小学，维修校舍，配置电脑、桌椅等，改善学校的教学设施。驻桂林市部队在扶贫帮困、捐资助学等方面共捐款 200 多万元。驻柳州部队捐款 60 多万元援建“李向群希望小学”，这是继援建“塔山希望小学”后的第三所希望小学。贺州军分区情注共建学校，帮助 71 名失学学生重返校园，捐款 17 万元给希望工程。梧州军分区干部“一帮一”助学 9 年不间断，援建希望小学 11 所，资助 215 名困难学生读书，使 34 名孤儿、单亲子女走进学校，86 名失学儿童重返校园。据不完全统计，我区部队共捐款 500 多万元用于救助失学儿童、援建希望小学、配置教学设备等，极大地改善了办学条件，促进了教育质量的提高。

一年来，我区的双拥工作做了一些工作，取得了优良成绩，但也存在一些薄弱环节：一是各地双拥工作发展不平衡，个别市县区领导对双拥工作不够重视，工作平平淡淡，成效不大。二是双拥办建设不够有力，有 5 个地级市双拥办是“空壳”，没有编制；有 2 个地级市双拥办至今没有挂双拥办牌子，没有办公地点。少数双拥工作人员的业务素质不高，工作效能低。三是研究解决双拥工作遇到的新问题不够有力，各类优抚对象上访还比较多，影响社会稳定。

海南省二〇〇四年双拥工作总结

2004 年，海南省的双拥工作以邓小平理论和“三个代表”重要思想为指导，认真贯彻落实全国双拥工作会议精神，紧紧围绕发展抓双拥、抓好双拥促发展这一指导思想，立足海南实际，认真分析双拥工作形势，狠抓工作中的薄弱环节，不断推动群众性双拥活动的深入开展，进一步巩固和发展了“同呼吸、共命运、心连心”的军政军民关系，全省双拥工作继续保持了良好的发展势头。

一、加强组织领导，掀起争创“全国双拥模范城”活动热潮

一是将双拥工作摆上重要位置。一年来，军地各级领导把双拥工作作为一项重要的政治任务来抓，坚持把双拥工作纳入党委、政府的重要议事日程，纳入地方社会经济发展和部队建设总体规划，纳入各部门重要职责范围，形成了主要领导亲自抓、职能部门具体管、上下同心协力做的良好局面。各级双拥工作领导小组由党政军主要领导担任组长、副组长，省、市、县（区）及时调整双拥工作领导小组成员，使双拥工作领导小组成员分布到大多数职能部门。普遍坚持了党委议军会、军地联席会、成员单位双拥重大事项报告、工作汇报等制度，定期分析形势，研究解决重要问题，组织开展重大活动。军地各级领导干部带头开展双拥教育、带头参加双拥活动、带头解决双拥难题、带头执行双拥政策法规、带头协调军政军民关系，推动了双拥活动的深入开展。二是进一步完善双拥工作制度和程序。今年来，我省先后制定了《海南省双拥模范城（县、区）创建命名管理办法》、《海南省双拥工作领导小组成员单位工作职责》，修订完善了《海南省双拥办工作规则》等。各市县（区）也结合本地实际，制定了相应的双拥工作制度，以制度规范双拥工作，以制度推动双拥工作，使双拥工作逐步走上了制度化、规范化的轨道。三是广泛掀起争创“全国双拥模范城”活动新高潮。3月份召开了海南省双拥工作会议，传达贯彻了全国双拥工作会议精神，安排部署我省的双拥工作。为营造浓厚的争先创优氛围，我省在海口、琼海、澄迈、五指山、屯昌、陵水六个荣获“全国双拥模范城”称号的市县，举行了隆重的挂匾仪式，近万名党政机关干部、人民群众和部队官兵参加了仪式。挂匾仪式在新闻媒体上播出后，反响强烈，广大军民纷纷表示要继续齐心努力，争创下一届全国双拥模范城（县）。11月下旬，我省召开了全省市县（区）双拥办主任会议，传达贯彻了全国省区市双拥办主任会议精神，深化了对全国双拥工作会议精神的认识，进一步统一了适应新形势做好双拥工作的思想。各市县（区）在会议精神的指导下，广泛进行思想发动，广大军民积极开展创建活动，推动双拥活动不断向纵深发展。文昌、东方、万宁等市县针对本地双拥工作薄弱环节，虚心向模范单位学习取经，制定了《创建全国双拥模范城实施方案》，全年的双拥共建活动起点高、步子实、效果好。掀起了全民争创“全国双拥模范城”活动的新高潮。

二、深入开展国防和双拥宣传教育，广大军民国防和双拥观念进一步增强

一年来，全省各级党委、政府把国防教育作为双拥工作的一项基础性工程来抓，不断完善国防双拥教育制度，创新国防双拥教育形式，深化国防双拥教育内容，全省国防双拥教育在广度和深度上都有所突破。一是将国防双拥教育纳入全民教育体系一同组织实施。省委宣传部和省军区政治部根据形势的发展变化和海南省的实际，及时修订了《海南省国防教育实施细则》，进一步明确了各级各类人员的教育时间、内容和要求。省军区秦副政委、政治部刘主任、黄副主任等领导深入到部分市县，对近3万名市县领导、机关干部作国防形势报告。各级党政军领导干部也纷纷走上讲台，讲授国防教育课，年内全省各地共组织大型国防教育报告会50多场次，受教育人数达到5万多人次。各市县普遍开展了双拥宣传月、国防教育周和领导干部过军事日活动。举办了一系列以双拥为主题的国防和双拥知识电视竞赛，书画、征文比赛。琼中县组织国防教育演讲团深入到各乡镇、农场进行巡回报告；文昌市制作国防知识挂图在全市进行巡回宣传教育，深化了国防双拥教育的效果。全省各大中专院校、中小学坚持将国防双拥教育纳入学校思想道德教育体系，定期进行国防知识教育。8月份，全省大中专院校、中小学校组织学生进行了一周以上的军训，使10余万名学生接受了严格的部队生活的锻炼。二是依托阵地广泛开展经常性教育。充分发挥国防教育培训中心、民兵之家、农村文化室、国防教育基地、烈士陵园等阵地的作用，定期开展国防双拥教育活动。五指山、临高、澄迈、屯昌等市县组织学生参观母瑞山琼崖纵队革命根据地纪念园、瞻仰革命烈士陵园等，缅怀先烈，接受革命传统教育。乐东、白沙、儋州等市县依托国防教育基地举办了党政干部国防教育讲座、国防教育学习班30多期，培训党政干部1000多人。海南日报、海口晚报、海南广播电台、电视台等新闻单位发挥主流媒体的作用，开设国防和双拥宣传教育专栏，及时报道双拥动态，宣传双拥工作先进模范事迹，进行形势任务教育，扩大了国防双拥教育的社会效果。三是开展重大活动推动国防双拥教育。全省各地以全民国防教育日活动为重点，积极开展国防双拥教育。省委宣传部和省军区政治部围绕“勿忘国耻、强我国防”主题，开展了“全民国防教育日”系列活动，发放宣传资料5万余份，组织全省各市、县（区）进行“爱中华、强国防”大型文艺汇演。海口警备区开展了“国防教育进校园”活动，组织巡回演讲团深入校园演讲，使学生在回顾历史教训、明确使命责任中深受教育。通过开展一系列声势浩大、富于实效的活动，把我省国防教育宣传活动推向了新的高潮，进一步激发了广大军民的双拥热情。

三、积极支持部队做好军事斗争准备，支援部队建设取得新的成绩

今年以来，各级党委、政府牢固树立国防建设与经济建设协调发展的思想，把关心支持国防和军队建设作为义不容辞的政治责任，积极支持部队做好对台军事斗争准备，努力实现双拥工作的“四个转变”，即由一般的办实事向支持部队开展科技练兵和完成战备行动的转变；由解决一般实际困难向保障部队提高“打赢”能力的转变；由为部队培养一般性两用人才向培养高素质人才的转变；由开展一般的军民共建活动向驻岛军民共同做好参战准备的转变。一是积极支持部队做好对台军事斗争准备。今年，省委、省政府专门召开“议军会”讨论研究我省国防动员建设、部队体制编制调整和军队转业干部安置等问题，并拨出 3298 万元专款支持预备役师调整改革工作。海口市积极开展科技强军活动，投入 350 万元帮助海军某部建设指挥自动化工程，帮助省军区修建民兵预备役炮库；文昌市投入 250 万元帮助武警部队修建综合训练大楼；万宁、琼海、屯昌等市县帮助驻军和预备役部队修建训练基地，着力为部队解决战备训练上的难题。二是积极做好部队演习训练保障。在预备役一团开展“琼崖—9 号”演习中，琼海市拨专款 30 万元支持预备役部队开展演习，妥善做好各种后勤供应保障工作，市委书记陆志远还带队慰问了参演官兵，激发了预备役官兵的训练积极性，确保演习取得圆满成功。10 月下旬，南航部队在临高县某海域举行对海实弹射击训练，要求控制某一海域 8 天，这意味着临高县境内全部渔船停止 8 天的捕捞作业，渔业生产将受到重大损失。临高县委、县政府高度重视，及时召开了有关清海封港工作会议，成立了“清海封港”领导小组，组织沿海五镇渔民开会学习，利用广播电台发布清海通告，确保了控制海域无一人一船，保障部队圆满完成了对海射击训练，受到部队官兵的好评。三亚、乐东、白沙等市县组织力量搞好拥军支前，为演习部队提供全方位、全过程的服务保障，确保了部队演习的顺利进行。三是想方设法为部队排忧解难。各级政府还安排专项资金，奖励立功受奖官兵；妥善安置军队转业干部和退役士兵；采取政府指令性安置、办理劳动关系托管、购买社会保险、帮扶自主择业等措施，安置随军家属就业。军人子女入学入托受到许多政策优惠，今年省教育厅又规定革命烈士子女在中考录取时加 20 分；荣立二等功以上现役军人子女、西沙官兵的子女在中考录取时加 10 分等。8 月份，省政府发布了《关于军人参观旅游场所免收门票的通告》，为部队官兵共享海南丰富的旅游资源提供了便利。今年来，全省各级先后拨款 5000 多万元，支持部队科技练兵、战备训练，修建道路、完善基础设施建设，各地共为部队办实事 40 余件，受到部队官兵的广泛赞誉。

四、牢记宗旨，服务大局，驻琼部队拥政爱民工作成效显著

驻琼军警部队广大官兵牢记人民军队宗旨，积极支持地方改革开放、经济建设和维护社会安全稳定，在急难险重任务前当先锋，在扶贫帮困工作中当模范，在文明生态村创建活动中挑重担，树立了人民军队的良好形象。一是广泛开展了军民共建百个“文明生态村”活动。创建“文明生态村”活动是海南省精神文明建设的重头戏，驻琼军警部队官兵响应省委、省政府的号召，积极投入创建“文明生态村”活动之中，提出以军民共建为依托共建百个“文明生态村”的目标。在创建“文明生态村”活动中，精心规划设计、精心组织实施、精心培育管理，取得了明显成效。一年来，全区部队共出动官兵 1.1 万多人次，投入车辆 3000 多台次，参与了驻地创建“文明生态村”活动。海南省军区支援海口市滨濂村、太乙村，五指山市毛运村、新村创建“文明生态村”；南航部队支持海口市城西乡头铺村；海军某部支援三亚市田独镇龙坡村；省武警总队支援五指山市毛贵村，这些“文明生态村”标准高、步子实，成为全省“文明生态示范村”，在“文明生态村”创建活动中产生了积极的示范效应。二是积极支援地方重点工程建设。一年来，全省各军警部队积极参加了“绿化宝岛大行动”、冬修水利大会战，出动官兵 10 万余人次，机械车辆 5000

多台次，植树 20 余万株，冬修水利 120 多公里，整治田样 6500 余亩。驻五指山市军警部队先后派出官兵万余人次，出动车辆 100 多台次，开展军民共建热带雨林旅游栈道活动，为双拥工作服务支柱产业探索了新路。三是积极参加抢险救灾。一年来，全区部队、民兵预备役部队共出动兵力 15000 多人次，车辆 380 台次，参加了人工降雨、扑灭山火、抗击山洪等救灾活动。今年下半年海南部分市县遭受严重旱灾，其中 30 多个乡镇旱情特别严重，农作物枯死，橡胶失收。根据省政府的要求，10 月份，在省军区的统一组织下，派出 200 多名官兵分赴琼山、秀英、定安、琼中等 18 个乡镇实施人工降雨作业，发射炮弹 6000 多发，炮位降雨量达 130 毫米，有效地缓解了旱情。南航部队积极发挥装备技术优势，多次派出飞机参加抢险救灾和海上搜救工作，保护了国家财产和人民群众的生命安全。省公安消防总队官兵充分发挥消防部队灭火抢险救援作用，出动消防车辆 1364 辆次，官兵万余人次，抢救财产价值 2000 多万元，最大限度地减少了灾害损失。省边防总队积极开展海上救助，全年救助各类遇险船只 20 余艘，遇险渔民 110 人，为渔民挽回直接经济损失 500 余万元。四是大力开展了扶贫帮困和“一帮一”助学活动。一年来，驻琼各军警部队采取定点挂钩、集团攻坚、文化智力帮扶等措施，深入扎实地开展扶贫帮困工作。省军区、省武警总队积极参加扶贫建房工程，先后完成琼中县和五指山市 5 个村的扶贫建房任务。省边防总队、91003 部队分别投入 100 多万元改建 2 所希望小学。8 月份，驻琼军警部队组织开展了第三批“一帮一”助学活动，部队每个团以上单位对口帮扶一所小学，每位团以上干部资助 1 至 2 名贫困学生。截止目前，已资助 1200 多名贫困学生上学。

五、抓好各项优抚政策的落实，优抚安置保障水平得到进一步提高

今年来，省委、省政府及各市、县（区）积极抓好优抚政策的进一步落实。依据国家有关优抚政策，结合海南实际，不断完善优抚政策法规体系，完善了《关于新形势下拥军优属的若干规定》、《义务兵家属优待实施细则》、《关于优抚对象抚恤补助标准自然增长机制实施办法》等地方性政策法规，使拥军优属工作更加法制化、规范化。各市县（区）从构建和谐社会的高度，加强对优抚工作的组织领导，把优抚对象生活、医疗和住房等问题纳入社会发展的总体规划，满腔热忱地为优抚对象排忧解难。琼海市将全市 2067 名优抚对象全部纳入低保范围，出台了《优抚对象医疗保障实施办法》，解决了优抚对象治病难，缓解了优抚对象的生活困难。文昌市认真按建立的自然增长机制抓落实，今年对重点优抚对象自然增长定补人均 40 元。澄迈县开设优抚诊所 13 处，为重点优抚对象治病 2000 多人次，全县各医疗机构坚持为重点优抚对象治病实行医疗费减免 20%的做法，累计减免各种收费 8 万多元。海口、三亚、万宁等市县针对农村税费改革后义务兵家属优待金统筹出现的新情况，及时将义务兵家属优待金列入财政预算，确保义务兵家属优待金按时足额发放。一年来，全省各级筹集资金 100 多万元，为 200 多名重点优抚对象改建了住房。11 月，省民政厅组织人员对岛西 11 个贫困市县优抚工作情况进行了检查，检查组深入山乡、农舍，详细检查了优抚对象抚恤金发放和领取情况，实地了解了重点优抚对象生活状况，对进一步做好优抚工作进行了指导。值得一提的是，今年省委、省政府对部分企业军转干部生活困难问题做了大量富有成效的工作，出台了帮助企业军转干部解困的一系列政策法规，稳定了军转干部思想，全省军转干部没有发生进京上访的事件，得到了中央有关部门的肯定。同时，全省各市、县（区）普遍建立了维权工作领导小组，健全了组织领导机构，广泛开展法律拥军。10 月下旬，省涉军维权办组织军地律师 20 多人，深入到省军区、南航部队、省武警总队、省公安边防总队宣讲涉军维权知识，为官兵提供义务法律咨询。三亚市为今年新入伍的新战士颁发了维权卡。据统计，一年来，全省各级维权机构积极开展工作，接受部队和军人军属的法律咨询 5000 余起，受理涉军纠纷和案件 53 起，已经妥善处理 40 起，有力地维护了国防利益和军人军属的合法权益。

2004年，我省双拥工作虽然取得了较大成效，但实际工作中，也遇到了一些矛盾和问题：一是少数领导对双拥工作重视不够。有的单位领导对新形势下开展双拥工作的重要性和必要性认识不足，认为双拥工作是“软指标”，好坏无关大局，有业务部门和主管人员抓一抓就行了，没有真正把双拥工作作为一项长期的政治任务和系统工程去落实，致使工作抓得不主动，成效不明显。二是有些职能部门创新意识不够强。少数职能部门领导抓双拥思想观念不够新，创新意识不够强，双拥工作沿用老经验老做法多，采用新点子新办法少，跟着他人后面跑的多，主动创新抓特色少，开拓新的局面比较困难。三是研究解决新情况、新问题力度不够。对新形势下双拥工作面临的一些新的矛盾和问题，有些单位缺乏深层次思考，缺少有效对策，致使工作比较被动，解决问题不力。

重庆市二〇〇四年双拥工作要点

2004年全市双拥工作总的指导思想：以邓小平理论和“三个代表”重要思想为指导，认真贯彻党的十六大、十六届三中全会精神，全面落实党中央、国务院和中央军委关于新时期加强军政军民团结的指示，按照全国双拥工作会议要求，围绕全面建设小康社会，以增强经济实力、国防实力和民族凝聚力为目标，以维护社会稳定、加快经济发展、推进军事斗争准备为重点，进一步夯实双拥工作基础，确保双拥工作落实到位，创新双拥工作机制，在优抚安置的重点难点方面有所突破，研究落实优抚安置政策措施，完善全市双拥工作的政策法规，巩固和发展军政军民团结，为推进富民兴渝，加快建设长江上游经济中心和部队的现代化建设提供有力保障。

一、认真贯彻落实全国双拥工作会议精神，进一步提高认识，增强做好双拥工作的政治责任感

全国双拥工作会议是党中央、国务院十分重视的会议，会议总结了全国10多年来的双拥工作，部署了新时期双拥工作的任务，具有十分重要的意义。各区县（自治县、市）要通过传达贯彻全国双拥工作会议精神，进一步提高对双拥工作的认识，掀起新一轮创建双拥模范城（县）的新高潮。通过贯彻落实全国双拥工作会议精神，各级党委、政府要牢固树立国防建设与经济建设协调发展的思想，把关心支持国防和军队建设作为义不容辞的政治责任。驻渝各部队要认真贯彻党中央、国务院、中央军委的有关指示精神，把拥政爱民工作摆在重要位置，切实加强人民军队性质、宗旨和光荣传统教育，打牢广大官兵爱人民、讲团结、守纪律的思想基础，为国家改革发展稳定提供可靠有力的保障；要积极参加和支援地方经济建设，继续做好扶贫帮困、抢险救灾、三峡工程移民迁建、维护社会稳定的工作，为重庆的改革、稳定和发展作出新贡献。

二、强化国防和双拥教育，进一步丰富宣传教育的有效形式

突出爱国主义这个核心、双拥光荣传统这个重点，通过多种渠道，大力抓好国防教育和双拥宣传教育，夯实双拥工作的思想基础。要坚持双拥宣传与改革开放宣传结合、平时宣传与节日宣传结合、经常性宣传与集中性宣传结合、典型宣传与整体宣传结合，充分发挥国防教育基地的功能，开展“军营一日”、学生军训等活动，充分利用各种新闻媒体进行双拥宣传，做到报刊有文、电视有形、电台有声、学校有课，把双拥宣传教育工作搞得生动活泼、富有成效。要通过扎实有效的宣传教育，切实增强广大军民的国防观念和双拥意识，牢固树立“没有人民的军队就没有人民的一切”的思想，从而把支持国防和军队建设作为自己义不容辞的责任，在全社会形成良好的双拥氛围，使军队官兵牢固树立人民群众是力量之源、胜利之本的意识，进一步密切军民关系。

三、不断完善双拥领导机制和工作机制，进一步加强对双拥工作的组织领导

全市各级党委、政府和驻渝各部队必须从讲政治、讲大局的高度，坚持把双拥工作作为一项政治任务，采取有力措施抓落实。具体做好七个方面的工作：一是把双拥工作纳入地方经济社会发展和部队建设总体规划，并在工作计划中予以具体化。二是各级党委政府要经常关心过问、及时研究解决双拥工作中的重大问题，为推进这项工作创造条件。各级党委政府主要负责人要亲自抓双拥，做双拥工作的带头人。三是要把双拥工作纳入干部政绩考核的重要内容。四是参照市委议军会议的形式，在全市各区县（自治县、市）党委推行党委议军会议制度，解决当地拥军优抚安置工作中的热点难点问题。五是加强各级双拥领导机构建设，配齐配强干部，落实办公经费，完善合署办公制度，建立双拥办工作人员培训制度，保证各项工作有序运转。六是建立领导小组成员单位双拥工作重大事项报告制度，建立领导小组成员单位述职制度、联络员制度，明确一名联络员与双拥办协调联系日常的双拥工作，从而增强军地有关部门履行双拥工作职责的意识。七是要加强双拥资源的整合，形成领导重视、部门合力、上下协调、军地互动的格局。

四、以求真务实的精神，进一步解决拥军优抚安置工作中的热点难点问题

各区县（自治县、市）针对重点优抚对象的"三难"问题，要通过不断地完善抚恤补助标准自然增长机制，解决生活难问题；通过建立"医疗减免、医疗救助、医疗保险"三位一体的医疗制度，解决医疗难问题；通过实行敬老院、福利院设立"光荣间"等特殊救助的办法，解决住房难问题。通过政策扶持，结对帮扶，技能培训，增强优抚对象参与市场竞争的能力，帮助优抚对象奔小康，同时要抓好优抚对象富裕先进典型的培育，带动一大批优抚对象共同致富。努力拓宽退役士兵的安置渠道，大力推行退役士兵自谋职业、货币补偿的安置办法，要在政策上为自谋职业退役士兵就业提供优惠条件。坚持典型引路，大力培养和宣扬先进典型，推动双拥工作广泛开展和各项任务落实。要牢固树立"军队建设无小事"的思想，认真解决好基层广大军民普遍关心的热点难点问题，切实做好转业复员退伍军人安置、随军家属就业、军人子女入学入托等工作，做好帮助农村军属贫困户增收致富、减轻负担和关心生活困难的复转军人的工作，做好严守群众纪律、维护群众利益工作。从实际出发，充分考虑广大军民的愿望和要求，贴近群众，服务群众，把双拥工作变成广大军民喜闻乐见和踊跃参加的生动实践。

五、健全完善优抚安置政策监督约束机制，进一步确保各项优抚政策的落实

加大审计、监察、财政、民政等部门对优抚安置专项经费的审计监督力度。要健全拥军优抚安置政策落实监督约束机制，建立拥军优抚安置政策落实情况通报制度。畅通优抚对象的信访渠道，变优抚对象上访为民政干部下访，发现并及时纠正侵害优抚对象合法权益的问题，确保优抚对象的权益，进一步完善全市各级维护军人及军人家属合法权益领导小组、法律咨询站等组织机构，及时高效地提供优质法律服务。

六、确保各项任务落实到位，进一步加强基层双拥工作

要按照"组织健全、政策落实、活动经常、关系融洽"的要求，下大力气抓好基层的双拥工作。无论是创建双拥模范城（县），还是开展军民共建活动，都要着眼基层，立足基层，把各项任务在基层的落实情况作为衡量工作、评选先进的基本标准。提升行业拥军、社区拥军的层次，进一步健全基层群众性双拥组织，完善服务网络，推动双拥工作进企业、进乡村、进机关、进学校、进社区、进连队。建立领导干部双拥工作联系点制度，帮助基层解决实际问题。

七、以与时俱进、改革创新的精神开展双拥工作，进一步推动双拥工作的不断深化

要发扬与时俱进精神，认真分析新形势下双拥工作出现的新情况、新问题，探索进一步加强军政军民团结的新思路、新办法。要不断探索在社会主义市场经济条件下开展双拥工作的形式和内容，形成经济建设与国防建设相互促进、协调发展的新机制。要积极探索新经济组织和新社会阶层开展拥军活动的途径和办法，扩大双拥工作的群众基础。组织开展行业拥军、社区拥军，推进双拥工作社会化。不断完善双拥工作运行机制，把政府行为与社会行为、以情双拥与依法双拥、行政调节与市场调节结合起来，使双拥工作制度化、法制化、经常化、社会化。

进一步加强双拥工作的理论研究，总结宣扬具有时代特色的经验和先进典型，推出一批有深度、有价值双拥理论成果，指导和推动双拥工作不断发展。进一步完善双拥模范城（县）命名标准，强化激励竞争机制，提高创建活动质量；广泛开展争创双拥模范单位、争当双拥模范个人活动，推动群众性双拥活动深入开展。

重庆市二〇〇四年双拥工作总结

2004 年我市的双拥工作在全国双拥办、市委、市政府和重庆警备区的领导下，坚持以邓小平理论和“三个代表”重要思想为指导，认真贯彻落实党的十六届四中全会和全国双拥工作会议精神，紧紧围绕全面建设小康社会和推进中国特色军事变革，不断丰富双拥内容、拓展双拥领域、创新双拥形式，通过军地双方互办实事，双拥工作整体水平有了较大提高，为经济社会发展稳定和军队现代化建设提供了有力支持和可靠保证。

一、落实会议精神，建立健全机制，强化双拥工作的责任意识

一是认真学习宣传会议精神，营造浓厚双拥工作氛围。我市把学习传达全国双拥工作会议精神作为推进双拥工作的一个重要措施，市和各区市县相继组织召开党政军领导迎春座谈会、市委议军会、双拥工作领导小组成员会和双拥办主任会，传达学习温家宝总理的重要讲话、回良玉副总理的工作报告，并对会议精神的贯彻落实进行了安排部署，制定了双拥工作发展规划。通过军地双方有组织、有计划、有步骤、多层次、多形式的传达学习和广泛宣传，及时把广大军民的思想统一到会议精神上来，使广大军民进一步认清了做好新形势下双拥工作、巩固和发展军政军民团结的重大政治意义，明确了当前和今后一个时期双拥工作的指导思想、基本任务和创新发展要求，增强重视双拥、支持双拥、推动双拥的责任感和光荣感，营造了浓厚的双拥氛围。

二是对会议精神的贯彻落实情况及时进行了督促检查。重庆市政府、重庆警备区下发了《关于转发〈全国拥军优属拥政爱民工作会议纪要的通知〉的通知》，要求各地各部队要结合自身实际，贯彻好落实好纪要的精神。市双拥办派出工作组，到各地检查传达学习和贯彻落实情况。总的来看，各级思想认识明确，重视程度高，抓落实的劲头足，措施得力有效，使会议精神得到了全面贯彻落实。

三是建立了双拥工作领导小组成员单位双拥工作重大事项报告制度、年度工作汇报制度和联络员联席制度。各级双拥工作领导小组根据新形势对双拥工作的要求，增加了双拥工作领导小组成员单位，调动了成员单位的工作积极性，整合了双拥资源，使各项双拥工作任务得到了较好的落实。

四是通过双拥考评工作，促进拥军优抚安置政策的落实，推动双拥工作发展。年底市里组织考评小组，分别到 20 个双拥模范城（县）进行检查考评工作。通过深入军民共建点、优抚对象家中、乡镇街道办事处、社区，查阅有关资料，听取基层的双拥工作汇报，全面地了解和掌握了基层双拥工作的开展情况，督促拥军优抚安置政策的落实，总结和推广了基层双拥工作典型经验。

二、突出工作重点，发展特色双拥，推动双拥创新发展

一是国防和双拥宣传教育形式多样，氛围热烈。各地创新了国防和双拥宣传的内容和形式。宣传内容上既抓住“八一”元旦春节的双拥活动、征集新兵、学校军训等时机进行宣传教育，又充分发挥国防教育和爱国主义教育基地作用，开展军营一日、警营一日，领导干部军事日、职工军事日、国防双拥知识竞赛、“十佳军嫂表彰”、演讲比赛等活动，把国防教育和双拥宣传教育搞得生动活泼、富有成效。宣传手段上除了用广播、电视、报纸等大众传媒外，还创新了许多新的宣传形式。渝中区专门设立了双拥网站和建立了双拥学校，提高双拥宣传的知名度和参与度。沙坪坝区投入4500万元打造突出双拥特色的双拥大道，塑造了双拥形象工程。江津市在滨江路上建起了“双拥宣传十里一条街”，扩大了双拥宣传影响力。黔江区、璧山县等地投入数十万元建大型醒目的双拥宣传标志，营造了浓厚的双拥氛围。双拥内容形式的多样化，扩展了双拥宣传视野，增强了双拥宣传效果。

二是坚持和完善党委议军会议制度，成效显著。我市党委议军会制度建立5年来，围绕军事斗争的需要，解决了驻渝部队军事训练、基础设施、退役安置、随军家属安置等重难点问题，得到了全市上下一致拥护和积极响应，深受驻渝部队的好评，受到了全国双拥办的肯定。特别是今年市里在各区县推行党委议军会制度后，整个双拥工作的领导重视程度得到很快提升。全市有32个区县市先后建立了党委议军会制度，党委政府主要领导深入到部队现场办公，及时了解情况，制定方案、提供资金、研究政策，解决驻渝部队提出的110多个重难点问题，各级财政投入资金近千万元，减免各项费用800多万元，有力地支持了部队的建设发展，促进了军政军民团结。

三是不断丰富军民共建内涵，效果突出。我市狠抓了双拥对子的普及发展，全市新增加双拥共建对子320多对，基层双拥活动组织5821个，军民共建遍布全市街道乡镇、企事业单位，形成了多领域、全方位的共建格局。各地以创建双拥模范城（县）活动为龙头，围绕创建文明城市、文明村镇、文明行业的目标，深入开展军民共建精神文明活动；把贯彻《公民道德建设实施纲要》同贯彻《军人道德规范》结合起来，同创建全国文明城市结合起来，努力营造一种昂扬向上、奋发进取的社会氛围，全市有70%以上的军民共建点被评为县级以上文明单位。

四是双拥工作领导小组成员单位的参与意识增强，作用显著。自建立双拥工作领导小组成员单位联络员联席制度和重大事项报告制度后，增强了各地双拥工作领导小组成员单位的责任感和使命感，调动了其履行职责的积极性。民政、教委、公安、人事、劳动、工商、税务、财政等部门制定了《重庆市关于实施扶持城镇退役士兵自谋职业优惠政策的意见》，劳动和社会保障部门举办军嫂就业专场招聘会，为数千名军嫂找到了满意的工作岗位。市规划局、市建委、市市政委各级主动配合驻渝部队搞好后勤保障社会化工作；司法部门走进军营，举办法制讲座，赠送法律书籍，开展法律咨询，实施司法援助，推进了法律拥军制度化。

五是部队参加和支持地方经济建设，贡献卓著。驻渝部队参加渝怀铁路、渝万高速、重庆8小时工程、隧渝铁路、重庆轻轨、万州机场等30余个大型重点工程建设，同时还为地方承担了种草、援建绿色营区和公园、承包荒山荒地任务；组建扶贫集团对口帮扶国家级贫困县奉节县，实施了人畜饮水、公路建设、希望小学等22个扶贫项目，采取定点扶贫、挂钩建设、对口扶贫等形式，帮助移民群众脱贫致富；驻三峡库区部队积极协助地方政府做好移民搬迁工作，深入千家万户宣传移民政策，开展“一对一”谈心活动，耐心做移民的思想工作，解决移民在搬迁中的实际困难和问题；重庆今年自然灾害多发，各部队出动官兵和民兵预备役人员8万多人，参加了开县的特大暴雨袭击、重庆天源化工总厂的氯气爆炸等重大抢险救灾任务，抢救了人民生命和国家财产。

六是建立和完善优抚对象“一帮一”制度，不断实现对优抚对象由“输血”向“造血”功能的转换。南岸区、江津市、石柱县等 20 多个区县，不断探索各级干部与优抚对象结对帮扶的办法，帮助优抚对象脱贫致富。各级干部与优抚对象签订扶贫致富协议，明确帮扶项目、时间、目标，配备必要资金，进行技术培训，通过大力发展养殖业，确保了优抚对象的脱贫致富项目的落实。同时，民政部门还建立了“一帮一”的落实情况跟踪服务和督办制度。

七是双拥工作的领域不断拓展，双拥工作的群众基础不断扩大。各区县市较为重视行业拥军、社区拥军、两新组织拥军的试点推行工作，动员和组织开展各行业拥军、社区拥军、“两新组织”拥军活动，主动为部队和优抚对象办好事实事，排忧解难。特别是“两新组织”参加拥军优属慰问活动，为部队捐钱捐物，送慰问品，主动接收安置退役士兵，使双拥工作的群众基础不断扩大。

三、存在的主要问题

一年来，全市双拥工作取得了一定的成绩，但也存在一些薄弱环节。一是各地双拥工作发展不平衡，个别区县对双拥工作重视程度不够，双拥政策法规落实得不够好；二是对新形势下双拥工作的新情况、新问题研究的深度、解决的力度不够；三是个别区县双拥组织机构还不够健全，人员、经费未得到有效保障。这些问题需要在来年认真研究解决。

四川省二〇〇四年双拥工作要点

2004 年，全省双拥工作要坚持以邓小平理论和“三个代表”重要思想为指导，认真贯彻党的十六大精神、全国双拥工作会议精神和省委八届三次全会精神，围绕“两力”、实现“双赢”，与时俱进，狠抓落实，扎实搞好省级双拥模范城（县）创建工作，不断巩固和发展军政军民团结的大好局面，为促进“三个转变”和部队战斗力的提高，推进四川的跨越式发展创造良好的社会环境。

一、认真学习，深入贯彻

各地和驻川部队在新的一年里，要以邓小平理论和“三个代表”重要思想为指导，认真学习贯彻党的十六大、十六届三中全会、全国拥军优属拥政爱民工作会议和省委八届三次全会精神，结合省委、省政府提出的推进“三个转变”、加速四川新跨越的战略决策和《四川省双拥模范城（县）创建命名管理办法实施细则》（以下简称《细则》）的规定，对照检查本地过去一年的工作，切实“找准问题、统一思想、提高认识、明确目标、细化措施、扎实工作、抓出成效”。通过学习和创建新一届省级双拥模范城（县）活动，促进全省跨越式发展和部队的建设，为全面建设小康社会作出积极贡献。

二、广泛动员，积极申报

省双拥领导小组将按照《细则》规定，在 2004 年下半年命名表彰新一届省级双拥模范城（县）、双拥先进单位和先进个人，各地和驻川各部队要以此为契机，推动当地的双拥工作。各地、各部队要在当地党委政府和双拥工作领导小组的领导下，按照省双拥工作领导小组制发的《细则》规定，搞好创建、申报新一届省级双拥模范城（县）的发动和组织工作，做到“发动广泛、组织周密、创建扎实、申报积极”。要通过创建和申报工作切实解决影响当地军民关系的问题，增强国防观念、密切军地关系，加强团结协作、促进双方发展。

三、积极探索，求实创新

各地、各部队要根据全国拥军优属拥政爱民工作会议精神，结合自身特点和实际，积极大胆探索双拥工作的新路子、新方法，使双拥工作和创建活动的影响及作用做到上下贯通、左右涵盖，以双拥这个“载体”和“抓手”解决退役士兵安置、优抚对象脱贫致富等问题。既要积极探索双拥工作纵向进社区、进村组，基层落实的路子；也要重视研究双拥工作的横向协作，齐抓共管，形成整体合力的新方法；更要注重完善政策法规体系、依法“双拥”，解决工作中的热点难点问题。积极在创新群众性活动方式和建立协调顺畅的运行机制上下工夫。

四、尽职履能，搞好建设

各地双拥办要紧紧围绕当地党委政府的中心工作，切实履行好职责，当好参谋助手。要紧紧围绕全面建设小康社会，以增强经济实力和民族凝聚力为目标，以维护社会稳定、促进经济发展、推进军事斗争准备为重点，加强自身建设；要坚持军地合署办公制度，加强督办和严格报告制度，真正起到“牵头、协调、督办”作用，为推进“三个转变”，促进全省的改革、发展、稳定和军队的现代化、正规化建设提供可靠有力的保障。

四川省二〇〇四年双拥工作总结

2004年，四川省双拥工作在全国双拥办具体指导下，在四川省委、省政府、省军区的领导下，以邓小平理论和“三个代表”重要思想为指导，认真贯彻十六届四中全会和全国双拥工作会议精神，围绕全面建设小康社会的目标，以创建新一届省级双拥模范城（县）活动为契机，坚持抓基层、办实事、解难题，广泛开展双拥活动，促进了生产力和战斗力的同步提高，巩固和发展了全省军政军民“同呼吸、共命运、心连心”的大好局面。

一、加强组织领导，各级抓双拥工作的力度不断增强

全省各级党政军领导从社会发展和稳定大局出发，高度重视做好双拥工作。一是强化了对双拥工作的指导。省双拥工作领导小组及时下发了2004年双拥工作要点，明确要求各地各部队要从讲政治的高度，把做好双拥工作作为落实“三个代表”重要思想的具体实践，作为促进当地经济发展、社会稳定和部队建设的大事，纳入党委、政府和驻军的重要议事日程，纳入本地经济社会发展的总体规划，纳入领导干部政绩考核内容，纳入部队思想政治建设内容，做到工作有目标、活动有要求、职责有区分、行动有规划、落实有措施、检查有标准，确保双拥工作各项任务落到实处。二是及时健全了双拥工作领导小组。今年省双拥工作领导小组根据人员工作变动情况，先后3次对双拥工作领导小组成员作了调整。各市州也适时地调整配齐了双拥组织人员，使各级双拥组织建设得到加强。各市州还与各领导小组成员单位及县（市、区）签订了拥军优属责任书，根据部门职责和县（市、区）情况，明确了职责任务，进一步增强了各级的责任感。三是军地主要领导坚持亲自部署谋划双拥工作。今年7月，省委、省政府、省军区专门召开全省双拥工作领导小组会议，传达学习全国双拥工作会议精神，张中伟、张作哈、周光荣等军地领导出席会议并作了讲话；会议对做好全年双拥工作，特别是做好全省开展创建省级双拥模范城（县）活动，作了深入动员和部署。成都、资阳等地市委书记、市长亲自作创建双拥模范城活动动员，与所辖县、区党政一把手签订责任书，确保了双拥创建活动的顺利开展。德阳、宜宾等地军地领导通过“抓领导、促基层，抓落实、求提高”，把双拥工作纳入地方社会经济发展和部队建设总体规划，实行目标管理、政府督办和一票否决的措施，建起了纵连成线、横连成片的双拥领导机构和工作网络体系，形成了双拥工作整体合力。

二、深入进行宣传教育，广大军民双拥意识和国防观念进一步强化

一年来，全省各地党委、政府和驻军围绕增强军民爱国主义思想这一核心内容，切实加大双拥宣传和国防教育力度，广大军民的双拥意识和国防观念进一步增强。第一，加强双拥政策法规宣传，普及军民法规意识。全省各级围绕《四川省国防教育三年规划》，突出抓好《国防法》、《兵役法》、《军事设施保护法》、《拥军优属若干规定》和优抚安置等双拥政策法规宣传教育，把双拥政策法规教育列入全民教育计划，增强了各级党政军领导、干部和广大军民依法开展双拥工作的法制观念。第二，广泛开展全民国防教育，增强军民国防观念。结合重大节假日，有针对性地开展以爱国主义为核心的全民国防教育。今年 5 月，在全省开展了“爱中华、奔小康、强国防”国防教育系列活动，全省共 820 多万人参加活动。围绕开展第四个“全民国防教育日”活动，在四川大学举行“青少年国防教育巡展”四川首展式。省委、省政府、省军区领导和 1 万余名在校大学生参加了首展式。10 月，省委组织部、宣传部和省军区政治部等 9 家单位联合举办“国防教育系列读书”活动，通过开展图书阅览、影视片展播和国防知识讲座等活动，使全省广大军民普遍受到了一次爱国主义和国防教育的熏陶。第三，大力宣传双拥先进事迹，激发军民爱国热情。今年在抗洪抢险中，涌现出了“抗洪勇士”达州市宣汉县人武部政委肖昭灿和荣立集体一等功的四川省武警消防总队为代表的一批英雄集体和个人。为做好肖昭灿事迹的宣传和肖昭灿亲属的安抚工作，省委、省政府、省军区发出了向肖昭灿烈士学习的通知，军地领导多次赴宣汉慰问肖昭灿烈士的家属。省委宣传部、省军区政治部协调驻蓉媒体召开肖昭灿事迹新闻发布会，并在北京召开了中央级 13 家主要新闻单位肖昭灿事迹介绍会。12 月，四川省委、省政府和省军区召开全省“9·3”抗洪抢险表彰大会，追授肖昭灿烈士“抗洪抢险先进个人”的荣誉称号。全省掀起了学习肖昭灿烈士的高潮，进一步激发了全省军民的爱国热情。同时，省政府、省军区和省国防教育委员会在全省开展了“省级国防教育基地命名”活动，集中命名了宜宾赵一曼纪念馆等 27 个省级国防教育基地，强化了我省国防教育阵地建设。

三、积极开展创建省级双拥模范（先进）城（市、县）活动，双拥创建工作的整体水平有新的提高

为认真贯彻全国双拥工作会议精神，提高我省双拥工作的整体水平。今年，在全省范围内开展了创建省级双拥模范（先进）城（市、县）活动。一是党委领导高度重视。今年 7 月，省委副书记、省长、省双拥工作领导小组组长张中伟主持召开双拥工作领导小组会议，对创建活动作出了具体部署。省双拥工作领导小组先后修订颁布了双拥模范（先进）城（市、县）创建活动《实施细则》和《实施意见》，明确了创建活动的指导思想、工作原则、创建标准和阶段划分。二是创建申报积极主动。全省各地各部队在当地双拥工作领导小组的领导下，按照“广泛发动、周密组织、扎实创建、积极申报”的要求，积极开展创建活动。目前，全省共有 124 个市（县、区）申报“四川省双拥模范（先进）城（市、县）”的命名表彰；申报表彰军地 158 个双拥先进集体、97 名先进个人。三是检查考核落实。11 月中、下旬，省民政厅和省军区政治部联合组成 3 个调研工作组，对成都等 9 个市及所辖 19 个县（区）开展创建活动情况进行了重点抽查，并向省双拥工作领导小组写出了关于双拥创建活动的专题报告，上报了命名表彰意见的请示。根据工作安排，我省拟在 2005 年 1 月中下旬召开“四川省双拥模范城（县）命名表彰大会”。

四、认真落实政策法规，重点、难点问题的解决有新的突破

一是优抚保障机制基本形成。全省各地按照《四川省政府办公厅关于建立优抚对象抚恤补助标准自然增长机制的通知》精神，结合实际，普遍建立了优抚对象抚恤补助标准自然增长机制。全省抚恤补助金普遍实行由金融部门代发，现已有 147 个县（市、区）落实了金融部门代发的机制，占全省总数的 81%，提前并超额完成了省政府的目标管理任务。据统计，近年来全省总投入自然增长经费达 1160 余万元，使各类重点优抚对象抚恤补助标准得到不同程度的增长。二是优抚政策进一步落实。各级党委、政府把解决重点优抚对象的生活、住房、医疗难作为工作的重中之重，今年全省为 2477 户住房困难的优抚对象新建维修了住房，在乡老复员军人补助金人均年增长达 144 元，许多重点优抚对象除领取抚恤补助金外，还纳入了城乡低保。各地在重点保障二等乙级以上革命伤残军人医疗的同时，采取医疗减免、补助政策及建立医疗基金等办法，解决优抚对象的治病难问题。全年各级财政投入医疗经费2828万元，减免医疗费1600万元。认真落实义务兵家属优待金政策，全省农村义务兵家属优待金年人均1026元。三是认真做好转业退伍复员军人安置工作。全省各级把做好军转干部、退役士兵安置工作作为重要政治任务来抓，纳入政府目标管理，强化行政手段，采取多形式、多渠道的安置政策，确保了安置任务的完成。今年全省共接收离退休干部440名，转业干部4540名，安置随调家属1200余名，安置退役士兵55441名（其中：安置城镇退役士兵15488人，自谋职业10478人，农村29475人）。四是广泛开展科技拥军活动。各地针对部队开展科技练兵活动和编制体制调整改革中的一些实际困难，主动走访慰问部队，积极征求意见，现场办公解决实际困难。近年来，全省各级财政拿出8600多万元，用于部队的营房、民兵训练基地、武器仓库等建设，并免收征地费2160多万元，为部队官兵划拨生活补助费3830万元，划拨训练、生活用地760亩。各地还投入科技拥军经费550多万元，为部队送电脑，送科普书籍，送科技知识。普遍设立“军功奖”，对在部队立功受奖的川籍官兵进行奖励。针对军嫂下岗、就业难问题，积极采取措施，解决军嫂就业和再就业问题。攀枝花、自贡、泸州、德阳、资阳、绵阳等地还实行了随军家属未安排就业的，由政府拨款给予每人每月补助生活费100至200元。成都市委、市政府根据部队建设情况，拨出4210多万元专款，用于解决成都军区机关营门扩建、大院供电和居民搬迁以及77171部队迁建营区和维修凤凰山进出军营道路等问题，深受部队赞扬。同时，认真落实对现役军人到旅游风景区持证减免门票、车站增设军人优先购票窗口等优抚规定，有力地促进了双拥创建活动。

五、积极参加驻地经济建设，拥政爱民工作成绩显著

驻川部队牢记我军全心全意为人民服务的宗旨，视人民为亲人，把驻地当故乡，在促进地方经济建设和社会发展中作出了积极的贡献。一是广泛开展扶贫帮困活动。近年来，驻川部队广泛开展扶贫济困送温暖活动，共捐资、引资600多万元，修建、改造中小学校140所，使3000余名失学儿童重返校园，1.6万名贫困学生不同程度地改善了学习条件，在社会上引起了强烈反响。省军区系统结合自身优势，积极开展以“百万民兵建功长征路”活动为牵引，以富裕文明新村“双百”工程为重点的率兵带民建小康活动，受到了国务院扶贫开发领导小组、军队参加和支援西部开发领导小组的肯定，其经验在全军推广。据不完全统计，几年来，在部队和民兵预备役人员的帮扶下，有近60多万群众脱贫，300多万群众受益。二是积极参加重点工程和生态环境建设。今年驻川部队先后成建制、有规模地参加重点工程10余个，动用车辆、机械1万多台次，投入劳动日达8万多个，突击完成多个工程建设的“硬骨头”任务，赢得地方各级的赞誉。今年，在开展“献军人爱心、建朱德故里”活动中，驻川部队自发捐资建设朱德故里南充市仪陇县。省军区系统捐赠70万余元修建了朱德纪念园景区的军旗标志和兰径。为把四川建设成为长江上游的“生态屏障”，一年来驻川部队先后出动兵力10万余人次，退耕还林8万余亩，荒山造林6万余亩，促进了长江上游生态环境的改善。三是主动完成各项急难险重任务。今年先后出动8万人次，车辆700余台次，参加抗洪抢险、抗震救灾、扑灭森林火灾等急难险重任务，解救受灾群众近10万人次，抢救财产价值达30亿元。在今年“沱江污染”事件和“9·3”达州等地特大洪灾中，驻军官兵闻险而动，以血肉之躯和大无畏的革命精神，为战胜洪魔取得胜利作出了巨大贡献，涌现出了肖昭灿等抗洪英雄。雅安汉源县发生“10·27”移民聚集事件后，武警官兵和广大民兵果断处置，迅速平息了事件，保持了稳定。此外，广泛开展军警民联防活动，协助抓获犯罪嫌疑人1300多人，打掉犯罪团伙10余个，收缴枪支44549支，有力地维护了社会稳定。四是大力搞好军民共建活动。驻川部队坚持把参加驻地精神文明建设作为学雷锋活动的重要内容，积极组织官兵参加驻地创建文明城市、文明村镇、文明社区公益活动。一年来，共出动官兵5万多人次，车辆8000余台次，累计劳动日达25万个，开展垃圾清运、家电维修、义务门诊等便民服务，受到驻地群众好评。成渝、成雅等高速公路、川藏公路沿线驻军，联合当地有关部门积极开展"军民共建文明示范交通线"活动；在省长张中伟亲自倡导下，省旅游局等部门与公安和武警部队今年共同开展了"警民共建安全文明旅游区"活动；广安、南充、达州、资阳等地驻军组织部队和民兵预备役人员开展"伟人故里农村精神文明连片创建"活动，拓展了共建内容，提高了共建质量，增进了军政军民团结，促进了全省双拥工作的深入发展。五是积极维护军人军属合法权益。省军区、省司法厅、省高级法院联合成立了维护军人、军烈属合法权益领导小组，在全省21个市（州）180个县建立健全了军人军属维权机构，建立法律咨询站2589个，军人维权庭180个。一年来，提供法律服务和咨询近3万人次，调解军地涉法问题2000余件，法院审理涉军案件351起，切实维护和保障了军人及其家属的合法权益。自贡市荣县人武部被评为全军维权工作先进单位，其先进事迹先后在《解放军报》、《人民日报》等中央级报刊头条刊出。

我省双拥工作虽然取得了可喜的成绩，被国家命名的双拥模范城（县）也创了历史之最，但工作仍然存在一些不足。主要表现在：一是个别地方领导对双拥工作认识不高、重视不够；有的职能部门作用发挥不够好，创建活动重"评"、轻"平"现象突出，双拥工作还不够扎实。二是贯彻落实全国双拥工作会议精神，有待进一步深入，特别是在研究新情况、解决新问题和依法开展双拥工作上还有较大差距。三是在处理国防建设与经济建设协调发展关系上，还要进一步努力。

贵州省二○○四年双拥工作要点

2004年，贵州省双拥工作要坚持以邓小平理论和"三个代表"重要思想为指导，认真贯彻全国拥军优属拥政爱民工作会议精神，紧紧围绕加快富民兴黔步伐，全面建设小康社会，以增强经济实力、国防实力和民族凝聚力为目标，与时俱进抓好各项任务落实，巩固和发展军政军民团结，为全省改革发展稳定和部队现代化建设提供可靠有力的保障。

一、适应新形势、新任务的要求，进一步加强对双拥工作的组织领导

各级党委、政府和军事领导机关要从战略全局出发，充分认清新世纪新阶段加强军政军民团结的极端重要性，高度重视双拥工作，进一步加强组织领导，加大协调力度，坚持把双拥工作纳入重要议事日程。党政军主要领导要经常分析形势，研究解决重大问题。要身体力行，带头参加双拥活动，影响和带动双拥工作的广泛深入开展。要把双拥工作作为领导干部政绩考核的重要内容，不断强化责任意识。要加强对双拥工作领导小组和双拥办的建设，充分发挥双拥工作领导小组和双拥办的职能作用，建立领导小组成员单位双拥工作重大事项报告制度和年度工作汇报制度；建立领导干部双拥工作联系点制度，不断完善双拥工作运行机制，确保双拥工作各项任务的落实。

二、结合学习实践"三个代表"重要思想，进一步做好双拥宣传教育工作

各地各部队要按照省委、省政府的统一部署和要求，深入开展军地共同学习实践"三个代表"重要思想活动，牢固确立"三个代表"重要思想在双拥工作中的指导地位，用"三个代表"重要思想凝聚军心民心。要认真学习传达好全国拥军优属拥政爱民工作会议精神，通过组织开展形式多样的、人民群众和部队官兵喜闻乐见的双拥活动，并充分发挥报刊、广播、电视等新闻媒体的作用，深入进行以爱国主义为核心的国防教育和双拥宣传教育活动。引导广大干部群众和部队官兵牢固树立国家利益至上的观念，增强服务改革发展稳定大局和部队建设的责任感、自觉性，做好新世纪新阶段双拥工作。

三、以改革创新精神，进一步推动双拥工作的发展

各地各部队要发扬与时俱进的精神，针对当前双拥工作存在的热点、难点问题，坚持把功夫下在平时，不断完善各项双拥制度，不断探索在社会主义市场经济条件下创新群众性双拥活动的方式和内容，认真分析，提出新的思路和措施。要积极探索新型经济组织和新的社会阶层开展拥军活动的途径和办法，大力推进行业拥军、社区拥军，扩大双拥工作的群众基础，拓宽双拥工作的领域和范围，促进双拥工作社会化。要把政府行为与社会行为，以情双拥与依法双拥、行政调节与市场调节结合起来，保证各项任务在基层的落实。要结合开展军（警）民共建社会主义精神文明活动，进一步开展争创双拥模范城（县）和双拥先进单位、争当双拥模范个人活动。近年来还没有召开过双拥先进单位、先进个人表彰会的市、州、地，要及时召开双拥表彰大会，积极培养双拥先进典型，调动广大军（警）民参与创建双拥模范城（县）活动的积极性，不断巩固双拥成果，提高双拥创建质量，开创双拥工作新局面，永葆双拥工作的生机与活力。

四、进一步支持部队建设，维护好优抚对象的合法权益

各地要围绕推进中国特色军事变革，扎实做好支持国防和军队建设工作。一是发动社会各界广泛开展形式多样的拥军活动，配合部队完成好各种训练演习任务。二是切实开展科技拥军、智力拥军活动。进一步发挥科研机构和院校的优势，大力帮助部队实施人才战略工程，多形式、多渠道为部队培养高素质新型军事人才。三是继续协助部队搞好基础设施建设，改善营区环境。进一步解决好驻扎在边远贫困地区基层部队在战备执勤、教育训练、后勤保障等方面存在的实际问题。四是进一步落实好优抚安置政策。要坚持计划分配和自主择业相结合，做好军转干部安置工作。完善军队离退休干部安置政策，确保他们的政治、生活待遇落实。要采取政府安排、自谋职业等多种形式，拓宽城镇退役士兵安置渠道。切实解决随军家属就业、子女入学入托和重点优抚对象生活保障等重点难点问题。继续做好帮助农村军属贫困户增收致富、减轻负担和关心生活困难的复转军人的工作。今年要进一步扩大建立优抚标准自然增长机制试点县（市），双拥模范城（县）和市、州、地所在地，都要建立和完善增长机制，确保优抚对象的抚恤补助标准与当地人民群众生活水平同步增长。

五、积极组织官兵参与和支持全面建设小康社会伟大事业

各部队要在完成自身战备训练等任务的同时，进一步支持地方改革建设事业。研究制定参加和支持全面建设小康社会的规划。继续做好参加和支援西部大开发工作，集中力量援建基础设施的重点工程，参加植树造林等生态环境建设。积极参与扶贫开发，加大教育、科技、文化、卫生等扶贫力度。继续做好抢险救灾工作。要着眼于“三个文明”协调发展，在驻地与地方机关、企业、镇（乡）、街道、学校等单位扎实开展军（警）民共建活动。协调好部队与政府、群众之间的联系，努力形成军地协调、齐抓共管的合力，为双拥工作的发展作出新的更大贡献。

贵州省二〇〇四年双拥工作总结

2004年，贵州省党政军（警）民高举邓小平理论和“三个代表”重要思想伟大旗帜，认真贯彻年初召开的全国拥军优属拥政爱民工作会议精神，全面落实各项双拥政策法规，巩固和发展了全省军政军民团结的大好局面，为贵州“三个文明”建设作出了新贡献。

一、认真学习贯彻全国拥军优属拥政爱民工作会议精神

今年1月中旬在北京召开的全国拥军优属拥政爱民工作会议上，我省贵阳市、福泉市、遵义市、思南县、从江县、平坝县被命名为“全国双拥模范城（县）”。1月10日，我省参会代表从北京载誉归来，省委副书记、省双拥工作领导小组组长孙淦，省委常委、省军区政委堪宏昌，省军区参谋长王武强和省武警总队政委陈伯春及6个被命名单位的军地领导到贵阳机场迎接载誉而归的代表，并举行隆重的欢迎仪式。被命名的6个市、县采取召开军民文艺晚会、军民座谈会或组织军民游行宣传等不同形式，大力开展庆祝荣获全国双拥模范城（县）活动，使广大军民增强了做好新世纪新阶段双拥工作的政治热情和荣誉感。

为了认真贯彻会议精神，省双拥办及时把温家宝总理和回良玉副总理的重要讲话印发到各县（市）和各部队团以上单位。省军区政治部专门下发了《关于传达学习全国双拥工作会议精神的通知》，要求各级把传达贯彻好全国双拥工作会议精神作为今年的重要任务。3月12日，省委副书记孙淦主持召开了省双拥工作领导小组全体会议，省政府副省长、省双拥工作领导小组副组长肖永安向省双拥工作领导小组全体成员传达了全国拥军优属拥政爱民工作会议精神，与会人员专题研究了我省贯彻落实会议精神的意见、建议。4月16日，省委召开常委会议，听取省双拥办对全国双拥工作会议的专题汇报，全面总结近年来我省双拥工作取得的成绩和存在的不足，部署当前和今后一个时期全省双拥工作。5月22日，省委再次召开常委会，研究确定了省委常委各同志建立双拥工作联系点问题。

国务院、中央军委下发《国务院中央军委批转全国拥军优属拥政爱民工作领导小组民政部总政治部全国拥军优属拥政爱民工作会议纪要的通知》后，省双拥办及时草拟了《关于认真贯彻〈国务院中央军委批转全国拥军优属拥政爱民工作领导小组民政部总政治部全国拥军优属拥政爱民工作会议纪要的通知〉的意见》，省人民政府、省军区联合以通知形式下发各地各部队执行。

按照全国双拥工作会议提出的任务，各部队在传达学习会议精神的基础上，纷纷制订和细化了拥政爱民工作的目标和细则，分析各驻军（警）单位开展拥政爱民工作的情况。省军区先后两次委托贵阳警备区，组织驻筑14个部队召开拥政爱民工作座谈会和形势分析会，共同研究制定了新世纪新阶段开展拥政爱民工作的实施意见。

荣获全国双拥模范城（县）和双拥模范单位的市州地，都召开了领导小组全体会议或双拥工作表彰会，认真传达学习了全国双拥工作会议精神，并针对本地实际提出了贯彻意见。贵阳市印发了《贵阳市争创第五次全国双拥模范城的实施方案》；福泉市制定下发了《中共福泉市委、福泉市人民政府关于加强双拥工作，争创全国双拥模范城（县）六连冠的工作意见》；遵义市委、市政府下发了《关于进一步做好双拥工作的通知》。春节后，六盘水市委、市政府和水城军分区召开了全市拥军优属拥政爱民工作暨表彰会议和双拥工作军地联席会议，提出了“抓住重点，打好基础，打造精品，确保达标”的要求，明确了争创全省、全国双拥模范城（县）的目标，全市军（警）民掀起了开展创建活动的新热潮。

二、军警民进一步相互办实事、解难题

各地各部队以实际行动贯彻全国双拥工作会议精神，积极开展相互办实事活动。一是做好新年春节和“八一”期间的走访慰问活动。春节前，中共贵州省委、省人民政府向全省驻军、武警、消防等部队官兵和各类优抚对象发了慰问信。节日期间，省委书记、省人大主任钱运录，省委副书记、省长石秀诗，省政协主席王思齐，省委副书记孙淦等省领导率省拥军优属慰问团，到驻军武警部队和优抚对象家中进行慰问，把党和政府的温暖送到子弟兵和烈军属心上。二是各地结合节日期间走访慰问活动，为部队解决了急需解决的营房设施维修、营具添置和通讯畅通等实际问题。思南县政府拨款200多万元，为县人武部、县武警和消防部队解决营房新建及生活、训练等方面所需经费。六盘水市供电局派出技术精湛的施工队伍，无偿提供材料10余万元，积极帮助水城军分区进行电网改造。贵阳市积极开展科技拥军，为驻军官兵举办参加全国计算机等级考试培训班和厨师及汽车驾驶等实用技术培训班，为武警部队培训了228名基层部队篮球裁判员。该市还积极为50名军嫂解决就业问题，维护军人及其家属的合法权益。三是各级大力发动社会力量，巩固“爱心献功臣活动”的成果，广泛开展包户服务活动，进一步解决重点优抚对象在生活、住房和就医等方面的实际困难。普遍将提高优抚对象的抚恤、补助、优待标准，改善优抚对象的生活质量等纳入对各市州地的主要业务考核目标，促进了优抚工作的全面落实。目前全省52个县（市、区）建立了优抚对象抚恤补助自然增长机制，使享受定期定量生活补助的7万多在乡老复员军人的定补标准达到和超过了省定标准（1080元/年·人），占上年农民人均纯收入的72.5%；各地优待义务兵家属标准逐年提高，户均优待达到当地人民平均生活水平。各地加快建立重点优抚对象医疗保障体系步伐，结合建立农村新型合作医疗制度，采取设立优抚医院、优抚门诊、优抚病房和进行医疗救助、医疗费减免等，大力解决“三老”（老烈属、老伤残军人、老复员军人）等优抚对象医疗难问题。四是适应形势发展变化的需要，对转业士官和城镇退役士兵安置工作不断加大改革力度。各级认真贯彻《贵州省城镇退役士兵安置任务有偿转移和自谋职业试行办法》，积极推进城镇退役士兵自谋职业。2004年我省共接收退役士兵、转业士官15286人，其中符合政策应安置的4426人。截止10月底，全省已安置城镇退役士兵4271人，占应安置总数的96.5%，其中自谋职业达1335人，占应安置总数的10.2%，占已安置数的31.3%。各级累计发放一次性自谋职业经费2228.19万元。今年增加自谋职业改革试点县（市、区）到41个，全省自谋职业率比上年提高了10个百分点。

全国双拥工作会议后，驻贵州人民解放军和武警各部队按照省委、省政府的统一部署，把组织部队和民兵预备役部队投身西部大开发列入党委重要议事日程。仅省军区系统（包括各军分区和人武部）就组织民兵预备役部队支援地方工程建设项目达120多项，其中省以上重点工程12项，修建等级公路40多公里，兴修水渠130公里，修建提灌站16个，架设输变电线900多公里，完成坡改梯6200余亩，植树造林45万余亩。省军区协调有关部门，落实各类帮扶项目51个，项目资金600多万元。贵阳警备区筹集资金10万元，完成了25户农村贫困群众的茅草房改造任务。驻军某部还成立了下岗工人再就业培训基地，无偿为下岗工人进行培训，并帮助协调解决了40多名待岗人员的就业问题。各部队视灾情为命令，奋力投入洪涝、山体滑坡、火灾等严重自然灾害的抢险救灾第一线。驻军、武警、消防等部队共出动兵力17万人（次）、车辆机械1万多台（次），救助和转移遇险群众1.3万人，抢救国家和人民财产近3亿元，进一步展示了人民军队威武之师、文明之师的光辉形象。

三、认真作好双拥宣传教育工作，增强全省军（警）民的双拥意识和国防观念

全省各地把学习传达全国双拥工作会议精神和开展双拥活动有机结合起来，充分利用报刊、电台、电视台等新闻媒体，借助烈士纪念建筑物、革命战争遗址、革命纪念馆等爱国主义教育基地开展国防和双拥宣传教育活动。各级新闻单位派出记者跟踪采访节日重大双拥活动，并开辟了双拥专版、专题、专栏，在重要版面和黄金时间报道全省各族人民爱国拥军的动人事迹。各地积极开展群众喜闻乐见的基层双拥活动，组织青少年为烈军属、革命伤残军人做好事，给战士写慰问信，寄送慰问品，组织文艺小分队到驻地部队慰问演出，组织官兵和优抚对象参观本地改革开放和现代化建设的成果，到革命战争遗址、革命纪念场（馆）、烈士陵园等地举行入队、入团、入党和授枪仪式，不断提高了广大军民参与双拥工作的积极性。六盘水市委、市政府把兴建一座较大规模的烈士纪念建筑物作为今年要办的 10 件实事之一来抓，已在玉舍森林公园划拨 32 亩土地，拨款 360 万元，拟在明年内完工，使之成为爱国主义教育基地。贵阳市成立了学生军事训练工作领导小组，把全市中学生的军训工作纳入教学计划，并制定下发了《贵阳市中学生军训工作管理细则》，指定了有关部队作为中学生军事训练基地。该市今年已有 1.8 万名中学生参加了军训活动，接受了国防和双拥宣传教育。安顺市西秀区委、区政府组织全市各乡镇、街道、学校、企业和驻军、武警、消防等部队 1 万多人参加创建双拥模范城的宣传巡游活动，进一步扩大了双拥工作在广大军（警）民中的影响。

四、进一步加强对双拥工作的组织领导

全省各级党委、政府和驻军领导机关重视双拥工作，不断健全双拥组织机构，完善双拥工作运行机制。贵阳市、六盘水市针对军地领导工作变动的实际，及时下文调整了双拥工作领导小组。不少市、县党委、政府与双拥领导小组各成员单位签订目标责任状，把双拥工作分解到部门、单位，落实到年度目标工作中。积极争创全国、全省双拥模范城（县）的市、县，以先进为榜样，开展“学、比、赶、超”活动，通过认真学习贯彻全国双拥工作会议精神，创建的目标更加明确，创建的决心、信心更大。安顺市西秀区成立了争创双拥模范城领导小组及办公室，区委书记亲自担任组长，区人武部、宣传部、教育局抽调人员组建双拥办，确保了双拥创建工作的组织领导。区委、区政府还制定了《关于深入开展双拥工作的实施意见》，组织军地人员到全国、全省双拥模范城（县）考察学习，狠抓各项工作任务落实。

贵州省党政军（警）民决心高举邓小平理论和“三个代表”重要思想伟大旗帜，更加紧密地团结在以胡锦涛同志为总书记的党中央周围，全面贯彻党的十六大和十六届四中全会精神，从加强党的执政能力建设的高度，认真落实全国双拥工作会议确定的各项任务，与时俱进，开拓进取，进一步做好双拥工作，巩固军政军民团结的大好局面，为全面建设小康社会，实现富民兴黔的宏伟目标作出新的更大贡献。

云南省二〇〇四年双拥工作要点

2004 年，全省双拥工作要坚持以邓小平理论和“三个代表”重要思想为指导，认真贯彻党的十六大、十六届三中全会精神，着眼大局，狠抓落实，不断巩固和发展军政军民团结的大好局面，为促进我省双拥工作不断向前发展，为维护民族团结、边疆巩固、社会稳定、经济发展，为全面建设小康社会，加快推进社会主义现代化建设创造良好的社会环境。

一、以学习贯彻全国双拥工作会议精神为牵引，不断提升我省双拥工作水平

2004 年 1 月 8 日至 9 日，在北京召开的全国拥军优属拥政爱民工作会议，是继 1991 年全国双拥工作会议后的又一次重要会议。会议以“三个代表”重要思想为指导，系统总结了十余年来双拥工作的基本经验，部署了新世纪新阶段双拥工作任务，对推动新时期双拥工作创新发展，巩固和加强军政军民团结具有极其重要的指导意义。各州、市，驻滇解放军和武警部队要把学习贯彻落实会议精神作为今年双拥工作的首要任务，切实抓紧抓好。军地要密切联系本地、本部队双拥工作实际，深刻领会做好双拥工作的重要意义，充分认清军政军民团结在建设中国特色社会主义事业中的重要作用，明确双拥工作必须为全面建设小康社会服务的方向，增强做好双拥工作的使命感和责任感。要认真开展形式多样、内容丰富的会议精神学习宣传活动，使会议精神及时传达到每一个军民。要针对会议上明确的当前和今后一个时期的双拥工作任务，结合各地实际，认真研究工作实施计划，抓好落实。要积极开展双拥工作理论研究，认真分析新形势下双拥工作发生的新变化，探索新时期双拥工作的特点、规律，找出在新形势下发扬双拥工作传统优势、特点的新举措、新办法，增强工作的针对性、创造性，与时俱进，开拓创新，推动双拥工作不断发展创新。在今年适当的时候将召开全省双拥理论研讨会，对优秀理论文章进行交流。要加强双拥办职能建设，充分发挥职能部门协调指导作用，工作要有计划、有检查、有总结，使双拥工作向制度化、法制化方向发展。

二、围绕国家和军队的中心任务，加强军地之间的配合和支持

各州、市政府和有关部门要坚持国防建设与经济建设协调发展的方针，热情关心军队建设，大力支持军事斗争准备，主动了解和帮助驻地部队解决各种实际问题。积极配合部队野外驻训和军事训练活动，搞好场地、交通、物资等保障，做好各项军地协调工作。支持重点军事工程建设，支援和帮助部队搞好基础设施建设。发挥科技人才优势，支持部队开展科技练兵，帮助培养高素质军事人才。配合部队编制体制调整，做好人员安置、军事设施保护等工作。协助部队搞好后勤保障社会化改革。继续探索新形势下做好拥军支前工作的措施和办法，军地协调互动，促进军事斗争准备的深入开展。驻滇各部队要积极参加和支援西部大开发建设，在完成战备训练等任务的同时，发挥部队优势，积极支援驻地各项建设事业，重点是援建交通、水利、能源等基础设施建设等重大工程，参加植树种草、封山育林等生态环境建设。要积极参与扶贫开发，加大科技、教育、文化、卫生扶贫力度，进一步开展“1＋1”助学工作，配合省委、省政府开展“兴边富民工程”行动。要针对云南省灾害频繁的实际，加强做好抢险救灾工作，建立完善的抢险救灾预案，确保部队在灾情发生时拉得动，用得上，为保卫国家财产和人民生命安全积极作贡献。进一步开展“三尊重”活动，密切军政军民关系，把军民共建活动不断引向深入。

三、以创建第七届全省双拥模范城（县）为契机，抓好各项双拥工作的落实

2005年我省将开展第七届全省双拥模范城（县）的争创工作。各州、市要按照省双拥模范城（县）创建评比办法认真抓好各项双拥工作的落实。要充分运用报刊、广播、电视等新闻媒体，大力宣传拥军优属、拥政爱民的光荣传统，宣传双拥工作创新发展的成就和经验，宣传新时期军爱民、民拥军的生动事迹。要进一步加强双拥政策法规建设，采取有力措施，切实解决转业退伍军人安置、随军家属就业、子女入学入托、维护军人及其家属合法权益、重点优抚对象“三难”等重点难点等问题，推动双拥工作制度化、法制化。适应社会改革发展的要求，针对社会经济成分、组织形式、就业方式多样化的特点，充分调动新型经济组织和新的社会阶层爱国拥军的积极性，进一步推进双拥工作社会化。各级双拥工作领导小组成员单位要充分发挥自身优势，认真履行职责，研究制定本部门、本行业、本系统支持部队建设的具体措施。上一届荣获全省双拥模范城（县）称号的，尤其是年初荣获全国双拥模范城（县）称号的市（县）要认真总结经验，发扬双拥传统优势，在争创双拥模范城（县）上更上一层楼；没有荣获双拥模范城（县）的地区，要在找差距上下功夫，认真学习其他地区好的经验和做法，争取在全省第七届双拥模范城（县）评比上获得好的成绩。

云南省二〇〇四年双拥工作总结

2004 年我省双拥工作在省委、省政府的领导下，认真践行“三个代表”重要思想，以十六大、十六届三中、四中全会精神为指导，全面贯彻落实全国双拥工作会议及双拥办主任会议精神，以促进地方生产力和提高部队战斗力为目标，不断加强对新时期双拥工作的研究，探索开展双拥工作的新思路、新办法，努力营造军政军民团结的大好局面，推进了双拥工作的蓬勃发展，进一步掀起了双拥工作新高潮。

一、取得的主要成绩和做法

（一）认真贯彻落实全国双拥工作会议精神，不断提升我省双拥工作整体水平。今年初全国双拥工作会议对十余年来全国双拥工作取得的巨大成就进行了全面总结，对荣获第七届全国双拥模范城（县）、全国双拥模范单位和个人进行了命名和表彰，不但增强了各级党政军民继续做好双拥工作的责任感和使命感，而且鼓舞了长期从事双拥工作的人员继续做好双拥工作的信心，特别是针对新时期双拥工作出现的新情况、新变化，提出了许多新思想、新思路和新举措，对我省今后的双拥工作具有重大的推动和指导作用。省双拥工作领导小组对学习贯彻会议精神非常重视，提出了明确具体的要求。省双拥办及时下发了《关于学习贯彻落实全国双拥工作会议精神的通知》，省双拥办主任唐尚林同志还撰写了《深入贯彻全国双拥工作会议精神，推动双拥工作新发展》的署名文章，及时对全省学习贯彻会议精神进行了部署。

全省各州、市、县（市、区）根据《通知》精神及时召开双拥工作领导小组会、议军会、军政座谈会、双拥办主任会和双拥工作会议，认真传达学习会议精神，并把贯彻落实会议精神的措施贯穿到2004 年双拥工作任务之中。一年来，全省学习贯彻落实会议精神取得了明显成效。一是充分利用广播、电视、报刊等新闻媒体和板报、专栏、文艺活动等形式，广泛宣传全国双拥工作会议精神，在全省营造了关心双拥、宣传双拥、支持双拥的浓烈氛围，掀起了学先进、赶先进，争当双拥排头兵的热潮。二是通过深刻学习领会会议提出的新思想、新要求，在全省掀起了双拥工作理论研究的新高潮，形成了一批理论成果。今年三月，我们向全省各地和驻滇部队下发了撰写双拥工作理论文章的通知，截止目前，全省各地各部队共撰写理论研讨文章111 篇，已初步审定出 30 余篇在省《双拥工作简报》上刊登。三是各州、市以全国双拥工作会议确定的新时期双拥工作任务为目标，认真开展拥军优属工作，军地双向奉献蔚然成风，军爱民、民拥军的感人场面在全省各地随处可见。四是省双拥办利用《云南省双拥工作简报》这一宣传平台，及时将全国双拥工作会议精神、全国双拥办主任会议精神传达到各地各部队。同时，把各地各部队双拥工作做得好的典型、先进事迹在简报上刊登宣传，全年共编发了《双拥工作简报》12 期，对全省的双拥工作起到了指导和推动作用。

在贯彻落实全国双拥工作会议的过程中，地方各级政府为支持部队建设加大投入，努力把实事做好，把好事做实。为丰富驻滇空军某部官兵体育文化生活，省政府拨专款 60 余万元为该部新修了体育场馆；为解决驻勐腊县空军某部吃水难问题，省政府、西双版纳自治州和勐腊县共同为他们提供了40 余万元的专项经费；为解决昆明市校场中路附近驻军官兵出行难的问题，昆明市政府出资 1200余万元对该路段进行改建、扩建。各州、市在帮助驻军（警）部队建设也不断加大投入。其中，昆明市在市国防动员委员会综合楼和训练基地的建设中投入 1200 万元，同时还为驻地部队水、电、气、路等基础设施建设投资 300 余万元；玉溪为支持部队新建营房划拨土地 372 亩；其他州（市）为部队和国防建设舍得投资，只要是有利于国防建设的事，党委、政府都尽全力支持。一年来，各级政府为支持部队基础设施建设，投入经费8000余万元，划拨土地1870余亩。

（二）强化以爱国主义为核心的国防宣传教育，增强了全省军民双拥意识。拥军优属、拥政爱民，是我党我军我国人民的优良传统和政治优势。“同呼吸、共命运、心连心”的新型军政军民关系是维护社会稳定、巩固国防的坚实基础。一年来，全省各地、各驻军（警）部队广泛开展了以爱国主义为核心的国防宣传教育，大力宣传广大军民在党的领导下团结一心、艰苦奋斗的光辉历史和优良传统；宣传军政军民团结在改革开放和现代化建设中取得的辉煌业绩；宣传子弟兵在戍边卫国、维护社会稳定、支持地方经济建设和抢险救灾等方面的先进事迹。在国防教育和双拥宣传活动中，各地想方设法，充分发挥自身所长，以喜闻乐见的方式使广大军民在潜移默化中接受国强才能民富的观念。“八一”期间，昆明市委、市政府和当地驻军在昆明电视台共同组织了一台大型双拥文艺晚会；红河州开远市于11月20日，开展了“泸江颂——军民一家亲”大型双拥活动，参加活动的军民达五万余人。其他州、市都用不同形式开展了国防教育和双拥宣传活动。通过这些宣传教育活动，对我省的国防教育和双拥工作起到较大的推动作用。

全省各地教育宣传中有两个显著的特点：一是各级党政领导认真落实到部队过国防日制度，学习军事、国防知识。据统计，一年来全省各地党政领导到部队过国防教育日活动8100余人次，请部队领导到地方讲授当前我国国防现状、军事知识课200余场次。今年“八一”期间，云南省军区专门邀请省委、省人大、省政府、省政协领导利用一天的时间参观部队训练，介绍部队建设情况，并进行了打靶训练。通过参加过国防日的活动，各级党政领导普遍加深了对驻地部队的了解，增强了支持部队国防建设的责任感。二是抓住突发事件，积极宣传子弟兵在急难险重任务面前敢于当先锋、打头阵、担当主力军的光辉形象。今年我省楚雄州大姚县、昭通市鲁甸县、德宏州盈江县、陇川县、丽江市永胜县、华坪县、红河州建水县等地相继发生了严重的洪涝、泥石流、地震等重大灾情，在灾情面前，各地驻军官兵积极参加抢险救灾。同时，各级党委政府积极组织宣传部门对参加抢险救灾现场的官兵进行了跟踪报道，大力宣传他们在抢险救灾中一不怕苦、二不怕死的大无畏精神。

（三）加强新时期双拥工作政策法规研究，确保政策法规落到实处。随着改革开放深入发展，双拥工作出现了很多新问题、新情况，要与时俱进地做好双拥工作，必须加强对双拥政策法规的研究、调整、修改和补充。今年我省重点就农村税费改革对义务兵家属优待金的落实问题作了调研，并取得了一些调研成果。

首先，自今年我省农村税费改革全面启动以来，全省农村义务兵家属优待金的统筹已经全部停止，我省义务兵家属优待金每年靠社会统筹的68.5%计2290多万元的资金如何解决是一个新问题。针对此情况，省双拥办经过认真调研提出了一些积极的意见和建议，为政府主管部门和上级业务部门制定、调整政策提供了依据，切实维护了广大优抚对象的合法权益。一是实行农村税费改革后，义务兵家属优待金要列入各级财政预算安排，并建立与税费改革相适应的配套政策、规定，确保义务兵家属优待政策的落实。二是建议省政府在制定费改税政策时，明确规定将义务兵家属优待金纳入当地财政预算。三是大力开展拥军优属工作，财力上无法解决的应采取其他形式给予优待，如免除农村义务工以及大力开展帮耕、帮种、帮收等，真正做到经济上帮不了，从物力上帮，物力上帮不了，从人力上帮，确实动员全社会“献爱心拥军，动真情优属，立足实际帮困”。

其次，积极做好《云南省重点优抚对象抚恤补助标准自然增长机制》文件的出台工作。根据民政部的要求并结合我省的实际，总结了我省前期建立重点优抚对象抚恤补助标准自然增长机制试点的经验，并进行了大量的数据测算工作，经与省财政厅和相关部门协商，已呈文上报省政府，力争早日颁布实施，使全省重点优抚对象生活水平能够随着人民群众生活水平的提高而提高，共享改革开放、经济发展的成果。

在做好上述工作的同时，各级双拥工作领导小组也不断加强对各地双拥政策法规的落实情况进行检查，结合当地实际争取出台一些能够推动双拥工作向前发展的新举措新办法。今年10月，大理市对双拥工作进行了责任划分，明确了双拥工作成员单位的责任，并制定了检查评比办法和内容，对该市的双拥工作起到了较好的促进作用。

（四）做好元旦、春节、“八一”期间的节日走访慰问，努力营造军政军民团结的大好局面。在做好经常性双拥工作的同时，我省各地针对元旦、春节、“八一”等节日，由各级党政领导带领慰问团（队），对驻军（警）部队官兵开展了内容丰富、形式多样的慰问活动。省委、省政府专门刊播了致驻滇中国人民解放军和中国人民武装警察部队全体官兵，全省烈军属和荣誉、复员、退伍、转业军人、军队离退休干部的《慰问信》，下发了做好元旦、春节、“八一”期间拥军优属、拥政爱民工作的《通知》。春节前，由省委、省政府拨专款120万元对驻云南边防连队（哨、站）进行了走访慰问。“八一”前夕，省级主要领导与驻昆军（警）部队大单位领导聚集一堂，欢庆建军77周年，共谋维护社会稳定，发展经济和军队建设的大事。同时还派出了慰问团，对云南省军区、77200部队、武警云南总队、96201部队和95429部队等军、师级机关进行了走访慰问。各地党委、政府按照省双拥工作领导小组要求，结合实际，对驻地部队也进行了走访慰问。据统计，共投入慰问经费1679万余元，组织1215个慰问团（组）慰问部队官兵，组织800余场座谈会或茶话会，军地合作演出200余场次，驻地部队邀请地方各级党政领导到部队过国防日300余次。通过节日交流活动，军地之间相互增进了团结，为推动我省双拥工作不断向前发展形成了共识。

（五）驻滇解放军和武警部队充分发挥自身优势，积极为地方经济建设贡献力量。在地方支持部队和国防建设的同时，驻滇各部队以建设第二故乡为己任。在德宏、丽江、昭通、红河等州市重大抢险救灾任务中，驻滇部队当先锋，打头阵，哪里最危险，哪里最艰苦，哪里就有子弟兵的身影。我省的重大灾情牵动着党中央、国务院领导的心，温家宝总理、曾庆红副主席、回良玉副总理等领导分别亲临昭通市、德宏州灾区看望参加抢险救灾的部队官兵和预备役人员，对他们挺身而出，战斗在抢险救灾第一线，无私无畏、勇往直前的奉献精神给予了充分肯定和高度评价。在支援西部大开发建设中，驻滇各部队充分发挥各自优势，大力开展智力扶贫、绿化美化第二故乡，结对帮扶，为失学儿童开办“春蕾班”等活动，为保卫边防、维护社会稳定、促进经济社会繁荣发挥了重要作用。云南省军区积极开展“八千里文明边防线”活动，坚持强边固防与兴边富民相结合，作为双拥共建的长期工程来抓。全区部队和民兵预备役人员大力开展了扶贫结对帮困活动，77200部队、96201部队、95429部队、武警云南总队、成都军区联勤22分部、武警公安边防消防等现役部队在抢险救灾、完成急难险重任务、维护社会稳定、缉毒打私、植树造林、扶贫帮困、科技助民、参加地方重点工程建设等方面为云南的经济发展作出了突出的贡献。一年来，驻滇各地军（警）部队共出动官兵13万余人次，车辆3000余台次，积极参加地方抢险救灾，支援和参加地方重点、公益事业建设，为地方减少了1亿3千余万元的经济损失，为灾区捐赠现金130余万元，衣被11000余件（套）。

二、存在的问题

一是全国双拥工作会议精神的落实力度不够。全国双拥工作会议束以来，全省各地在贯彻落实会议精神上下了很大功夫，也取得了较大成效。但按会议提出的新思想、新思路来指导双拥工作力度不够，下工夫研究探索双拥工作的新路子、新方法不多。

二是全省各地双拥工作发展不平衡。从整体上看，通过多年各级党政军民的共同努力，全省双拥工作成效显著，呈现出社会稳定，民族团结，边防巩固的大好局面。但仍有少数地方对创建双拥模范城（县）活动不够重视，被动应付；对双拥工作中出现的新情况、新变化研究不够；解决双拥工作中出现的新问题办法不多，力度不大，全省双拥工作发展不平衡。

陕西省二〇〇四年双拥工作要点

2004 年，全省双拥工作要以邓小平理论和“三个代表”重要思想为指导，认真贯彻党的十六大、十六届三中全会和省委十届四次全会精神，以全国拥军优属拥政爱民工作会议为动力，紧紧围绕全面建设小康社会，加速推进国防和军队现代化建设，完善政策法规体系，创新群众性活动方式，与时俱进抓好各项工作落实，巩固和发展军政军民团结，为陕西改革发展稳定和军队全面建设提供可靠有力的保障。

一、认真贯彻落实全国双拥工作会议精神，掀起新的双拥热潮

全国拥军优属拥政爱民工作会议是经党中央、国务院、中央军委批准召开的一次重要会议。会议以“三个代表”重要思想为指导，系统总结了新形势下双拥工作的基本经验，部署了新世纪新阶段双拥工作任务，对推动双拥工作创新发展，巩固和加强军政军民团结具有极其重要的指导意义。各地各部队要把学习贯彻会议精神，作为今年双拥工作的一件大事来抓，认真研究贯彻落实的具体措施，采取多种形式，搞好传达学习。特别要学习好温家宝总理的重要讲话，深刻领会精神实质，充分认清在当前形势下做好双拥工作的极端重要性，积极动员和组织全省军民做好拥军优属、拥政爱民工作，掀起新的双拥热潮，促进双拥工作深入发展和整体水平的提高。各市双拥办将贯彻落实全国双拥工作会议精神情况于五月中旬报省双拥办。

二、深入进行爱国主义和国防教育活动，强化全省军民的国防观念和双拥意识

各地各部队要广泛开展以爱国主义为核心、以拥军优属、拥政爱民为重要内容的国防教育，要认真贯彻《国防教育法》，把爱国主义教育和国防双拥教育纳入国民教育体系和部队政治教育计划，制定规范统一的教育纲要，有组织、有领导地抓好落实。在教育中，要突出爱国主义这个核心内容，引导广大军民把市场与战场、思富与思危、稳定与发展结合起来，认清没有强大的军队，就没有国家的安康；没有人民的支持，就没有巩固的国防，进一步激发爱国拥军、爱民奉献的政治热情。要引导广大官兵树立依靠人民建设军队、建设国防的思想，不断加深对人民群众的思想感情。要结合贯彻落实全国双拥工作会议精神的有利时机，大力宣传我省十多年来双拥工作取得的成绩和经验，宣传这次受表彰的全国双拥模范城（县）、双拥模范单位和个人的事迹，宣传军政军民团结在抗击“非典”、抢险救灾战斗中发挥的巨大作用，把支持国防和军队建设作为各级党委、政府重大政治责任和每个公民义不容辞的义务，形成军爱民、民拥军的浓厚氛围。

三、继续开展“办实事解难题作贡献”活动，把各项双拥政策法规落实到位

军地双方要继续把开展“办实事解难题作贡献”活动作为今年双拥工作的一项重要任务。要紧紧围绕实现全面建设小康社会的宏伟目标加强协作。地方政府和有关部门要主动了解和协助部队做好基础设施建设，改善营区环境，改善战备、训练、工作学习条件，做好军队后勤保障社会化工作。组织力量对转业干部、士官和退役士兵安置、随军家属就业、子女入学等政策的落实情况进行全面检查，发现问题及时解决。进一步改善烈军属、伤残军人、转业复员退伍军人等优抚对象的生活、医疗条件，保证重点优抚对象达到或高于当地人民群众的生活水平。要进一步加大开展智力拥军、科技拥军力度，为部队科技兴训创造有利条件。要及时妥善处理部队官兵涉法问题，维护军人及其家属合法权益。要积极支持军队体制编制调整改革。年内部分驻陕部队要进行体制编制调整改革，各地要以高度的政治责任感，积极支持和配合驻军部队做好工作，及时了解需要地方帮助解决的问题，研究提出具体的措施和办法。配合做好单位交接、人员安置等工作，搞好家属随迁随调。特别是对撤并、移防的部队，要积极主动地帮助解决涉及地方的房产、土地、债权债务和历史遗留问题，协助部队保护好军事设施和军产。省内旅游景点对军人减免开放情况要进行一次检查，确保各项双拥政策落实到位。

驻军各部队要按照中央军委、总部的要求，研究制定参加和支持全面建设小康社会的规划，积极参加和支援重点工程、社会公益事业、植树种草、防风治沙等生态环境和小流域治理工程建设。组织部队继续开展科技、医疗、文化等多种形式的扶贫帮困活动。要把维护社会稳定作为一项重要的政治任务，认真抓好落实。要研究掌握自然灾害的特点规律，完善军地协作机制和制定应急方案，进一步做好抢险救灾工作，保护改革开放成果和人民群众生命财产安全。

四、巩固创建成果，以改革创新的精神推进双拥工作深入发展

今年元月，全省有9个市县被命名为全国双拥模范城（县）。各地各部队要把创建双拥模范城（县）作为一项光荣而神圣的政治任务，认真总结近年来创建双拥模范城（县）的成功经验，巩固好创建成果。要以与时俱进的精神，适应新形势新任务对双拥工作的要求，拓展新领域、丰富新内容、开辟新途径。要积极探索新型经济组织和新的社会阶层开展拥军活动的途径和办法，扩大双拥工作的群众基础。组织开展行业拥军、社区拥军活动，推进双拥工作社会化。进一步完善双拥工作机制，把政府行为与社会行为、以情双拥与依法双拥、行政调节与市场调节结合起来，保证双拥工作的开展和各项任务的落实。要加强对双拥工作理论研究，总结宣扬具有时代特色的经验和先进典型，推出一批有深度、有价值的双拥理论成果，指导和推动双拥工作不断发展。省双拥办、省军区拟于七八月份总结推广西安驻军开展的“热爱西安、学习西安、宣传西安、奉献西安”和西安市开展的“热爱驻军、学习驻军、宣传驻军、服务驻军”活动的经验。要加强对外交流，借鉴外省市双拥工作的改革创新经验，省双拥办在适当时候将组织部分市双拥办的同志赴外省市参观学习并慰问边海防陕西籍官兵，开阔视野，拓展双拥工作思路。

五、加强双拥工作组织领导，切实把工作落实在基层

双拥工作是一项事关全局的战略性任务和社会工程，各级党委、政府和军事领导机关要高度重视，纳入重要议事日程，经常分析形势，研究解决重大问题。党政军主要领导要身体力行，带头参加重大活动，亲自协调解决重点难点问题。各级双拥工作领导小组要以对国家和军队建设高度负责的精神，认真履行组织、协调、指导双拥工作的职能。加强双拥工作资源整合，建立双拥工作领导小组成员单位报告工作制度，增强军地有关部门履行双拥工作职责的意识，推动双拥工作在各部门、各系统的落实。各级双拥工作领导小组要重视、关心和支持各级双拥办建设，配齐配强干部，落实办公室经费，帮助解决实际问题，保证各项工作开展。军地双拥工作职能部门要积极为党政军领导当好参谋和助手，发挥应有的作用。要下力气做好基层的双拥工作，着眼基层，立足基层，把各项任务在基层的落实情况作为衡量工作、评选先进的基本标准。进一步健全基层群众性双拥组织，完善服务网络，推动双拥工作进企业、进乡村、进机关、进学校、进社区、进连队。建立领导干部双拥工作联系点制度，帮助基层解决实际问题。要大力培养和宣扬具有时代特色的双拥先进典型，推动双拥工作广泛深入开展和各项任务落实。

陕西省二〇〇四年双拥工作总结

2004年，我省双拥工作以邓小平理论和“三个代表”重要思想为指导，认真贯彻党的十六大、十六届三中全会和省委十届四次全会精神，以全国拥军优属拥政爱民工作会议为动力，认真落实党中央、国务院、中央军委关于加强军政军民团结的指示，紧紧围绕全面建设小康社会，加速推进国防和军队现代化建设，完善政策法规体系，创新群众性活动方式，与时俱进地抓了各项工作落实，使全省双拥工作继续保持了蓬勃发展的良好势头。

一、深入学习贯彻全国双拥工作会议精神

今年初的全国双拥工作会议召开后，全省各地各部队坚持从实践“三个代表”重要思想、服务于全面建设小康社会、推进中国特色军事变革的战略高度，把贯彻会议精神、做好双拥工作作为大事来抓，党政军各级领导高度重视，业务部门认真组织，广大军民积极参与，又一次掀起了拥军优属、拥政爱民的新高潮。省军区在全省范围内举办了国防知识竞赛、双拥先进事迹报告会等群众性双拥宣传活动。全省大部分市都以市委、市政府、军分区名义下发了《关于进一步做好双拥工作的通知》，号召军民深入开展双拥工作，巩固发展军政军民团结的大好局面。为激发驻新疆部队陕西籍官兵热爱边疆、奉献边疆、建设边疆的热情，国庆节前夕，省双拥办组成慰问团，深入天山南北，对部分驻疆陕西籍官兵进行了慰问，积极鼓励他们扎根边疆、安心服役。组织开展的这些工作和宣传活动，进一步提高了广大军民做好双拥工作的思想认识。为了再次掀起双拥热潮，12月中旬，以省委、省政府、省军区名义又召开了全省双拥工作会议，传达了全国省区市双拥办主任会议精神，对贯彻全国双拥工作会议精神和国务院、中央军委批转的《会议纪要》精神作了全面部署，要求全省军民抓住有力时机，深入开展双拥工作。

二、广泛开展“办实事解难题作贡献”活动

今年，全省各地和驻军单位都把“办实事解难题作贡献”活动作为贯彻落实全国双拥工作会议的亮点工程来抓，军地双方积极行动，互办实事蔚然成风。一是对出台的双拥政策落实情况进行检查。省双拥办、人事厅、民政厅组织力量对近年来转业干部、士官和退役士兵安置、随军家属就业、子女入学、优抚对象生活补助标准、旅游景点门票对军人减免开放等政策的落实情况进行了全面检查，对于发现的问题，责成相关部门限期解决。如我们在检查旅游景点门票对军人减免开放时，个别景点有不按政策为军人优惠现象，检查组及时指出，当场改正。西安市明确要求各级党委、政府和有关部门必须做到：军队有优惠、军人有优先、军属有优待、军需有保障、家属有安置、军转干部有位子；军地无隔阂、军民无纠纷、军营无干扰。二是及时妥善处理部队官兵涉法问题。随着改革的不断深入，近年来，部队官兵涉法问题较多，如果解决不好，就会影响军队稳定。对于军人来函、来电等反映涉法的问题，省上要求各级从讲政治的高度，以认真负责的态度加以解决，实实在在为他们办实事解难题，维护好军人及其家属的合法权益。三是推广了西安市军地开展的“热爱西安、学习西安、宣传西安、奉献西安”和“热爱驻军、学习驻军、宣传驻军、支持驻军”活动，促进了全省双拥工作的开展。四是针对部分驻陕部队进行体制编制调整改革的实际，各级党委、政府把积极支持部队体制编制调整改革作为贯彻落实会议精神的具体体现，及时解决部队提出的问题，按时完成了土地征用、单位交接、人员安置等工作，确保了驻陕部队体制编制调整改革顺利进行。

各驻陕部队继续发扬拥政爱民的光荣传统，积极参加重点工程和植树种草、防风治沙等生态环境治理工程建设，大力支持社会公益事业和维护社会

稳定工作，继续开展科技、医疗、文化等多种形式的扶贫帮困活动，为地方经济社会发展作出了积极贡献。特别是省军区充分发挥部队和民兵预备役优势，协调驻军、成建制组织民兵预备役人员承建了遍及全省的106条小流域治理工程，使流域内的面貌发生了明显变化，得到了中央军委、总部、兰州军区和国家有关部门的充分肯定。省军区参加和支援西部大开发办公室副主任雷生云同志，作为全军唯一代表获得首届“中国消除贫困奖”，并受到总政李继耐主任和军区首长的亲切接见。

三、创建活动有了新提高

各地、各部队紧紧围绕学习贯彻全国拥军优属拥政爱民工作会议精神有利时机，广泛开展了形式多样的创建全国双拥模范城（县）活动，注重在创新上下功夫，在共建模式上做文章，在抓基层上见效果，创建活动有了新提高。一是创出了具有时代特色的双拥工作之路。延安市在和盐城市缔结为“全国双拥模范”友好城市后，今年又与所属县（区）相互缔结，充分发挥双方独特的政治效应，进行优势互补，互相学习，实现了双拥双促进，共建共提高。咸阳市、渭南市把文明村镇创建活动与村民自治工作有机结合，紧紧围绕扶贫开发、移风易俗、美化村容等为主要内容，开展共建活动。第四军医大学所属医院与省荣军医院结为共建对子，双方发挥各自优势，军队医院为荣军医院提供医疗技术指导、医务人员培训和医院现代化管理，提高了省荣军医院的保障能力。荣军医院组织革命伤残军人为部队医务工作者讲传统、讲奉献，进一步激发了他们热爱本职、奉献国防的政治热情。二是争创双拥模范城（县）活动热情高涨。今年初，我省9个市（县）被命名为全国双拥模范城（县）后，全省上下迅速掀起了新一轮的创建热潮。铜川市制定了三年规划，争取到2005年跨入省级双拥模范城行列。礼泉县也把争创省级双拥模范县作为奋斗目标，分解和细化创建工作，使县上每个部门、每个乡镇都有明确的分工和目标。省双拥办按照创建双拥模范城（县）“六条标准”的要求，对这些争创意识强、热情高、信心足、劲头大的市、县和单位，给予积极支持和指导，力求在形式、内容、领域、途径上都有所创新。

四、双拥政策得到有效落实

地方各级党委、政府和人民群众从官兵和优抚对象最为关心的问题入手，想方设法，为他们排忧解难。一是加大财政投入，提高了优抚对象抚恤补助标准，财政投入补助经费8450万元，使各类重点优抚对象基本生活得到了保障。二是加大安置力度，优抚安置政策得到有效落实。今年，全省共接收军转干部3361名，现已基本得到妥善安置；接收退役士兵22118名，其中需要安置8752人，目前已完成任务的60%。西安市继续发挥退伍军人职业介绍服务中心作用，根据退伍士兵的特长和用人单位的要求，及时推荐，保证每个退伍士兵第一次就业，受到部队战士的普遍欢迎。各地还加大投入，提高了军休干部的生活、医疗补贴，省民政厅经常组织军休干部开展各种文化娱乐活动，使军休干部老有所养、老有所乐，安度晚年。

甘肃省二〇〇四年双拥工作要点

2004年，全省双拥工作总的要求是：以邓小平理论和“三个代表”重要思想为指导，全面贯彻党的十六大、十六届三中全会和全国双拥工作会议精神，紧紧围绕全面建设小康社会，以增强经济实力、国防实力和民族凝聚力为目标，以维护社会稳定、促进经济发展、推进军事斗争准备为重点，强化基层双拥工作，积极推进联片创建活动，更加广泛深入地开展“双四好”活动，深入扎实地做好拥军优属拥政爱民工作。

一、认真贯彻落实全国双拥工作会议精神，进一步推进双拥工作的改革、创新和发展

要组织广大军民认真学习全国双拥工作会议文

件，深刻领会精神实质，进一步激发广大军民做好双拥工作的政治热情。要牢固确立“三个代表”重要思想在双拥工作中的指导地位。紧密结合我省双拥工作实践，进一步理清思路，明确方向，丰富内容，把促进社会生产力发展和部队战斗力提高，加强军地思想道德和文化建设，维护广大军民的根本利益，作为双拥工作的根本出发点，使双拥工作在更高的起点上推进，更好地为我省的经济社会发展和部队全面建设服务。要深入研究双拥工作的改革创新发展问题。着眼转变思想观念，从全局和战略的高度认识双拥工作，树立与形势发展相适应的新思想、新理念。按照体现时代性和先进性的要求，提高双拥工作的层次和水平。围绕党的中心任务，拓宽工作领域，发展具有时代特色的军民共建形式。重点要探索在新型经济组织和新的社会阶层中开展拥军活动的途径和办法。完善政策法规，建立双拥工作的长效机制，适时召开全省双拥工作会议，总结交流经验，推动双拥工作改革、创新和发展。

二、紧紧围绕新形势、新任务和做好军事斗争准备，更加广泛深入地开展国防教育和双拥宣传

要充分认识新世纪新阶段加强军政军民团结的极端重要性，切实把这项工作作为事关全局的战略任务来抓，摆在重要位置，纳入党委、政府和各有关部门的重要议事日程，作为部队政治建设的重要内容，坚持不懈地抓下去，使之在全省改革、发展、稳定和部队建设中发挥更大的作用。要深入开展以爱国主义为核心的国防教育和双拥传统教育。积极探索新形势下开展国防教育和双拥传统教育的方法途径，通过新闻媒体开辟专栏、知识竞赛、演讲会等多种形式，大力宣传双拥工作。继续开展双拥宣传月、全民国防教育日、学生军训等活动，推动国防教育和双拥宣传深入发展，进一步形成军爱民、民拥军的浓厚氛围。加强军民共建社会主义精神文明活动。积极弘扬健康向上的思想观念，培养良好的道德意识，发展先进的民族文化。不断强化全民的国防观念和忧患意识，大力营造“热爱军队、关心国防、尊重军人”的社会氛围。组织双拥典型和英模代表，深入基层巡回演讲，使先进典型成为弘扬传统、激励斗志、奉献爱心、增强民族凝聚力的强大精神动力。

三、继续推进联片创建活动，全面提升双拥工作整体水平

按照“推动联片创建，发展特色双拥”的总体思路，积极探索双拥工作的新形式、新载体、新路子。要把联片创建的立足点放在促进区域经济发展、推动社会进步上来，突出重点，突出特色，搞好规划，明确目标，落实任务，确保联片创建任务真正落在实处。加大“河西千里双拥模范走廊”和“兰郎”、“天兰”双拥文明线的创建力度，着力提高整体效果。围绕全面建设小康社会和西部大开发的新要求，突出创建工作重点，加强分类指导，分片召开创建工作座谈会，进一步确立新的联片创建思路，实现双拥工作再上新台阶，再谋新发展。加强对创建双拥模范城（县）活动的指导，坚持方向，丰富内容，拓宽领域，注重实效，把创建活动引向深入。要认真总结创建双拥模范城（县）活动的成功实践，积极探索“巩固、发展、提高”的措施和办法。按照《双拥模范城（县）命名管理办法》要求，制定争创新一轮双拥模范城（县）的规划和措施，提高标准，使双拥工作在更高的起点上推进。

四、突出重点，创新载体，不断增强双拥工作的实效性

继续在广大军民中深入开展“双四好”活动。切实加强舆论宣传，营造浓厚氛围，及时总结交流经验，不断增强这项活动的吸引力和凝聚力。大力推动社区双拥向纵深发展。要依托社区工作，普遍建起社区双拥工作站，逐步形成思想教育、家政服务、社区文化、医疗保障、优抚安置、助残帮困等综合性服务网络，不断满足社区军民不同的服务需求。重点要完善基层双拥组织和服务网络，促进双拥工作任务在基层落实。积极开展军民共建“文明社区”、“文明村镇”、“文明行业”活动。通过主题鲜明的共建形式，推动双拥工作进企业、进机关、进乡村、进学校、进社区、进连队，逐步向新经济组织和社会组织拓展。

五、充分发挥军地优势，加大互办实事力度，重点解决好热点、难点问题

围绕推进中国特色军事变革，更加深入扎实地做好支持国防和军队建设工作。进一步探索新形势下拥军支前的途径和办法，配合部队完成野外驻训和军事演习任务。广泛开展科技拥军活动，制定支持军队实施人才战略工程规划措施，采取多种形式帮助培养高素质新型军事人才。要适应军队优化结构、提高效能和体制编制调整改革要求，协助做好人员安置、单位交接、部队移防和军事设施保护等工作。充分发挥部队组织严密、突击性强和人才、技术集中的优势，积极参与西部大开发。尤其在重点工程建设、生态环境治理、扶贫济困、抢险救灾中，继续发挥突击队和生力军的作用。各地各有关部门，要把军队援建工作纳入西部大开发总体规划，研究制定相关政策，从资金、信息、项目、技术等方面创造必要的条件。要用改革的思路解决双拥工作中遇到的新情况、新问题。采取政府安排、扶持就业、经济补偿等多种形式，拓宽城镇退役士兵安置渠道。按照对口安置、双向选择、政策扶持等办法，做好随军家属再就业工作。继续开展“爱心献功臣活动”，完善优待抚恤金自然增长机制，加大优抚经费投入，逐步提高优待抚恤补助标准，帮助重点优抚对象解决好医疗、住房、生活等方面的实际困难。

六、加强领导，完善机制，推动双拥工作深入开展

各级党委、政府和军事领导机关要高度重视双拥工作，纳入重要议事日程。党政军主要领导要身体力行，带头参加重大活动，亲自协调解决重点、难点问题。各级双拥工作领导小组要认真履行组织、协调、指导双拥工作的职能。建立双拥工作领导小组成员单位报告工作制度，增强军地有关部门的责任意识，推动双拥工作在各部门、各系统落实。要关心支持双拥办建设，帮助解决实际问题，驻军相对集中的地方，要完善军地合署办公制度。建立各级领导干部双拥工作联系点制度，加强对基层双拥工作的指导，打牢双拥工作的基础。

甘肃省二〇〇四年双拥工作总结

2004 年，我省双拥工作在省委、省政府、省军区的正确领导下，坚持以邓小平理论和“三个代表”重要思想为指导，认真贯彻党的十六大和十六届四中全会精神，全面落实全国双拥工作会议精神，以全面建设小康社会和推进中国特色军事变革为目标，军地团结协作，军民同心同德，深入扎实地开展拥军优属、拥政爱民活动，促进了全省经济社会发展、社会稳定和部队战斗力的提高。

一、适应形势要求，创新发展理念，着力推进双拥工作向纵深发展

按照省双拥工作领导小组的总体部署和要求，各地各部队坚持把理清工作思路，创新发展理念，拓宽共建领域，提高水平作为开创新局面的重要措施来抓，不断促进了双拥工作健康发展。

一是认真抓好全国双拥工作会议精神贯彻落实，不断增强各级做好双拥工作的自觉性和责任感。全国双拥工作会议召开后，省委、省政府、省军区领导高度重视，及时作出了“一定要把会议精神学习好、传达好、贯彻好、落实好”的指示和要求，全省统一印发了《全国双拥工作会议精神传达提纲》，并在 2 月初召开的由市、州和军分区主要领导参加的会议上认真进行了传达，系统学习领会党中央、国务院、中央军委关于新形势下做好双拥工作的一系列指示精神，不断增强了各级领导干部做好双拥工作的使命感和责任感。各地各部队特别是荣获全国双拥模范城（县）称号的市、县，通过召开会议、举行座谈、迎接牌匾等形式，广泛深入地宣传会议精神，使广大军民受到了深刻的双拥教育。军地双拥主管部门也加大了工作指导力度，在认真学习领会会议精神的基础上，还通过新闻媒体和《双拥简报》、举办讲座、经验交流等形式，宣传双拥工作的新发展和取得的新经验，进一步增强了广大军民做好双拥工作的自觉性。

二是紧紧围绕全面建设小康社会和做好军事斗争准备，高起点谋划双拥工作的创新和发展。在认真准备和深入调研的基础上，省双拥工作领导小组于3月初召开全体会议，深入研究我省双拥工作的创新发展问题。6月初，省委、省政府、省军区隆重召开全省双拥工作会议，进一步对当前和今后一个时期的双拥工作作了全面部署。各级党委、政府和驻军机关，着眼于转变思想观念，积极创新发展新时期双拥工作的理论体系，创新提升双拥工作的层次和水平，创新发展具有时代特色的军民共建形式，创新发展双拥工作的长效机制，不断增强双拥工作的生机与活力。天水、酒泉、定西、金昌、白银、临夏等市（州）对今后三年的双拥创建工作做了全面规划和部署，下发了《关于进一步加强双拥工作的意见》，确立了新的创建目标和任务。为探索双拥工作的新形式、新载体、新路子，兰州市委、市政府和兰州警备区在全市组织动员民营企业和非公有制经济组织广泛开展双拥创建活动，探索了双拥工作的新载体。兰州沛丰物业公司、当吉责任有限公司等一大批民营企业积极开展拥军活动，主动捐物和接收安置退役士兵，并与驻军基层单位建立了共建关系，拓宽了双拥工作新领域。

三是围绕双拥工作目标和任务，不断加大对基层双拥工作的指导力度。今年下半年，省上先后3次对全省双拥工作情况进行调研和督导。省委、省政府、省军区主要领导多次深入基层了解情况，指导工作，有力地推动了双拥工作向纵深发展。各地各部队也结合本单位实际，立足于双拥工作的长远发展，注重从理清思路、丰富内容、提高标准上狠下工夫，使其更好地为改革发展和部队建设服务。嘉峪关市委、市政府从讲政治的高度，坚持把双拥工作纳入党委、政府工作的重要议事日程，纳入经济社会可持续发展和部队建设的总体规划，积极探索双拥工作的新途径、新机制、新措施，确保了双拥工作的正常运转。驻甘部队认真贯彻“军队要走在精神文明建设前列”的指示要求，积极投身创建文明城市、文明村镇、文明行业活动。酒泉驻军某部与驻地乡镇、街道、学校、工厂等单位结成共建对子，广泛开展军民互助互学互帮活动，先后建立军民共建点122个，极大地促进了双拥工作在基层的落实。该部和驻地尚武街“老妈妈拥军服务队”被上级评为双拥工作先进单位。

二、突出工作重点，增强双拥活力，继续推动联片创建活动的深入发展

今年以来，省上下大力抓了区域性的双拥联片创建活动，先后召开了创建“天兰（天水至兰州）双拥文明线”启动动员大会和“河西千里双拥模范走廊”创建工作座谈会，交流情况，总结经验，对下一阶段的创建工作作了安排和部署。各地各部队坚持把推进联片创建作为提高双拥层次、发展特色双拥的重要载体，层层动员，周密部署，突出重点，狠抓落实，取得了明显的成效。

一是“天兰双拥文明线”创建工作起步良好。按照省双拥工作领导小组的部署和要求，“天兰”沿线各级党委、政府和驻军部队对创建活动高度重视，周密安排，召开会议，统一思想，制定规划，明确任务，落实责任，促进了联片创建活动的深入开展。兰州市注重发挥“龙头”作用，坚持把“天兰双拥文明线”创建活动作为争创双拥模范城的重要内容，纳入整体目标管理，及时研究制定了《天兰双拥文明线创建活动规划》，明确提出，经过三五年的努力，建成5片“国防林”、6处绿化基地和民兵林，20个精神文明建设示范点、200个文明社区和60个文明新村。定西、天水两市专门召开会议，专题研究“天兰双拥文明线”创建工作，制定下发了创建工作实施方案，确保了创建活动的顺利实施。

二是“河西千里双拥模范走廊”创建工作在深化中稳步推进。河西五市党委、政府和驻军认真贯彻“河西千里双拥模范走廊”创建工作座谈会精神，坚持以兰新铁路线、312国道线和河西旅游线为依托，广泛开展军民共建三条“千里双拥文明线”活动，有力地推动了双拥工作深入开展。目前，河西走廊双拥氛围更加浓厚，创建工作思路目标更加明确，军地之间的团结协作进一步加强，互相支持、互办实事的力度不断加大，一个群众性的创建热潮正在河西走廊逐步兴起。嘉峪关、金昌两市结合实际，从制定完善制度和政策入手，制定颁发了《军人抚恤优待办法》、《拥军优属拥政爱民工作实施细则》等20多个法规制度，修改完善了议军会议、军地互访和检查评比等十多项制度，使双拥工作逐步走上经常化、制度化、规范化轨道。酒泉、张掖两市在创建工作中着眼基层，在街道、社区开展了拥军优属、教育卫生、安全保卫、社会保障等八大服务体系。扎扎实实地为驻军和优抚对象办实事、办好事，实现了双拥活动层层有人抓，事事有人管。武威市始终把开展智力拥军、科技拥军、文化拥军作为重点，为驻地部队赠送电脑、电视机和教学设备500多件，办实事460件。原武威师范学校长期坚持与驻地68003部队开展共建活动，帮助部队培养高素质人才，面向部队开办文化补习班15期，累计课时达2000多节，共有250多名学员考入了军校。

三是“兰郎双拥文明线”创建工作扎实有效。沿线各地各部队从民族地区的特点和实际出发，坚持以创建军政军民团结线、民族经济发展线、城乡社会稳定线为目标，以讲文明、树新风为突破口，积极开展群众性创建活动，促进了沿线经济发展和社会稳定。临夏州把“兰郎双拥文明线”创建活动作为促进民族地区改革、发展、稳定的一件大事来抓，纳入区域经济社会发展和驻军建设总体规划，同改善投资环境、塑造临夏新形象相结合，同民族团结进步创建活动相结合，同群众性争先创优活动相结合，广泛开展群众性创建活动，使沿线的交通环境、社会治安综合治理、卫生环境和基础设施建设都有了新的变化，有力地促进军地的发展和建设。甘南州在开展创建活动中，下大力抓好宣传教育活动，在城镇主要街道、路口、公路沿线树起了114块永久性双拥标牌，营造了浓厚的创建氛围。在广大军民中广泛开展民族团结、爱国主义和国防教育活动，军分区还将国防知识做成168信息咨询专栏，长期免费向社会开放，进一步增强了广大军民的国防观念。

三、加大工作力度，狠抓任务落实，不断增强双拥工作的实效性

第一，坚持把国防教育和双拥宣传作为打牢思想基础的根本性任务来抓。各地各部队认真贯彻落实《国防教育法》，坚持把国防教育和双拥宣传纳入国民教育体系和部队教育计划，充分利用国防教育基地、新闻媒体、文艺演出等形式，广泛开展宣传教育活动，营造了良好的宣传氛围。酒泉市邀请航天英雄杨利伟和“载人航天工程报告团”做英模事迹报告，组织3万多名群众和部队官兵举行了欢迎航天英雄仪式，开展了“走进航天城国防知识大奖赛”、“纪念‘神五’发射成功一周年”和“爱我中华、奔小康、强国防”知识竞赛活动，在全社会形成了人人关心双拥，积极参与创建工作的良好氛围。庆阳市发扬革命老区的光荣传统，充分利用“南梁革命纪念馆”、“陕甘宁政府遗址”等54个国防教育基地对广大军民进行革命传统教育。据统计，全省共举办较大规模的双拥宣传活动150多场次，报告会120场次，双拥成果展450处，刷新、树立双拥标语牌1000多块，刊登双拥稿件2200多篇。

第二，积极支持部队做好军事斗争准备。各级党委政府把关心国防和军队建设、支持做好军事斗争准备作为义不容辞的责任，满腔热情地为部队办实事、解难题。一是大力开展科技拥军活动，支持部队提高打赢能力。各地充分发挥教育科研单位、大中型企业的优势，主动把最新技术“嫁接”到科技练兵领域，热情为部队培养高素质的复合型人才。甘州区发挥石岗墩科技示范园区的优势，主动为驻军培训专业骨干320多人次，使他们熟练地掌握了高效节能日光温室种植技术。平凉师范、农校、一中等院校，每年定期选派50多位优秀教师深入营连为战士补习文化课。去年以来，共补习500多人，其中有102名战士考入了军校。二是加强基础设施建设，为提高部队战斗力创造条件。各级把关心支持部队建设作为政治责任，大力支持国防重点工程和营区环境建设，全力配合部队完成训练演习、场地征用、基础建设、道路保障、营区绿化、供电、供水等配套工作。肃州区积极支持部队开展军事演习和训练，先后17次动员6000名群众参与支训保障工作，并为驻军无偿提供训练场地1800亩、房屋750间，支援物资2360吨。武威市在广泛走访征询部队意见的基础上，及时召开领导小组会议，对驻军反映突出的24个问题进行梳理，并与县、区、市相关部门签定落实责任书，一个月之内，这些问题基本得到了解决。三是下大力解决随军家属就业和子女入学难问题。各地积极克服困难，千方百计帮助部队干部解除后顾之忧。今年以来，全省先后安排军嫂就业1200多人，解决军人子女入学1600多名，免收择校费240余万元。四是行业拥军和社会参与面不断扩大。各行各业坚持把拥军支训活动摆上重要位置，投入大量人力、物力开展拥军活动。全省交通部门共开辟了60多条拥军文明路；工商企业和个体劳动者，自发地慰问驻地官兵、赠送生活用品及文化书籍；各级法律援助机构增设维护军人家属合法权益中心，会同驻军单位法律顾问处、咨询站，为部队官兵提供便捷高效的法律援助。特别是酒泉钢铁集团公司、金川公司等大中型企业，发挥经济实力雄厚和科技力量强的优势，主动捐资捐物捐设备，全力支持部队建设，充分体现了国有企业浓浓的拥军之情。

第三，努力抓好双拥工作在基层的落实。各地普遍加强了对基层双拥创建工作的指导，督促市、县、区在完善规划、明确重点、提高水平上狠下工夫。许多地方把突破难点、热点作为创建工作的重中之重来抓，千方百计地帮助重点优抚对象解决生活、医疗、住房等方面的实际困难，广泛深入地开展送温暖、献爱心活动，有力地推动了各项双拥工作任务在基层落实。天水、庆阳、张掖、武威、陇南、临夏等市州，广泛组织行政事业单位、领导干部和驻军机关与3000多户重点优抚对象结成帮扶对子，全年筹集扶贫资金200多万元、物资数百吨，帮助优抚对象“解三难”，使他们的生产、生活条件有了很大改善。永靖、徽县、景泰等县每两年对重点优抚对象进行一次全面体检，及时帮助解决他们在医疗方面存在的困难。嘉峪关、白银市广泛开展军民共建文明街区、文明村镇、文明单位活动，在市、区两级建立了“六大服务体系”，组成150多个基层拥军优抚服务组织，军地200多个基层单位结为共建对子，常年开展军民共建活动，有力地促进了双拥工作不断向基层延伸，向全社会拓展。各地各部队还把创建新一轮双拥模范城（县）与开展群众性的“双四好”活动紧密结合起来，共建、共育、共发展。一年来，各地各部队共开展宣传教育活动520多次，3万多名基层干部和群众积极参与“双四好”活动，热情支持部队建设，主动为优抚对象排忧解难。驻甘各部队始终把学人民、为人民当作神圣职责，广泛开展争当“双四好”个人活动，涌现出了数百名先进标兵和个人。凉州区动员军民从献一次爱心、清理一次卫生、开展一次帮扶活动、救助一名失学儿童做起，为净化一方环境、维护一方平安作出了积极的贡献，使“双四好”活动成为广大军民的自觉行动。

第四，驻甘部队在“三个文明”建设中发挥了重要作用。驻甘部队和武警官兵在致力于国防现代化建设的同时，发扬拥政爱民的优良传统，自觉服从和服务于经济建设大局，积极参与西部大开发和全面建设小康社会的伟大事业，积极承担抢险救灾、援建重点工程、扶贫帮困、保护生态、捐资助学、共建文明单位等任务，有力地促进了地方“三个文明”建设。驻甘部队全年共参加抗震、防洪等抢险救灾150多次，人工增雨180多次，参与通信光缆铺设、基础设施建设、绿化刘家峡库区、建设万亩防护林等重点工程中，出动兵力70多万人次，车辆20多万台次，捐资350多万元兴建希望小学和开展帮教助学活动。兰州军区、兰空所属部队和省军区系统，积极参加刘家峡“保护母亲河绿化工程”、兰州南北两山绿化、大砂沟生态环境建设，已经取得了显著成效。武警部队在保卫重点设施、维护社会稳定、打击违法犯罪活动中发挥了关键性作用。68202部队全年共投入兵力4万多人次，车辆6000多台次，积极支持国道扩建、兴修水利、城市基础设施、生态绿化等重点工程建设，建立扶贫点140多个，包户扶贫220多户，并向灾区捐物60多万元。解放军第七、第十医院，多次组织医疗队开展为民助民服务活动，为地方培训医护人员7000多人次，免费医治伤病员5万多人，为重点优抚对象、下岗职工和特困群众实行医疗费减免优惠，全年减免医疗费60多万元。特别是民乐、山丹和崛县、卓尼、临潭县发生强烈地震后，68307部队和68222部队迅速赶赴灾区，抢救人民群众生命财产，转移安置灾民，拆除危房，以最快的速度，拉运帐篷8300顶、搭建起了1000顶，帮助修建简易住房5000多间，帮助灾区群众防病治病3000多人次。随后68307部队又每天出动车辆100多台次，利用一个多月时间，为灾区拉运砖头1100多万块，有力地支援了灾后重建工作，充分体现了人民子弟兵全心全意为人民服务的崇高品质。

一年来，我省的双拥工作虽然取得了一些成绩，但也还存在一些不容忽视的问题。一是双拥宣传还不够深入扎实，对先进典型缺乏系统的总结、宣传和推广；二是重点优抚对象“三难”问题还没有从根本上得到解决，退役士兵和随军家属就业安置率仍然比较低；三是一些基层单位群众性的双拥共建力度还不够，缺乏创新和活力；四是有的市（县、区）双拥工作机构、人员和经费不够落实，工作处于应付状态。对存在的这些问题，我们要引起高度重视，采取有效措施，在明年的工作中认真加以解决。

青海省二○○四年双拥工作要点

2004年，我省双拥工作总的要求是：以邓小平理论和“三个代表”重要思想为指导，全面贯彻党的十六大和十六届三中全会精神，认真落实全国双拥工作会议精神，以创建双拥模范城（县）为契机，以全面建设小康社会为目标，以维护全省社会稳定、促进经济发展，进一步增强军政军民团结为重点，制定和完善双拥政策法规，解决热点难点问题，与时俱进抓好落实，以优异的成绩迎接全省双拥工作会议的召开。

一、深入学习贯彻全国双拥工作会议精神，进一步激发广大军民做好双拥工作的政治热情

今年1月召开的全国双拥工作会议，系统总结了13年来全国双拥工作的基本经验，研究部署了今后双拥工作的重要任务，对于我们做好新时期双拥工作具有重要的指导意义。各地各部队首先要用党的三代领导核心的军政军民团结思想统一认识，使广大军民认识到，拥军优属、拥政爱民，是中国共产党领导下我国亿万军民的伟大创造，是全党全军和全国人民的优良传统和特有的政治优势。通过学习毛泽东同志关于“兵民是胜利之本”的精辟论断，明确双拥运动历史和光荣传统；学习邓小平同志强调军民一致的原则不能变的思想，明确在新的历史时期开展创建双拥模范城（县）活动的现实意义；学习江泽民同志提出的要像爱护眼睛一样爱护军政军民团结的要求，明确军民团结出凝聚力、出战斗力、出生产力，以激发广大军民开展双拥创建活动的政治热情，进一步做好新形势下的双拥工作。

贯彻落实全国双拥工作会议精神，要用“三个代表”重要思想统领双拥工作，理清思路，明确目标，狠抓落实。“三个代表”重要思想在双拥工作中的体现，就是要密切党和军队与各族人民群众的血肉联系，实现广大军民的根本利益。今年我省的双拥工作，军地各级要理清一个思路——围绕发展和稳定两件大事思考问题；明确两个目标——通过广泛开展群众性的创建双拥模范城（县）活动，达到以军政团结带动军民团结，以军民团结促进民族团结；开好一个会议——全省拥军优属拥政爱民工作会议；办好两项活动——举办首届“双拥工作成果展”和“双拥电视文艺晚会”，营造双拥舆论氛围，展示双拥成就，宣扬双拥典型，以进一步推动全省双拥工作深入发展。为了成功举办这两个活动，军地要早动手，广泛收集资料，深入基层，体验生活，创作优秀作品。

二、以创建双拥模范城（县）为龙头，促进双拥工作向纵深发展

要认真贯彻落实《双拥模范城（县）创建命名管理办法》，按照“巩固、发展、提高”的要求，深入扎实地开展创建双拥模范城（县）活动，提高我省双拥工作的整体水平。今年第四季度召开全省拥军优属拥政爱民工作会议，总结交流我省双拥工作经验，研究和部署今后一段时间双拥工作任务，命名一批全省双拥模范城（县），表彰一批双拥模范先进单位和个人。各地要以此为契机，振奋精神，扎实工作，以实际行动做好各项双拥工作，迎接这次会议的召开。被全国命名表彰的双拥模范城（县）和双拥先进单位，要在发扬成绩的同时，查找不足，固强补弱，为推动全省双拥工作做好表率，当好榜样。其他地区军地单位要掀起争创省级双拥模范城（县）的热潮，要加大落实优抚安置政策的力度，加强军地之间的支持配合，认真解决双拥工作的热点、难点问题，推动本地区双拥工作再上新的台阶。各地各部队要端正创建双拥模范城（县）活动的指导思想，不图虚名，不搞形式主义，把评选推荐过程变成推动各项工作落实的过程。同时，省双拥办将会同有关单位，对各地申报的双拥模范城（县）进行考核检查，坚持标准，不搞照顾平衡。各地区要在争创省级双拥模范城（县）活动中，大力表彰和宣传基层双拥先进典型，进一步调动广大军民做好双拥工作的积极性。通过开展形式多样的争创活动，形成领导重视、部门协作、军地互动、军民广泛参与的双拥工作新局面。

三、围绕建设小康社会目标加强军地协作

各级政府和有关部门要坚持国防建设与经济建设协调发展的方针，着眼于促进社会生产力发展和部队战斗力提高，认真落实《全省军民共建小康社会五年规划》，抓好双拥工作各项任务的落实。一是要关心军队建设，支持做好军事斗争准备，主动帮助部队解决野外驻训和军事演习中的场地、交通、物资等保障。二是要积极配合部队完成体制编制调整中的人员安置、军事设施保护等工作。特别是落实各项优抚安置政策，足额兑现抚恤补助和优待标准，妥善安置转业、退伍军人和随军家属，依法保障优抚对象的合法权益。三是要协助部队完成后勤保障社会化改革，继续探索新形势下做好拥军支前工作的措施和办法，军地协调行动，促进军事斗争准备的深入发展。四是投身“三大工程建设”。驻青各部队要在完成战备执勤和训练任务的同时，积极支援青海经济建设。有组织有计划地搞好“三江源环保、重点工程援建、驻地扶贫育人”三大工程建设。协助驻地完成抢险救灾等急难险重任务，为社会稳定提供强有力的保障。五是要围绕落实《公民道德建设实施纲要》，广泛开展军民共建社会主义精神文明活动，继续深入扎实地开展具有我省特色的军民共建“千里高原文明线”活动，并适时总结推广先进经验，把共建活动不断引向深入。

四、适应改革向纵深推进的要求，切实抓好双拥政策法规建设

加强双拥政策法规建设，是在社会主义市场经济形势下做好双拥工作的迫切需要。各地要按照全国双拥政策法规建设的指导原则，加强调查研究，规划目标和工作部署，结合我省实际，加强双拥法规制度建设。逐步建立起配套的双拥政策法规体系，形成双拥工作的法治环境。要把重视和解决官兵涉法问题，把退役士兵安置、义务兵家属优待金等政策措施作为双拥政策法规建设的重点。争取今年出台《青海省拥军优属暂行办法》、《青海省拥政爱民暂行办法》、《青海省扶持城镇退役士兵自谋职业暂行办法》、《加强军供站建设的意见》、《进一步加强军队离退休安置管理的意见》等政策法规，推动双拥工作向制度化、法制化、社会化方向发展。

五、进一步加强双拥工作领导

双拥工作是一项政治性、政策性很强的具体工作，能否高质量地完成今年的双拥工作任务，领导是关键。一是各级党委、政府和部队领导机关要把双拥工作纳入议事日程，定期研究分析本地区双拥工作形势，协调解决好重点难点问题。二是要健全组织，各地区要根据双拥工作领导小组成员工作变动情况尽快调整补齐，并按照工作需要适当增加双拥成员单位。要建立各级双拥成员单位报告工作制度，督促各成员单位切实履行双拥工作职责。各级民政部门、军分区和人武部要投入精力做好双拥工作，及时提出本地区双拥工作的意见，当好军地领导的参谋助手，发挥协调各方的作用。各级双拥办公室是领导小组常设办事机构，双拥工作任务较重的地区，要着重解决从事双拥工作的人员编制和工作经费问题，健全工作制度，保证各项双拥工作的顺利开展。三是要加强双拥办公室的自身建设，不断提高工作人员的政治素质和业务水平，提高办事效率，不断提高指导双拥工作的水平。

青海省二○○四年双拥工作总结

2004 年，全省各地各部队各部门坚持以邓小平理论和“三个代表”重要思想为指导，认真贯彻党的十六大和十六届三中、四中全会精神，按照全国双拥工作会议的要求，以召开全省双拥工作会议为契机，坚持围绕发展抓双拥，抓好双拥促发展，进一步巩固和发展了军政军民团结的大好局面，为全省改革发展稳定和部队建设作出了新的贡献。

一、认真贯彻全国双拥工作会议精神，拥军优属、拥政爱民再掀新热潮

今年 1 月召开的全国双拥工作会议，是新时期具有里程碑意义的双拥盛会。会议系统总结了 1991 年以来双拥工作的基本经验，研究部署了新世纪新阶段双拥工作任务，对新形势下开展双拥工作的指导思想、基本任务、创新发展和组织领导提出了明确要求，为做好当前和今后一个时期的双拥工作提供了基本依据。全省各地各部队各部门从践行“三个代表”重要思想、服务于全面建设小康社会、推进中国特色军事变革的战略高度，把学习贯彻会议精神作为双拥工作的大事来抓。省双拥工作领导小组对会议传达贯彻作了具体安排，及时转发了《全国双拥工作会议纪要》，组织编写印发了会议精神传达提纲。各地区各部队运用多种形式学习贯彻会议精神，在人口集中的西宁市，由省、市双拥工作领导小组成员单位组织传达学习。在驻军部队较多、少数民族聚居的海西、黄南、格尔木等州（地、市），新闻媒体将宣传提纲译成藏语、蒙古语，安排在黄金时段播出。荣获“双拥模范城”五连冠的格尔木市和首次命名的大通、民和等县，及时研究制定贯彻会议精神的规划和措施，召开庆祝动员大会，举行全国双拥模范城（县）挂牌仪式。通过军地深入学习贯彻会议精神，进一步激发了广大军民参与双拥工作的积极性，掀起了新一轮双拥工作热潮。同时，省双拥办组织人员调查研究，提出我省贯彻全国双拥工作会议精神的工作思路和政策措施，精心做好全省双拥工作会议的筹备工作。11 月 25 日，省委、省政府、省军区在西宁隆重召开全省双拥工作会议，总结经验，部署任务，命名表彰先进，有力地推动了双拥工作的深入发展。

二、营造爱国拥军氛围，宣传教育更加广泛深入

各地利用新闻媒体和国防教育基地，广泛深入地开展了以爱国主义教育为核心，以青年学生和各族人民群众为基础，以领导干部和民兵预备役人员为重点的国防教育和双拥宣传教育活动。军地各单位结合“八一”、元旦、春节等重大节日，采取社区广场文艺演出、军民联欢、走访慰问等形式，开展了丰富多彩的双拥宣传和军民共建活动，宣传党的最新理论成果和改革开放取得的伟大成就，宣传双拥工作的光荣传统，宣传双拥工作涌现出来的先进典型。全省各类报刊、电台刊播双拥稿件 500 多篇。省双拥办编发《双拥简报》10 期，印刷 3500 份分发省内外交流，扩大了我省双拥工作的宣传效果。今年 11 月，结合全省双拥工作会议的召开，省委宣传部、省民政厅、省军区政治部联合举办了

“全省首届双拥成果暨书画作品展”。军地各单位以饱满的政治热情积极参与，全省各地的250块双拥成果展板和250幅书画作品参加展出，展示了我省1991年至2004年的双拥工作成就。省、市党政机关、驻军部队和社会各界一万多人参观展出。通过双拥成果展览，扩大了双拥工作的影响，激发了广大军民爱国拥军、爱民奉献的政治热情。

三、着眼军事斗争准备，各地各部门支持军队建设力度加大

全省各地各部门把关心军队和国防建设作为重要政治任务，围绕军事斗争准备做好各项拥军工作。据不完全统计，今年全省各级共投入基础设施建设经费600多万元，生活补贴200多万元，为驻军部队解决营房改造、军事训练、战备执勤等方面的实际困难。西宁市政府采取有力措施，对武警青海省总队第五支队、西宁市支队营区和西宁警备区武器库周边43户居民进行搬迁和环境改造，共计投入资金345万元，使这一“老大难”问题得到了妥善解决。青藏铁路公司、省交通厅、省通信管理局等单位建立军事运输、通信保障机制，加强了运力组织、道路畅通、通信保障等战备演练，优先保障部队训练演习对通信、运输的需求。省科技厅严把科研质量关，确保军工产品科研项目开发质量。2004年全省共接收退役士兵1164人，安置率达到93%。接收军队转业干部549名，其中自主择业干部396名，计划安置153名，安置率100%。省民政厅筹资145万元对四个军供站基础设施和设备进行了更新改造，圆满完成多批次过往部队的军供保障任务。省工商联组织西宁三田集团、青海张氏集团、青海宏基集团等民营企业积极开展拥军优属活动，优先安置退伍军人和随军家属，帮助部队官兵解决后顾之忧。“八一”期间，全省各级党委、政府共派出慰问团50多个，向基层部队赠送慰问品价值达80余万元，进一步密切了军政军民关系。

四、围绕实施经济建设发展战略，驻军部队支援地方建设成效更加明显

驻军部队认真贯彻落实《驻青部队与民兵预备役人员参加支援西部大开发五年规划》和《青海省军民共建小康社会五年规划》，积极投身到江河源生态保护、重点工程参建、驻地脱贫育人等三大工程建设。今年，驻军部队投入劳动日30多万个，机械车辆1000多台次，支援青藏铁路建设、西宁人工湖开挖、江河源生态环境治理等工程和多项社会公益事业。各部队按照城乡统筹发展的要求，认真做好农村牧区扶贫帮困工作，驻牧区的部队采取定点挂钩、对口扶贫等形式，巩固和新建扶贫点100多个，帮助群众脱贫致富。驻军官兵心系贫困群众，踊跃开展捐款助学活动和筹资济困活动，共捐款40多万元，新建希望小学2所，“武警春蕾班”20个，帮助近1000名失学儿童重返校园。省军区和武警总队成建制组织部队和民兵预备役人员参加果洛拉加地区万亩林、贵德千亩“军民共建生态园”、贵南防沙林和西宁南北山绿化等工程。驻青部队服从全省经济建设大局，主动将环青海湖地区12个副食品生产基地的7万亩土地移交地方政府退耕还草。西宁、格尔木市驻军广泛开展军民共建活动，创建了一批文明城镇、文明街道、文明行业。武警青海总队、各军分区和人武部先后组织部队、民兵5000多人次，配合公安机关开展“严打”等专项斗争，在社会治安综合治理中发挥了重要作用。

五、健全双拥政策法规体系，双拥工作法制化建设迈出新步伐

依法双拥是适应国家法制化建设，保证双拥工作落实的根本措施。为使我省双拥工作尽快适应改革开放和市场经济发展的需求，切实维护好军人和优抚对象的合法权益。去年，我们依据《国防法》、《兵役法》和新的《军人抚恤优待条例》等政策法规，结合我省实际，先后制定出台了《关于进一步加强全省双拥工作的意见》、《青海省拥军优属暂行规定》、《青海省扶持城镇退役士兵自谋职业优惠政策的意见》、《关于在全省开展退役士兵教育培训促进就业的实施意见》等7个规范性文件。各地各部队从做好军事斗争准备、支援国家经济建设、维护社会政治稳定等方面，也相继制定或修改完善战时支前保障、重点优抚对象医疗保障、退役士兵安置改革、随军家属就业、做好支援西部大开发工作、预防和处理军警民纠纷等制度规定，进一步推动了全省双拥工作法制化、规范化。

六、注重研究新情况解决新问题，双拥工作在继承传统中创新发展

把维护广大军民的根本利益作为双拥工作的出发点，以研究新情况、新问题为突破口，推动双拥工作创新发展，是今年我省双拥工作的鲜明特点。省双拥工作领导小组根据面临的新任务新要求，研究制定工作规则，调整充实成员单位，修订完善《领导小组成员单位双拥工作职责》，建立双拥工作领导小组成员单位年度工作报告制度和联络员制度，为双拥工作深入发展提供了制度依据。召开双拥工作领导小组成员单位联络员会议，专题研究发挥成员单位职能作用问题，促进双拥工作在各部门、各系统、各行业的落实。充分利用和依托社区，组织军民开展生动活泼的双拥创建和军民共建活动，推动了基层双拥工作的创新发展。从青海城镇人口和驻军部队在青藏公路、青藏铁路沿线较多的实际出发，紧紧围绕“以线带点创建，发挥特色双拥”的工作思路，将富有特色的“军民共建高原千里文明线”和“军民共建文明青藏公路运输线”活动不断引向深入，促进了青藏公路、铁路沿线地区三个文明建设协调发展。针对拥军优抚安置工作热点难点问题，省民政厅积极推进“三项改革”：一是加大退役士兵安置工作改革力度，实行安置就业、自谋职业和教育培训促进就业相结合的安置办法。在继续实行计划安置政策的同时，从劳动就业和服务保障、接受高等教育、个体经营、税收、贷款、落户等六个方面在政策上给予退役士兵更多的优惠，鼓励退役士兵自谋职业或参加教育培训促进就业。二是探索和推进转业复员退伍军人纳入社区管理服务，拓展双拥工作的新领域。以社区为依托，通过社会化服务，解决他们在城镇落户、接转组织关系、享受社会保障、社区就业、子女入学等方面的实际困难。三是探索和建立农村优抚对象医疗救助制度。在互助、民和、大通三县开展了试点工作，建立政府、社会、个人共同负担，以社会医疗保障体系为基础，以大病救助为重点，充分体现优待的优抚对象医疗保障制度，从根本上解决优抚对象看病难的问题。

七、群众性双拥创建深入发展，双拥模范城（县）创建活动成效显著

各级政府和驻军部队按照“巩固、发展、提高”的方针，坚持标准，注重质量，深入开展创建双拥模范城（县）活动。各地按照双拥模范城（县）的六条标准，把创建活动与落实各项拥军优抚安置政策紧密结合起来，把解决双拥工作中的热点难点问题作为创建双拥模范城（县）活动的重要内容，把群众性的双拥创建活动与创建文明城市、文明村镇、文明行业结合起来，相互促进、共同提高。下半年，省双拥办组成双拥考核组，对全省各地申报的双拥模范城（县）进行了考核检查。在11 月份召开的全省拥军优属拥政爱民工作会议上，对在双拥工作中作出优异成绩的 18 个双拥模范城（县、区）、45 个双拥模范单位和 40 个双拥模范个人予以命名表彰，进一步推动了全省双拥工作健康深入发展。

一年来，全省双拥工作取得了很大成绩，但也存在一些问题和薄弱环节：一是全省双拥工作发展不平衡，个别地区和单位工作标准不高，对如何做好新形势下双拥工作研究不够；二是少数双拥模范城（县）命名后工作有所放松，存在重名誉、轻创建的现象；三是一些地区双拥组织机构人员不落实、经费无保障、业务不熟悉的问题还不同程度地存在；四是双拥理论研究和双拥宣传力度有待进一步加强，对一些好的做法和经验交流不够，对先进典型总结宣传不够。这些问题有待于我们在今后的工作中继续发扬成绩，克服不足，按照全国和全省双拥工作会议要求，锐意进取，开拓创新，切实抓好双拥工作各项任务落实，不断提高全省双拥工作的整体水平。

宁夏回族自治区二〇〇四年双拥工作要点

2004 年，我区双拥工作的总体思路是：以“三个代表”重要思想和十六届三中全会精神为指导，认真贯彻落实全国和自治区双拥工作会议精神，围绕全面建设小康社会的奋斗目标，求真务实，真抓实干，立足基层，注重建设，进一步完善拥军优抚安置政策法规，切实维护军人和广大优抚安置对象的合法权益，更好地为国防和军队现代化建设服务，为自治区的改革发展稳定大局服务。

一、抓好全国和自治区双拥工作会议精神的贯彻落实，进一步增强做好新形势下双拥工作的自觉性

今年元月召开的全国双拥工作会议，是继1991 年全国双拥工作会议后的又一次重要会议。会议总结了新形势下双拥工作的成绩和经验，部署了当前和今后一个时期的双拥工作。2003 年底召开的全区第六次双拥工作命名表彰大会，回顾总结了四年来我区的双拥工作，命名表彰了一批双拥先进典型。这两个会议是进入新世纪以来国家及我区规格最高、规模最大的双拥会议，对于动员全国、全区军民沿着十六大指引的方向深入持久地开展双拥工作具有十分重要的现实意义和深远的历史意义。抓好这两个会议精神的贯彻落实，是今年双拥工作的头等大事。各地各部队要组织广大军民认真学习中央和自治区领导的重要讲话，深刻领会其精神实质，牢固确立“三个代表”重要思想在双拥工作中的指导地位，用“三个代表”重要思想指导双拥工作实践。今年是新一轮双拥工作创建活动的开局之年，各地各部队要在总结经验的基础上，认真分析形势，进一步理清思路，明确方向，结合本地实际制订出下一轮双拥工作创建活动的规划，提出目标任务，完善工作制度，落实各项措施，确保双拥工作健康持久发展。军地各级党委、政府要从国家长治久安、事业兴旺发达的战略高度进一步加强对双拥工作的组织领导，要根据人大、政府换届人员变动的实际，及时调整充实好各级双拥工作组织机构，切实做到人员变动双拥工作不断线。各级双拥工作领导小组要认真履行组织、协调、指导双拥工作的职能，加强双拥资源的整合，充分发挥成员单位的职能作用，形成齐抓共管的合力。各级双拥工作领导小组成员单位对本系统、本行业的双拥工作负有领导、指导职能，要积极主动地开展工作，勇于创新，完成好各级党委、政府赋予的双拥任务。

二、加大宣传教育力度，推动双拥工作各项任务的落实，巩固双拥成果

国防观念和双拥意识，是建设和巩固国防、增强军政军民团结的思想基础，是民族凝聚力的重要体现。各地各部队要充分利用广播、电视、报刊等新闻媒体，大张旗鼓地宣传《国防教育法》、《宁夏回族自治区国防教育条例》和修订后的《宁夏回族自治区拥军优属若干规定》、《驻宁夏部队拥政爱民若干规定》；宣传驻宁夏部队近年来在维护我区社会政治稳定和经济发展中作出的巨大成就；宣传全国和自治区命名表彰的双拥工作先进典型事迹。积极引导广大军民把市场与战场、思富与思危、稳定与发展结合起来，进一步激发爱国拥军、爱民奉献的政治热情；引导各级干部牢固树立国防建设与经济建设协调发展的思想，在抓好经济建设的同时不忘关心支持国防和军队建设；引导广大群众树立国家利益至上的观念，增强履行国防义务，支持军队建设的光荣感和责任感；引导官兵树立依靠人民建设军队、建设国防的思想，不断加深对人民群众的思想感情。各地各部队要充分利用贯彻落实全国和自治区双拥工作会议精神的有利时机，狠抓双拥工作各项任务的落实，再次掀起双拥工作高潮。

驻宁部队和武警部队要继续贯彻服从国家建设大局的方针，积极支持国家的各项改革和建设事业。研究制定参加和支持我区全面建设小康社会的规划，集中力量援建国家和自治区重点工程，主动承担急难险重任务，因地制宜做好支援经济建设工作。积极参加西部大开发和大银川建设，参加植树种草、防风治沙、退耕还林等生态环境治理。继续做好扶贫帮困、捐资助学工作，抓好“千村扶贫”、援建百所“希望小学”，深入开展教育、科技、文化、卫生等多种形式的扶贫活动。为宁夏的社会进步和人民的富裕作出新的贡献。

地方各级党委、政府要围绕推进中国特色军事变革，实现军队现代化的跨越式发展，更加深入扎实地做好支持国防和军队建设工作。积极配合部队搞好体制编制调整改革，协助做好人员安置、单位交接、部队移防和军事设施保护等工作，妥善解决房产、土地、债务等问题；切实把支持军事斗争准备作为拥军重点，配合部队完成野外驻训和军事演习任务，搞好场地、交通、通信、科技、卫生、物资等保障；协助部队搞好基础设施、训练设施建设，改善战备、训练、工作条件；大专院校和科研单位要充分发挥优势，广泛开展科技拥军活动，大力支持部队实施人才战略工程，帮助培养高素质新型军事人才，解决科技练兵遇到的实际问题。继续做好“八一”、春节等重大节日走访慰问驻宁部队和转业复员退伍军人及优抚对象工作。

要着眼于社会主义物质文明、政治文明和精神文明协调发展，深入开展军民共建活动。组织军民积极参与社会主义政治文明实践，培养民主意识、法律意识和公民意识。认真贯彻《公民道德建设实施纲要》和《军人道德规范》，加强社会公德、职业道德和家庭美德教育，大力传播新思想、新道德、新风尚，弘扬和培育民族精神。各级双拥组织机构，要转变作风，把工作的着眼点放在基层，充分利用以往群众喜闻乐见的形式，搞好校园、社区、企业、乡村和军营文化，推动群众性精神文明建设深入发展。

三、深化拥军优抚安置工作改革，完善政策法规，切实保障优抚安置对象的合法利益

调整和完善拥军优抚安置政策法规，是依法行政的客观需要，也是确保人民群众利益免受侵害的根本所在。军地各级党委、政府必须高度重视。一是要组织广大军民深入学习修订后的《宁夏回族自治区拥军优属若干规定》和《驻宁夏部队拥政爱民若干规定》，在调查研究、总结经验的基础上，结合近年来各地广大群众的双拥实践和本地实际，修订完善本地区的《拥军优属若干规定》和《拥政爱民若干规定》，此项工作必须在上半年完成。二是各市、县（区）要按照去年出台的《宁夏回族自治区重点优抚对象抚恤补助标准自然增长机制》的文件要求，务必在六月底前制定出台《重点优抚对象抚恤补助标准自然增长机制》的文件，并积极协调财政等有关部门落实资金，力争在八月份按调整后的新标准兑现到户。三是采取多种形式广泛宣传即将出台的《军人抚恤优待条例》。各地各部队从现在开始要对近年来贯彻执行国家和自治区关于优待、抚恤政策的执行情况进行认真检查，对存在的问题进行梳理、分析，研究解决的措施办法，为新《条例》的贯彻执行奠定基础。自治区也将按照要求着手制定《宁夏回族自治区军人抚恤优待实施办法》。四是各地要按照中央和自治区关于深化退役士兵安置改革的要求，积极创新退役士兵安置工作的新路子，探索社会主义市场经济条件下安置工作的新途径。

拥军优抚安置工作，涉及部队官兵和优抚对象的切身利益，直接关系到军队的稳定、国防的巩固和社会的发展，各级党委、政府要从讲政治的高度列入重要议事日程，切实抓好落实。要坚持计划分配和自主择业相结合，做好军队转业干部安置工作。完善军队离退休干部安置政策，确保政治、生活待遇落实。采取政府安排、自谋职业等多种形式，拓宽城镇退役士兵安置渠道。采取多种形式做好随军家属劳动就业工作，暂时不能就业的，要按规定给予适当的生活补助。认真贯彻执行《重点优抚对象抚恤补助标准自然增长机制》的政策规定，保证重点优抚对象达到或高于当地人民群众的生活水平。各地要积极协调财政等有关部门，妥善解决农村税费改革后农村义务兵家属和在校大学生应征入伍的优待问题，解除官兵的后顾之忧。

四、适应新形势、新任务的要求，大胆探索，推动双拥工作的改革与创新

发扬与时俱进的精神，适应新形势、新任务对双拥工作的要求，围绕全面建设小康社会的奋斗目标，结合民族地区的实际，创造性地开展创建双拥模范城（县）活动，不断充实新的内容，改进创建办法，完善激励竞争机制，在解决矛盾中求发展，切实提高双拥模范城（县）的质量和水平。巩固深化富有时代特色的军（警）民双拥共建活动，广泛开展军地共同学习实践“三个代表”重要思想、“爱心献功臣”科技双拥等活动，增强双拥工作的吸引力和感召力。适应社会经济成分、组织形式、就业方式、利益关系和分配方式日益多样化，探索新型经济组织和新的社会阶层开展拥军活动的途径和办法，扩大双拥工作的群众基础。各市、县（区）双拥办公室从今年起要积极协调一到两个民营企业等新的社会阶层与驻地部队开展共建活动，并将实践中的典型经验及时上报自治区双拥办公室。各地各部队要以“三个代表”重要思想为指导，深入进行双拥工作理论研究，总结宣扬具有时代特色的经验和先进典型，运用理论成果和宣传作品，指导和推动双拥工作不断发展。下半年，自治区双拥办公室将组织一次双拥理论研讨会，各市、县（区）和驻宁夏部队要尽早作出安排，组织人员至少撰写两篇论文或调查报告，对获奖作品的作者将进行奖励，对优秀论文自治区双拥办公室将推荐给新闻媒体进行宣传报道。

宁夏回族自治区二〇〇四年双拥工作总结

2004年，我区双拥工作以党的十六大、十六届四中全会为指导，深入贯彻落实全国和全区双拥工作会议精神，突出以人为本的理念，落实科学发展观，在丰富双拥内容、拓展双拥领域、活跃双拥形式及解决热点、难点问题上积极探索，勇于创新，保持了双拥工作持续发展的好势头。

一、认真贯彻全国会议精神，精心谋划双拥工作发展

全国双拥工作会议结束后，为了学习好、传达好、贯彻好会议精神，自治区双拥办于3月、11月两次召开全区双拥办主任、全区双拥理论研讨会议，原原本本地传达学习温家宝总理的重要讲话和回良玉副总理的工作报告以及全国双拥办主任会议精神。在认真学习文件，深刻领会精神实质，提高思想认识，明确努力方向的基础上，对以往的工作进行了全面的回顾和总结，安排部署了新的任务。全区各市、县（区）和各部队分别召开了会议，层层传达学习会议精神，进行双拥工作的再动员、再鼓劲。各地各部队在组织军民学习国务院、自治区领导的重要讲话时，注重把理解精神实质与树立并落实科学的发展观、加强党的执政能力建设结合起来，引导广大军民从构建社会主义和谐社会、巩固党的执政基础、加强党的执政地位、提高党的执政能力的高度认识双拥工作的历史地位和现实作用，从而进一步增强了做好双拥工作的责任感和使命感，为推动我区双拥工作的深入发展奠定了思想基础。

各地各部队把贯彻落实会议精神的过程变成统一思想、明确目标、制定措施、再创佳绩的过程，掀起了新一轮的创建热潮。纷纷制定今后3年的双拥创建规划。已经连续荣膺“全国双拥模范城”称号的银川市、青铜峡市，荣誉面前不停步，乘势而上攀高峰，出台了争创全国双拥模范城“六连冠”实施方案，以崭新的姿态，更大的工作力度开始了新一轮的创建活动。吴忠市、固原市、灵武市、中宁县、利通区等市、县（区）分别制定了《创建双拥模范城县（区）三年规划》、《争创全国双拥模范城（县）实施方案》、《双拥工作三年发展规划》等，表达了跻身于自治区及全国双拥模范城、县（区）行列的愿望和决心。

二、双拥活动内容丰富，军地协作成效显著

全区各市、县（区）、驻宁部队大力弘扬求真务实精神，树立和落实科学发展观，坚持以人为本，紧紧围绕促进自治区社会经济全面发展，增进军政军民和民族团结的目标开展双拥工作，取得了新的成绩。

适应军事斗争准备需要，大力支持部队建设。粗略统计，吴忠市、银川市、中卫市投入近千万元，帮助驻军部队解决战备训练、营房建设、正规化达标等方面的实际问题。青铜峡市开展了以每年救助300名学生、培养300名军地两用人才、培训300名黄河铁骑少年军校学员、营造300亩军地青年志愿林为主要内容的“携手育英才，共筑新长城”活动，收到了明显的成效。吴忠市利通区创新支持部队建设的新思路，开展了评选“情系军营，献身国防”模范家庭活动。并利用纪念建军节群众性集会之机举行了隆重的表彰奖励仪式，产生了广泛的社会影响，促进双拥工作再上新台阶。

驻宁部队在宁夏军区的协调组织下，就支援宁夏的生态建设、城市建设、扶贫济困、“希望工程”作了新的部署。驻宁部队在革命老区盐池县开展“百村千户”帮扶活动，为群众送粮油送衣物等价值达5万余元。驻银川地区的部队出动8000多名官兵、800余台车辆，在自治区林业局投资800余万元的贺兰山东麓80余万亩戈壁滩上17.5公里的路段上种植树木82万余株；驻吴忠市的部队全年共投入兵力20余万人次、车辆10余万台次支援地方经济建设和社会公益事业；驻中卫市的部队出动人力1.5万多人次、机械车辆1万多台次，拉运土石方10余万方，植树造林56.6万株，维修乡镇路面35公里，帮助训练民兵3千多人次，协助学校进行国防教育和军训3.5万人次。为了积极响应自治区要在全区各行政村建立党员活动室的号召，宁夏军区积极筹措资金6万余元，为军区结对包扶的海原县关庄乡高台村建起了党员活动室。石嘴山市举全市之力进行北沙湖湿地整治工程，兰州军区组成援建部队千里迢迢前往参战。官兵们吃住在工地，风餐露宿，冒严寒，战酷暑，克服重重困难，顽强拼搏，无私奉献，赢得了党政领导及人民群众的崇高赞誉和衷心爱戴。39名援建官兵因此被授予石嘴山市“荣誉市民”称号。部队援建期间，从自治区到石嘴山市以及驻地大武口区的党政领导、社会各界、人民群众等，纷纷携带各种慰问品、慰问金前往劳军，表达了宁夏各级领导和人民浓厚的拥军情意。自治区党委书记陈建国2004年元旦率团慰问时，看到解放军官兵数九严冬还住在单薄的帐篷里参加施工建设，十分牵挂。亲自与山东青岛市联系求援，专门为部队制作了四座保暖活动房，半个月内即运送到工地，解决了部队的迫切之需。

三、加大检查指导力度，促进政策全面落实

为抓好双拥工作各项任务的落实，推动我区双拥工作创新发展，自治区双拥办公室组织人员，赴全区各市、县（区）及部分基层连队，重点围绕全年双拥工作的具体安排实施、贯彻《宁夏回族自治区拥军优属、拥政爱民若干规定》的措施、建立优抚对象抚恤补助标准自然增长机制的进展情况、解决重点优抚对象治病难、税费改革后农村义务兵家属优待金的筹集发放以及退伍军人安置等问题开展督促检查、调查研究。通过深入基层听取一线人员意见、实地考察和走访慰问优抚对象，从而对双拥、优抚工作的现状及出现的新情况、新问题获得了比较全面客观的了解和认识，为有针对性地提出新对策，加强宏观指导提供了可靠依据，创造了有利条件。自治区从2004年元月起再次提高了在乡老复员军人定期补助标准，达到了建国前入伍的每人每月118元，建国后入伍的每人每月113元，以使他们的生活水平与当地人民群众同步提高。狠抓了优抚对象抚恤补助标准自然增长机制的建立工作，截至目前，全区有90%以上的市、县（区）制定下发了建立优抚对象抚恤补助标准自然增长机制的规范性文件。协调财政部门将增加经费列入预算，逐步付诸实施。经过试点，全区较好地落实了农村税费改革后，义务兵家属优待金的财政转移支付、发放标准及制度性管理工作。新的《军人抚恤优待条例》颁布后，全区采取多种形式大张旗鼓地开展学习宣传，印发数千册到基层村、居委会，力

求家喻户晓，人人皆知，并做好贯彻落实的准备工作。中卫市通过城市低保、社会就业等办法，为40多名无工作的随军家属解决了生活问题，协调帮助60多名部队子女到本市最好的学校读书，解决了部队的后顾之忧，深得干部战士好评。银川市金凤区党委、政府下发《关于进一步加强双拥工作的意见》，将全部优抚对象的医疗费从每人每年200元提高到300元，优抚政策全面落实，优抚保障水平居全区前列。

四、加强政策法规建设，开展双拥理论研讨

2004年初，自治区双拥办针对近年来我区双拥工作中的新情况、新问题，结合实际，修订完善《宁夏回族自治区拥军优属、拥政爱民若干规定》，以自治区党委、政府、宁夏军区名义下发到全区各地、各部队，对推动新形势下的双拥工作起到了积极作用。银川市结合首府城市开展双拥工作的实际，起草了《银川市拥军优属工作条例》，目前市政府常务会议原则通过，进入市人大常委会审议阶段，即将颁布实施。为切实发挥自治区双拥工作领导小组成员单位的职能作用，扩大双拥工作的社会参与度，推动双拥工作新发展，自治区双拥办公室在调查研究的基础上，对过去下发的《自治区双拥工作领导小组成员单位职责》进行了认真的修改完善，2005年将重新印发各成员单位贯彻执行。吴忠市利通区等县（区）也重新修改完善、印发了各自的双拥工作领导小组成员单位职责，并对军民共建点重新加以调整，使之更符合客观实际，便于工作的开展。

随着社会主义市场经济体制的建立，利益关系发生重大调整，双拥工作新的矛盾和问题越来越多，工作的难度越来越大。如何在新形势下巩固和发展军政军民团结的大好局面，最大限度地调动新型经济组织和新的社会阶层参与双拥工作的积极性，不断扩大双拥工作的社会基础；如何解决新形势下事关广大军民切身利益的热点、难点问题成为各级党政军组织和双拥工作者共同关注的焦点。鉴于此，自治区双拥办向全区各地、各部队征集双拥理论研讨文章，并于11月召开了全区双拥理论研讨会议，进行了理论交流。这次理论研讨，共征集文稿200余篇，内容涉及到双拥工作的方方面面，文章从不同角度和侧面反映了我区双拥工作取得的成绩、经验和面临的新情况、新问题，用新的视角、新的理念、新的观点提出了双拥工作改革创新的新思路，将对推动我区双拥工作的深入发展产生积极的影响，具有重要的意义。

新疆维吾尔自治区二〇〇四年双拥工作总结

2004年，我区的双拥工作在自治区党委、政府和新疆军区的正确领导下，坚持以邓小平理论和“三个代表”重要思想为指导，树立和落实科学发展观，认真贯彻党的十六届三中、四中全会精神，按照全国双拥工作会议的要求，坚持围绕发展抓双拥，抓好双拥促发展，为自治区和驻疆部队全面建设作出了新的贡献。

一、认真贯彻双拥工作会议精神，拥军优属、拥政爱民再掀新高潮

今年7月召开的自治区双拥工作会议，是新时期具有里程碑意义的双拥盛会。会议系统总结了10多年来我区双拥工作的基本经验，研究部署了新世纪新阶段双拥工作任务，命名表彰了30个双拥模范单位和30名双拥模范个人。自治区党委、政府和新疆军区对这次会议十分重视，中共中央政治局委员、自治区党委书记王乐泉亲切接见了会议代表并作了重要讲话，胡家燕同志作了工作报告，对新形势下开展双拥工作的指导思想、基本任务、创新发展和组织领导提出明确要求，为做好当前和今后一个时期的双拥工作提供了基本依据。各地各部队各部门从践行“三个代表”重要思想、服务全面建设小康社会、推进中国特色军事变革的战略高度，把学习贯彻会议精神作为双拥工作的大事来抓。阿克苏、乌鲁木齐、巴州、喀什、昌吉、克拉玛依、石河子、伊犁、哈密等12个地州市先后召开了双拥工作会议，传达学习自治区领导同志讲话和有关文件，对双拥工作进行部署。各地各部队结合实际，研究制定贯彻会议精神的规划措施。阿克苏作出了《关于进一步加强双拥工作的决定》。昌吉州制定了《关于进一步做好双拥工作的意见》。哈密、巴州、喀什等地州对受表彰的爱国拥军模范单位和个人，采取多种形式进行广泛宣扬。乌鲁木齐市颁发了《争创双拥模范城六连冠实施纲要》，指导基层贯彻会议精神。自治区双拥办在抓好普遍指导的同时，还组织召开了自治区双拥工作座谈会，研究把贯彻会议精神引向深入的措施和办法。为使会议的任务要求转化为做好工作的思路，库尔勒市、库车县、乌苏市、富蕴县等地在总结近年来成功经验的基础上，提出以深化科技拥军、智力拥军支持部队信息化建设，开创了拥军优属工作新局面。喀什、和田、克州等地把双拥工作重心放到维护社会政治稳定上来，形成军地协调行动、共谋打赢的局面。乌鲁木齐、库车、疏勒、库尔勒驻军较多的地区，按照统筹区域发展要求确立援建工作重点，加大支持西部大开发力度。通过军地深入学习贯彻会议精神，广大军民积极参与双拥、推动双拥，掀起了拥军优属、拥政爱民工作的新高潮。

二、广泛开展了以爱国主义为核心的双拥宣传和国防教育，各族军民的双拥意识和国防观念进一步增强

今年，我区各地各部队广泛开展了以爱国主义为核心的双拥宣传和全民国防教育，采取作报告、忆传统、参观部队史馆及革命烈士陵园和举办《国防法》讲座、军民联欢、国防知识竞赛等形式，对广大军民特别是青少年广泛进行了国防教育和双拥宣传，使广大军民进一步增强了国防观念和双拥意识。各地组织基层双拥工作人员2400多人次深入机关、农村、学校、连队、企业、社区进行十六大精神的宣讲，受教育群众达184万多人次。全区有400多所乡镇以上党校在干部培训中开设了国防教育课，进一步增强了各级领导干部的国防观念。全区各级教育部门将国防教育纳入学校德育教育和教学工作体系。目前，90%以上的大专院校和普通高中，95%以上的中专、技校开展了国防教育，75%的中小学校开设了军训课，广大青少年的国防意识和爱国拥军意识不断增强。各新闻媒体充分发挥舆论导向作用，开设了“领导干部话双拥”、“双拥之声”、“国防天地”、“共建园地”、“第二故乡”等专题、专栏，大力宣传新形势下做好双拥工作的重要意义，宣传人民解放军进疆55周年的丰功伟绩和重要作用，宣传双拥工作中涌现出来的先进典型。一年来，全区共在各类报刊、电台、电视台刊播双拥稿件2460篇，有5个市（县）的双拥工作事迹在中央媒体播放。各地还十分重视加强国防教育和双拥宣传的基础建设。在服务行业、窗口单位、城乡公共场所、交通要道等地方设立了3000多处双拥标志（牌），80多处宣传教育阵地和双拥展室得到了充实和完善。哈密市、石河子市、库尔勒市、喀什市、奎屯市等地新建了64所少年军（警）校，受训人员新增近5万人次。克拉玛依市筹建了全区第一家双拥工作网，填补了我区的一项空白。

三、紧紧围绕保持新疆社会政治稳定开展双拥工作，为地方和军队改革建设创造了良好环境

保持社会政治稳定，是自治区党委始终高度关注的重大问题，也是双拥工作的一项重要任务。尤其是我区，处在西方敌对势力渗透破坏和反分裂、反恐怖斗争的最前沿。因此，只有始终把维护社会政治稳定作为双拥工作的首要任务紧紧抓住不放，才能为地方和军队改革建设创造良好的环境。去年，我们主要抓了五项工作：一是紧紧围绕维护祖国统一、维护边疆稳定、维护军政军民团结和民族团结开展双拥工作。各级采取多种形式对各族干部、群众进行马克思主义民族观和党的民族宗教政策教育，进一步增强抓大事、想大事的意识，各族军民肩负起了维护社会稳定的政治责任。在开展创建双拥模范城（县）和争创双拥先进单位、模范个人活动中，把社会政治稳定、军政军民团结和民族团结作为首要条件，实行一票否决，极大地增强各级领导和群众的责任感、使命感。驻疆部队少数民族干部、战士以《民族团结手册》、《新疆两千年》、《新疆历史百问》等书籍为教材，坚持每周一个晚上的学习制度，使学习活动扎实有效。各地还注意做好民族宗教人士的工作，充分发挥他们在维护社会政治稳定和军政军民团结中的特殊作用，南疆五地州在民族宗教人士中开展的“热爱祖国、热爱共产党、热爱人民军队”的教育，产生了积极的作用。二是针对“9·11”事件后我周边地区面临的现实威胁，各地各部队充实了军事斗争准备中双拥工作的方案，普遍建立了军地联席会议、情况通报制度，制定了预防暴乱、处置突发事件预案，做到了一声令下，拉得出、用得上、打得赢。特别是各地、各部队结合“西部—04”演习，积极探索边疆民族地区反分裂斗争中双拥工作的有效途径，为进一步做好反分裂斗争奠定了坚实的基础。三是加强了民兵组织信息情报网建设，锻炼和培养了一大批基层群众工作骨干，做到了敌动我知，敌未动我先知，为我区社会政治稳定作出了积极贡献。四是狠抓了基层政权组织建设。各地把军民共建对子由过去的党政机关、效益好的企事业单位调整到了社区和贫困乡、村和困难企业，全区军民共建党支部2850多个，共建文明村镇700多个，共建文明窗口4300多个，共建基层党支部活动，进一步加强了基层政权建设，进一步密切了党群干群关系和军政军民关系。五是狠抓了军警民联防。一年来，我区大力加强军警民联防，积极组织非军事斗争行动和反恐演练，严厉打击民族分裂活动，有力地保证了祖国的安全统一和区内的社会政治稳定。全区450多个军警民联防组织在维护稳定中发挥了重要作用，协助公安机关抓获犯罪分子170多人次。同时，驻疆部队又与自治区、生产建设兵团一起，开展了“军民共建万里文明边防线”和“军警民共建南疆千里铁道文明线”活动，初步形成了“军管线、警管点、兵（团）戍边、民（兵）包片”的军民联防新格局，使万里边防线和千里铁道运输线成为边疆稳定的安全线，传播新风尚的文明线，民族团结的连心线。

四、积极支持军队建设，有效促进了部队战斗力的提高

各地各部门把关心支持国防和军队建设，推进中国特色军事变革作为重要政治任务，围绕军事斗争准备做好各项拥军工作。今年，新疆军区和武警等部队都进行了野外驻训和演习，巴州、伊犁、阿克苏、喀什、克州、乌鲁木齐等地积极开展拥军活动，及时提供电力、通信、生活物资等服务，做好场地征用、卫生防疫、群众损失赔偿等工作，保障部队圆满完成任务。为支持部队信息化建设，各地拨出300万元专款，帮助驻疆部队改善作战、通信、机要、文化等基础设施，乌鲁木齐、石河子等地充分挖掘科技、信息、教育资源潜力，深入开展各种形式的拥军活动，组织大专院校和科研机构与部队进行共建，签订人才培养、技术服务协议，帮助培养高素质新型军事人才320余名，解决训练演习中的科技难题30多个，技术革新10多项。据不完全统计，我区各地去年用于国防和军队建设的经费达1200多万元，乌鲁木齐、库尔勒、喀什等地把战场建设纳入地方建设规划，积极为军事斗争准备创造条件。在部队体制编制调整改革中，各地按照特事特办的原则，协助做好单位交接、营房换建、人员安置和军事设施保护等工作，解决涉及房地产、债权债务等问题。今年，全区60%的县市农村义务兵家属优待金达到了当地群众上年度纯收入水平，72个县市区城镇义务兵优待面达到了100%。各地在退役士兵安置与接收矛盾日益突出的情况下，接收退役军人3000多人，安置城镇退伍义务兵1800多人。解决了600多名军人家属就业。为1500多名军人子女解决了入学入托，减免了各种跨学区费270多万元。各地还组织力量对各项优抚安置政策落实情况进行了检查，保证了重点优抚对象的各种抚恤、补助按时足额发放。各县市积极为重点优抚对象排忧解难，投入了1200多万元，帮助他们解决生产、生活中存在的困难和问题。为在乡老复员军人建房465户。元旦、春节和“八一”建军节期间，全区各级党政和各族群众，广泛开展了各种形式的拥军慰问活动。自治区党委、政府的主要领导，亲自率团上高原、穿戈壁、走大漠，慰问驻疆部队官兵和重点优抚对象。“西部——04”演习期间，巴州、阿克苏等地州发动各行各业，筹措经费 700 多万元，对演习部队进行了多次慰问，极大地鼓舞了参演部队官兵士气，确保了演习任务的顺利完成。

五、驻疆部队踊跃参加地方两个文明建设

驻疆部队着眼统筹经济社会可持续发展，牢记全心全意为人民服务的宗旨，积极参加和支援小康社会各项建设事业。按照军委、总部和军区的统一部署和推进区域协调发展要求，各大单位研究制定具有综合效益的援建规划，支持西部大开发。各部队先后出动官兵 10 万多人次，投入劳动日 40 多万个，机械车辆 4000 多台次，援建柯柯牙、雅玛里克、东山、库鲁克、老风口绿化和乌鲁木齐创业园等 70 多项生态环境治理和重点工程建设项目，为国家节省了大量资金。各部队后勤部门拓展医疗卫生帮扶的范围和方式，推动部队医院对口支援县乡医院发展，取得了明显成效。各部队按照城乡统筹发展的要求，认真做好以支援“三农”为重点的扶贫帮困工作。驻疆部队心系贫困群众，广泛开展扶贫帮困活动，积极宣传党的富民政策，传播科学知识，培训技术骨干，提供致富信息，承包贫困户，采取定点、挂钩、对口扶贫等形式，巩固和新建扶贫点 1000 多个，培训农牧业技术人员 18700 多人次，使 13100 多户贫困户脱贫致富。为各族群众防病治病 18 万多人次，义务植树 100 多万株。踊跃开展捐资助学和为“希望工程”捐款 465 万元，援建希望小学 25 所，援助物资折价 200 多万元，使 2000 多名辍学儿童重返校园。特别是在乌什、伊犁、吐鲁番等地抗震、抗洪、扑火和五家渠“八一”水库跨坝等抢险救灾中，部队官兵当先锋、打头阵，为国家和人民群众挽回经济损失两亿多元，为保护国家财产和人民群众生命安全作出了贡献。

六、注重研究新情况解决新问题，双拥工作改革创新持续深入发展

以研究新情况、解决新问题为突破口，推动双拥工作创新发展，是今年我区双拥工作的鲜明特色。各地各部队根据面临的新任务新要求，研究修订工作规则，调整充实成员单位，颁布《领导小组成员单位双拥工作职责》，建立年度双拥工作汇报制度，为双拥工作深入发展提供制度依据和保障。各地州市都先后召开了领导小组成员会议或双拥工作会议，专题研究发挥成员单位职能作用问题，促进双拥工作在各部门各系统各行业的落实。自治区双拥办结合实际修订工作规则，完善军地合署办公的程序规定，保证各项工作有序运转。许多地区和部队还把加强机制建设作为重要途径，推动双拥工作创新发展。乌鲁木齐、石河子、哈密、沙雅双拥办从完善工作机制入手抓好自身建设，指导和开展双拥工作取得显著成效。昌吉、吐鲁番、拜城、乌苏等地通过健全军地关系协调机制，较好解决了部队建设和军民关系中的重大问题。疏勒县、库车县、伊宁市等地与驻军部队建立完善信息通报、定期走访等制度，在国防教育、军民共建、抢险救灾等方面，形成了齐抓共管的整体合力。为把群众性双拥活动引向深入，各地、各部队积极探索富有时代特色的活动方式和载体。乌鲁木齐、阿克苏、克拉玛依等地采取教育引导、政策保障、典型激励等方式，指导“两新组织”与部队开展双拥活动，进一步扩大双拥工作的社会基础。塔什库尔干、伊吾、轮台、青河、裕民等县充分利用和依托社区，组织军民开展生动活泼的共建活动，推动了基层双拥工作发展。乌鲁木齐、石河子、克拉玛依、库尔勒、和田等地把加强未成年人思想道德建设作为共建的重要内容，在群众性精神文明创建活动中发挥了示范带头作用，促进了三个文明建设协调发展。

一年来，自治区双拥工作取得了很大成绩，但也存在一些问题和薄弱环节：一是有的单位对全国和自治区双拥工作会议精神的学习贯彻抓得不深入，成效不够明显；二是少数双拥模范城（县）命名后工作有所放松，存在重名誉、轻创建的现象；三是一些地区双拥组织机构人员不落实、经费无保障、业务不熟悉的问题还不同程度地存在；四是双拥理论研究滞后于实践，影响和制约了双拥工作整体水平的提高。这些问题都要认真研究，切实加以解决。

国防科工委二〇〇四年双拥工作总结

国防科工委作为全国双拥工作领导小组成员单位，高度重视双拥工作，一年来，双拥工作中坚持以邓小平理论和“三个代表”重要思想为指导，牢固树立科学发展观，认真贯彻落实党的十六届四中全会和全国双拥工作会议精神，与时俱进，开拓创新，扎实工作，积极参与全国双拥办组织的各项活动，全面做好国防科技工业和军转民工业发展的规划与管理，搞好国防科研、生产、建设的统筹和衔接，指导军工电子的行业管理，配合总装备部做好军品科研计划的制定与组织实施，严把军品生产的质量关，确保军事装备的生产供应，积极为军队培养输送人才，全面履行双拥职责，双拥工作取得了新进展。

一、认真学习贯彻全国双拥工作会议精神，全面履行政府职责，为军队现代化提供技术和装备保障

今年年初，全国拥军优属拥政爱民工作会议召开后，出席会议的委领导及时向委党组汇报了会议的主要精神，认真传达学习了温家宝总理的重要讲话、回良玉副总理的工作报告，及时对学习贯彻全国双拥工作会议精神作出部署，明确要求机关有关司局抓好双拥工作会议精神的学习落实工作。按照委党组的要求，有关职能部门深入学习会议文件，把思想统一到会议精神上来，深刻领会新时期双拥工作的指导思想、基本任务和发展方向，进一步认识到，拥军优属、拥政爱民，是我党我军我国人民的优良传统和特有的政治优势，是毛泽东、邓小平、江泽民同志的一贯思想，是中国革命和建设事业从胜利走向胜利的重要法宝，做好新时期双拥工作，是践行“三个代表”重要思想，全面建设小康社会，牢固树立科学发展观，贯彻落实党的十六届四中全会精神，推进中国特色军事变革的必然要求，对于捍卫国家安全、主权和统一，维护社会稳定，加快改革开放和现代化建设，具有重大而深远的意义。

国防科工委作为武器装备科研生产的政府主管部门，担负着发展国防科技力量，为军队的现代化提供科技保障和装备保障的重要职责。国防科工委党组明确要求，保障军队武器装备供给是我们的职责所在，坚持军品优先，在任何情况下都不能动摇，切实抓好高新技术武器装备的科研生产，确保各项重点型号和重点工程任务的顺利完成，是全面贯彻双拥工作会议精神的具体行动，是对双拥工作的最大支持，是我们义不容辞的责任。一年来，国防科工委坚持以邓小平理论和“三个代表”重要思想为指导，认真贯彻落实党的十六大、十六届三中、四中全会精神，坚持以人为本，树立全面、协调、可持续的发展观，统筹兼顾、突出重点，把握全局、解决矛盾，积极稳妥地推进改革。在努力打好“高新工程”和军工企业改革调整脱困两大攻坚战的同时，统筹型号任务和基础能力建设，统筹军品和民品，统筹国内和国际市场，统筹速度和效益，统筹改革、发展和稳定，不断推动国防科技工业持续快速协调健康发展。牢牢抓住发展先进生产力这个中心，大力推进国防科技工业基础能力创新，加强基础，提高能力，构筑国防科技工业持续发展的基础能力平台。大力推进体制机制创新，建立适应市场经济要求的新体制新机制，切实增强企业活力和自主发展能力。深入贯彻人才强国战略，大力推进人才工作，努力培养和造就高素质的人才队伍，为国防科技工业发展和军队现代化建设提供人才保障和智力支持。

二、努力创造条件，积极做好为军队培养和输送高层次人才工作

在去年年底召开的具有重大现实意义和深远历史意义的全国人才工作会议上，胡锦涛同志号召全党：必须从全局的战略高度，充分认识人才强国战略的重要性和紧迫性，把实施这一战略作为党和国家一项重大紧迫任务抓紧抓好。人才问题既是国防科技工业实现跨越式发展的关键问题，也是军队现代化建设的关键问题。国防科工委所属7所高等院校（以下简称委属高校）具有鲜明的国防特色，军工学科专业集中，学术水平较高，为国防科技工业人才资源能力建设和军队现代化建设，特别是高层次专门人才培养作贡献，为军队培养输送高素质的优秀人才，是国防科工委拥军工作的一项重要内容。

全国双拥工作会议结束后，一方面，我们在总结从2001年起委属高校每年招收一定数量的国防生取得成功经验的基础上，委属高校根据解放军各总部、军兵种的需要，今年进一步扩大了国防生的招生规模。2004年委属高校招收选拔国防生的总量占到了全军总量的七分之一。同时，各学校还根据部队需要，继续为部队有关部门在学校配备、改善办公环境，以及提供各种便利条件，积极为部队输送国防生做好服务工作。

另一方面，在委属高校毕业生就业工作中，进一步加强了军地之间的沟通与协调。在去年成立由总政治部干部部领导任副组长的国防科工委大学生就业工作领导小组后，今年，又分别组织召开了委属高校向军队输送毕业生工作座谈会、国防科工委大学生就业工作领导小组第二次全体会议，专门听取了部队各用人部门对委属高校学生培养和毕业生输送工作的意见和建议。与此同时，委属高校优先保证部队的人才需求，无条件地完成了向部队输送毕业生的任务，2004年委属高校为军队培养输送的研究生比例由2003年的23%增加到41%，确保了部队对国防专业学科高层次人才的需求，为实现科技强军、军队干部的知识化和年轻化、形成强大军事威慑力提供人才保障作出了我们应有的贡献。

三、切实做好军转干部的接收安置工作，全力为军转干部排忧解难

国防科工委历来十分重视军转干部的接收安置工作。从1998年国防科工委成立起，在6年的军转安置工作中，国防科工委作为新成立的单位，每年均超额完成军转安置任务，仅在京区就安置转业干部22名，安排接收4名复转军人。在军转干部的工作岗位和职务安排上，尽量考虑他们的专业特长和原职务，团职干部一般能安排任处长或副处长职务，有的技术人员已聘任为教授、副教授。

中央决定对军队体制编制进行调整改革后，随着军队员额裁减计划的实施，今年伊始，我们就加大了军转干部接收安置工作的力度。委领导明确要求，要从贯彻落实十六大关于加强国防和军队建设的战略部署，保证军队体制编制调整顺利进行，维护改革稳定大局，全面建设小康社会，积极推进中国特色军事变革，实现国防和军队现代化的跨越式发展的高度，充分认识做好军转干部的接收安置工作的重要意义，把军转干部的接收安置工作作为一项重要的政治任务抓紧、抓实、抓细。有关职能部门把该项工作摆在重要的议事日程，积极做好基础工作。面对今年安置任务十分繁重的形势，我们主动出击，加强了与军队和有关部委的沟通，在广泛收集用人单位和部门人员需求情况的基础上，尽早制定了军转干部接收安置方案，认真对待军队转业干部的择业咨询，耐心细致地回答他们的问题，尽可能使他们得到满意的答复。2004年中央国家机关和中央管理的企事业单位（在京）接收安置军队转业干部分配计划下达后，经过多方努力，超额完成了分配给我委的接收安置军队转业干部计划，接收到委机关的军转干部都安排到了重要的职能部门。

四、关心职工生活，努力为军属和转业人员解决实际困难

军人家属承担着双倍的家庭责任，所以在工作和生活中需要集体给予特殊的关怀。我委机关共有十几个军人家庭，他们历来就是各支部关心的重点对象，党支部和分工会都会不定期对他们的生活予以关心，询问生活困难，及时给予组织的关怀。对军属在平时工作和生活中遇到的特殊困难，机关在可能的情况下都给予帮助和解决，解除了在部队工作人员的后顾之忧。今年，有关职能部门召开专门的会议，研究军转干部的安置和使用工作，对由于机构改革或事业单位实行人员聘用制改革中，涉及到军转干部或复转军人的岗位安排的，除按国家的规定执行外，给予他们特殊照顾。比如北京理工大学在处级干部竞争上岗中，一位转业干部原来负责档案工作，由于属后勤岗位，全部实行竞争上岗，他又没有竞争优势，经研究后，考虑他在部队时做过政治教育工作，就把他调整到学院做书记，既解决了岗位问题，又解决了职务问题。在哈尔滨工业大学，为解决复转军人就业问题，学校对后勤保卫部门人员进行调整，接收部分武警退役人员到人武保卫部工作，既提高了学校保卫工作的水平，又圆满完成了军转安置任务，同时为地方的拥军优属工作作出了贡献。

五、加强警民合作，用兵爱兵，为驻委武警执行任务创造条件

驻委武警为保卫我委的安全和良好的办公环境担任保卫工作，他们付出的辛勤劳动得到了全委的高度肯定，同时我委对他们的工作、生活和学习也非常重视。今年春节期间，委领导亲自到武警部队营房看望武警官兵，带去节日的慰问。夏季来临前，办公厅领导亲自过问武警官兵的防暑降温工作，并为武警官兵的值班室、宿舍增配了4台电扇。武警战士退伍前夕，有关同志专程到武警部队看望、慰问武警官兵，并向退伍战士表示感谢与祝贺。为满足部队教育的要求，委机关的图书馆对武警开放，给武警官兵订《北京日报》、《法制日报》、《参考消息》、《中国青年报》、《北京青年报》、《国防科技工业》等报纸杂志，提供“四反教育”、“航天历程”、“神五上天”等光盘，请专家给武警官兵介绍国防科技工业知识，安排武警官兵参观委机关举办的军工行业展览，观看卫星发射现场直播。与此同时，我们还注意做好武警官兵的后勤保障工作，关心他们的饮食、住宿、训练和身体健康等，对根据规定配备的营房营具，定期进行维护、维修，每月为武警官兵提供伙食补助。平时工作中，机关有关部门经常和武警官兵交流思想，沟通情况，为做好机关保卫工作，有关部门和他们共同研究、演习处置突发事件预案等。可以说在我委机关，军民就是一家，武警同志除按武警总队的特殊规定外，在我委享受与机关同志相同的待遇，共同工作生活和学习，形成了良好的团结合作氛围，警民合作，相濡以沫。

六、积极探索新形势下的拥军工作，开辟拥军工作新途径

根据国家的统一部署，我委选派援疆干部到新疆建设兵团挂职，协助兵团进行戍边和经济建设工作。为使援疆干部安心工作，我委责成职能部门专人与援疆干部保持联系，随时关心援疆干部的工作、生活情况，及时解决存在的困难和问题。今年春节期间，委机关有关部门的领导专程看望并慰问了援疆干部，为援疆干部送去了温暖。与此同时，今年我委增大了对兵团的支持力度，进一步加强了与兵团的合作。为解决兵团办公设备落后的问题，在去年向兵团无偿赠送十几台计算机基础上，今年又向兵团无偿赠送20台计算机。为支持和发展兵团在农业生产方面的规模优势，我委积极提供技术和资金，大力支持兵团发展农业精确灌溉技术，经过深入调查研究和专家论证后，我委支持兵团的“基于中国卫星综合数据采集平台推广示范研究”科研项目，已正式进入实施阶段。该项目的实施，将有力地解决兵团在戍边和发展经济方面的困难，同时也为新时期、新形势下的双拥工作开辟了的新途径。

此外，除做好我委机关和所属单位的拥军工作外，还积极参加社会组织的拥军工作，积极联系街道，为当地的双拥和群防群控工作作贡献，积极联系当地派出所，建立工作联系，加强沟通，为他们活动提供必要的场所和条件。

一年来，我委认真贯彻落实全国双拥工作会议精神，在委党组的正确领导下，双拥工作取得了一定的成绩和进展，回顾前一年的双拥工作，我们的主要体会：

一是做好双拥工作是新时期继承和发扬优良传统的历史责任，是践行“三个代表”重要思想，树立和落实科学发展观的必然要求，是促进国防科技工业持续快速发展，全面建设小康社会，实现军队现代化建设和推进中国特色军事变革的一项重要任务。

二是紧紧抓住发展这个问题，国防科技工业是我国的战略性产业，担负着保障我军武器装备供给和促进国民经济发展的双重历史任务。国防科工委作为国防科技工业的政府管理部门，为军队武器装备建设服务，既是我们工作的宗旨，也是落实双拥工作的实际行动。只有紧紧围绕发展这个党执政兴国的第一要务，大力推进国防科技工业改革和发展，我们的双拥工作才能取得新进展、迈上新台阶。

三是积极发挥国防科工委所属高校国防特色优势，多形式、多渠道为军队培养输送高素质的优秀人才，大力支持军队实施人才战略工程，是我们义不容辞的责任。不断加强军队与委属高校的联系，是做好向部队输送高层次人才的基础，也是双拥工作的重要内涵。

四是加强组织领导，统筹安排，狠抓工作落实，是做好军队转业干部的接收安置工作的重要保证。只有贯彻妥善安排、合理使用、人尽其才、各得其所的原则，军队转业干部的接收安置工作才能抓实、抓细、抓好。

五是双拥工作是一个系统工程，需要机关各部门，委属各单位，相互支持，大力协同，密切配合，形成合力，发扬与时俱进的精神，适应新形势新任务对双拥工作的要求，不断拓展新领域，丰富新内容，开辟新途径。

在今后的工作中，我们将继续坚持以“三个代表”重要思想统领双拥工作，牢固树立科学发展观，深入贯彻落实党的十六届三中、四中全会精神，广泛深入开展双拥活动，不断加强军政军民团结，进一步加强对双拥工作的领导，认真履行双拥职责，紧密结合国防科技工业的改革与发展，狠抓军队急需的武器装备的科研生产管理，继续扎实做好向部队输送人才、军队转业干部安置、关心军属工作生活、关心驻委武警等工作，不断开拓双拥工作新局面，在实现我国国防现代化征程上再立新功，为实现祖国的和平统一、社会安定，军民团结作出更大的贡献。

公安部二○○四年双拥工作总结

2004年，公安部党委高度重视做好新形势下的拥军优属工作，紧密结合公安工作和队伍建设，认真履行职责，不断提高开展拥军优属工作的水平。

一、认真做好军转干部安置工作

作为军转安置工作领导小组成员单位，公安部党委始终高度重视军转安置工作，不但超计划完成接收任务，而且在军转干部岗前培训、职务安排、合理使用等方面都严格执行政策规定，较好地起到了模范带头作用。2000年以来，公安部机关及在京直属单位共接收安置军转干部57名，比国务院军转办下达的任务多完成14名，每年均超额完成任务，在中央国家机关中排名第二，得到了国务院军转办的充分肯定，多次被评为接收军转干部先进单位。

二、公安机关治安户政部门开展拥军优属工作情况

（一）不断加强征兵政审工作。多年来，各地公安机关治安户政部门认真履行征兵政审工作职责，严格执行我部和总参谋部、总政治部颁布的政审规定，坚持和完善三级政审和横向联审制度，落实相关工作责任，切实保证征兵政审工作质量，有力地促进了军队政治建设和国防建设。为进一步规范征兵政审工作，确保新兵政治合格，2004年10月，我部会同总参谋部、总政治部联合颁发了《关于〈征兵政治审查工作规定〉的通知》（[2004]政联字第13号），进一步明确了征兵政审工作内容、程序和相关规定。

（二）认真做好军队转业、复员、离退休干部、退伍军人及随军、随迁家属落户工作。多年来，我

部对于这项工作一直高度重视，先后下发或者会同有关部门下发了一系列文件。2003 年 8 月，我部会同民政部、教育部、劳动保障部、建设部、总政治部、总后勤部联合下发了《关于做好 2003 年军队复员干部安置工作的通知》（民发［2003］105 号），2004 年 1 月，中共中央办公厅、国务院办公厅、中央军委办公厅转发了我部联合中组部、民政部、财政部、人事部、总参谋部、总政治部等部门起草的《关于进一步做好军队离退休干部移交政府安置管理工作的意见》（中办发［2004］2 号），进一步解决了有关人员的户口问题。2004 年 5 月，为做好整体移交地方的中国人民解放军军需大学、第一军医大学、第三军医大学成都军医学院、第四军医大学吉林军医学院等 4 所军队院校军官家属落户工作，我部会同总政治部联合颁发了《关于妥善解决整体移交地方的军队院校部分军官家属落户问题的通知》（［2004］政干字第 202 号）。各地公安机关治安户政部门也在严格贯彻执行国家各项户口管理规定的基础上，结合本地实际，相继报请政府出台了一系列文件，进一步方便了军队离退休干部、转业、复员、退伍军人及随军、随迁家属落户工作，受到了军人及其家属的欢迎和拥护。

三、公安机关交通管理部门开展拥军优属工作情况

多年来，各级公安机关交通管理部门立足本职岗位，积极推进交通管理拥军优属工作的改革创新，努力保障军车通行的安全与畅通。特别是近年来，各地公安机关结合当前交通管理“一降两保”（降低交通事故死亡率，确保道路交通安全，确保道路交通畅通）中心工作，加强与解放军总后勤部、武警总部的沟通，不断推进交通管理的改革创新，切实保障军车通行的安全与畅通。

（一）加强协作，切实做到军警共同维护安全畅通的交通环境。一是进一步规范军车管理，保障军车通行安全，积极落实军车道路交通违法行为及交通事故抄告制度，维护军车通行秩序。二是积极开展打击假冒军车行动。各地公安交通管理部门与当地驻军密切配合，采取联合检查、各司其责的方式，严厉查处了一批假冒军车，打击了偷逃税费、通行费的违法行为，促进了军车交通违法、事故的减少，有力地维护了军队良好形象。

（二）加强协调，为部队官兵办理机动车登记、申领机动车驾驶证提供方便。1996 年，公安部发布了《机动车驾驶证管理办法》（公安部第 28 号令），明确规定了复员、转业、退伍及现役军人持有军队、武警部队驾驶证的，经过道路驾驶考试合格可以换领地方驾驶证。2004 年，为了配合《道路安全交通法》的实施，公安部对《机动车驾驶证管理办法》进行了修订，制定了《机动车驾驶证申领和使用规定》（公安部第 71 号令），为军人申领地方驾驶证进一步提供了便利。在军人办理机动车牌证和驾驶证手续方面，为解决军人无居民身份证无法办理机动车牌证和申领驾驶证的问题，公安部下发了《关于对军人办理机动车和驾驶证手续时使用身份证明问题的批复》，明确规定在军队未统一办理居民身份证前，军人的身份证明是指军队有关部门核发的军官证、文职干部证、士兵证、离休证、退休证等有效军人身份证件，以及团级以上单位出具的本人住所地址证明。该通知为军人申领民用机动车牌照和驾驶证提供了方便，解决了新法与实际情况相脱节的问题。

（三）为军事活动提供交通保障，为军车通行提供便利。各地公安机关交通管理部门在部队进行军事演习、重大军事活动、运送重要的军事装备期间，采取警车带道、实行交通管制等手段，主动为部队维护军事活动区域、军事活动所经道路的交通秩序，为部队的重大军事活动提供有力的交通管理保障。

（四）开展交通安全宣传进军营活动，提高官兵交通安全意识，保障部队官兵道路交通安全。2004 年，《道路安全交通法》实施后，各级公安交通管理部门在大力开展交通安全宣传“五进”活动中，通过各种形式，积极开展交通法规、交通安全知识宣传进军营活动。公安部交管局向总后勤部军交部赠送了《关爱生命，安全出行》宣传教育光盘 4000 套，在军人驾驶员中进行交通安全宣传，密切了军警关系。南京军区驻地交警部门把军警联合开展交通安全法律法规进军营作为军警共建的一项重要内容，以宣传贯彻《道路安全交通法》为重点，派出民警上门为 70 多名团职以上军官和机关干部授课，讲解法律法规，剖析交通事故典型案例，并通过军区把公安部制作的《关爱生命，安全出行》光盘和交警部门编印的《交通事故案例》等宣传材料发放到师、旅以上单位，对广大官兵进行宣传教育、培训学习，促进了军车驾驶员的交通安全意识。

铁道部二〇〇四年双拥工作总结

2004 年，铁路部门坚持以邓小平理论和“三个代表”重要思想为指导，树立和落实科学发展观，全面贯彻落实全国双拥工作会议精神，紧紧围绕推进铁路跨越式发展和加强军队建设，深入开展拥军优属活动，为加快铁路和军队现代化建设作出了积极贡献。

一、认真学习贯彻全国双拥工作会议精神，进一步明确了新形势下做好铁路双拥工作的思路

全国双拥工作会议结束后，铁道部会议代表、部党组成员、政治部主任何洪达同志，立即向部党组进行了专题汇报，部党组认真学习了温家宝总理的重要讲话和回良玉副总理的工作报告，并对铁路系统深入学习和贯彻落实会议精神，进一步加强双拥工作进行了部署。全路各单位采取多种形式，组织学习会议精神，使广大干部职工统一了思想，进一步认清了做好新形势下铁路双拥工作的重大意义。铁道部认真贯彻全国双拥工作会议精神，从铁路系统实际出发，确立了新时期铁路双拥工作的总体思路：以邓小平理论和“三个代表”重要思想为指导，深入落实党中央、国务院和中央军委加强军政军民团结的指示，紧密围绕全国双拥工作会议提出的任务和要求，坚持以人为本，树立和落实科学发展观，认真履行铁路双拥工作职责，实施《中长期铁路网规划》，加快铁路跨越式发展，为推进军事斗争准备、加强军队现代化建设提供有力的运输支持。为把贯彻会议精神引向深入，铁道部要求各单位要从政治上看待双拥、重视双拥、支持双拥，始终把这项工作作为一项事关全局的战略任务来抓；要建立健全各级双拥工作组织领导机构，认真落实铁路双拥责任；要不断提升铁路技术装备水平，提高铁路运输的应急保障能力和快速反应能力；要加强对职工群众的拥军传统教育，密切军民关系；要坚持以人为本，认真落实各项拥军优抚安置政策，着力解决重点问题。强有力的工作措施，保证了铁路双拥工作深入持久、扎实有效地开展起来。

二、系统总结工作，构建了具有铁路特色的双拥新格局

铁路作为国家重要的基础设施，国民经济的大动脉，大众化的交通工具，是国家交通运输体系中的一支骨干力量。长期以来，铁路以其自身所具有的诸多优势，成为军事运输的重要选择，为推进国防和军队现代化建设发挥了重要作用。为深入贯彻落实全国双拥工作会议精神，铁道部组织力量对近年来铁路双拥工作进行了系统总结，召开了由办公厅、运输局、计划司、人事司、劳卫司、政治部宣传部、铁路总工会等部门负责同志参加的铁路双拥工作协调会，回顾总结工作情况，研究部署推进任务，细化落实双拥职责，整理汇总了铁路双拥工作基本情况。各单位按照部总体部署与驻路军代部门紧密配合，深入总结双拥工作经验，认真落实各项措施和要求，扎实推进双拥工作，初步形成了“总体规划，上下联动，军地一体，双向纳入”的铁路双拥工作新格局。总体规划：强调铁路作为国家安全和国民经济命脉，在任何时期都必须首先保证国家利益，铁路双拥工作要作为一把手工程，纳入铁路跨越式发展总体规划。上下联动：强调统一指挥，分工协作，密切配合，全路一盘棋，认真履行双拥职责，确保各项军事运输任务完成。军地一体：建立铁路与军队运输协调机制，密切与驻铁路各级军代处的合作，把双拥工作同铁路其他重点工作一同筹划、一同部署、一同推进。双向纳入：铁路部门把双拥工作纳入铁路经营责任考核，实行领导负责、系统负责、分工负责的系统考核，坚持一级抓一级，一级考一级；军代部门把支持铁路建设纳入日常工作考核。

三、深入落实双拥工作职责，建立健全了铁路军事运输保障机制

确保军事运输是铁路双拥工作的重要职责。铁路军运具有时限紧急、组织工作复杂、保密要求高等特点，必须建立严格的制度，才能保证迅速准确、安全保密、综合运用、经济合理地完成任务。为深入落实全国双拥工作会议精神，认真履行双拥工作职责，大力加强军事运输保障机制建设，铁道部按照服从大局，确保重点；严密组织，统筹安排；统一指挥，严格纪律；按级负责，加强协作；总结经验，勇于创新的原则，与总后、民政部等军地部门，联合制定了《铁路军事运输管理办法》、《铁路军事交通运输工作正规化建设规定》、《入伍新兵和退伍老兵运输规定》、《军运危险货物铁路运输规则》等多项制度办法，各局、分局成立军事交通运输工作管理委员会和领导小组，建立机构、设置专职，形成了健全完善的铁路军运保障机制。

四、扎实推进各项任务完成，铁路双拥工作取得了新发展

一是全力以赴做好军运工作。铁路对军事运输重点倾斜，实行运输计划兑现四优先，即：配车优先、装车优先、去向优先、挂运优先，做到了只要有需求，不讲条件，全力保证。今年以来，圆满完成了发射卫星、运载火箭、神州五号载人航天飞船和回收舱等重要军运任务，受到了总后、总装、国防科工委、航天总公司等军队、地方部门的好评。还为部队装运各种燃料近7万车，开行专列180多列，保证了部队正常训练和演习的需要。自11月25日以来，铁路部门按照《国防交通条例》，配合部队和民政部门，开始了新老兵运输，预计到12月31日新老兵运输工作结束，全路将使用客车1万余辆，完成运送任务超过100万人次。二是积极加强战备工作。制定实施《中长期铁路网规划》，新线规划和建设重点考虑了国防需要，实行运输生产力布局的重大调整，有效提高了运输系统的保障能力。今年5月将南昌局和原上海局福州分局合并，符合地理位置和军事斗争准备需求，有利于提高管理效能，进一步加强了福建地区铁路和军队建设；针对大部队入闽难、机动难，以及影响部队装卸载的铁路设施、通行线路等问题，进行全面勘察，精心设计，周密组织，多方论证，充分考虑部队意见，尽最大努力满足部队需求，有力地促进了部队战场建设。三是认真抓好军民共建工作。与武警部队联合推进京九、京广、南疆铁路警民共建铁路文明站区活动；在各大站开设军人候车室和军人售票窗口，凭部队团以上单位介绍信优先售票，对革命伤残军人乘车给予优待；组织开行“双拥号”列车，为军人进站开通“绿色通道”，实行军人、军属优先乘车和优惠用餐。据不完全统计，近年来全路筹措资金1.5亿元，为武警部队36个大队、121个中队和134个执勤点的营房及生活设施进行整治，共维修营房8.5万平方米，新建营房9.4万平方米，置换营具1.8万件，较好改善了基层官兵的生活和执勤条件。四是做好转业退伍军人安置工作。铁道部党组从维护国家改革发展、社会稳定和军队建设需要的大局出发，克服铁路机构重组、编制压缩、减员增效的重重困难，千方百计创造条件安置好到铁路的退伍军人，着力解决复转军人遇到的各种实际问题。

一年来，铁路部门认真贯彻落实党和国家关于做好双拥工作的一系列方针政策，从铁路实际出发，做了大量扎实有效的工作，得到了军地各级组织和领导的充分肯定。在全国双拥工作会议上，铁路系统有6个单位和个人受到表彰；在全国省区市双拥办主任会议上铁道部作了经验交流。

交通部二〇〇四年双拥工作总结

2004 年，交通部坚持以邓小平理论和“三个代表”重要思想为指导，认真贯彻党的十六届三中、四中全会精神，按照全国双拥工作会议的要求，根据我部双拥工作职责，紧密结合我部战备规划和公路、水路运输的工作实际，认真分析双拥工作形势，履行双拥工作职责，充分发挥了交通运输在双拥工作中的作用。

一、认真学习贯彻全国双拥工作会议精神，深刻认识做好新形势下双拥工作的重要性

2004 年初召开的全国双拥工作会议，是新时期具有里程碑意义的双拥盛会。党中央、国务院、中央军委对这次会议十分重视，江泽民同志为双拥模范单位和个人题词，温家宝同志作了重要讲话，回良玉同志作了工作报告。会议对新形势下开展双拥工作的指导思想、基本任务提出了明确要求，为做好当前和今后一个时期的双拥工作提供了基本依据。我部领导高度重视，针对我部双拥工作的职责和特点，对如何做好双拥工作，切实把双拥工作作为一项事关全局的战略任务，坚持不懈地抓紧抓好提出了贯彻意见。相关司局认真组织学习中央领导同志讲话和有关文件，把做好双拥工作和加强军政军民团结作为重大的政治任务紧紧抓住不放，使广大交通干部、职工的国防观念不断增强，在抓好经济建设的同时不忘关心支持国防和军队建设，牢固树立国家利益至上的观念，增强履行国防义务、支持军队建设的高度责任感。

二、坚持用求真务实的作风抓好双拥工作的落实

认真研究解决我部如何适应国家经济改革发展和新时期军事战略方针的要求，坚持为国民经济建设服务，为部队服务，为国防建设服务的宗旨；以增强公路、水路军事交通运输保障能力和快速反应能力为目标；以创新为主线，适应新形势，研究新情况，解决新问题，明确新任务，确立新目标，遵循巩固、完善、发展、创新的方针，不断提高公路、水路军事交通运输工作整体水平。

（一）水路军事运输：我部负责将全军水路军事运输计划作为国家指令性运输计划，向有关水路交通港口主管部门、港航企业等下达水路军事运输任务，切实掌握水路军事运输计划的总体完成情况。地方各级人民政府水路交通港口主管部门，负责本行政区域内港航企业实施水路军事运输的管理、监督和协调工作，很好地解决了军事运输中的有关问题。长江航务管理局负责监督长江干线港航企业完成水路军事运输任务，协调解决了军事运输中的有关问题；各海事管理机构，负责对承担水路军事运输船舶的安全监督，维护通航秩序，保障了重要水路军事运输船舶优先通行；港航企业负责水路运输计划的组织实施，优先安排了军事需要的港口作业和船舶载运，确保完成了所承担的水路军事运输任务，承担经常性水路军事运输任务的港航企业，还设立了专职或兼职军运员，负责承办水路军事运输的有关事宜。

今年是军事运输正规化建设 20 周年，总后勤部与我部及相关部委对水路军事运输及交通战备正规化建设 20 周年进行了总结，并联合修订颁布了《水路军事运输正规化建设规定》。

（二）公路规划建设：我部根据双拥工作职责，负责在公路规划、建设中对军事斗争准备急需的公路、码头、桥梁、隧道等重点建设项目采取了优先规划、优先建设的方针。凡是战场建设涉及到的地区，我部党组都要求站在全局的高度，积极给予支持。以新时期战略方针为指导，结合军事斗争准备和国家安全稳定的需要，积极支持部队训练和演习，提供道路交通、演习场地等各种保障条件，尽力帮助部队解决各种问题。综合国家交通规划、战场建设和军事部署需要，以东南沿海、藏疆方向、中朝中缅地区等为重点，打通断头路和卡脖子路，加强机动道路、边防公路等建设，增强了快速反应能力和综合保障能力。以完成好军事运输任务为己任，强化行业管理，稳定和健全军交运输组织机构。在公路、水路交通运输企业积极进行交通改革和建设的同时，充分考虑军事运输和交通战备的需要，主动征求军事交通部门的意见，为部队出主意、当参谋，积极配合，相互支持，按照“结合、纳入、一道”的原则，加强军交运输工作建设，保障了军事运输和国防建设的需要，以真抓实干的精神把双拥工作落到了实处。

三、站在全局的高度，认真履行双拥职责

交通运输是国民经济的基础性产业，是国家重点物资和军事物资运输的重要基础保障。交通运输涉及面广，关系复杂，特别是在当前交通主管部门职能发生变化，港口下放、政企分开、港航企业与政府行政管理脱钩等，在一定程度上给军交运输工作带来一些影响。交通部党组提出了“交通部门要做一个负责任的政府部门，交通行业要做一个负责任的行业”的要求。为切实增强做好军事斗争准备的大局意识和高度的政治责任感，我部把军运任务作为重中之重，克服困难，把握重点，统筹规划，精心安排，严密组织，配合军队有关部门优质高效地完成了军事援助、军事贸易、维和部队、救援部队、军需物资、新老兵复补、部队调防、装备调拨、军事演练、抗洪抢险等各项重要军事运输任务，保障了军事运输和国防建设的需要。

此外，我部在支持军队后勤保障社会化，指导地方交通部门为驻军比较集中的地区开设了公交专线；开展了军民共建文明车站、文明港口、文明运输线活动；有条件的车站、港口客运站开设了军人售票窗口；为执行紧急任务的部队和军人提供交通便利；对现役士兵、革命伤残军人乘坐车、船给予优待；努力做好本系统的拥军优抚安置工作。

农业部二〇〇四年双拥工作总结

2004年，农业部全面贯彻十六大精神，认真学习贯彻双拥工作会议和有关文件精神，从政治大局出发，充分发挥部门资源和优势，结合时代特征和新要求，坚持与时俱进，创新方式方法，积极推进双拥工作。

一、高度重视双拥工作，认真学习贯彻有关精神

拥军优属、拥政爱民是我党我军我国人民的优良传统和特有的政治优势，其核心是巩固和增强军政军民团结。军政军民团结无论是在战争年代，还是在和平建设时期，始终是我们战胜困难、夺取胜利的重要法宝，在全面推进小康社会建设的新形势下，地位更加重要，作用更加突出。做好双拥工作是我部继承和发扬优良传统的历史责任，支持国防和军队建设、推进军政军民团结是我部义不容辞的政治责任。

当今，国际国内形势正在发生复杂而深刻的变化。世界科技、经济竞争日趋激烈，各种思想文化相互激荡，各种矛盾错综复杂。我国处于社会转型、经济转轨的关键时期，新情况新问题层出不穷。要保护国家安全，推进改革开放和现代化建设，保持国民经济持续健康稳定地发展，全面建设小康社会，推进物质文明、精神文明和政治文明协调发展，更加需要发挥军政军民团结这个革命法宝的作用，建立强大的军队和巩固的国防，争取和维护安定团结的发展环境，动员和组织广大军民积极投身到各项改革和发展中去。

及时学习贯彻了全国双拥工作会议和《全国拥军优属拥政爱民领导小组民政部总政治部全国拥军优属拥政爱民工作会议纪要的通知》（国发［2004］15号）精神，强调双拥工作是一项带有全局性、战略性的工作，要求各单位要增强关心支持军队建设的责任感和自觉性。强调要坚持以增强经济实力、国防实力和民族凝聚力为目标，结合部工作职能，充分发挥科技等资源优势，切实帮助部队办实事解难题，创办群众性活动，密切军政军民的血肉联系，结合实际扎扎实实把双拥工作落到实处。部农业广播学校发挥自身优势，已形成由学校主要领导负总责、业务处室对口联系，分工负责、齐抓共管的双拥工作机制。农科院双拥工作已制度化，成立了由院领导担任领导小组组长、部门负责人为小组成员的双拥工作领导小组，每年定期召开工作例会，做到年初有计划，年底有总结，保证双拥工作落到实处。

二、与时俱进，发挥优势，积极推进双拥工作

随着社会主义市场经济体制的逐步完善，双拥工作出现了许多新特点、新变化。所处的环境发生了新的转变，运行方式发生了新的变化，工作领域也更加宽泛。农业部根据时代变化和要求，不仅用历史的观点重视双拥，更用时代的观点支持双拥、推动双拥，密切军政军民血肉联系，维护改革发展稳定的大局。2004年，农业部围绕自身优势和职能，充分发挥农业部门优势资源，协助部队发展农副业生产，搞好技术指导、人员培训等工作，做好本系统的拥军优抚安置工作，推动与相关部队建立沟通协作机制，使双拥工作在更高起点上推进，更好地为国家和军队改革建设服务。

（一）认真落实拥军优抚安置政策。军队转业干部是党和国家干部队伍的组成部分，是重要的人才资源，也是社会主义现代化建设的重要力量。做好退役军官安置工作，对实现人才资源合理配置，促进经济社会发展，加强国防和军队建设具有十分重要的意义。我部非常重视军转干部安置工作，要求部属各单位要服从党和国家大局做好工作，以讲政治的高度，从全局出发，积极落实接收计划，做好军转干部接收工作。2004年接收6名军转干部（其中团职2名、女干部2名），及时确定了接收单位，很好地完成军转干部接收任务。

对军转干部周到服务，妥善安置，为军转干部创造良好环境。在生活上，各单位按照国家有关规定，按不低于本单位同等人员条件核定工资和福利待遇，认真落实军转政策。同时还本着实事求是的原则，解决军转干部的生活困难和家庭困难，为他们排忧解难。目前军转干部本人及家庭均有稳定的经济收入和社会保障，没有生活困难。同时，为让军转干部尽快适应岗位工作要求，各单位还利用现有条件积极开展了各种培训工作。随着事业单位改革，特别是人事制度改革，军转干部安置工作遇到了一些新情况新问题，部属事业单位在实行人员聘用制时充分考虑军转干部的切身利益，结合单位实际制定政策，保证军转干部优先竞聘上岗。

（二）发挥科技优势支持部队后勤建设和农副业生产。2004年，我部结合自身职能，充分发挥科技、远程教育优势，协助部队搞好后勤建设，改善部队生产生活条件，开展以农业科技培训为主的一系列活动，培养军地两用人才。一是实施联合办学。农广校与中国人民解放军总政治部和总后勤部，及中国人民武装警察部队开展联合办学，针对军地两用人才培养的需要开展双拥工作。二是开展农业科技进军营活动。举办了专项技术培训班，并向部队学员提供农业远程教育科技图书和光盘，帮助部队官兵提高农业生产技术水平，保证军需食品生产安全供应。2004年4月份，我部对解放军总后勤部和国家外专局在山东省寿光市联合举办的“边远地区部队蔬菜种植技术培训班”给予积极支持，农广校校长亲自到现场讲课。这次培训班为边远地区部队培养了百余名蔬菜生产技术骨干。农科院发挥科技优势，坚持为部队培养技术人才，解决技术难题。2002年以来一直坚持为海军西沙永兴岛等基地农副产品生产提供技术指导和服务，累计为永兴岛、中建岛等部队培训蔬菜栽培技术人员达300人次，累计为解放军总参通信部“菜篮子”建设培训50多人，取得了非常好的效果。三是开展军营绿色证书培训，提高战士复员返乡带头致富的能力。2004年，农广校在原有基础上继续帮助军队扩大绿证培训试点工作，截止目前，在全军和武警部队已安排了30个点开展绿证培训工作，累计参加绿证培训5000人，获得绿色证书4000多人。四是实施生态家园进军营。充分发挥体系优势，开展生态家园富民计划技术培训工作，支持军营生态农业建设，将江西省部分军队的副食品生产基地纳入生态家园建设，推进了部队后勤建设。

（三）举办多种形式活动，增强军政军民联系。在重大庆典或节日，我部专门走访慰问部属老红军、老八路，为革命老前辈送温暖，弘扬革命传统；多次邀请了部队系统文艺人员来部指导活动或联欢。农科院与解放军艺术学院结成共建单位，每逢重大节日，向军艺官兵赠送优质农产品，向部队献上一份爱心。2004 年农科院又被评为“北京市军民共建先进单位标兵”。我部有关部门还专门邀请公安部、总参谋部、海军司令部等有关部门的同志联谊，通过联谊活动，进一步增强了部门与军队的协作关系，加深了相互了解。自 2001 年以来，我部坚持每年赴南海慰问部队官兵。2004 年 5 月份，再次赴南海慰问部队官兵，受到热烈欢迎。部农广校邀请部队的有关领导参加校重要会议并讲话，教育广大职工向解放军和武警战士学习，树立大局意识，加强组织性和纪律性，激发工作热情，促进农业科技教育培训事业向前发展。

（四）军政军民相互协作，增强安全发展的合力。2004 年，部有关部门加强了与部队的沟通和联系，逐步推动与部队形成协调顺畅的工作机制，相互支持，密切配合，促进双拥工作在更广领域开展，形成维护稳定发展的合力。从 1992 年起，部草原防火部门与武警内蒙古锡林郭勒盟森林支队建立了共建关系，形成合力，在阻止外火入境、保障草原生态安全和人民生命财产安全方面起到了非常重要的作用。2004 年 4 月份，成功阻截“4·18”蒙古草原大火入境。9 月份，部在锡盟举办了全国草原防火培训班，锡盟支队派出优秀教官为培训学员讲解扑火技术战术及火场避险等防火扑火基础知识，并进行了扑火演习。演习结束后，部草原防火指挥部领导慰问了锡盟支队直属的锡林浩特市中队全体官兵。针对锡盟支队草原防火基础设施建设薄弱问题，部今年安排锡盟支队基建资金 150 万元，用于改善扑火装备。

三、再接再厉，继续做好新形势下的双拥工作

今后，我部将不断适应新形势，双拥工作在求新、求深、求实上多下工夫。按照双拥工作有关精神和要求，加大工作力度，继续探索军民共建的新方法、新途径，进一步加强与军队的联系，多方位、多领域、多层次地拓展双拥工作，建立良好的军政、军民关系，从而把双拥工作提高到一个新水平，为促进国防建设、维护国家的长治久安作出积极贡献。

国家工商行政管理总局二〇〇四年双拥工作总结

今年以来，国家工商总局按照党中央、国务院的部署，认真履行《全国双拥工作领导小组成员单位双拥工作职责》，积极贯彻落实全国双拥工作会议、全国双拥工作领导小组成员单位联络员会议、全国省区市双拥办主任会议精神，充分发挥工商行政管理职能作用，扎扎实实地做好双拥工作，取得了明显成效。

一、统一思想，努力提高对做好双拥工作意义的认识

今年先后召开了三次有关双拥工作的会议。1 月 8 日至 9 日全国双拥工作会议结束后，国家工商总局高度重视，及时召开会议，认真学习传达贯彻温家宝总理在全国拥军优属拥政爱民工作会议上的讲话、回良玉副总理在全国拥军优属拥政爱民工作会议上的报告，6 月 23 日至 25 日在北京召开的全国双拥工作领导小组成员单位联络员会议，以及 10 月 20 日至 22 日在上海召开的全国省区市双拥办主任会议后，国家工商总局也都及时学习传达贯彻了会议精神。通过学习，进一步认清了做好双拥工作、加强军政军民团结的重大意义，切实用会议精神统一思想，指导实践，推动工作，并结合工商行政管理职能，结合会议提出的新任务、新要求，认真制定工商行政管理机关的落实措施。各地工商行政管理机关按照国家工商总局的要求，及地方党委、政府的统一安排，结合地方双拥模范城（县）建设活动，积极采取措施，认真做好双拥工作。

二、加强领导，健全机构

国家工商总局党组对双拥工作高度重视。总局党组书记、局长王众孚同志十分关心总局机关双拥工作。总局党组还把双拥工作纳入重要议事日程，有明确的任务目标，有具体的实施计划，有完善的保障措施。全国双拥工作领导小组成员、国家工商总局党组成员、副局长李东生同志要求工商行政管理部门要按照总局的统一安排，充分发挥职能作用，努力搞好服务，采取积极措施，扎扎实实做好双拥工作。国家工商总局确定了办公厅助理巡视员马忠贤同志为双拥工作联络员。明确了办公厅、人教司、机关党委、企业注册局、个体司等有关司（局）及直属单位作为工商总局双拥工作联络单位，积极开展双拥工作情况的交流、协调和互动，有力地推动了国家工商总局双拥工作的开展。

三、树立“两个意识”，开展以爱国主义为核心的国防教育

工商总局按照温家宝总理提出的“两个意识”开展双拥工作。一是机遇意识，必须紧紧抓住并且可以大有作为的重要战略机遇期，在初步建立起的社会主义市场经济体制下，抓住这个难得的机遇，加快发展；二是忧患意识，要清醒地看到所面临的严峻挑战，居安思危，增强紧迫感，不能有丝毫懈怠。各级工商行政管理机关切实按照“两个意识”的要求，发挥工商职能作用，加大力度，推进双拥工作。

爱国主义是一个民族的精神支柱。国防意识是爱国主义的重要内容，是民族精神的重要体现。通过在广大工商干部中开展牢固树立“没有一个人民的军队，便没有人民的一切”的思想教育活动，印发《国防教育法》、《国防教育条例》，组织进行国防教育和双拥教育。激发了广大工商干部爱国拥军、爱民奉献的政治热情，自觉为双拥工作尽责出力。

四、积极支持国防和军队建设

工商行政管理机关认真落实党中央、国务院关于军队、武警部队与所办经济实体脱钩的部署，充分发挥职能作用，与各地工商行政管理机关一起，抽调专门人员，组成专门班子，集中时间，集中精力，积极帮助开展军队、武警部队的企业转制、改制工作。据统计，近年来，军队、武警部队先后完成脱钩、移交地方经营的企业6000户左右。各地工商行政管理机关认真做好脱钩移交企业的登记注册和移交工作，该项工作已经基本完成，为国防建设和军队建设作出了应有的贡献。

五、制定优惠措施，提供便利条件，促进转业退伍军人就业

一是加强政策法规建设。建立并完善与社会主义市场经济相适应的双拥政策法规，促进拥军优属拥政爱民工作的落实。2004年1月20日，国家工商总局与民政部、教育部等9个部门联合制订了《关于扶持城镇退役士兵自谋职业优惠政策的意见》，经国务院批准后，以国办发［2004］10号文件下发，为转业退伍军人就业提供了法律保障。

二是制定优惠措施，提供便利条件。各地工商行政管理机关认真贯彻《国务院办公厅转发民政部等部门关于扶持城镇退役士兵自谋职业优惠政策的意见》，对自谋职业城镇退役士兵从事个体经营的，凭《城镇退役士兵自谋职业证》，严格执行3年内免交个体工商户注册登记费（包括开业登记、变更登记）、个体工商户管理费、集贸市场管理费、经济合同示范文本工本费以及其他有关登记类、管理类的收费项目的规定。各地工商行政管理机关还结合当地实际，出台并实施了对城镇退役士兵自谋职业办照提供优惠的具体措施。有的地方工商行政管理机关设立专门窗口，为城镇退役士兵自谋职业办照开设“绿色通道”等服务。

六、创造条件，认真执行军队转业干部安置计划

在工商行政管理机关实行市场办管脱钩、省以下垂直管理体制，不断推进工商行政管理机制、监管方式方法改革，自身面临大量裁减人员压力的情况下，不断提高思想认识，站在促进国防和军队建设，保持经济发展和社会稳定的大局，认真执行军队转业干部安置计划。2004 年安置了 9 名军队转业干部，并对他们进行集中培训，妥善安排他们的生活，根据他们个人特长，照顾安排工作岗位，促进他们发挥作用。从现在的情况来看，军队转业干部在工作中起到了骨干作用。

海军二〇〇四年群众工作意见

为适应对台军事斗争准备新形势，进一步抓好体制编制调整后海军群众工作的落实，按照总政、海军有关要求，现就做好 2004 年海军群众工作提出如下意见：

一、及时调整和健全组织机构

体制编制调整后，海军部队群众部门的工作职能相应调整到秘书、组织、宣传保卫等部门，尽管机构和人员都发生了较大变化，但群众工作的地位、作用没有变。面对当前加紧做好对台军事斗争准备的新形势，为确保海军群众工作不削弱，保持工作的连续性和各项工作的正常开展，各单位要根据新编制及相关要求，及时调整和健全组织机构，明确工作职能。海司机关和所属部队的群众工作由直工部宣传保卫处负责，海后、海装机关和所属部队的群众工作由政治部组织处负责；各舰队、舰航的群众工作由政治部秘书处负责；副军级保障基地的群众工作由政治部组织处负责；正师级保障基地的群众工作由政治部宣传保卫科负责；各院校、师以下部队的群众工作仍由原分管部门负责，等新编制颁布后再进行调整、明确。部队团以上单位要分工一名首长分管群众工作，政治机关要指定一名领导负责群众工作，舰政、舰航秘书处要确定一名处领导主抓群众工作，军以上单位要有专职群众工作干部，师以下单位要有兼职群众干事。各级政治机关要抓紧做好群众工作的调整、选配工作，在保留骨干的基础上，选拔政治强、素质好、作风实的同志充实到群工干部队伍中来。海政拟于下半年采取适当形式，对师以上单位群工干部进行培训。

二、积极做好各项群众工作

要扎实做好军事斗争准备中的群众工作。各部队要根据体制编制调整情况，结合担负的使命任务，积极探索战时群众工作的特点规律，师以上单位于 6 月底前完成战时群众工作预案和相关战斗文书的修订工作；切实做好训练演习中的群众工作，保证训练演习任务的完成；继续会同军地有关部门对地方渔民挤占军港、航道、锚地及训练海区的问题进行清理；协调地方政府和有关部门，帮助部队解决军事斗争中人才、技术等方面的问题。海政拟于 10 月份组织对部分作战师以上单位战时群众工作预案的制定、演练情况进行检查，对东南沿海部队群众工作开展情况、地方支前潜力进行调研。

要深入开展双拥共建工作。各单位要认真学习贯彻全国双拥工作会议精神，抓好双拥共建工作。协调地方政府和双拥部门大力支持部队体制编制调整改革，搞好后勤保障社会化，帮助部队解决教育训练、战备执勤、科研试验和工作生活中遇到的实际困难；协调驻地有关部门落实转业退伍军人安置、随军家属就业、军人子女入学入托、维护军人及其家属合法权益等政策规定；扎实开展军民共建活动，深入基层部队和共建单位实地察看双拥共建活动开展情况，积极探索与民营、私营企业等非公有制经济组织开展共建活动的路子，及时总结经验，宣传典型。根据总政安排，海政拟于“八一”前夕推荐上报一批军民共建先进单位。

要认真抓好预防和处理军民纠纷工作。组织部队学习贯彻《海军部队预防和处理军民纠纷暂行规定》，准确掌握军民关系现状，定期分析影响军政军民团结的不稳定因素，制定预防和处理军民纠纷的具体措施；建立军民共同预防和处理军民纠纷协作机制，严格规范军民交往行为，加强群众纪律检查监督；会同地方有关部门，对军地历史遗留和现实争议问题，如军用土地使用证的办理、闲置营房出租、战场工程建设用地等，要认真梳理，找准症结，尽快解决，防止久拖不决引发军民纠纷。

要重视做好经常性的群众工作。认真贯彻《政治工作条例》、《军队基层建设纲要》的有关规定，着眼维护社会政治稳定和军队良好形象，切实抓好经常性的群众工作，密切军政军民关系。加强拥政爱民教育，引导官兵端正对人民群众的根本态度，打牢爱人民、讲团结、守纪律的思想基础；积极参加抢险救灾，制定完善抢险救灾预案和应急方案，做好思想、组织、物资、器材等方面的准备，提高部队抢险救灾能力，保护国家财产和人民群众生命安全；大力开展扶贫帮困活动，继续搞好定点扶贫、结对扶贫，帮助和带动贫困地区群众脱贫致富；加大对西部地区教育事业支援力度，海政拟于下半年会同有关单位对部分"海军希望小学"进行检查，确定下一步援建重点；继续做好支援国家重点工程、驻地基础设施和社会公益事业建设等工作；适应信息化建设发展要求，研究探讨网上开展群众工作的方法、途径。海政拟在海军政工网上开辟《海军群众工作》专栏，加强上下沟通和信息交流，增强对部队指导的针对性、有效性。

三、几点要求

加强组织领导。各级党委、政治机关要把群众工作作为政治工作的重要内容，摆上位置，加强领导。对群众工作的一些重大活动，主要领导要亲自过问，认真组织。各级负责群众工作的同志要明确职责，增强做好群众工作的责任感，积极有效地开展工作。

突出工作重点。积极适应体制编制调整后的新形势，妥善解决好群众工作任务重与人员少的矛盾。要紧紧围绕中心，着重抓好军事斗争准备中群众工作和预防、处理军民纠纷工作，为提高部队战斗力积极贡献力量，充分发挥作用。

注重素质培养。对群工干部要加强思想教育，增强做好本职工作的事业心和责任感；加强理论和政策法规学习，提高思想水平和运用政策法规开展工作的能力；加强业务培训，通过选学集训、以会代训、岗位锻炼、以老带新等方式，提高业务素质。

探索特点规律。根据新形势新任务的要求，深入调查研究，认真探索适应对台军事斗争准备要求、适应体制编制调整改革和人员结构变化后的群众工作新途径、新方法、新经验，不断推进群众工作的改进创新。

海军二○○四年群众工作情况

2004年，海军群众工作按照总政的部署要求，着眼国家改革、发展、稳定大局，紧紧围绕提高部队战斗力，坚持经常，注重实效，为推进军事斗争准备，维护社会稳定，促进部队全面建设作出了贡献。

一、适应使命任务要求，突出抓好军事斗争准备中的群众工作

各部队根据形势任务的变化和担负的作战使命，把做好对台军事斗争准备中的群众工作提到突出位置来抓。

一是修改完善战时群众工作预案。为适应应急作战需要，年初，根据总政要求，海政专门召集各舰队、试验基地和有关部队，对战时群众工作预案修订工作进行部署。军师两级结合担负的使命任务，普遍对战时群众工作预案进行了修订、完善。海政还根据军事斗争准备需要，制定了《"神圣—2004"战役演习群众工作预案》、《对台军事斗争群众工作实施计划》、《群众工作准备任务分工责任表》和《政治工作准备实施计划流程图》，北海舰队重点研究了群众工作在"三战"中的运用问题，东海、南海舰队召开了群众工作业务会，就对台应急作战中群众工作进行了专题探讨。目前，海军作战部队团以上单位都制定了战时群众工作预案和处置措施。

二是积极开展战时群众工作的研究演练。海政结合海军“神圣－2004”战役演习，加强调查研究，撰写了《对台应急作战海上局部封锁作战中群众工作应着重把握的几个问题》。各舰队结合训练演习任务，开展了群众工作预案演练，完善了相关内容，对战时群众工作可能遇到的具体问题进行了调研。有关部队对航道清理、场地保障、动员人民群众参战支前等问题进行了有针对性的研究、演练。

三是着重解决影响部队战备训练的重点难点问题。北海、东海舰队加强与驻地有关部门的协商，妥善解决渔民在水域军事禁区内捕鱼、游客擅闯禁区等问题，协调地方政府做好场地征用、海域清理、物资供应等工作。南海舰队对军事设施保护情况进行了检查，与驻地政府协调解决了训练场海域划界办证等问题。对驻地科技信息、社情民情、码头设施、交通运输、战场建设等地方支前潜力进行了调查，初步掌握了地方支前潜力，建立了地方政府参战支前资源档案。

二、充分发挥优势，积极参加和支援驻地经济建设

各部队自觉服从和服务于国家经济建设大局，积极参加和支援驻地经济建设。全年共投入劳动日64万多个，动用机械车辆15万余台次，舰船、飞机250艘（架）次，参加和支援地方各种工程和社会公益事业建设700余项。

一是加大支援地方经济建设力度。北海舰队驻青岛部队选派优秀司机，协助青岛市做好第三届国际APEC会议和亚洲外长ACD会议的保障工作；海军工程大学为地方代培技术人员，组织专家为长江航道排雷清障；试验基地派技术人员为辽河油田测井公司检测仪表，培训技术人员；海军后勤技术兵训练基地派官兵参加邯郸市沁河清淤及配套工程建设；海军装备研究所将科研成果应用到航空油罐、管道内外防腐和环保处理系统防腐等领域，并为北京石化公司修复油罐11座，节省经费上亿元。

二是热情为驻地政府和人民群众办实事。北海舰队各部队派官兵参加驻地植树、绿化、清理垃圾等活动。东海舰队航空兵利用测雨雷达为驻地政府部门提供人工增雨技术服务。南海舰队驻湛江部队官兵捐款45万多元，支援地方政府实施茅草房改造工程，帮助驻地贫困群众解决饮水难问题。部分军师单位积极为驻地办实事，组织开展了免费为驻地发电、捐资定点扶贫、义务献血等活动。

三是扎实做好扶贫帮困工作。北海、东海舰队为对口支援的贫困地区捐款85万余元，捐赠衣被4万余件，东海舰队领导还带领机关人员深入扶贫点实地考察，走访慰问村里的特困户。东海舰队航空兵捐资7万元，帮助机关扶贫点建立生活垃圾处理站、购买文化娱乐设施。海军装备研究院在驻地组织的“扶贫济困送温暖”活动中捐款2.5万元，为对口援建的河北易县希望小学捐款2万元。据统计，全年海军部队共捐款360余万元，衣物8万余件，资助失学儿童2千余人，照顾孤寡老人和残疾人1900余人，义务为群众治病12万多人次。

四是奋勇参加抢险救灾。北海舰队派官兵扑救青岛崂山森林大火，派出潜水小分队赴河北平山县岗南水库搜救落水群众，派直升机将黄海海域油轮上受伤船员紧急送往医院救治。某支队在台风“云娜”袭击温州后，紧急出动官兵投入抗灾救灾工作，为保护国家和人民群众生命财产安全作出了积极贡献。南海舰队驻川岛部队派出两艘舰船营救触礁渡轮上的109名船员，大连水警区3111号登陆艇在参加地方失火滚装船“辽海号”救援行动中，共救起落水船员16人。今年海军部队共派出官兵2500余人次，车辆1000余台次，舰艇（飞机）103艘（架）次，参加各类抢险救灾348次，抢救遇险群众千余人，抢运各种物资1.5万余吨，为地方挽回经济损失数千万元。

同时，各部队还协调地方政府开展拥军优属活动，积极支援部队建设。北海舰队协调青岛、威海市出资100余万元，为驻青岛部队捐赠电脑100台、投影仪4台，解决了训练基地二大队饮水难问题，为部队举办2期电脑培训班。东海舰队协调驻地政府援建机关水、电、排污系统改造工程和“迎宾路”扩建工程。

三、紧密结合军地实际，广泛开展军民共建活动

海军各部队军民共建活动深入扎实。目前，2613 个军民共建点中，今年有近 700 个被评为县级以上先进单位。

一是共建活动开展经常。北海舰队把军民共建与驻地“三大创建”结合起来，积极支援驻地“三个文明”建设，推动共建活动的深入开展；东海舰队航空兵等单位组织官兵参加驻地“创建文明城市主题活动仪式”和“军民万人长跑”等活动；南海舰队调查了解部队军民共建活动开展情况，下发《舰队部队开展军民共建活动情况通报》，就健全共建活动机制、拓展共建活动内容、推动共建活动的创新发展等问题提出了具体要求；大连舰艇学院、海军工程大学、潜艇学院等院校利用教学资源优势，着力提高共建单位员工的科学文化素质；海军后勤技术装备研究所连续 8 年与北京市房山区蒲洼乡中心小学开展共建精神文明活动，资助 300 多名贫困学生上学。

二是共建领域不断拓展。东海、南海舰队部分单位适应“四个多样化”的新形势，积极探索与民营企业、私营企业等非公有制经济组织开展共建活动，取得了较好效果；南海舰队驻湛江部队与湛江海洋大学及其下属的 13 个学院开展连片共建，共建范围广，参与人数多，活动影响大，推动了湛江市精神文明建设的深入发展；海军后勤部武汉办事处与南昌铁路局 167/168 次特快车组开展“军民共建文明列车”活动，受到广大旅客的好评，在社会上引起较大反响。

三是国防教育深入扎实。海军部队共派出官兵 1.2 万余人次配合地方大、中、小学和企事业单位开展国防教育，受教育群众 32 万余人，军训地方民兵、学生 38 万余人。北海舰队开放部队的荣誉室、军史馆和国防教育基地等场所，接待地方群众和学生参观。东海舰队邀请上海市虹口区、浙江省余姚市领导到部队过“军营一日”。东海舰队航空兵等部队组织官兵参加驻地组织的国防教育宣传周开幕式、祭扫革命烈士墓等活动。南海舰队共接待地方 2 万余人次到部队参观，配合地方开展各类军事技能训练 2.9 万余人，举办军事知识讲座、播放军事题材和国防知识的电影、录像 120 多场次。蚌埠士官学校为驻地群众讲授国防课 560 余课时。

四、积极响应军委号召，扎实做好以援建“海军希望小学”为重点的参加和支援西部大开发工作

海军认真贯彻中央军委《关于军队参加和支援西部大开发的意见》，抓好西部地区 45 所“海军希望小学”的后续援建工作，以实际行动支援西部大开发。海政机关继续为 45 所“海军希望小学”赠订《当代海军》杂志，指导有关单位为对口援建学校提供后续经费和物资支援，解决学校在整修操场、校舍，更换课桌、教学设备等方面存在的困难，不断改善学校的教学条件。各部队把对口援建的“海军希望小学”当成自己的子弟学校来建设、管理。北海舰队开展了“心系西部、情注教育”活动，舰队机关、直属单位官兵与希望小学学生建立了书信联系；春节前，东海舰队政治部向援建的 10 所“海军希望小学”学生寄发了《新春贺辞》，勉励他们发奋学习；南海舰队、大连舰艇学院等单位还组织人员到学校实地考察，针对学校实际情况，开展专项、重点帮扶，不定期地为对口援建的“海军希望小学”捐款、捐物。海军机关今年又出资 40 万元在邓小平同志故乡四川省广安市援建了一所“海军希望小学”。全年海军部队共为援建的“海军希望小学”后续发展投入资金 100 多万元。同时，海军驻西部地区部队积极参加驻地重点工程、基础设施和生态环境建设，为驻地工农业生产提供人力、物力和科技支援，认真做好维护社会稳定工作，在西部大开发建设中作出了积极贡献。

五、服从维护稳定大局，认真预防和妥善处理军民纠纷

各部队自觉从维护改革、发展、稳定的大局出发，高度重视预防和妥善处理军民纠纷工作。

一是完善预防军民纠纷工作机制。北海舰队开展了群众纪律和军民纠纷苗头等方面的自查活动，认真分析、反思、查找了军地关系中存在的问题，修改、完善有关规章制度；东海舰队各级党委、政治机关对预防和处理军民纠纷工作作了专项部署，提出了明确要求，完善了处理军民纠纷预案；南海舰队针对驻地社情民情较复杂的实际，建立了机关处（科）长夜巡夜查制度，加强对部队执行群众纪律情况的检查，加大对“八小时以外”、“重点人员”和外出人员的跟踪管理。

二是加大预防军民纠纷工作力度。北海舰队加强与地方政府有关部门的协商，着力解决可能引发重大军民纠纷的现实问题，妥善处理了渔民张大江给海军首长写信反映有关损失补偿不合理问题；东海舰队继续抓好《海军部队预防和处理军民纠纷暂行规定》的学习教育，引导官兵掌握预防和处理军民纠纷的原则、方法，提高官兵处理军民纠纷的能力；南海舰队把加强群众纪律教育作为预防军民纠纷的重要手段，加强对官兵执行群众纪律情况的检查监督，做到早发现、早预防、早处理；海军总医院在收治地方患者时，注意尊重少数民族群众的风俗习惯，防止引发纠纷。

三是积极防范军民纠纷的发生。东海舰队对存在军地纠纷隐患的单位进行了检查，针对舰队部队重点国防工程多、任务重、工期长、易引发军民纠纷等特点，专门召集驻地政府双拥办、施工单位领导和群众代表座谈，查找隐患，协商处理，确保工程施工顺利进行；海军后勤部工程指挥部结合驻地敌情社情复杂的实际，积极开展军警民联防，邀请海南省安全厅领导到部队作形势报告，引导官兵保持清醒头脑，防范敌特分子从事破坏活动，防止引发重大军民纠纷。由于各级领导重视，加大了防范力度，预防军民纠纷工作成效明显，今年海军部队仅发生一起军民纠纷。

2004 年，海军群众工作在各级领导和群工部门的共同努力下，圆满完成了各项工作任务。但还存在一些薄弱环节，面临着一些实际问题。主要是：一是有的单位对做好军事斗争准备中群众工作的重要性认识不足，紧迫感不够强，未能有效开展军事斗争准备中群众工作方案、预案的演练。二是个别单位预防措施不够落实，出现了违反群众纪律问题，引发了军民纠纷。三是部分单位尤其是师以下单位群工干部兼职使用、调整频繁，影响了工作的连续性。四是群工部门现有的编制与任务重、人员少、无专项经费的矛盾比较突出，在一定程度上影响了抓工作的精力和工作效果。这些问题，有待于在今后工作中认真加以克服和改进。

空军二〇〇四年拥政爱民工作意见

2004 年空军部队拥政爱民工作要以“三个代表”重要思想为指导，认真贯彻军委扩大会议和空军党委九届九次全会精神，按照《二〇〇四年空军政治工作要点》的要求，积极适应国家和军队改革发展的新形势，结合空军部队实际，紧紧围绕参加和支援西部大开发、预防和处理军民纠纷等积极开展工作，进一步密切军政军民关系，为促进国家改革发展稳定和空军现代化建设创造良好的社会环境。

一、认真贯彻全国双拥工作会议精神，进一步做好拥政爱民工作

认真传达贯彻全国双拥工作会议精神，指导部队结合驻地实际，研究制定贯彻落实的具体措施。积极谋划开展拥政爱民工作，深入开展军民共建文明城市、文明村镇、文明行业、文明社区活动，进一步规范共建活动内容，改进方法，促进共建工作整体质量和水平的提高。以组织开展共建活动为契机，协调地方有关部门适应部队编制体制调整改革的新形势，抓好各项双拥政策法规的完善和落实，配合部队做好单位交接、人员安置、家属随迁随调等工作，努力解决好部队教育训练、战备执勤、后勤社会化保障和优抚安置等方面遇到的实际困难，为部队的改革建设创造良好的社会环境。要积极配合地方政府开展国防教育。空军将适时组织全国双拥工作领导小组成员单位领导到部队开展“军营一日”活动。“八一”期间，与密山市委、市政府共同组织密山老航校纪念馆开馆仪式。

二、进一步做好以参加和支援西部大开发为重点的支援国家经济建设工作

召开空军参加和支援西部大开发第二次领导小组会，认真贯彻全军参加和支援西部大开发领导小组会议精神，制订下发《空军部队进一步做好参加和支援西部大开发工作的意见》，指导部队深入抓好以参加西部地区基础设施重点工程建设为重点的各项支援工作。以空防工程部队参加的重点工程项目开工或竣工为契机，适时组织空军“支援西部大开发，重点工程作贡献”活动，认真总结过去几年来空军部队参加和支援西部大开发建设的经验，大力宣扬空防工程部队支援西部大开发的先进事迹，表彰一批先进单位和个人。继续发挥空军驻西部地区院校、专业技术部队和医院的人才、科技优势，为西部地区发展提供科技和智力支持。指导部队继续支援西部贫困地区发展教育事业。适时对空军捐款援建的“蓝天希望小学”和“蓝天春蕾女童班”进行考察，了解办学情况，帮助解决一些实际困难。认真做好抢险救灾工作，积极维护人民群众生命财产安全。

三、高度重视做好预防和处理军民纠纷工作

指导部队认真抓好《空军部队预防和处理军民纠纷若干规定》的贯彻落实。加大拥政爱民教育力度，打牢官兵爱人民、讲团结、守纪律的思想基础。以小远散直单位为重点，加大检查指导力度，不断增强预防和处理军民纠纷工作的针对性和有效性，认真解决影响军队形象和军民关系的突出问题，及时消除引发军民纠纷的各种隐患。在广泛征求部队意见的基础上，抓好《规定》的修改完善，正式下发部队。积极研究探索新形势下预防和处理军民纠纷工作的特点规律，针对部队类型、分布特征以及驻地社情民情等具体情况，深入研究和解决军民关系中的新情况、新问题，力求年底前形成专题调查报告。

四、进一步加强群众工作队伍自身建设

适应部队编制体制调整改革的新形势，突出基层群众工作重心，积极研究新情况，解决新问题。搞好群众工作骨干培训，努力提高思想理论水平和业务素质，达到政治思想好、业务工作精、协调能力强、办事效率高的要求。结合年度群众工作统计，拟组织各军区空军和各直属单位群工干部进行一次业务培训，引导他们充分认清新形势下群众工作的重要地位和作用，树立有所作为的思想，不断增强做好群众工作的责任感和使命感，促进拥政爱民工作的深入开展。

空军二○○四年拥政爱民工作总结

2004年，空军部队拥政爱民工作以邓小平理论和“三个代表”重要思想为指导，深入贯彻落实全国双拥工作会议精神，按照军委、总部及空军党委的指示要求，以增强军政军民团结为目标，指导部队积极参加和支援国家经济建设，扎实开展双拥共建活动，狠抓经常性群众工作各项措施的落实，有力促进了部队的全面建设。

一、认真贯彻全国双拥工作会议精神，深入做好双拥工作

今年以来，空军各部队把学习贯彻全国双拥工作会议精神，作为今年群众工作的重要任务来抓，注重把扎实开展拥政爱民活动与落实会议精神结合起来，促进了双拥工作的深入开展。年初，全国309个市（区、县）被授予了全国双拥模范城（县）荣誉称号，其中空军部队参与创建了183个，占总数的59.2%。一是认真抓了全国双拥工作会议精神的贯彻学习。空军政治部专门下发了《关于认真传达贯彻全国双拥工作会议精神的通知》，并将温家宝总理的重要讲话和回良玉副总理的工作报告转发到各师以上单位，要求各单位认真搞好传达学习，充分领会精神实质。各部队按照要求，采取党委中心组学习、部队集中传达、群众工作骨干轮训等多种形式，组织了传达学习。沈空组织人员对会议精神进行巡回宣讲，并邀请驻地出席全国双拥工作会议的领导为部队官兵做辅导报告。北空各师以上单位普遍组织一次基层群工干部培训，把传达会议精神作为培训内容之一。广空在统一组织学习教育的基础上，组织所属部队部分官兵参加了驻地政府统一组织的传达学习。空降兵第十五军召开了双拥工作领导小组会，集中学习会议指示精神，并以《会议纪要》的形式对部队传达贯彻全国双拥工作会议精神进行部署。通过学习宣传，各级领导和广大官兵牢固树立了“三个代表”重要思想在双拥工作中的指导地位，进一步增强了做好新形势下双拥工作的紧迫感和责任感。二是扎实开展拥政爱民活动。我们坚持以活动为载体，把双拥工作落到实处，体现在末端。空军机关组织了全国人大常委会顾秀莲副委员长和全国妇联领导到空军试验训练基地开展军事日活动，并保障了全国双拥工作领导小组成员单位联络员会议的召开。组织中央党校和清华大学等2000多名师生观看飞行表演和跳伞表演，使师生们受到了一次生动的国防教育。驻穗部队广泛开展“军民携手迎亚运，共建文明广州城”和“建一流社区、创美好家园”等活动，增强了双拥工作的时代感。空司直属部队与驻地社区举办文化活动48场次，为社区建设投资30万元，投入人力1000余人次，丰富了社区文化活动，促进了社区建设。三是积极协调地方政府帮助部队解决实际困难。各单位以开展双拥共建活动为契机，积极协调地方政府，抓好各项双拥政策法规的完善和落实，帮助部队解决教育训练、战备执勤、后勤社会化保障等方面的实际困难。南空协调各级政府加大开展科技拥军、智力拥军的力度。福建省认真落实去年出台的《关于支持部队开展科学研究和实用型项目开发的通知》，重点资助扶持了5个科研项目；福州市按照《关于帮助部队培养高学历干部的通知》，对攻读研究生学位的6名军队干部每人给予3000元补助；南京市充分发挥驻地人文优势，组织中科院院士为部队官兵讲课；江西省积极开展“送科技、送文化进军营”活动，举办了8期科技知识讲座，并赠送了价值10万多元的微机、书籍等物品。佛山市政府在财力紧张的情况下，慷慨资助400多万元，帮助解决指挥所建设经费缺口问题。济空协调济南市图书馆、山东省人大等4个书画院的14名书画家，在济空某部分别成立图书馆分馆和开展拥军笔会，丰富了官兵的文化生活。

二、发挥自身优势，组织部队积极参加和支援以西部大开发为重点的国家经济建设

制订下发了《空军部队进一步做好参加和支援西部大开发工作的意见》，指导部队深入抓好各项援建工作的落实。空军和兰空、成空支援西部大开发工作情况和经验在军队参加和支援西部大开发工作会议上进行了交流。一是继续支援西部基础设施和生态环境建设。各空防工程部队在完成国防施工任务的同时，积极投标承建了西部地区一些大型项目工程。先后参加了重庆机场、云南陆良机场、文山机场、新疆克拉玛依机场、西藏灵芝机场、贵州黎平机场的新建、改扩建等工程。全年共投入86万个劳动日，出动机械车辆57万台次，支援地方重点工程项目186个，有力地支援了以西部地区为重点的基础设施建设。积极支援生态环境建设。今年，空军累计出动飞机800多架次，分别在陕西、内蒙、宁夏、云南、贵州、山东及东北三省等地实施飞播造林、人工增雨（雪）、飞防灭虫等，飞播面积达222万亩，播撒树种、草籽360吨，义务植树321万株，种草90万平方米。空装航空气象防化研究所潜心研究西北干旱地区沙漠化、荒漠化的形成原因、治理方法和植被恢复技术性措施，课题组先后应新疆大学、新疆农业大学、宁夏回族自治区林业厅等单位邀请赴西部讲学，受到好评。二是支持以捐资助学为主的社会公益事业建设。广大官兵牢记人民军队宗旨，积极为群众做好事、办实事。今年，共参加社会公益项目1170余项，捐资助学150多万元，捐助扶贫款200多万元、衣物1.8万余件。为纪念邓小平同志诞辰100周年和百色起义75周年，空军和中国青少年发展基金会在广西百色举行了“蓝天希望小学”落成仪式，并为援建的四川广安“蓝天希望小学”援建了一个蓝天书屋。工程大学自筹资金40万元，在陕西汉中市略阳援建了一所“空军蓝天希望小学”。沈空组织军区空军机关和驻沈阳部队领导干部同沈阳老工业基地310名贫困学生开展“手拉手”活动，每人每年资助贫困学生300元。成空先后10多次派出医疗小分队赴边远地区开展“送医疗、送药品、送知识、送技术”服务，义务为边远地区贫困群众诊病治病1.3万余人。驻京部队积极参加北京市扶贫济困捐助活动，共捐款50余万元、衣物3000多件。驻海淀区部队连续4年开展“军民手拉手、扶贫送温暖”活动，受到地方政府和人民群众的好评。驻鲁部队积极响应山东省开展的以“扶贫济困”为主题的“慈心一日捐”活动号召，捐款近30万元。三是奋勇参加抢险救灾。空军广大官兵始终视人民的利益为重，多次参加地方抢险救灾工作。今年共参加抗洪、抗旱、灭火等抢险救灾214次，出动飞机100余架次，车辆2.8万多台次，官兵2.9万多人次，抢救遇险群众3800多人。沈空运输团出动飞机52架次，协助扑灭了乌兰浩特和牡丹江等地的林区大火，为国家挽回了巨额损失。兰空部队还积极帮助地方实施人工增雨作业，共飞行1260架次，增雨90多亿立方米，使西北地区160多个县市受益。空军某部充分发挥运输机部队优势，积极为地方提供运力支持，空运物资500多吨，并出色地完成了大兴安岭灭火等急难险重任务。今年，黄河内蒙古段出现凌汛融冰险情，空军某部接到炸冰任务后，迅速出动飞机12架次，投弹60枚，出色完成了黄河防凌任务。

三、采取有力措施，认真抓好部队经常性群众工作的落实

各部队自觉维护社会政治稳定和军队良好形象，不断密切军政军民关系，切实抓了经常性群众工作的开展。一是扎实抓了预防军民纠纷工作。年初，空军下发了《空军部队预防和处理军民纠纷若干规定》，各部队扎实开展了以学习贯彻《规定》为主要内容的预防军民纠纷教育，进一步增强了官兵遵守群众纪律，维护军民团结的自觉性。积极研究探索新形势下预防和处理军民纠纷工作的特点规律，对部队分类进行有针对性的指导，全年杜绝了重大军民纠纷的发生。指导驻京部队积极开展“争做文明卫士”活动，广大官兵自觉按《军人文明公约》、《军人文明用语》、《警卫人员文明执勤手册》的要求，规范自己的言行举止，收到了较好效果。成空认真落实预防军民纠纷工作各项制度，坚持开展“民族团结月”活动，深入持久地抓了党的民族宗教政策、少数民族风俗习惯和部队群众纪律教育。广空每年拨出30万元专项经费，开展“三防”（防事故，防案件，防军警民纠纷）先进单位评比活动，大力营造军爱民、民拥军的氛围。空降兵某部针对部队外出训练演习多、跨区机动远、社情民情生疏等特点，把预防军民纠纷工作摆上突出位置，要求部队严格执行群众纪律，对群众利益秋毫无犯。二是不断创新军民共建的形式和内容。各部队在开展军民共建活动中，围绕全面建设小康社会的目标，贯彻以人为本的理念，坚持共建共育“四有”新人，军民共建活动在创新中发展。北空部队在开展军民共建活动中，积极参与社区健康知识竞赛、健美操比赛和全民健身运动。沈空、济空部队把帮助学校、机关、企事业单位开展国防教育和组织学生军训，作为军民共建的抓手，沈空开辟国防教育基地83个，济空军训学生14万人次。兰空驻铁路沿线部队继续发扬“千里铁路文明线”优良传统，积极推出“军地共学‘三个代表’重要思想，军民共同支援西部大开发”等新举措，使老典型焕发新的生机活力。南空部队接待地方党政领导到部队过“军营一日”67批3000多人次。广空部队注重打造“科技型”、“学习型”共建点，赋予了军民共建新的内涵。成空部队积极探索军民共建共防新路子，以“保守军事秘密，保护军事设施”为重点，把军民共建活动纳入为军事斗争准备服务的轨道。三是自觉维护社会政治稳定。各部队认真贯彻党中央、中央军委的指示，积极配合地方做好维护社会稳定工作。各级群工部门积极协助信访部门，加强与当地政府、公安部门的联系，认真做好上访户的思想工作，尽量化解矛盾，避免军民纠纷，维护社会稳定。兰空、成空地处西南、西北边陲，境内外敌对势力渗透破坏活动十分猖獗。他们紧紧依靠地方政府和人民群众，积极探索军民共建共防的新路子，在广大军民中积极宣传“两个离不开”思想，宣传党的民族宗教政策，及时消除群众思想顾虑，同时开展军警民联防，加强敌情社情监控，制订处置突发事件预案。

武警部队二〇〇四年拥政爱民工作要点

2004年武警部队拥政爱民工作，坚持以“三个代表”重要思想为指导，深入学习贯彻全国双拥工作会议精神，认真落实总部党委年度工作部署，服务大局，围绕中心，立足基层，开拓创新，扎实工作，进一步密切警政警民关系，为国家改革发展稳定、武警部队建设和各项任务的圆满完成创造良好的社会环境。

一、认真贯彻全国双拥工作会议精神，深入扎实地开展双拥共建活动

采取多种形式学习宣传全国双拥工作会议精神，结合研究落实措施，推动双拥共建活动持久深入发展。在《武警教育》设专栏，开展“学习贯彻全国双拥工作会议精神”有奖征文活动。指导部队继续抓好以参加地方创建文明社区为主体的警民共建活动，抓出2～3个典型示范点。协调地方积极支持部队的改革和建设，落实拥军优属的有关政策规定，适应双拥工作新形势的要求，以与时俱进的精神研究探索警民共建的新思路、新方法，使警民共建活动更具时代性、广泛性。继续抓好警民共建京九广铁路文明站区活动等重大典型的巩固提高工作，围绕推进社会主义物质文明、政治文明、精神文明协调发展的总要求，不断充实新内容，丰富和推广新经验。围绕北京市举办2008年奥运会，组织指导驻京部队积极参加首都绿化美化、环境治理、体育场馆建设等活动，为首都发展建设作出更大的贡献。

二、围绕部队中心任务，切实做好执勤处突和军事斗争准备群众工作

着眼武警部队履行职能使命的需要，更好地发挥群众工作的服务保证作用。制定和完善处突群众工作预案，逐步建立不同层次、齐全配套的预案体系。积极协调地方政府和有关部门，支持和配合部队完成执勤、处突任务。结合9月份在上海指挥学院举办的群工干部培训班，重点围绕在人民内部矛盾引发的群体性事件中，如何有效运用群众工作手段保证处突任务顺利完成这一课题进行深入研讨，力争形成一些具有前瞻性、指导性的军事理论研究成果。

三、着眼社会和部队稳定，切实做好预防和处理警民纠纷工作

认真贯彻《政工条例》、《军队基层建设纲要》有关规定，着眼维护社会政治稳定和部队良好形象，继续加大预防警民纠纷工作的力度。结合“三项经常性工作”和“五个重点问题治理”，指导部队学习贯彻好总部重新修订颁布的《预防和处理警民纠纷规定》，使《规定》深入基层，深入人心。总部重点指导帮助一个支队，围绕《规定》的学习教育和预防警民纠纷工作抓好试点。各单位要采取有效措施，推动《规定》在部队的贯彻落实。加强官兵对外交往情况的调研，认真分析发生警民纠纷的深层次原因并提出相应对策，指导部队搞好重点防范，力争杜绝重大纠纷，最大限度地减少一般性纠纷。

四、围绕全面建设小康社会目标，积极参加和支援地方经济建设

认真贯彻军队参加和支援西部大开发领导小组第二次全会精神和《武警部队参加和支援西部大开发若干问题的意见》，指导和协调部队继续做好援建国家“西气东输”、“西电东送”、青藏铁路等重点工程的工作；积极参加生态环境保护和建设，大力开展植树种草、封山育林、防沙治沙工作；积极参与“兴边富民”活动，加大教育、科技、文化、卫生扶贫力度。第四季度总部表彰一批武警部队参加和支援西部大开发的先进单位和先进个人。依托《解放军报》开辟的“中国军人与西部大开发”和《人民武警报》开办的“情注西部大开发”专栏，总结宣传援建工作中的先进经验和先进事迹，激发广大官兵建功西部、造福人民的政治热情。组织指导部队从群众最关心、最迫切需要解决的问题入手，踊跃参加援建希望工程、助残帮困等社会公益活动。积极支持东北等老工业基地的振兴，为国民经济的全面、协调、可持续发展贡献力量。指导部队认真研究各种自然灾害的特点规律，进一步做好抢险救灾工作，为保护国家和人民群众生命财产作出新贡献。

五、适应形势任务的要求，进一步加强群工干部队伍建设

坚持用“三个代表”重要思想和十六大精神统一思想，进一步激发群工干部做好本职工作的政治责任感。引导各级群工干部紧密结合思想和工作实际，学习新理论，汲取新知识，努力成为学习型干部，不断提高素质能力。总部从今年开始，委托上海指挥学院每两年举办一期群工干部培训班。根据《军队基层建设纲要》关于领导机关抓基层的职责和要求，加强工作统筹和科学指导，认真落实《支队（团）以上领导机关蹲点、调研、帮建工作规定》，进一步改进工作作风。充分发挥群工部门参与社会活动多、对外联系广的优势，加强与地方有关单位和部门的联系与协调，努力为解决部队随军家属就业和子女入学等实际困难创造条件。

武警部队二○○四年拥政爱民工作总结

2004年，武警部队拥政爱民工作在全国双拥办、总政治部和武警部队党委的正确领导下，坚持以“三个代表”重要思想和党的十六大、十六届三中、四中全会精神为指导，深入贯彻全国双拥工作会议精神，狠抓以双拥共建、预防警民纠纷和支援地方经济建设为重点的各项任务的落实，进一步维护了警政警民团结的大好局面，为国家改革发展稳定和部队全面建设创造了良好的社会环境。

一、认真贯彻全国双拥工作会议精神，深入扎实地开展双拥共建活动

一年来，各级党委、政治机关坚持把贯彻全国双拥工作会议精神作为推动双拥共建工作创新发展的一件大事来抓，围绕“巩固、提高、创新、发展”的工作思路，组织部队积极开展了丰富多彩的双拥共建活动，取得了良好的效果，全部队有75%的共建点被评为区县级以上文明单位或先进单位。一是认真传达学习全国双拥工作会议精神。会议结束后，我们立即下发通知对学习贯彻会议精神进行了安排部署。各部队按照总部的要求，普遍采取党委会、政工会、报告会等多种形式，集中进行传达学习。上海、广东、四川总队把传达学习会议精神列入党委扩大会议内容，组织党委成员和支队级以上领导干部进行学习讨论，领会精神实质。天津、内蒙古、湖南总队、8650部队与驻地联合召开军政座谈会、举办双拥成果展，共学会议精神，共商双拥大计。河北总队、山西总队、广西总队、8660部队和森林部队开展了“学英模、话传统”学习教育活动，进一步激发了广大官兵做好新时期双拥工作的政治热情。二是深入开展以参加创建文明社区为重点的警民共建活动。我们在组织指导部队开展以警民共建为基本形式的“三大创建”活动的同时，总结推广了天津、广东、上海、河北总队的创建文明社区的先进典型，为部队参加地方创建精神文明活动起到了很好的示范作用。各单位坚持从自身特点和驻地实际出发，不断丰富创建内容，拓宽创建领域，推动了群众性创建深入发展。北京、江苏总队、8720部队与驻地社区坚持创建学习型社区为目标，共同学习宣传“三个代表”重要思想和党的十六大精神，用党的先进理论教育、武装广大官兵和人民群众。山东、海南、云南总队积极参加驻地社区文化建设，组织文艺宣传队自编自演文艺节目，广泛宣传《公民道德建设实施纲要》，传播新道德、新风尚。青海总队与驻地党委政府开展的“思想工作联做、科学文化联教、社会治安联防、环境建设联建、经济工作联抓”的“五联”活动，把共建活动推向了高潮。西藏总队通过警民共建的形式，在全总队范围内广泛开展“学唱藏歌、学跳藏舞、学讲藏话、了解藏史”的活动，不仅丰富了部队业余文化生活，也有力地促进了民族团结和社会进步。湖北总队适应新的形势和任务，把警民共建京九、京广铁路文明站区活动逐步向两条铁路沿线站区拓展，向沿线周边村镇辐射，形成了以点连线、由线带面、横向辐射、纵向发展的工作格局，在社会上产生了广泛的影响。三是积极推进经常性拥政爱民工作在基层的落实。各级坚持把贯彻全国双拥工作会议精神和参加驻地创建全国双拥模范城（县）活动结合起来，充分利用元旦、春节、“八一”、“十一”等时机，大力开展经常性拥政爱民活动。全部队共组织1万余个学雷锋小组，为驻地群众做好事8万余件，修理电器、农机具2.4万（台）件。深入开展科技、文化、卫生“三下乡”活动，宣传服务群众近百万人次。派出校外辅导员近万余人次，军训学生20余万人，举办“警营一日”和国防教育活动180余场次，普及全民国防教育。驻京部队广泛开展了以“我为奥运添光彩”为主题的绿化美化京城、城市清洁日、扶贫济困献爱心等系列拥政爱民活动，进一步密切了警政警民关系。

二、着眼维护社会和部队稳定，切实做好预防和处理警民纠纷工作

各级把预防警民纠纷作为维护社会和部队高度稳定的一项重要政治任务，以贯彻落实《武警部队预防和处理警民纠纷规定》为主线，采取积极有效措施狠抓落实。年初，武警总部颁发了重新修订的《武警部队预防和处理警民纠纷规定》，印制成册下发至基层中队（连）。同时，我们指导广西总队和交通指挥部进行了贯彻《规定》试点，对辽宁、上海、重庆、贵州、西藏、新疆总队和8660部队学习贯彻《规定》、遵守政策法规和群众纪律情况进行了检查，及时分析预防警民纠纷的形势，有针对性地解决影响警民关系的突出问题，推动《规定》在基层的贯彻落实。各单位依照《规定》，深入进行学习贯彻。云南、浙江总队和8730、8740、8750部队通过领导深入基层宣讲、举办群工干部集训班、编印典型案例、开展“百日无违犯群众纪律”等活动，使广大官兵群众纪律观念明显增强。驻新疆地区部队广泛开展了“知民族政策、懂民族风俗、会民族语言”等内容的遵守民族政策纪律教育，编写了近3万字的教育提纲，进一步端正了官兵对待少数民族群众的根本态度。天津、黑龙江总队和交通部队实行了纠纷责任追究制度，各级军政主官为预防警民纠纷第一责任人，逐级签订责任书，强化各级责任意识。河北、江西、河南总队、8680部队还注重利用“三互”、“三共”等有效载体，把预防警民纠纷工作贯穿于教育管理、执勤处突的各个环节，定期分析预防警民纠纷的形势，经常检查部队执行群众纪律情况，及时发现处理存在的问题，有效地预防了警民纠纷。一年来，全部队未发生重大警民纠纷。

（下略）

全国工商联二〇〇四年双拥工作总结

2004年，全国双拥工作领导小组确定全国工商联为成员单位。全国工商联非常重视双拥工作，更感到增添了一项政治任务和一份重要责任。全国工商联和各级工商联充分发挥自身优势，组织动员广大非公有制经济人士，根据国家政策和企业发展需求，积极安置复转军人从业，安排军人家属就业，据不完全统计，2004年，全国各级工商联有6300多个会员企业安置36800多名复转军人从业，2600多个会员企业安置15200多名军人家属就业。目前，计有163400多名复转军人在20300多个工商联会员企业工作。各级工商联和会员还结合企业自身特点，积极开展双拥活动。

首先，进一步落实全国双拥工作会议精神，加强双拥工作的宣传，动员各级工商联组织，广泛开展拥军活动。江苏省工商联教育、引导广大民营企业家富而思源，树立“改革不忘国防，致富更重拥军”的理念，充分发挥民营企业家拥军优属生力军的作用，开展了多种形式的拥军活动。2004年八一建军节前夕，连云港市工商联会员太阳雨热水器有限公司向连云港市消防官兵赠送了20台太阳能热水器。徐州市沛县工商联会员富华工贸公司投资30万元的“富华拥军楼”正式开业，该楼设有“心连心”茶座、军人俱乐部等厅室，为解放军和武警官兵服务。中央军委原副主席迟浩田上将闻知此事，专门题写了“富华拥军楼”，“爱军尚武固长城、扶贫帮困称楷模”的匾额。常州市委统战部和工商联开展了“争当爱国拥军、支持国防带头人”活动，当地民营企业家积极参加，慰问当地驻军，召开拥军座谈会。近年来，常州市参加拥军活动的民营企业达1010家，累积支持部队建设资金1100万元，为部队建造篮球场、图书馆等工程项目200多个，提供冰箱、空调、电脑等各类设备数百台。

第二，引导、教育广大会员不断提高国防意识。认识到在风云变幻的国际大环境中，国家的发展和社会的安定需要有强大的国防做后盾，人民军队是国防事业的重要支柱。积极做好拥军优属工作，支持军队现代化建设，是企业的一份责任。2004年，北京市工商联会员法政集团为支援国防建设投入资金60万元，为当地武警部队完善军事训练条件和改善居住环境及提高官兵的物质与文化生活作出了贡献。

第三，动员更多的民营企业，在安置接受劳动力就业时做到复转军人优先，军嫂优先，协助政府解决子弟兵复员转业后的就业、从业问题。宁夏工商联会员宁夏宝塔石化集团是个只有8年发展历史的民营企业，就接收安置了228名复转军人来企业工作，其中2004年底一次就接收38名武警退伍士兵到该集团工作。该企业非常重视对复转军人的培训和安排使用。目前，已有24名复转军人担任了企业中层以上的管理岗位负责人，其中，有14人已成为集团及所属企业的高级管理人员。大庆市工商联会员平氏长城饮食服务有限公司在招收员工时，坚持“党员优先，复转军人优先，军人家属优先”，在近两年间优先安置27名复转军人和16名军人家属到企业工作。

第四，按照《国务院鼓励非公经济发展的若干意见》中“允许非公有资本进入国防科技工业建设领域”的意见，引导、教育会员贯彻坚持军民结合、寓军于民的方针，发挥市场机制的作用，按照有关规定参与军工科研生产任务的竞争以及军工企业的改组改制，参与军民两用高技术开发及其产业化。北京市工商联会员北京福润达公司投入大量人力、物力开发研究新型材料，满足国内外客户的不同需求，尤其是大量军工企业的个性化需求。2004年，该公司先后向中船集团707、712、719等科研所和中原无线电厂提供优良的新国标环氧玻璃布板，分别用于核潜艇的研究、试制和生产通讯机群，向武汉雷达学院机械厂提供高性能的环氧玻璃布板和酚醛布板，用于雷达车的制造；还配合航天部 6411 厂开发新型材料“军绿板”，用于生产仿真武器。

重庆市工商联会员力帆集团、宗申集团等摩托车生产企业努力研发新型热动力装置，积极探索民营企业为军工生产服务的新途径和新领域。

第五，继续引导、教育承担部队后勤生活保障任务和与军队在生产、科研等领域已建立协作关系的民营企业，加强责任意识和质量意识，提供优质产品和优质服务。

全国工商联将继续贯彻落实党中央、国务院对工商联工作的指示精神，结合工商联工作的实际，以创新的精神推进双拥工作深入发展，引导、教育会员继承和发扬双拥光荣传统，不断探索开展双拥活动的新途径和新办法。

组 织 机 构

全国双拥工作领导小组及办公室

组　长：回良玉　国务院副总理
副组长：李学举　民政部部长
唐天标　总政治部副主任
樊士晋　中央办公厅副主任
张　勇　国务院副秘书长
沈跃跃　中组部副部长
胡振民　中宣部副部长
罗平飞　民政部副部长
成　员：李盛霖　发改委副主任
张保庆　教育部副部长
李学勇　科技部副部长
张华祝　国防科工委副主任
牟本理　国家民委副主任
孙明山　公安部政治部主任
胡泽君　司法部副部长
肖　捷　财政部副部长
戴光前　人事部副部长
王东进　劳动和社会保障部副部长
孟宪来　国土资源部党组成员
刘志峰　建设部副部长
何洪达　铁道部政治部主任
翁孟勇　交通部副部长
李雪莹　信息产业部党组成员、纪检组组长
翟浩辉　水利部副部长
齐景发　农业部副部长
张志刚　商务部副部长
赵维绥　文化部副部长
朱庆生　卫生部副部长
王瑞祥　国资委副主任
钱冠林　税务总局党组副书记、副局长
李东生　工商总局副局长
赵　实　国家广电总局副局长
谢作炎　总参谋部政治部主任
常生荣　总政治部群众工作办公室主任
孙思敬　总后勤部政治部主任
殷方龙　总装备部政治部主任
贾润兴　武警部队副政委
董　力　全国总工会党组成员
赵　勇　共青团中央书记处书记
沈淑济　全国妇联副主席、书记处书记
张龙之　全国工商联副主席
孙绍骋　民政部优抚安置局局长
办公室主任：罗平飞（兼）
副　主　任：常生荣（兼）
董华中　民政部优抚安置局副局长
范巨通　总政治部群众工作办公室副主任

北京市双拥工作领导小组及办公室

组　长：刘　淇　市委书记
副组长：龙新民　市委副书记
刘逢君　北京卫戍区司令员
刘志华　副市长
成　员：游广斌　市委办公厅副主任
宋贵伦　市委宣传部副部长
卢　全　市政府副秘书长
潘友生　市政府办公厅助理巡视员
杜松彭　市教委副主任
杨晓毅　市公安局政治部主任

张桂兴　市民政局副局长
王晓明　市财政局副局长
孙振宇　市人事局副局长
张欣庆　市劳动保障局局长
金大鹏　市卫生局副局长
王勇生　市地税局总经济师
罗文阁　市工商局副局长
赵津芳　首都精神文明办副主任
李树发　市总工会副主席
方　力　团市委副书记
荣　华　市妇联副主席
王子彦　北京卫戍区政治部副主任
办公室主任：卢　全（兼）
副　主　任：游广斌（兼）
宋贵伦（兼）
潘友生（兼）
赵津芳（兼）
张桂兴（兼）
王子彦（兼）

天津市双拥工作领导小组及办公室

组　长：戴相龙　市委副书记、市长
副组长：夏宝龙　市委常委、副市长
李德顺　天津警备区副政委
成　员：柴中达　市政府办公厅主任
滕锦然　市委办公厅副主任
张秉诚　市委宣传部副部长
董皓然　市民政局局长
李泮祥　市总工会副主席
吕福春　团市委书记
王之球　市妇联主席
李全喜　市建委主任
王　泓　市教委副主任
李亚力　市计委主任
冷振修　市委农工委副书记
李泉山　市商委主任
刘明哲　市交委主任
马　竞　市民委副主任
于赢沪　市人事局局长
陈秀英　市劳动和社会保障局副局长
高恭赞　市公安局副局长
石　栋　市工商局局长
杨福刚　市财政局局长
杨念东　市公用事业管理办公室副主任
李庆林　市电力公司党委书记
张瑞江　天津铁路分局党委书记
马春波　市粮食局局长
杨永强　益商集团总公司总经理
张　愈　市卫生局局长
张俊滨　市供销合作社党委书记
吴延龙　市房管局局长
张树平　军事交通学院副政委
丁春元　武警指挥学院副政委
韩晓溪　武警天津总队副政委
秦书欣　武警医学院副政委
杨印本　海司航保部部长
王志安　93688 部队副政委
办公室主任：高玉龙　市民政局副局长
副　主　任：霍　然　警备区政治部副主任
程新元　市民政局优抚安置处处长
史秀平　天津警备区双拥共建办主任

河北省双拥工作领导小组及办公室

组　　长：白克明　省委书记
第一副组长：季允石　省委副书记、省长
副 组 长：赵世居　省委副书记
郭庚茂　省委常委、常务副省长
张连仁　省军区政委
柳宝全　副省长
成　　员：刘福连　66267部队政委
黄嘉祥　66393部队政委
杜恒岩　66455部队政委
李小军　石家庄陆军指挥学院政委
于庆田　军械工程学院政委
徐立贵　炮兵指挥学院政委
张世瑗　武警学院院长
任宗清　省军区副政委
陈　进　武警河北省总队政委
魏东普　石家庄机械化步兵学院政委
梁　军　省军区政治部副主任
俞定海　省长助理、省公安厅厅长
王国发　省委办公厅副厅级督察专员
赵国昌　省政府副秘书长
张志平　省委宣传部副部长
夏玉祥　省民政厅厅长
齐守印　省财政厅厅长
宋太平　省人事厅厅长
刘志金　省劳动和社会保障厅厅长
周　明　省国土资源厅厅长
焦彦龙　省交通厅厅长
王玉梅　省卫生厅厅长
刘兆亮　省粮食局局长
钱晓钟　省工商行政管理局局长
郎国平　石家庄铁路分局局长
程鸿飞　省民政厅副厅长
办公室主任：赵国昌（兼）
常务副主任：夏玉祥（兼）
副 主 任：程鸿飞（兼）
梁　军（兼）

山西省双拥工作领导小组及办公室

组　长：侯伍杰　省委副书记
副组长：范堆相　省委常委、副省长
郤万增　省军区政委
马景龙　省委副秘书长
郭有勤　省民政厅厅长
成　员：王茂设　省政府副秘书长
孙连元　省军区副政委
袁升德　省委宣传部副部长、山西日报社社长
令政策　省发展计划委员会常务副主任
张　诚　省经贸委主任
张继忠　省教育厅正厅级督学
任继林　省科技厅副厅长
成振林　省公安厅副厅长
王　亚　省财政厅副厅长
袁胜利　省人事厅巡视员
李顺通　省劳动和社会保障厅厅长
李永宏　省国土资源厅厅长
唐桂莲　省建设厅纪检组组长
宋元林　省交通厅巡视员
刘德宝　省农业厅（省委农工办）巡视员
姚文达　省林业厅助理巡视员

赵晋蓉　省文化厅副厅长
李书凯　省卫生厅副厅长
王德平　省国税局副局长
宋德晋　省地税局局长
刘四龙　省环保局副局长
梁志祥　省广电局局长
王旭明　省工商局副局长
张　文　省粮食局副局长
庞利民　省电力公司副总经理
徐改清　省总工会常务副主席
席小军　团省委副书记
田九英　省妇联副主席
张建业　省石油公司副经理
郝宝文　省供销社纪检组长
胡　果　山西日报社编委
陈世文　66389 部队副政委
王　福　93601 部队副政委
李芝云　63710 部队副政委
涂国政　66401 部队副政委
解玉才　武警山西省总队副政委
王亚平　武警 8650 部队副政委

办公室主任： 马景龙（兼）
副　主　任： 王茂设（兼）
张瑞祥　省军区政治部副主任
郭小平　省民政厅副厅长

内蒙古自治区双拥工作领导小组及办公室

组　长： 杨利民　自治区党委副书记
副组长： 郭子明　自治区政府副主席
孙忠泰　内蒙古军区副政委
庞　启　自治区民政厅厅长
成　员： 李万忠　自治区党委副秘书长
武开乐　自治区党委组织部副部长
阿古拉　自治区党委宣传部副部长
盖文山　自治区政府副秘书长
刘　俊　自治区发展改革委员会副主任
高锡亮　自治区民政厅副厅长
张志强　自治区人事厅副厅长
张雅茹　自治区劳动保障厅副厅长
翟贵方　自治区司法厅副厅长
阿斯林　自治区公安厅副厅长
云宗元　自治区财政厅副厅长
张　礼　自治区交通厅副厅长
明　锐　自治区文化厅副厅长
何成保　自治区教育厅副厅长
刘树涛　自治区卫生厅副厅长
张德斌　自治区民族事务委员会副主任
包锐锋　自治区科学技术厅纪检组长
苏　和　自治区国防科工办主任
郭战英　自治区国土资源厅副厅长
李振东　自治区建设厅厅长
王守陆　自治区农牧业厅副厅长
戈　锋　自治区水利厅副厅长
高　云　自治区商务厅副厅长
王　增　自治区广播电影电视局副局长
李　彦　自治区工商行政管理局副局长
邢鸣九　自治区国有资产监督管理委员会党委委员、纪委书记
王月仙　自治区国家税务局副局长
云　飞　自治区地方税务局副局长
朱惠刚　呼和浩特铁路局副局长
耿利君　内蒙古通信管理局纪检处长
刘志全　内蒙古军区政治部副主任
莫德勒图　武警内蒙古总队副政委
韩毅顺　自治区总工会副主席
张晓兵　自治区团委副书记
曹艳荣　自治区妇联副主席
斯琴高娃　自治区工商业联合会副会长

办公室主任： 高锡亮（兼）

副　主　任：苏　权　自治区民政厅助理巡视员兼优抚处处长

杨宏斌　内蒙古军区政治部秘书群联处处长

辽宁省双拥工作领导小组及办公室

组　长：王唯众　省委副书记、省纪委书记

副组长：张德友　省委常委、省军区政委

阎　丰　副省长

成　员：潘利国　省委办公厅副主任

杨树槐　省委组织部副部长

周连科　省委宣传部副部长

王明星　省政府办公厅助理巡视员

薛　恒　省民政厅厅长

李中田　省民政厅副厅长

李戈军　省发展计划委员会副主任

徐开原　省经贸委纪检组长

周浩波　省教育厅副厅长

袁卫亮　省财政厅副厅长

李中亚　省人事厅副厅长

柳奇武　省劳动和社会保障厅副厅长

周宏煜　省建设厅副厅长

庄　敏　省公安厅副厅长

马国顺　省交通厅纪检组长

李忠国　省农业厅副厅长

蒋　欣　省商业局副局长

刘文艳　省文化厅副厅长

韩明惠　省卫生厅副厅长

李铁民　省工商行政管理局局长

王春甫　省国税局副局长

赵振芳　省地税局副局长

焉锦林　省国土资源厅副厅长

刘昌志　省粮食局副局长

李福绵　省水利厅党组副书记、副厅长

包玉梅　省民委副主任

康维韬　沈阳铁路局党委副书记

张　征　省总工会副主席

董　理　团省委副书记

丛玉文　省妇联副主席

郭洗尘　辽宁日报社副总编辑

王忠宣　辽宁人民广播电台副台长

史联文　辽宁电视台副台长

王积行　省军区副政委

刘崇荣　省军区政治部副主任

刘伯和　沈阳军区政治部办公室副秘书长

王希法　沈阳军区空军政治部群联部部长

苗树林　沈阳军区司令部直工部部长

陈赞东　沈阳军区联勤部政治部主任

高戈平　沈阳军区装备部综合计划部副部长

陈　生　武警辽宁省总队副政委

崔连法　96101部队副政委

办公室主任：薛　恒（兼）

刘崇荣（兼）

副　主　任：李中田（兼）

刘　峰　省民政厅优抚处处长

宿成禄　省军区政治部秘书群联处处长

吉林省双拥工作领导小组及办公室

组　长：洪　虎　省委副书记、省长

副组长：唐宪强　省委副书记、组织部部长

张福才　省军区政委
李　斌　副省长
成　员：于守臣　省委副秘书长
刘长生　省政府副秘书长
朱克民　省民政厅厅长
高德庆　省军区政治部主任
王　平　65301 部队副政委
雷忠贵　93175 部队副政委
徐永新　中国人民解放军军需大学副政委
刘秀祥　63850 部队副政委
王彦忠　武警吉林省总队副政委
王甫铁　省委宣传部副部长
彭永林　省发展计划委员会副主任
刘醒民　省经贸委副主任
奎　速　省民委副主任
李学勤　省农委副主任
秦利明　省公安厅副厅长
刘长龙　省财政厅副厅长
高　枫　省人事厅副厅长
乔　斌　省劳动和社会保障厅副厅长
石国祥　省建设厅副厅长
丁维东　省交通厅副厅长
于志凯　省教育厅副厅长
吕殿林　省卫生厅监察专员
尹俊明　省文化厅副厅长
尹希铁　省国土资源厅监察专员
武东风　省信息产业厅副厅长
隋忠诚　省水利厅副厅长
祝业辉　省粮食局副局长
姜　立　省广播电影电视局副局长
关景富　省工商局副局长
张瑞利　省地税局副局长
张立志　省电力有限公司副总经理
王树华　省总工会副主席
刘剑桥　团省委副书记
綦远方　省妇联副主席
马侃彦　长铁分局副局长
办公室主任：朱克民（兼）
副　主　任：王有志　省军区政治部副主任
张　晶　省民政厅副厅长
李　轩　省民政厅优抚处处长
刘忠民　省民政厅优抚处副处长
张铁军　省军区政治部秘书群联处副处长
李喜芳　省财政厅社保处副处长

黑龙江省双拥工作领导小组及办公室

组　长：张左已　省委副书记、省长
副组长：栗战书　省委副书记、副省长
周同战　省委副书记
肖玉国　省委常委、省军区政委
王东华　副省长
曹志斌　省委副秘书长
成　员：卜显奎　省委组织部副厅级部务委员
王珍珍　省文化厅副厅长
王　权　省农垦总局军事部政委
王广学　省国资委副书记
王云海　武警黑龙江省总队副政委
王柯林　武警黑龙江省森林总队副政委
王悦华　省总工会主席
王晓明　93163 部队副政委
王润增　省民政厅副厅长
王惠文　省公安厅消防局政委
王相英　省司法厅副厅长
王　振　省商务厅纪检组长
刘春华　省农业委员会副主任
关立卓　省民族事务委员会副主任
刘殿龙　武警黄金第一总队副政委
孙　尧　省科技厅厅长

来克勤　省工商局副局长
吴国成　哈尔滨铁路局副局长
李继纯　省财政厅厅长
李子民　省国税局副局长
李豪岩　团省委副书记
谷文义　省信息产业厅副厅长
沈玉成　省民政厅厅长
陈　英　省公安厅副厅长
陈　望　省电力有限公司副总经理
陈永芳　省委宣传部副厅级部务委员、省精神文明办副主任
陈宏敏　省工商联副会长
杜东晏　省国防科工办副主任
吴学明　省广播电视局副局长
陈泽贵　65426 部队副政委
金连弘　省卫生厅厅长
孟凡杰　省教育厅副厅长
庞光明　省经济委员会副主任
杨占报　省建设厅副厅长
郑丽萍　省发展和改革委员会助理巡视员
赵文洲　省政府副秘书长
赵希文　省编办副主任
赵勤义　省委宣传部副部长
段余应　省委组织部副部长、省人事厅厅长
段明山　省交通厅副厅长
胥信平　省水利厅副厅长
修海峰　哈尔滨铁路局军事代表处政委
贾英飞　省军区政治部副主任
商洪斌　武警黑龙江省边防总队副政委
徐福和　省国土资源厅厅长
崔　军　省公安厅政治部现役办副主任
龚夏梅　省妇联副主席
梁成军　省粮食局副局长
程仁双　省劳动和社会保障厅副厅长

办公室主任：曹志斌（兼）
副　主　任：赵文洲（兼）
沈玉成（兼）
段余应（兼）
贾英飞（兼）
王云海（兼）
王润增（兼）
宿滨跃　省民政厅优抚处处长

上海市双拥工作领导小组及办公室

组　长：韩　正　市委副书记、市长
副组长：刘云耕　市委副书记
冯国勤　市委常委、副市长
周太彤　副市长
戴长友　上海警备区政委
杜家毫　市委副秘书长、市政府秘书长、办公厅主任
沈红光　市委副秘书长
许德明　市委宣传部副部长、市文明办主任
徐　麟　市民政局党委书记、局长
成　员：马银芳　市外经贸工作党委副书记
马树新　第二军医大学副政委
王宏伟　团市委副书记
毛佳樑　市城市规划管理局党委书记、局长
叶兴华　市民政局副局长
刘　建　市文广影视局党委副书记
刘　俊　市卫生局党委副书记、局长
刘　磊　市市政工程管理局党委副书记
刘建民　上海铁路局副局长
许培星　市港口管理局局长
孙环葆　市经委秘书长
孙熙宁　市建设工作党委副书记

汪兰洁　市总工会副主席、市妇联副主席（兼职）
沙忠飞　市劳动和社会保障局副局级巡视员
李汉汝　解放军南京政治学院上海分院副院长
李伟听　市体育局副局长
李振坤　市通信管理局副局长
李继斌　市司法局党委副书记
杨登华　武警上海总队副政委
吴　捷　市科技工作党委副书记
余观宝　市粮食局副局长
张　龙　上海警备区副政委
陆凤姝　市委组织部副部长
陈　敏　市绿化管理局副局长
陈辐宽　市公安局政治部主任
郑树忠　市医疗保险局副局长
季振坤　94826 部队副政委
金　放　市旅游委秘书长
周传文　市水务局党委副书记
周厚文　市工商行政管理局副局长
赵　英　市妇联副主席
赵伟星　市财政局局长助理
施南昌　市郊区工作党委副书记
顾伟强　市高级人民法院政治部主任
殷国元　市房屋土地资源管理局副局长
阎祖强　市计委秘书长
董有福　91287 部队副政委
韩　强　市城市交通管理局党委副书记
蔡鸿生　市商委主任、市商业工作党委副书记
薛晓峰　市人事局副局级巡视员、市编办副主任
瞿　钧　市教委副主任

办公室主任： 徐　麟（兼）
副　主　任： 叶兴华（兼）
马凌俊　上海警备区政治部副主任
焦连哲　市民政局优抚处处长

江苏省双拥工作领导小组及办公室

组　长： 张连珍　省委副书记
副组长： 何　权　副省长
杨　森　省军区副政委
成　员： 刘国中　省委副秘书长
徐国柱　省政府副秘书长、省级机关事务管理局局长
柯广坚　省委组织部常务副部长、省委企业工委书记
谭　跃　省委宣传部副部长、省社科联党组书记
赵顺盘　省民政厅厅长
陶礼仁　省民政厅副厅长
林一峰　省计委副主任
任懿奇　省经贸委副主任、省乡镇企业管理局局长、省中小企业局局长
丁晓昌　省教育厅副厅长
杨　锐　省科技厅副厅长
顾传勇　省民委副主任、省宗教局副局长
赵庆侠　省公安厅副厅长
黄晓平　省财政厅副厅长
赵永贤　省人事厅厅长
何春明　省劳动保障厅副厅长
王　翔　省建设厅副厅长
蒋华年　省交通厅副厅长
张小马　省水利厅副厅长
祝保平　省农林厅副厅长
尹　明　省文化厅副厅长
唐维新　省卫生厅副厅长
张洪甫　省国土资源厅副厅长
李全寿　省工商局副局长

徐锦辉　省地税局副局长
黄　信　省广电局副局长
张鸿生　省总工会副主席
魏国强　团省委书记
柏志英　省妇联副主席
吴国彬　省科协副主席
栾志耘　省工商联副会长
季　风　南京军区政治部副秘书长
许其国　省军区政治部副主任
江邦胜　南京军区空军政治部秘书处处长
温凯宾　武警江苏省总队政委
王浩良　南京市委副书记
办公室主任：徐国柱（兼）
副　主　任：刘国中（兼）
赵顺盘（兼）
陶礼仁（兼）
许其国（兼）
陶如章　省民政厅优抚局局长

浙江省双拥工作领导小组及办公室

组　长：吕祖善　省委副书记、省长
副组长：周国富　省委副书记、省纪委书记
陈敏尔　省委常委、省委宣传部部长
马以芝　省委常委、省军区政委
章猛进　省委常委、常务副省长
陈加元　副省长
蒋洪运　东海舰队副政委
刘晓榕　73011部队政委
吴桂英　省民政厅厅长
成　员：王同元　省委副秘书长、办公厅主任
陈国平　省政府副秘书长、办公厅主任
张秋林　92910部队副政委
余明海　92919部队副政委
肖明田　武警浙江省总队副政委
和国才　公安海警高等专科学校政委
康子中　94936部队政委
贾振宇　省军区政治部副主任
洪复初　省委组织部副部长
张仕英　省委宣传部助理巡视员
顾秀秀　省总工会副主席
陈　浩　团省委副书记
厉月姿　省妇联主席
金兴盛　省计委副主任
陈卫东　省经贸委纪委书记
张绪培　省教育厅副厅长
俞志华　省科技厅副厅长
张景华　省公安厅副厅长
李立定　省民政厅副厅长
黄旭明　省财政厅厅长
王冬梅　省人事厅副厅长
陈小恩　省劳动保障厅厅长
杨国强　省国土资源厅副厅长
张耀深　省建设厅副厅长
杨瑞丰　省交通厅副厅长
郭金华　省信息产业厅副厅长
杨建新　省文化厅厅长
杨泉森　省卫生厅副厅长
钱子辉　省地税局副局长
刘汉山　省广电局纪检组长
冯家平　省工商局副局长
沈云飞　省粮食局副局长
办公室主任：吴桂英（兼）
副　主　任：李立定（兼）
贾振宇（兼）
何　程
孙厚军
俞志壮

安徽省双拥工作委员会及办公室

主　　任：王昭耀　省委副书记
第一副主任：徐立全　副省长
副 主 任：张华汉　省军区副政委
刘玉尧　省委副秘书长
张秋保　省政府副秘书长
李宏塔　省民政厅厅长
陈文华　省民政厅副厅长
曹明扬　省军区政治部副主任
成　　员：黄林龙　省委组织部副部长
陈发仁　省委宣传部副部长
马永铸　省高级人民法院副院长
张宗贤　省人民检察院副检察长
朱先发　省发展计划委员会主任
葛崇连　省经济贸易委员会副主任
虞志方　省教育厅副厅长
严洪华　省科学技术厅巡视员
李成聪　省公安厅政治部主任
陈昌安　省司法厅巡视员
汪建国　省财政厅副厅长
张　勇　省人事厅副厅长
陈晓玲　省劳动和社会保障厅副厅长
郭思保　省国土资源厅副厅长
李玉华　省建设厅副厅长
周　明　省交通厅副厅长
吴晓明　省信息产业厅副厅长
赵世对　省文化厅厅长
权循珍　省卫生厅副厅长
陶成群　省地方税务局副局长
马　雷　省广播电影电视局副局长
刘昭玉　省工商局副局长
孙良龙　省粮食局副局长
张　宏　省邮政局副局长
马新民　省军区副参谋长
茅昌林　省军区后勤部副部长
刘茂森　武警安徽省总队副政委
程　玉　武警安徽省消防总队副政委
刘国方　武警安徽省边防总队政委
宓建毅　省公安厅副厅长兼警卫局局长
郑　鑫　省总工会副主席
王　宏　团省委副书记
赵景玉　省妇联副主席
办公室主任：陈文华（兼）
副　主　任：曹明扬（兼）
程仁德（专职）
李方好　省民政厅优抚处处长

福建省双拥工作领导小组及办公室

组　长：王三运　省委副书记
副组长：陈　芸　副省长
文可芝　省军区副政委
成　员：阮荣祥　省委副秘书长、政策研究室主任
刘启力　省政府副秘书长、办公厅主任
刘　平　省军区政治部副主任
林　超　73111 部队政治部副主任
王孝峰　92403 部队政治部副主任
张小勇　94816 部队政治部副主任
阮嘉明　武警福建省总队政治部副主任
马新岚　省委组织部副部长
宋闽旺　省委宣传部副部长
陈毓寰　省发展计划委员会副主任
钟安平　省经济贸易委员会副主任

林炳承　省科学技术厅副厅长
杨　辉　省教育厅副厅长
陈小平　省财政厅副厅长
高文根　省公安厅政治部主任
黄炳泰　省民政厅厅长
江华先　省民政厅副厅长
蔡健民　省水利厅副厅长
范碧云　省文化厅副厅长
许　莹　省交通厅副厅长
颜黎明　省人事厅副厅长
郑昌游　省劳动和社会保障厅纪检组组长
杨　平　省卫生厅厅长
刘金山　省建设厅纪检组组长
吴建华　省农业厅厅长
吕月良　省林业厅副厅长
姜玉志　省国土资源厅副厅长
潘崇奎　省工商行政管理局副局长
曹建平　省信息产业厅副厅长
石增兴　省人民防空办公室主任
黄桂章　福州铁路分局局长
路　平　省总工会副主席
黄晓炎　团省委书记
林文秀　省妇联副主席
杨爱金　福州市副市长

办公室主任：黄炳泰（兼）
副　主　任：阮荣祥（兼）
刘启力（兼）
江华先（兼）
刘　平（兼）
温崇海（专职）

江西省双拥工作领导小组及办公室

组　长：彭宏松　省委副书记
副组长：熊盛文　省长助理
石成林　省军区副政委
魏晓琴　省政府秘书长
罗筱玉　省民政厅厅长
成　员：黎明中　省委副秘书长
金细安　省政府副秘书长
张友南　省委组织部副部长
陈东有　省委宣传部副部长
洪礼和　省发展计划委员会主任
虞中一　省经济贸易委员会主任
漆　权　省教育厅厅长
李国强　省科学技术厅厅长
彭焕恭　省公安厅副厅长
胡幼桃　省财政厅厅长
揭赣元　省人事厅厅长
张　勇　省劳动和社会保障厅副厅长
徐日辉　省国土资源厅厅长
叶澄中　省建设厅副厅长
陈章连　南昌铁路局局长
蒲日新　省交通厅厅长
李春燕　省信息产业厅厅长
汪普生　省水利厅党委书记
萧茂普　省农业厅党委书记
李玉英　省委宣传部副部长、省文化厅厅长
蒋如铭　省卫生厅厅长
周广仁　省国家税务局局长
何庆怀　省广播电视局党委书记
朱张才　省工商管理局局长
熊根泉　省粮食局局长
杜宝国　省政府法制办主任
汪国光　省民政厅副厅长
曹筱凤　省人防办主任
杨　志　省军区副参谋长
颜春宁　省军区政治部副主任
李克强　省军区后勤部副部长
宋增建　南昌陆军学院政治部主任

苏世明　94836部队政委
吴松荣　武警江西省消防总队政委
邱逢和　武警江西省总队政治部副主任
文之周　省总工会副主席
钟志生　团省委书记
李亚平　省妇联主席
黄庆来　江西日报社社长

办公室主任： 汪国光（兼）
副　主　任： 颜春宁（兼）

山东省双拥工作领导小组及办公室

组　长： 高新亭　省委副书记
副组长： 谢玉堂　副省长
张秉德　省军区政委
幸胜标　省军区副政委
刘忠泉　省委副秘书长、办公厅主任
刘玉功　省委组织部常务副部长
朱茂民　省政府副秘书长
杨金镜　省民政厅厅长
石贤芹　省民政厅副厅长
成　员： 王红勇　省文明办副主任
朱志明　省发展改革委副主任
杨国良　省经贸委纪检组长
黄　琦　省教育厅副厅长
翟鲁宁　省科技厅副厅长
苏兴珍　省民委副主任、省宗教局副局长
周玉华　省法院副院长
王献增　省公安厅副厅长
初晓燕　省司法厅政治部主任
阮凤英　省财政厅副厅长
杨照亮　省人事厅副厅长
管世隆　省劳动保障厅副厅长
周莲英　省国土资源厅副厅长
杜公义　省建设厅助理巡视员
王　辉　济南铁路局党委副书记
胡志明　省交通厅副厅长
石明泉　省信息产业厅副厅长
李新华　省水利厅副厅长
于风华　省农业厅副厅长
宋修武　省海洋与渔业厅厅长
周　艺　省文化厅副厅长
包文辉　省卫生厅副厅长
张德志　省国税局副局长
吕凤强　省地税局副局长
孙国丽　省工商局副局长
王　模　省广电局巡视员
张翠玉　省粮食局副局长
朱长富　山东电力集团公司董事长、党委书记
万功民　济南军区政治部副秘书长
种道闽　北海舰队政治部秘书处处长
刘岐山　济南军区空军政治部秘书处处长
王学章　省军区政治部副主任
张兴华　武警山东省总队副政委
王祝玉　省总工会副主席
孙爱军　团省委副书记
孙秀丽　省妇联副主席
王晓炜　省工商联副会长

办公室主任： 杨金镜（兼）
副　主　任： 石贤芹（兼）
王红勇（兼）
王学章（兼）
庞守连
陈　平
杨国林
陈建玉

河南省双拥工作领导小组及办公室

组　长：支树平　省委副书记
副组长：祁正祥　省委常委、省军区政委
刘新民　副省长
成　员：陈江河　省委副秘书长
许　和　省政府助理巡视员
王笑南　省委组织部常务副部长
常法武　省委宣传部副部长
权红军　省精神文明办公室专职副主任
孙培新　省民政厅厅长
张大卫　省发改委主任
朱振华　省国有资产监督管理委员会副主任
崔炳建　省教育厅副厅长
孟少辉　省科学技术厅副厅长
刘国庆　省公安厅副厅长
张中华　省民政厅副厅长
刘　荃　省财政厅副厅长
王　平　省人事厅厅长
史虎高　省劳动和社会保障厅副厅长
冯　光　省国土资源厅副厅长
张德成　省建设厅副厅长
张战伟　省交通厅纪检组组长
袁其法　省信息产业厅副厅长
李连栋　省水利厅副厅长
张明进　省农业厅纪检组长
赵战平　省商务厅纪检组长
刘清俭　省文化厅巡视员
夏祖昌　省卫生厅副厅长
孙廷喜　省地方税务局副局长
高世铭　省广播电影电视局巡视员
米剑峰　省工商局局长
于前锋　省粮食局纪检组长
赵运龙　省电力公司副总经理
王延安　郑州铁路局常务副局长
刘春辉　省军区政治部副主任
郝高潮　省军区后勤部副部长
李光金　71320 部队副政委
郭守苓　71521 部队副政委
温子和　96251 部队副政委
魏秋雁　解放军信息工程大学政治部副主任
刘廷松　解放军洛阳外国语学院副政委
张训彩　解放军防空兵指挥学院政委
樊双来　武警河南省总队副政委
马露霞　省总工会副主席
李　亚　团省委书记
杜　芮　省妇联副主席
办公室主任：张中华（兼）
副　主　任：石樵巍　省政府办公厅七处处长
张遂安　省民政厅优抚处处长
周玉山　省军区政治部秘群处处长

湖北省双拥工作领导小组及办公室

组　长：杨永良　省委副书记、省人大常委会主任
副组长：贾富坤　省委常委、省军区司令员
蒋大国　副省长
曾求腾　省军区政治部主任
傅德辉　省民政厅厅长
成　员：黄兆林　省委副秘书长

王国耀　省政府副秘书长
应世康　95829 部队副政委
何正太　省军区政治部副主任
吕有勤　武警湖北省总队副政委
胡永继　省委组织部副部长
毕志伦　省委宣传部副部长
肖安民　省发展计划委员会副主任
金策谋　省经济贸易委员会纪检组长
周元武　省教育厅副厅长
童道友　省财政厅厅长
秦宏灿　省人事厅厅长
黄　洪　省公安厅政治部主任
文增显　省民政厅副厅长
文国运　省劳动和社会保障厅副厅长
闫新明　省国土资源厅副厅长
徐佑林　省交通厅副厅长
张感山　省水利厅副厅长
匡杰锋　省农业厅纪检组长
宋丹娜　省文化厅副厅长
张克勤　省卫生厅副厅长
毛菊元　省计划生育委员会副主任
胡道新　省国家税务局副局长
王文童　省地方税务局副局长
骆　地　省广播电视局机关党委书记
袁松青　省粮食局副局长
詹世宝　省总工会副主席
李新华　团省委副书记
马　黎　省妇联副主席
钟金保　武汉铁路分局党委副书记

办公室主任：文增显　省民政厅副厅长
副　主　任：余　琳　省民政厅优抚处处长
朱晓瑞　省军区政治部秘书群联处处长
梁永前　省民政厅优抚处调研员

湖南省双拥工作领导小组及办公室

组　长：杨泰波　副省长
副组长：谢光豪　省军区副政委
李金胜　国防科大政治部副主任
吴定宪　省委副秘书长
陈吉芳　省政府副秘书长
余长明　省民政厅厅长
祝青云　省民政厅副厅长
成　员：彭清国　省委宣传部副部长
焦秀兰　省发展改革计划委员会副主任
李良田　省财政厅副厅长
袁友芳　省公安厅政治部主任
饶文浩　省人事厅副厅长
赵湘平　省劳动和社会保障厅副厅长
詹新华　省交通厅副厅长
肖策群　省卫生厅副厅长
张国骥　省教育厅副厅长
张建新　省建设厅副厅长
夏戈明　省国家税务局副局长
钟世明　省地方税务局副局长
陈克亮　省工商行政管理局副局长
廖东富　省乡镇企业局副局长
胡　建　省军区政治部副主任
秦军民　武警湖南省总队副政委
刘德明　省总工会党组成员、纪检组长
李　晖　团省委副书记
杨绍芬　省妇联党组成员、副厅级纪检员

办公室主任：祝青云（兼）

广东省双拥工作领导小组及办公室

组　长：黄华华　省委副书记、省长
副组长：黄志忠　省委常委、省军区政委
　　　　李容根　副省长
成　员：曹南才　省委办公厅副主任
　　　　程良洲　省政府副秘书长
　　　　胡中梅　省委宣传部副部长
　　　　答朝心　省委教育工委副书记
　　　　黎柳莲　省总工会副主席
　　　　周丽琼　省妇联副主席
　　　　黄功绵　省计委助理巡视员
　　　　杨建初　省经贸委副主任
　　　　杨华郎　省建设厅副厅长
　　　　白先河　省公安厅政治部主任
　　　　杨华维　省民政厅厅长
　　　　范俊龙　省民政厅副厅长
　　　　郑振涛　省财政厅副厅长
　　　　赵伟光　省人事厅副厅长
　　　　孙庆奇　省劳动和社会保障厅副厅长
　　　　王志荣　省交通厅纪检组组长
　　　　谢悦新　省农业厅厅长
　　　　沈东流　省国土资源厅副厅长
　　　　张寿生　省卫生厅副厅长
　　　　黄宏耀　省工商行政管理局副局长
　　　　郎　波　广州军区政治部副秘书长
　　　　周晓林　海军南海舰队政治部副主任
　　　　李希文　广州军区空军政治部副主任
　　　　陈大民　75200部队政治部副主任
　　　　曾志军　省军区政治部副主任
　　　　阎红志　91708部队政委
　　　　史国双　武警广东省总队副政委
　　　　张其武　武警广东省公安边防总队副政委
　　　　陈积德　武警广东省公安消防总队政委
办公室主任：程良洲（兼）
副　主　任：范俊龙（兼）
　　　　　　曾志军（兼）

广西壮族自治区双拥工作领导小组及办公室

组　长：马铁山　自治区党委副书记
副组长：孙　瑜　自治区副主席
　　　　阚延泉　广西军区副政委
　　　　赵存生　75100部队副政委
　　　　方声坤　95072部队政委
　　　　张智礼　武警广西总队副政委
组　员：张廷登　自治区民政厅厅长
　　　　谭　勇　自治区党委副秘书长
　　　　庞栋春　自治区人民政府副秘书长
　　　　李　涛　自治区党委宣传部副部长
　　　　邱祖强　自治区发展改革委副主任
　　　　郑作广　自治区教育厅副厅长
　　　　苏湘群　自治区科技厅副厅长
　　　　黄　苹　自治区民委副主任
　　　　陈耀远　自治区公安厅政治部主任
　　　　郑荣贵　自治区民政厅副厅长
　　　　关　礼　自治区财政厅副厅长
　　　　岑可成　自治区人事厅副厅长
　　　　冯振年　自治区劳动和社会保障厅副厅长
　　　　张勤铭　自治区国土资源厅副厅长
　　　　陈富芳　自治区交通厅纪检组长
　　　　覃国宽　自治区商务厅纪检组长

容小宁　自治区文化厅厅长
许亚南　自治区卫生厅副厅长
欧发明　自治区国税局总会计师
吴殿禄　自治区地税局副局长
杨崇德　自治区广播电视局助理巡视员兼办公室主任
梁雨祥　自治区粮食局局长
杨建新　自治区总工会副主席
甘　霖　团区委副书记
班美月　自治区妇联副主席
钱进强　自治区物资集团总公司副总经理
银友明　自治区边防办副主任
黄有权　自治区工商局政治部主任
范世祥　自治区财政厅社保处处长
叶满青　自治区退役士兵和军队离退休干部安置办主任
冯学贵　自治区民政厅优抚处处长
叶伟青　自治区双拥办副主任
王建设　柳州铁路局武装部部长
刘清书　广西军区政治部副主任
谈汪洋　广西军区政治部秘书群联处处长
蔡志忠　95072 部队政治部副主任
杨豪标　75100 部队政治部副主任
张先旺　75100 部队政治部秘书群联处处长
肖恒光　桂林陆军学院副院长
贺发生　桂林空军学院副政委
卓名信　76140 部队副政委
郭留记　91832 部队副政委
罗焕新　武警广西总队政治部副主任
韦典宣　武警广西总队政治部秘书群联处处长
孙立军　武警广西边防总队政委
马德文　武警广西消防总队政委
王富才　武警水电一总队政委
林维克　武警广西警卫局副局长

办公室主任：张廷登（兼）
副　主　任：郑荣贵（兼）
刘清书（兼）
叶伟青（兼）

海南省双拥工作领导小组及办公室

组　长：卫留成　省委副书记、省长
副组长：贺贤书　省委常委、省军区政委
江泽林　副省长
成　员：王盛雄　省委副秘书长
周公卒　省政府副秘书长
周成俊　省委宣传部副部长
陈川民　省民政厅厅长
张子连　省高级人民法院副院长
刘平治　省财政厅副厅长
林　捷　省公安厅副厅长
司庆阳　省人事劳动和社会保障厅副厅长
李洪波　省农业厅副厅长
叶章和　省商务厅副厅长
王炳林　省文化广电出版体育厅副厅长
陈邦基　省交通厅副厅长
林玉强　省民族宗教厅副厅长
林北平　省教育厅副厅长
隋枝叶　省卫生厅副厅长
李建飞　省建设厅副厅长
赵莉莎　省发展与改革厅副厅长
陈永希　省农垦总局副局长
冯所兴　省粮食局副局长
李植明　省工商局局长
徐远航　省总工会副主席
唐剑光　团省委书记
何云霞　省妇联副主席
常辅棠　海南日报社总编
陈华卓　省广播电视台副台长

张春秀　榆林基地副政委
付云书　南航部队副政委
赵北臣　武警海南省总队政委
陈新中　武警海南省边防总队政委
尹昌友　武警海南省消防总队政委
杨宝黔　省警卫局局长
办公室主任：周公卒（兼）
副　主　任：陈志荣
黄建才

重庆市双拥工作领导小组及办公室

组　长：王鸿举　市委副书记、市长
副组长：聂卫国　市委副书记
陈光国　副市长
李宗群　重庆警备区政治部主任
成　员：艾智泉　市委副秘书长
王　越　市政府副秘书长
张国正　重庆警备区政治部副主任
姚汉生　武警重庆总队副政委
刘庆渝　市委宣传部副部长
唐信福　市高级人民法院副院长
于学信　市计委主任
吴　冰　市经委主任
王大用　市委农工委书记、市农办主任
刘景元　市建委主任
侯大川　市市政委主任
胡振业　市交委主任
欧可平　市教委主任
张　勤　市科委党组书记
魏长述　市民政局局长
冯秀文　市民政局副局长
马千真　市财政局局长
王道渝　市人事局局长
史锦杰　市劳动和社会保障局局长
林育均　市公安局副局长
周朝东　市工商局局长
潘　力　市国税局局长
包子川　市地税局局长
张定宇　市国土房管局局长
王洪华　市文化局局长
张小川　市广播电视局局长
李祥龙　市卫生局局长
王国槐　市粮食局局长
王昌渠　市扶贫办主任
蒋　勇　市规划局局长
樊克敬　重庆铁路分局局长
李　军　市总工会常务副主席
吴康明　团市委书记
杨恩芳　市妇联主席
办公室主任：冯秀文（兼）
副　主　任：艾永琳　市民政局优抚处副处长
肖仁建　重庆警备区政治部秘书处处长

四川省双拥工作领导小组及办公室

组　长：张中伟　省委副书记、省长
副组长：周光荣　省委常委、省军区政委
张作哈　副省长
成　员：敖玉明　省政府副秘书长
张为人　省委办公厅副主任
姜保山　省民政厅厅长

汪学鑫　省军区副政委
殷建忠　省委宣传部副部长
朱明龙　省直机关工委副书记
王雨顺　省发展计划委员会副主任
汪风雄　省教育厅副厅长
汤留生　省公安厅副厅长
李　钢　省民政厅副厅长
高仁全　省财政厅副厅长
陈其金　省人事厅副厅长
陈　璞　省劳动和社会保障厅副厅长
陈宗清　省国土资源厅机关党委书记
马志强　省建设厅纪检组长
陈庆礽　省交通厅副厅长
王西安　省农业厅机关党委书记
胡继先　省文化厅副厅长
赵万华　省卫生厅副厅长
唐其良　省军区政治部副主任
吴万锦　武警四川省总队副政委
于　忠　省广播电视局副局长
黄　习　省工商局机关党委书记
王琪敏　省地税局机关党委书记
谭嘉林　省粮食局副局长
张国力　成都铁路局副局长
张家林　省总工会副主席
吴　旭　团省委副书记
李泽影　省妇联副主席

办公室主任： 李　钢（兼）
副　主　任： 龙　梅　省民政厅优抚处处长
肖　云　省军区政治部秘书群联处处长

贵州省双拥工作领导小组及办公室

组　长： 孙　淦　省委副书记
副组长： 肖永安　副省长
雷玉德　省军区政治部主任
郭　猛　省民政厅厅长
成　员： 张传瑞　省委副秘书长
刘福成　省政府副秘书长
刘一民　省委组织部副部长
周忠良　省委宣传部副部长
卢达昌　省发展计划委员会副主任
耿黔生　省经贸委副主任
蔡志君　省教育厅副厅长
季　可　省财政厅副厅长
黄　平　省民宗委副主任
王正兴　省公安厅政治部主任
覃祖祥　省民政厅副厅长
姚朝雄　省人事厅副厅长
龙月英　省劳动和社会保障厅副厅长
吴道生　省国土资源厅副厅长
张化民　省建设厅机关党委书记
刘少庆　省交通厅副厅长
田黔生　省信息产业厅副厅长
金世俊　省水利厅机关党委书记
王登齐　省农业厅副厅长
张俊平　省贸易合作厅机关党委书记
董林生　省文化厅副厅长
何崇远　省卫生厅厅长
张树明　省军区司令部副参谋长
陈黔鲁　省军区政治部副主任
廖锡俊　省军区后勤部部长
童明智　武警贵州省总队副政委
邹　通　武警贵州省消防总队政委
韩介明　省总工会副主席
滕　红　团省委副书记
石松江　省妇联副主席
胡德怀　省广播电视局副局长
刘汉樵　省地税局局长
罗保林　省工商行政管理局副局长
苏　涛　省粮食局副局长

禹孟华　省国防科工办机关党委书记
乔为建　省国税局副局长
牟崇俊　省邮政局副局长
李德明　省电信管理局局长
吕　澍　贵阳铁路分局副局长
王国昌　省移动通信公司总经理
孙庆云　省物资集团有限责任公司纪委书记

办公室主任：郭　猛（兼）
副　主　任：刘福成（兼）
覃祖祥（兼）
陈黔鲁（兼）
邹　通（兼）
张洪运　武警贵州省总队政治部主任

云南省双拥工作领导小组及办公室

组　长：白恩培　省委书记
副组长：李汉柏　副省长
尹伯阶　省军区副政委
成　员：段跃庆　省委副秘书长
李维俊　省政府副秘书长
王学智　省委组织部副部长
毕国光　省委宣传部副部长
贺金喜　省发展计划委员会副主任
岳跃生　省经贸委副主任
赵兴汉　省教育厅纪检组长
林文兰　省科技厅厅长
岩　秒　省民委副主任
张贵春　省公安厅政治部主任
唐尚林　省民政厅副厅长
肖晓鹏　省财政厅副厅长
武　晋　省人事厅副厅长
杨绍红　省劳动和社会保障厅厅长
李连举　省国土资源厅副厅长
孟昭华　省建设厅副厅长
康仲明　省交通厅副厅长
周运龙　省水利厅副厅长
王文亮　省农业厅副厅长
熊正益　省文化厅副厅长
陈觉民　省卫生厅厅长
赵　健　省工商行政管理局副局长
李鸿文　省国税局副局长
张美琼　省地税局副局长
文汉鼎　省广播电视局副局长
苏全忠　省粮食管理局局长
梁中宇　昆明铁路局总工程师
金桂兰　省妇联副主席
李晋云　省总工会副主席
和池康　团省委副书记
陈德兴　云南商业集团有限公司总经理
廖建华　云南电力集团有限公司副总经理
庞万军　省军区政治部副主任
马寿鸿　77200部队政治部副主任
成建国　95429部队副政委
于瑞田　96201部队副政委
吉志勇　武警云南省总队副政委
杨天洪　昆明陆军学院副政委
陈承栋　78300部队副政委
李敬祥　成都军区昆明总医院副政委
皇宏建　武警云南省公安边防总队政治部主任
向　伟　省公安厅警卫局副局长
陈德国　武警云南省公安消防总队政委
牛喜富　武警云南省森林总队副政委
李兆鲸　成司昆明工作站主任
余　泽　海军驻昆明办事处副主任

办公室主任：唐尚林（兼）
副　主　任：庞万军（兼）
刘蜀滇　省民政厅优抚处处长
徐永强　省民政厅优抚处副处长

西藏自治区双拥工作领导小组及办公室

组　长：土登才旺　自治区常务副主席

副组长：多　嘉　西藏军区副政委

成　员：罗广武　自治区党委副秘书长

马国超　自治区政府副秘书长

索朗卓玛　自治区党委组织部部长兼人事厅厅长

王明星　自治区党委宣传部副部长

单增卓扎　自治区民政厅厅长

丹增朗杰　自治区民宗委主任

李本珍　自治区发展改革委副主任

宋和平　自治区教育厅厅长

旦增曲扎　自治区交通厅副厅长

荣　生　自治区公安厅副厅长

王建凡　自治区财政厅副厅长

泽　西　自治区劳动和社会保障厅党组书记

觉阿泽仁　自治区农牧厅副厅长

拉　归　自治区广电局巡视员

沙道训　自治区文化厅党组成员、纪检组长

喜　乐　自治区卫生厅副厅长

晁兆峰　自治区工商局副局长

袁庆杰　自治区国税局副局长

刘吉言　自治区总工会副主席

孙永平　自治区团委副书记

周世英　自治区妇联副主席

欧阳和　西藏军区司令部副参谋长

杨双举　西藏军区政治部副主任

刘廷华　西藏军区后勤部政委

余广福　西藏军区装备部副部长

余尚元　武警西藏总队副政委

办公室主任：单增卓扎（兼）

副　主　任：杨双举（兼）

陕西省双拥工作领导小组及办公室

组　　长：李建国　省委书记、省人大常委会主任

副 组 长：董　雷　省委副书记

孔　瑛　省委常委、省军区政委

张　伟　副省长

成员单位：省委办公厅

省政府办公厅

省委宣传部

省发展计划委员会

省教育厅

省民政厅

省公安厅

省财政厅

省人事厅

省劳动和社会保障厅

省建设厅

省国土资源厅

省交通厅

省农业厅

省卫生厅

省国家税务局

省地方税务局

省广电局

省粮食局

省总工会

省妇联
团省委
武警陕西省总队
西安铁路分局

办公室主任：励小捷　省委秘书长

副　主　任：贾　湘　省政府副秘书长
张建功　省民政厅厅长
山振兴　省民政厅副厅长
杨　辉　省军政治部副主任
雷　湛（专职）

甘肃省双拥工作领导小组及办公室

组　长：陈学亨　省委副书记

副组长：罗笑虎　副省长
丁德福　省军区副政委

成　员：张国斌　省委办公厅副秘书长
孙公平　省政府办公厅副秘书长
秦卫东　省军区政治部副主任
王通智　省委组织部副部长
张瑞民　省委宣传部副部长
周　强　省计划委员会主任
李卫国　省教育厅副厅长
柴生祥　省民委主任
马得成　省经贸委副主任
黄续祖　省民政厅厅长
王　幸　省公安厅副厅长
陆代森　省财政厅副厅长
卜彦杰　省人事厅副厅长
陈一为　省劳动和社会保障厅副厅长
王吉祥　省交通厅纪检组长
刘　炘　省广播电视局副局长
徐怀恩　省卫生厅副厅长
冀　玉　省建设厅纪检组长
郑华平　省科学技术厅副厅长
李效栋　省水利厅副厅长
王亨通　省农牧厅纪检组长
陈永佑　省通信管理局副局长
王志贵　省国土资源厅党组书记
张和平　省民政厅副厅长
谢国业　省粮食局局长
孙望尘　省工商管理局副局长
周古平　省国税局副局长
白继成　省地税局副局长
杨安徽　兰州铁路局党组副书记
吴俊波　兰空政治部秘书处处长
孔繁明　武警甘肃省总队副政委
王玺玉　省总工会常务副主席
柳　鹏　团省委副书记
徐亚荣　省妇联副主席

办公室主任：黄续祖（兼）

副　主　任：张和平（兼）
秦卫东（兼）
王世英（专职）
陈　武　省军区政治部秘书群联处处长

青海省双拥工作领导小组及办公室

组　长：宋秀岩　省委副书记

副组长：管　雷　省委常委、政法委书记
邓本太　副省长
姚天福　省军区副司令员

克　保　省民政厅厅长

成　员： 武玉嶂　省委副秘书长
部风涛　省政府副秘书长
周贤安　省委宣传部副部长
沈传立　省计委副主任
骆玉林　省经贸委主任
杜小明　省教育厅厅长
马义才　省民委副主任
左建民　省公安厅政治部主任
陈有珍　省民政厅副厅长
马海莉　省财政厅副厅长
马继双　省人事厅副厅长
韩文录　省劳动保障厅副厅长
王建斌　省国土资源厅副厅长
师宪朝　省建设厅纪委书记
王　侗　西宁铁路分局党委副书记
石耀明　省交通厅纪委书记
袁瑞青　省通信管理局局长
赵廷琪　省水利厅纪检组长
多杰才让　省农牧厅副厅长
牛惠民　省卫生厅副厅长
李振宇　省国税局总会计师
王志忠　省地税局副局长
高大伟　省广电局副局长
高　煜　省工商局副局长
赵春生　省军区政治部副主任
范云杰　96351部队政治部副主任
曾宪斋　武警青海省总队政治部副主任
李海乾　62201部队政委
张　恒　68060部队政委
傅军刚　武警青海省公安消防总队政委
张中义　省警卫局局长
张玉娥　省总工会副主席
尼玛卓玛　团省委书记
王　辉　省妇联副主席

办公室主任： 武玉嶂（兼）

副　主　任： 部风涛（兼）
陈有珍（兼）
赵春生（兼）

宁夏回族自治区双拥工作领导小组及办公室

组　长： 马启智　自治区政府主席

副组长： 韩茂华　自治区党委副书记
杨锦岭　自治区党委常委、宁夏军区政委
刘　慧　自治区副主席
杨信宏　宁夏军区政治部主任

成　员： 吴仕民　自治区党委副秘书长、办公厅主任
魏锡良　自治区政府秘书长
徐永富　自治区党委宣传部副部长
李　锐　自治区民政厅厅长
齐同生　自治区发展计划委员会主任
解孟林　自治区经贸委主任
王和新　自治区人事厅长
陶　源　自治区财政厅长
吴玉才　自治区劳动和社会保障厅厅长
蔡国英　自治区教育厅厅长
王邦秀　自治区文化厅厅长
马玉章　自治区卫生厅厅长
周　舒　自治区交通厅厅长
赵永彪　自治区粮食局局长
张克洪　自治区广播电影电视局局长
李淑芬　自治区工商局局长
李文瑞　自治区国家税务局局长
田　明　自治区建设厅厅长
金萍芬　自治区妇联主席
杨玉经　自治区团委书记
陈玉宝　自治区民政厅副厅长
李志荣　自治区公安厅政治部主任

孙瑞明　自治区地方税务局副局长
鲁国会　自治区总工会副主席
任杏其　宁夏军区司令部副参谋长
赵俊新　宁夏军区政治部副主任
姚光明　宁夏军区后勤部部长
孟祥春　武警宁夏总队副政委
办公室主任：魏锡良（兼）
副　主　任：赵俊新（兼）
陈玉宝（兼）

新疆维吾尔自治区双拥工作领导小组及办公室

组　长：王乐泉　中共中央政治局委员、自治区党委书记
副组长：司马义·铁力瓦尔地　自治区党委副书记、自治区主席
胡家燕　自治区党委副书记、纪检委书记
喻林祥　自治区党委常委、新疆军区政委
张庆黎　自治区党委常委、新疆生产建设兵团司令员
努尔兰·阿不都满金　自治区副主席
买买提·艾山　新疆军区副政委
成　员：任祖林　新疆军区政治部副主任
王祥富　93886部队政委
王振荣　63650部队政委
徐田有　武警新疆总队政委
李　屹　自治区党委副秘书长、办公厅主任
吐尔逊·伊不拉音　自治区人民政府副秘书长
胡赛因·瓦里恰　自治区党委宣传部副部长
张　珍　武警交通二总队政委
赵士忠　武警新疆边防总队总队长
刘晏良　自治区发展计划委员会主任
周　毅　自治区民政厅党组书记
贾帕尔·艾比布拉　自治区民政厅厅长
沙塔尔·沙吾提　自治区教育厅厅长
阿皮孜·尼亚孜　自治区民族事务委员会主任
李学军　自治区财政厅厅长
尼加提·马合木提　自治区人事厅厅长
艾拉提·艾山　自治区劳动和社会保障厅厅长
李建新　自治区建设厅厅长
杨志国　乌鲁木齐铁路局局长
关武平　民航乌鲁木齐管理局党委书记、局长
穆铁礼甫·哈斯木　自治区交通厅厅长
艾则孜·卡尤木　自治区农业厅厅长
吕家传　自治区文化厅党组书记
王伟博　自治区国土资源厅党组书记
买买提明·牙生　自治区粮食局局长
李建中　自治区工商行政管理局党组书记
蒋立勋　自治区国税局党组书记、局长
冯志明　自治区地税局局长
买买提·肉孜　自治区公安厅副厅长
买买提江·艾买提　自治区总工会主席
景海燕　自治区妇联党组书记
尔肯江·吐拉洪　自治区团委书记
办公室主任：周　毅（兼）
副　主　任：王　有　自治区民政厅副厅长
杨传鹏　新疆军区政治部群工处处长
张巨辉（专职）

命名表彰决定

辽宁省双拥办关于授予东北大学等16个单位“辽宁省科技拥军示范基地”的决定

辽拥办［2004］6号

近年来，全省各地把科技拥军作为双拥工作的一项重要内容，广泛开展了全方位、深层次的科技拥军活动和两用人才培养工作，在完善基础设施、培养高素质人才、提高官兵的基本技能等方面取得了较好成效，发挥了积极的作用，涌现出一批先进的科技拥军基地。为了表彰先进，推动全省科技拥军工作的深入开展，决定授予东北大学等16个单位为“辽宁省科技拥军示范基地”，希望受表彰的单位继续发挥科技拥军的示范作用，为国防现代化建设和双拥工作做出新的贡献。

“辽宁省科技拥军示范基地”名单

东北大学

沈空通信训练大队图书馆

大连理工大学

大连市西岗区军人学历培训中心

鞍山市信息技术研究中心

解放军65145部队培训中心

本溪市科学技术协会

宽甸县军地两用人才培训中心

解放军65651部队培训中心

解放军65539部队培训中心

辽宁工程技术大学

解放军65583部队文化广场

铁岭市农业职业技术学院

朝阳市退役士兵培训中心

盘锦市退役士兵培训中心

解放军91796部队培训中心

黑龙江省双拥工作领导小组关于开展向佳木斯市等10个全国双拥模范城（县）学习的决定

2004年1月10日

自2000年全国双拥工作领导小组、民政部、总政治部命名表彰全国双拥模范城（县）以来，在省委、省政府的领导下，全省双拥工作积极适应军队和地方改革与发展的新形势，围绕中心，服务大局，立足基层，创新发展，取得了新的成绩和进步，有力地促进了我省改革发展、社会稳定和部队全面建设，涌现出一大批双拥模范城（县）、爱国拥军模范单位和个人。在今年1月8日召开的全国拥军优属拥政爱民工作会议上，我省佳木斯、哈尔滨、齐齐哈尔、牡丹江、鸡西、伊春、大庆市和克山县、同江市、鸡东县被命名为全国双拥模范城（县）。这些市（县）中，既有连续多年被命名表彰的老典型，又有在改革开放新形势下涌现出来的新模范，它们是我省双拥模范城（县）的杰出代表，展示了我省双拥工作的新水平。

近年来，佳木斯等双拥模范城（县）全面贯彻

“三个代表”重要思想，围绕增进军政军民团结的大局，以增强经济实力、国防实力和民族凝聚力为目标，以维护社会稳定、促进经济发展、推进军事斗争准备为重点，把双拥工作纳入到市（县）经济社会发展的总体规划，纳入到党委、政府的重要议程，形成了领导重视、部门合力、军地互动的工作格局；广泛开展国防教育和双拥传统教育，形成了军爱民、民拥军的良好社会风尚；不断加强思想道德和科学文化建设，军民共建社会主义精神文明活动硕果累累，促进了军地思想道德水平的同步提升；着眼于深化改革和发展社会主义市场经济形势下双拥工作遇到的新情况、新问题，不断加强双拥工作政策法规建设，较好地促进了难点、重点和热点问题的解决；把支持部队建设作为义不容辞的责任，积极配合和保障部队完成战备训练和军事演习任务；发挥地方科技优势，广泛开展科技拥军活动，帮助部队加强基础建设，为加强军队质量建设、提高军事斗争准备水平创造了良好条件。驻军部队积极参加驻地“三个文明”建设，勇于承担急难险重任务，以实际行动践行了我军宗旨。

希望全省各地和广大军民认真学习他们的先进经验和典型事迹，继承和发扬拥军优属、拥政爱民的优良传统，着眼深化改革和发展社会主义市场经济条件下双拥工作面临的新形势新任务，团结奋斗，扎实工作，与时俱进，开拓创新，深入持久地开展创建双拥模范城（县）活动，积极支持军队和国防建设。通过全省军民的共同努力，进一步巩固和发展同呼吸、共命运、心连心的新型军政军民关系，为实现我省“努力快发展，全面建小康”的战略目标创造良好的社会环境。

黑龙江省双拥办关于表彰全省优秀双拥理论研讨论文的决定

黑拥办字［2004］24号

近年来，全省军地有关部门以党的十六大精神和“三个代表”重要思想为指导，紧紧围绕军政军民团结大局，针对新形势下双拥工作出现的重点、难点、热点问题，深入基层，深入实际，广泛开展调查研究，取得了一些可喜的成果。在省双拥工作理论研讨暨工作推进会议上，《全方位推进双拥工作持续健康发展应重点把握的几个问题》等6篇文章被评为一等奖，《充分发挥桥梁纽带作用不断推进双拥工作深入发展》等6篇文章被评为二等奖，《推进民企拥军需要把握的几个问题》等8篇文章被评为三等奖。

希望受到表彰的单位再接再厉，继续深入开展双拥工作调查研究，在理论和实践的结合上多出成果，多出精品，为推动新形势下双拥工作的深入健康发展做出新的更大贡献。

全省优秀双拥理论研讨论文题目及作者单位：

一等奖

1. 黑龙江省军区政治部：《由帮扶贫困县伤残复转军人带来的启示》；

2. 佳木斯市双拥办：《创“千里双拥水道”活动的实践与思考》；

3. 伊春市双拥办：《全方位推进双拥工作持续健康发展应重点把握的几个问题》；

4. 绥化市双拥办：《关于新时期双拥工作的思考与践行》；

5. 解放军65426部队政治部：《围绕振兴东北老工业基地全面推进拥政爱民工作的实践与思考》；

6. 哈尔滨市双拥办：《与时俱进创新机制构筑双拥工作制度化平台》。

二等奖

1. 省武警总队政治部：《充分发挥武警部队职能作用积极为黑龙江的经济发展和社会稳定贡献力量》；

2. 大庆军分区政治部：《充分发挥桥梁纽带作用不断推进双拥法制化建设》；

3. 空军第一飞行学院政治部：《对如何深入开展科技助民活动的实践与思考》；

4. 鸡西市双拥办：《浅谈建立与时俱进的双拥工作评估机制》；

5. 黑河市双拥办：《以创新精神做好民营经济组织双拥共建工作》；

6. 双鸭山市双拥办：《浅谈如何充分利用社区平台扎实开展双拥工作》。

三等奖

1. 武警黄金第一总队政治部：《发挥部队优势振兴老工业基地经济的几点思考》；

2. 鸡西军分区政治部：《对新形势下民兵维护社会稳定工作的几点思考》；

3. 双鸭山军分区政治部：《对新时期双拥工作的思考与践行》；

4. 伊春军分区政治部：《新形势下基层拥政爱民工作的调查与思考》；

5. 佳木斯军分区政治部：《浅谈军分区开展双拥工作的走势》；

6. 齐齐哈尔市双拥办：《“三个代表”是双拥工作的根本方向》；

7. 大兴安岭地区双拥办：《企业股份制对双拥工作的影响及对策》；

8. 克山县双拥办：《推进民企拥军需要把握的几个问题》。

江苏省人民政府　江苏省军区
关于表彰拥军优属拥政爱民先进单位和先进个人的决定

苏政发［2004］41号

近年来，全省各地和驻苏各部队以邓小平理论和“三个代表”重要思想为指导，认真贯彻党中央、国务院、中央军委关于加强军政军民团结的精神，紧紧围绕促进全省改革发展稳定和驻苏部队革命化、现代化、正规化建设的目标，深入开展拥军优属、拥政爱民活动，取得了显著成绩，涌现出一批具有时代特征和江苏特色的双拥工作先进单位、先进个人，为增进军政军民团结、促进我省社会经济发展和军队现代化建设做出了积极贡献。

为表彰先进，推动双拥工作广泛深入持久地开展下去，省政府、省军区决定，对南京市法律援助中心等81个拥军优属先进单位，南京军区政治部警卫连等31个拥政爱民先进单位，杨宗义等35名拥军优属先进个人，夏方泉等16名拥政爱民先进个人给予表彰。

希望受到表彰的先进单位和先进个人珍惜荣誉，谦虚谨慎，开拓进取，再创佳绩。全省各级政府、驻苏各部队和广大军民要向双拥工作先进单位和先进个人学习，在以胡锦涛同志为总书记的党中央领导下，高举邓小平理论和“三个代表”重要思想伟大旗帜，认真贯彻党的十六大和十六届三中全会精神，把新时期的双拥工作不断推向前进，巩固发展同呼吸、共命运、心连心的军政军民关系，为富民强省、“两个率先”做出新的更大的贡献。

一、拥军优属先进单位

南京市法律援助中心

南京市双拥办公室

南京市粮食局市场管理处

南京市民政局优抚处

南京市板桥汽渡管理处

南京市玄武区太平门社区居委会
南京市白下区民政局
南京市秦淮区民政局
南京市鼓楼区双拥办公室
南京市建邺区南苑街道爱达社区居委会
无锡市教育局
无锡市科学技术协会
无锡市自来水总公司
无锡市滨湖区双拥工作办公室
江阴职业技术学院
宜兴市宜城镇人民政府
徐州市民政局
徐州市劳动保障局
徐州市教育局
徐州市云龙区劳动保障局
丰县个体劳动者协会
邳州市卫生局
新沂市民政局
铜山县三堡镇人民政府
常州市劳动和社会保障局
黑牡丹（集团）股份有限公司
常州市新北区罗溪镇人民政府
溧阳市民政局
金坛市双拥办公室
苏州市民政局
苏州市交通局
苏州市吴中区民政局
张家港市民政局
常熟市民政局
太仓市民政局
吴江市民政局
昆山市玉山镇人民政府
南通市交通局
南通市崇川区民政局
海门市民政局
启东市国税局
通州市民政局
如东县掘港镇人民政府
连云港市民政局
连云港燃料集团
连云港鹰游纺机责任有限公司
赣榆县罗阳镇人民政府
东海县供电局
淮安市双拥办公室
淮安市交通局
淮安市科技局
淮安市民政局
淮安市双拥艺术团
盐城市财政局
盐城市劳动保障局
盐阜人民商场有限公司
盐城市盐都区民政局
盐城市亭湖区民政局
响水县民政局
扬州市园林局
扬州市交通局
扬州市卫生局
江都市民政局
仪征市双拥协会
镇江市交通局
镇江市民政局
镇江市丹徒区人民政府办公室
句容市双拥办公室
泰州市双拥办公室
春兰集团
扬子江药业集团
靖江市人民医院
宿迁市民政局
宿迁市供电公司
宿迁市宿城区民政局
沭阳县双拥办公室
省财政厅社保处
省人事厅军队转业干部安置办公室
省民政厅优抚局
省科学技术协会办公室

二、拥政爱民先进单位

南京军区政治部警卫连

解放军 94994 部队

解放军理工大学指挥自动化学院计算机与指挥自动化系计算机教研室

武警江苏省总队第一支队

武警 8720 部队 55 分队

解放军 73035 部队

武警 8693 部队

解放军 73081 部队

解放军工程兵指挥学院教练大队

空军后勤学院一系

常州陆军预备役通信团

武警常州市支队

张家港市人武部

解放军 73041 部队医院

解放军 73206 部队

武警南通市消防支队

解放军 94993 部队

解放军 73201 部队

武警连云港市边防支队

解放军第 82 医院

解放军 73106 部队高炮一营

武警盐城市消防大队

射阳县人武部

扬州军分区政治部宣保科

武警扬州市支队

镇江市京口区人武部

镇江船艇学院教练大队 X1015 艇

兴化市人武部

姜堰市人武部

武警宿迁市支队

宿豫县人武部

三、拥军优属先进个人

杨宗义　南京市福中信息产业集团有限公司总裁

张正鸣　南京市科协科普部部长助理

刘　水　南京市玄武区教育局局长

任家翠　南京市浦口区泰山街道双垅村村民

郁　健　无锡市职业介绍服务中心主任

苏敏洪　无锡市滨湖区胡埭镇湖山村村委会主任

宋家强　沛县双拥办公室主任

孟庆喜　徐州市贾汪区青山泉镇副镇长

周　敏　徐州市鼓楼区个体工商户

许建国　常州市双拥办公室副主任

华再清　常州市武进区东安中心小学教师

王国祥　苏州市政府副秘书长、市双拥办主任

张琴琴　苏州市金阊区民政局局长

钱月宝　常熟市梦兰集团董事长

宋小忠　如皋市凌云置业有限公司董事长

陈水平　海门市副市长

杨承和　海安县民政局优抚科科长

熊洁英　连云港市奇魅服饰有限公司总经理

程学东　连云港市双拥办公室副主任

孙茂顺　涟水县个体私营经济拥军协会会长

何达平　南京钢铁集团江苏淮钢有限公司董事长

何桂华　中共淮安市委副秘书长、市双拥办公室主任

薛　禹　盐城市人民政府秘书长、市双拥办公室主任

王光文　东台市市长

陈连香　大丰市万隆实业有限公司董事长

刘润生　扬州市润扬汽车修理厂厂长

顾秋华　扬州市双拥办公室副主任

解宪荣　镇江市人民政府副秘书长

方宇金　镇江市人事局副局长

丁海宝　泰州市人民政府副秘书长、市双拥办主任

曹龙祥　泰兴市华翔集团总经理

郭建中　泗阳县民政局局长

刘　义　宿豫县洋北镇党委书记

项胜华　省民政厅优抚局副局长

李文俊　省职业介绍中心干部

四、拥政爱民先进个人

夏方泉　武警南京指挥学校学员

蔡保华　解放军国际关系学院政治部办公室主任

卜仲谟　空军无锡干休所离休干部

陈景开　解放军第101医院主任医师

张林生　解放军94592部队宣传保卫股股长

刘玉成　丰县人武部政委

罗志平　常州军分区政治部科长

丁华鹏　苏州市吴中区公安消防大队大队长

顾捷生　海军南通离职干部休养所政委

吴克典　解放军73202部队政治处主任

张年松　淮安军分区政治部宣传保卫科科长

刘贵高　武警盐城市支队卫生队队长

吴　明　江苏陆军预备役步兵师政治部干事

魏殿举　解放军73056部队政委

张建轩　泰州军分区政治部宣传保卫科科长

单延山　宿豫县人武部政委

中共浙江省委　浙江省人民政府　浙江省军区
关于表彰拥军优属拥政爱民模范单位和个人的决定

浙委发〔2004〕70号

拥军优属、拥政爱民，是我党我军我国人民的优良传统和特有的政治优势。在全面建设小康社会的伟大进程中，全省军民以邓小平理论和“三个代表”重要思想为指导，认真贯彻党中央、国务院、中央军委关于加强军政军民团结的指示精神，紧紧围绕增强经济实力、国防实力和民族凝聚力，深入持久地开展拥军优属、拥政爱民活动，逐步形成了以服从服务大局为主线，密切军政军民关系为核心，推进军队现代化建设为重点，创建双拥模范城（县）活动为载体的双拥工作良好局面，促进了改革发展稳定和军队建设，并涌现出一批双拥工作先进单位和个人。为表彰先进，树立榜样，推动全省双拥工作深入开展，省委、省政府、省军区决定，授予浙江省财政厅等30个单位拥军优属模范单位称号，授予解放军91867部队等20个单位拥政爱民模范单位称号，授予孙厚军等20位同志拥军优属模范称号，授予马晓国等10位同志拥政爱民模范称号。

希望受到表彰的单位和个人，再接再厉，充分发挥模范表率作用，不断创造新经验，取得新成绩。全省广大军民要以先进为榜样，不断探索双拥工作新途径，拓展双拥工作新领域，创新形式，深化内容，巩固和发展军政军民团结的大好局面，为我省全面建设小康社会，提前基本实现现代化，为推进中国特色军事变革做出新的贡献！

一、拥军优属模范单位

浙江省财政厅

浙江省民政厅

杭州市财政局

杭州市科技局

杭州市公交总公司

宁波港集团有限公司

宁波市劳动和社会保障局

宁波市海曙区南门街道

温州市民政局

洞头县人民政府

嘉兴市双拥工作领导小组办公室

桐乡市人民政府

湖州市交通局

长兴县民政局

安吉县经济开发区管委会

绍兴市越城区人民政府

绍兴市民政局
诸暨市暨阳街道办事处
金华市婺城区罗店镇人民政府
义乌市城镇职业技术学校
衢州市民政局
江山市人民政府
衢州市文明示范街道理事会
台州市路桥区路南街道办事处
中国缝纫机飞跃集团
舟山市教育局
舟山市电力公司
嵊泗县枸杞乡
缙云县民政局
青田县鹤城镇

二、拥政爱民模范单位

解放军 91867 部队
解放军 91504 部队
解放军 92713 部队
解放军 91557 部队 25 分队
解放军 91257 部队 36 分队
解放军 92858 部队 71 分队
解放军 92951 部队
解放军 73026 部队
解放军 73051 部队工化营
解放军 73015 部队
解放军 73235 部队
解放军 94973 部队
解放军 94855 部队
武警浙江省总队台州市支队
武警浙江省总队杭州市支队临安市中队
武警杭州边防检查站
武警杭州市消防支队
公安海警高等专科学校学员九队
温州军分区海防营
衢州市柯城区人民武装部

三、拥军优属模范

孙厚军　浙江省人民政府办公厅秘书处处长
杨佐勇　杭州市西湖区文新街道党工委书记
李　勤　临安市民政局优抚安置科科长
陈卫国　象山县民政局局长、双拥办主任
储吉旺　宁波如意股份有限公司董事长
陈勋高　温州市瓯海区民政局局长
黄作兴　江南阀门有限公司董事长
陆凤英　平湖市钟埭镇永丰村村民
李全良　嘉善梅园大酒店有限公司总经理
刘志国　德清县志国船舶修造厂经理
章生建　中共绍兴县委常委、县人民政府副县长
王国平　金华市婺城区城中街道党工委书记
吴金洪　金华市金东区孝顺镇民政办主任
毛根娣　衢州市柯城区上街街道办事处民政助理员
柯小林　玉环县烟草公司总经理
江杏林　温岭市箬横镇村民
谢云鹏　舟山市双拥共建办副主任
孙芬年　舟山市普陀区展茅镇翁家岙村村民
毛明吉　庆元县农业局种畜场山林队队长
曹新民　龙泉市人民政府副市长

四、拥政爱民模范

马晓国　海军东海舰队政治部秘书处群联办主任
洪民权　解放军 96164 部队政治部主任
张宇平　解放军 92919 部队政治部秘书处干事
武新广　解放军 92910 部队政治部组织处干事
蒋德保　解放军 73011 部队政治部秘书群联处处长
张纪恩　武警浙江省总队温州市支队机动中队中队长
杨德宝　武警警卫部队浙江省警卫局警卫队副政委
宋剑飞　南京军区杭州疗养院政治部组织干部科干事
黄　斌　宁波军分区干休所离休干部
李荣法　临海市人民武装部政治委员

福建省双拥工作领导小组
关于表彰科技拥军、科技助民工作先进单位的决定

闽拥［2004］3号

自2001年8月省委办公厅、省政府办公厅下发《关于广泛深入开展科技拥军活动的通知》以来，我省各级各部门在省委、省政府和省双拥工作领导小组的领导下，把科技拥军工作摆上重要议事日程，初步建立了以各级政府为主导，以科教部门为龙头，以大专院校、科研院所、高新企业等单位为依托的运行机制，广泛开展了多种形式的科技拥军活动，在帮助部队培养高素质人才、支持部队信息化建设、转让地方科研成果、提供信息咨询服务、协助部队科研攻关和科普宣传教育等方面，做出了积极的贡献，取得了可喜的成果。与此同时，驻闽部队充分发挥各自特长和优势，积极开展科技助民活动，在支持地方科教兴市、科教兴县，支援地方重点工程建设、抢险救灾、为民防病治病、科技扶贫和国防教育等方面，做了大量实事好事，为地方科技进步和社会发展做出了新的贡献，初步形成了科技拥军与科技助民相互促进、共同发展的良好局面，有力地促进了部队的现代化建设和地方的经济、社会发展。

在广泛开展科技拥军、科技助民活动中，各级各部门、各高等院校、驻闽各部队涌现出一批成绩突出的单位。为表彰先进，树立典型，进一步推动科技拥军、科技助民工作的深入发展，省双拥工作领导小组决定，授予长乐市人民政府等20个单位为科技拥军工作先进单位，授予73322部队等10个单位为科技助民工作先进单位。

希望受表彰的单位再接再厉，与时俱进，开拓进取，在科技拥军、科技助民工作中，不断创造新经验，取得新成绩。全省各级各部门、各行各业和驻闽各部队要以他们为榜样，心系国防、热爱军队，支持地方、助民奉献，大力推进科技拥军、科技助民工作向广度和深度发展，为推进中国特色军事变革和海峡西岸经济区建设做出新的贡献。

一、科技拥军工作先进单位

长乐市人民政府
闽江学院
福州市蔬菜科学研究所
厦门市思明区人民政府
集美大学
厦门市农业科学研究所
国家海洋局第三海洋研究所
泉州市科学技术局
晋江市人民政府
石狮市生产力促进中心
漳州市科学技术局
漳州市芗城区人民政府
漳州师范学院
莆田市财政局
三明市科学技术局
连城县科学技术局
南平市科学技术局
福鼎市人民政府
福建省科学技术厅
福建省农业厅

二、科技助民工作先进单位

解放军73322部队
龙岩市新罗区人民武装部
解放军73116部队
解放军73127部队
解放军91806部队

解放军94816部队

武警福建省总队医院

解放军第175医院

解放军63758部队

武警泉州市边防支队

中共山东省委　山东省人民政府　山东省军区
关于表彰拥军优属、拥政爱民先进单位和先进个人的通报

鲁委［2004］234号

近年来，全省各地、驻鲁各部队以邓小平理论和“三个代表”重要思想为指导，努力适应改革开放和发展社会主义市场经济的新形势，认真贯彻党中央、国务院、中央军委关于加强军政军民团结的指示精神，紧紧围绕促进社会改革发展稳定和军队建设大局，深入开展拥军优属、拥政爱民活动，极大地激发了广大军民爱国拥军、爱民奉献的政治热情。广大军民在经济建设和国防建设中相互支持，在精神文明建设中密切配合，在抢险救灾中并肩战斗，各项军民共建活动取得显著成效，“同呼吸、共命运、心连心”的新型军政军民关系得到进一步巩固和发展，有力地促进了全省的政治稳定、经济发展和驻鲁部队的现代化建设，涌现出一大批具有时代特色的先进典型。为表彰先进，树立榜样，推动拥军优属、拥政爱民工作持续深入发展，经研究决定，授予济南钢铁集团总公司等36个单位“山东省爱国拥军模范单位”荣誉称号，授予济南军区联勤部政治部等20个单位“山东省拥政爱民模范单位”荣誉称号，授予刘爱玲等10名同志“山东省爱国拥军模范”荣誉称号，授予万功民等5名同志“山东省拥政爱民模范”荣誉称号，给予朱传东等35名同志记一等功奖励。爱国拥军模范享受省级劳模待遇。部队受表彰人员在军队服役期间，按军队规定执行；转业到地方后，拥政爱民模范享受省级劳模待遇；记一等功人员享受地方有关待遇。

希望受到表彰的单位和个人珍惜荣誉，发扬成绩，再接再厉，争取更大光荣。全省各地和驻鲁各部队要学习他们讲政治、顾大局，自觉维护军政军民团结的思想觉悟；学习他们热爱党、热爱祖国、热爱人民军队的崇高境界；学习他们无私奉献，自觉为国家和军队分忧、为人民群众造福的高尚品德；学习他们与时俱进，创造性开展工作的进取精神，进一步巩固和发展军政军民团结的大好局面，努力把我省的拥军优属、拥政爱民工作提高到一个新的水平，为建设“大而强、富而美”的社会主义新山东和促进国防现代化建设而努力奋斗。

一、爱国拥军模范单位

济南钢铁集团总公司

济南市历下区解放路街道办事处

青岛市人事局

青岛市城阳区上马街道办事处

淄博市人事局

淄博市张店区科苑街道办事处

枣庄市文化局

东营市民政局

山东省通信公司东营市分公司

烟台市人事局

蓬莱市黄金集团总公司

潍坊市人事局

青州市王府街道办事处

济宁市财政局

兖州矿业集团股份有限公司

泰安市人事局

山东电力泰安供电公司

威海华唯电脑培训学校
山东院夼实业集团公司
日照市民政局
山东鲁圣电力器材有限公司
莱芜市民政局
莱芜市钢城区里辛镇人民政府
临沂市地税局
蒙阴县野店镇人民政府
德州市德城区民政局
聊城市人事局
高唐县人民政府
滨州市双拥办公室
菏泽市民政局·
山东电力集团公司
中国网通山东通信公司
山东省劳动和社会保障厅
山东省法律援助中心
济南铁路局济南铁路分局济南客运段 T35/36 次列车
山东省个体私营企业协会

二、拥政爱民模范单位

济南军区联勤部政治部
解放军 72556 部队
解放军 94402 部队
解放军 91040 部队
青岛警备区侦察船运大队
解放军 71345 部队坦克营
解放军 72965 部队
海军航空工程学院学员旅学员一队
武警烟台边防检查站
解放军 94285 部队
解放军 71305 部队
武警济宁市支队
武警泰安市消防支队
解放军 91343 部队
解放军 96117 部队政治部
莒南县人武部
临邑县人武部
武警聊城市支队
博兴县人武部
东明县人武部

三、爱国拥军模范

刘爱玲　济南市天桥区双拥办主任
王秀婷　青岛市民政局副局长
赵希成　淄博市民政局局长
贾锡坤　胜利石油管理局人武部部长
隋安臣　烟台市民政局局长
陈常庆　日照市双拥办主任
朱呈镕　山东朱老大食品有限公司总经理
王　勇　莘县县委副书记、县长
庞守连　省双拥办副主任
张振言　省财政厅社保处主任科员

四、拥政爱民模范

万功民　济南军区政治部副秘书长
陈　平　山东省军区秘群处处长
刘晓明　烟台警备区政治部副主任
罗爱祥　沂水县人武部政委
陈维文　武警菏泽市支队支队长

五、记一等功人员

朱传东　济南市趵突泉公园管理处主任
邵晓红　青岛市双拥办综合秘书处处长
张孝顺　淄博市临淄区齐园国防教育基地主任
张庆华　枣庄市山亭区民政局局长
李　辉　东营市东营区区委副书记
纪少波　烟台港务局副局长
傅青军　长岛县双拥办副主任
孟祥志　潍坊市双拥办主任
张永芹　潍坊市潍城区西关街道前进街居委会党支部书记、主任
杨传民　济宁市民政局优抚科科长
王文真　邹城市钢山街道西关社区居委会主任
陈贞民　泰安市民政局副局长
闫卫东　泰安市泰山管委会桃花峪管理区党支部书记、区长
杨正权　威海杨正权实业有限公司总经理
邹希元　威海市双拥办副主任

李志强　日照市公路局局长
李佳笃　莱芜市双拥办副主任
咸宝友　莱芜市莱城区高庄街道安仙村党支部书记
张万连　临沂市民政局局长
张甫清　临邑县双拥办主任
马文通　庆云县民政局局长
赵松敬　聊城市双拥办副主任
仝凤元　滨州市滨城区民政局副局长
辛会堂　菏泽市牡丹区双拥办副主任
陈建玉　省双拥办副主任
阎光领　北海舰队政治部干事
任向东　济南军区空军政治部干事
张启军　武警山东省总队政治部干事
王宝书　济南警备区政治部副主任
姚　澜　青岛警备区政治部干事
崔文书　东营市河口区人武部政委
张培立　山东陆军预备役炮兵师政治部宣保科科长
宋文平　武警威海市支队政委
杨　军　解放军71977部队81分队士官
赵同江　聊城军分区政治部宣保科科长

中共广东省委　广东省人民政府　广东省军区 关于授予广州市等79个市、县（市、区）省双拥模范城（县）荣誉称号的决定

（2004年7月28日）

自2001年第六届省双拥模范城（县）命名以来，我省各级党委、政府、驻粤部队领导机关和广大军民，坚持以“三个代表”重要思想和党的十六大、十六届三中全会精神为指导，认真贯彻党中央、国务院、中央军委关于加强军政军民团结的重要指示和胡锦涛总书记视察广东的重要讲话精神，以争创双拥模范城、争当双拥排头兵为动力，军政军民“同呼吸、共命运、心连心”，深入扎实地开展创建双拥模范城（县）活动，巩固和发展了军政军民团结的大好局面，全省涌现出了一批双拥工作的先进市、县（市、区）。为表彰先进，树立典型，推动我省双拥活动更加广泛、深入、扎实地开展，省委、省政府、省军区决定，授予广州市等18个市双拥模范城称号，授予曲江县等61个县（市、区）双拥模范县（市、区）称号。具体名单如下：

一、双拥模范城（18个）

广州市、深圳市、佛山市、惠州市、东莞市、江门市、中山市、珠海市、汕头市、湛江市、阳江市、梅州市、韶关市、河源市、潮州市、肇庆市、茂名市、清远市

二、双拥模范县（市、区）（61个）

广州：天河区、白云区、荔湾区、东山区、黄埔区、越秀区、番禺区、花都区

深圳：福田区、宝安区、罗湖区、龙岗区、南山区

珠海：香洲区、斗门区

汕头：南澳县、金平区、龙湖区、澄海区

佛山：南海区、顺德区、三水区、高明区

韶关：曲江县、仁化县、乐昌市、始兴县

河源：连平县、和平县

梅州：梅江区、丰顺县、梅县、兴宁市

惠州：博罗县、惠城区、惠阳区、惠东县

汕尾：城区、海丰县

江门：开平市、新会区、台山市、蓬江区

阳江：阳春市、江城区、阳西县

湛江：遂溪县、廉江市、徐闻县

茂名：高州市、电白县、信宜市

肇庆：广宁县、高要市、德庆县、四会市

清远：清城区、英德市

揭阳：揭西县

云浮：新兴县、罗定市

希望被授予荣誉称号的单位发扬成绩，再接再厉，扎实工作，继续争当全省双拥工作的排头兵。各地要学习先进，加大双拥工作力度，全面落实双拥优抚安置政策，把我省的双拥工作提高到一个新的水平，为广东三个文明建设和部队全面建设做出新的更大的贡献。

中共广东省委　广东省人民政府　广东省军区关于表彰爱国拥军和拥政爱民模范单位的决定

（2004年7月28日）

在改革开放、发展社会主义市场经济的新形势下，各地、各部队高举邓小平理论和“三个代表”重要思想的伟大旗帜，认真贯彻党中央、国务院、中央军委关于加强军政军民团结的指示精神，紧紧围绕促进国家改革发展稳定和军队建设，深入开展拥军优属、拥政爱民活动，群众性双拥活动蓬勃发展，全民国防教育深入扎实，军地相互支持更加有力，优抚安置政策全面落实，军民共建活动成效显著。新时期双拥工作的伟大实践，不断激发了广大军民爱国拥军、爱民奉献的政治热情，军民携手、团结协作蔚然成风，涌现出一大批具有鲜明时代特色的先进集体。为表彰先进，树立典型，推动我省双拥工作持续深入发展，经省委、省政府、省军区同意，决定授予广州市民政局优抚处等36个单位爱国拥军模范单位称号，授予广州军区75706部队等14个单位拥政爱民模范单位称号，并全省通报表彰。具体名单如下：

一、爱国拥军模范单位

广州市民政局优抚处

广州市法律援助中心

广州市越秀区流花街道办事处

广州市东山区公安分局

深圳市民政局优抚安置处

深圳大学

深圳市明思克航母世界实业有限公司

珠海市私营企业协会

汕头市工人文化宫

汕头军供站

佛山市公共交通有限公司

顺德货柜码头有限公司

韶关市民政局优抚科

曲江县民政局

河源市烟草专卖局（公司）

大埔县双拥工作领导小组办公室

平远县大柘镇政府

惠州市双拥工作领导小组办公室

博罗县民政局

汕尾市城区捷胜镇人民政府

东莞市教育局

中山市民政局

江门市大长江集团有限公司

阳西县民政局

广东烟草湛江市有限公司

廉江市第三中学

中国石化集团茂名炼油化工股份有限公司加氢精制车间

肇庆市贺江电力发展有限公司

清远市清城区民政局优抚安置股

韩山师范学院
揭阳市劳动和社会保障局
广东省粤电集团有限公司云浮发电厂
中共广东省委组织部干部一处
省交通战备办公室
省公安厅人事处
省财政厅社会保障处

二、拥政爱民模范单位

解放军75706部队
解放军广州军区政治部同和干休所
解放军91356部队
解放军95386部队
解放军75204部队
广东省军区政治部秘书群联处
广东省广州警备区警备纠察连
第一军医大学第一附属医院惠侨科
解放军体育学院学员十五队
海军广州舰艇学院学员六队
解放军75645部队
武警广东省总队第二支队六中队
武警广东省边防总队中山边防检查站
武警广东省惠州市消防支队惠阳区中队

希望受到表彰的单位再接再厉，开拓进取，不断创造新经验，取得新成绩。各地各部队要以他们为榜样，着眼于推进国家和军队现代化建设，筹划和开展双拥工作，拓宽领域，丰富内容，提高标准，取得实效，进一步巩固和发展我省军政军民团结的大好局面，为全面建设小康社会和推进中国特色军事变革作出新的贡献。

中共广东省委　广东省人民政府　广东省军区
关于表彰爱国拥军和拥政爱民模范的决定

（2004年7月28日）

在改革开放、发展社会主义市场经济的新形势下，全省军民坚持以邓小平理论和“三个代表”重要思想为指导，认真贯彻党中央、国务院、中央军委关于加强军政军民团结的指示精神，立足本职岗位，自觉投身双拥实践，为增进军政军民团结，促进国家改革发展稳定和军队建设，作出了积极贡献，涌现出一大批适应形势要求、具有时代特色的先进典型。为表彰先进，树立典型，更加广泛深入持久地开展拥军优属、拥政爱民活动，省委、省政府、省军区决定，授予区庆生等36名同志爱国拥军模范称号，授予王鹏等14名同志拥政爱民模范称号，以省人事厅、省民政厅、省军区政治部名义通报表彰。具体名单如下：

一、爱国拥军模范

区庆生　广州市人事局军官转业安置处助理调研员
谢仲馀　广州市金象工业生产有限公司董事长
马荣斌　广州市花都区交通局党委书记、局长
杜绍年　广州市白云区民政局局长
邓连发　深圳市南山区民政局局长
陈观玉　深圳市盐田区沙头角水产公司退休职工
黄少良　广东旭飞集团有限公司董事长
李天增　中共珠海市委副秘书长、市双拥共建工作领导小组办公室主任
彭太平　珠海市香洲区民政局优抚股办事员
陈永钦　汕头市工人文化宫原主任
陈惠丹　南澳县深澳镇圆山村委会妇女干部
杨宝华　佛山市南海区罗村镇镇长
骆桂恒　佛山市三水区西南街道办事处人大联

络处副主任

李忠辉　曲江县民政局局长

黄火胜　仁化县民政局局长

古和平　河源市力信水泥制品有限公司职员

陈云城　梅州市民政局优抚安置科科长

巫汉强　惠州市人民政府副秘书长、市双拥工作领导小组办公室主任

陈桥顿　广东省桥胜集团有限公司董事长

马娘群　海丰县城东镇名园村村民

梁灼填　中共东莞市黄江镇委副书记、镇长

李华昆　中山市南区办事处恒美村村委会委员

谭治岳　台山市长江食品集团有限公司上川分公司经理

严春倩　阳东县交通管理所职工

李兵凤　湛江市民政局优抚安置科科长

招　励　中共吴川市塘叕镇镇委书记

叶其坚　茂名市民政局局长

苏建珍　四会市万隆医院董事长

吴全兰　英德市英红镇红旗茶厂退休职工

吴明文　潮州市美豪服装有限公司总经理

黄炳辉　揭阳市民政局副局长

刘国洪　新兴县欧亚不锈钢制品有限公司总经理

李志强　省发展和改革委经济动员办公室主任

范伦亮　省民政厅党委办公室主任

谭　俊　省人事厅军官转业安置处副处长

夏义兵　省劳动就业服务管理中心职员

二、拥政爱民模范

王　鹏　广州军区联勤部政治部干事

曹安华　广州军区军事体育运动大队政治委员

刘明君　广州军区装备部直属工作部干事

毛敬学　解放军92510部队政治委员

于春海　广州军区空军政治部秘书处双拥办主任

季海军　解放军95112部队政治委员

陈宋波　解放军75220部队政治部秘书群联科科长

段　琦　炮兵第209团政治委员

符圣望　汕尾军分区勤务班士官

吴　旭　第一军医大学第一附属医院胸外科副主任医师

赵同民　解放军75610部队副政治委员

肖诗高　武警河源市支队直属大队卫生所卫生员

周　薇　武警广东省边防总队深圳经济特区检查站炊事班班长

黄卫东　武警广东省汕头市消防支队政治处干事

受表彰的爱国拥军和拥政爱民模范，是我省双拥工作的优秀代表，是广大军民学习的榜样。全省军民要认真向双拥模范学习，学习他们讲政治、顾大局，自觉维护军政军民团结的思想觉悟；学习他们热爱党、热爱祖国、热爱人民军队的崇高境界；学习他们无私奉献，自觉为国家和军队分忧、为人民群众造福的高尚品德；学习他们与时俱进，创造性开展双拥工作的进取精神，努力做好新形势下的拥军优属、拥政爱民工作，进一步巩固和发展军政军民“同呼吸、共命运、心连心”的大好局面。

希望受到表彰的同志谦虚谨慎，戒骄戒躁，再接再厉，在双拥工作中充分发挥典型示范和模范带头作用，为进一步巩固和发展我省军政军民团结的大好局面，为全面建设小康社会和推进中国特色军事变革作出新的更大的贡献！

中共广西壮族自治区党委　自治区人民政府　广西军区关于表彰自治区双拥模范城（县、区）和自治区双拥模范先进县（市、区）的决定

桂发〔2004〕30号

拥军优属、拥政爱民，是我党我军我国人民的优良传统和特有的政治优势。在发展社会主义市场经济和推进中国特色新军事变革的新形势下，创造性地做好双拥工作是实现国家长治久安、民族兴旺发达的重要保证。自2001年全区双拥模范城（县、区）命名大会以来，各级党委、政府和驻军各部队坚持以邓小平理论和“三个代表”重要思想为指导，从维护社会政治稳定的战略高度出发，认真贯彻落实党中央、国务院、中央军委关于加强军政军民团结的指示精神，坚持以人为本，树立科学发展观，与时俱进，开拓进取，积极探索新形势下双拥工作的新途径，依法双拥，以情双拥，取得了显著成绩。各级党委、政府自觉地把双拥工作列入重要议事日程，广泛开展全民双拥和国防教育活动，切实落实优抚安置政策，关心、支持部队建设。驻桂人民解放军和武警部队发扬拥政爱民的光荣传统，广泛开展军民共建活动，积极参加扶贫帮困和抢险救灾等急难险重工作，大力支援地方的经济建设和社会公益事业，进一步树立了人民军队爱人民的良好形象。军爱民、民拥军的氛围日益浓厚，军政军民团结日臻巩固，涌现了一大批具有鲜明时代特征、成绩突出的双拥典型，为加快富民兴桂新跨越步伐，全面建设小康社会作出了贡献。

为表彰先进，树立典型，推动我区双拥工作不断创新和广泛深入扎实地开展，自治区党委、自治区人民政府、广西军区决定授予南宁市等61个市、县（区）为自治区双拥模范城（县、区）；授予北流市等20个市、县（区）为自治区双拥先进县（市、区）。

希望被命名的市、县（区）珍惜荣誉，再接再厉，不断创造双拥工作的新成绩。各地各部队要以他们为榜样，坚持以邓小平理论和“三个代表”重要思想为指导，进一步贯彻落实党中央、国务院、中央军委关于加强军政军民团结的指示精神，着眼于国家和军队建设，加强军地团结合作，深入扎实开展双拥模范城（县、区）创建活动，创新、完善双拥工作运行机制，推动各项工作任务的落实，把军政军民团结提高到一个新的水平，不断巩固和发展军政军民“同呼吸、共命运、心连心”的大好局面，为我区的改革、发展、稳定和军队建设做出新的贡献。

一、自治区双拥模范城

南宁市　柳州市　桂林市　梧州市　北海市
防城港市　钦州市　贵港市　玉林市　百色市
贺州市　桂平市　岑溪市　东兴市　凭祥市
合山市

二、自治区双拥模范县

武鸣县　邕宁县　柳江县　鹿寨县　永福县
灵川县　兴安县　临桂县　全州县　蒙山县
灵山县　钟山县　平南县　兴业县　田阳县
那坡县　平果县　靖西县　南丹县
巴马瑶族自治县　象州县　扶绥县　大新县
宁明县　龙州县

三、自治区双拥模范区

南宁市新城区　南宁市城北区　南宁市江南区

南宁市兴宁区　南宁市永新区　柳州市柳南区　柳州市柳北区　柳州市城中区　柳州市鱼峰区　桂林市象山区　桂林市叠彩区　桂林市秀峰区　桂林市七星区　桂林市雁山区　梧州市蝶山区　北海市海城区　北海市银海区　防城港市防城区　河池市金城江区　来宾市兴宾区

四、自治区双拥先进市

北流市　宜州市

五、自治区双拥先进县

横　县　宾阳县　柳城县　浦北县　田东县　隆林县　富川瑶族自治县　东兰县　大化瑶族自治县　都安瑶族自治县　忻城县

六、自治区双拥先进区

梧州市长洲区　北海市铁山港区　防城港市港口区　钦州市钦南区　贵港市港北区　玉林市玉州区　崇左市江州区

中共广西壮族自治区党委　自治区人民政府　广西军区关于表彰自治区爱国拥军模范单位、拥政爱民模范单位和爱国拥军模范、拥政爱民模范个人的决定

桂发［2004］31 号

近几年来，我区各地、各部队坚持以邓小平理论和“三个代表”重要思想为指导，认真贯彻落实党中央、国务院、中央军委关于做好新时期双拥工作的一系列指示精神，围绕发展社会生产力和提高部队战斗力，继承发扬拥军优属、拥政爱民的光荣传统，广泛深入地开展双拥工作，军爱民，民拥军，形成了领导重视、行业支持、群众参与、军地互动的双拥工作格局，为增进军政军民团结，加快实现富民兴桂新跨越步伐，全面建设小康社会作出了积极贡献，涌现出一大批具有鲜明时代特征、事迹感人的双拥先进集体和先进个人。为了表彰先进、树立典型，推动我区双拥工作不断创新和广泛深入扎实地开展，自治区党委、自治区人民政府、广西军区决定授予自治区民政厅等 101 个单位为“自治区爱国拥军模范单位”称号，授予解放军 95072 部队指挥自动化工作站等 60 个单位为“自治区拥政爱民模范单位”称号，授予刘粤梅等 198 名同志为“自治区爱国拥军模范”称号，授予谭泽友等 100 名同志为“自治区拥政爱民模范”称号。

希望受表彰的单位和个人，发扬成绩，再接再厉，与时俱进，开拓进取，不断创新和丰富双拥活动的内容，在双拥工作中取得更优异的成绩，争取更大的光荣。全区广大军民要向模范单位和模范个人学习，牢固树立国防双拥观念，讲政治，讲大局，进一步巩固和发展军政军民“同呼吸、共命运、心连心”的良好局面，为实现富民兴桂新跨越，全面建设小康社会和部队现代化建设做出新的贡献。

一、爱国拥军模范单位（101 个）

自治区民政厅

自治区机关事务管理局

自治区财政厅

自治区军队转业干部安置工作小组办公室

自治区工商行政管理局

自治区高级法院

自治区粮食局

广西第四地质队

南宁海关

南宁市财政局

南宁市民政局

南宁市新城区民政局
南宁市新城区中山街道办事处
自治区电信有限公司南宁市分公司
南宁市市政工程总公司
南宁市秀田小学
南宁市青少年活动中心
南宁市供电局
邕宁县民政局
武鸣县双拥办公室
柳州市教育局
柳州市地方税务局
柳江县民政局
鹿寨县民政局
柳州市柳南区人民政府
自治区桂中公路管理局
柳州市柳北区人民政府
广西柳州钢铁（集团）公司
柳州市鱼峰区人民政府
柳州五菱有限责任公司柳州机械厂
柳州华锡集团
柳州市自来水公司
桂林市交通局
桂林市民政局
桂林市劳动和社会保障局
桂林市财政局
桂林市秀峰区双拥办公室
广西壮族自治区南溪山医院
桂林市叠彩区机关工委
桂林市城郊供电有限公司
桂林市雁山区柘木镇
临桂县民政局
永福县民政局
灵川县财政局
兴安县民政局
全州县民政局
梧州市工商行政管理局
梧州市自来水公司
梧州市红十字会医院
梧州市振兴小学
北海市人民政府办公室
北海市民政局
北海市环卫处
北海市海城区人民政府
防城港市民政局
防城港务局
防城港市防城区双拥办公室
东兴市双拥办公室
钦州市国税局
钦州市第一人民医院
灵山县民政局
浦北县龙门镇政府
贵港市精神文明建设委员会办公室
贵港市民政局
贵港市江北宾馆
贵港市港北区人民政府
桂平市民政局
玉林市双拥办公室
玉林市玉州区民政局
兴业县人民政府办公室
北海市党委办公室
靖西县财政局
靖西县民政局
田阳县自来水厂
田东县民政局
平果县供电公司
那坡县水利电业有限公司
隆林各族自治县双拥办公室
百色市人民政府办公室
贺州市龟石水利工程管理处
贺州市八步区双拥办公室
富川瑶族自治区民政局
昭平县林业局
河池市金城江区民政局
河池市金城江区第五小学
宜州市工商行政管理局
南丹县民政局

东兰县民政局
巴马瑶族自治县水泥厂
都安瑶族自治县第二高级中学
大化瑶族自治县民政局
来宾市兴宾区人民政府
来宾市兴宾区交通局
象州县双拥办公室
合山市地方税务局
龙州县霞秀乡人民政府
扶绥县双拥办公室
广西壮族自治区大新锰矿
凭祥市民政局
柳州铁路局双拥办公室
柳州铁路局南宁客运段

二、拥政爱民模范单位（60 个）

解放军 95072 部队指挥自动化工作站
解放军 95095 部队政治部
解放军 95246 部队
南宁市永新区武装部
邕宁县武装部
横县武装部
武警南宁市支队
武警广西总队第三支队
武警武鸣县中队
武警宾阳县中队
武警南宁市消防支队
武警南宁市消防支队北湖中队
解放军 75103 部队 86 分队
柳州军分区宣保科
解放军 75750 部队政治部
解放军 95275 部队
武警水电技术学校
武警柳州市支队
解放军第 158 医院
解放军 75122 部队
解放军 75123 部队
解放军 75160 部队 84 分队
解放军 76158 部队
桂林空军学院政治部
桂林陆军学院 301 队
阳朔县人民武装部
武警桂林市第一支队
梧州军分区
武警梧州市支队
北海军分区 75494 部队
解放军 91832 部队 60 分队
武警北海市支队
武警北海市消防支队
解放军 75475 部队
解放军 75475 部队 72 分队
武警防城港市支队
武警防城港市边防支队
钦州军分区
武警钦州市支队
桂平市武装部
解放军 75131 部队
解放军 91241 部队
武警贵港市支队
玉林军分区
武警玉林市支队
解放军 75486 部队
武警百色市支队
武警百色市边防支队
武警百色市消防支队
贺州军分区
武警贺州市支队
武警河池市支队
东兰县武装部
武警来宾市支队
象州县武装部
水口关边防检查站
宁明县公安局边防大队峙浪边防派出所
友谊关边防检查站
解放军 75134 部队
驻柳州铁路局南宁铁路公司军代处

三、爱国拥军模范个人（198 名）

刘粤梅　广西人民广播电台副总监
梁玉涛　广西壮族自治区地税局机关党委专职副书记
韦东炜　广西第四地质队党委书记
黎庆党　广西壮族自治区商务厅主任科员
叶伟青　广西壮族自治区双拥办公室副主任
周俊南　南宁海关人事教育处副科长
黄永国　广西壮族自治区监狱管理局狱政处处长
谢伟山　广西电力实验研究院党委书记
文　东　广西壮族自治区高级法院助理审判员
吴国栋　广西政法管理干部学院政治处主任
黄华昌　广西壮族自治区教育厅处级离休干部
缪剑华　广西药用植物园主任
苏　权　广西航运学校党委副书记
赖贵寿　中共南宁市新城区委书记
杜海珊　南宁市新城区民政局副局长
罗奇明　南宁市劳动和社会保障局党委书记
宋文良　南宁市人事局军转办科长
陈震威　南宁市教育局机关党总支书记
何平光　南宁市双拥办公室副主任
刘　雄　中共南宁市兴宁区委书记
夏培雄　南宁民族商场经理
肖志钢　中共南宁市永新区委书记
黄　宁　南宁市永新区人民政府区长
唐本开　中共南宁市城北区委书记
梁英浩　南宁市城北区人民政府副区长
杨　干　南宁市第八中学党委书记
李可民　中共南宁市江南区委书记
黄福准　南宁市航道管理处副主任
郑国建　中共邕宁县委副书记
莫晶祥　邕宁县双拥办公室副主任
潘祖乐　中共武鸣县委副书记
黄日进　隆安县电业公司副经理
谢伟杰　马山县供电公司总经理
韦　涛　上林县烟草专卖局局长
张有君　宾阳县民政局优抚安置股股长
梁贵添　横县烟草专卖局局长
卢道龙　中共柳州市委秘书长
陈　谋　柳州市人民政府秘书长
覃泽芬　中共柳州市委组织部副部长
邓　楠　中共柳州市委宣传部宣传科副科长
冷涌景　柳州市人事局局长
尹辉武　柳州市劳动和保障局副科长
蒋祥柱　柳州市民政局局长
马莉莉　柳州市机关事务管理局医生
皮可慰　柳州市财政局局长
张乔林　中共柳江县委书记
杨九根　柳江县双拥办公室主任
张业荣　中共柳城县委副书记
张永刚　中共鹿寨县委书记
黄忠民　鹿寨县民政局局长
唐前明　中共融安县委书记
何昌蓬　融水苗族自治县民政局副局长
梁日春　三江侗族自治县人民政府县长
焦耀光　柳州市柳南区人民政府区长
蓝　洁　柳州市柳南区民政局局长
雷应敏　中共柳州市柳北区委书记
陈　虹　柳州市柳北区人民政府区长
纳　翔　中共柳州市鱼峰区委书记
韦胜强　广西商业学校党委书记
金　忠　中共柳州市城中区委副书记
任定国　柳州市城中区人民政府副区长
赵德明　中共桂林市委副秘书长
李绍政　桂林市人民政府办公室第三秘书科科长
王春霞　中共桂林市委宣传部干部
朱名华　桂林市双拥办公室主任
刘新文　桂林市人事局军转干部安置科副科长
袁绪祥　中共桂林市象山区委书记
李德斌　工商银行桂林分行行长
阳春喜　中共桂林市秀峰区委书记
张继元　桂林市城管支队副支队长
杨启义　中共桂林市叠彩区委书记
李庆忠　广西师范大学附属中学校长

夏昌训　中国石油天然气第六建设公司党委副书记
伍运英　桂林市雁山区双拥办公室主任
莫光裕　永福县民政局副局长
赵苏华　永福县双拥办副主任
蒋润福　灵川县民政局局长
秦达美　灵川县双拥办公室股长
石东龙　龙胜各族自治县人民政府县长
陈燕青　兴安县民政局副局长
唐照清　全州县民政局局长
李国雄　临桂县民政局局长
俸顺喜　灌阳县民政局局长
陆碧燕　资源县民政局副局长
毛　萍　平乐县民政局局长
秦　回　阳朔县双拥办公室干部
李事斌　荔浦县民政局副局长
莫　剑　恭城瑶族自治县莲花镇人民政府民政助理员
温金泉　梧州新华电池股份有限公司党委书记
卢剑文　梧州中恒集团股份有限公司党委副书记
贺瑜珍　梧州市人事局军转办主任
陈汉材　梧州市双拥办公室副主任
林　丽　梧州市中山小学大队辅导员
胡振钊　中共藤县县委副书记
黄自强　岑溪市双拥办公室副主任
梁红献　蒙山县民政局副局长
胡　永　苍梧雅庆工贸发展有限公司总经理
黄祖文　北海市民政局党组副书记
刘蒙平　北海市委宣传部科长
谢荣贺　北海市第一中学副校长
骆振枢　北海市自来水公司党委书记
吕　延　广西北海电信分公司总经理
苏金福　北海市双拥办公室副主任
罗诗汉　中共北海市银海区委书记
岑英高　中共北海市铁山港区委副书记
方庆山　中共合浦县委副书记
黄　良　防城港市劳动和社会保障局局长
郑金雄　防城港市民政局局长、双拥办主任
吴乃育　防城港市港口区民政局优抚安置股干部
许　政　中共防城港市防城区委书记
邓创造　防城港市港口区光坡镇武装部部长
包其升　防城港市防城区附城中心校副校长
陈　碧　防城港市防城区双拥办公室主任
揭爱业　东兴市江平镇民政办主任
吴元成　上思县工商局副局长
陈光雄　钦州市双拥办公室主任
陈凤坤　钦州市第一人民医院院长
谭会云　钦州市国家税务局局长
梁德强　钦州市市政管理局局长
李跃飞　浦北县人民政府县长
李启江　灵山县民政局局长
莫鉴贤　钦州港经济开发区社会工作局局长
梁艳红　钦州市第三小学校长
马小燕　钦州市钦南区双拥办公室副主任
李继常　中共贵港市委副秘书长
刘哨川　贵港市人事局局长
林　德　广西贵港甘化股份有限公司董事长
李超桃　贵港市江南中学校长
谭勇明　贵港市骨科医院院长
莫兆钦　广西桂平源安堂制药厂厂长
石焕成　平南县人民政府副县长
郭　波　中共贵港市港北区贵城镇党委书记
李国和　贵港市港南区新塘乡人民政府乡长
骆振严　中共贵港市覃塘区委书记
党汉文　玉林市人民政府市长助理
李志林　中共玉林市委副秘书长
欧阳经华　玉林市财政局副局长
林仕文　玉林市双拥办公室副主任
覃乐敏　中共北流市市委书记
莫光南　兴业县民政局副局长
庞昌贵　玉林市玉州区财政局局长
梁宪霜　玉林市玉州区民政局优抚安置股长
陆永儒　中共百色市委副秘书长
农中兴　百色市人民政府副秘书长

黄运志　百色市民政局局长
李国平　田阳县人民政府副县长
杨珍玉　田阳县坡洪镇琴华村个体户
陆天益　田东县双拥办公室副主任
辛荣亮　田东县电力有限责任公司工会主席
曹　凌　平果县人民政府县长
黄　清　平果县民政局局长
黎志敏　中共靖西县委书记
罗荣剑　靖西县人民政府县长
王发旺　那坡县民政局副局长
陆明迪　那坡县平孟镇党委书记
王高雄　隆林各族自治县民政局副局长
董业兴　中共贺州市委副秘书长
白光汉　贺州市双拥办公室副主任
毛绍烈　中共钟山县委书记
廖成明　富川瑶族自治县人民政府县长
黄　江　贺州市八步区人民政府副区长
梁春花　昭平县人民政府副县长
轩　卫　广西贺州市龟石工程管理处主任
罗　坚　贺州华安汽车运输有限责任公司总经理
廖国璋　巴马瑶族自治县人民政府副县长
袁彩娥　巴马瑶族自治县民政局局长
韩代忠　东兰县民政局局长
韦克志　宜州市双拥办公室干部
刘兴保　河池市金城江区第五小学教师
杨爱艳　河池市金城江区双拥办公室副主任
谭联光　环江毛南族自治县民政局党组书记
牙祖珍　凤山县双拥办公室副主任
韦耀武　都安瑶族自治县第二高级中学校长
黄祥福　都安瑶族自治县民政局局长
潘育伟　南丹县人民政府县长
李　胜　南丹县民政局局长
韦海中　河池市双拥办公室副主任
覃克康　大化瑶族自治县民政局优抚安置股股长
吴穆鹏　来宾市兴宾区人民政府区长
韦贵宗　象州县民政局局长
樊保京　忻城县民政局局长
莫运春　金秀瑶族自治县民政局局长
肖　晓　来宾市民政局优抚科科长
赵日旺　来宾市财政局社保科科长
黄良华　合山市地方税务局副局长
黄尚洪　武宣县民政局优抚安置股股长
黄华团　凭祥市民政局局长
苏志球　中共龙州县委书记
吴凌超　天等县人民政府副县长
梁太平　崇左市江州区人民政府区长
李新宁　崇左市江州区军粮供应站站长
邱　东　中共大新县委书记
莫一平　中共宁明县委书记
刘有明　中共扶绥县委书记
王建设　柳州铁路局人民武装部部长
黄克礼　柳州铁路局柳州站党委书记
陈志球　柳州铁路局全州车务段武装部长
吴海深　柳州铁路局柳州客运段主任干事

四、拥政爱民模范个人（100 名）

谭泽友　广西军区政治部秘书群联处副处长
秦长川　南宁军分区政治部组织群联科副科长
徐惠军　南宁市城北区武装部部长
史胜明　武鸣县武装部部长
郑大中　解放军 95072 部队司令部协理员
周海东　解放军 95169 部队副政委
张　谦　武警广西总队司令部直属工作处处长
颜献文　武警广西总队第一支队副政委
曾祥武　武警广西总队第四支队支队长
刘建红　武警邕宁县中队指导员
范才赞　武警隆安县中队中队长
彭　斌　武警马山县中队中队长
周基辅　武警上林县中队中队长
黄雪刚　解放军 75100 部队政治部干事
付　勇　解放军 75107 部队政委
周克云　鹿寨县武装部部长
王昌聚　解放军 95275 部队政治部主任
王　毅　解放军 95275 部队讲师
李由亮　武警柳州市支队政委

汪道应　解放军 95337 部队政委
廖德康　解放军 95261 部队政委
方乐平　解放军 76336 部队干事
陈定容　解放军 75707 部队政治处主任
游建阶　解放军 91436 部队干事
卢　波　武警柳州市消防支队政治处主任
周铁强　武警广西总队第二支队后勤处助理员
朱正光　桂林警备区政治部副主任
黄文才　解放军 75121 部队政治处主任
李新亮　解放军 75125 部队副政委
魏天修　桂林空军学院四系 403 队教导员
王国军　桂林空军学院教练营汽车连指导员
邓顺和　桂林陆军学院 301 队队长
管　理　桂林陆军学院 102 队学员
李秉棠　解放军 76158 部队政委
何文锋　解放军 76140 部队政治部干事
刘　莉　解放军第 181 医院干事
向才万　解放军 75160 部队 84 分队教导员
邱惠旺　解放军 75716 部队干事
韦德高　解放军 76324 部队学员队队长
唐国龙　解放军 95285 部队政治处副主任
赵小可　武警桂林市第二支队士官
向仕平　广州军区桂林疗养院院长
骆振新　武警桂林市消防支队政治处主任
罗木森　梧州军分区政治部干事
刘德山　武警梧州市支队支队长
乐合群　武警梧州市消防支队政治处主任
杨昌养　梧州边防检查站政治处主任
夏逸民　北海军分区政治部副主任
万志高　解放军 91832 部队政治部干事
苏松清　北海机场边防检查站政委
李　辉　武警北海边防支队副科长
张锡焕　北海边防检查站副科长
张建华　武警广西边防总队海警第一支队干事
杨大洪　防城港军分区政治部副主任
李健全　上思县武装部政委
黄振宏　武警广西边防总队海警第二支队政委
叶珊红　防城边防检查站执勤二科科长
张业军　武警东兴市边防大队政委
易海明　解放军 91175 部队教导员
马正松　武警钦州市支队政委
陈仁贵　钦州军分区宣保科科长
黄远杰　武警钦州市消防支队支队长
农树业　钦州边防检查站政委
刘光华　广西陆军预备役步兵师第三团政治处股长
刘伟辽　贵港市覃塘区武装部政委
胡治敏　解放军 75135 部队副政委
周　青　解放军 75130 部队 127 分队连长
段光中　广州军区贵港油料仓库政治处主任
闫金方　解放军第 191 医院院长
廖永东　武警贵港市消防支队政委
罗敏青　解放军 92056 部队政委
黄　琪　广西陆军预备役步兵师第二团团长
廖海武　陆川县武装部政工科长
严爱华　解放军 76154 部队政治处干事
罗玉彬　武警玉林市消防支队政治处干事
余森堡　百色军分区平果县武装部部长
胡　萍　解放军 75486 部队七连政治指导员
范凯锋　武警百色市支队西林县中队政治指导员
李国秋　武警百色市边防支队靖西边防大队大队长
刘兴康　武警百色市消防支队政委
黄炳荣　贺州八步区武装部部长
陈金仁　昭平县武装部政委
连宏斌　解放军 92987 部队政委
黄予然　武警贺州市消防支队城区中队中队长
黄长寿　南丹县武装部部长
文遵保　武警河池市支队警通中队中队长
李卫国　武警河池市支队金城江区中队排长
杨　勇　武警河池市消防支队直属中队副队长
高登明　柳州军分区干休所离休干部
罗克勤　解放军 76156 部队主任
刘玉祥　广西陆军预备役步兵师第一团政治处主任

黄雪科　来宾市兴宾区武装部政委
蔡高才　解放军 75482 部队政委
张富文　解放军 75485 部队团长
王　敏　解放军 92321 部队政委
王显认　大新县武装部政工科科长
欧阳粹　解放军 95339 部队司训营营长
樊应崇　扶绥县武装部政委
袁徐福　驻柳州铁路局军代处运输财物处处长
李　乾　驻柳州铁路局军代处政治部干事

广西壮族自治区拥军优属拥政爱民工作领导小组关于授予阳朔县等 13 个县（区）为自治区双拥达标县（区）荣誉称号的决定

桂拥［2004］05 号

近年来，各地各部队和广大军民高举邓小平理论伟大旗帜，坚持以“三个代表”重要思想为指导，认真按照党中央、国务院、中央军委关于做好双拥工作、加强军政军民团结的指示，继承和发扬拥军优属、拥政爱民的优良传统，解放思想、与时俱进，以创建双拥模范城（县）为契机，开拓创新，广泛深入开展双拥工作，形成了拥护和支持军队、尊重和爱护人民的良好风尚，取得了喜人的成绩，涌现了一批具有时代特色的双拥典型。为表彰先进、树立榜样，鞭策达标城县（区）争创模范先进城县（区），进一步推动和促进我区双拥工作，自治区双拥工作领导小组决定授予阳朔县、龙胜各族自治县、平乐县、灌阳县、资源县、合浦县、钦州市钦北区、钦州港经济开发区、贵港市港南区、贵港市覃塘区、环江毛南族自治县、凤山县、昭平县等 13 个县（区）为自治区双拥达标县（区）称号。

希望受表彰的双拥达标县（区）再接再厉、扎实工作、勇于创新，努力争创双拥模范、先进县（区），进一步巩固和发展“同呼吸、共命运、心连心”的新型军政军民关系，把我区双拥工作提高到一个新的水平。

中共海南省委　海南省人民政府　海南省军区关于命名表彰双拥模范城（县、区）、模范单位和个人的决定

琼委［2004］8 号

自 2000 年 1 月全省双拥模范城（县、区）、模范单位和先进个人命名表彰大会召开以来，全省军民以党的十六大精神和“三个代表”重要思想为指导，以发展社会生产力和提高部队战斗力为中心，以创建双拥模范城（县、区）、模范单位和个人为突破口，大力开展拥军优属、拥政爱民活动，巩固

和发展了军政军民团结的大好形势，为海南的经济发展、社会进步和军队现代化建设做出了贡献，涌现出一批双拥模范城（县、区）、模范单位和个人。为了表彰先进，树立典型，推动我省双拥工作不断向前发展，省委、省政府、省军区决定：授予海口市等 6 个市为“双拥模范城”荣誉称号，授予屯昌县为“双拥模范县”荣誉称号，授予海口市美兰区等 4 个区为“双拥模范区”荣誉称号，授予海口港集团公司客运站等 24 个单位为“拥军优属模范单位”荣誉称号，授予海南省军区 75553 部队等 11 个单位为“拥政爱民模范单位”荣誉称号，授予王舜等 27 名同志为“拥军优属模范个人”荣誉称号，授予史会杰等 14 名同志为“拥政爱民模范个人”荣誉称号。

保亭黎族苗族自治县在创建“双拥模范县”工作中亦取得了较为突出的成绩，决定予以通报表扬。

希望受表彰的市县、单位和个人再接再厉，开拓进取，在双拥工作中不断取得新成绩。各市县、各单位和全省军民要向双拥模范城（县、区）、模范单位和个人学习，以他们为榜样，进一步提高双拥意识，更加扎实有效地开展双拥工作，为全面建设小康社会做出新的更大贡献。

海南省双拥模范城（县、区）、模范单位和个人名单

一、双拥模范城

海口市、琼海市、五指山市、三亚市、文昌市、东方市

二、双拥模范县

屯昌县

三、双拥模范区

海口市美兰区、龙华区、琼山区、秀英区

四、拥军优属模范单位

海口港集团公司客运站
海南金盘实业股份有限公司
海口市琼山区旧州镇人民政府
海口市美兰区东湖里社区居民委员会
海口市景山学校
三亚市卫生局
三亚市第一中学
文昌市军粮供应管理中心
琼海市加积镇人民政府
儋州市那大中学
万宁市电信局
五指山市民政局
东方市民政局
定安县雷鸣中学
屯昌县军粮供应站
澄迈县老城开发区管理委员会
临高县第二中学
海南钢铁公司第一中学
乐东黎族自治县尖峰镇人民政府
陵水黎族自治县民政局
白沙黎族自治县七坊镇人民政府
保亭黎族苗族自治县民政局
省农垦总局医院
省国营加钗农场

五、拥政爱民模范单位

解放军 75553 部队
解放军 75576 部队
驻海南省航务军事代表办事处
解放军 92830 部队秘书处
解放军 92261 部队政治部
解放军 92143 部队
解放军 91367 部队通信站
武警海南省总队第二支队
武警海南省总队后勤基地
武警海南省边防总队潭门边防派出所
武警海南省消防总队琼山消防中队

六、拥军优属模范个人（以姓氏笔画为序）

王　舜　海口市琼山区副区长（原琼山市副市长）
王乃武　儋州市民政局局长
左会金　省农业科学研究院党委书记（原五指山市委书记）
冯志明　省国营加钗农场书记、场长

李业锋　定安县国土环境资源局局长（原定安县民政局局长）
李岳强　临高县民政局局长
李恩杰　海口市龙华区委书记（原海口市振东区委书记）
许　云　海口市政府秘书长（原海口市新华区委书记）
何来再　三亚市河西区儋州村居民委员会党支部书记
何先理　乐东黎族自治县政府办公室副主任（原乐东县民政局局长）
陈大春　海口市民政局调研员
陈玉明　琼中黎族苗族自治县民政局副主任科员
陈贻平　省农垦总局医院副院长
陈徽娥　琼海市民政局局长
陆志远　琼海市委书记、市长
林　强　陵水黎族自治县民政局局长
罗儒新　澄迈县民政局局长
赵子导　省供销合作社主任（原海口市秀英区委书记）
钟寿健　省退伍军人离退休军官安置办公室主任科员
郭祥贵　原昌江县民政局副局长
徐清学　屯昌县委书记
黄成模　东方市委书记
黄明荣　三亚市委常委（原保亭县县长）
符　兴　省审计厅厅长（原海口市委副书记）
彭晓新　白沙黎族自治县县委书记
傅占海　三亚市民政局副局长、市双拥办主任
雷双庆　文昌市委副书记

七、拥政爱民模范个人（以姓氏笔画为序）

史会杰　解放军 91458 部队汽车营教导员
李德金　解放军 92913 部队秘书科科长
刘　樯　海南省军区琼山区武装部部长
刘显军　驻海南省航务军事代表办事处主任
苏文学　解放军 92474 部队 33 分队主任
张汉如　解放军 91003 部队副司令员
陈　雁　海南省军区政治部老干部办公室主任
范　彬　武警海南省总队政治部秘群处、省双拥办干事
胡宏武　武警海南省总队海运大队政委
胡兴祥　武警海南省消防总队海口消防支队后勤处器材供应站副站长
贺光平　海南省军区秘群处处长
黄秀山　武警海南省边防总队琼海支队支队长
姬厚廷　解放军 92497 部队政治处主任
魏天明　原武警海南省总队医院政委

西藏自治区人民政府　西藏军区
关于授予拉萨市等 34 个地县
双拥模范城（县）荣誉称号的决定

藏政发［2004］32 号

自 2001 年全区第七次双拥模范城（县）命名表彰大会以来，在自治区党委、政府的正确领导下，全区党政军警民通过广泛深入持久地开展创建双拥模范城（县）活动，进一步密切了军政军民关系，加强了军政军民团结。为巩固西南边防，维护我区安定团结的大好局面，实现经济跨越式发展和社会局势长治久安做出了积极的贡献。在全社会形成了军地协调行动、共筑钢铁长城的良好氛围。实

践证明，开展创建双拥模范城（县）活动，是全区军警民在新时期拥军优属、拥政爱民实践中的伟大创举，是推动双拥工作深入发展的有效途径，对于加强军政军民团结，推进国防和军队建设，促进社会主义物质文明、政治文明和精神文明协调发展，具有十分重要的作用。为表彰先进，树立榜样，不断推动我区双拥工作持续、快速发展。西藏自治区人民政府、西藏军区决定，授予下列 34 个地、市（县、区）双拥模范城（县）荣誉称号：

拉萨市	城关区	堆龙德庆县	当雄县
达孜县	日喀则市	亚东县	岗巴县
萨嘎县	定日县	江孜县	察雅县
八宿县	洛隆县	昌都县	丁青县
林芝市	米林县	察隅县	波密县
林芝县	墨脱县	工布江达县	朗县
错那县	隆子县	乃东县	洛扎县
比如县	巴青县	那曲县	札达县
日土县	普兰县		

以上被授予双拥模范荣誉称号的城（县），是我区双拥工作中涌现出的优秀代表，是全区广大党政军警民学习的榜样，希望被命名的全区双拥模范城（县）珍惜荣誉，发扬成绩，再接再厉，不断取得双拥工作的新成绩。

西藏自治区双拥工作领导小组
关于表彰爱国拥军模范单位和拥政爱民模范单位的决定

藏拥字［2004］1 号

在改革开放、发展社会主义市场经济的新形势下，我区各地各部队以邓小平理论和“三个代表”重要思想为指导，认真贯彻党中央、国务院、中央军委关于加强军政军民团结的指示精神，紧紧围绕促进自治区改革发展稳定和军队建设，深入开展拥军优属、拥政爱民活动，形成了领导重视、行业支持、群众参与、军地互动的工作格局。群众性双拥工作蓬勃发展，全民国防教育深入扎实，军地相互支持更加有力，优抚安置政策得到较好落实，军民共建成效显著。新时期双拥工作的伟大实践，不断激发了广大军民爱国拥军、爱民奉献的政治热情，军民携手，团结协作蔚然成风，涌现出一大批具有时代特色的先进集体。为表彰先进，树立典型，推动拥军优属、拥政爱民工作持续深入发展，自治区双拥工作领导小组决定，授予昌都地区双拥办等 18 个单位爱国拥军模范单位称号，授予西藏军区总医院等 18 个单位拥政爱民模范单位称号。

希望受到表彰的单位再接再厉，开拓进取，不断创造新经验，取得新成绩。各地各部队要以他们为榜样，着眼于推进自治区和军队现代化建设，筹划和开展双拥工作，拓宽领域，丰富内容，提高标准。各行各业要因地制宜，发挥优势，动员广大群众积极做好双拥工作。要坚持把工作重点放在基层，使双拥工作进企业、进乡村、进机关、进学校、进社区、进连队，打牢双拥工作的基础，巩固和发展军政军民团结的大好局面，为全面建设小康社会和推进中国特色军事变革做出新贡献。

爱国拥军模范单位：

昌都地区双拥办

昌都地区妇联

阿里地区邮政局

中行日喀则支行

仲巴县人民政府

错那县勒布办事处

贡嘎县人民政府

曲水县人民政府

拉萨市双拥办
安多县天下第一道班
班戈县民政局
林芝地区双拥办
林芝县林芝镇
西藏自治区司法厅
西藏自治区民族宗教委员会
拉萨中学
西藏自治区民政厅
中国电信集团西藏自治区电信公司

拥政爱民模范单位：

西藏军区总医院
西藏军区 115 医院
解放军 77680 部队
解放军 77635 部队
解放军 77611 部队
解放军 77659 部队 50 分队
那曲军分区巴青县人武部
昌都军分区贡觉县人武部
武警西藏总队第二支队
武警西藏总队日喀则地区支队江孜县中队
武警西藏总队昌都地区支队边坝县中队
武警西藏总队那曲地区支队申扎县中队
解放军 95662 部队
西藏公安边防总队阿里地区支队
西藏公安消防总队拉萨市消防支队布达拉宫中队
西藏自治区警卫局警卫队
武警西藏森林总队拉萨市大队
武警交通部队第四支队

西藏自治区双拥工作领导小组
自治区人事厅　自治区民政厅　西藏军区政治部
关于表彰爱国拥军模范拥政爱民模范的决定

藏拥字［2004］2 号

在改革开放和发展社会主义市场经济的新形势下，全区军民坚持以邓小平理论和“三个代表”重要思想为指导，认真贯彻党中央、国务院、中央军委关于加强军政军民团结的指示精神，立足本职岗位，自觉投身双拥工作实践，为增进军政军民团结，促进国家改革发展稳定和军队建设，做出了积极贡献，涌现出一大批适应形势要求、具有时代特色的先进典型。为表彰先进，树立典型，更加广泛深入持久地开展拥军优属、拥政爱民活动。自治区双拥工作领导小组、自治区人事厅、民政厅、西藏军区政治部决定，授予土登等 10 名同志爱国拥军模范称号，授予李素芝等 10 名同志拥政爱民模范称号。

爱国拥军模范、拥政爱民模范，是全区双拥工作的优秀代表，是广大军民学习的榜样。希望受到表彰的同志戒骄戒躁，发扬成绩，再接再厉，争取更大的光荣。全区军民要学习他们讲政治、顾大局，自觉维护军政军民团结的思想觉悟；学习他们热爱党、热爱祖国、热爱人民军队的崇高境界；学习他们无私奉献，自觉为国家和军队分忧、为人民群众造福的高尚品德；学习他们与时俱进，创造性开展工作的进取精神，努力做好新形势下拥军优属、拥政爱民工作，进一步巩固和发展军政军民“同呼吸、共命运、心连心”的大好局面。

爱国拥军模范：

土　登　八宿县民政局局长
曹金华　扎达县县委书记
朱宝印　日喀则地区民政局党组书记

普布次仁　山南地区民政局优抚科科长
旺堆坚参　墨竹工卡县民政局局长
石　秀　申扎县退休工人
旺秋卓玛　察隅县竹瓦镇日东村妇联主任
郑　都　波密县政府副县长
林泽金　拉萨市拉萨中学学生科科长
卓　嘎　司法厅政治部副主任、警务处长

拥政爱民模范：

李素芝　西藏军区总医院院长
昂　旺　西藏军区日喀则分区政治部主任
张不林　解放军 77616 部队一连连长
李世忠　解放军 77625 部队 61 分队团长
丹增次仁　解放军 77561 部队 61 分队战士
拉巴次仁　武警西藏总队山南地区支队副支队长
李建军　武警西藏总队阿里地区支队札达县中队中队长
王永合　解放军 95532 部队政治委员
殷鸿儒　西藏公安边防总队日喀则支队政委
翟清江　武警交通第四支队政治部主任

中共青海省委　青海省人民政府　青海省军区关于命名双拥模范城（县、区）暨表彰双拥模范单位、模范个人的决定

（2004 年 11 月 23 日）

自 2001 年全省第五次双拥模范城（县）命名表彰大会以来，我省各级党委、政府和驻青部队以邓小平理论和“三个代表”重要思想为指导，认真贯彻落实党中央、国务院、中央军委关于进一步做好新形势下拥军优属拥政爱民工作的指示精神，紧紧围绕全面建设小康社会和部队建设的中心任务，广泛深入地开展拥军优属拥政爱民工作和创建双拥模范城（县、区）活动，使“同呼吸、共命运、心连心”的新型军政军民关系不断得到巩固和发展，有力地保障和促进了青海的改革发展、社会政治稳定和部队全面建设，涌现出了一大批双拥工作先进典型。为了表彰先进，树立榜样，推动我省双拥工作健康深入地开展，省委、省政府、省军区决定：授予西宁市等 18 个市（县、区）为“双拥模范城（县、区）”荣誉称号；对在双拥工作中做出优异成绩的西宁市双拥工作领导小组办公室等 45 个模范单位和苏德森等 40 名模范个人予以表彰。

省委、省政府、省军区号召，全省各级党委、政府、驻军各部队，要以先进典型为榜样，学习他们讲政治、顾大局，自觉维护和加强军政军民团结的高度政治觉悟；学习他们把军队当长城，视人民为父母，为巩固国防、振兴青海努力工作和无私奉献的崇高思想境界；学习他们为促进我省改革发展稳定和部队建设，积极探索、勇于创新的锐意进取精神；学习他们相互支持，团结奋斗，求真务实，努力为部队和优抚对象办实事、做好事的良好工作作风，在全省掀起拥军优属、拥政爱民和创建双拥模范城（县、区）的新高潮。以这次命名表彰为契机，进一步加强对双拥工作的领导，认真落实双拥工作的各项措施，更加广泛深入地开展军民共建和创建双拥模范城（县、区）活动，努力把全省双拥工作提高到一个新水平，为加快青海开发和小康社会建设步伐做出新的贡献。

希望这次命名表彰的单位和个人，继续保持和发扬拥军优属、拥政爱民的光荣传统，谦虚谨慎，再接再厉，珍惜荣誉，发扬成绩，不断适应新形势的需要，大力拓宽双拥工作的新领域，努力为我省双拥工作迈上新台阶再立新功。

一、双拥模范城（县、区）

西宁市
格尔木市
德令哈市
大通回族土族自治县
湟源县
民和回族土族自治县
平安县
贵德县
祁连县
海晏县
尖扎县
同仁县
玛沁县
达日县
玉树县
曲麻莱县
西宁市城东区
西宁市城北区

二、拥军优属模范单位

西宁市双拥工作领导小组办公室
西宁市城中区民政局
西宁市城西区民政局
西宁市城西区虎台街道办事处
湟中县上五庄镇人民政府
海东地区民政局
互助土族自治县威远镇人民政府
共和县民政局
格尔木市河西街道办事处
德令哈市第二中学
海北藏族自治州民政局
刚察县哈尔盖军供站
河南蒙古族自治县民政局
果洛藏族自治州民政局
果洛藏族自治州文化体育广播电视局
省民政厅优抚安置局
省公路局
省人民医院
省工商行政管理局人事教育处
西宁市国家税务局
青海省电力公司海东供电局
青海移动通信有限责任公司
青藏铁路公司西宁车站
西宁特殊钢集团有限责任公司
青海晶珠藏药高新技术产业股份有限公司

三、拥政爱民模范单位

黄南军分区
青海陆军预备役步兵旅
格尔木市人民武装部
解放军 96351 部队后勤部牧场
解放军 96361 部队
解放军 96373 部队
武警青海省总队医院
武警青海省总队第三支队
武警青海省总队第五支队
武警青海省总队黄南州支队二中队
解放军 62201 部队
解放军第 22 医院
解放军 62213 部队
解放军第四医院
解放军 68063 部队
解放军 68066 部队
青海省公安消防总队海东地区支队
青海省公安消防总队海南州支队
解放军 93987 部队
西宁市警卫处

四、拥军优属模范个人

苏德森　西宁市民政局副局长
宋红梅　西宁市城东区民政局局长
刘桂芳　西宁市南滩办事处南山西社区党支部书记
缠洪元　西宁市城北区大堡子镇党委书记
曹生渊　民和回族土族自治县县委书记
李维纲　民和回族土族自治县民政局干部
马丰胜　循化撒拉族自治县人民政府县长
保积凯　互助土族自治县民政局干部

加　扬　海南藏族自治州民政局调研员
金　代　海西蒙古族藏族自治州民政局副科长
王永青　格尔木市民政局局长
更　藏　门源回族自治县人民政府副县长
史国明　黄南藏族自治州民政局科长
钟世海　果洛藏族自治州民政局副科长
白加扎西　称多县人民政府县长
刘自山　玉树县县委书记
罗廷仁　省人事厅军转安置处处长
朱　清　省财政厅社保处处长
管应才　青藏铁路公司格尔木车务段格尔木站站长
候宝量　青海宏基投资（集团）股份有限公司董事长

五、拥政爱民模范个人

唐镃城　省军区政治部秘群处处长
陈正果　海晏县人民武装部政治委员
刘　怡　省军区西宁干休所离休干部
魏志勇　解放军 96351 部队 51 分队政治教导员
吴新华　解放军 96371 部队政治处副主任
朱效忠　解放军 96372 部队部队长
常　懿　武警青海省总队政治部秘群处干事
王德奇　武警青海省总队海西州支队政治委员
陈洪斌　武警青海省总队果洛州支队玛多县中队政治指导员
李万伟　解放军 62201 部队政治部秘书科干事
钱长庆　解放军 62214 部队政治委员
赵　强　解放军 62215 部队二级士官
范文峰　解放军 68060 部队政治部秘书科科长
张来成　解放军 68062 部队副政治委员
戚　专　解放军 68064 部队勤务连政治指导员
王小强　西宁市公安消防支队政治处组教科副科长
杨宁川　海西蒙古族藏族自治州公安消防支队司令部参谋
潘　峰　玉树藏族自治州公安消防支队副政治委员
邹新华　青海省警卫局办公室副主任
孙文毅　解放军 68215 部队副政治委员

宁夏回族自治区双拥办关于全区双拥理论研讨情况的通报

2004 年 11 月 30 日

为贯彻落实全国拥军优属拥政爱民和自治区第六次双拥工作命名表彰会议精神，进一步总结经验，分析新形势下双拥工作的新特点、新问题，研究探讨推动我区双拥工作改革创新的思路。年初以来，各地各部队按照自治区双拥办公室关于开展双拥理论研讨的通知要求，认真组织广大军民，紧密联系实际进行双拥调研，积极撰写理论文章近 200 篇，研讨文章从不同角度、不同侧面反映了我区双拥工作取得的成绩、经验和面临的新情况新问题；用新的视角、新的理念、新的观点提出了我区双拥工作改革创新的新思路，对推动我区双拥工作的深入发展具有重要的现实指导意义。自治区双拥办公室对各地各部队组织开展双拥理论研讨的综合情况和上报的理论研讨文章进行了认真评审，现予以通报：

一、理论研讨活动组织奖 2 个

青铜峡市双拥办公室

解放军 68006 部队

二、理论研讨文章一等奖 4 个

《针对新形势新特点，切实做好军民纠纷的预防工作》

自治区公安厅政治部　何守成

《对提高新形势下双拥工作层次和质量的几点思考》

石嘴山市军分区政治部

《积极适应时代发展的新要求，努力开拓军民共建的新格局》

解放军 68242 部队　王军

《浅谈新形势下拥军优属工作的新思路和侧重点》

吴忠市民政局　高琴美

三、理论研讨文章二等奖 10 个

《积极适应新形势下人们思想观念的新变化，探索和改进全民国防教育的新方法》

青铜峡市裕民街道人武部　江建兵

《市场经济条件下解决好随军家属就业，弘扬求真务实精神》

武警固原支队政治部

《浅议新时期双拥工作的特点及做好双拥工作的思路》

银川市双拥办　胡尚义

《解决重点优抚对象医疗难问题的途径》

灵武市民政局

《做好民族地区拥政爱民工作应把握的几个问题》

固原军分区　张柯夫

《新形势下部队双拥工作要强化四种意识》

解放军 68006 部队政治部

《推进新时期双拥工作上台阶的财政对策》

利通区财政局

《浅谈消防部队如何做好双拥工作》

武警宁夏消防总队政治部

《市场经济条件下密切军政军民关系的几点思考》

解放军 68216 部队政治部

《从中卫市退伍士兵安置工作所面临的情况看加速改革安置工作的必要性与途径》

中卫市双拥办

四、理论研讨文章三等奖 20 个

《改革现行退役士兵安置政策势在必行》

银川市民政局　魏挥涛

《弘扬求真务实精神，努力开创双拥工作新局面》

武警宁夏总队二支队　王　军

《开展双拥工作应把握的几个问题》

解放军 63726 部队　孙会敏

《坚持与时俱进，做好新时期的双拥工作》

中宁县民政局　平建宏、黄彩霞

《把握特点，顺应潮流，积极推动双拥工作协调发展》

武警 8672 部队　雷万军

《积极做好双拥工作必须在重实效促效果上做文章》

解放军 68232 部队政治部

《当前在乡优抚对象存在的问题和建议》

永宁县双拥办公室　龙小平

《顺应社会发展，建立长效退役士兵安置制度》

大武口区民政局　张　义

《对新形势下做好双拥工作的几点思考》

盐池县双拥办公室　俞国福

《军民并肩，做好反恐斗争准备中群众工作》

宁夏军区后勤部　张文存、田　瑞

《西部大开发应树立国防意识全局观》

解放军 93936 部队政治部

《贯彻十六大精神，进一步做好新形势下的双拥工作》

青铜峡市委宣传部　董艳婷

《部队在支援西部大开发中应坚持的原则和重点》

平罗县人武部

《坚持科学发展观，推动双拥工作新发展》

原州区民政局　周克武、海正贵

《新形势下双拥共建工作需要着力解决的几个问题》

解放军 68252 部队政治处

《用经济社会发展观不断创新双拥工作》

惠农区民政局　李世荣

《浅谈人武部在开展和丰富军民共建活动中的作用》

灵武市人武部

《我区优抚保障制度剖析》

利通区民政局　李　萍　吉　哲

《按照“三个代表”要求，加强新时期拥政爱民工作》

解放军68211部队政治处

《坚持与时俱进，永葆双拥工作的生机和活力》

青铜峡市青铜峡镇　贾学兰

自治区双拥办公室号召广大军民，借这次理论研讨东风，广泛开展双拥工作理论创新，为推动我区双拥工作再上新台阶做出新的更大贡献。

中共新疆自治区党委　自治区人民政府　新疆军区关于表彰爱国拥军、拥政爱民模范单位和模范个人的决定

新党发［2004］9号

在改革开放和发展社会主义市场经济的新形势下，各地各部队以邓小平理论和“三个代表”重要思想为指导，认真贯彻党中央、国务院、中央军委关于加强军政军民团结的指示精神，紧紧围绕促进自治区改革发展稳定和驻疆部队全面建设，深入开展拥军优属、拥政爱民活动，形成了领导重视、行业支持、群众参与、军地互动的工作格局。群众性双拥活动蓬勃发展，全民国防教育深入扎实，军地相互支持更加有力，优抚安置政策得到较好落实，军民共建活动成效显著。新时期双拥工作的伟大实践，不断激发了广大军民爱国拥军、爱国奉献的政治热情，军民携手，团结协作蔚然成风，涌现出了一大批具有时代特色的先进集体和先进个人。为表彰先进，树立典型，推动拥军优属、拥政爱民工作持续深入发展，现决定，以自治区党委、自治区人民政府和新疆军区的名义，授予乌鲁木齐市沙依巴克区红庙子街道办事处等18个单位“基层爱国拥军模范单位”称号；授予新疆军区69221部队63分队等12个单位“基层拥政爱民模范单位”称号；授予李新奕等18名同志“爱国拥军模范”称号；授予许新建等12名同志“拥政爱民模范”称号。

希望受到表彰的先进单位和模范个人再接再厉，开拓进取，不断创造新经验，取得新成绩。各地各部队要以他们为榜样，着眼于推进自治区各项事业和军队现代化建设，继续广泛、深入、扎实地开展双拥工作，不断拓宽领域，丰富内容，提高标准。各行各业要因地制宜，发挥优势，组织动员各族群众积极做好双拥工作，要坚持把工作重点放在基层，使双拥工作进企业、进乡村、进机关、进学校、进社区、进连队，打牢双拥工作的社会基础，巩固和发展军政军民团结的大好局面，为自治区的改革发展稳定和驻疆部队现代化建设做出新的贡献。

自治区双拥模范单位和模范个人名单

一、爱国拥军模范单位

乌鲁木齐市沙依巴克区红庙子街道办事处

新疆军工进口汽车配件有限公司

克拉玛依市克拉玛依区昆仑路街道办事处

新源县粮食局军供站

塔城市新城街道办事处

富蕴县库额尔齐斯镇

吐鲁番市城乡建设局

哈密市城乡建设局

昌吉市民政局

博乐市小营盘镇

库尔勒市城乡建设局

库车县第二中学

拜城县民政局

乌恰县托云乡

中国人寿保险股份有限公司喀什分公司

和田县民政局
新疆生产建设兵团农八师石河子市民政局
新疆生产建设兵团农二师二十四团

二、拥政爱民模范单位

解放军 69221 部队 63 分队
解放军 69231 部队 72 分队
解放军 69243 部队 71 分队
解放军 69312 部队 32 分队
解放军 69006 部队 55 分队
解放军 69072 部队 9 分队
武警新疆总队伊犁州支队伊宁县中队
总装 21 试验训练基地汽车 36 团二营
解放军 94101 部队焉耆分库
武警巴州消防支队库尔勒市消防大队一中队
武警 8660 部队 30 分队
武警兵团指挥部医院

三、爱国拥军模范

李新奕（女） 乌鲁木齐市水磨沟区南湖南路街道办事处党工委书记
王育新 乌鲁木齐市天山区新华北路街道办事处主任
张作强 克拉玛依市独山子石化总厂职业技术学校、独山子拥军育才学校校长
春 光（锡箔族） 察布查尔县爱新舍里镇党委书记
马曙光（回族） 乌苏市民政局局长
沙德汗（哈族） 青河县司法局党组书记
王文军（女） 鄯善县双拥办主任
阿地·尕力（维族） 伊吾县下马崖乡二村村民
张长武 昌吉市城乡建设委员会主任
财 代（蒙古族） 温泉县民政局局长
买合木江·牙生（维族） 和硕县民政局局长
原志龙 阿克苏市红桥街道办事处党工委书记
艾合买提·吐尔逊（维族） 温宿县托乎拉乡政府民政干事
吐尔地吾斯曼（柯族） 阿图什市吐古买提乡依达良村护边员
李 浩 疏勒县县委常委、双拥办主任
杨永淳 和田市民政局副局长
刘开菊（女） 新疆生产建设兵团农四师七十七团民政科科长
安莉莉（女） 新疆生产建设兵团农七师民政局局长

四、拥政爱民模范

许新建 解放军 69215 部队 44 分队连长
艾尔肯（维族） 兵团农十二师人武部后勤科副营职助理员
李 海 解放军 69250 部队后勤部营房科正连职助理员
高 磊 乌鲁木齐市水磨沟区人民武装部政治委员
茹敬义 解放军 69344 部队后勤处副处长
马东红 乌鲁木齐陆军学院训练部兵种连政治指导员
庄仕华 武警新疆总队医院院长
姚士军（苗族） 总装第 21 试验训练基地后勤部第 56 医院外科副主任医师
曹春成 解放军 93955 部队值班机保障办参谋
莫明江·毛拉托买提（维族） 武警新疆边防总队阿克苏地区边防支队阿可青派出所副所长
张 科 武警交通二总队第八支队卫生队队长
尉建民 武警新疆森林总队巴州森林支队政治委员

中共新疆自治区党委　自治区人民政府　新疆军区
关于学习阿克苏地区开展双拥工作经验的决定

新党发［2004］10号

阿克苏是一个具有双拥光荣传统的地区，各族军民用辛勤的汗水开发、建设、守卫着祖国的边疆，谱写了军政军民和民族团结的辉煌篇章。特别是近年来，阿克苏地区党政军民认真贯彻党中央、国务院、中央军委关于加强双拥工作的指示精神，坚持以十六大精神和“三个代表”重要思想为指导，积极适应改革开放新形势和新时期军事战略方针的总要求，紧紧围绕边疆的稳定、发展和部队全面建设大局，广泛深入地开展双拥工作。他们的做法，为在新疆这样一个特殊地区、特殊环境、特殊条件下做好双拥工作，高举民族团结旗帜，弘扬稳定发展主旋律提供了新鲜经验，为自治区的双拥工作开展起到了很好的示范引路作用。为进一步推广阿克苏地区开展双拥工作的经验，推动自治区双拥工作的深入发展，自治区党委、人民政府和新疆军区决定，在全区开展学习阿克苏地区双拥工作经验的活动。

一、充分认识学习阿克苏地区双拥工作经验的重要意义

新疆是一个边疆多民族地区，战略位置突出，内忧外患并存，经济发展滞后。在这样一个特殊地区，各族军民戍边维稳、开发建设任务十分繁重。做好双拥工作、加强军政军民团结，对于维护祖国统一、维护社会稳定、促进边疆经济发展、推动部队全面建设有着特殊重要的意义。开展学习阿克苏地区双拥工作的经验，对于深入贯彻“三个代表”重要思想，凝聚党心、军心、民心，与时俱进，开拓进取，积极投身建设有中国特色社会主义的伟大事业；对于做好新时期军事斗争准备，提高部队战斗力，圆满完成戍边守防任务；对于团结各族军民，积极投身西部大开发伟大实践，推动自治区经济建设的全面发展；对于贯彻落实《公民道德建设实施纲要》，弘扬社会主义新思想、新道德、新风尚，提高各族军民的思想道德素质，促进精神文明建设；对于维护自治区稳定发展大局，巩固和发展新形势下军政军民和民族团结的大好局面，具有十分重要的现实指导作用，必将产生深远的政治影响。

二、要在学习阿克苏地区典型经验的精神实质上下工夫

学习阿克苏地区双拥工作的基本经验，就是要学习他们站在讲政治的高度，始终把双拥工作作为事关全局的一件大事，纳入党委重要议事日程和“一把手”工程，主要领导亲自抓，分管领导具体抓，党委班子共同抓，上下配合整体抓，形成强有力的领导运行机制；学习他们胸怀大局，不辱使命，紧紧围绕稳定做好民族团结工作，巩固和加强基层政权建设，抓好军警民联防共治，筑起反分裂、保稳定的坚强堡垒，营造团结稳定的社会政治环境；学习他们积极适应西部大开发的要求，继承和发扬光荣传统，把互办实事、互解难题当作义不容辞的政治任务，在支援地方经济建设和解除部队后顾之忧上动真情、下工夫、见行动、求实效，地方生产力和部队战斗力得到明显提高；学习他们立足基层，发动群众广泛参与，努力夯实社会基础，群众性双拥活动经久不衰，蓬勃发展，双拥工作焕发出强大的活力和动力；学习他们努力端正工作指导思想，积极探索研究，加强科学指导，狠抓工作落实，使双拥工作沿着健康的轨道持续深入地发展。

三、切实加强组织领导，把学习经验活动引向深入

各地各部队要结合自身实际，把开展学习阿克苏地区双拥工作经验活动作为贯彻十六大精神和“三个代表”重要思想的一项重要政治任务，纳入党委议事日程，加强组织领导。要结合学习经验活动，研究制定本单位、本地区开展双拥工作的计划和措施，推动双拥工作的落实。各级领导干部要在学习经验活动中带头学习，带头实践，以自身的模范行动促进学习经验活动的深入开展。要结合学习阿克苏地区双拥经验活动，注意发现、培养和宣传本单位双拥工作的典型，加强指导，及时总结，确保学习经验活动取得实实在在的效果。要通过开展学习阿克苏地区双拥经验活动，进一步探索研究边疆民族地区开展双拥工作的新途径和新方法，不断提高双拥工作的层次和质量，推动全区双拥工作再上一个新台阶。

大事记

大 事 记

1 月

4 日 四川省双拥工作领导小组出台《四川省双拥工作领导小组关于颁发四川省双拥先进市(州)、县(区)创建表彰管理办法实施细则》、《四川省拥军优属先进单位和个人评选办法》和《四川省拥政爱民先进单位和个人评选办法》。

济南军区副政委尹凤岐、政治部副主任穆振河走访慰问河南省委、省政府。与河南省委书记李克强、省长李成玉等领导同志围绕加强双拥工作，促进部队全面建设和地方经济社会发展进行了座谈。

5 日至 2 月 20 日 西藏全区广泛开展“三大节日”拥军优属慰问活动，自治区及各地（市)、县慰问小组，深入基层、走村串户，慰问走访部队和优抚对象。

6 日 山东省副省长张昭福在山东大厦会见 40 集团军军长郭长乐，省财政投入 10 万元，支持该集团军军史馆建设。

8 日至 9 日 经国务院、中央军委批准，全国双拥工作领导小组、民政部、总政治部在北京召开全国拥军优属拥政爱民工作会议。会议以邓小平理论和“三个代表”重要思想为指导，认真贯彻党的十六大精神，总结交流了 1991 年全国双拥工作会议以来的经验，研究部署了当前和今后一个时期的双拥工作任务，命名表彰了双拥模范城（县)、双拥模范单位和个人。中央政治局常委、国务院总理温家宝作了重要讲话。中央政治局委员、国务院副总理、全国双拥工作领导小组组长回良玉作了拥军优属拥政爱民工作报告。

8 日至 11 日 浙江省委书记习近平、省长吕祖善等省领导率领省委、省政府拥军慰问团，分五路走访慰问驻军部队。

10 日 内蒙古自治区副主席、双拥工作领导小组副组长郭子明在北京内蒙古宾馆主持召开内蒙古自治区双拥工作会议，就贯彻全国拥军优属拥政爱民工作会议精神进行了专题部署。

新疆维吾尔自治区在乌鲁木齐召开双拥工作座谈会。中共中央政治局委员、自治区党委书记王乐泉亲切接见了双拥模范城（县）代表和参加座谈会的代表，并做了重要讲话。

11 日 宁夏回族自治区党委书记陈建国、自治区主席马启智、自治区政协主席任启兴、自治区党委副书记韩茂华分别前往银川市、青铜峡市，慰问宁夏军区、驻宁夏部队、武警、消防官兵，看望烈属、伤残军人、在乡老复员军人等优抚对象。

13 日 北京市委、市政府在中山公园音乐堂举行北京市军民迎新春双拥文艺晚会，慰问驻京解放军、武警部队和优抚对象。

河北省委召开议军会议，听取副省长柳宝全关于全国拥军优属拥政爱民工作会议主要精神和省贯彻意见的汇报。

河北省委、省政府、省军区作出《关于以“三个代表”重要思想为指导，组织发动民兵预备役人员为全面建设小康社会作贡献的决定》。

海南省委书记汪啸风、省长卫留成率团慰问驻琼军警部队。

陕西省委、省政府、省军区主要领导分七路走访慰问了驻陕部队的基层单位。

14 日 海南省委、省政府、省双拥工作领导小组在海口市举行 2004 年军民迎春文艺晚会。

15 日 北京市委常委、政法委书记吉林，市政协副主席王长连带队慰问总装、二炮、海军、空军的四个基层单位。

吉林省第五次双拥模范城（县）命名表彰大会

召开。省委、省人大、省政府、省政协主要领导，驻吉军级单位，独立师、旅级单位及各届社会代表共900余人参加了会议。表彰大会由省长洪虎主持，省委书记王云坤讲话。

江西省领导孟建柱、黄智权、王君、傅克诚、吴新雄、彭宏松、钟起煌率江西人民春节慰问团走访慰问驻赣解放军和武警部队，向驻赣解放军和武警部队全体指战员，向广大烈军属、革命伤残军人、退伍红军老战士，向转业、复员、退伍军人和军队离退休干部致以亲切的节日问候。

河南省双拥办印发《关于认真学习贯彻全国双拥工作会议精神的通知》。

为弘扬志愿军精神、纪念抗美援朝战争胜利50周年，二炮出资50万元资助丹东市抗美援朝纪念馆改建扩建工程。

16日　广东省召开驻穗部队大单位群工等业务部门迎春座谈会。军地共有110多人参加了座谈会。

17日　首都迎新春军政座谈会召开。中共中央政治局委员、北京市委书记刘淇，中央军委委员、总政治部主任徐才厚等解放军四总部，驻京部队各大单位、武警部队、民政部领导欢聚一堂，共叙军政军民情谊，共商首都双拥工作大计，共话新春佳节。北京市代市长王岐山主持座谈会。解放军副总参谋长张黎，总后勤部副政委刘源，总装备部副政委李栋桓，全国双拥工作领导小组副组长兼办公室主任、民政部副部长罗平飞等出席。

吉林省委副书记唐宪强带领省委、省政府春节慰问团分别慰问了坚守工作岗位的沈阳军区通信二总站及武警一支队六中队官兵。

上海市召开双拥办主任扩大会议，传达全国双拥工作会议精神及市贯彻意见，总结2003年双拥工作，部署2004年双拥工作任务。

18日　吉林省召开2004年新春座谈会。省委书记王云坤、省长洪虎及驻军部队军级单位的副军职以上领导参加座谈会。

广西壮族自治区党政军迎春座谈会在南宁召开。

四川省暨成都市拥军优属慰问团在省长张中伟带领下，慰问成都军区总医院、四川省革命伤残军人休养院。

19日　广东省委、省政府召开2004年广东省军政座谈会。省党政领导，广州军区、海军南海舰队，省武警、边防、消防等驻粤部队的领导同志，以及来自全省各地的知名烈军属、抗美援朝老战士、荣誉军人、全国爱国拥军模范和部队拥政爱民模范代表共200多人参加了座谈会。中共中央政治局委员、省委书记张德江，广州军区司令员刘镇武中将，省委副书记、省长黄华华，广州军区政委杨德清中将等出席。

20日　中央政治局委员、天津市委书记张立昌，市长戴相龙带领市双拥工作领导小组成员分七路走访慰问驻津部队和武警部队指战员，并向760个基层连队赠送了乒乓球台，为4500户军烈属赠送了洗衣机等慰问品。

天津市召开2004年春节军民联欢晚会。中央政治局委员、天津市委书记张立昌，市长戴相龙，市双拥工作领导小组成员、天津警备区、武警天津市总队和驻津各部队官兵代表，军队离退休干部、转业复员退伍军人、革命伤残军人和烈军属等优抚对象代表出席晚会。

29日　上海市人民政府出台《关于本市加强拥军优属工作的若干规定》。

2月

2日　广东省双拥工作领导小组召开第十七次全体成员会议。副省长、省双拥工作领导小组副组长李容根主持会议。省长、省双拥工作领导小组组长黄华华作重要讲话。传达全国双拥工作会议精神，总结2003年双拥工作情况，提出2004年双拥工作任务。

22日　上海双拥艺术团举行贺新年广场文艺演出，2万余名观众观看了精彩的文艺节目。

3月

2日　济南军区400多名官兵，到山东青少年绿化基地义务植树2000余棵。

3日　宁夏回族自治区双拥办公室主任会议在银川召开。各市、县（区）双拥办公室主任，驻宁夏建制团以上部队分管拥政爱民工作的负责人参加会议。传达学习全国拥军优属拥政爱民工作会议精神，安排部署2004年全区双拥工作。

5日　上海市委副书记刘云耕、副市长周太彤、上海警备区政委戴长友等党政军领导到嘉定区民营上海生大企业有限公司，对"两新"组织开展拥军优属工作进行专题调研。

9日至10日　广东省双拥办主任会议在广州市召开。传达全国双拥工作会议精神，讨论2003年双拥工作情况和2004年双拥工作任务以及当前双拥工作遇到的新情况新问题。

11日　陕西省双拥工作电视电话会议在西安召开。传达全国拥军优属拥政爱民工作会议精神，安排部署2004年全省双拥工作任务。

18日　重庆市双拥工作领导小组召开第六次全体成员会议。传达全国双拥工作会议精神，回顾总结过去一个阶段市双拥工作情况和模范城（县）创建情况，审议2004年双拥工作要点。市委常委、副市长、市双拥工作领导小组副组长陈光国作了讲话。

19日　海南省双拥工作领导小组在省政府召开第十九次全体成员会议。

22日　浙江省双拥工作领导小组在杭州召开全体成员扩大会议，传达全国双拥工作会议精神，总结2003年全省双拥工作情况，研究部署了2004年全省双拥工作任务。省长、省双拥工作领导小组组长吕祖善作了讲话。

24日　甘肃省双拥工作领导小组在兰州召开第十六次全体成员会议。传达全国双拥工作会议精神，听取2003年全省双拥工作情况报告，部署2004年全省双拥工作要点。会议由省民政厅厅长、省双拥办主任黄续祖主持。省委副书记、省双拥工作领导小组组长陈学，省军区副政委、省双拥工作领导小组副组长丁德福在会上分别作了讲话。

山东省委发出通报，给予省双拥工作领导小组办公室记集体一等功。

29日　四川省出台《四川省双拥办关于开展创建省级双拥模范城（县）活动的实施意见》。

31日　天津市召开市双拥工作领导小组扩大会议。传达全国双拥工作会议精神，审议通过《天津市2004年双拥工作安排意见》和《市双拥工作领导小组成员单位职责》，市长、市双拥工作领导小组组长戴相龙和市委常委、天津警备区司令员段端武出席会议并讲话。

海南省召开拥军优属拥政爱民工作会议。传达贯彻全国拥军优属拥政爱民工作会议精神，总结全省双拥工作情况，交流双拥工作经验，表彰11个双拥模范城（县、区）、35个双拥模范单位和41名双拥先进个人。

4 月

1 日　湖南省委、省政府、省军区在长沙召开双拥工作会议，传达学习全国双拥工作会议精神，部署 2004 年双拥工作任务。

江西省双拥工作领导小组第十二次会议在南昌市召开。省委副书记、省双拥工作领导小组组长彭宏松主持会议，省双拥工作领导小组副组长、省长助理熊盛文，省军区副政委石成林以及省双拥工作领导小组全体成员出席会议。传达全国双拥工作会议精神，研究省贯彻全国双拥工作会议的意见。会议通过了《江西省双拥模范城（县）创建命名管理实施办法》，研究和部署了新一轮双拥创建工作任务。

8 日　全国双拥工作领导小组副组长兼办公室主任、民政部副部长罗平飞在山东考察双拥工作。

14 日　天津市召开双拥工作理论研讨会，通报表彰获奖单位和个人，并将获奖论文编印成册下发。

15 日　为纪念人民海军诞生 55 周年，水兵母亲城——江苏省泰州市举行纪念大会暨大型歌舞晚会，千余名军民参加。海军政治部原主任毕惠义、江苏省委副书记任彦申出席纪念大会并讲话。

20 日　江苏省政府、省军区联合发文，表彰南京市法律援助中心等 81 个拥军优属先进单位、南京军区政治部警卫连等 31 个拥政爱民先进单位、杨宗义等 35 名拥军优属先进个人、夏方泉等 16 名拥政爱民先进个人。

20 日至 26 日　全国双拥办副主任、总政群工办主任常生荣考查山东省泰安、济宁、淄博、青岛、潍坊等地双拥工作。

21 日至 25 日　农业部草原防火指挥部办公室赴内蒙古锡林郭勒盟慰问武警锡盟森林支队。

23 日 江西省委、省政府、省军区在南昌市召开全省拥军优属拥政爱民工作会议，报告工作，交流经验。省长黄智权作了讲话。省党政军领导和总政治部群工办副主任汤奋出席会议。各设区市、县（市、区）双拥工作领导小组和双拥办负责人共 300 多人参加了会议。

25 日　山东省双拥办颁发《关于进一步加强双拥办公室建设的意见》。

29 日　全国妇联举办国防教育，传达全国拥军优属拥政爱民工作会议精神，部署国防教育工作，全国妇联副主席、党组书记、书记处第一书记黄晴宜作了讲话。

29 日　济南军区政治部下发通知，要求驻鲁部队积极参加以扶贫济困为主题的“慈心一日捐”活动，军区首长、机关举行了捐赠仪式。

5 月

1 日　上海双拥艺术团举行庆“五一”广场文艺演出。

9 日至 11 日　湖南省双拥办召开全省双拥办主任会议，研究部署双拥结对工作。

10 日　山东省委副书记、省双拥工作领导小组组长高新亭走访济南军区、省军区、省武警总队。与济南军区陈炳德司令员、刘冬冬政委，省军区赵承风政委、淡文虎司令员，省武警总队杨正武总队长等座谈双拥工作。

31 日　山东省民政厅与省妇联、省军区政治部联合发出《关于开展第三届“十佳好军嫂”和第二届“十佳兵妈妈”评选活动的通知》。

6 月

2 日　河北省召开军转安置工作领导小组工作会议。省委副书记、省军转安置工作领导小组组长刘德旺出席会议并讲话。

4 日　上海市委举行常委会，听取市民政局、市双拥办关于全国双拥工作会议、全国军队离退休干部安置工作会议精神及本市贯彻意见的汇报。中央政治局委员、市委书记陈良宇主持会议并作重要讲话。

12 日　陕西省双拥办召开驻陕部队双拥工作座谈会。驻陕军以上单位政治部的负责同志和部分师以上单位的负责同志参加会议。

14 日　上海市委、市政府召开专题会议，向驻沪部队反馈部队人大代表团在上海市第十二届人大二次会议上所提“五条建议”协调处理意见的情况。

16 日　山东省委、省政府、省军区发出《关于全面推进双拥工作创新发展的意见》。

21 日　浙江省双拥办印发《2004 年省双拥工作领导小组成员单位双拥工作目标任务》。

23 日　山东省双拥办赴东阿县慰问正在进行“391”国防施工的部队官兵。

25 日　上海市召开区县双拥办主任会议。回顾总结 2004 年上半年双拥工作基本情况，部署下半年双拥工作要点，各区县双拥办交流贯彻全国双拥工作会议精神情况以及下一步双拥工作的创新思路。

7 月

4 日至 14 日　天津警备区副政委、市双拥工作领导小组副组长李德顺带领市双拥办和部分分管领导、民政局长到上海、江苏等省（市）学习考察双拥工作。

6 日至 11 日　河南省双拥办主任、民政厅副厅长张中华组织有关人员，围绕新形势下拥军优属工作中出现的新情况、新问题，采取走访座谈的形式，深入驻豫部队进行调研，并围绕调研情况，对归纳梳理出的 7 个方面的主要问题向省委、省政府写出了专题报告，提出了解决问题的具体措施。

8 日　吉林省民政厅、省军区政治部代表省政府慰问解放军 96115 部队、省军区驻临江、集安边防团。

10 日　山东省、济南军区慰问团赴日照慰问海训部队。

14 日　山东省双拥工作领导小组下发《关于印发省双拥工作领导小组成员单位双拥工作职责的通知》和《关于颁发山东省基层双拥工作纲要的通知》。

20 日　吉林省纪念“八一”建军节暨双拥工作座谈会在长春召开。全国双拥办、总政群工办副主任范巨通，副省长、省双拥工作领导小组副组长李斌及驻吉军级单位首长、省各市州双拥工作领导小组领导共 100 余人参加会议。

20 日至 22 日　西藏自治区第二次拥军优属拥政爱民工作会议暨第八次双拥模范城（县）命名表彰大会在拉萨召开。自治区常务副主席、自治区双拥工作领导小组组长土登才旺，自治区党政军警领导、自治区双拥工作领导小组成员、各地（市）和拉萨市驻军 260 多名代表出席大会。土登才旺作了题为《与时俱进开拓创新努力做好新形势下的双拥工作》的报告；自治区民政厅厅长、双拥工作领导小组办公室主任单增卓扎传达了全国双拥工作会议精神；西藏军区副政委郎友良作了题为《弘扬优良传统增强军民团结为全面建设小康社会作贡献》的讲话；自治区党委常务副书记徐明阳在闭幕会上作了讲话。

21 日　上海市拥军优属拥政爱民工作领导小组召开第十次全体（扩大）会议。传达《国务院、中央军委批转全国拥军优属拥政爱民工作领导小组、民政部、总政治部全国拥军优属拥政爱民工作会议纪要的通知》，审议市双拥工作领导小组第九次全体扩大会议以来市双拥工作总结和今后一个时期双拥工作打算。市长、市双拥工作领导小组组长韩正出席会议并讲话。

21 日至 22 日　新疆自治区双拥工作会议在乌鲁木齐召开。会议总结了五年来自治区双拥工作，安排部署了今后一个时期双拥工作任务，表彰了 60 个爱国拥军拥政爱民模范单位和个人，印发了《关于学习阿克苏地区开展双拥工作经验的决定》，交流了各地各部队开展双拥工作的经验。中共中央政治局委员、自治区党委书记王乐泉亲切接见了受表彰的代表并作了重要指示。

22 日　吉林省委、省政府“八一”慰问团走访慰问武警吉林边防总队、消防总队官兵。

23 日　山东省委、省政府、省军区发出《关于表彰拥军优属、拥政爱民先进单位和先进个人的通报》，授予济南钢铁集团总公司等 36 个单位为山东省爱国拥军先进单位，授予济南军区联勤部政治部等 20 个单位为山东省拥政爱民先进单位，授予刘爱玲等 10 人为山东省爱国拥军模范，授予万功民等 5 人为山东省拥政爱民模范，给朱传东等 35 人记一等功。

26 日　湖南省民政厅代表省委、省政府慰问省军区、国防科技大学、省武警总队、省边防局的四个基层单位。

四川省召开双拥工作领导小组全体成员会议。传达全国双拥工作会议精神，研究开展创建省级模范城（县）活动情况及表彰方案。

26 日至 29 日　新疆自治区党政军主要领导走访慰问驻疆部队（院校、武警总队）机关和部分团以上单位。

27 日至 29 日　全国人大副委员长顾秀莲率全国妇联慰问团到空军试验训练基地进行慰问。召开了慰问大会和妇女代表座谈会，接见一等功臣杨选春一家，向基地两所子女学校赠送“安康远程教室”设备并举行了“安康远程教室”开通揭牌仪式。全国妇联副主席、书记处书记莫文秀，全国妇联副主席、空军指挥学院副院长刘晓莲参加慰问。

27 日　山东省双拥工作会议在济南召开。省委书记张高丽出席并讲话。全国双拥办副主任董华中宣读全国双拥办给大会的贺电。通报表彰拥军优属拥政爱民先进单位和先进个人，省妇联、省民政厅、山东省军区政治部命名表彰山东省第三届“十佳好军嫂”和第二届“十佳兵妈妈”，授予汤人华等 10 人为十佳好军嫂，李来英等 10 人为十佳兵妈妈，省妇联同时授予她们“三八”红旗手称号。

四川省双拥工作领导小组副组长、副省长张作哈率四川省暨成都市拥军慰问团走访慰问了四川省军区警卫连和成都军区空军通信总站官兵，并向部队赠送了慰问品。

28 日　北京市召开双拥工作暨首都军（警）民共建表彰大会。总结北京市开展双拥工作的情况，部署下一步双拥工作任务；宣读北京市双拥工作领导小组《关于深入贯彻全国双拥工作会议精神，与时俱进做好新形势下双拥工作的意见》；表彰 46 个爱国拥军模范单位、28 个拥政爱民模范单位、26 名爱国拥军模范和 20 名拥政爱民模范。

中央政治局委员、天津市委书记张立昌到天津警备区听取对天津经济发展的意见，听取天津市双拥工作领导小组工作汇报，并就做好双拥工作和双拥模范城（县）评比工作提出要求。

吉林省委、省政府“八一”慰问团赴白城市平台镇慰问解放军63850部队官兵。省委书记王云坤、副省长李斌参加慰问。

广东省召开省双拥模范城（县）命名暨双拥模范单位和个人表彰大会，总结2001年以来省双拥创建工作，部署当前和今后一个时期双拥工作任务。命名广州市等18个市为省双拥模范城，命名广州市天河区等61个县（市、区）为省双拥模范县（市、区）；授予广州市民政局优抚处等36个单位省爱国拥军模范单位称号，授予广州军区75706部队等14个单位省拥政爱民模范单位称号；授予区庆生等35名同志省爱国拥军模范称号，授予王鹏等14名同志省拥政爱民模范称号，并全省通报表彰。中共中央政治局委员、省委书记张德江，省长、省双拥工作领导小组组长黄华华和广州军区副政委张国初参加会议。

四川省人大副主任张宗源，省双拥工作领导小组副组长、省政府副省长张作哈率四川省暨成都市拥军慰问团走访慰问成都军区战旗文工团和省武警总队，并向部队赠送了慰问品。

宁夏回族自治区庆“八一”军民座谈会在银川举行。

29日　上海市庆祝中国人民解放军建军77周年文艺晚会在云峰剧院举行。中共中央政治局委员、上海市委书记陈良宇，市长韩正等军地领导与驻沪解放军和武警部队官兵欢聚一堂，观看精彩文艺演出，共庆建军佳节。

江苏省泰州市委、市政府慰问驻西沙群岛海军官兵，赠送了20万元人民币和价值5万多元的电脑。

河南省党政军领导庆“八一”座谈会在郑州召开。省委、省人大、省政府、省政协和驻豫部队领导出席会议。省委书记李克强、省长李成玉、省军区政委祁正祥分别作了讲话。会议由省委副书记支树平主持。

广东省委、省政府走访慰问广州军区通信团、省委警卫局等驻粤部队单位，与部队官兵座谈，听取部队建设情况和相关建议。

四川省双拥办走访慰问武警四川省边防总队、消防总队和省警卫局，看望部队机关和基层分队，并向部队赠送了慰问金。

宁夏回族自治区庆祝中国人民解放军建军77周年军民联欢文艺晚会在银川人民广场举行。

30日　天津市双拥工作领导小组举办天津市纪念中国人民解放军建军77周年电影晚会。市领导、市双拥工作领导小组成员、天津警备区、武警天津市总队和驻津各部队官兵代表，军队离退休干部、转业复员退伍军人、革命伤残军人和烈军属等优抚对象代表，约2000人出席电影晚会。

河北省委、省政府、省军区在北戴河召开庆祝“八一”建军节暨双拥工作模范单位、模范个人表彰大会和省双拥工作会议。省委书记白克明、省军区政委张连仁和省委副书记赵世居出席会议并讲话。

河北省军地领导在秦皇岛市举行军地联谊会。省委书记、省人大常委会主任白克明，省长季允石，省军区司令员陈玉田，省军区政委张连仁，省双拥工作领导小组部队成员单位副军级以上领导出席联谊会。

湖南省委、省政府、省军区召开“八一”军政座谈会，庆祝中国人民解放军建军77周年。驻湘师以上单位军政主官参加会议。省委书记杨正午、省军区政委李今伟作了讲话。

广东省委、省政府在广州市召开纪念中国人民解放军建军77周年军政座谈会。中共中央政治局委员、省委书记张德江，省委副书记、省长黄华华，广州军区司令员刘镇武上将、政委杨德清上将出席座谈会。

四川省在成都举行庆“八一”军地大联欢活动。省委书记、省人大常委会主任张学忠，成都军区司令员王建民、政委刘书田，省双拥工作领导小组组长、省委副书记、省长张中伟参加联欢活动。

陕西省省长贾治邦走访慰问西安卫星测控中心通信站全体官兵。

31 日　上海市欧美同学会会同上海市双拥办等有关单位共同举办“迎八一——为最可爱的人服务”第三届上海市百名留学归国医学专家大型义诊活动，为驻沪三军、武警部队官兵及其家属提供免费医疗服务和医疗知识讲座。

江西省举行“八一”电影招待会。省领导孟建柱、黄智权、彭宏松、钟起煌等与驻赣人民解放军和武警部队官兵 1500 多人欢聚一堂，观看电影共庆建军节。

陕西省委书记、省双拥工作领导小组组长李建国走访慰问驻陕某部侦察连官兵。

7 月上旬至 10 月底　某集团军在确山训练基地及附近地域组织“铁拳－2004”涉外实兵军事演习。河南省政府、省军区专门下发通知，要求沿途各地做好全方位的保障。演习所在地的驻马店市成立拥军支前小组，深入演习地区实地解决问题。演习中，省委、省政府领导和省双拥办对演习部队官兵进行了慰问。省粮食、商贸、电力、电信等部门与演习部队密切配合，通力合作，确保了演习的顺利进行。

7 月中旬　民政部部长李学举在湖南省长沙市考察双拥工作。

8 月

1 日　河北省在秦皇岛市举行庆“八一”文艺晚会，军民共同庆祝中国人民解放军建军 77 周年。省委书记白克明、省长季允石等参加晚会。

上海市双拥办、拥军优属基金会举办“和平不忘国防，发展不忘拥军”主题座谈会。市委副书记刘云耕，市委常委、副市长冯国勤出席会议并讲话，副市长周太彤主持会议，沪上 30 家知名企业的负责人出席会议。

《绿色时空——庆“八一”·中国人民解放军美术精品展》首次在上海举办。上海市委常委、副市长、市双拥工作领导小组副组长冯国勤，总政宣传部副部长王兆海，中国美协党组书记、常务副主席刘大为出席开幕式并讲话。

海南省委书记、省人大主任汪啸风，省委副书记、省长卫留成率慰问团慰问广州军区。

96101 部队捐款 8 万元在沈阳市于洪区彰驿乡建一所希望小学。

2 日　海南省政府发布《关于军人参观旅游场所免收门票的通告》。

4 日至 12 日　天津警备区副政委、市双拥工作领导小组副组长李德顺率领市双拥办深入 18 个区县对双拥工作情况进行检查调研。

6 日　新华社解放军分社采访天津市双拥工作情况，并在新华社内参刊登《天津市构建双拥工作新格局》。

9 日　山东省委副书记高新亭、济南军区政治部副主任穆振河率山东省委、省政府、济南军区慰问团，专程赴日照慰问海训部队。

广西壮族自治区双拥工作领导小组召开第十五次全体成员会议，审议通过自治区双拥模范（先进）城（县、区）名单和自治区双拥模范单位和模范个人名单。

10 日　四川省双拥工作领导小组签发《关于认真做好命名表彰新一届省级双拥模范（先进）城（县、市、区）和双拥先进集体（个人）工作的通知》、《关于推荐省级拥政爱民先进单位和先进个人的通知》。

13 日　河北省副省长柳宝全率团到张家口慰问北京军区驻训部队，向驻训部队赠送 100 万元慰问金。北京军区副政委张海阳等领导参加慰问活动。

26 日　山东省双拥办慰问在执行光缆国防施工中受伤官兵。

31 日　华北军区烈士陵园举行建园 50 周年

纪念大会。河北省人大副主任白润璋、副省长柳宝全、省政协副主席王建忠、省军区副政委任宗清出席纪念大会。社会各界5000多人参加纪念活动。

9月

9月份　天津市双拥办制定《2004年度双拥工作考核办法》，修订完善《天津市双拥工作考核评分细则》。

6日　农业部草原防火指挥部副总指挥沈镇昭慰问武警锡林郭勒盟森林支队扑火演习全体官兵。

6日至9日　农业部在锡林郭勒盟举办了全国草原防火培训班，讲解扑火技战术及火场避险等防火扑火基础知识，进行扑火演习。

6日至20日　内蒙古自治区举办全区双拥办主任培训班。

8日　海南省双拥工作领导小组批准执行《海南省双拥模范城（县、区）创建命名管理办法》、《海南省双拥工作领导小组成员单位工作职责》，修订《海南省双拥工作领导小组办公室工作规则》。

10日至19日　陕西省双拥办慰问团赴新疆慰问新疆军区机关等驻军部队陕西籍官兵，赠送了慰问品。并与新疆军区政治部、自治区双拥办进行了工作交流。

14日　全国妇联宣传部、中国妇女报社和解放军总政治部宣传部在人民大会堂联合举办第二届“军旗·军嫂”征文暨摄影作品评选活动颁奖会。

18日　河北省举行“勿忘国耻、强我国防”全民国防教育日活动。

24日至26日　全国优抚工作会议在吉林省延吉市召开。民政部部长李学举、副部长罗平飞、吉林省副省长李斌及中央国家机关、解放军四总部有关人员，全国各省、自治区、直辖市、计划单列市民政厅（局）长共150余人参加会议。

10月

10月份　天津市双拥办与南开大学举办驻津部队攻读硕士研究生班。全市驻军80多名政治机关干部报名参加招生考试。

1日　上海双拥艺术团举办国庆广场文艺演出。

12日至14日　天津市举办第四期双拥领导干部培训班。邀请国防大学教授讲授《新军事变革与信息化战争》、《国际形势报告》。

13日　广西南宁市结合广州军区在南宁市召开西南五省随军家属安置座谈会之际，举办了驻邕部队随军家属安置专场招聘会。有175家单位、1352个岗位、857个个体摊位供随军家属选择。

20日至22日　全国省区市双拥办主任会议在上海召开。全国双拥工作领导小组副组长兼办公室主任、民政部副部长罗平飞出席会议并作重要讲话，全国双拥办副主任、总政治部群工办主任常生荣作总结讲话。上海市等13个军地单位介绍双拥工作经验。参观了上海市双拥工作展览馆、上海市国防教育中心、上海市民兵海上导弹训练基地、上海通用汽车厂。来自全国各省区市近200名代表出席会议。

21日至23日　海南省涉军维权办组织军地律

师20多人，深入到省军区、南航部队、武警海南省总队、武警海南省公安边防总队宣讲涉军维权知识，开展法律咨询，为500余名官兵提供了义务法律咨询。

29日至30日　浙江省拥军优属拥政爱民工作会议在杭州召开，表彰50个省双拥模范单位和30名省双拥模范个人。省长、省双拥领导小组组长吕祖善作《深入贯彻“三个代表”重要思想，全面提高双拥工作整体水平》工作报告，省委书记习近平作《巩固和发展军政军民团结，促进浙江改革发展稳定和驻浙部队现代化建设》讲话。

11月

2日　广东省政府、省军区在韶关市召开授予始兴县“征兵工作模范县”荣誉称号命名大会。

5日至26日　天津市2004年度双拥工作考核评议会召开。

8日至12日　四川省双拥工作领导小组对成都等9市创建省级双拥模范（先进）城（市）情况进行调研。

11日　广西壮族自治区党委、自治区政府、广西军区在南宁召开双拥工作电视会议，各级党政军领导和部分军民代表近3万人参加会议。自治区领导曹伯纯书记、陆兵主席，广西军区司令员辛荣国、政委岳世鑫出席会议。会议分别表彰了61个自治区双拥模范城（县、区）、20个自治区双拥先进市县（区）、101个自治区爱国拥军模范单位、60个自治区拥政爱民模范单位和198名自治区爱国拥军模范、100名自治区拥政爱民模范。

23日至24日　上海市召开双拥办主任扩大会议。传达全国优抚工作会议和全国省区市双拥办主任会议精神。

24日　海南省双拥办召开工作会议。传达学习全国双拥办主任会议精神，交流情况，总结经验，研究对策，部署工作。

30日　宁夏回族自治区双拥理论研讨暨优抚工作会议在银川召开。34篇理论研讨文章分获一、二、三等奖。

12月

1日　河北省在石家庄召开双拥办主任会议。传达全国优抚工作会议和全国省区市双拥办主任会议精神，全面总结前一个时期的双拥工作，部署今后一个阶段的双拥工作任务。

2日　山东省双拥工作领导小组召开第21次全体会议。省委副书记、省双拥工作领导小组组长高新亭出席会议。传达全国省区市双拥办主任会议精神，审议2004年全省双拥工作情况和2005年双拥工作安排意见。

10日　陕西省召开双拥工作电视电话会议，传达全国省区市双拥办主任会议精神。

15日　四川省双拥工作领导小组签发《关于2005年元旦春节期间开展“双拥月”活动的通知》。

20日　青海省委、省政府、省军区在西宁召开省双拥工作会议。贯彻落实全国双拥工作会议精神，总结交流1991年全省双拥工作会议以来的经验，研究部署当前和今后一个时期的双拥工作任务，命名表彰双拥模范城（县）、双拥模范单位和个人。

22日　二炮政治部办公室制作完成3集拥政爱民先进事迹电视片，刻制4000套光盘发放机关和部队。

29日　上海市召开驻沪部队人大代表座谈会，部分驻沪部队人大代表和驻军政治部领导出席会议。通报2004年市双拥工作情况和2005年工作打算。

30日　内蒙古自治区双拥办与内蒙古军区政治部召开座谈会，研究双拥办军地合署办公等事宜。

图书在版编目（CIP）数据

全国双拥工作年鉴，2004年/全国双拥工作领导小组办公室编．—北京：中国社会出版社，2006.10

ISBN 7－5087－1584－5

Ⅰ．全...　Ⅱ．全...　Ⅲ．①拥政爱民－中国－2004－年鉴②拥军优属－中国－2004－年鉴　Ⅳ．E225－54

中国版本图书馆CIP数据核字（2006）第124474号

2004年全国双拥工作年鉴

全国双拥工作领导小组办公室编

※

中国社会出版社出版发行

（北京二龙路甲33号新龙大厦·邮编100032）

中国电影出版社印刷厂印刷

全国各地新华书店经销

*

开本285mm×210mm　1/16　字数850千字　印张32.5

2006年10月第1版　第1次印刷

定价：180.00**元**